Gerold Prauss – Die Welt und wir

Gerold Prauss

Die Welt und wir

Erster Band

Erster Teil: Sprache – Subjekt – Zeit

J. B. Metzlersche Verlagsbuchhandlung
Stuttgart

CIP-Titelaufnahme der Deutschen Bibliothek

Prauss, Gerold:
Die Welt und wir / Gerold Prauss. – Stuttgart : Metzler.
ISBN 3-476-00697-2

Bd. I
Teil 1, Sprache – Subjekt – Zeit. – 1990
ISBN 3-476-00698-0

ISBN 3 476 00698 0 (Band I, 1)
ISBN 3 476 00697 2 (Gesamtwerk)

Satz: Typobauer Filmsatz GmbH, Scharnhausen
Druck: Gulde-Druck GmbH, Tübingen
Printed in Germany

Den Studenten und Studentinnen gewidmet

die semesterlang in solcher Lehrveranstaltung geblieben sind und bleiben: an der Universität Bonn, Heidelberg, Köln, Münster und Freiburg im Breisgau.

Oberbirken, Ostern 1989 Gerold Prauss

Verehrte Leserin, verehrter Leser!

Was Sie von diesem Buch zu einem Thema wie »Die Welt und wir« sich wohl erwarten? Schließlich haben Sie es aufgeschlagen, jedenfalls auf dieser Seite. – Sind Sie der Meinung, was die Welt und uns betreffe, sei nur Empirie mit Hilfe von Mathematik und Logik, kurz Naturwissenschaft zuständig? So darf ich Sie im folgenden verständigen, was alles daran vielmehr nichtempirisch ist. – Teilen Sie die Überzeugung, daß auch wir nicht anders denn als Naturales unter Naturalem in der Welt sind und als solches nichts als abhängig von ihm? Dann erlauben Sie mir bitte, Ihnen Gründe dafür anzuführen, daß gerade das Besondere an uns, den Menschen, als Subjekt, Bewußtsein, Absicht, Wille, Seele, Geist nichts Naturales sein kann, ja daß Naturales in der Welt gerade umgekehrt von uns als solcherart Nichtnaturalem abhängt. – Neigen Sie zu jener These, mit dergleichen wie Subjekt, Bewußtsein, Absicht, Wille, Seele, Geist wie auch mit aller Theorie darüber sei es längst vorbei, und allenfalls empirisch-stellvertretend dafür lasse über Sprache sich noch reden? So möchte ich versuchen, ob Sie durch Kritik solcher Preisgabe nicht zu manchem davon wieder Zugang finden, sprich, zur Reflexion auf sich als nichtempirischer Erkenntnis von sich selbst als Nichtempirischem. – Glauben Sie, allein Mathematik und Logik sei erfolgreich nichtempirische Erkenntnis, die Philosophie indes bloß der nach zweieinhalb Jahrtausenden jetzt endgültig mißlingende Versuch dazu? Dann darf ich Ihnen zu bedenken geben, wieviel von dieser Überlieferung als Argumentation sich halten oder gar noch weiterführen läßt, ja wieviel umgekehrt gerade Logik und Mathematik wie auch Naturwissenschaft an Philosophie erfordern. – Derlei würde Sie befremden? So lassen Sie sich vorbereiten: Ein umfassendes und angemessenes Welt- und Selbstverständnis auf der Grundlage von Argumenten können Sie aus all dem nur zusammen mit Philosophie gewinnen. Diese allerdings stellt Fragen und gibt Antworten, die das, was der alltäglichen Erfahrung und auch diesen Wissenschaften immer schon als selbstverständlich gilt, auf einmal derart fragwürdig erscheinen lassen, daß Ihnen der Kopf aus deren Sicht verrückt wird. Und so werden Sie, verehrter Leser und verehrte Leserin, beim Weiterlesen sie noch kennenlernen: Die Welt und uns.

I.DIE WELT UND WIR ALS NICHTEMPIRISCHES PROBLEM

§ 1. Die Welt und wir als Naturales

Schon allein der Titel dieses Buches hat es im genannten Sinne in sich, worauf ich Sie gleich verweisen muß. Sein »und« ist nämlich nicht, wie es sich Ihnen nahelegen möchte, etwa additiv zu lesen: nicht als ob es danach außer dieser Welt auch uns noch gäbe, so daß nur mittels Summierung vollständig zum Thema zu erheben wäre, was nicht alles durch Erfahrung an empirisch Wirklichem bekannt ist oder werden kann. Da wir im Sinne solcher Empirie der Welt vielmehr als Teil derselben zweifellos mitangehören, führte demnach unnötigerweise dieses Buch in seinem Titel uns gleich doppelt, einmal implizit in »Welt« und dann noch einmal explizit in »wir«. So aber hätten Sie diesen Versuch, die Welt und uns gerade philosophisch zu thematisieren, vollends mißverstanden.

Schon von vornherein, das heißt bereits dem Titel nach hat dieses Buch es anstatt in empirischem vielmehr in philosophischem Sinn in sich. Dementsprechend müssen Sie sein »und« statt additiv vielmehr explikativ verstehen, und zwar im Sinn einer Explikation, die alles andere als überflüssig ist. Von Anbeginn weist es Sie darauf hin, daß wir in dieser Welt, gerade weil wir selbst empirisch Teil von ihr sind, noch in ganz besonderer Weise der Explikation bedürfen, da wir hier auch alles andere als selbstverständlich sind. Ineinem damit deutet Ihnen dieses »und« indessen ferner an: Durch uns, die wir in dieser Welt vielmehr seit jeher ein Problem sind, ist auch alles übrige in ihr, nämlich empirisch andere als wir dann ein Problem, das gleichermaßen dieser Art Explikation bedarf.

Denn dabei sollten Sie sich ebenfalls von Anbeginn schon über folgendes im klaren sein: Dergleichen als Probleme auch nur zu erblicken oder gar zu explizieren, ganz zu schweigen noch von ihren Lösungen, erfordert auch eine von vornherein schon philosophische und darin ganz besondere Fragestellung. Ihre Eigentümlichkeit besitzt sie darin, zwar wie jene andern Unternehmen ebenfalls bei Welt und uns als dem empirisch Vorfindlichen anzusetzen, durch die Art des Fragens selbst jedoch sofort aus deren Sicht heraus in eine von ihr prinzipiell verschiedene zu führen, eben philosophische, aus der dies selbige Empirische auf einmal einen gänzlich andern Anblick bietet.

Machen Sie sich jedenfalls darauf gefaßt, daß Ihnen das Vertraut-Gewohnt-Empirische von Welt und uns durch solche Fragestellung selber plötzlich fremd, zum Unvertrauten, Ungewohnten wird, weil etwas am Empirischen bis dahin gänzlich Unauffälliges Ihnen dadurch auf einmal auffällt. Diese Art des Fragens nämlich ist geeignet, Ihnen am Empirischen von Welt und uns als solchem, als Empirischem, etwas hervorzuheben, worin dies Empirische einer Erklärung noch bedarf, die es gerade nicht auch selbst wieder empirisch finden kann, sondern wenn überhaupt, dann nur noch nichtempirisch, eben philosophisch.

So werden Sie entdecken, daß die Frage, was die Welt und wir als dies Empirische denn sind, sich mindestens in zweierlei Sinn stellen und beantworten läßt. Denn in demjenigen Sinn, in dem alltägliche bzw. wissenschaftliche Erfahrung sie zu stellen pflegt, beantwortet sie diese Frage durch jene bekannte, aber schwerlich aufzählbare Vielfalt von Informationen über die verschiedensten empirischen Gehalte und ihre gesetzlichen Zusammenhänge, wie das Makroskopische sowohl wie Mikroskopische von Welt und uns sie jeweils bilden. Doch bringt diese außerordentliche Fülle dessen, was die Welt und wir an solchem Sachgehalt wie auch Zusammenhang umfassen und alltäglicher sowohl wie wissenschaftlicher Erfahrung zu erkennen geben, ständig die Gefahr mit sich, durch ihre Unermeßlichkeit hinwegzutäuschen darüber, daß damit im Vergleich die Welt und wir als Grundstruktur statt Vielfalt eher Einfalt zeigen.

Denn dieselbe Frage, was die Welt und wir als dies Empirische denn seien, können Sie auch noch in einem gänzlich andern Sinn verstehen, als in dem alltägliche und wissenschaftliche Erfahrung sie zu stellen pflegt und zu beantworten versucht. Sie brauchen nämlich nichts als einmal anzunehmen, daß im Sinn solcher Erfahrung die erschöpfende Beantwortung für sie bereits gefunden wäre, und Sie werden nicht verkennen, daß sie sich auch dann noch einmal sinnvoll stellen und sogar beantworten läßt. Auf die Frage, was die Welt und wir als eben dies empirisch nunmehr vollständig Bekannte seien, können Sie dann nämlich immer noch die weitere sinnvolle und auch aufschlußreiche Antwort geben: Bei all der Verschiedenheit ihrer empirischen Gehalte und ihrer gesetzlichen Zusammenhänge sind die Welt und wir doch immer wieder nichts als jene Selbigkeit von Dingen und Ereignissen in Raum und Zeit, ja hinter dieser scheinbaren Verschiedenheit von Dingen und Ereignissen sogar verbirgt in Wahrheit sich noch eine Selbigkeit.

Denn auch Ereignisse sind grundsätzlich nichts anderes als Dinge, welche wir Ereignisse nur nennen, wenn sie gerade in Veränderung begriffen sind, indem ein Zustand oder eine Eigenschaft von ihnen oder auch mehrere wechseln. Welche Fülle aber an empirischem Gehalt sowie gesetzlichem Zusammenhang desselben in der Welt und uns auch immer auftreten und in Erfahrung davon eingehen mag, so tritt sie hier doch immer wieder gleichsam in der bloßen Dürftigkeit desselben Grundverhältnisses von Ding und Eigenschaft auf, einerlei ob dabei Eigenschaften gerade wechseln oder nicht.

Das können Sie sich leicht an Hand von Beispielen verdeutlichen: So liegen hier, gleichviel von welcher Art gesetzlichem Zusammenhang, empirische Gehalte stets nur derart vor, daß beispielsweise glatt, grün oder rund bzw. Stein, Baum oder Haus bloß *etwas* jeweils *ist* oder *wird* oder *aufhört* zu sein, indem es nämlich als ein *Ding* all diese Sachgehalte eben lediglich als Eigenschaften *hat* oder *bekommt* oder *verliert*. Und eben dieses Grundverhältnis zwischen Ding und Eigenschaften, welche an demselben auftreten, bestehen oder auch verschwinden, gilt nicht weniger für solche Sachgehalte, die wir Relationen nennen, insofern sie jeweils Eigenschaft allein von mehr als einem Ding sein können. Jedenfalls liegt mindest der empirischen Natur dieses Verhältnis offenbar so prinzipiell zugrunde, daß es auch noch dort erhalten bleibt, wo keine Rede mehr von Dingen ist, an denen Eigenschaften wechseln, sondern beispielsweise nur noch über wechselnde Zustände von elektromagnetischen Feldern.

Genau in diesem Sinn bin ich mir sicher, daß es Ihnen gleichschwer fallen wird wie mir, auch nur ein Beispiel aufzuweisen für etwas, das einwandfrei zwar innerhalb empirischer Natur, doch außerhalb des Grundverhältnisses von Ding und Eigenschaft auftreten könnte. Ganz im Gegenteil ist dafür, daß zum Beispiel heutige Elementarteilchenphysik des mikroskopisch Kleinsten überhaupt noch mit Natur zu tun hat, Minimalbedingung, daß sie immer wieder solches antrifft, das, und sei es auch nur eine noch so kurze Spanne Zeit hindurch, als Selbiges im Raum bestimmte Eigenschaften oder

Zustände besitzt bzw. wechselt: Ort, Impuls, Temperatur oder auch nur Bewegung als zu messende Geschwindigkeit sind schlechterdings undenkbar ohne *etwas*, das sie *hat* bzw. haben *kann*.

Entsprechend sicher können Sie sich sein, zur Empirie solcher Natur gehöre auch dies Grundverhältnis von ihr mit hinzu, nicht weniger als jene Sachgehalte und gesetzlichen Zusammenhänge, die allein in seinem Rahmen das Empirische dieser Natur ausmachen. Damit aber gibt es auch bereits von sich aus Anlaß, jene Frage, was die Welt und wir als dies Empirische denn seien, im genannten doppelten Sinn zu verstehen: nicht allein in demjenigen, in dem die Erfahrung sie durch jene Vielfalt von Informationen über Sachgehalte und gesetzliche Zusammenhänge von ihnen beantwortet, sondern auch in dem, der damit im Vergleich bloß noch zu dieser Antwort Einfalt führt: nichts anderes als Ding mit Eigenschaften.

In diesem Sinn jedoch, in dem dies Grundverhältnis überhaupt erst in Gestalt der Antwort auf die ihm gemäß verstandene Frage auffällt, wie Sie sehen, fällt dann rückläufig auch an der Frage selber noch etwas Entscheidendes auf, nämlich daß Erfahrung ihrerseits sie so gerade nicht versteht und auch nicht stellt, geschweige denn beantwortet. Zu all dem ist sie vielmehr außerstande, und zwar prinzipiell, weil dieses Grundverhältnis zwischen Ding und Eigenschaft gerade dadurch, daß in Form von ihm dergleichen wie erfahrbare empirische Natur erst vorliegt, nicht auch selbst wieder etwas erfahrbares Empirisches ist. Gerade weil ein jeder Sachgehalt als ein erfahrbarer empirischer nur dadurch überhaupt erst auftritt, daß er ins Verhältnis eines Zustands oder einer Eigenschaft von etwas, eines Dinges eintritt, kann dies Grundverhältnis zwischen Zustand oder Eigenschaft und Ding kein eigener und weiterer erfahrbarer empirischer Gehalt sein, der sich zusätzlich zu den erfahrbaren empirischen an Dingen gleicherweise als ein eigener und weiterer empirischer erfahren ließe, ihnen also beispielsweise anzusehen wäre. Es durch jenen Eigensinn von Fragestellung als ein *Etwas am* Empirischen dieser Natur auch nur zum Thema zu erheben, heißt vielmehr, dieses Empirische von vornherein schon nichtempirisch, eben philosophisch zu befragen. Und so heißt denn, eine Antwort darauf geben, auch schon, am Empirischen selbst etwas Nichtempirisches hervorzuheben, wofür ausschließlich dergleichen wie Philosophie als eine ganz bestimmte Art von Reflexion darauf zuständig sein kann.

Das müßte Ihnen klarer werden, wenn Sie sich vor Augen führen, daß auf jene Frage dieses Grundverhältnis als die Antwort gleich noch weitere veranlaßt. Denn bei aller seiner Einfalt gegenüber jener Vielfalt von empirisch aufweisbaren Sachgehalten und Gesetzlichkeiten bildet das Verhältnis zwischen Ding und Eigenschaft doch gerade eine grundlegende Zwiefalt, die als solche alles andere als selbstverständlich ist, sondern vor Fragen stellt, die weiter führen: Warum ausgerechnet eine solche Zweiheit? Warum nicht stattdessen eine Dreiheit, Vierheit, Fünfheit usw.; oder warum nicht, was wohl noch näher läge, eine Einsheit? Bildung und Verwendung dieser ungebräuchlichen Bezeichnung »Einsheit« sollten Sie mir nicht verargen. Ich benötige sie hier nicht nur zur Wahrung dieser Reihe, nämlich Eins-, Zwei-, Drei-, Vier-, Fünfheit, sondern auch, um diese »Einsheit« gegenüber »Einheit« abzugrenzen. Einheit nämlich ist Empirisch-Naturales ja durchaus, und zwar die Einheit jeweils eines Dings mit Eigenschaft, nur eben ausgerechnet Einheit dieser Zweiheit und nicht einer Dreiheit, Vierheit, Fünfheit – wie gesagt –, doch auch nicht Einheit einer Einsheit. Warum also tritt Natur als das erfahrbare Empirische stets in komplexer Einheit, und zwar jeweils ausgerechnet in dualer Komplexion von Ding und Eigenschaft auf?

Doch genau soweit Sie dieser Frage Sinn erfassen, müßte Ihnen auch erhellen: Als Antwort auf sie kommt eine empirische nicht in Betracht, sondern wenn überhaupt, dann eine nichtempirische und damit philosophische. Wie nämlich sollte es wohl möglich sein, auch für den Tatbestand, daß die empirischen Gehalte im Zusammenhang ihrer empirischen Gesetzlichkeiten der Natur anscheinend durchwegs dieses Grundverhältnis bilden, noch eine empirische Erklärung zu gewinnen, nämlich dies Verhältnis selbst noch auf empirischen Gehalt oder empirische Gesetzlichkeit zurückzuführen? Denn gerade als empirische wären sie doch schon immer dieses Grundverhältnis eingegangen, müßten deswegen auch zu seiner Erklärung immer schon zu spät kommen. Als Einheit dieser Zweiheit eines Dings mit Eigenschaft kann jedes Naturale vielmehr, wenn als solches überhaupt erklärbar sein, dann jedenfalls nicht aus einem empirischen Grund, sondern nur aus einem nichtempirischen.

Damit aber müßte Ihnen vollends deutlich werden: Nicht erst diese Frage nach dem *Grund, warum,* sondern auch jene Thematisierung schon der *Tatsache, daß* Naturales stets im Grundverhältnis zwischen Ding und Eigenschaft auftritt, ist gar nichts anderes als ein Versuch der Reflexion auf es als das erfahrbare Empirische, und zwar der Reflexion als nichtempirischer und damit philosophischer. Ein solches Unternehmen nämlich kann, wenn überhaupt zu haltbaren Ergebnissen, dann nur noch dazu führen, dem Empirischen als solchem selbst schon einen nichtempirischen Gehalt abzugewinnen, – mag Sie das zunächst auch noch so tief befremden. Ergebnisse in diesem Sinne aber können Ihnen, wenn Sie sich auf solch ein Unternehmen einlassen, allein insoweit glücken, als Sie sich dabei von vornherein und durchwegs über den ganz eigentümlichen Charakter einer Reflexion als nichtempirisch-philosophischer auf das Empirische im klaren sind und sie im Vollbewußtsein dessen auch von Anbeginn und weiterhin entsprechend führen.

Ihr Befremden nämlich dürfte sich zunächst noch weiter steigern, doch gerade deshalb dann auch wieder mildern, wenn ich Sie darauf verweise: All dies gilt nicht nur für das Verhältnis zwischen Ding und Eigenschaften, sondern auch für den gesetzlichen Zusammenhang noch, in dem sie an Dingen jeweils wechseln, deren jedes wir dann solchen Wechsels wegen ein Ereignis nennen. Und auch dieser letztere Zusammenhang ist Ihnen mindestens genausosehr wie jenes erstere Verhältnis zwischen Ding und Eigenschaft als dasjenige zwischen Ursache und Wirkung wohlbekannt, ja bis zur Selbstverständlichkeit geradezu geläufig als Naturkausalgesetzlichkeit: Tritt ein Ereignis als ein Ding mit Eigenschaften auf, von denen eine oder mehrere an ihm gerade wechseln, sind Sie überzeugt, dies müsse jeweils Wirkung einer Ursache als eines anderen Ereignisses von dieser Art sein.

Trotzdem ist genausowenig wie das erstere Verhältnis zwischen Ding und Eigenschaft das letztere Verhältnis zwischen ihm als einem Eigenschaft gerade wechselnden und einem andern solchen Ding als Wirkung oder Ursache von ihm etwa auch seinerseits etwas erfahrbares Empirisches, das ihm zum Beispiel angesehen werden könnte. Vielmehr ist in diesem Sinne etwas Wahrnehmbares immer wieder nur Gehalt, insofern er in Form dieser Verhältnisse von Ding und Eigenschaft oder von Ursache und Wirkung auftritt, eben darum aber gerade nicht auch diese selbst, so daß nicht zufälligerweise offenbar für beide gleichermaßen gilt: Als etwas Nichtempirisches am Naturalen als Empirischem sind die Verhältnisse von Ding und Eigenschaft sowohl wie Ursache und Wirkung nur durch Reflexion als nichtempirisch-philosophische zum Thema zu erheben und einer Erklärung zuzuführen, deren eigentümlicher Charakter zu beachten ist.

Denn nur soweit Sie dies im Blick behalten, werden Sie im folgenden Kapitel auch verstehen können, warum die Versuche, die Natur als das erfahrbare Empirische bezüglich ihrer Grundverhältnisse von Ding und Eigenschaft oder von Ursache und Wirkung zu behandeln, noch bis heute keine überzeugenden Ergebnisse gezeitigt haben. Wurden sie auch schon von Anbeginn des abendländischen Philosophierens durch die Griechen und im Anschluß an sie immer wieder unternommen, mußten sie aus jenem Grund doch stets von neuem scheitern: Mangels Einsicht ihres eigenen Charakters einer Reflexion als eigentümlich nichtempirisch-philosophischer verfehlten die Versuche dieser Art nämlich gerade das Entscheidende: Diese Verhältnisse von Ding zu Eigenschaft und Ursache zu Wirkung haben ihre ganz besondere Schwierigkeit gerade darin, daß allein *in Form* von ihnen als dem *Nichtempirischen* dieser Natur Empirisches als das Erfahrbare auftreten kann, daß sie sonach als dieses Nichtempirische gerade zum Empirischen dieser Natur unlösbar mithinzugehören. Das Verfehlte dieser Art Versuche ist für Sie denn auch untrüglich immer wieder daran zu erkennen, daß Natur als diese unlösbare Einheit des Empirischen mit solchem Nichtempirischen ihnen zerfällt, indem ihnen statt des Empirischen solcher Natur vielmehr dies Nichtempirische zu etwas Eigenständig-Objektivem wird – ob nun im Sinne eines nur noch Denk- oder auch Quasi-Wahrnehmbaren – und dadurch zum Anlaß seiner Preisgabe.

Erst Kant kam angesichts der anhaltenden Problematik solcher Grundverhältnisse zur Einsicht, daß dies fortgesetzte Scheitern an ihr unausweichlich ist, solange dabei der entscheidende Punkt unklar bleibt. Daß nämlich jenes Unternehmen, die empirische Natur im Hinblick auf sie auch nur zu thematisieren, schon von vornherein die Sache einer Reflexion als eigentümlich nichtempirisch-philosophischer sei, dies hat Kant als erster überhaupt nur soweit einzusehen vermocht, als er sich auch klarmachen konnte, worin diese Reflexion denn überhaupt bestehe und wie sie als solche möglich werde.

Demgemäß vollziehe sie sich nämlich grundsätzlich als Reflexion von uns auf uns, kurzum als eine Selbstreflexion von Subjekten jeweils auf sich selbst als Subjekt: Denn auch dann, wenn sie ausschließlich auf die Welt als Natural-Empirisches zu reflektieren scheine, dadurch, daß sie offenbar über nichts anderes als ihre Grundverhältnisse von Ding und Eigenschaft oder von Ursache und Wirkung spreche, sei sie doch in Wahrheit vielmehr Reflexion auf uns, sofern schon damit, daß wir diese Grundverhältnisse auch nur thematisieren, wir im Grunde auf uns selber reflektieren. Und dies eben weil in den Verhältnissen von Ding und Eigenschaft oder von Ursache und Wirkung diese Welt als Naturales auch ausschließlich durch uns selber stehe: Jene höchst befremdliche Behauptung Kants, die ihm zufolge zu begründen sei, wodurch er noch bis heute von sich reden macht, obwohl die von ihm Redenden eine Begründung für sie, welche überzeugt, weil hinreicht, noch bis heute nicht gefunden haben: Schon die anfänglichste Reflexion auf diese Welt, die an ihr selbst als dem Empirischen einer Natur das Nichtempirische von solchen Grundverhältnissen als eigentümliches Problem und Thema für sich selbst als nichtempirisch-philosophische entdeckt, erweist sich danach eigentlich als Reflexion auf uns als Grund für sie und damit letztlich auch als Reflexion auf Welt und uns in einem.

Dies aber könnte Ihnen mißverständlich sein, so daß es zu bedenken gilt, warum allein sich solche Reflexion in dem zuletzt genannten Sinne offenbar komplex vollzieht. Daß Reflexion auf Welt als die empirische Natur sich nicht auf sie beschränken kann, sondern als solche selbst sich vielmehr weiter noch zur Reflexion auf uns entfalten muß, dies liegt durchaus nicht etwa an dem Faktum, daß wir ebenfalls empirische Natur sind und insoweit auch wie alle andere empirische Natur in Form der Grundverhältnisse von Ding und Eigenschaft oder von Ursache und Wirkung auftreten. Als solche selbst nämlich vermöchten wir auch prinzipiell niemals der *Grund* zu sein *für* diese Art Verhältnisse, weil wir insofern vielmehr gleicherweise jener eigentümlich nichtempirisch-philosophischen Erklärung mittels Reflexion bedürfen. Mithin brauchte diese sich zu einer Reflexion auf uns, soweit wir ebenfalls empirische Natur sind, auch durchaus nicht eigens zu entfalten; denn genau insoweit wären wir mit aller übrigen empirischen Natur zusammen hinsichtlich genannter Grundverhältnisse zum Thema doch schon immer miterhoben.

Daß sich diese Reflexion sehr wohl noch weiter zu der eigenen und eigentümlichen auf uns entfalten muß, liegt vielmehr ausschließlich an einem anderen, von diesem grundverschiedenen Faktum. Daran nämlich, daß wir in der Welt nicht nur mit aller anderen empirischen Natur das nichtempirische Problem der Grundverhältnisse von Ding und Eigenschaft oder von Ursache und Wirkung stellen, sondern über dies noch weit hinaus von einer Problematik sind, durch die wir uns von jeglicher empirischen Natur ganz prinzipiell auch wieder unterscheiden: insofern wir selber als durch und durch Nichtempirisches gerade diesen Grund für deren nichtempirisches Problem von Ding und Eigenschaft oder von Ursache und Wirkung bilden. Demgemäß verständlich müßte Ihnen jedenfalls fürs erste sein: Zum Thema einer Reflexion als nichtempirisch-philosophischer werden die Welt und wir danach in dem Sinn, daß sie sich als wesentlich komplexerer und tieferliegender Zusammenhang erweisen, als er uns, die wir sowohl im Alltag wie auch in der Wissenschaft die Welt und uns zunächst einmal empirisch als ein Naturales kennen, auf den ersten Blick erscheinen kann.

§ 2. Wir als nicht bloß Naturales

Denn Sie werden nicht verkennen: Gerade dann, wenn wir auch weiterhin die Welt und uns zunächst einmal als Natural-Empirisches ins Auge fassen, müssen wir noch Weiteres zur Kenntnis nehmen, das zwar ebenfalls in irgendeiner Weise an Empirischem als Naturalem selbst auftritt, doch keineswegs auch selbst als etwas Naturales und Empirisches. In dieser Hinsicht hatte ich Ihnen im vorigen schon jene Grundverhältnisse von Ding und Eigenschaft oder von Ursache und Wirkung aufgezeigt, in Form von denen Natural-Empirisches jeweils besteht, die aber nicht auch selbst wieder etwas Empirisches und Naturales bilden, sondern eben etwas Nichtempirisches, Nichtnaturales.

Im folgenden dagegen darf ich Sie des weiteren darauf verweisen: Über diese Grundverhältnisse hinaus, die *generell* an *jeglicher* Natur als etwas Nichtempirisches oder Nichtnaturales mitvorliegen – mindestens sofern sie uns jeweils ursprünglich gegenübertritt als Außenwelt von wahrgenommenen Objekten unseres Alltags, die wir auch in unserer Wissenschaft von der Natur als »Instrumente« ihrer mikro- oder makroskopischen Erforschung noch benutzen –, geht *speziell* mit *einiger* Natur in einem gänzlich andern Sinne Nichtempirisches oder Nichtnaturales miteinher. Durch es wird Natural-Empirisches vollends zum Zeugen dafür, wie notwendig es tatsächlich ist, zwischen der Welt und uns als Naturalem einerseits und uns als *nicht* bloß Naturalem anderseits zu unterscheiden.

Zu diesem Zweck muß ich Sie auffordern, sich einmal einen Steinbruch vorzustellen, in dem gesprengt wird und wo auf der durch die

Sprengung erstmals freigelegten Felswand eine geologische Steinformation zutage tritt, die annähernd von der Gestalt ist wie die auf Papier verteilte Druckerschwärze zwischen dem folgenden Doppelpunkt und Punkt, nämlich: Es regnet. Und wohl schwerlich werden Sie mir widersprechen wollen, wenn ich meine, diese Formation sei schlechterdings nichts anderes als ein, wenngleich sehr seltener, ja unwahrscheinlicher Fall eines bloßen Naturalen: eines Dings mit Eigenschaften als den Wirkungen von Ursachen, deren naturgesetzlichen, hier erdgeschichtlichen Zusammenhang Geologie erforscht. So unwahrscheinlich aber solch ein Vorkommnis auch sein mag, – als unmöglich auszuschließen ist es sicher nicht.

Dann werden Sie mir aber auch nicht widersprechen, wenn ich ferner meine: Was Sie vor sich haben in dem Fall, wo Sie in einem Brief etwa auf dergestalt verteilte Tinte stoßen, ist zum einen freilich ebenfalls Natur, zum andern aber keineswegs *bloße* Natur, ist vielmehr prinzipiell noch etwas zusätzlich zu ihr und anderes als sie. Denn kaum würden Sie gleich dem Geologen zu Methoden der Mathematik, Geometrie oder Naturwissenschaft greifen und die Tinte oder Druckerschwärze als ein Naturales chemisch-physikalisch mittels Zählen, Messen, Rechnen auf seine Gestalt oder Zusammensetzung und seinen Zusammenhang mit anderer Natur erforschen wollen, um herauszufinden, was Ihnen da vorliegt. Das erschiene Ihnen vielmehr ebenso absurd, wie umgekehrt als Zeuge oder Zeugin jener Sprengung eine auftauchende geologische Steinformation als den Behauptungssatz »Es regnet« zu verstehen. Und das Ausmaß dieser doppelten Absurdität ist auch nichts anderes als der Maßstab, an dem Sie ermessen können, in welch hohem Grade Sie sich dessen sicher sind: Trotz aller Selbigkeit seiner Gestalt, in der es jeweils auftritt, liegt im Fall der Felswand *bloßes* Naturales vor, im Fall des Briefes aber keineswegs, sondern über es hinaus noch etwas wesentlich von ihm Verschiedenes.

Nur sollten Sie sich eben deshalb dann auch fragen, was das eigentlich ist, dessen Sie sich da so sicher sind, und wie Sie eigentlich ein Wissen davon haben können: eine ebenfalls bis heute noch nicht hinreichend beantwortete Frage, die so schwierig, weil voraussetzungsreich ist, daß wir sie erst später werden zu beantworten vermögen; ebenso wie die gleich schwierigen der Grundverhältnisse von Ding und Eigenschaft oder von Ursache und Wirkung. Um den Weg dorthin zumindest zu betreten, reicht es Ihnen aber vorerst, sich zu überlegen, daß bestimmte Antworten auf diese Frage schwerlich haltbar sind.

So gefragt, erwägen Sie vielleicht zu antworten, im Fall des Briefes liege Sinn oder Bedeutung, eben der Behauptungssatz »Es regnet« vor, im Fall der Felswand aber nicht, und ohne Zweifel hätten Sie mit beidem Recht. Nur werden Sie wohl kaum noch weitergehen und sagen wollen, dieser Sinn oder diese Bedeutung, die Empirisch-Naturales von der selbigen Gestalt im einen Fall besitzt, im andern nicht, trete im ersteren genauso wie die Tinte oder Druckerschwärze auf Papier auch selbst noch als Empirisch-Naturales auf. Denn weder irgendwo in dieser Tinte oder Druckerschwärze selber noch woanders, nämlich außerhalb derselben, etwa »hinter« ihr, wird Ihnen Sinn oder Bedeutung selbst als ein Empirisch-Naturales nachzuweisen sein.

Hier freilich möchten Sie möglicherweise zu bedenken geben, daß zwar nicht der Tinte oder Druckerschwärze selbst, sehr wohl indessen der Gestalt ihrer Verteilung auf Papier als einer ganz bestimmten Sinn oder Bedeutung zu entnehmen sei. Denn schließlich lasse sich durchaus nicht daran rütteln, daß auch Sinn oder Bedeutung, wie zum Beispiel der Behauptungssatz »Es regnet«, doch *empirisch* uns zur Kenntnis kommt, indem wir ihn etwa »geschrieben *sehen*« oder auch »gesprochen *hören*«. Dies jedoch ermögliche die »Konvention«, wonach Empirisch-Naturales, insofern es von bestimmter Schrift- bzw. Lautgestalt ist, auch als ganz bestimmtes »Zeichen« von Bedeutung oder Sinn als etwas gleichfalls ganz Bestimmtem sei.

Doch selbst wenn ich einmal davon absehe, ob dies tatsächlich Sache einer »Konvention« ist, nämlich einer »Übereinkunft«, und wenn ja, auf welche Weise wir dann derart übereingekommen wären, darf ich Sie noch weiter fragen: Wollen Sie damit sagen, was die Empiristen meinen, daß sein Sinn oder seine Bedeutung Natural-Empirischem etwa seiner Gestalt nach einfach anzusehen oder anzuhören sei? Auch das nämlich kann prinzipiell nicht zutreffen. Denn eben dieser »Konvention« genügt die geologische Steinformation an jener Felswand ebenso wie die Verteilung jener Druckerschwärze oder Tinte auf Papier, doch ohne daß Sie auch nur im geringsten schon gesonnen wären, sie bloß deshalb als Behauptungssatz »Es regnet« und entsprechend als Bedeutung oder Sinn gelten zu lassen. Doch auch dies, daß beides jeweils in bestimmtem »Kontext« auftritt, trägt hier nichts zur Unterscheidung bei, weil er auch dann, wenn Sie ihn noch so weit berücksichtigen, jeweils immer wieder von derselben fragwürdigen Art ist.

Da bezüglich des empirisch jeweils vorfindbaren Naturalen und seiner Gestalt sich zwischen beiden Fällen vielmehr schlechterdings nicht unterscheiden läßt, weil auch kein Unterschied besteht, wird Ihnen unter dieser Hinsicht wenigstens vorläufig einleuchten: Obwohl Bedeutung oder Sinn stets nur vermittels von Empirisch-Naturalem wie zum Beispiel auf Papier bestimmt verteilter Tinte oder Druckerschwärze und mithin empirisch uns zur Kenntnis kommen können, bleiben sie als solche selbst doch etwas Anderes als dieses Natural-Empirische: ihm gegenüber vielmehr etwas Nichtempirisches oder Nichtnaturales.

Gerade weil dies zutrifft aber müssen Sie womöglich mehr noch als im vorigen hier auf der Hut sein, daß Sie dies nicht mißverstehen, – in einer Weise, welche naheliegt. Noch mehr als jene Grundverhältnisse von Ding und Eigenschaft oder von Ursache und Wirkung, welche *generell* in *jeglichem* Empirisch-Naturalen mitvorliegen, könnten nämlich Sinn oder Bedeutung, welche lediglich *speziell* mit *einigem* Empirisch-Naturalen miteinhergehen, Sie zu einer Auffassung verleiten, wonach sie desgleichen einerseits in dieses Natural-Empirische und anderseits in jenes Nichtempirische zerfielen. Wo in Wahrheit doch all dieses Nichtempirische vielmehr mit Natural-Empirischem so unlösbar verbunden auftritt, daß es ihm gewissermaßen bruchlos einverleibt ist, weil es ihm recht eigentlich zugrunde liegt; und zwar so tiefgründig, daß Ihnen als allein in Empirie Begriffenem oder Begriffener, im Wahrnehmen von Dingen und Ereignissen oder Behauptungssätzen, all dies auch allein als durch und durch Empirisches gilt.

Dementsprechend groß ist die Gefahr, der Philosophen schon seit Platon und bis Frege immer wieder zu erliegen pflegen, nämlich dieses Nichtempirische, sowie ermittelt, nicht nur als *verschieden,* sondern auch als *abgetrennt* und *außerhalb* von Natural-Empirischem zu denken und mithin zu etwas Eigenständig-Objektivem fälschlich zu verdinglichen. Das werden Sie auf Dauer nur vermeiden können, wenn Sie weiterhin sich deutlich machen: Als Nichtnaturales oder Nichtempirisches im Unterschied zu Natural-Empirischem werden nicht bloß die Grundverhältnisse von Ding und Eigenschaft oder von Ursache und Wirkung, sondern wird erst recht auch so etwas wie Sinn oder Bedeutung überhaupt nur durch bestimmte Reflexion darauf thematisch: durch die nichtempirisch-philosophische, und das heißt Kant zufolge abermals: nur dadurch, daß wir dabei schon in ganz bestimmter Weise auf uns selber reflektieren.

Freilich dürfte das in diesem Fall von Sinn oder Bedeutung weitaus schwerer noch verständlich werden als in jenem Fall von Ding und Eigenschaft oder von Ursache und Wirkung, die als Grundverhältnisse in jeglicher Natur auf uns zurückgehen sollen, jener These Kants zufolge, die denn auch noch der Begründung harrt. Von einer nicht leicht nachvollziehbaren Befremdlichkeit nämlich bleibt sie, weil dieses Natural-Empirische gerade etwas Anderes als wir selbst ist, wessen wir uns immerhin so sicher sind, daß beispielsweise sogar jene geologische Steinformation trotz ihrer eigentümlichen Gestalt uns als bloße Natur gilt, für die auch nichts anderes als Natur die Ursache sei. Und daß umgekehrt uns Natural-Empirisches wie etwa Tinte oder Druckerschwärze von derselben eigentümlichen Gestalt im Fall von jenem Brief als Sinn oder Bedeutung, nämlich als Behauptungssatz »Es regnet« gilt, liegt denn auch daran, daß wir mit derselben Sicherheit es gerade *nicht* bloß als Natur betrachten, sondern über sie hinaus als einen Fall von uns: In allen solchen Fällen stehen Sie zwar gleichfalls einem Andern gegenüber, doch durchaus nicht einem Andern als bloß anderer Natur, sondern jeweils einem Andern wie Sie selbst als einem anderen Subjekt, was immer das bedeuten mag. So nehmen Sie im Fall von dieser eigentümlichen Gestalt der Tinte oder Druckerschwärze nicht nur an, sie sei durch ein Subjekt *hervorgebracht,* denn eben dies, nämlich *hervorgebracht* ist sie ja auch im Fall von jener geologischen Steinformation durch die Natur, von der sich mithin ein Subjekt insofern auch noch überhaupt nicht unterschiede. Dabei gehen Sie vielmehr darüber noch hinaus und ferner davon aus, daß mittels solch einer Hervorbringung ein Subjekt jeweils etwas, beispielsweise den Behauptungssatz »Es regnet«, zu verstehen gibt, was immer das bedeuten mag.

Und dies, daß wir schon im Verstehen von solchem zu verstehen Gegebenem es jeweils mit einem Subjekt zu tun bekommen, das erweckt für Sie vielleicht den Eindruck, als bestehe eben darin auch schon jene Reflexion, durch die wir Sinn oder Bedeutung als Nichtnaturales oder Nichtempirisches thematisieren, dadurch, daß wir dabei auf uns selbst schon nichtempirisch-philosophisch reflektieren. Dies jedoch wäre ein Irrtum, weil demgegenüber jene Reflexion etwas grundsätzlich anderes ist.

Zu dieser Einsicht können Sie in einem ersten Schritt wie folgt gelangen. Wie bereits erwähnt, kann das Verstehen von dergleichen wie »Es regnet« als einer Behauptung ebenfalls nichts anderes als Empirie oder Erfahrung sein: Vermittelt durch Empirisch-Naturales wie zum Beispiel Tinte oder Druckerschwärze oder Laute, *sehen* Sie es irgendwie geschrieben oder *hören* Sie es irgendwie gesprochen, gänzlich so, wie wenn Sie anstatt mittelbar durch die Behauptung von einem Subjekt vielmehr unmittelbar an der Natur erfahren, nämlich selber sehen oder hören, daß es regnet. Denn durch seine natural-empirische Vermittlung kommt »Es regnet« als Behauptung auf uns alle überhaupt nicht anders zu als Regen selbst. Und dies genau insofern und genau solange es uns allen dabei immer wieder um nichts anderes als Erfahrung geht, will sagen, um empirische Erkenntnis unserer Welt als uns umgebender Natur, gleichviel ob wir sie nun unmittelbar durch diese selbst erlangen oder nur auf die genannte Art vermittelt, indem ein Subjekt uns in Gestalt einer Behauptung über sie berichtet.

Deshalb bleibt Ihnen auch nicht allein für das Empirische, welches bloße Natur ist, sondern auch für dasjenige, welches wie »Es regnet« als Behauptung eines Subjekts gerade nicht bloße Natur ist, jene Fragestellung möglich, die an all diesem Empirischen jeweils noch etwas Nichtempirisches thematisiert. So konnten Sie im vorigen schon hinsichtlich bloßer Natur sich über alle ihre Sachgehalte und Gesetzlichkeiten als empirische hinaus noch jene Frage stellen, was dies alles jeweils eigentlich sei, und mit der durch sie erzielten nichtempirischen Erkenntnis von Natur als nichtempirischem Verhältnis zwischen Ding und Eigenschaft bzw. Ursache und Wirkung sich beantworten. Und selbstverständlich gelten diese Frage ebenso wie diese Antwort für Natur auch noch insoweit, als sie an Empirischem beteiligt ist, das trotzdem wie zum Beispiel die Behauptung eines Subjekts keineswegs *bloße* Natur darstellt: Auch Tinte oder Druckerschwärze oder Laut, gleichviel welcher Gestalt, sind ebenso wie jene geologische Steinformation nichts anderes als Ding mit Eigenschaft und Wirkung einer Ursache.

Nur bleibt Ihnen dieselbe Art der Fragestellung für Empirisches auch dann noch möglich, wenn Sie über solcherart Natur hinaus es angemessen als Behauptungssatz eines Subjekts verstehen. Im Hinblick darauf nämlich steht es Ihnen gleichfalls offen, einmal davon auszugehen, auch für empirische Behauptungssätze wie »Es regnet«

habe jene Frage, was etwas sei, ihre vollständige Antwort schon gefunden durch erschöpfende Angabe dessen, was darin behauptet und auf diese Weise zu verstehen gegeben sei. Auch danach aber können Sie dieselbe Frage nochmals stellen, nämlich was all dies empirisch darin zu verstehen Gegebene oder Behauptete denn eigentlich sei, oder was mit all diesem empirischen Gehalt in der Gestalt empirischer Behauptungen in dieser Welt denn eigentlich zum Vorschein komme. Und die Antwort darauf kann nur lauten, daß bei aller Vielfalt dessen, was empirisch durch Behauptungs- oder auch durch andere Sätze zu verstehen gegeben wird, dies gleichwohl immer wieder nichts ist als die Einfalt von Bedeutung oder Sinn.

Dies jedoch ist keineswegs auch selbst wieder etwas Empirisches an solchem Naturalen; darin ist vielmehr genauso wie an jenem bloßen Naturalen jene Grundverhältnisse von Ding und Eigenschaft oder von Ursache und Wirkung auch an diesem Naturalen etwas Nichtempirisches noch aufgedeckt, und zwar durch einen ersten Schritt der Reflexion darauf als selber nichtempirisch-philosophischer. Denn deutlicher als schon im vorigen wird Ihnen hier vor Augen stehen: Genausowenig wie Sie jenem bloßen Naturalen einfach ansehen oder anhören können, daß es Ding mit Eigenschaft ist oder Wirkung einer Ursache, vermögen Sie auch diesem Naturalen von bestimmter Farb- bzw. Lautgestalt wie von »Es regnet« nicht etwa empirisch anzusehen oder anzuhören, daß es Sinn oder Bedeutung ist, nämlich Behauptung, auch nicht daran, daß es dadurch eine »Konvention« erfüllt und einen größeren »Kontext« bildet.

Im Gegenteil vermögen Sie diesem Bestimmt-Empirischen seiner Gestalt ausschließlich zu entnehmen, *was* es an *Bestimmt-Empirischem* von Sinn oder Bedeutung zu verstehen gibt, nicht aber, *daß* es *überhaupt* als Sinn oder Bedeutung vorliegt. Vielmehr müssen Sie gerade letzteres, wie der Vergleich mit jener geologischen Steinformation von selbiger Gestalt Sie lehrt, schon immer als ein Nichtempirisches *voraussetzen,* damit *auf Grund* dieser Voraussetzung von Sinn oder Bedeutung *überhaupt,* als *Nichtempirischem,* dann auch *Bestimmt-Empirisches* von Sinn oder Bedeutung für Sie daraus noch hervorgehen könne. Angelegenheit der Empirie oder Erfahrung mittels »Konvention« ist daher prinzipiell nicht etwa, festzustellen, *daß* in so bestimmt gestalteter Natur im einen Fall Bedeutung oder Sinn vorliegt, im andern wie der geologischen Steinformation dagegen *nicht,* sondern immer nur, *was* dabei an *bestimmt-empirischem* Sinn oder an *bestimmt-empirischer* Bedeutung vorliegt, *insofern* hier Sinn oder Bedeutung *überhaupt* vorliegt. Und dieses letztere kann eben deshalb nur als etwas Nichtempirisches vorliegen, weil Empirisch-Naturales als Bedeutung oder Sinn auch überhaupt nur dadurch auftritt, daß mit Hilfe seiner etwas zu verstehen gegeben wird, das heißt, daß ein *Subjekt* vermittels seiner etwas zu verstehen geben *will,* mit ihm etwas *bezweckt, beabsichtigt* bzw. *intendiert.* Denn in der Tat ist eine Absicht oder Intention etwas, das niemals, wenn es in Empirisch-Naturalem vorliegt, auch selbst wieder als Empirisch-Naturales auftritt und ihm deshalb auch nicht selbst wieder empirisch anzusehen oder anzuhören ist.

Daran aber wird für Sie nun offensichtlich: Diese Art der Reflexion führt uns tatsächlich bis zur Einsicht, daß wir in der Welt als etwas in Erscheinung treten, das zwar ebenfalls Natur ist, aber keineswegs bloße Natur, insofern wir Subjekte jeweils gerade durch unsere Intentionen sind, die wir von bloßem Naturalen überhaupt nicht kennen. Denn Sie werden kaum eine Absurdität begehen, nämlich in bloßer Natur bereits Intentionalität und damit Subjektivität erblikken wollen, so als ob Natur bereits als solche beispielsweise durch Gestaltung jener geologischen Steinformation etwas bezweckt, beabsichtigt bzw. intendiert, nämlich behauptet, daß es regnet. Gleich absurd indessen wäre es, wenn Sie Intentionalität im Fall des Briefes etwa schon in der entsprechenden Gestalt von Tinte auf Papier erblicken wollten und mithin sehr wohl schon in bloßer Natur als solcher. Daß Sie Natural-Empirisches von selbiger Gestalt in diesem Fall als den Behauptungssatz »Es regnet« lesen, doch in jenem nicht, liegt eben daran, daß in diesem Fall Sie Sinn oder Bedeutung, das heißt Subjektivität oder Intentionalität ihm unterstellen, doch in jenem nicht, was freilich beidenfalls eine Erklärung fordert. Dies jedoch gilt für Empirisch-Naturales nicht allein, sofern es in dem einen Fall bloße Natur ist, in dem anderen indes Bedeutung oder Sinn einer Behauptung, sondern auch – bei allen Unterschieden, die noch zu erörtern sind – schon dafür, daß Empirisch-Naturales in dem einen Fall bloß Körper, in dem anderen dagegen Leib ist als durch Subjektivität oder Intentionalität »beseelter« Körper.

Damit wiederum wird Ihnen offenkundig: Diese Art der Reflexion führt ferner zu der Einsicht, wie allein wir als gerade nicht bloß Naturales in der Welt für uns empirisch überhaupt zum Vorschein kommen können, wenn nicht als bloße Natur wie beispielsweise

Laut und Farbe oder Körper überhaupt, so notwendig wir dieses Naturalen hierzu auch bedürfen. Wir vermögen das ausschließlich dadurch, daß wir uns dabei von vornherein auf die genannte Weise, und zwar wechselseitig unterstellen als Intentionalität und damit Subjektivität: als etwas also, das als solches schlechterdings hier nirgendwo und nirgendwann etwa empirisch festzustellen wäre, sondern überall und immer nur als nichtempirisch Unterstelltes dann auf Grund von Naturalem wie zum Beispiel seinem Körper oder der von ihm benutzten Farben oder Laute auch noch selbst empirisch zu erkennen ist. Denn ohne Unterstellung dieses Nichtempirischen vermöchte solches Naturale schlechterdings nicht zu begegnen als Bedeutung oder Sinn einer empirisch ganz bestimmten Intention eines empirisch ganz bestimmten Subjekts für ein anderes mit einer anderen von ebenso empirischer Bestimmtheit. Daß wir als empirische Subjekte in der Welt uns gegenübertreten können, hängt entsprechend wesentlich von ebendem ab, daß wir im Verhältnis dieser Wechselseitigkeit von Unterstellung jeweils *anderer* Subjektivität als etwas Nichtempirischem uns durchwegs im Zusammenhang von *Inter*subjektivität entgegentreten, so daß wir als Subjektivität auch nur mit Intersubjektivität ineinem Thema werden können einer Reflexion als nichtempirisch-philosophischer.

Doch damit möchte ich Sie nicht etwa für jene Ideologie gewinnen, wonach Intersubjektivität angeblich immer schon das »Apriori einer Kommunikationsgemeinschaft« bilde: So als sei, wie Subjektivität grundsätzlich immer diejenige eines einzelnen Subjekts ist, eines individuellen Menschen, Intersubjektivität auch diejenige eines einzelnen Intersubjekts, – als ob es also nicht allein Subjekte gäbe, sondern über sie hinaus noch, ja recht eigentlich ihnen vorweg schon ein Intersubjekt gleich einem öffentlichen »Interconti«. Dies Absurde nämlich ist nur eines andern Kehrseite, wonach die Schwierigkeit einer Erklärung solcher Intersubjektivität darin begründet liege, daß man dazu nach wie vor vom einzelnen Subjekt und seinen Leistungen ausgehe, wie Descartes und seine Nachfolger, was angeblich bedeute, dieses Subjekt fälschlich als ein »einsames« vorauszusetzen: Eben dieses »einsamen Subjekts« Voraussetzung müsse als falsche jener richtigen von Intersubjektivität als »Apriori einer Kommunikationsgemeinschaft« weichen. Kritisch nämlich werden Sie nicht übersehen, daß davon schlechthin keine Rede sein kann, daß dies letzte vielmehr umgekehrt nur darauf zielt, das *einzelne* Subjekt als Individuum sogleich als »einsames« zu diffamieren, um an Stelle seiner dann im Handumdrehen das Kollektiv lancieren zu können.[1]

Denn in Wahrheit ist tatsächlich beides gleich absurd: Weit entfernt davon, diejenige eines Intersubjekts zu sein, ist Intersubjektivität vielmehr genau wie Subjektivität stets diejenige einzelner Subjekte, weil sie beide stets als Leistung dieser einzelnen Subjekte überhaupt erst herzustellen sind: durch eigene Intentionalität von jedem. Daß es andere Subjekte gibt und somit auch die Möglichkeit der Intersubjektivität von »Kommunikation« oder »Interaktion« mit ihnen, kann so wenig als ein »Apriori« gelten, daß für jedes einzelne Subjekt dies vielmehr ebenso wie alles übrige Empirische ausschließlich Angelegenheit der Kontingenz oder Faktizität ist. Denn so sehr auch ein Subjekt durch jene Unterstellung anderer, und zwar desgleichen jeweils *einzelner* Subjekte immer schon auf sie, nämlich auf »Kommunikation« oder »Interaktion« mit ihnen aus sein möge, – daß ein anderes einzelnes Subjekt sich daraufhin tatsächlich einstellt, die »Kommunikation« oder »Interaktion« mit ihm sich wirklich herstellt, ist und bleibt trotzdem nichts anderes als das Aposteriori bloßer Empirie und so gerade das ›Aposteriori einer Kommunikationsgemeinschaft‹. Apriori ist dabei vielmehr ausschließlich die intentionale Leistung jener Unterstellung anderer Subjektivität als eines Nichtempirischen, die jegliches Subjekt, und zwar gerade als ein einzelnes schon immer zu erbringen hat, damit es auf Grund ihrer so etwas wie andere einzelne Subjekte als empirische dann überhaupt erfahren und erleben kann.

Und der Fehler von Descartes und seinen Nachfolgern liegt auch nicht darin, daß sie zur Erklärung solcher Intersubjektivität vom einzelnen Subjekt ausgehen, weil tatsächlich so etwas wie eine Leistung als intentionale, gleichviel welcher Art, ursprünglich immer nur ein einzelnes Subjekt erbringen kann, auch dann, wenn sie mit der von andern einzelnen zusammen in Gestalt einer Gesamtleistung auftritt. Ein Fehler unterläuft ihnen vielmehr erst dort, wo sie die Leistung jener Unterstellung anderer Subjektivität als eine nichtempirisch-apriorische verkennen und darum versuchen, Intersubjektivität zwischen Subjekten sich empirisch als »Sich-Einfühlen« und »Sich-Versetzen« eines Subjekts *in* ein anderes zu denken, das sie dafür

1 Zu all dem vgl. K.-O. Apel, *Transformation der Philosophie*, Frankfurt 1973, Bd. 2, S. 155ff. passim.

aber immer schon als ein Subjekt vorauszusetzen haben. Da indessen die Unmöglichkeit, etwa empirisch festzustellen, daß Empirisch-Naturales in dem einen Fall Intentionalität als Subjektivität ist, in dem anderen dagegen nicht, wohl keinem Zweifel unterliegt, kann diese Art Versuch von ihnen prinzipiell nur scheitern. Denn gerade dann ist prinzipiell nicht zu erklären, warum ein Subjekt empirisch sich nicht auch genausogut in jene geologische Steinformation sollte »einfühlen« und »versetzen« können, um sie dementsprechend als eines Subjekts Behauptungssatz »Es regnet« zu verstehen.

Solche Subjektivität im Sinne der Intentionalität vermag ich Ihnen hier nur vorläufig als eine Wohlbekannte in den Blick zu rücken und im folgenden erst ihrer inneren Struktur nach zu entfalten, worin sie bis heute unentfaltet eine große Unbekannte ist. Sie sollten sie zunächst auch lediglich als das im Blick behalten, was genausowenig wie jene Verhältnisse von Ding und Eigenschaft oder von Ursache und Wirkung an Empirisch-Naturalem sich etwa empirisch sehen oder hören läßt, wie Ihnen hieran aber noch am ehesten erhellen mag. Denn klarer als im Fall jener Verhältnisse, die ihrer Herkunft nach desgleichen noch der Aufklärung bedürfen, liegt in diesem Fall das daran, daß der Grund dafür, Empirisch-Naturales wie bestimmte Farb- bzw. Lautgestalt als Sinn oder Bedeutung zu verstehen, als Subjektivität oder Intentionalität, ausschließlich wir sind. Daß wir sie im Unterschied zu bloßem Naturalen nicht einfach empirisch festzustellen vermögen – auch an uns nicht, insofern wir jeweils selbst als Körper oder Leib Empirisch-Naturales sind –, geht nämlich darauf nur zurück, daß so etwas wie Subjektivität oder Intentionalität jeweils allein aus sich als einem Selbstverhältnis überhaupt hervorgeht. Derlei aber kennen wir erst recht nicht von bloß Naturalem, derlei vielmehr kennt ein jeder von uns ursprünglich allein aus sich und auch allein als etwas, dessen er sich ursprünglich nur nichtempirisch und mithin auch nur als eines Nichtempirischen bewußt ist. Eben darin liegt der Grund dafür, daß wir Empirisch-Naturalem so etwas wie Subjektivität oder Intentionalität allein als etwas Nichtempirisches zugrunde legen, nämlich weil wir dies auch jeweils ausschließlich aus uns heraus ihm unterstellen: als etwas, dessen wir zunächst einmal allein uns selbst jeweils bewußt sind, und zwar als das Nichtempirische von Selbstbewußtsein.

Vorerst sollten Sie sich nur darüber klar sein: Die bekannte Schwierigkeit, die einer Lösung dieser Selbstbewußtseinsproblematik nach wie vor im Wege steht, liegt vorrangig in folgendem bis heute Unverstandenen: Das Nichtempirische von Selbstbewußtsein eines Selbstverhältnisses ist jeder von uns gerade dadurch, daß er als dies Selbstverhältnis zu sich selbst gerade Fremdverhältnis ist zu Anderem als sich selbst, indem er eben Subjektivität gerade als Intentionalität ist. Denn als solche geht er a priori aus sich selbst heraus auf Anderes seiner selbst aus als Empirisches für sich, gleichviel ob er dabei auf Grund von jenem a priori Unterstellten dann a posteriori dieses Andere empirisch nun tatsächlich als ein anderes Subjekt erfährt oder nur als ein anderes Objekt im Sinne eines bloßen Naturalen. Es gehören jedenfalls dieses Verhältnis zu sich selbst sowie zugleich aus ihm heraus dieses Verhältnis auch zu Anderem seiner selbst bei jedem von uns in Gestalt seiner Intentionalität anscheinend notwendig zusammen, bilden darin eine zwar komplexe, aber dennoch unlösbare Einheit miteinander: So grundsätzlich geht im Zug seiner Intentionalität ein jeder von uns aus sich selbst heraus gerade aus auf Anderes seiner selbst, daß umgekehrt für jeden von uns dieses Andere als das Empirische dabei ganz in den Vordergrund tritt, er dagegen als das Nichtempirische von Selbstverhältnis selbst, aus dem heraus er dieses Fremdverhältnis überhaupt erst ist, entsprechend ganz im Hintergrund bleibt.

Eben hieran noch am ehesten erhellt für Sie dann aber auch, daß Überlegungen wie die bisher mit Ihnen angestellten in der Tat in vollem Sinne Reflexion sind, nämlich Rückbesinnung auf uns selbst und so Thematisierung dessen, was in allen andern Unternehmen wie zum Beispiel in alltäglicher und wissenschaftlicher Erfahrung gerade unthematisch bleibt. Als ebensolche Reflexion jedoch besitzt Philosophie auch ihre Eigentümlichkeit, vor allem aber Schwierigkeit: Durch ihre Art der Überlegung nämlich geht sie jeden an, jedoch auch als die Zumutung, seiner Intentionalität im Gegenzug zu ihrer Richtung auf dies Andere oder Empirische als der natürlichen eine ihr gegenüber unnatürliche zu geben: jene Richtung auf sich selbst zurück als jenes Nichtempirische von Selbstverhältnis, als das er sich selbst als diesem Fremdverhältnis zu Empirischem als Anderem ja immer schon zugrunde liegt. Und schwierig ist das, weil es nicht einfach bedeutet, diese unnatürliche *intentio obliqua* bloß als rückgewendet-höherstufige natürliche *intentio recta* zu vollziehen: Eben dadurch unterläuft gerade eine grundverfehlte Selbstverdinglichung des nichtempirischen Subjekts, worin es, statt im Selbstverhältnis zu sich selbst als solches Nichtempirische sich auch zu treffen, sich in einem Quasi-Fremdverhältnis zu sich selbst als Quasi-Anderes oder Quasi-Empirisches vielmehr entgeht. Dies heißt recht eigentlich, die *Art und Weise* der natürlichen *intentio recta* aufzugeben und die unnatürliche *intentio obliqua* dafür auszubilden als grundsätzlich *andere* Art und Weise der *intentio reflectiva,* deren Eigentümlichkeit nicht schon von vornherein gegeben ist, sondern sich nur ergeben kann, indem sie durch die Tat gelingt, nämlich als Theorie der Subjektivität im Sinne von Intentionalität auch Herr wird.

Sie sehen jedenfalls: Ein Unternehmen wie Philosophie vermag danach nur so in Gang zu kommen, daß wir unsere Erfahrung jenes Natural-Empirischen wohlüberlegt auf sich beruhen lassen, um aus ihr heraus in Reflexion auf sie zurückzutreten: dadurch nämlich, daß wir rückwärts über das, was *für* sie Thema ist, hinaus auch *sie* und damit *uns* als jenes Nichtempirische von *Grund* für sie zum Thema noch erheben, was all jene andern Unternehmen immer wieder übergehen müssen.

Als jenes Nichtempirische indessen liegen wir dieser Erfahrung von Empirisch-Naturalem als dem Anderen nicht nur zugrunde, insofern wir letzteres, indem wir ihm aus uns heraus Intentionalität von Subjektivität als Nichtempirisches schon immer unterstellen, auch tatsächlich als ein anderes empirisches Subjekt mit dieser oder jener ganz bestimmten Intention erfahren. Dieses Nichtempirische von Grund für sie sind wir vielmehr jener befremdlichen Behauptung Kants zufolge auch, sofern wir dieses Andere als das bloß Natural-Empirische von anderem Objekt erfahren, als ein bloßes Ding mit Eigenschaft oder als bloße Wirkung einer Ursache, und damit grundsätzlich für alles Andere als Natural-Empirisches im Ganzen.

§ 3. Wir und die Natur

In mehr als einer Hinsicht jedenfalls stellt Natural-Empirisches als solches selbst ein nichtempirisches Problem, das Ihnen auffällig geworden ist, sofern dem Natural-Empirischen als solchem selbst in mehr als einer Hinsicht etwas Nichtempirisches zugrunde liegt; und sei es auch nur darin, daß es stets in Form der Grundverhältnisse von Ding und Eigenschaft oder von Ursache und Wirkung auftritt, die nicht ihrerseits desgleichen wieder etwas Natural-Empirisches sein können. Daß es noch bis heute ungelöst, weil vom Empirisch-Naturalen als Objekt her offenbar unlösbar ist, das sollte Sie indessen nicht dazu verleiten, sich die Lösung vom Subjekt her, mit der Kant zunächst einmal befremden muß, zu schnell vertraut zu machen: dadurch, daß Sie die Herausforderung unterschätzen, welche sie allein schon als Behauptung darstellt, ganz zu schweigen von ihrer noch immer fehlenden Begründung.

Die Verleitung dazu könnte nämlich um so näher liegen, als diese Behauptung sich aus einer Überlegung Kants ergibt, welche, sobald verstanden auch schon überzeugend ist, nämlich wie es Natur für uns denn überhaupt soll geben können. Und so wird die Antwort darauf, möglich sei dies nur, indem wir sie erfahren, und das heißt, empirische Erkenntnis über sie gewinnen, denn auch jedermann zu überzeugen nicht verfehlen. Kant zufolge heißt dies demnach kurz gefaßt, daß es Natur allein als »möglichen Gegenstand unserer Erfahrung« für uns geben könne.

Dann indessen, so verliefe die Verleitung, sei es fast schon selbstverständlich, daß als Gegenstand solcher Erfahrung die Natur auch in Verhältnissen besteht, die denjenigen der Erfahrung selbst entsprechen. Denn ein jeder Fall solcher Erfahrung als empirischer Erkenntnis, sei es auch der ursprünglichste und elementarste einer Wahrnehmung von Natural-Empirischem der Außenweltobjekte, trete auf als eines jener Art Gebilde von Bedeutung oder Sinn, gleichviel ob es als solches dabei auch bereits verlautbart oder gar verschriftlicht werde. Mag es nämlich noch so viele Arten solcher Sinngebilde geben, wie zum Beispiel Frage, Bitte oder auch Befehl, Versprechen und dergleichen, – insofern sie Natural-Empirisches betreffen, seien sie dazu allein auf Grund in ihnen selbst enthaltener Gebilde von der Art dieser Erfahrung als empirischer Erkenntnis in der Lage. Und die Sonderstellung all solcher Gebilde als jeweils bestimmter Intention eines Subjekts erhelle aus den letzteren sogar besonders klar, sofern sie als Behauptung eines Subjekts jeweils wahr sind oder falsch, wovon bei keinem Objekt als bloß Natural-Empirischem die Rede sein kann.

Wahr oder falsch jedoch, so setzte sich jene Verleitung fort, sei jegliche Erfahrung als empirische Erkenntnis nur, indem sie immer wieder so entspringt, daß wir als Subjekt ursprünglich etwas *verstehen* oder auch etwas *begreifen:* was dem Vollsinn nach bedeute, etwas ursprünglich *als etwas* zu verstehen oder zu begreifen, nämlich mittels von Begriff etwas *als etwas* zu *bestimmen,* beispielsweise »dies« als »Stein« oder als »glatt« durch »Dies ist glatt« oder »Dies ist ein Stein«. Entsprechend trete jegliche Erfahrung als ursprüngliche empirische Erkenntnis grundsätzlich in der Gestalt einer elementaren »Prädikation« auf, die im allgemeinsten Sinn »Subjekt« und »Prädikat« durch eine »Kopula« in sich vereinige als zwei notwendige, doch wesentlich verschiedene Aufbaustücke, nämlich in der Rolle eines »Indikators« auf der einen Seite (»Dies . . .«) und eines »Prädikators« auf der andern (». . . glatt«) in unauflösbarer Verbindung miteinander (». . . ist . . .«).

Von daher aber, so gelangte dann jene Verleitung an ihr Ziel, sei es verständlich, wenn Empirisch-Naturales, das es nur als »möglichen Gegenstand unserer Erfahrung« für uns geben könne, auch allein in Form von Grundverhältnissen wie dem von Ding und Eigenschaft auftreten kann. Denn letzteres sei danach überhaupt nichts anderes als sozusagen Niederschlag von ersterem, des Grundverhältnisses zwischen »Subjekt« und »Prädikat« als den notwendigen, jedoch verschiedenen Aufbaustücken innerhalb der Einheit von »Prädikation« als wesentlicher Form ursprünglicher Erfahrung.

Damit aber hätten Sie sich gleich in mehr als einer Hinsicht zu etwas Unhaltbarem verleiten lassen. Einmal dazu, jenes Nichtempirische des Grundverhältnisses von Ding und Eigenschaft auf etwas bloß Empirisches zurückzuführen, weil es in der Tat allein etwas Empirisches ist, daß »Prädikation« in Form des Grundverhältnisses zwischen »Subjekt« und »Prädikat« auftritt. Mit Leichtigkeit nämlich vermag Sie jedermann auf das nicht weniger Empirische der vielen Fälle hinzuweisen, wo »Prädikation« sich keineswegs in solcher Form vollzieht, wie etwa bei »Es regnet«. Also allenfalls empirisch überwiegend und auch höchstens in den Sprachen des Indogermanischen sei dies der Fall, so könnte Ihnen jedermann entgegenhalten: Weit entfernt davon, als ursprüngliche Grundstruktur für die Erfahrung als empirische Erkenntnis allgemein und wesentlich zu gelten, sei sie vielmehr nur die Eigentümlichkeit von einigen, nicht allen Sprachen, beispielsweise nicht der ostasiatischen, so daß es mithin auch die Sache auf den Kopf zu stellen heiße, das Verhältnis zwischen Ding und Eigenschaft als ein angeblich nichtempirisches und allgemeines Grundverhältnis alles Natural-Empirischen darauf zurückzuführen. Und in dieser Weise hätten Sie zum anderen zumindest beigetragen zu dem ferner Unhaltbaren, daß vielmehr gerade umgekehrt dieses Verhältnis zwischen Ding und Eigenschaft nur scheinbar etwas Nichtempirisches und Allgemein-Grundlegendes darstelle, weil es lediglich auf die »Prädikation« als überwiegende empirische Struktur von Sprachen des Indogermanischen zurückzuführen sei.

Denn daß die zahlreichen Vertreter dieser Meinung[1] etwas Wesentliches mißverstehen, wird Ihnen durchschaubar nur, indem Sie sich zugleich verdeutlichen: Mit seiner Überlegung, wonach es allein als möglichen Gegenstand unserer Erfahrung das Empirisch-Naturale für uns geben kann, geht Kant von vornherein nicht etwa von der Oberflächendimension dieser Erfahrung aus als dem Empirischen an ihr von dieser oder jener sprachlichen Struktur, geht er von vornherein vielmehr zurück in ihre Tiefendimension als eine nichtempirische Struktur dieser Erfahrung als dem Wahren oder Falschen. Denn was immer auch an Natural-Empirischem mit ihr als sprachlich formulierter noch verbunden sein mag, ist ihr doch sowohl, daß sie Behauptung, als auch, daß sie damit wahr ist oder falsch, empirisch prinzipiell nicht anzusehen oder anzuhören. Und ausschließlich daraus, daß Erfahrung wahr ist oder falsch, ergibt sich Kant zufolge, wie Ihnen erhellen wird, daß sie in ihrer Tiefendimension als ihre nichtempirische Struktur ursprünglich immer wieder diejenige der Prädikation besitzen muß, gleichviel, welche empirische Struktur sie ihrer Oberflächendimension nach haben möge. Denn nur innerhalb einer Struktur, die grundsätzlich darin besteht, etwas *als etwas* zu verstehen oder zu begreifen, liegt die Möglichkeit, daß etwas auch als etwas, das es gar nicht ist, verstanden und begriffen werden könne, einerlei aus welchem Grund: Nur dort, wo sich etwas, sprich »Dies ...«, als etwas, sprich als »... glatt« oder als »... Stein«, verstehen und begreifen läßt, kann es grundsätzlich auch als »... rauh« oder als »... Pilz« verstanden und begriffen werden und infolgedessen je nach dem, was es tatsächlich ist, wahr oder falsch verstanden und begriffen werden: eben nur in der Struktur jener Prädikation.

In diesem Sinn jedoch ist sie allein schon deshalb eine nichtempirische Struktur, weil sie in allen Fällen eines Wahren oder Falschen notwendig zugrunde liegen muß, auch dort, wo diese ihre Tiefendi-

1 Vgl. z. B. W. Porzig, *Das Wunder der Sprache,* 4. Aufl. Bern 1967, S. 137–141; E. Heintel, *Einführung in die Sprachphilosophie,* 3. Aufl. Darmstadt 1972, S. 94.

mension in ihrer Oberflächendimension empirisch nicht zum Ausdruck kommt. Und nur in dieser Tiefendimension als nichtempirischer Struktur ursprünglicher Erfahrung als Prädikation von Natural-Empirischem, so kämen Sie dann auf Kants eigentliche Auffassung zurück, liegt auch der Grund dafür, daß als entsprechend nichtempirische Struktur dem Natural-Empirischen ursprünglich immer wieder das Verhältnis zwischen Ding und Eigenschaft zugrunde liegen muß. Und so verstanden, bildet diese Auffassung von Kant bis heute einen derart tragfähigen Grund, daß Fundament sowohl wie Aufbau von Philosophie als Systematik sicher auf ihm ruhen können.

So verhilft er Ihnen vorerst dazu, die Vertreter jenes Unhaltbaren dahin zu verständigen, daß ihre durchaus richtigen Beobachtungen über die empirische Struktur verschiedener Sprachen allenfalls das folgende ergeben können. Denn wohl schwerlich werden sie vertreten wollen, daß es Sprachen gebe, beispielsweise jene ostasiatischen, in denen sich elementar-ursprüngliche Erfahrung als das Wahre oder Falsche von empirischer Erkenntnis eines Natural-Empirischen nicht formulieren läßt, ja daß sogar in Sprachen des Indogermanischen zum Beispiel Fälle wie »Es regnet« nicht als Formulierung solcherart Behauptung gelten dürfen. Nicht nur dabei, sondern selbst bei sogenannten Ein Wort-Sätzen, wie auch wir sie etwa in der Kinder-Sprache kennen, steht das nämlich außer Zweifel. Denn nur deshalb, weil ein Kind mit »Auto« überhaupt nichts anderes formuliert als ein Erwachsener mit Hilfe von »Dies ist ein Auto«, können Sie ihm, wenn es damit eine Kutsche meint, auch sinnvoll richtigstellend sagen: »Nein. Dies ist kein Auto. Dies ist eine Kutsche«. Und genau insoweit dies gewährleistet ist, formulieren selbst Ein Wort-Sätze auch schon Prädikationen von der inneren Struktur, etwas als etwas zu verstehen oder zu begreifen, also einerlei, ob deren Formulierungsart nun überhaupt, und wenn ja, inwieweit sie die Komplexität dieser Struktur auch äußerlich-empirisch noch zum Ausdruck bringt.

Darin freilich, können Sie jenen Vertretern zugestehen, gibt es große Unterschiede, aber nicht nur zwischen grundverschiedenen Sprach-Familien oder Einzelsprachen, sondern sogar innerhalb von einer und derselben Sprache. Eben darin mögen auch die Sprachen des Indogermanischen vielleicht tatsächlich ihre Eigentümlichkeit besitzen, insofern sie nämlich im Vergleich mit anderen, etwa fernöstlichen, diese Struktur am weitesten oder sogar vollständig explizieren. Doch selbst sie tun das nicht ausnahmslos in allen Fällen, wie die von »Es regnet« etwa zeigen, und so kann daraus auch schlechterdings nichts folgen für eine entsprechende Struktur des Natural-Empirischen. Wohl kaum nämlich wird auch nur einer von ihnen vertreten wollen, daß es der besonderen Struktur der Sprache des Japanischen etwa entsprechend auch besondere japanische Natur gebe, die gegenüber der indogermanischen Natur sich auszeichne, indem sie nicht wie diese innerhalb des Grundverhältnisses von Ding und Eigenschaft auftrete. Denn genau wie auch in Formulierung des Japanischen dem Wahren oder Falschen von elementar-ursprünglichen Behauptungen über Empirisch-Naturales allgemein Prädikation als nichtempirische Struktur zugrunde liegen muß, so diesem Natural-Empirischen als solchem selbst auch allgemein das Grundverhältnis zwischen Ding und Eigenschaft als gleichfalls nichtempirische Struktur.

Damit aber, daß infolgedessen höchstens diese nichtempirischen Strukturen sich entsprechen, tritt für Sie auch die mit jener Auffassung von Kant verbundene Herausforderung voll zutage. Denn als nichtempirische erfordert dann auch jede einzelne dieser Strukturen ihre eigene Begründung, läßt sich jedenfalls nicht eine davon einfach auf die andere zurückführen. Weder können Sie Prädikation als Einheit des Verhältnisses zwischen Subjekt und Prädikat im Sinn von »Indikator« und von »Prädikator« einfach als die »Wiedergabe« des Verhältnisses von Ding und Eigenschaft erklären, noch auch umgekehrt das letztere einfach als »Niederschlag« des ersteren, weil vielmehr jedes davon gleicherweise nach Erklärung ruft: Denn ebenso wie letzteres stellt ersteres vor jene Frage: Warum ausgerechnet eine solche Zweiheit? Warum nicht stattdessen eine Dreiheit, Vierheit, Fünfheit usw.; oder warum nicht, was wohl noch näher läge, eine Einsheit? Einheit nämlich ist das Wahre oder Falsche der Erfahrung als elementar-ursprünglicher Erkenntnis ja durchaus – als nichtempirische Struktur jener Prädikation, etwas als etwas zu verstehen oder zu begreifen –, nämlich das unlösbare Verhältnis von Subjekt und Prädikat: Nur eben ausgerechnet Einheit dieser Zweiheit, wie gesagt.

Aus welchem Grunde also tritt nicht nur das Natural-Empirische als das Erfahrene oder Erfahrbare in Form des nichtempirischen Verhältnisses von Ding und Eigenschaft als Einheit einer Zweiheit auf, sondern auch die Erfahrung als Prädikation von ihm in Form des nichtempirischen Verhältnisses zwischen Subjekt und Prädikat, so daß sie sich als ebensolche Einheit einer Zweiheit auch genau entsprechen? Nach Kant aus keinem anderen als dem, daß Grund für beides gleicherweise überhaupt nichts anderes als wir sind. Seine Überlegung, daß es Natural-Empirisches für uns allein als »möglichen Gegenstand unserer Erfahrung« geben könne, führt ihn zu dem »Grundsatz«, den er rechtens als den »Obersten« in Anspruch nimmt, sofern er nämlich lautet: »Die Bedingungen der Möglichkeit der Erfahrung überhaupt sind zugleich Bedingungen der Möglichkeit der Gegenstände der Erfahrung«.[2] Und eine Herausforderung für uns alle liegt darin gerade deshalb, weil damit gemeint ist: Diese durch uns selbst, die wir Erfahrung *machen,* zu erfüllenden Bedingungen, die sie als das Erfah*ren* strukturieren, sind zugleich Bedingungen, die als durch uns erfüllte auch noch das Erfah*rene* oder Erfahr*bare* als *Gegenstand* dieses Erfahrens strukturieren. Also sind danach auch beide jener nichtempirischen Strukturen auf nichts anderes denn uns als etwas Nichtempirisches zurückzuführen, und das heißt, auf das allein mittels Philosophie als Reflexion Erschließbare der Tiefendimension, als die wir selbst jedem Erfahren immer schon zugrunde liegen und nach Kant mithin auch noch jedem Erfahrenen oder Erfahrbaren als etwas Anderem zu uns: dem Natural-Empirischen.

Diese Behauptung auch ihrer Begründung zuzuführen, hat Kant selbst, weil es das eigentlich Herausfordernde darstellt, fast ausschließlich für das letztere versucht, als das Objekt, obwohl das erstere, als das Subjekt, wofür er dies so gut wie schuldig bleibt, ihm geradezu als Eingangstor, und zwar als einzig mögliches, zur Reflexion in diese Tiefendimension sich öffnet. Überhaupt nichts anderes als jene nichtempirische Struktur jener Prädikation, etwas als etwas zu verstehen oder zu begreifen, als Verhältnis von Subjekt und Prädikat oder von »Indikator« und von »Prädikator« nämlich ist es, worauf reflektierend Kant den Einstieg in Philosophie als Reflexion auf dieses nichtempirische Subjekt als Tiefendimension in jeglicher Erfahrung findet. Überhaupt nichts anderes als letztlich das notwendige Zusammenspiel des »Indikators« mit dem »Prädikator« zur Prädikation nämlich meint Kant, wenn er sich im entscheidend-ersten Reflexionsschritt klarmacht: Als ein ursprünglich-elementarer muß ein jeder Fall des Wahren oder Falschen von Erfahrung als empirischer Erkenntnis in der notwendigen Einheit von »Anschauung« und »Be-

2 A 158 B 197.

griff« bestehen,[3] deren erste stets in Form von Zeit und Raum als etwas Nichtempirisch-Apriorischem auftritt und deren letzter stets in Form einer Kategorie als gleichfalls nichtempirisch-apriorischer, was alles ursprünglich wir selbst aus uns als jeweils nichtempirischem Subjekt heraus dazu beisteuern.

Und das können Sie, besonders was die »Anschauung« betrifft, in vorläufiger Weise hier schon daran überprüfen, daß tatsächlich jeder Fall einer elementar-ursprünglichen Erfahrung als der Wahrnehmung von Natural-Empirischem wie »Dies ist glatt« oder »Dies ist ein Stein« soviel bedeutet wie »Dies *hier und jetzt* ist glatt« oder »Dies *hier und jetzt* ist ein Stein«. Denn daß diese Selbstfestlegung eines Subjekts auf jeweils bestimmten Raum und auf jeweils bestimmte Zeit sich als die eigentliche Leistung eines solchen Indikators aus ihm selbst ermitteln läßt, erweist im Sinne Kants, daß jeglicher elementar-ursprünglichen Erfahrung durch ihn notwendigerweise »Anschauung« in Form von Raum und Zeit zugrunde liegen muß. Und dessen werden Sie mit Kant sich desto sicherer sein können, als dies wirklich allgemein gilt, auch in Fällen wie »Es regnet«, die empirisch an der Oberfläche ihrer Sprachgestalt das »Dies ...« nicht explizieren. Denn auch Fälle wie »Es regnet« heißen zweifellos »Es regnet *hier und jetzt*«.

Nur daß Kant, nachdem er durch dies Eingangstor hindurch sich mittels seiner Reflexion den Weg zu einer Fülle solcher Aufbaustücke des Erfahrung machenden Subjekts gebahnt hat – bis hinauf zu seinen obersten Vermögen von »Verstand« und »Sinnlichkeit« für den Begriff und für die Anschauung –, es gar nicht erst versucht, von eben dort, nämlich von ihnen als den obersten Prinzipien her auch das Verhältnis von »Subjekt« und »Prädikat« dieser Prädikation als nichtempirische Struktur auf seiten des Subjekts noch herzuleiten, statt nur das von Ding und Eigenschaft als nichtempirische Struktur auf seiten des Objekts, weshalb er auch mit seiner Herleitung des letzten nicht voll überzeugen kann. Und Gleiches gilt des weiteren, wie Sie noch sehen werden, für die nichtempirische Struktur von Ursache und Wirkung auf der Seite des erfahrenen oder erfahrbaren Objekts und die entsprechend nichtempirische auf der des Subjekts, die es sich als dem Erfahren davon über das Verhältnis der Prädikation hinaus noch weiter geben muß.

Doch wieviel wir auch an diesbezüglich von Kant selbst Versäum-

3 Vgl. A 50f. B 74f.

tem werden nachzuholen haben, soviel müßte Ihnen jedenfalls schon hier verständlich sein: Philosophie als Reflexion von uns auf uns als die Erfahrung Machenden bewegt sich danach durchwegs, und das heißt von ihrem Ansatz bis zu ihrem Abschluß, ausschließlich im nichtempirischen Bereich des nichtempirischen Subjekts als Selbstverhältnis eines Selbstbewußtseins. So gewiß es nämlich Empirie ist, die Erfahrung eines Natural-Empirischen zu machen, so gewiß ist das *Bewußtsein* davon, *daß* wir sie als etwas Wahres oder Falsches machen, *daß* es sie und damit uns als dieses Wahre oder Falsche von Erfahren gegenüber dem Erfahrenen oder Erfahrbaren als Natural-Empirischem tatsächlich *gibt,* gerade keine Empirie. Sonst müßte es empirisch, und das heißt, vermittels von Erfahrung widerlegbar sein, was aber schlechterdings unmöglich wäre, weil es durch Erfahrung, selbst durch falsche, nur bestätigt werden könnte. Vielmehr ist es überhaupt nichts anderes als unser *Selbst*bewußtsein, und zwar systematisch an dem Wendepunkt, an dem aus Empirie heraus Nichtempirie der Reflexion von uns auf uns als diejenigen, die Erfahrung oder Empirie als selbst gerade nichtempirische Subjekte überhaupt erst machen, ihren Anfang als Philosophie nimmt, was am Ende dieses ersten Bandes zu begründen sein wird.

Nichtempirisch also ist ihr Unternehmen nicht allein als Analyse von uns als dem jeweiligen nichtempirischen Subjekt des Wahren oder Falschen unserer Erfahrung, das sie vollständig in seine Aufbaustücke zu zerlegen hätte. Nichtempirisch ist es dann vor allem auch noch umgekehrt als theoretische Synthese aller dieser Aufbaustücke, nämlich als ein Unternehmen, das aus diesem Subjekt als dem obersten Prinzip derselben nicht allein die nichtempirische Struktur dieses Erfahrens, sondern auch noch die jenes Erfahrenen oder Erfahrbaren herleiten müßte: als die Theorie jener »Synthesis a priori« nämlich, durch die wir als nichtempirische Subjekte Kant zufolge beides allererst zustande bringen. Und in diesem Sinn, so sehen Sie, gehört Philosophie als Reflexion fürwahr zum Schwierigsten, weil Heikelsten, was wir als Menschen jemals unternommen haben und trotz noch so oftmaligem Scheitern daran immer weiter unternehmen, nämlich immer wieder aus dem einen Grund, daß zu uns selbst als diesem Nichtempirischen von Selbstbewußtsein auch ein Welt- und Selbstverständnis, sei es nun ein wahres oder falsches, wesentlich gehört.

Um auf diesem Weg zu ihm vielleicht den einen oder andern

Schritt voranzukommen, sei es auch nur, um das Steckenbleiben auf ihm noch etwas hinauszuschieben, sollten Sie im folgenden sich erst einmal an Beispielen für das im vorigen Thematisierte zeigen lassen, weshalb Reflexion darauf bisher zwar scheiterte, deshalb jedoch nicht hätte daran scheitern müssen, weil der Grund dafür allein in einer Selbstverkennung solcher Reflexion als eigentümlicher *intentio obliqua* selbst liegt, die vermeidbar ist.

II. SCHEITERNDE VERSUCHE EINER LÖSUNG

§ 4. Natur als Dinge und Ereignisse

Als erstes sollten Sie vertraut sein mit dem Sinn, in dem die Griechen das Problem von Ding und Eigenschaft entdeckten: im Verlauf der Auseinandersetzung zwischen Aristoteles und Platon. Eben dieser Sinn ist es, in dem bis Kant, ja eigentlich bis heute die Versuche seiner Lösung scheitern, weil der Neuansatz von Kant nicht durchgeführt wird. Kennzeichen dieser Entdeckung ist das erstmalige Auftreten eines Begriffs von etwas, das als selbständiges Seiendes anderem Seienden als unselbständigem zugrunde liegt, nämlich des »Hypokeimenon«, eben »Zugrundeliegenden« bei Aristoteles in der *Kategorienschrift*[1]. Wie er ihn einführt, wird indessen nur verständlich, wenn Sie dabei mitberücksichtigen, wie er dazu kommt, die Sachgehalte Mensch und weiß dazu heranzuziehen, die als Beispiele dafür nicht ohne weiteres überzeugen: Wie auch Sie vertreten werden, sind doch beide gleicherweise Eigenschaft von etwas und mithin auch gleicherweise unselbständig Seiendes an etwas Seiendem als Selbständigem.

Zu verstehen ist das vielmehr nur als Antwort auf die Frage, welche Aristoteles im Zug seiner Kritik an Platon stellt. Bekanntlich ordnet dieser jedem solchen Sachgehalt in der Ideenlehre je eine Idee zu, einem Sachgehalt wie Mensch nicht minder als einem wie weiß: Zu ihr als Allgemeinem stehen danach die entsprechend individuellen Exemplare im Verhältnis eines unvollkommenen Abbilds zu seinem vollkommenen Urbild, und einer Idee wie weiß entsprechen so die vielen individuellen Vorkommnisse weißer Farbe in den vielen individuellen weißen Dingen. Was jedoch entspricht in diesem Sinne eigentlich einer Idee wie Mensch?

Eben diese Frage, welche Aristoteles hier nicht mehr stellt, son-

1 Vgl. 1 a 20ff.

dern bereits beantwortet, führt ihn zu seiner Neuentdeckung, die für alles weitere, womit er Platon kritisch gegenübertritt, geradezu den Grund legt. Und mit dieser Frage trifft er deshalb so ins Schwarze, weil er sie gerade nicht von außerhalb heranträgt, sondern innerhalb Platonischer Ideenlehre selbst stellt: Gehe ich einmal von den Ideen aus, fragt Aristoteles, was habe ich dann eigentlich zu einem Allgemeinen wie zum Beispiel Mensch als das entsprechend Individuelle anzusehen? Auf diese Frage, welche Platon selber so nicht stellte, hätte er aus Gründen eigener Konsequenz nur eine Antwort geben können, die jedoch, sobald die Frage erst einmal gestellt ist, sofort unplausibel und plausibel dafür eine gänzlich andere wird: Das Individuelle zu dem Allgemeinen der Idee wie Mensch ist immer wieder nur der individuelle oder einzelne Mensch selbst, der Sokrates, der Phidias, der Sophokles, und nicht etwa, wie Platon hätte sagen müssen, individueller Menschgehalt *in* Sokrates, *in* Phidias, *in* Sophokles. Das gilt vielmehr ausschließlich für eine Idee wie weiß, zu der als Allgemeinem das entsprechend Individuelle immer nur etwas *in* Sokrates, *in* Phidias, *in* Sophokles ist.

Daß Platon dies indessen unplausiblerweise auch noch von Ideen wie Mensch behaupten müßte, hängt damit zusammen, daß er Dinge nur als reine Aggregate von Gehalten denkt. Das sehen Sie im *Phaidon* beispielsweise daran, daß er hier die Teilbarkeit der Dinge so auffaßt, als ob sie teilbar in Gehalte wie weiß, glatt, kalt und dergleichen wären, wovon jedes mehrere in sich enthält *(πολυειδές)*, während die entsprechenden Ideen dazu je nur einen einzigen solchen Gehalt darstellen sollen *(μονοειδές)*. Diese Art Gehalte denkt er demgemäß im Fall der Dinge so, als ob sie Teile dieser Dinge wären, deren jeder selbst ein Ding ist und zusammen mit den übrigen als Aggregat dann lediglich ein größeres, umfassenderes Ding ausmacht[2].

Das sollten Sie von vornherein sich anschaulich vor Augen stellen, wozu ein Schema wie das folgende sich eignet. Darin stehen die Großbuchstaben M, W, G, K für das Allgemeine von Ideen wie Mensch, Weiße, Glätte und Kälte, und die Kleinbuchstaben m, w, g, k dementsprechend für das Individuelle der Gehalte in einem durch

2 Ausführlicher dazu G. Prauss, *Platon und der logische Eleatismus,* Berlin 1966, sowie *Ding und Eigenschaft bei Platon und Aristoteles,* in: *Kant-Studien,* Bd. 59, 1968.

S benannten Ding wie Sokrates, das aber eben, angedeutet durch die Klammer, nichts als Aggregat solcher Gehalte ist.

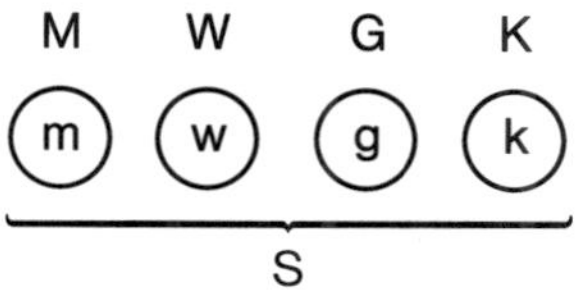

Und daraus geht sofort für Sie hervor: Tatsächlich könnte Platon auch das Individuelle zu einer Idee wie Mensch im Rahmen seiner Auffassung allein als etwas denken, das *in* Sokrates ist, also letztlich nur als individuellen Menschen *in* dem individuellen Menschen Sokrates und somit Aristoteles zufolge als etwas schlechthin Absurdes.

Mit seiner Frage aber deckt er dann nicht nur diese Absurdität auf, sondern kommt von ihr aus auch noch weiter, nämlich zur Entdeckung jenes Hypokeimenon als dem Zugrundeliegenden. Das können Sie durch folgende Veränderung des Schemas sich veranschaulichen: Durch die Dehnung der Umrandung um das m und die Miteinbeziehung auch des S betont sie das Zusammenfallen beider zu dem selbständigen Träger für das Übrige als einem nur an ihm und damit unselbständig Seienden.

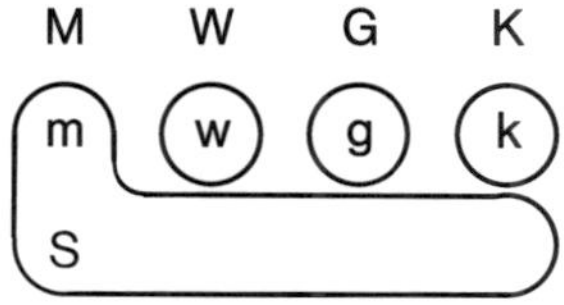

Und kritisch gegen Platon lautet diese Neuentdeckung: In seiner Ideenlehre nimmt er gleicherart Ideen für Seiendes an, das durchaus nicht Seiendes von gleicher Art ist. Denn das Individuum zum Allgemeinen von Ideen wie Mensch ist jeweils keineswegs etwas, das *in* oder *an* etwas auftritt, sondern ist als individueller Einzelmensch, als Sokrates zum Beispiel, etwas Selbständiges. Lediglich die Individuen zu Ideen wie weiß sind etwas, das stets nur *in* etwas auftritt und daher nur jeweils Unselbständiges *an* jenem Selbständigen ist, das ihm als Hypokeimenon zugrunde liegt: Genau auf diese Weise wird das Grundverhältnis zwischen Ding und Eigenschaft bzw. von »Substanz« und »Akzidens« als jene noch bis heute ungelöste Problematik für Philosophie zum ersten Mal entdeckt.

Denn trotz des Fortschritts gegenüber Platon bleibt hier eine Schwierigkeit, an der Sie sehen können, wie vergeblich Aristoteles sich letztlich müht, von jener Aggregat-Auffassung Platons wirklich loszukommen. Dazu reicht es nämlich keineswegs, in jenem Aggregat die eine Art von Seiendem als dasjenige zu entdecken, was der andern Art von Seiendem zugrunde liegt. Dazu gilt es vielmehr ferner zu verdeutlichen, daß diese andere Art von Seiendem, obwohl sie selbst gerade nicht zugrunde liegt, desgleichen Seiendes ist, und in welchem Sinne. Denn in jenem Aggregat bei Platon liegen alle Sachgehalte gleicherweise, jeder für sich selbst zugrunde, so wie jetzt bei Aristoteles nur solche wie zum Beispiel Mensch noch. Und das heißt: Nachdem er jenen Unterschied von Ding und Eigenschaft als selbständig und unselbständig Seiendem grundsätzlich aufgedeckt hat, sieht sich Aristoteles auch vor der grundsätzlichen Schwierigkeit, im Unterschied zu Dingen so etwas wie Eigenschaften ihrer Eigentümlichkeit nach philosophisch zu bestimmen. Deshalb ist es auch kein Zufall, daß er hier an dieser Stelle einen Satz anfügt[3], mit dem er das versucht; und auch nicht zufällig bringt er in diesem Satz, mit dem er sich von Platon abzusetzen trachtet, voll zum Ausdruck, was dessen Ideenlehre eigentlich verfehlt und welche Folgen dieser Fehler nach sich zieht.

Dies tut er in drei Schritten, deren erster an den ihm vorausgehenden Satz anknüpft und nochmals gegen Platon sicherstellt, daß Seiendes wie weiß in etwas *(ἔν τινι)* oder in einem Zugrundeliegenden *(ἐν ὑποκειμένῳ)* vorliegt. Allein diese Bestimmung ist, wenngleich zutreffend, so doch deshalb nicht auch schon zureichend. Denn es sind die Eigenschaften keineswegs das einzige Seiende, von dem gilt, daß

3 1 a 24 f.

es stets nur in einem Ding vorliege, oder umgekehrt, daß es ein Ding stets nur besitze. Das gilt vielmehr auch von seinen Teilen noch, doch ohne daß deshalb die Teile eines Dinges etwa Eigenschaften dieses Dinges wären. Darum sieht sich Aristoteles bei dem Versuch, der Dinge Eigenschaften philosophisch zu bestimmen, nach dem ersten gleich zu einem zweiten Schritt gezwungen: Eigenschaften sind ein Seiendes, das zwar stets nur in einem Ding, doch nicht als Teil von diesem Ding vorliegt *(ὁ ἔν τινι μὴ ὡς μέρος ὑπάρχον)*.[4] Diese weitere Bestimmung aber trägt er gleichfalls nicht etwa von außerhalb heran, auch sie gewinnt er vielmehr als Kritik an ihr aus Platons Lehre selbst. Denn in der Tat ist sie als eine bloße Aggregat-Auffassung deswegen verfehlt, weil alle Sachgehalte, deren jeden sie als für sich selbst zugrunde liegend denkt, ihr letztlich als der Dinge Teile anstatt Eigenschaften gelten.

Wenn Sie dies im Blick behalten, sehen Sie sofort, daß hiervon schon ein philosophisches Motiv für die Ideenlehre ausgeht. Nicht ohne Befremden hat man öfters festgestellt, nach Platon gebe es keine Ideen von Individuen, keine Idee des Sokrates zum Beispiel, und vergeblich nach dem Grund dafür gefragt, weil man ihn an der falschen Stelle suchte. Die Begründung dafür nämlich lautet: Solcherart Ideen gibt es deshalb nicht, weil es sie Platons Lehre nach auch gar nicht geben kann. Denn »Sokrates« ist ihr zufolge letztlich leerer Name, weil er keineswegs für einen Sachgehalt steht, den er selbst als seinen eigenen und eigentümlichen bezeichnen würde, sondern lediglich für jenes Aggregat von Sachgehalten, deren jeder eine eigene und eigentümliche Bezeichnung schon besitzt. Von diesen Sachgehalten aber gibt es ausnahmslos Ideen, so daß dies im ganzen heißt: Nach Platon gebe es von Individuen keine Ideen, ist ein Irrtum, denn nach Platon gibt es vielmehr ausschließlich von Individuen Ideen, von dem nämlich, was er als eigentliche Individuen betrachtet, und das sind eben der Dinge Sachgehalte, die er als der Dinge Teile auffaßt.

Hierin aber sieht auch Aristoteles bereits ein philosophisches Motiv für die Ideenlehre. In dem Satz, in dem er die Gehalte als die Eigenschaften dieser Dinge philosophisch zu bestimmen sucht, setzt er am Ende noch hinzu, es können diese Sachgehalte, welche keine Teile dieser Dinge sind, auch nicht getrennt von ihnen sein *(ἀδύνατον*

4 Daß er mit »Teil« hier (1 a 24f.) in der Tat den *physischen* Teil meint, stellt Aristoteles durch seinen Rückbezug auf diese Stelle (3 a 29ff.) selber sicher.

χωρὶς εἶναι τοῦ ἐν ᾧ ἐστιν)[5]. Und damit meint er auch die Abgetrenntheit der Ideen, die er für falsch hält, und bringt diesen Fehler rechtens in Zusammenhang mit der nicht weniger für falsch gehaltenen Auffassung der Sachgehalte als der Dinge Teile. Denn zusammen hängt das damit in der Tat wie folgt.

Zugrunde liegt für Platon dabei jene Einsicht, daß ein Ding, das weiß ist, sich als Ding von dieser seiner Weiße irgendwie auch unterscheidet, eine Einsicht, die zwar richtig, aber soweit noch vorphilosophisch ist. Jedoch schon mit dem ersten Schritt, mit dem er dann versucht, dies unbestimmte »irgendwie« auch zu bestimmen und dadurch aus dem vorphilosophischen Bereich heraus in einen philosophischen noch einzutreten, geht er fehl, weil der Versuch, jenen vorphilosophisch vorverstandenen Unterschied auch philosophisch zu verstehen, in diesem philosophischen Bereich jetzt vielmehr dazu führt, ihn wieder preiszugeben. Denn als so etwas wie Teile aufgefaßt, sind Sachgehalte wie zum Beispiel weiß hier von den Dingen philosophisch gar nicht unterschieden, sondern mit den Dingen philosophisch gleichgesetzt, das heißt, auch selbst wieder als so etwas wie Dinge aufgefaßt. Daß Platon aber diesen Unterschied auf solche Art verfehlt und sonach philosophisch zum Verschwinden bringt, damit verschwindet dieser Unterschied als ein vorphilosophischer so wenig, daß er vielmehr weiter und erst recht nach philosophischer Bewältigung verlangt, die aber, da sie in der Immanenz mißlingt, dann nur noch in der Transzendenz gelingen kann: Ein Sachgehalt wie weiß, von einem Ding vorphilosophisch bloß als die ihm immanente Eigenschaft verschieden, wird jetzt philosophisch nur noch als Idee von ihm als zu ihm transzendente unterscheidbar, welche freilich ihrerseits dann aus demselben Grunde wieder nur als eine Art von transzendentem Ding verstanden werden kann.

Sofern Sie dies beachten, müßte Ihnen auch des Aristoteles Bestimmung dieser Eigenschaften voll verständlich werden. Dann nämlich ersehen Sie aus ihr, daß er sie als Kritik im ganzen gegen Platon richtet. Denn daß eine Eigenschaft, wie schon ihr erster Schritt bestimmt, stets nur in einem Ding vorliegt *(ἔν τινι ὑπάρχει)*, damit hält Aristoteles von vornherein schon gegen ihn die Immanenz dieses Seienden fest; und mit dem zweiten wie auch dritten Schritt, wonach

5 1 a 25.

es weder Teil *(μέρος)* noch auch getrennt *(χωρίς)* von diesem Ding sein kann, setzt er sich dann ausdrücklich von den beiden Weisen ab, in denen Platon philosophisch dies immanent Seiende in seiner Eigenart verfehlte.

Nur müssen Sie dabei zugleich beachten: Philosophisch kommt mit dieser Auffassung der Eigenschaft, obwohl sie der platonischen in jeder Hinsicht überlegen ist, auch Aristoteles noch keinen einzigen Schritt weiter, über Platon grundsätzlich noch nicht hinaus. Setzt er sich nämlich auch erfolgreich ab von Platon, setzt er damit an die Stelle seiner falschen philosophischen Bestimmung dieser Eigenschaften doch nicht auch schon eine eigene und richtige. Indem er vielmehr mit seiner Bestimmung nur einfach verneint, was jener selbst bejaht, doch ohne dies bloß Negativ-Formale der Verneinung durch entsprechend Positives auch mit eigenem und neuem philosophischen Gehalt zu füllen, gewinnt er noch gar keine eigene Position, bleibt er vielmehr in bloßer Negation von Platons Position befangen und auf diese Weise gänzlich abhängig von ihm.

Das sehen Sie noch deutlicher an folgendem: Des Aristoteles Bestimmung dieser Eigenschaften ist, genau betrachtet, nicht nur negativ, wie man schon oft bemerkt hat, sondern letztlich sogar tautologisch. Wie er nämlich selbst in der *Kategorienschrift* ausdrücklich noch vermerkt, sind Teile jener Dinge philosophisch gar nichts anderes als selber wieder Dinge[6]. Eine Eigenschaft des Dings dagegen soll bereits vorphilosophischem Verständnis nach, das auch für Aristoteles maßgebend ist, nicht Ding sein, weil allein aus diesem Grunde der Versuch, dieses vorphilosophisch Vorverstandene auch philosophisch zu verstehen, überhaupt in Gang kommt. Kennzeichnet nun Aristoteles den Unterschied dazwischen philosophisch in der Weise, daß die Eigenschaften in den Dingen keine Teile dieser Dinge sind, so läuft das, setzen Sie entsprechend ein, auf die Tautologie hinaus, das in den Dingen, was nicht Ding ist, sei nicht Ding.

Sie sehen also: Philosophisch nichtssagend ist nicht nur Platons Auffassung der Eigenschaft als Teil, wodurch ihr Unterschied zum Ding verschwindet; philosophisch nichtssagend ist gleicherweise die sie bloß negierende des Aristoteles, welche ihr gegenüber diesen Unterschied nur tautologisch noch einmal bekräftigt. Und genau

6 3 a 29ff.

besehen müßte eigentlich auch Aristoteles den Unterschied von Ding und Eigenschaft, da seine philosophische Bestimmung nicht gelingt, hier wieder fallen lassen, was er aber jetzt erst recht nicht mehr vermag, noch weniger als vor ihm Platon. Denn wie dieser kann auch Aristoteles sich dem vorphilosophisch richtigen Verständnis nicht verschließen, wonach zwischen einem Ding, das weiß ist, einerseits und dieser seiner Weiße anderseits ein Unterschied besteht. Indem nun aber der Versuch mißlingt, ihn philosophisch immanent zu kennzeichnen, vermöge Platon, sagten wir, den Unterschied von Ding und Eigenschaft nur festzuhalten, indem er ihn philosophisch transzendent bestimme, nämlich Eigenschaften zu Ideen verdingliche und damit seine Frage, die er sich als philosophische vorlege, mittels einer Antwort, die er sich als metaphysische erteile, eigentlich verfehle.

Wie jedoch vermag dann Aristoteles jenen vorphilosophisch vorverstandenen Unterschied von Ding und Eigenschaft noch festzuhalten, wo er doch mit dem Versuch, ihn philosophisch immanent zu kennzeichnen, desgleichen scheitert, sich den Ausweg Platons in die Transzendenz jener Ideen aber streng verbietet? Darauf werden Sie sich nur die eine Antwort geben können: Er vermag dies lediglich auf Grund einer Voraussetzung, die ihm so selbstverständlich ist, daß er sie nur gelegentlich einmal ausdrücklich formuliert. Er setzt voraus, von ihren Eigenschaften seien Dinge dadurch prinzipiell verschieden, daß sie selber jeweils eine eigene Materie besäßen, Eigenschaften aber nicht.

Von dieser Auffassung geht Aristoteles bereits in der *Kategorienschrift* aus, wenn er hier Gehalte wie zum Beispiel Mensch aus jenem Aggregat herausgreift und zum eigentlich Zugrundeliegenden für alle übrigen erklärt, die selber nicht zugrunde liegen. Aufgefaßt als Teile nämlich, wie bei Platon, sind all diese Sachgehalte nicht nur als Zugrundeliegendes verstanden, sondern eben damit auch der Sache nach als Materielles, freilich ohne daß dies dabei auch der Sprache nach bereits zum Ausdruck kommt. Daß aber Aristoteles jetzt dahingehend zwischen ihnen unterscheidet, ob sie tatsächlich zugrunde liegen oder nicht, bedeutet dann der Sache nach zumindest auch die Unterscheidung, ob solche Gehalte eine eigene Materie besitzen oder nicht, so daß, kein Teil von einem Ding zu sein, danach zumindest einschließt, keine eigene Materie zu besitzen. Und genau in diesem Sinne formuliert er später ausdrücklich, es komme zwar den Dingen, aber nicht auch ihren Eigenschaften eine eigene Materie zu.[7] Jenen vorphilosophisch vorverstandenen Unterschied von Ding und Eigenschaft auch philosophisch aufrechtzuerhalten, dies vermag infolgedessen Aristoteles zuletzt nur so, daß er ihn philosophisch als einen der Materialität versteht, die zwar das Ding, doch nicht auch seine Eigenschaft besitzen soll.

Auf eben diese Weise aber bleibt auch Aristoteles von Platon abhängig. Indem ihm der Versuch mißlingt, ihn philosophisch immanent zu kennzeichnen, behält auch er den Unterschied von Ding und Eigenschaft bloß dadurch in der Hand, daß er ihn philosophisch transzendent bestimmt. Nur daß er sich dabei – in bloßem Gegensatz zu Platon, damit aber auch in voller Abhängigkeit von ihm – statt wie dieser an die Eigenschaften vielmehr an die Dinge hält. Denn fragen Sie sich einmal, was es eigentlich bedeuten soll, die Materialität dem Ding *im Unterschied* zu seinen Eigenschaften zuzusprechen! Was sind das eigentlich für Dinge, die *im Unterschied* zu ihren Eigenschaften materiell sein sollen? Was sinnvoll als ein Materielles angesprochen werden kann, das sind doch ausnahmslos und prinzipiell nur die *mit* ihren Eigenschaften und nicht etwa *ohne* sie bestehenden Dinge. Zwischen Ding und Eigenschaft hinsichtlich seiner Materialität zu unterscheiden, bleibt infolgedessen ohne Sinn, ja läuft zuletzt unweigerlich auf eines Dinges Annahme hinaus, das als ein für sich selbst schon materielles seinen Eigenschaften dann zugrunde liegt, ein Ding, dem Sie in unsrer Welt bisher noch nicht begegnet sind und schwerlich je begegnen werden.

Die Verschiedenheit von Ding und Eigenschaft in seine Materialität zu setzen, führt mithin desgleichen aus der Immanenz dieser Verschiedenheit hinaus in deren Transzendenz, nur nicht mehr durch die Ansetzung von transzendenten Eigenschaften, wie bei Platon, sondern jetzt durch die von transzendenten Dingen. Dem Ergebnis nach bleibt sich das aber gleich, weil sie dadurch in jedem Falle zueinander transzendent sind anstatt einem und demselben jeweils miteinander immanent, dem weißen Sokrates oder dem glatten Stein, so daß sie dessen jeweilige Einheit auch anstatt verständlich vielmehr unverständlich machen. Da es Aristoteles wie Platon nicht gelingt, den immanenten Unterschied von Ding und Eigenschaft in dieser Immanenz selbst philosophisch zu bewältigen, weichen sie

7 Vgl. *Metaphysik*, Buch H, 1044 b 9: οὐκ ἔστι τούτοις ὕλη.

beide in die Transzendenz aus, so daß sie auch beide ihre Frage, die sie sich als philosophische vorlegen, mittels einer Antwort, die sie sich als metaphysische erteilen, eigentlich verfehlen. Denn verdinglicht Platon Eigenschaften gleichsam in die Transzendenz nach oben, so verdinglicht Aristoteles demgegenüber Dinge gleichsam in die Transzendenz nach unten.

An der Formulierung, »Dinge« zu »verdinglichen«, jedoch tritt wie von selbst bereits der Sprache nach für Sie zutage, was der Sache nach hier unterläuft: die unzulässige Verselbständigung eines Unselbständigen. Nicht nur mit »Eigenschaft«, sondern vor allem auch mit »Ding« kann im Gefolge solcher Fragestellung als spezifisch philosophischer allein ein Aufbaustück der inneren Komplexität jeweils desselben Selbständigen, also etwas Unselbständiges an ihm gemeint sein, das entsprechend philosophisch auch als solches selbst, als Unselbständiges, verstanden werden müßte. Dazu aber ist der Ausdruck »Ding«, soweit er im Normalsinn jeweils für dies Selbständige insgesamt steht, für den weißen Sokrates oder den glatten Stein, gerade ungeeignet und geeignet vielmehr nur zur fälschlichen Verselbständigung des an ihm bloß Unselbständigen, genau wie jenes »Hypokeimenon« oder »Zugrundeliegende« als Selbständiges gegenüber Unselbständigem.

Zwar trachtet Aristoteles auf seine Weise später über diese unhaltbare Konzeption hinauszukommen[8]. Doch philosophiegeschichtlich wirksam wurde durch die Übermacht ihrer lateinischen Ausgaben die *Kategorienschrift,* wie sich auch nach dem Mittelalter, ja bis heute immer wieder zeigt. Sie ist es jedenfalls, die zur Thematik von »Substanz« und »Akzidens« ein ausweglos es Hin und Her in Gang hält, in dem dieses Grundverhältnis ständig von der Preisgabe bedroht ist, weil man darin immer wieder abwechselnd nur höchstens mit dem einen davon, aber nie mit beiden oder gar mit ihnen als unlösbarem Verhältnis einen positiven Sinn verbinden kann. Und daher nährt sich immer wieder der Verdacht, Philosophie als solche Fragestellung sei am Ende selber sinnlos[9].

8 Vgl. z. B. *Metaphysik,* Buch Z.

9 Das zeigt sich insbesondere im angelsächsischen Bereich bereits seit Hobbes (*Vom Körper,* Kap. 8, vgl. Kap. 3, Abs. 3) und dann bei Locke (*Über den menschlichen Verstand,* Buch II, Kap. 13, Abschn. 18–20) und Hume (*Traktat über die menschliche Natur,* Hamburg 1978, Bd. 1, S. 28, S. 291 f., S. 296) genauso wie bis heute noch bei P. F. Strawson, der die Eigenschaften oder

Dem überwältigenden Einfluß dieser Überlieferung vermag erst Kant sich zu entziehen, wenn auch unter Rückschlägen und deshalb nur in Ansätzen, indem er sich zumindest grundsätzlich verdeutlicht: Keineswegs ist etwa schon von vornherein die Fragestellung und mithin Philosophie als solche sinnlos; vielmehr wird sie es erst dadurch, daß sie ohne jegliches Bewußtsein ihrer Eigentümlichkeit als Reflexion falsch vorgeht, so daß Kant sich damit auch zumindest negativ verdeutlicht, wie Philosophie als Reflexion jedenfalls nicht verfahren kann.

Das sehen Sie schon an den Vorkehrungen, die er trifft, um nicht in alte Fehler zu verfallen. So ist ihm die überlieferte, bloß negative Kennzeichnung der Akzidenzen, wonach sie als etwas in Substanzen gleichwohl keine Teile und entsprechend auch nichts Materielles sind, von Anbeginn durchaus geläufig[10]. Doch so klar steht ihm dann auch die dadurch drohende Verselbständigung schon vor Augen, daß er in Zusammenhängen, wo er Grundverhältnisse wie dasjenige von »Substanz und Akzidens« erst herzuleiten sucht, sich immer wieder auf die Redeweise über bloß »Reales«, nämlich über bloßen »Sachgehalt«[11] zurückzieht, die ihn noch nicht festlegt: weder auf Reales oder Sachgehalt als »Akzidens« noch auch als »Teil« oder »Substanz«. Denn in der Tat geht es dabei, genau besehen, um die Frage, warum jeder Sachgehalt empirisch gerade im Verhältnis von »Substanz und Akzidens« auftritt, ursprüngliches empirisches Objekt für ein Subjekt also nur ist, indem er etwas *als* etwas, dies *als* ein Stein oder *als* etwas Glattes ist: Substanz mit Akzidens.

Auf eben das will Kant mit einem Satz hinaus, der eine Richtigstellung der Verfehlung dessen durch die überlieferte Philosophie versucht. Und doch ersehen Sie aus ihm zunächst einmal, wie sehr trotz

Akzidenzen ganz im Sinne der *Kategorienschrift* nur negativ als etwas »Pseudo-Materielles« zu verstehen vermag (vgl. *Truth,* hg. G. Pitcher, Englewood Cliffs 1964, S. 37) oder bei G. E. L. Owen, der sich überzeugt hat, daß Philosophie hier aufzugeben sei; denn jeder Unterschied von Eigenschaften gegenüber Dingen lasse sich nur so verstehen, daß man in der Empirie von ihm »Gebrauch macht«, nicht jedoch in der Philosophie ihn etwa »durch Definition« thematisiert (vgl. *Aristotle and Plato in the Mid-Forth Century,* Göteborg 1960, S. 179ff.).

10 Vgl. Bd. 2, S. 389, S. 405; Bd. 17, S. 334f. (R 3903–3905) mit S. 445 (R 4177); dabei sagt Kant für »Eigenschaft« und »Akzidens« gelegentlich auch »Zustand«.

11 Vgl. z. B. A 186 B 230 mit A 143 B 182.

seiner Vorkehrung Kant selbst zu kämpfen hat, um nicht demselben Fehler wieder zu erliegen, und daß er den Kampf auch nicht ganz unverletzt besteht. Denn ausgerechnet den Begriff »Reales«, der ihm diese Vorkehrung erlaubt, benutzt er dabei, um vom »Akzidens« als dem »Realen an ... Substanz«[12] zu sprechen, so als ob zwar dieses »Akzidens«, doch nicht auch die »Substanz« etwas »Reales« sei, was aber ganz im Sinn der Überlieferung unhaltbar wäre: Keineswegs ist dieses »Akzidens« als solches »etwas Glattes« oder auch »ein Stein« und somit »Stein am Stein« oder »am Glatten etwas Glattes«; vielmehr ist allein diese »Substanz« jeweils »ein Stein« oder auch »etwas Glattes«, aber eben nur, indem sie dies gerade dadurch ist, daß sie etwas *als* etwas ist, Substanz mit Akzidens.

Gleichwohl erhellt Ihnen aus diesem Satz, was Kant im Auge hat: »Wenn man nun diesem Realen an der Substanz ein besonderes Dasein beilegt, ... so nennt man dieses Dasein die Inhärenz, zum Unterschied vom Dasein der Substanz, das man Subsistenz nennt. Allein hieraus entspringen viel Mißdeutungen, und es ist genauer und richtiger geredet, wenn man das Akzidens nur durch die Art, wie das Dasein einer Substanz positiv bestimmt ist, bezeichnet«[13]. Ja was ihm als die entscheidende Verfehlung gilt und wie er sie vermeiden will, ersehen Sie daraus so klar, daß Ihnen nicht entgehen wird, wie sehr Kant hier auch nach der andern Seite wieder in den kritisierten Fehler zu verfallen droht.

Danach ist jede Theorie über »Substanz und Akzidens« verfehlt, die einem von ihnen dem andern gegenüber »ein besonderes Dasein beilegt«, nämlich selbständige Existenz bzw. Wirklichkeit. Zur Aufgabe hat jede solche Theorie vielmehr, gerade festzuhalten, daß in allen solchen Fällen jeweils prinzipiell nur eines vorliegt, von dem gelten könne, daß es Dasein habe, und durchaus nicht etwa zwei. Schon daran sehen Sie, daß Kant auf keinen Fall eine Philosophie vertritt, wonach es etwa gälte, innerhalb des Naturalen selbst zwischen »Arten von Seiendem« zu unterscheiden wie nach der *Kategorienschrift* des Aristoteles zumindest zwischen Ding und Eigenschaft oder Substanz und Akzidens. Sich kritisch davon abgrenzend zielt Kant vielmehr gerade darauf, daß Natur der Inbegriff von Seiendem bloß einer einzigen Art ist.

12 A 186 B 230f.
13 A. a. O.

Dann aber müßten Sie auch sehen, wieweit er sich in umgekehrter Richtung wieder jenem Fehler nähert, wenn er letzteres als »Dasein einer Substanz«, das »Akzidens« indes »nur« als »die Art« bezeichnet, »wie das Dasein einer Substanz positiv bestimmt ist«. Dasein nämlich kann dann auch diese Substanz nicht gegenüber diesem Akzidens besitzen, sondern jedes davon nur zusammen mit dem andern, eben das *Verhältnis* von Substanz *und* Akzidens; was vollends heißt, daß »ein besonderes Dasein«, nämlich Selbständigkeit stets nur solches, das Substanz und Akzidens *ineinem* ist, besitzen kann. Und eben darin liegt der Grund dafür, daß es auch Beispiele, nämlich empirische stets nur für solches geben kann, was Akzidens *zusammen mit* Substanz bzw. umgekehrt ist, aber nie für solches, das Substanz *im Unterschied zum* Akzidens ist oder umgekehrt.

Aus dieser Einsicht aber zeichnet sich für Sie zumindest schon die Richtung ab, die Kant mit seiner neuen Überlegung einschlägt. Ohne jeden Zweifel nämlich geht es ihm dabei gerade um Substanz *im Unterschied zum* Akzidens und umgekehrt (»zum Unterschiede von«), um etwas also, wofür es Empirisches als Beispiel prinzipiell nicht geben kann, so daß »Substanz« und »Akzidens« auch prinzipiell keine empirischen, sondern nur nichtempirische Begriffe bilden können.

Daran sehen Sie als erstes, was der Sache nach Kant letztlich kritisiert: Wie die Begriffe von Substanz und Akzidens im Anschluß an des Aristoteles *Kategorienschrift* verwendet werden, sind sie faktisch, wenn als solche auch nicht reflektiert, empirische Begriffe, nämlich oberste und allgemeinste zu dergleichen wie den Individuen von Mensch und weiß. Mit ihrer Hilfe und sonach in ihrem Sinne grundsätzlich Substanz und Akzidens zu unterscheiden, kann dann aber prinzipiell nicht glücken, weil dadurch in jedem dieser beiden das jeweilig andere wieder mitgedacht wird, in Substanz das Akzidens und umgekehrt. Anstatt zu einer Unterscheidung von Verschiedenem kommt es infolgedessen auch nur zur Verdoppelung Desselben. Denn empirisch ist nicht nur in »Akzidens« bereits »Substanz«, ist vielmehr in »Substanz« auch »Akzidens« schon immer mitgedacht, gerade weil empirisch vorfindlich Substanz stets nur *mit* Akzidens und Akzidens nur *mit* Substanz ist, da empirisch Glätte oder Weiße eben immer nur als *etwas* Weiß*es* oder *etwas* Glatt*es* auftritt oder Sachgehalt wie Mensch auch nur als *etwas,* das *ein* Mensch *ist.* In empirischem Sinn bleiben daher Ausdrucksweisen wie im vorigen schon »Ding *und* Eigenschaft« so jetzt »Substanz *und* Akzidens« auch jeweils zweifach tautologisch. Denn in jedem ihrer Glieder ist das andere schon implizit enthalten, so daß sich Versuche einer Unterscheidung mittels ihrer zwangsläufig zerschlagen müssen.

Daran wieder sehen Sie als zweites, wie grundsätzlich Kant allein schon äußerlich von dieser unhaltbaren Konzeption sich zu befreien und zu einer haltbaren voranzukommen trachtet: Während Aristoteles »Substanz« und »Akzidens« in der *Kategorienschrift* als zwei verschiedene, empirische »Kategorien« von gleichfalls zweierlei, ja grundverschiedenem Seienden betrachtet, ist nach Kant gerade das *Verhältnis von* »Substanz *und* Akzidens« nur eine einzige, elementare, nichtempirische Kategorie von jeweils *einem und demselben* Seienden wie *einem* Menschen oder *etwas* Weißem. Und auch etwas Materielles ist ein solches Seiendes nach Kant jeweils nicht mehr wie Aristoteles zufolge als Substanz *im Unterschied zu* ihren Akzidenzen, sondern nur *zusammen mit* ihnen. Denn Kant zufolge ist »Materie« etwas, das wir dem Verhältnis von Substanz und Akzidens als dieser einen nichtempirisch-apriorischen Kategorie als etwas bloß Empirisches nur »unterlegen«[14] und an Stelle dessen wir mithin genausogut auch etwas anderes Empirisches ihm »unterlegen« könnten und inzwischen tun, zum Beispiel so etwas wie ein elektromagnetisches Feld.

Doch noch eine weitere Vorkehrung trifft er dabei, um die erste aus der Gruppe der Kategorien der »Relation« nur ja nicht einem Mißverständnis im genannten Sinne auszusetzen: »Daher denn auch diese Kategorie unter dem Titel der Verhältnisse steht, mehr als die Bedingung derselben, als daß sie selbst ein Verhältnis enthielte«[15]. Denn »Kausalität« und »Wechselwirkung« als die zweite und die dritte dieser Gruppe sind Kategorien von Verhältnissen, die in der Tat schon zwischen solchem, was jeweils »besonderes Dasein« hat, bestehen, nämlich zwischen Ding und Ding oder Ereignis und Ereignis als der Ursache des einen für das andere als Wirkung, oder umgekehrt. Genau in diesem Sinne aber handelt es sich bei »Substanz und Akzidens« gerade nicht um ein Verhältnis, weil noch nicht um eines zwischen zueinander Selbständigem, doch sehr wohl im Sinne einer Vorbedingung dafür. Denn ein jedes selbständige Glied davon vermag zu einem andern solchen im Kausalverhältnis und

14 Vgl. B 278.
15 A 187 B 230

mithin auch dem der Wechselwirkung nur zu stehen, indem es in sich selbst zunächst einmal Verhältnis von Substanz und Akzidens ist, weil es Ursache bzw. Wirkung eines anderen nur als Ereignis sein kann, eben als »Substanz«, sofern sie dadurch, daß ein »Akzidens« oder auch mehrere an ihr gerade »wechseln«, sich »verändert«[16].

Im Zusammenhang mit eben diesen Überlegungen zur Aufdekkung und Richtigstellung des genannten Fehlers aber treffen Sie bei Kant auf eine Formulierung, die als einzige, soweit ich sehe, wenigstens im negativen Sinne eine Reflexion darauf enthält, wie Reflexion als nichtempirisch-philosophische zumindest *nicht* verfahren darf. Hier nämlich setzt Kant immerhin noch zur Begründung dafür an, daß dieser Fehler unterlaufen *mußte,* weil er auf verfehlter Reflexion beruhte, und mithin auch weiter unterlaufen *muß,* sofern nicht Reflexion als solche selbst berichtigt wird. Er sagt: »Indessen ist es doch, vermöge der Bedingungen des logischen Gebrauchs unseres Verstandes, unvermeidlich, dasjenige, was im Dasein einer Substanz wechseln kann, indessen, daß die Substanz bleibt, gleichsam abzusondern«[17]. Das Verfehlte jener Art von Reflexion erblickt er mithin darin, daß man dabei »logischen Gebrauch unseres Verstandes« macht, weil die »Bedingungen« desselben zwangsläufig die »Absonderung« von Substanz und Akzidens gegeneinander nach sich ziehen.

Diese Art Begründung aber wird selbst dann nicht ohne weiteres verständlich, wenn Sie mitberücksichtigen, daß er »logischen Gebrauch« hier wie auch sonst[18] »transzendentalem« des Verstandes gegenüberstellt, das heißt, dem philosophischen Gebrauch von ihm zur Reflexion. Denn »logisch« heißt danach »nur logisch«, und zwar in dem Sinn, daß »logischer Gebrauch« dieses Verstandes grundsätzlich nicht weiter führt als zu begrifflichem »Hinaufsteigen« durch zunehmendes »Abstrahieren« von »Empirischem« und so auch nur zu immer allgemeineren Begriffen von empirisch Seiendem gelangt: »Dieses Hinaufsteigen«, faßt Kant zusammen, »ist nur logisch, nämlich zu allgemeineren Regeln, deren Gebrauch aber nur immer innerhalb dem Umfange möglicher Erfahrung bleibt«[19], womit er treffend

16 Vgl. A 187 B 230f. mit A 189ff. B 233ff.
17 A 187 B 230.
18 So z. B. in Bd. 8, S. 193f., vgl. S. 215f. und S. 219, Z. 30ff.
19 A. a. O., S. 216, Z. 3–9.

das Verfahren charakterisiert, durch das im Anschluß an des Aristoteles *Kategorienschrift* jeweils »Kategorien« gewonnen werden.

Gerade dann jedoch wird es nicht leicht begreiflich, warum Kant den »logischen Gebrauch« dieses Verstandes dem »transzendentalen« als dem philosophischen entgegensetzt und damit als *nicht*philosophischen betrachtet, denn das ist gleich doppelt schwierig zu verstehen.

Einerseits nämlich bedeutet dies: Läßt Kant all jene Theorien der Überlieferung von Aristoteles und Platon, insofern sie Akzidenzen und Substanzen voneinander »absondern« und damit ihren Unterschied »mißdeuten«, auf bloß logischem Gebrauch dieses Verstandes gründen, gipfelt das in der Behauptung, sie beruhten auf *nicht*philosophischem Gebrauch desselben. Dies jedoch wird Ihnen schwer verständlich sein, weil Sie mit Recht sich fragen werden: Sind denn jene Theorien etwa *nicht* Philosophie gewesen?

Anderseits kommt nämlich noch hinzu, daß unter »logischen Gebrauch« dieses Verstandes ferner, ja zuallererst einmal das ganze Spektrum der alltäglichen und wissenschaftlichen Erfahrung fällt. Denn was auch immer letztere zum Gegenstand erhebt und mittels welcherart Begriff von welcher »Allgemeinheits-« oder »Abstraktions«-Stufe auch immer, ist sie doch als Empirie auf jeden Fall *intentio recta* oder auch »natürliches Bewußtsein«, einerlei ob sie »Es regnet« oder »$E=m \cdot c^2$« behauptet oder »Dem ›Es regnet‹ fehlt die Subjekt/Prädikat-Struktur«. Wie aber sollte Ihnen dann verständlich sein, die »Absonderung« der Substanz vom Akzidens und umgekehrt sei mittels »logischen Gebrauches« von Verstand in diesem Sinne »unvermeidlich«? So gewiß man nämlich in alltäglicher wie wissenschaftlicher Erfahrung nicht nur von Substanzen, sondern auch von Akzidenzen handeln kann und wirklich handelt, je nach dem, durch *welcherart* Begriff man *was* vergegenständlicht[20], so gewiß bedeutet dies doch hier noch keine solche »Absonderung«. Denn in keiner Weise wird dadurch etwa Substanz *im Unterschied* zum Akzidens bzw. letzteres *im Unterschied* zu ersterer, wird vielmehr jedes davon lediglich als etwas, das *zusammen mit* dem jeweils anderen besteht, thematisiert. Wie also sollten Sie verstehen können, mindestens im Sinne solcher »Absonderung« sei auch die alltägliche wie wissenschaftliche Erfahrung »unvermeidlich« schon Philosophie?

20 Ob man beispielsweise von »Bewegung« oder von »Bewegtem« spricht.

Erst bei genauerer Betrachtung werden Sie entdecken: Keineswegs verwickelt Kant sich hiermit selbst in zwei verschiedene Schwierigkeiten, welche gleichermaßen unverständlich bleiben; vielmehr handelt es sich dabei nur um eine und dieselbe Schwierigkeit, die er mit beiden ihren Kehrseiten der Überlieferung zur Last legt. Was er an ihr kritisiert, ist eben dies, sie mache zur Philosophie, die sie doch sein will, vom Verstand nicht auch den dazu nötigen »transzendentalen« oder philosophischen Gebrauch, sondern »nur logischen«. Unkundig ihrer selbst als Reflexion, bleibe sie zwischen beidem unentschieden und mißrate so zu einer Mischung oder Halbheit von Philosophie und Nichtphilosophie, die an dem Unhaltbaren, das sie zeitigt, deutlich selber als Unhaltbarkeit erkennbar sei.

Dies aber können Sie sich ohne weiteres verständlich machen: Geht die Überlieferung mit ihrer Antwort auf die Frage nach Substanz und Akzidens und deren Unterschied beständig fehl, indem sie beide letztlich auseinanderfallen und die unlösbare Einheit beider mithin auch zerfallen läßt, so in der Tat nur, weil sie zur Thematisierung und Behandlung dieses Unterschiedes zwischen beiden von Verstand »nur logischen« Gebrauch macht, sprich, Substanz im Unterschied zum Akzidens wie ein empirisches Objekt im Unterschied zu einem anderen empirischen Objekt vergegenständlicht und behandelt, was so unvermeidlich wie unhaltbar ist. Denn im empirischen Objekt sind eben beide jeweils unlösbar vereinigt, so daß der Versuch, Substanz im Unterschied zum Akzidens, und umgekehrt, zum Thema zu erheben, überhaupt nichts anderes bedeuten kann, als den Bereich der Empirie gerade zu verlassen, weil von ihnen hier gerade nicht im Unterschied zum jeweils anderen die Rede sein kann. Vielmehr muß hier, von Substanz zu sprechen, ebensosehr heißen, auch vom Akzidens zu sprechen, sowie umgekehrt, weil es hier keines davon ohne das jeweilig andere geben kann.

Dagegen heißt dann, wie Sie weiterhin verstehen werden, von Substanz im Unterschied zum Akzidens, und umgekehrt, zu sprechen, etwas gänzlich anderes als Empirie von ihnen zu versuchen, eben Reflexion auf sie als nichtempirische Philosophie von ihnen. Den Versuch solcher Nichtempirie indessen abermals bloß mittels logischen Gebrauches von Verstand zu unternehmen, letztlich also wieder mittels bloß empirischer Begriffe, heißt dann aber, diese Reflexion von vornherein schon zu verfehlen, sie nämlich statt als Nichtempirie vielmehr als Quasi-Empirie zu treiben: So als gälte es, an

Stelle von empirischen Objekten, die Substanz und Akzidens jeweils ineinem sind, nunmehr Substanz und Akzidens je für sich selbst gesondert zu empirischen Objekten zu gewinnen. So nämlich wird der empirische Bereich empirischer Objekte faktisch zwar verlassen, weil Substanz und Akzidens hier je für sich gesondert weder sind noch auch behandelt werden; prinzipiell indessen wird er dadurch keineswegs verlassen, sondern lediglich in einen weiteren Bereich solcher Objekte überschritten, wenn auch nunmehr eben nur in einen metaphysisch-transzendent fingierten noch.

Wenigstens im Ansatz werden Sie daher auch positiv verstehen, was Kant vorschwebt, wenn er hier nur negativ beteuert, der zum Zweck der Reflexion »transzendentale« könne *nicht* als »logischer« Gebrauch dieses Verstandes vor sich gehen: Auf Substanz und Akzidens und ihren Unterschied zu reflektieren, dazu gilt es keineswegs etwa an *Stelle* von empirischen Objekten etwas *Anderes,* Substanz und Akzidens als Sonderdinge sozusagen, dazu gilt es vielmehr durchaus die empirischen Objekte *selbst,* nur *anders* zu thematisieren, nämlich anders als *empirisch,* eben *nicht*empirisch: ihrer Tiefendimension als ihrer *nicht*empirisch-*inneren* Struktur nach. Und das heißt dann umgekehrt: Um auf Substanz und Akzidens als das Empirisches selbst aufbauende Nichtempirische zu reflektieren, gilt es den bloß »logischen Gebrauch« jenes Verstandes als *intentio recta* des »natürlichen Bewußtseins« nicht nur nicht noch weiter, nämlich auch auf etwas Anderes als das Empirische noch auszudehnen, sondern gerade aufzugeben und statt seiner den »transzendentalen« als *intentio obliqua* eines gänzlich »unnatürlichen Bewußtseins« auszubilden, um in dies Empirische selbst einzudringen und ihm selbst sein Inneres als Nichtempirisches abzugewinnen. Denn Substanz und Akzidens sind überhaupt nicht etwas Anderes als das Empirische, sondern es selbst, nur eben seiner inneren Struktur nach als des Nichtempirischen in ihm. Entsprechend können auch »Substanz« und »Akzidens« keine empirischen, sondern nur nichtempirische, nämlich Begriffe solcher Reflexion auf das Empirische sein, mittels derer sie als nichtempirische Philosophie desselben nichtempirische Tiefenstruktur sich eben auf Begriffe bringt.

Genau dies ansatzweise Positive steht im Hintergrund und macht für Sie verständlicher, wenn Kant im Negativen der Kritik an Aristoteles und seiner Überlieferung sich sicher ist, daß letzterer Philosophie nur als Metaphysik betrieben habe, sprich, »nur als eine zu höheren Stufen aufsteigende Physik«: Deshalb konnte er auch »in der Anmaßung derselben, die sogar aufs Übersinnliche hinausgeht, nichts Befremdliches und Unbegreifliches gefunden haben, wozu den Schlüssel zu finden so schwer eben sein sollte, wie es in der Tat ist«[21], womit Kant auf seine eigene »transzendentale« oder »kritische« Philosophie verweist: »Alle Philosophien sind im Wesentlichen nicht unterschieden bis auf die kritische«[22].

In diesem Sinne sollten Sie es auch auf keinen Fall als Überheblichkeit verwerfen, sondern es im Gegenteil als Einsicht in die Sache selbst bewerten, wenn Kant schließlich noch das Wagnis eingeht, »zu behaupten: daß vor dem Entstehen der kritischen Philosophie es noch gar keine gegeben habe«, womit »also die kritische Philosophie sich als eine solche ankündigt, vor der es überall noch gar keine Philosophie gegeben habe«. Zur Begründung dafür nämlich führt er an: »Da es doch, objektiv betrachtet, nur *eine* menschliche Vernunft geben kann: so kann es auch nicht viel Philosophien geben, d. i. es ist nur *ein* wahres System derselben aus Prinzipien möglich«[23]. Demgemäß vermag Philosophie sich eben nicht einfach durch Bildung allgemeinster, aber immer noch empirischer Begriffe auszubilden, gleichsam als Verlängerung von Empirie, wodurch sie schon von vornherein zu transzendent-unhaltbarer Metaphysik verkommt. Sie läßt sich vielmehr nur als Reflexion entfalten, die als nichtempirische auf das Empirische selbst eben transzendental-haltbare Wissenschaft von seiner nichtempirischen Struktur darstellt, in die sie mittels Bildung nichtempirischer Begriffe für sie vorzudringen hat.

Nur wird es Ihnen dadurch um so fraglicher: Wie könnte eine Reflexion, die sich nach Kant allein als Einstieg in die innere Struktur des Subjekts, eben in die *»eine* menschliche Vernunft«, ausbilden kann, sich noch zum Einstieg in die innere Struktur des Objekts weiterbilden, wo doch beide sich im strengsten Sinn als zueinander Andere gegenüberstehen? Zumal gerade Kant zufolge das durch Reflexion auf dieses Subjekt aus ihm herzuleitende Verhältnis von Substanz und Akzidens sowohl wie das von Akzidenzen jeweils wechselnder Substanz zu einer andern solchen – das Verhältnis von Ereignissen, die jeweils Ursache bzw. Wirkung davon sind – als

21 Bd. 20, S. 324.
22 Bd. 20, S. 335.
23 Bd. 6, S. 206f.

nichtempirisches Verhältnis auch ausschließlich dem Objekt zugrunde liegt und nicht dem Subjekt.

Bis zur vollen Einsicht in die Tiefendimension als nichtempirischen Zusammenhang dieser Objekte mit Subjekten, dieser Welt mit uns, bis dahin haben wir noch einen langen Weg der Reflexion zurückzulegen, nämlich zur Begründung dessen, was bisher bloße Behauptung ist: Sogar Thematisierung von Substanz und Akzidens oder von Ursache und Wirkung auf der Seite des Objektes ist als Reflexion recht eigentlich, wenn auch bis Kant noch undurchschaut, bereits Thematisierung des Subjektes, bleibt indessen zwangsläufig verfehlt, solange sie als solche nicht durchschaut und dementsprechend neu geführt wird. Andernfalls verkennt sie notwendigerweise nicht erst des Objektes, sondern dem zuvor schon des Subjektes Wesen als den Grund dafür, was immer wieder unverkennbar am Zerfall der jeweiligen Einheit beider deutlich wird: Sogar bei Reflexion, die nicht auf solchem Umweg über das Objekt nur indirekt, sondern direkt auf dieses Subjekt selber reflektiert. Was Kant hier nur am Beispiel von Substanz und Akzidens auf seiten des Objekts entwickelt, gilt nämlich entsprechend auch auf seiten des Subjekts, für das er selbst es unerwogen läßt.

§ 5. Wir als Sprache

So werden Sie im Anschluß an das Vorige des weiteren verstehen: Auch die Philosophie, die Kant im Rahmen seiner neuen Systematik nicht mehr ausführt, wie zum Beispiel die der Sprache, muß im selben Sinne scheitern wie die des Objektes, wenn man dazu vom Verstand »nur logischen« Gebrauch macht statt »transzendentalen«. Denn auf diese Weise tritt man an die Sprache gleichfalls so heran, als wären wie sie selbst auch ihre Aufbaustücke, auf die hin sie dabei zu thematisieren ist, etwas Empirisches unter Empirischem. Das liegt in diesem Fall sogar noch um so näher, als das eine ihrer Aufbaustücke – anders als die von Substanz und Akzidens bei den Objekten – in der Tat etwas Empirisches ist, beispielsweise Tinte, Druckerschwärze oder Laut. Von daher immer wieder fast unwiderstehlich die Verleitung, auch das andere von ihren Aufbaustücken, Sinn oder Bedeutung, einfach als Empirisches, ja Naturales anzusehen; zumal das ganz Bestimmte von Bedeutung oder Sinn jeweils in Einheit mit dem

Natural-Empirischen als Sprache insgesamt ja in der Tat *empirisch* zu verstehen gegeben und *empirisch* auch verstanden wird.

Zwar wissen Sie, daß es unhaltbar ist, ein sprachliches Gebilde wie »Es regnet« empiristisch sozusagen als Empirisch-Naturales aufzufassen: So als ob nur dadurch, daß seine Gestalt eine bestimmte »Konvention« erfüllt, dieses Empirisch-Naturale selbst bereits Bedeutung oder Sinn und somit Sprache wäre, sich nur dadurch also auch bereits von allem anderen Empirisch-Naturalen unterschiede. Denn wie Sie am Beispiel jener geologischen Steinformation an einer Felswand schon gesehen haben, bietet das Empirische ihrer Gestalt, mag es auch noch so pünktlich eine »Konvention« erfüllen, keinerlei Gewähr dafür, daß solches Naturale überhaupt Bedeutung oder Sinn und damit Sprache darstellt. Jedenfalls ist dies durch niemanden von uns etwa empirisch einfach festzustellen, sondern umgekehrt als etwas Nichtempirisches durch jedermann von uns gerade nichtempirisch immer schon zu unterstellen, weil es sich bei so etwas wie Sinn oder Bedeutung überhaupt nur handeln kann um die empirisch prinzipiell nicht feststellbare andere Subjektivität oder Intentionalität. Und nur auf Grund von ihr als der durch uns schon immer unterstellten können wir an der Gestalt von Natural-Empirischem, die eine »Konvention« erfüllt, dann auch empirisch sehen oder hören, daß sie Sinn oder Bedeutung von empirisch ganz bestimmtem Inhalt ist, was aber keineswegs in allen solchen Fällen zuzutreffen braucht.

Doch wissen Sie nunmehr des weiteren, worin der eigentliche Grund für jenen Fehler liegt: Die Sprache nur in diesem Sinne empiristisch zu thematisieren, heißt desgleichen, von Verstand dabei »nur logischen« Gebrauch zu machen; was zur Folge hat, an ihr nur das Empirisch-Naturale zu erblicken und auf diese Weise gerade das Entscheidende an ihr zu übersehen, nämlich jenes Nichtempirische, das dieses Natural-Empirische zu so etwas wie Sprache überhaupt erst macht. Und so wird »unvermeidlich«, aber unzulässig beides voneinander »abgesondert«, so daß Sprache selbst, die jeweils gerade eine unlösbare Einheit dieses Natural-Empirischen mit jenem Nichtempirischen darstellt, dadurch zerfällt: Auf eines ihrer bloßen Aufbaustücke gleichsam schrumpfend, geht sie ihres anderen und damit gerade ihrer Eigentümlichkeit verlustig, wird mithin, zu einem bloßen Ding verdinglicht, wie die Formation an jener Felswand, schlechthin unverständlich. Denn so sehr die Sprache durch das Natural-Empirische an ihr auch selbst etwas Empirisches wird, so gewiß wird umgekehrt doch Natural-Empirisches zu so etwas wie Sprache allererst durch das ursprünglich Nichtempirische von Sinn oder Bedeutung, und das heißt zuletzt: durch Subjektivität oder Intentionalität.

Doch diese empiristische ist nicht die einzige Art, Sprache zu verfehlen, weil auch nicht die einzige, wie statt »transzendentalem« von Verstand »nur logischer« Gebrauch gemacht wird. Vielmehr sollten Sie beachten, wie auch diejenigen, die von vornherein das Nichtempirische, wodurch Empirisch-Naturales zu Bedeutung oder Sinn und damit Sprache überhaupt erst wird, berücksichtigen, dieses Eigentümliche der Sprache schon von vornherein verfehlen, weil auch sie dabei »nur logischen« Gebrauch von ihm zu machen pflegen. Ausgerechnet solches Nichtempirische behandeln sie auf diese Weise nämlich so, als wäre es wie das Empirische an Sprache selbst etwas Quasi-Empirisches, wodurch sie abermals zerfällt.

Schon dort ist dies in vollem Gange, wo Sie es vielleicht noch gar nicht recht gewärtigen. So sollten Sie einmal genau ins Auge fassen, unter welchen Titeln etwa Bücher oder Buch-Kapitel oder Lehrveranstaltungen an den Universitäten Sprache zu thematisieren pflegen, wie zum Beispiel »Zeichen und Bedeutung«, »Wort und Sinn«, »Satz und Gedanke«, »Sprache und Denken«. Durch das jeweils Zweitgenannte hebt man dabei zweifellos hervor, daß Sprache über Natural-Empirisches hinaus noch anderes in sich vereinigt. Doch bereits von solchen Titeln her und damit schon von Anbeginn führt dies dazu, die Sprache zwar genau in umgekehrter Weise, doch erneut zerfallen zu lassen: Auf der einen Seite wurde, wie Sie vorhin sahen, das Empirische an ihr zum Anlaß dafür, Sprache mit ihm sofort gleichzusetzen, statt sie auf es als ein bloßes Aufbaustück in ihr gerade zu durchschauen; auf der andern Seite wird, wie Sie jetzt sehen, das Nichtempirische an ihr zum Anlaß, statt es als das zweite Aufbaustück gerade in ihr selber zu ermitteln, Sprache als Bedeutung oder Sinn wiederum zu verdoppeln; und auch beides nur, weil dabei vom Verstand statt des »transzendentalen« der »nur logische« Gebrauch gemacht wird.

Ohne Zweifel nämlich werden Sie verstehen: Mittels solcher Titel, und das heißt genauer, durch ihr jeweiliges »und« vermeint man, ein Verhältnis zu thematisieren, das so interessant ist, daß es selbst einer Thematisierung für die Öffentlichkeit wert ist. Gerade deshalb aber sollten Sie sich fragen: Führt zusammen mit den beiden andern

Ausdrücken das »und« in solchen Titeln insgesamt nicht vielmehr nur zur Formulierung des entsprechend Uninteressanten, nämlich eines tautologischen Verhältnisses? Denn so wie beispielsweise »Leib und Seele« formuliert doch »Zeichen und Bedeutung« gleichfalls bloß zweimal dasselbe, einmal implizit und einmal explizit, weil wie ein Leib bereits etwas Beseeltes auch ein Zeichen schon etwas Bedeutungsvolles darstellt, was entsprechend für ein Wort und einen Satz und Sprache insgesamt gilt.

Freilich könnten Sie eine Tautologie als letztliche Trivialität verschmerzen, hätte nicht im Fall von »Zeichen und Bedeutung« und dergleichen dies Triviale die gefährliche Tendenz, den Anschein eines Nichttrivialen zu erwecken: Statt als analytischer erscheint es vielmehr als synthetischer Ausdruck informativ und damit interessant. Genau in diesem Sinne kommen Formulierungen wie »Zeichen und Bedeutung«, »Wort und Sinn«, »Satz und Gedanke«, »Sprache und Denken« auch mit den bekannten Redeweisen überein, wonach ein Zeichen das ist, was Bedeutung *hat,* ein Wort oder ein Satz das ist, was Sinn *besitzt,* und Sprache somit allgemein dasjenige, was Sinn oder Bedeutung *hat* oder *besitzt.*

Dies aber kann, was Sie beachten sollten, schlechterdings nicht tautologisch oder trivial sein, weil es vielmehr falsch ist: Trifft es zu, daß Formulierungen wie »Zeichen und Bedeutung« letztlich tautologisch und trivial sind, kann vielmehr nur gelten, daß ein Zeichen keineswegs Bedeutung *hat,* sondern Bedeutung *ist,* daß Wort und Satz und Sprache allgemein durchaus nicht Sinn *besitzen,* sondern *sind.* Das undurchschaute Tautologische von Formulierungen wie »Zeichen und Bedeutung« führt zur Täuschung, als ob das, was selbst Bedeutung *ist,* das Zeichen, dasjenige wäre, was Bedeutung *hat* – und damit eben *zusätzlich* und *außerdem* noch hat.

Indessen ist dies unhaltbare Doppel von Bedeutung nicht nur überflüssig, sondern auch noch irreführend, wie Sie nunmehr sehen werden: Sein Bedeutungsüberfluß verdeckt, daß prinzipiell nur das, was selbst Bedeutung gerade nicht schon *ist,* als dasjenige in Betracht kommt, was Bedeutung *hat.* Denn daß es nicht das Zeichen sein kann, was Bedeutung *hat,* besagt ja nicht auch schon, daß dabei überhaupt nichts vorliegt, von dem gilt, daß es Bedeutung *hat.* Dies aber kann dann nur das an und für sich selbst Bedeutungslose sein, ein Ding oder Ereignis als ein Natural-Empirisches wie Tinte, Druckerschwärze oder Laut, das als ein Material *herangezogen* und *zum*

Zeichen allererst *genommen* wird, *um* etwas zu bedeuten. Liegt mithin dergleichen wie ein Zeichen vor, das selbst Bedeutung *ist,* so kann dabei als dasjenige, was Bedeutung *hat,* nur dies Empirisch-Naturale angesehen werden, das als Material in jedes Zeichen eingeht. Denn allein *indem* ein an und für sich selbst *bedeutungsloses* Stück Natur Bedeutung allererst *bekommt,* so daß es sie dann *hat,* kann so etwas wie Zeichen überhaupt *entspringen,* das dann eben deshalb aber nicht auch seinerseits Bedeutung *haben* kann, sondern Bedeutung *sein* muß.

Dies jedoch heißt, wie Sie ferner sehen werden, umgekehrt: Es bleibt entsprechend ausgeschlossen, daß das Zeichen, das Bedeutung *ist,* etwa *auch* Natural-Empirisches *ist,* sozusagen *zusätzlich* und *außerdem* noch. Denn als solches selbst ist Natural-Empirisches durchaus nicht Zeichen, keineswegs Bedeutung. Als das an und für sich selbst Bedeutungslose geht Empirisch-Naturales dadurch, daß es die Bedeutung allererst *bekommt* und so zum Zeichen *wird,* als dies empirisch-naturale Material im Zeichen vielmehr völlig unter, in Bedeutung gänzlich auf. Ein Zeichen, das Bedeutung ist, entspringt mithin, indem ein Stück Natur als Material zum Zeichen so genommen wird, daß es zu ihm verwandelt, in Bedeutung umgewandelt, und das heißt, als ein bloß Natural-Empirisches getilgt wird.

Dieser Tatbestand der »Tilgung« wird Sie auf den ersten Blick nur deswegen befremden, weil er Ihnen etwas ins Bewußtsein hebt, womit Sie so vertraut sind, daß es Ihnen gar nicht auffällt. Um das auf den zweiten Blick zumindest einzusehen, brauchen Sie sich denn auch nur bewußt zu machen, was Ihnen vor Augen tritt, wenn Sie in einem ganz konkreten Fall etwas zum Zeichen nehmen, beispielsweise eine Zeitung in die Hand, um sie zu lesen: Im Normalfall ist, was Ihnen dabei Thema oder Gegenstand wird, nicht die geometrisch zu beschreibende Gestalt von Druckerschwärze auf Papier, noch etwa die von ihr zu unterscheidende Bedeutung, die sie hat, sondern ausschließlich das, worüber diese Zeitung Sie nur informiert, indem sie Ihnen anstatt Differenz vielmehr Identität von beidem, eben Zeichen oder Sprache ist. Für Sie als ihren Leser oder ihre Leserin wird demgemäß in keinem Sinn etwa die Zeitung *selbst* zum Thema oder Gegenstand, weder als Druckerschwärze auf Papier noch als Bedeutung noch gar als Identität davon, wird vielmehr immer nur *vermittels* dieser letzteren als Zeitung etwas *Anderes* als sie thematisch oder gegenständlich: dasjenige, wovon sie berichtet.

Das verdeutlicht Ihnen ferner: Eben dieses Eigentümliche von Zeichen oder Sprache, daß sie selbst Bedeutung *sind,* nämlich gerade *Anderes* bedeutend sind, droht uns verloren zu gehen, sobald wir diese Zeichen nicht mehr bloß benutzen, um allein *vermittels* ihrer dieses *Andere* zum Thema zu erheben, sondern sie als solche selbst thematisieren, indem wir etwa fragen, was ein Zeichen oder was die Sprache sei. Erst dadurch nämlich, daß auf diese Weise nicht mehr jenes Andere, das sie bedeuten, sondern nunmehr Zeichen oder Sprache als Bedeutung selber erstmals Thema werden, wird dann alles, was an Zeichen oder Sprache jedesmal beteiligt ist, indem es zu ihnen vereinigt wird, zum ersten Mal thematisch, und das heißt: je für sich selbst thematisiert. Und eben dieser Schritt, ob wir uns dessen nun bewußt sind oder nicht, ist als ein Schritt zurück auch überhaupt nichts anderes als Reflexion, mithin Philosophie, weil diese Frage, so gewiß sie Zeichen oder Sprache als etwas Empirisches betrifft, doch ihre Antwort nur als nichtempirische bekommen kann.

Denn Zeichen oder Sprache stehen solcher Reflexion zunächst einmal so prinzipiell als Einheit gegenüber, daß ihr Aufbau wie auch ihre Aufbaustücke und erst recht die Art ihrer Vereinigung ihnen durchaus nicht etwa anzusehen, an ihnen nicht einfach empirisch festzustellen sind. Entsprechend schweben wir bei jeglichem Beantwortungsversuch, der auch in jeder Art Begriffsbildung dafür bereits am Werk ist, in Gefahr, den folgenreichsten Irrtümern anheimzufallen: nicht allein, was ihren Aufbau sowie ihre Aufbaustücke anbetrifft, sondern vor allem auch die Art ihrer Vereinigung *zu* Zeichen oder Sprache. Dabei nämlich unterliegen wir der ständigen Versuchung, immer wieder so an sie heranzutreten, als ob ihnen alles dies sehr wohl empirisch einfach zu entnehmen wäre, eben durch »bloß logischen« Gebrauch unseres Verstandes. Und wie schon bemerkt, liegt das im Fall von Zeichen oder Sprache um so näher, als Empirisches daran ja in der Tat beteiligt ist.

Aus jenen Formulierungen von Themen wie zum Beispiel »Zeichen und Bedeutung« geht für Sie denn auch hervor, wie schnell und unbemerkt uns dieser Fehler unterläuft: Mit Hilfe der Begriffe »Zeichen« auf der einen und »Bedeutung« auf der andern Seite formulieren wir in einer Weise, die darauf hinausläuft, eben diesen grundsätzlichen Unterschied nicht zu beachten: nämlich zwischen dem »natürlichen Bewußtsein« der *intentio recta* als »bloß logischem« Gebrauch dieses Verstandes und »transzendentalem« als *intentio obliqua* einer

Reflexion als »unnatürlichem Bewußtsein«. Ein Begriff wie »Zeichen« oder »Sprache« nämlich steht in der *intentio recta* als empirischer zunächst einmal nur für Empirisches, das auch in jeglicher empirisch feststellbaren Einzelheit mittels empirischer »Sprachwissenschaft« erforscht wird, und das heißt: er steht für etwas, worauf mittels nichtempirischer *intentio obliqua* philosophisch allererst zu reflektieren wäre. Ihm jedoch – in einem Atemzuge sozusagen – durch das »und« den nichtempirischen Begriff »Bedeutung« gegenüberstellen, heißt hingegen, philosophisch längst schon reflektiert zu haben. Erst auf Grund bereits erfolgter Reflexion und so auch erst im Rahmen von Philosophie nämlich kann von dergleichen wie Bedeutung *gegenüber* Zeichen sinnvoll überhaupt die Rede sein: Die Bildung von Begriffen wie »Bedeutung«, die dergleichen wie Bedeutung erstmals für sich selbst thematisieren und auf diese Weise auch gedanklich isolieren, ist als solche selbst schon Reflexion als nichtempirische Philosophie, gleichviel ob wir uns dessen auch bewußt sind oder nicht.

Dann jedoch vermag – und dies Entscheidende wird Ihnen jetzt verständlich sein – als das, *wovon* Bedeutung mittels des Begriffs »Bedeutung« isoliert ist, schlechterdings nicht mehr das Zeichen in Betracht zu kommen, wie das »und« es nahelegt. Denn ist aus ihm heraus dergleichen wie Bedeutung schon gedanklich isoliert, dann ist das Zeichen, wenn auch eben nur gedanklich, aufgelöst und kann deswegen bei methodisch einwandfreiem Vorgehen prinzipiell nicht weiter zur Verfügung stehen – und schon gar nicht in der formulierten Gegenüberstellung zur Bedeutung. Übrig bleiben kann in dieser Stellung vielmehr nur noch, was am Zeichen außer der Bedeutung sonst beteiligt und durch diese selbe Reflexion nun ebenfalls gedanklich isoliert ist: jenes an und für sich selbst Bedeutungslose eines Materials von Natural-Empirischem. Und diese Eigentümlichkeit von Reflexion als nichtempirisch-philosophischer zu übersehen, was in Formulierungen wie »Zeichen und Bedeutung« voll im Gange ist, kann letztlich nur zu sinnloser Verdoppelung von Bedeutung führen, ja zu ihrer platonistischen Verselbständigung: So als ob es auf der einen Seite Zeichen auch ohne Bedeutung geben könnte, oder auf der andern gar Bedeutung statt mit Natural-Empirischem als Material in Einheit vielmehr außerhalb desselben auch für sich bestehend.

Ein besonders aufschlußreiches Beispiel dafür finden Sie bei Frege, das genau an dieser Art der Formulierung orientiert ist und von ihr als Ausgangspunkt auch in erwünschter Deutlichkeit zu einer unhaltbaren Konzeption führt. In dem Aufsatz *Der Gedanke* sieht er sich veranlaßt, Zeichen oder Sprache zu thematisieren, weil er überlegt: Wovon ist eigentlich die Rede, wenn wir über »Wahres« oder »Falsches« sprechen oder über das, was »wahr« ist oder »falsch« bzw. »Wahrheit« oder »Falschheit« hat? Und schwerlich werden Sie ihm widersprechen wollen, wenn er dabei zum Ergebnis kommt, daß solche »Wahrheit« (oder »Falschheit«) stets »Wahrheit von Sätzen«[1] sei, das heißt von Aussage- oder Behauptungssätzen.

Doch im Anschluß daran fragt er sich »Was nennt man einen Satz?«, womit er in der Tat den Satz thematisiert und damit einen Fall von Zeichen oder Sprache. Und so lautet seine Antwort, die er seiner Frage auf dem Fuße folgen läßt, als ein Zusammenhang: »Was nennt man einen Satz? Eine Folge von Lauten«. Am Satz als seinem Thema und mithin an Zeichen oder Sprache hebt er als das eine seiner Aufbaustücke also erst einmal das Natural-Empirische hervor, woran Sie sehen, daß er diesen Satz nur als gesprochenen heranzieht, doch genausogut auch als geschriebenen zum Beispiel wählen könnte.

Diese Stelle aber sollten Sie genau beachten, um zu sehen, wie es nach dem ersten Schritt, durch den er dieses Natural-Empirische an Zeichen oder Sprache isoliert, bei Frege weitergeht: Weil dieser Schritt ihm offenbar gewagt erscheint, erschrickt er nämlich sozusagen und beeilt sich zu versichern, daß er es bei dieser Antwort, wenn sie richtig sein soll, keineswegs bewenden lassen kann, sie vielmehr mittels einer Einschränkung noch weiterführen muß. Entsprechend formuliert er im Zusammenhang mit seiner Frage seine Antwort darauf insgesamt wie folgt: »Was nennt man einen Satz? Eine Folge von Lauten; aber nur dann, wenn sie einen Sinn hat«[2], nämlich das, was umgangssprachlich auch »Bedeutung« heißt. Denn Frege weiß natürlich noch, daß er den Satz als Beispiel doch für das thematisiert, was wahr ist oder falsch, wobei ihm aber, wie er selbst schon vorher wie auch nachher zu erkennen gibt, genauso klar ist: Sinnlich wahrnehmbares Natural-Empirisches wie ein Ereignis oder Ding kann prinzipiell nicht als ein solches selber wahr sein oder falsch. Denn ohne jeden Zweifel gilt: »Ein Stein, ein Blatt ist nicht wahr«[3] oder

1 G. Frege, *Kleine Schriften,* hg. I. Angelelli, Darmstadt 1967, S. 344.
2 A. a. O.
3 A. a. O., S. 343.

falsch, »und alle sinnlich wahrnehmbaren Dinge sind von dem Gebiete dessen auszuschließen, bei dem Wahrheit überhaupt in Frage kommen kann«[4].

Von dieser Überlegung aber, die für sich genommen richtig ist, läßt Frege sich zu einem Schritt verleiten, welchen Sie als jenen grundsätzlichen Fehler übersehen könnten, weil er ihn wie selbstverständlich und dadurch auch unauffällig tut. Denn jener Einschränkung fügt Frege lediglich noch eine unscheinbare, harmlos wirkende Ergänzung an, durch die er seine Überlegung dahingehend schließt: »Was nennt man einen Satz? Eine Folge von Lauten; aber nur dann, wenn sie einen Sinn hat ... Und wenn wir einen Satz wahr nennen, meinen wir eigentlich seinen Sinn«[5].

Damit aber unterläuft etwas Verhängnisvolles, das Sie sich mit allen seinen schwerwiegenden Folgen deutlich machen sollten: Frege setzt als das, was wahr ist oder falsch, zunächst den Satz an als den Aussage- oder Behauptungssatz, was einleuchtet. Sodann zeigt er nicht weniger erhellend auf, als Lautfolge sei solch ein Satz etwas Empirisch-Naturales, das Bedeutung oder Sinn besitze. Danach aber müßte konsequenterweise, nämlich wie Sie schon durch Einsetzung des einen für das andere erkennen, gelten, daß auch eben diese Lautfolge, die Sinn habe, es sei, was wahr ist oder falsch. Infolgedessen wäre es tatsächlich eben diese Lautfolge, tatsächlich solch ein Sinnlich-Wahrnehmbares, nämlich Natural-Empirisches, was wahr ist oder falsch: Nur freilich nicht ein *bloßes* Natural-Empirisches, kein *bloßes* Sinnlich-Wahrnehmbares, sondern eines, das im Unterschied zu anderem als *bloßem* solchen auch noch einen Sinn besitzt, mit dem in Einheit es dann eben Satz als Zeichen oder Sprache ist. Entsprechend hätte es auch nach der Reflexion auf diese beiden Aufbaustücke, ja auf ihrer Grundlage erst recht dabei zu bleiben, daß der Satz es ist, was wahr sei oder falsch, nämlich die Einheit dieses Natural-Empirischen mit Sinn.

Doch gerade diese Einheit ist es, welche Frege dadurch, daß er sie auf ihre Aufbaustücke hin auch nur thematisiert, bereits zerfallen läßt, indem er dabei von Verstand »nur logischen« Gebrauch macht statt »transzendentalem«. Denn bloß dadurch, daß er jene Lautfolge als Sinnlich-Wahrnehmbares oder Natural-Empirisches vom Sinn ge-

4 A. a. O., S. 345.
5 A. a. O., S. 344.

danklich nicht nur unterscheidet, sondern »absondert« und so verselbständigt, verfällt er in den grundsätzlichen Fehler, ihr und damit auch dem Satz die Wahrheit oder Falschheit wieder abzusprechen und auf einmal ausschließlich dem Sinn desselben als dem »eigentlichen« Wahren oder Falschen zuzuweisen. Denn allein, sofern es als vom Sinn getrennt betrachtet wird, muß Natural-Empirischem zurecht das Wahre oder Falsche abgesprochen werden, wie dem »Stein« oder dem »Blatt«, doch keineswegs, sofern es mit dem Sinn – mag beides auch zu unterscheiden sein – in derjenigen Einheit aufgefaßt wird, die es in Gestalt von Satz tatsächlich bildet. Ersterem zufolge muß denn auch der Schein entstehen, nur der umgekehrt dann ebenso vom Natural-Empirischen getrennt betrachtete Sinn sei das eigentliche Wahre oder Falsche, der in Wirklichkeit jedoch auf diese Weise seinerseits verselbständigt und so verdinglicht wird.

Wie Sie im weiteren bei Frege sehen können, faßt er diesen Sinn, sofern er wahrer oder falscher ist, als den »Gedanken« auf, wovon es demgemäß genausoviele geben muß wie inhaltlich verschiedenes Wahre oder Falsche. Und sie alle seien – gut platonisch – stets in einem »dritten Reich« schon vorgegeben, wo sie nicht nur allem Psychischen als »zweitem«, sondern auch noch allem Physischen als »erstem« gegenüber ihrerseits ein Reich von Objektivem oder Intersubjektivem bilden. Und Gedanken denken, heiße demgemäß nicht etwa, sie spontan durch eben dieses Denken selber allererst zu »schaffen«, sondern sie als immer schon bestehende vielmehr nur rezeptiv zu »fassen«.[6]

Solche transzendent-unhaltbare Metaphysik indessen führt nicht nur zu dieser sinnlosen Verselbständigung und Verdinglichung von Sinn oder Bedeutung, sondern eben dadurch in der Tat auch noch zu einer gleichfalls sinnlosen Verdoppelung derselben, die in jenen Formulierungen wie »Zeichen und Bedeutung« schon in vollem Gange ist. Nachdem er den Gedanken oder Sinn als abgetrennt vom Natural-Empirischen, sprich Sinnlich-Wahrnehmbaren, auffaßt und entsprechend auch als etwas »Unsinnliches«, nämlich Nichtempirisches bestimmt, sucht Frege dann von ihm her an den Satz als Zeichen oder Sprache, dessen Aufbau er durch ihn erklären möchte, wieder anzuknüpfen, geht dabei jedoch in aufschlußreicher Weise fehl. An-

6 A. a. O., S. 353 ff.

statt zu einer angemessenen Erklärung des Entstehens und Bestehens eines Satzes, der als Zeichen oder Sprache so etwas wie Sinn gerade *ist* und nicht wie sinnlich-wahrnehmbares Natural-Empirisches nur *hat*, kommt Frege wegen seiner Trennung zwischen beiden vielmehr zu dem unhaltbaren Ansatz: Dieser Sinn als »der an sich unsinnliche Gedanke kleidet sich in das sinnliche Gewand des Satzes und wird uns damit faßbarer. Wir sagen, der Satz drücke einen Gedanken aus«[7].

Denn darin liegt jetzt nicht nur abermals jene Verdoppelung von Sinn, der einmal als Gedanke, doch als Satz sogleich noch einmal und im ganzen somit überflüssig wie auch irreführend zweimal auftritt, weil Satz selbst schon Sinn ist. Dies enthält dann auch vor allem noch eine verfehlte Auffassung von Zeichen oder Sprache insgesamt, von ihren Aufbaustücken ebenso wie von der Weise ihres Aufbaus und der Art ihrer Vereinigung. Zum einen nämlich kleidet ein Gedanke sich durchaus nicht »in das sinnliche Gewand *des Satzes*« – so als ob der letztere auch *vorher* schon und *ohne* ersteren als Satz bestünde –, sondern ein Gedanke kleidet sich in sinnlich-wahrnehmbares Natural-Empirische wie Laut, wodurch dergleichen wie ein Satz als Zeichen oder Sprache allererst entspringt. Zum andern wird uns ein Gedanke durch sein sinnliches Gewand auch keineswegs bloß »faßbarer« – als könnten wir ihn, gut platonisch, grundsätzlich auch ohne dieses fassen –, sondern ein Gedanke wird uns, wie Sie sehen werden, dadurch überhaupt erst faßbar; und zwar nicht erst abgeleitet als von einem Subjekt einem andern Subjekt mitgeteilter, sondern in gewissem Sinn auch schon ursprünglich als von einem einzelnen Subjekt für sich gewonnener, weil er in jedem Fall erst dadurch überhaupt zum »ausgedrückten« Satz als Zeichen oder Sprache wird.

Nur auf den ersten Blick wird Sie vielleicht erstaunen, hier bei einem Platonisten des Gedanken oder Sinns wie Frege also im Prinzip genau demselben Fehler zu begegnen wie bei jenem Empiristen, weil im Grunde nämlich beide das Empirische und Nichtempirische an Zeichen oder Sprache auseinanderfallen, diese selbst mithin zerfallen lassen. Und das nur, weil sie dabei, mit Kant zu reden, vom Verstand an Stelle des »transzendentalen« den »nur logischen«, näm-

7 A. a. O., S. 345.

lich quasi-empirischen Gebrauch machen. Anstatt durch Reflexion als nichtempirische Philosophie in Zeichen oder Sprache selbst als untrennbare Einheit einzudringen, um nur innerhalb von ihr die Aufbaustücke des Empirischen und Nichtempirischen in ihr zu unterscheiden, sondern beide mittels Quasi-Empirie sie vielmehr voneinander ab, weswegen beide nicht nur das Empirische an dieser Einheit, sondern auch das Nichtempirische an ihr verselbständigen, letzteres infolgedessen zum Quasi-Empirischen verdinglichen. Und als Verfehlung ihrer Einheit kommt dies denn auch beidenfalls zum Ausdruck in der fälschlichen Alternative eines Platonismus *oder* Empirismus von Bedeutung oder Sinn, worin des einen Falschheit ständig ausweglos mit der des andern alternieren muß. Denn einerlei von welchem ihrer Aufbaustücke her man Sprache oder Zeichen auch zunächst thematisieren mag, sofern man es dabei quasi-empirisch als getrennt vom anderen betrachtet, hat man sie bereits so prinzipiell verfehlt, daß Empirismus dieser Sprache oder dieses Zeichens folglich immer wieder ihren Platonismus fordert, sowie umgekehrt.

Obwohl jedoch das eine dieser Aufbaustücke selbst etwas Empirisch-Naturales darstellt, ist das andere, mithin der Aufbau insgesamt sowie vor allem auch die Art ihrer Vereinigung zu Zeichen oder Sprache prinzipiell nur nichtempirisch zu ergründen: eben nur mittels »transzendentaler« Reflexion darauf als nichtempirischer Philosophie davon. Nur so vermag mithin nur sie trotz Unterscheidung beider Einheit grundsätzlich zu wahren, nämlich der Verpflichtung zu genügen, mit der gleichen Sorgfalt dabei nicht allein auf das zu achten, *was* sie jeweils als ein Aufbaustück an Zeichen oder Sprache unterscheidet, sondern auch, *von welchem* dadurch letztlich immer schon mitunterschiedenen andern Aufbaustück derselben sie es unterscheidet: Setzt sie damit beim Empirisch-Naturalen an, so unterscheidet sie gerade nicht nur *dieses,* sondern anderseits *von* diesem auch zugleich noch *Sinn* oder *Bedeutung,* so daß Reflexion auf solche Weise dieses Natural-Empirischen zwar habhaft wird, in ihm allein jedoch der Sprache und des Zeichens gerade nicht; und setzt sie damit umgekehrt bei Sinn oder Bedeutung an, so unterscheidet sie auch nicht nur *diese,* sondern anderseits *von* diesen auch zugleich noch das *Empirisch-Naturale,* so daß Reflexion auf solche Art dieser Bedeutung oder dieses Sinns zwar habhaft wird, allein in ihnen aber jener Sprache oder jenes Zeichens gerade nicht.

Und dessen voll bewußt ist sie als Reflexion dann eben nicht allein das Vollbewußtsein davon, daß ein jedes dieser Aufbaustücke immer nur in Einheit mit dem jeweils andern so etwas wie Zeichen oder Sprache bildet. Voll bewußt wird sie als Reflexion sich dadurch vielmehr ferner, daß sie über all dies noch hinaus, weil all dem schon vorweg auf das zu reflektieren hat, was Aufbaustücke so heterogener Art denn eigentlich *zur* unlösbaren Einheit Zeichen oder Sprache zu vereinigen vermag: auf jenes Nichtempirische von Subjektivität als Ursprung wie auch Wesen solcher Einheit, wodurch so etwas wie Zeichen oder Sprache nicht nur allererst entsteht, sondern worin allein es auch besteht. Und diese Nichts als-Subjektivität von Zeichen oder Sprache ist mithin auch jenes Selbige, was Empirismus ebenso wie Platonismus daran eigentlich und gleichermaßen grundsätzlich verfehlt. Sie scheitern, weil im Grunde beide ohne jegliches Bewußtsein davon reflektieren: Was auch immer Reflexion auf sie an Aufbaustücken in ihnen ermitteln mag, hat sie vor allem doch von vornherein des Zeichens und der Sprache Einheit sich bewußt zu machen, nämlich daß auf all dies reflektierend sie mit all dem sich auch selbst bereits von Anbeginn und durchwegs innerhalb von Subjektivität bewegt, ob nun in fremder oder eigener.

In ihr als prinzipiell verkannter Subjektivität von Zeichen oder Sprache werden Sie denn auch den Grund für das im vorigen schon Kritisierte und mithin das eigentlich zu Kritisierende erblicken: »Der an sich unsinnliche Gedanke«, so meint Frege, »kleidet sich in das sinnliche Gewand des Satzes«. Aber weit gefehlt! Nicht »der an sich unsinnliche *Gedanke* kleidet sich« – der tut als solcher nämlich überhaupt nichts –, sondern das an sich unsinnliche, sprich nichtempirische *Subjekt,* und zwar *sich selbst* jeweils »in sinnliches Gewand«. Denn nur *es selbst* ist es, was auch allein *sich selber* »ausdrückt«, nämlich äußert, dadurch, daß es beispielsweise »denkt«, mithin einen »Gedanken« denkt. Nur daß es eben als ein »Unsinnliches« oder Nichtempirisches, sprich, als gerade niemals Naturales oder Äußeres zu seiner Äuße*rung* des Äuße*ren* auch immer schon bedarf. Deswegen kleidet ein Subjekt sich auch durchaus nicht etwa »in das sinnliche Gewand *des Satzes«,* sondern in das Sinnlich-Äußere als Natural-Empirisches von Tinte, Druckerschwärze oder Laut, so daß als Denken des Gedanken demgemäß *es selbst* jeweils *zum* Satz als Zeichen oder Sprache überhaupt erst *wird.*

Entsprechend weit gefehlt ist es denn auch, wenn Frege meint, *»der Satz* drücke einen Gedanken aus«, weil so wie der Gedanke auch der Satz als solcher überhaupt nichts tut. Es drückt vielmehr ausschließlich ein Subjekt, und zwar sich selbst aus, nämlich aus sich selbst heraus jeweils hinaus in jenes Aus-sere, sprich Äußere, worin allein es als ursprünglich niemals Äußeres, sondern gerade Inneres sich äußern kann und somit Denken von Gedanken nur als Sätzen überhaupt zu sein vermag.

Sie sehen also: Zwischen dem Subjekt als Denken und Gedanke und auch Satz herrscht danach ein Verhältnis des *Sich*-Äußerns eines Inneren, so daß auch dieses Äußere, worein sich dieses Innere *selbst* äußert, als ein solches Äußeres *selbst* ein solches Inneres *ist*. Dieses bis heute unbewältigte Verhältnis aber stellt seit jeher derart schwierige Probleme, daß der Weg zu ihrer Lösung für uns weit und mühsam sein wird. Handelt es sich dabei doch um nichts geringeres als ein Verhältnis von der Art, daß ein Subjekt darin bei allen Differenzen, die in ihm als Denken und Gedanke und auch Satz zu unterscheiden sind, seine Identität grundsätzlich wahrt, indem es Denken und Gedanken und auch Satz als Unterscheidbares erzeugend überhaupt nichts anderes als sich selbst erzeugt. Und dies auch dann, ja gerade wenn es sich des Äußeren als Äußersten an Differenz zu sich als Innerem bedienen muß, um in Gestalt von Satz als dieses Innere sich selbst zu äußern, weil es eben nur in Äußerem als dieses Innere zu Anderem als dem in jedem Falle Äußeren in ein Verhältnis treten kann: ob nun zu Anderem als bloßem anderen Objekt oder auch anderem Subjekt als gleichfalls Innerem in Äußerem.

Trotz der Schwierigkeit jedoch, die dieses eigentümliche, ja einzigartige Verhältnis des *Sich*-Äußerns eines Inneren bereitet, weil es letztlich nichts als das Berüchtigte von Selbstverhältnis, das als solches selbst zum Fremdverhältnis wird, bedeutet, können Sie sich seiner Richtigkeit vorerst an einem jedermann vertrauten Sprachgebrauch versichern. Denn bei aller Vorläufigkeit dessen, was wir uns von ihm bisher schon deutlich machen konnten, dürfte Ihnen doch wohl kaum als Zufall gelten, daß nicht nur die deutsche Sprache dies Verhältnis voll zum Ausdruck bringt. Gleich mir werden vielmehr auch Sie es danach nicht allein als einen sprachlichen, sondern auch sachlichen Befund ansehen, daß *etwas* äußern, sprich, einen *Gedanken* äußern, ausgerechnet damit, *sich* zu äußern, gleichbedeutend ist. Denn in geeignetem Zusammenhang könnten Sie ohne weiteres mich auf ein anderes Subjekt ansprechen und mich etwa fragen, ob zu diesem oder jenem eine Äußerung von ihm bereits erfolgt ist. Und bejahte ich, so könnten Sie wie folgt verschieden, doch ersichtlich gleichbedeutend weiter fragen, nämlich »*Was* hat er dazu geäußert?« oder auch »*Wie* hat er *sich* dazu geäußert?«. Dies jedoch gibt Ihnen mindest einen Wink, daß *etwas* äußern, sprich, einen *Gedanken* äußern, eigentlich nichts anderes als eine ganz bestimmte Weise, *sich* zu äußern, sein kann.

Und das heißt: Es deutet wenigstens schon darauf hin, daß Denken von Gedanken in Gestalt von Sätzen und mithin auch Zeichen oder Sprache als Bedeutung oder Sinn tatsächlich überhaupt nichts anderes als Subjektivität ist, nämlich deren hochkomplexe, hochdifferenzierte Art und Weise, durch Erzeugung alles dessen letztlich nur sich selber zu erzeugen: sich zu produzieren sozusagen, nämlich sich durch Selbstgestaltung gleichsam auf- und vorzuführen, um als Inneres in Äußerem zu Äußerem als Anderem in ein Verhältnis einzutreten. Solches Innere als Selbstverhältnis wäre Subjektivität infolgedessen letztlich als Verhältnis ihrer Selbstverwirklichung; und deren ebenfalls bis heute ungelöste Problematik werden wir auch nur im Zuge einer Analyse von Intentionalität bewältigen, weil überhaupt erst ihr Ergebnis uns auch zur Synthese von Intentionalität noch führen wird. Allein als diese nämlich ist, wie Sie schon wissen, Subjektivität ursprünglich jenes Nichtempirische von Sinn oder Bedeutung, das als schlechthin Inneres allein durch Äußerung in Äußerem als Natural-Empirischem auch selber als Empirisches auftreten kann.

Nicht zufälligerweise jedenfalls muß allen, die nichts davon wissen wollen, daß wie Satz auch Sinn oder Bedeutung als Gedanke prinzipiell nur als Erzeugnis eines denkenden Subjektes sich verstehen lassen können, all dies platonistisch ebenso wie empiristisch auseinanderfallen: nicht bloß auf der einen Seite Satz und auf der andern Sinn oder Bedeutung als Gedanke, sondern letztlich auch noch Denken einerseits und anderseits Gedanke. Überhaupt erst so entsteht denn auch allein als selbstgemachtes das dann unlösbare Scheinproblem, wie ein Subjekt zu so etwas wie Sinn oder Bedeutung Zugang haben kann. Und zwar nicht nur für Platonisten wie zum Beispiel Frege, der dann Denken bloß noch als angeblich rezeptives »Fassen« von angeblich stets in einem »dritten Reich« schon fertig vorgegebenen Gedanken mißverstehen kann, sondern ebenso beim späten Wittgenstein, der eines Platonismus eher unverdächtig scheint. Die auch von ihm jedoch für unlösbar erklärte Problematik, wie ein Subjekt Zugang zu dergleichen wie Bedeutung oder Sinn gewinnen könne[8], träte für ihn ebenfalls erst gar nicht auf, erwöge er auch nur im Ansatz, daß es sich dabei gerade nicht um etwas Anderes als dieses Subjekt, sondern nur um etwas handeln kann, das dieses Subjekt immer wieder erst erzeugt, indem es immer wieder nur sich selbst dazu erzeugt.[9]

Doch sollten Sie dergleichen freilich auch von niemandem erwarten, der bloß deshalb, weil sie etwas Nichtempirisches betrifft, von vornherein bereits die Analyse von Intentionalität als Subjektivität verweigert, ganz zu schweigen von ihrer Synthese. Vielmehr müssen Sie in diesen Kreisen damit rechnen, daß man gegen jegliche Vernunft auch weiterhin das Sein von Sinn oder Bedeutung außerhalb von Subjektivität geradezu als Mythos zelebriert, ob unter Observanz von Empirismus oder Platonismus oder beidem abwechselnd: Solange jedenfalls, wie beide nicht aufs radikalste ausgetrieben sind zugunsten eines recht verstandenen Nominalismus, nämlich einer Sprachphilosophie, die es nicht nur dem Namen, sondern auch dem Wesen nach ist: eben nichtempirische oder »transzendentale« Reflexion auf Sprache, die durch Einsicht ihrer Tiefendimension als Sinn oder Bedeutung letztlich jenes Nichtempirische von Subjektivität oder Intentionalität ermittelt, und das heißt am Ende *uns als* Sprache.

Als den eigentlichen Gegenspieler jenes Empiristen wie auch Platonisten, die dem hartnäckig im Wege stehen und sich dabei ständig wechselseitig in die Hände spielen, kann ich Ihnen hier nur vorläufig Wilhelm von Humboldt vorstellen: Daß die Sprache ihrem Wesen nach nichts anderes als Subjektivität und damit reine Geistigkeit ist, dieser heiklen Eigentümlichkeit vermochte Humboldt wohl am weitesten, wenn auch nicht endgültig gerecht zu werden, weshalb er gerade darin offenbar noch immer unverstanden ist. Verstehen werden Sie ihn deshalb nur, soweit Sie sich vor Augen führen: Humboldt tritt tatsächlich durchwegs, wenn auch stillschweigend, dem Empiristen ebenso wie Platonisten dadurch gegenüber, daß er etwas nachzuholen trachtet, was Kant selbst versäumte, nämlich auch noch

8 Neuerdings durch Kripke-Stegmüller bestürzend klar herausgearbeitet, vgl. W. Stegmüller, *Kripkes Deutung der Spätphilosophie Wittgensteins,* Stuttgart 1986.

9 Ausschließlich dort, wo es sich in der Tat um etwas *Anderes* als dieses Subjekt handelt, ist die Frage, wie es Zugang dazu haben kann, ein wirkliches statt nur ein Scheinproblem, nämlich im Fall des *Objekts.*

Kant der Sprachphilosophie zu werden. Auffälligerweise jedenfalls füllt eine Durchführung von Humboldts Ansätzen genau die Stelle im System von Kant aus, die bei seiner weiteren Entfaltung sich auch noch für Sprache in ihm öffnet, die Kant selbst jedoch wie manche andere leer läßt.

Vornehmlich beachten sollten Sie das angesichts von Humboldts grundlegender Einsicht, die bis heute offenbar noch nicht in ihrem vollen Umfang und genauen Sinn begriffen ist: »Die Sprache, in ihrem wirklichen Wesen aufgefaßt, ist ... kein Werk (Ergon), sondern eine Tätigkeit (Energeia). Ihre wahre Definition kann daher nur eine genetische sein. Sie ist nämlich die sich ewig wiederholende Arbeit des Geistes, den artikulierten Laut zum Ausdruck des Gedankens fähig zu machen«. Und sie als solche »Arbeit des Geistes zu bezeichnen, ist schon darum ein vollkommen richtiger und adäquater Ausdruck, weil sich das Dasein des Geistes überhaupt nur in Tätigkeit und als solche denken läßt«.[10]

Denn was er damit sagen will, das hätten Sie verkannt, wenn Sie es so verstehen wollten, als verfechte Humboldt hier, der Sprache eigentliches Wesen sei das Sprechen, und mithin das Schreiben beispielsweise gar kein eigentlicher Fall von Sprache, oder als vertrete er auch nur den Vorrang dieses Sprechens vor dem Schreiben, also den von Laut- vor Schriftsprache[11]. Zu diesem grundsätzlichen Mißverständnis könnte er Sie leicht verleiten, weil er seine Einsicht selbst wie folgt noch zu erläutern sucht: »Unmittelbar und streng genommen, ist dies die Definition des jedesmaligen Sprechens; aber im wahren und wesentlichen Sinne kann man auch nur gleichsam die Totalität dieses Sprechens als die Sprache ansehen«[12]. Irreführend nämlich formuliert er hier, weil er nicht klar genug herausstellt, daß es ihm dabei um »Sprechen« nur insofern geht, als dieses schlechterdings nicht anders denn als »jedesmaliges« auftreten kann.

Denn eben dies besagt die eigentliche Einsicht Humboldts, daß die Sprache selbst es ist, die ihrem Wesen nach allein als »jedesmalige« ihr Dasein hat. Genau im Sinne dieses »Jedesmaligen«, das Hum-

10 W. v. Humboldt, *Gesammelte Schriften,* hg. A. Leitzmann, Berlin 1903–1936, Bd. 7, S. 45f.

11 So z. B. H.-G. Gadamer, *Wahrheit und Methode,* Tübingen 1960, vgl. S. 418f. mit S. 367–372.

12 A. a. O., Bd. 7, S. 46.

boldt wiederholt wie einen Terminus benutzt[13], ist aber auch das Schreiben als ein »jedesmaliges« ein Sprechen. Deshalb könnte er genausogut auch dieses »Jedesmalige« von Schreiben sich als Beispiel wählen, weil es ihm allein um dieses »Jedesmalige« zu tun ist, das als wirklicher Vollzug von Schreiben ebenso wie Sprechen in der Tat das Wesen beider ausmacht und mithin auch das der Sprache selbst. Nur läßt sich freilich dieses »Jedesmalige«, weil es »etwas beständig und in jedem Augenblick Vorübergehendes«[14] darstellt, am Sprechen, dessen Material als Laut schlechthin »vorübergeht«, viel besser deutlich machen als am Schreiben, dessen Material als Tinte oder Druckerschwärze auf Papier verbleibt. Und nur, weil Humboldt dabei nichts als dieses »Jedesmalige« im Auge hat, das als Vollzug von Schreiben wie von Sprechen auftritt, kann er denn auch allgemein vertreten, »daß die eigentliche Sprache in dem Akte ihres wirklichen Hervorbringens liegt«[15], und das heißt: in ihr als »Tätigkeit (Energeia)«.

Dann werden Sie des weiteren verstehen, was ansonsten gleichfalls mißverständlich wird, nämlich in welchem Sinne er im Gegenzug dazu der Sprache den Charakter eines »Werkes (Ergon)« abspricht. Im Zusammenhang mit Vorigem ist damit nichts als jenes Material gemeint, sofern es wie im Fall von Tinte oder Druckerschwärze gerade anders als in dem von Laut das »Jedesmalige« von eigentlicher Sprache überdauert, ihrem Wesen als »Vorübergehendem« also zuwiderläuft, indem es ihm entgegen gerade über es hinaus noch fortbesteht. Deswegen spricht er auch durchaus nicht etwa von der Sprache als dem »Schreiben«, ja nicht einmal als der »Schrift«, sondern ausschließlich von ihrer »*Erhaltung durch* die Schrift« als der *Bewahrung* über dieses »Jedesmalige« wie auch »Vorübergehende« des »Aktes ihres wirklichen Hervorbringens« *hinaus,* wenn Humboldt sagt: Diese »ist immer nur eine unvollständige, mumienartige Aufbewahrung«[16].

Aber nicht einmal durch dieses Bild der Mumie, das an Drastik nichts zu wünschen übrig läßt, gelingt es Humboldt mitzuteilen, bis

13 Vgl. z. B. a. a. O., Bd. 6, S. 180, S. 182; Bd. 7, S. 47, S. 59, S. 61, S. 64, S. 93, S. 101 f., S. 212 f. (umschrieben).
14 A. a. O., Bd. 7, S. 45.
15 A. a. O., Bd. 7, S. 46.
16 A. a. O., Bd. 7, S. 45. Dasselbe drückt er auch durch den Vergleich mit einer »abgestorbenen Pflanze« aus (vgl. a. a. O., S. 102) oder unmittelbar als »gleichsam toten Teil« der Sprache (vgl. a. a. O., S. 63).

zu welcher Radikalität er diese Auffassung vertritt, weil er im übrigen mit ihr im Allgemeinen und Abstrakten bleibt. Erst am entsprechend Einzelnen, Konkreten, das Sie unter Leitung dieses Bildes von der Mumie als Beispiel dafür einzusetzen haben, wird es Ihnen, wie wenn Schuppen von den Augen fallen, deutlich werden: Nichts geringeres als etwas, das uns allen immer wieder für die bare Selbstverständlichkeit gilt, wird durch Humboldts Einsicht radikal als Illusion entlarvt. Als eine »unvollständige« hat eine »Mumie« nämlich gerade in dem Sinn zu gelten, daß sie selbst als vollständigste eben nichts als seelenloser Körper ist und nicht mehr Leib.

Genau entsprechend aber ist, was wir in einer sogenannten Buchhandlung uns kaufen und in einer sogenannten Bücherei uns leihen können, auch durchaus nicht das, wofür wir alle es zunächst einmal wie selbstverständlich halten: keineswegs ein Buch wie beispielsweise Goethes *Faust,* sondern desgleichen nur noch seelenloser Körper, nämlich ganz bestimmt verteilte Druckerschwärze auf Papier als ein besonders kurios gestaltetes Empirisch-Naturales. Und so vollständig und fehlerfrei und »konventionsgemäß« dies Material dort jedesmal beisammen sein mag, es ist keinesfalls – so müssen wir uns wiederholen, weil wir uns zunächst einmal dagegen sträuben – etwa Sinn oder Bedeutung, Zeichen oder Sprache, also keineswegs ein Buch wie Goethes *Faust,* was Tag für Tag und Nacht für Nacht dort in Regalen steht, auch wenn wir alle ständig davon überzeugt sind. Diese Überzeugung ist nach Humboldts Einsicht vielmehr nichts als Illusion, von der verleitet keineswegs erst jene empiristisch oder platonistisch scheiternden Sprachphilosophen, nein, wir alle schon ursprünglich Sinn oder Bedeutung, Zeichen oder Sprache außerhalb von Subjektivität als Sein und damit Mythos zelebrieren, unter welcher Observanz auch immer. Der Verleitung durch sie folgend an dergleichen stets von neuem so heranzutreten, läuft im Fall des Menschen auf nichts anderes hinaus als dasjenige, was im Fall von Gott statt Gottes- eben Götzendienst bedeutet, nämlich als ein Subjekt zu verehren, was kein Subjekt, sondern bloßes Objekt ist.

Humboldts Einsicht folgend haben wir uns vielmehr weiter klarzumachen, daß dergleichen jeweils so etwas wie Sinn oder Bedeutung, Zeichen oder Sprache und mithin ein Buch wie *Faust* nicht *ist,* sondern nur *war:* nur *damals* nämlich, als dergleichen in der Tat das »Jedesmalige«, sprich Damalige eines Äußeren von Innerem, von jener Intention des Subjekts Goethe war, die wir das Schreiben eines

Dramas nennen, eines Äußeren, dem gegenüber jedes weitere, und sei es noch so gleichgestaltete bloß »Abschrift« oder »Abdruck« ist. Und eben dies, was es nicht *ist,* sondern nur *war,* kann es auch höchstens wieder *werden*, dadurch nämlich, daß dergleichen abermals und neuerlich zum Äußeren von Innerem, von einer Intention eines Subjektes wird, die wir das Lesen und Verstehen eines Dramas nennen.[17]

Eben dies meint Humboldt, wie Sie jetzt verständlich finden werden, wenn er jenen Satz mit seiner radikalen Auffassung von Sprache insgesamt wie folgt beendet: »Selbst ihre Erhaltung durch die Schrift ist immer nur eine unvollständige, mumienartige Aufbewahrung, *die es doch erst wieder bedarf, daß man dabei den lebendigen Vortrag zu versinnlichen sucht.*«[18] Nur als dieses »Jedesmalige« und eben auch »Vorübergehende« von solcher Intention, die solches Äußere zum Schreiben oder Lesen eines Dramas nur benutzt, um sich als Inneres in dieses Äußere gleichsam hineinzulegen, haben Sinn oder Bedeutung, Zeichen oder Sprache jeweils Dasein oder Wirklichkeit, ob nun als eine ursprünglich-gestiftete, wie durch das Schreiben, oder nur als eine abgeleitet-nachvollzogene, wie durch das Lesen.[19]

Nur vor diesem Hintergrund, den Sie darum nicht aus den Augen lassen sollten, werden Sie des weiteren verstehen: Welch ein Dasein oder welche Wirklichkeit gewinnt die Sprache dann erst, wenn sie nicht zunächst als Schreiben und hernach als Lesen von Geschriebenem auftritt, sondern als ein Sprechen, dem ein Hören gegenübersteht, oder gar als Gespräch, worin sie abwechselnd einander gegenübertreten, indem Hören sich an Sprechen oder Sprechen sich an Hören schließt! Auch hierfür nämlich, worin Sprache ohne Zweifel phylo- wie ontogenetisch ihren Ursprung hat, ja gerade dafür war und ist und bleibt Empirisch-Naturales unentbehrlich. Denn allein in ihm als Äußerem vermag ein Inneres zur Äußerung zu werden und

17 Ganz in diesem Sinne Humboldts dichtet Christian Morgenstern:
»Seltsam ist und schier zum Lachen,
Daß es diesen Text nicht gibt,
Wenn es keinem Blick beliebt,
Ihn durch sich zu Text zu machen.«
(*Palma Kunkel,* »Der Meilenstein«, 2. Strophe).

18 A. a. O., Bd. 7, S. 45 f., kursiv von mir.

19 Nur scheinbar ist denn auch die erste der Behauptungen in diesem Buch auf Seite VII, Zeile 3 und 4, ein Wagnis.

mithin zu Innerem *für* Inneres als Anderes, zum Sprechen *für* ein Hören, so daß letzteres auch Hören *auf* ein Sprechen werden kann. Nur daß im Fall dieses Gesprächs das »Jedesmalige« der Wirklichkeit von Sprache nicht so wie beim Lesen von Geschriebenem sich auf das Zweimalige eines Damaligen und dann Abermaligen verteilt, sondern verbindet zu dem Einmaligen eines Hier und Jetzt von aktualem Inneren für aktuales Inneres, von aktualer Intention des Sprechens für die aktuale Intention des Hörens, wie auch umgekehrt, und damit von Subjekt zu anderem Subjekt als aktualer Intersubjektivität.

Denn trotzdem bleibt der grundsätzliche Unterschied von ursprünglich-gestifteter und abgeleitet-nachvollzogener Sprachwirklichkeit bestehen, hier beim Hören von Gesprochenem genausosehr wie dort beim Lesen von Geschriebenem. Und beidenfalls ist es denn auch nicht zufällig gerade dieses Äußere als Natural-Empririsches, das diesen Unterschied als Grenze sinnenfällig macht, die unaufhebbar zwischen Sinn als dem gemeinten einerseits und anderseits als dem verstandenen verläuft, der allenfalls bei Formel-Sprache wie in Logik und Mathematik zusammenfallen kann. – Bei noch so restlosem Verstehen aber bleibt dieses Empirisch-Naturale, das im Fall unmittelbarsten Aufeinandertreffens von Subjekten deren jeweiliger Leib ist, eine Grenze zwischen ihnen, die als Äußeres von Innerem doch fühlbar werden läßt: Mag letzteres als Intention auch noch so weit in Äußeres hinein sich äußern, Inneres bleibt Einzelnes, so daß an ihrer Grenze einzelne Subjekte immer nur sich zu begegnen und sich auszutauschen, aber niemals über sie hinweg sich zu vereinigen vermögen; auch nicht in der Intention der Liebe, mögen deren Theoretiker dies noch so oft erträumen, wovon deren Praktiker das Gegenteil erfahren: grundsätzliche Einzelheit des einen wie des anderen Subjekts, in der allein denn auch der ganze Reichtum liegt an Individualität nicht nur von Subjektivität, sondern auch Intersubjektivität noch.[20]

Im Hinblick auf das Wesen und den Ursprung solcher Intersubjektivität durch Sprache aber, die Kant selbst in seiner Systematik unentfaltet läßt, tappt Humboldt systematisch seinerseits im Dunkeln, wie

20 Wohlgemerkt: Zunächst einmal nur jeweils individueller Reichtum an Verschiedenartigem und damit nicht auch schon an Wahrem, Gutem, Schönem.

Sie sehen werden. Denn obwohl er ganz im Sinne Kants darauf besteht, daß sie als stets erst herzustellende grundsätzlich nur die Leistung einzelner Subjekte sein kann, setzt er Intersubjektivität nach Wesen wie auch Ursprung systematisch viel zu spät an. Ja gerade diese grundsätzliche Einzelheit von Subjektivität droht ihn zu einer systematischen Verkennung ihrer Intersubjektivität durch Sprache zu verleiten, weil bereits in Kants System ihr wesentlich-ursprünglicher Bezug zu Anderem überhaupt nicht hinreichend entwickelt ist. So meint er: »Ohne daher irgend auf die Mitteilung zwischen Menschen und Menschen zu sehen, ist das Sprechen eine notwendige Bedingung des Denkens des Einzelnen in abgeschlossener Einsamkeit. In der Erscheinung entwickelt sich jedoch die Sprache nur gesellschaftlich, und der Mensch versteht sich selbst nur, indem er die Verstehbarkeit seiner Worte an Anderen versuchend geprüft hat. Denn die Objektivität wird gesteigert, wenn das selbstgebildete Wort aus fremdem Munde widertönt.«[21]

Als erstes sollten Sie dabei beachten: Diese »Einsamkeit« verwendet Humboldt hier durchaus nicht für die Ideologie einer Herabsetzung und Preisgabe der grundsätzlichen Einzelheit von Subjektivität[22]. Was er damit zum Ausdruck bringt, ist vielmehr nur, daß diese Einzelheit, an der er festhält, ein Problem ist, das es erst einmal zu lösen gilt, um Intersubjektivität tatsächlich herzuleiten statt dogmatisch-ideologisch nur vorauszusetzen wie etwa als jenes »Apriori einer Kommunikationsgemeinschaft«. Und fürwahr gilt diesbezüglich im besonderen: Viel zu gründlich hat jenes berüchtigte »Gespenst in der Maschine« mittlerweile ausgespielt, als daß es sich um eines »zwischen den Maschinen« noch vermehren und auf diese Weise als Gespenst sogar noch überbieten ließe.

Was ihm aber zu entgehen droht, ist folgendes: Gerade wenn es richtig ist, daß dieses »Denken« des Subjekts als eines »Einzelnen« bereits ein »Sprechen« sein muß, läßt sich diese seine »Einzelheit« nicht mehr als »abgeschlossene Einsamkeit« verstehen, weil sonst dieses »Sprechen« selbst zu einem völlig wesenlosen werden müßte: Sprache könnte dann tatsächlich erst als »Mitteilung von Mensch zu Mensch« und damit »nur gesellschaftlich« entspringen, müßte dann jedoch vor allem auch zusammenfallen mit ihrer Verlautbarung oder

21 A. a. O., Bd. 7, S. 55 f.
22 vgl. oben S. 18, Anm. 1.

Verschriftlichung, was Humboldt aber gar nicht meint und was auch sachlich-systematisch nicht zu halten wäre.

Was er eigentlich vertreten möchte, ist nämlich genau das Umgekehrte und nicht nur speziell für Sprachphilosophie Bemerkenswerte, das ihm aber Schwierigkeit bereitet: Daß auch »Denken« eines »Einzelnen« schon »Sprechen« sein muß, der gerade deshalb aber nicht »in abgeschlossener Einsamkeit« sein kann, damit will Humboldt sagen, daß die Sprache ihren Ursprung und ihr Wesen schon als »eine auch stillschweigend immer vorgehende«[23] haben muß, mithin gerade nicht erst die Verlautbarung oder Verschriftlichung davon sein kann. Das heißt: Ein »Sprechen« muß dies »Denken« in dem Sinne sein, daß es auch abgesehen von seiner Verlautbarung oder Verschriftlichung bereits als Äußerung von Innerem ergehen muß. Denn überhaupt nur dadurch kann es auch, so werden Sie ihn dann verstehend unterstützen können, in das wirklich Äußere von Tinte, Drukkerschwärze oder Laut eingehen, indem es nämlich immer schon sich selbst in irgendeinem Sinn auf Äußeres hin ausbildet, der aber gar nicht leicht zu fassen ist.

Mit dieser Einsicht aber stößt er umgekehrt, nämlich von seiner Reflexion auf Sprache her, auch in der Tat bis dorthin vor, wo generell Philosophie allein zuständig ist: bis in den Grund von Subjektivität und Kants transzendentaler Reflexion auf sie. Und daß tatsächlich auch von Reflexion auf Sprache her ein Weg zu ihr führt, wie auf diese Weise offenkundig für Sie wird, eröffnet zusätzliche Aussichten darauf, zur Lösung ihres Grundproblems am Ende doch noch zu gelangen.

Denn was Humboldt dazu bringt, gerade diese Art »Zusammenhang des Denkens mit der Sprache«[24] aufzudecken, ist nichts anderes als folgende, durch und durch Kantische Grundüberlegung: »Subjektive Tätigkeit bildet im Denken ein Objekt«, womit er den »Gedanken« meint; »denn keine Gattung der Vorstellungen kann als ein bloß empfangendes Beschauen eines schon vorhandenen Gegenstandes betrachtet werden«[25]: eben nicht, wie Frege dieses Denken rezeptiv als bloßes »Fassen« jener stets in einem »dritten Reich« schon

23 A. a. O., Bd. 7, S. 55.
24 Vgl. a. a. O., Bd. 7, S. 55.
25 A. a. O.; vgl. S. 56: »Es kann in der Seele nichts, als durch eigene Tätigkeit vorhanden sein«.

vorgegebenen Gedanken mißversteht. Denn keineswegs besteht das Denken des Gedanken darin, ihn als eine Objektivität in Subjektivität zu überführen, sondern in genau dem Umgekehrten: Subjektivität von Denken oder »Vorstellung wird also in wirkliche Objektivität hinüberversetzt, ohne darum der Subjektivität entzogen zu werden«[26]. Eben davon redet Humboldt, wenn er unmittelbar anfügt: »Dies vermag nur die Sprache«. Daraus aber geht des weiteren hervor, daß hier mit »Sprache« prinzipiell noch nicht ihre Verlautbarung oder Verschriftlichung gemeint sein kann. Denn ebenso unmittelbar setzt Humboldt fort: »Und *ohne* diese, wo Sprache mitwirkt, *auch stillschweigend immer vorgehende* Versetzung in zum Subjekt zurückkehrende Objektivität ist die Bildung des Begriffs, mithin alles wahre Denken unmöglich. *Ohne* daher irgend auf die *Mitteilung* zwischen Menschen und Menschen zu sehen, ist das Sprechen eine notwendige Bedingung des Denkens des Einzelnen«.[27]

Was er sich unter größter Schwierigkeit hier klarzumachen sucht, ist somit letztlich nichts als das Verhältnis ursprünglicher Äußerung von Innerem, als welches Sprache all ihrer Verlautbarung oder Verschriftlichung vorweg schon immer »vorgehen« muß, weil überhaupt nur dies es sein kann, was dann auch noch in tatsächlich Äußerem wie Laut bzw. Schrift sich äußert. Dabei aber kann es sich allein um jenes schon besprochene *Sich*-Äußern dieses Inneren *selbst* handeln, und das ist fürwahr von größter Schwierigkeit, weil dies Verhältnis dahin geht, daß solches Innere durch alle Differenz hindurch, die es sich äußernd annimmt, doch Identität bewahren muß. Und dies, wie Sie gesehen haben, um so mehr, als sogar jenes Äußere von Tinte, Druckerschwärze oder Laut als das zu seiner Äußerung auch noch im Sinne der Verlautbarung oder Verschriftlichung benutzte Natural-Empirische im jeweiligen Hier und Jetzt seiner Benutzung überhaupt nichts *anderes* als dieses Innere, sondern nur *es selbst* sein kann: als Intention und damit als Subjekt. Sonst muß es unausweichlich zum »Gespenst«, und Empirismus oder Platonismus von Bedeutung oder Sinn alsdann auch unvermeidlich werden. Eben dieser Schwierigkeit rückt er zu Leibe, wenn er »intellektuelle Tätigkeit« des »Denkens« so verstehen möchte: »Durchaus geistig, durchaus innerlich«[28] sei sie

26 A. a. O.
27 A. a. O., kursiv von mir.
28 A. a. O., Bd. 7, S. 53.

gerade dadurch, daß sie »Bildung des Begriffs« oder »Gedanken« als »Versetzung in die zum Subjekt zurückkehrende Objektivität« ist, oder daß sie sich durch *Selbst*ausbildung *zu* Begriff oder Gedanke *selbst* in deren »Objektivität hinüberversetzt, ohne darum der Subjektivität entzogen zu werden«.[29]

Auf diese Art jedoch bekommt er es genau mit jenem Grundproblem zu tun, das Kant als erster zwar gestellt, doch nicht auch schon gelöst hat, das uns vielmehr ungelöst durch ihn bis heute noch gestellt ist. Denn auf diese Art stößt Humboldt für Sie unverkennbar dahin vor, als Denken von Gedanken sei die Sprache gerade darin Subjektivität, daß sie ein Selbstverhältnis zu sich selbst ausbilde. Nichts als dieses Selbstverhältnis nämlich ist gemeint, wenn Humboldt wiederholt betont, als der durch »subjektive Tätigkeit« des Denkens selbst erzeugte stelle der Gedanke jeweils eine *»zum Subjekt zurückkehrende* Objektivität« dar; denn als solche »Objektivität« trete er auf, *»ohne* darum der Subjektivität *entzogen* zu werden«, das heißt, *ohne* darum etwas *Anderes* als diese »subjektive Tätigkeit« zu werden. Als ein Selbstverhältnis nämlich geht im Zuge solcher Tätigkeit das Subjekt nicht nur *von* sich aus, sondern auch *auf* sich aus, eben auf sich »zurück«; und so bezeichnet Humboldt diese seine »intellektuelle Tätigkeit« mit Kant denn auch als Spontaneität oder als »Selbsttätigkeit«[30], ja er schreibt ihr sogar Merkmale wie »absolute Einheit« oder Einfachheit des »Punktes« zu[31], die wir als Kantische noch eingehend behandeln werden.

Doch weit über Kant hinaus, der auf die Sprache nicht mehr reflektiert, vermag er dieses Selbstverhältnis als ein schlechthin »Inneres« von Sprache her auch noch zu sichern: durch die Reflexion darauf, daß letztere selbst als verlautbarte oder verschriftlichte, nämlich in Äußerem geäußerte noch solches »Innere« als Selbstverhältnis bleibt. Am Beispiel dieser Sprache als verlautbarter zumindest macht er, woran Kant es fehlen läßt, sich wie auch uns noch klar: »Indem in ihr das geistige Streben sich Bahn durch die Lippen bricht, kehrt das Erzeugnis desselben zum eigenen Ohre zurück«[32]. Damit nämlich deckt er nichts geringeres auf, als daß bei allem Äußern seiner selbst

29 A. a. O., S. 55.
30 A. a. O., Bd. 6, S. 176; Bd. 7, S. 17, S. 55, S. 57, S. 83f., S. 113.
31 Vgl. a. a. O., Bd. 7, S. 113 und S. 53.
32 A. a. O., Bd. 7, S. 55.

in Äußerem von Sprache oder Zeichen ein Subjekt stets dieses jeweiligen Zeichens selbst, sprich, seiner selbst als dieses Zeichens sich bewußt wird.

Und das heißt: Vom Sprechen als dem Äußern eines Denkens her macht Humboldt damit sozusagen hieb- und stichfest, was Kant nur für Denken selbst vertritt. Denn in der Tat wird mir mein »jedesmal« von mir gesprochener oder geschriebener Satz dabei als meiniger auch »jedesmal« bewußt, das heißt, ich werde in ihm selbst auch »jedesmal« mir selbst bewußt. Ist also »Selbstbewußtsein« nach der bahnbrechenden Einsicht Kants »in allem Bewußtsein ein und dasselbe«, denn »das: Ich denke, muß alle meine Vorstellungen begleiten können«[33], wird dies doch an Sprache als verlautbarter oder verschriftlichter erst offenkundig. Denn tatsächlich *muß* in jedem Fall des Sprechens oder Schreibens, beispielsweise von »Es regnet«, diesem Sprecher oder Schreiber *möglich* sein, auch noch »Ich schreibe ›Es regnet‹« zu schreiben oder »Ich spreche ›Es regnet‹« zu sprechen: eben weil in allen solchen Fällen schon Bewußtsein dieses jeweiligen Falles, also Selbstbewußtsein dieses Sprechers oder Schreibers vorliegt, so daß ihm auch noch »Ich denke ›Es regnet‹« zu denken *möglich* sein *muß*.

Dabei sollten Sie indes nicht übersehen: Was damit offenkundig hieb- und stichfest wird, ist keine Lösung, sondern ein Problem, und zwar von solcher Schwierigkeit, daß es bis heute noch der Lösung harrt. Und darin, daß er dies Problem, das er als erster aufdeckt, als ein Grundproblem auch voll erfaßt und festhält, ist, obwohl er auf die Sprache nicht mehr reflektiert, Kant Humboldt überlegen. Denn nicht müde wird er, immer wieder darauf hinzuweisen: Das in jedem Fall des Denkens, beispielsweise von »Es regnet«, stets schon vorliegende Selbst*bewußtsein* des Subjekts von sich als Denkendem ist dies in keinem Fall etwa im Sinn von Selbst*erkenntnis* oder Selbst*vergegenständlichung* dieses Subjekts als solchen, sondern umgekehrt: In allen diesen Fällen ist im Sinne von *Erkenntnis* und *Vergegenständlichung* dies Selbstbewußtsein jeweils ein Bewußtsein gerade nicht von sich, sondern allein von Anderem als sich.[34]

Sie sehen also: Ist dies Selbstverhältnis als ein Selbstbewußtsein für sich selbst doch eigentlich bereits Problem genug, so wird es

33 Vgl. B 131f.
34 Vgl. z. B. B 158, B 277, A 401f., B 406f., A 346 B 404.

dadurch noch viel problematischer. Denn wie soll dann verständlich werden können, daß ein jeder solche Fall wie beispielsweise von »Es regnet« als Bewußtsein derart Grundverschiedenes wie Selbst- und Fremdbewußtsein in sich selbst vereinigt, und zwar so, daß er ein solches Fremd- gerade als ein solches Selbstbewußtsein ist, und umgekehrt? Von Grund auf problematisch nämlich wird dann ferner: Wie vermag ein solches Selbstbewußtsein, das gerade niemals wie ein solches Fremdbewußtsein als Erkenntnis und Vergegenständlichung auftritt, auch seinerseits noch Selbsterkenntnis und -vergegenständlichung zu werden? Das bedeutet nämlich: Wie vermag im Unterschied zu Fremdbewußtsein als empirischer Erkenntnis und Vergegenständlichung von Anderem als Außenweltobjekt auch Selbstbewußtsein als ein nichtempirisches noch nichtempirische Erkenntnis und Vergegenständlichung des Subjekts von sich selbst zu werden? Und das heißt genauer: Wie ist überhaupt die Wissenschaft Philosophie als nichtempirische der Reflexion des Subjekts auf sich selbst zum Zweck der Selbsterkenntnis möglich, ohne daß die letztere, die eben damit auch in Selbstvergegenständlichung des nichtempirischen Subjekts besteht, in Selbstverdinglichung zu einem Quasi-Außenweltobjekt als Quasi-Empirie ausartet?

Doch im Unterschied zu jenem Selbstverhältnis, welches Humboldt an der Sprache voll berücksichtigt, vernachlässigt er dieses Fremdverhältnis an ihr, das in Einheit mit ihm diese Problematik überhaupt erst ausmacht, gänzlich. Dadurch aber ist er nicht nur außerstande, diese Problematik bei Kant weiter aufrechtzuerhalten oder gar noch über Kant hinaus auf Sprache auszudehnen. Die Vernachlässigung dieses Fremdverhältnisses beeinträchtigt vielmehr auch schon seine Berücksichtigung jenes Selbstverhältnisses der Sprache, das in einem wesentlichen Zug aus eben diesem Grund für Sie gar nicht verständlich werden kann.

Denn der Gedanke, der als Denken so erzeugt wird, daß er zum Subjekt als Denkendem »zurückkehrt« und es damit eben als ein Selbstverhältnis bildet, soll trotz dieser seiner »Subjektivität« doch »Objektivität« oder »Objekt« sein. Damit aber ist nicht nur das Natural-Empirische seiner Verlautbarung oder Verschriftlichung gemeint, in welchem Äußeren er sich als »Inneres« oder als Selbstverhältnis äußert. Denn in solches wirklich Äußere hinein sich äußern kann er nur, weil Denken als Erzeugung des Gedanken schon von sich aus eine, nämlich »auch stillschweigend immer vorgehende« *Äußerung* dieses Gedanken ist. Was aber könnte es dann heißen, daß er auch als unverlautbarter oder als unverschriftlichter, das heißt, auch ohne wirklich Äußeres wie Druckerschwärze, Tinte oder Laut ein »Objekt« oder »Objektivität« ist, wo er doch zunächst einmal nur Subjektivität ist, nämlich als Erzeugung von ihr nicht nur *aus*geht, sondern auch auf sie *zurück*geht?

Darauf aber werden Sie mit Humboldt wie mit Kant nur eine Antwort geben können: »Objektivität« ist der Gedanke auch als unverlautbarter oder als unverschriftlichter gerade dadurch, daß das Denken des Gedanken schon von sich aus so etwas wie Äußerung von Innerem als Selbstverhältnis überhaupt nur ist, indem es als dies Selbstverhältnis selbst schon Fremdverhältnis ist: als Subjektivität gerade Objektivität im Sinn ursprünglicher Objektbezugaufnahme, nämlich als Bezug auf sich jeweils Bezug auf Anderes als sich. Und das ist in der Tat so grundsätzlich der Fall, vor allem aber auch an Sprache derart offenkundig, daß Sie sich gleich mir vergeblich fragen werden, warum ausgerechnet Humboldt dies so gut wie unbeachtet läßt.

Zumal seine wohl wichtigste Errungenschaft, die er in immer neuen Formulierungen auf den Begriff zu bringen trachtet, dadurch überhaupt erst zu begründen wäre: Geht im Fall seiner Verlautbarung oder Verschriftlichung das Denken des Gedanken in das Natural-Empirische von Laut bzw. Schrift so gänzlich ein, daß umgekehrt das letztere als Zeichen oder Sprache dann Bedeutung oder Sinn selbst *ist* und nicht etwa bloß *hat,* so deshalb, weil dies Denken durch dies Natural-Empirische recht eigentlich hindurchgeht, nämlich immer nur auf Anderes als dies Empirisch-Naturale ausgeht. Und zwar so grundsätzlich, daß sowohl das Subjekt, dem auf solche Weise etwas mitgeteilt wird, als auch das Objekt oder Subjekt, worüber ihm dies mitgeteilt wird, etwas Anderes als dies Empirisch-Naturale ist. Und das wird um so auffälliger und bedeutsamer, als solches Natural-Empirische ja zweifellos auch selbst ein mögliches Objekt ist, worauf ein Subjekt als Denken von Gedanken auszugehen grundsätzlich vermöchte; nur daß es dann gleichfalls etwas Anderes als dieses Subjekt wäre, während es als Material für Zeichen oder Sprache, durch das dieses Subjekt nur hindurchgeht, gerade niemals etwas Anderes als es ist, sondern eben dieses Subjekt selbst.

Wie unauflösbar aber dieses Fremdverhältnis in der Tat mit jenem Selbstverhältnis eine Einheit bildet, dafür zeugt gerade Sprache so vernehmlich, daß es unbegreiflich bleiben muß, wie Humboldt trotz seiner Vertrautheit mit ihr diese Zeugin überhören konnte. Jedenfalls schenkt er gemessen daran, daß es im Vergleich zu ihrem Selbstverhältnis geradezu sich aufdrängt, ihrem Fremdverhältnis keine nennenswerte Aufmerksamkeit. Damit aber läßt er ausgerechnet Sprache als einmalige Gelegenheit aus, jene Problematik Kants noch bis zum Äußersten, noch bis zu ihrer Offenkundigkeit an Sprache derart zu verschärfen, daß sie selbst zur bleibenden Herausforderung ihrer Lösung wird.

Um dies Versäumte nachzuholen, brauchen Sie sich lediglich einmal den folgenden bemerkenswerten Tatbestand bewußt zu machen: Als ein Fremdverhältnis offenbart sich Sprache keineswegs wie als ein Selbstverhältnis etwa erst am Satz, sondern bereits am Wort. Denn wann und wo und wie auch immer Sie in »Jedesmaliges« von »Tätigkeit« des Sprechens oder Schreibens eingetreten sind, das heißt, schon etwas von Bedeutung oder Sinn, zumindest also schon ein Wort geäußert haben, wird es eben dadurch für Sie schlechterdings unmöglich, in unmittelbarem Anschluß daran etwas über dieses Wort als solches auszusagen. Sprechen oder schreiben Sie zum Beispiel: Bonn ..., so kann es Ihnen auch durch noch so große Anstrengung oder geschickte Zurüstung nicht mehr gelingen, dieses so Begonnene unmittelbar so zu vollenden, daß sie über dieses Wort als solches selbst etwas behaupten wie: ... ist einsilbig. Und zwar nicht nur nicht über dieses Wort als Einzelnes, sondern auch nicht als Allgemeines oder Typ, und das, obwohl es mindestens als ersteres sogar etwas empirisch Vorfindbares ist. Durch Bildung und Verwendung dieses Wortes nehmen Sie vielmehr so prinzipiell bereits auf etwas Anderes als dieses Wort Bezug, daß Sie unmittelbar von diesem Wort aus nur, indem Sie über dieses Andere etwas sagen, Ihre Rede weiterführen können, also über Bonn, die Stadt, nicht über »Bonn«, das Wort. Obzwar durchaus vermittels Bildung und Verwendung eines Wortes sind Sie nämlich in Gestalt von dadurch ansetzender Rede auch allein bei Bonn, der Stadt, und nicht im mindesten bei »Bonn«, dem Wort. Denn so gebildet und verwendet steht ein Wort, ja stehen in Gestalt von Wort recht eigentlich Sie selbst grundsätzlich niemals etwa für sich selbst, sondern allein für Anderes als sich selbst; und eben dadurch ist es, ja sind in Gestalt von ihm recht eigentlich Sie selbst gerade Zeichen oder Sprache.

Dies jedoch ist ausnahmslos der Fall, das heißt, auch noch bei solchen Worten, wo das Andere, für das sie stehen, nicht bereits aus einem Wort allein hervorgeht, wie beim letzten Beispiel, sondern erst aus seinem weiteren Zusammenhang mit andern. Setzen Sie zu einem Sprechen oder Schreiben an, indem Sie beispielsweise sagen: Daß . . ., so können Sie auch danach niemals unmittelbar über dieses Wort als solches reden, sondern stets nur über etwas Anderes; mag dieses Wort auch bloß zusammen mit noch weiteren, wie beispielsweise: Daß es regnet . . ., für dies Andere stehen, über das allein Sie dann im ganzen etwas sagen können, wie zum Beispiel: Daß es regnet, ist inzwischen schädlich. Und das gilt so allgemein, daß nicht einmal ein Fall wie: Ich . . ., von dem Sie das vielleicht am ehesten erwarten, davon ausgenommen wäre; auch in diesem Fall ist es unmöglich, in unmittelbarem Anschluß daran etwas über dieses Wort als solches zu behaupten. Und das trägt entscheidend, wie Sie sehen werden, zur genannten Problematik bei, wie Selbstbewußtsein, das als solches gerade nicht in Selbsterkenntnis oder Selbstvergegenständlichung besteht, es überhaupt vermöge, sich als solchem angemessen auch noch Selbsterkenntnis oder Selbstvergegenständlichung zu werden.

Soviel aber sehen Sie daran auch jetzt bereits: Sogar schon in das »Jedesmalige« von Sprechen oder Schreiben eines bloßen Worts ist Subjektivität von vornherein so gänzlich eingegangen, ja recht eigentlich durch es hindurch- und so gerade auf ein Anderes ausgegangen, daß sie dabei nicht im mindesten sich etwa diesseits dieses Worts befände und von daher auch genausogut auf dieses Wort als etwas Anderes ausgehen könnte. So unmöglich, wie erwiesen, bleibt das für sie vielmehr deshalb, weil dies Wort dabei gerade niemals etwas Anderes als sie, sondern sie selbst ist. Und zwar so grundsätzlich, daß sie sich, um auf dies Wort als etwas Anderes auszugehen, aus ihm erst einmal zurückzuziehen und in prinzipiell von neuem ansetzendes Sprechen oder Schreiben einzulassen hat. Denn prinzipiell nur mittels Bildung und Verwendung mindest eines Worts, und das heißt nunmehr: eines neuen Worts, vermag sie so wie über alles Andere auch über jenes Wort zu sprechen: Um statt über Bonn, die Stadt, jetzt über »Bonn«, das Wort, zu reden, hat sie ebenso wie für die Stadt auch für das Wort ein Wort zu bilden und verwenden, also nicht nur einen Stadt-, sondern auch einen Wort-Namen, in diesem Falle einen Namen-Namen. Und wie üblich tut sie das mit Hilfe des Anführungsstriches, der genau diese Funktion besitzt: Indem sie nochmals ein dem ersten gleichendes, doch in Anführungsstriche eingeschlossenes Wort erzeugt, schafft Subjektivität ihm gegenüber ein grundsätzlich neues und auch andersartiges, ein Wort als Namen für das erstere; und allererst mit Hilfe dessen kann sie über jenes sprechen – dann jedoch erneut auch *nur noch* über jenes als nunmehr tatsächlich Anderes als sich, das, weil sie aus ihm schon entwichen ist, auch nur noch jene »unvollständige, mumienartige Aufbewahrung« von ihr ist, doch prinzipiell nicht über dieses neue Wort, und das heißt abermals: nicht über sich.

Doch eben dieses offenkundig-einseitige Fremdverhältnis ist die Sprache, wie Sie nunmehr finden werden, gerade als jenes nicht minder offenkundig-einseitige Selbstverhältnis, insofern Sie sie nur immer angemessen als das »Jedesmalige« von Denken, Sprechen, Schreiben und mithin als jeweils aktuale Subjektivität erfassen. Eben dafür nämlich gilt auch nach wie vor, daß Ihnen oder mir bei allem solchen Denken, Sprechen, Schreiben über Anderes auch »Ich denke ...« und »Ich spreche ...« und »Ich schreibe ...« noch zu denken, sprechen, schreiben *möglich* sein *muß*. Mit der Folge, daß dasselbe, was nach einer Seite dieses Fremdbewußtsein der empirischen Erkenntnis und Vergegenständlichung allein von etwas Anderem als sich ist, nach der andern jenes Selbstbewußtsein bildet, das als nichtempirisches von sich dabei gerade nicht Erkenntnis und Vergegenständlichung von sich ist und dies auch nicht ohne weiteres werden kann: Jedenfalls gewiß nicht dadurch, daß wir statt ein Wort wie: Bonn ... etwa ein Wort wie: Ich ... erzeugen, um statt über etwas Anderes als uns jetzt über uns zu sprechen.

Ganz im Gegenteil entfacht gerade dies vielmehr jenes Problem, das ungelöst bis heute noch die Philosophen umtreibt, was denn seinem Wesen sowie Ursprung nach dies Selbstbewußtsein ist, das heißt zuletzt, was eigentlich wir selbst sind. Denn in dieser Hinsicht, die dafür entscheidend ist, besteht zwischen der Bildung und Verwendung eines Worts wie: Bonn ... und eines Worts wie: Ich ... nicht der geringste Unterschied, wie sich im vorigen schon angedeutet hat. Genauso wie in ersteres hat Subjektivität als Selbstbewußtsein auch in letzteres sich immer schon so ganz zusammen- und zurückgezogen, daß sie als dies Selbst- ein Fremdbewußtsein der Erkenntnis und Vergegenständlichung allein von etwas Anderem als von sich selbst sein kann, gerade auch im Fall von: Ich ... Und das gilt in unendlichem Regreß für jeden Fall, in dem sie etwa durch die

Bildung eines neuen Wortes für das alte mittels von Anführungsstrichen sich als dieses alten Wortes sozusagen doch noch habhaft werden wollte, weil sie sich auch dadurch vielmehr in Gestalt des neuen immer schon entschlüpft ist, und so weiter, sich mithin gerade dadurch prinzipiell nicht habhaft werden kann.

Und das liegt daran, daß nicht nur ein Wort wie: Bonn . . ., sondern auch: Ich . . ., wie es in Alltagssprache als »natürliches Bewußtsein« auftritt, ein Bewußtsein der Erkenntnis und Vergegenständlichung allein als *Fremd*bewußtsein ist von *Anderem* als sich und so *intentio recta,* doch gerade nicht auch noch als *Selbst*bewußtsein der Erkenntnis und Vergegenständlichung von *sich,* die als *intentio obliqua* eines »unnatürlichen Bewußtseins« innerhalb »natürlichen Bewußtseins« der *intentio recta* prinzipiell nicht möglich ist, auch nicht durch Bildung und Verwendung eines Worts wie: Ich . . . in ihr. So ganz und gar sind wir als solche Sprache selbst schon Subjektivität von Selbstbewußtsein, daß genau wie solche Sprache jeweils prinzipiell nicht über sich, sondern ausschließlich über Anderes als sich etwas aussagen kann, auch wir als solche Sprache jeweils prinzipiell nicht über uns, sondern ausschließlich über Anderes als uns etwas behaupten können.

Deshalb sollten Sie sich bis ins letzte deutlich machen, was denn eigentlich genau geschieht, wenn trotzdem durch *intentio recta* der empirischen Erkenntnis das versucht wird, was ausschließlich einer nichtempirischen Erkenntnis durch *intentio obliqua,* sprich, durch Reflexion und damit als Philosophie gelingen kann. Vonstatten geht das nämlich nicht allein, wenn wir im Alltag, sondern auch, wenn wir in der Philosophie versuchen, durch die bloße Bildung und Verwendung eines Worts wie: Ich . . . statt über Anderes als uns jeweils über uns selbst zu sprechen. Insbesondere wäre dies auch dann im Gange, wenn wir jenes, was nach Kant nur *möglich* sein muß, *wirklich* machten, um auf diese Weise zu versuchen, bloßes Selbstbewußtsein auch in Selbsterkenntnis und -vergegenständlichung zu überführen. Denn auch dann, wenn wir tatsächlich nicht allein »Es regnet« denken, sprechen oder schreiben, sondern jeweils auch »Ich denke . . .« und »Ich spreche . . .« und »Ich schreibe . . .«, sagen wir durch »Ich . . .« nicht das geringste über dieses Wort als solches aus und damit auch nicht das geringste über uns als Subjektivität und Selbstbewußtsein in Gestalt von diesem Wort, genausowenig wie zum Beispiel bei »Ich hacke Holz«. Und zwar allein schon deshalb nicht, weil durch ein jedes Wort, gleichviel ob nun durch: Bonn ... oder durch: Ich ..., als grundsätzliches Fremdbewußtsein der Erkenntnis und Vergegenständlichung allein von Anderem als von sich selbst die Rede sein kann – was im Fall von: Ich ... dann aber vor ein schwieriges Problem stellt, eben weil wir dadurch jeweils von uns selbst zu sprechen gerade vorgeben. Denn wovon sonst soll mittels: Ich ... dann eigentlich die Rede sein, wenn gerade nicht von diesem Wort als solchem und mithin auch nicht von mir als Subjektivität und Selbstbewußtsein in Gestalt von diesem Wort?

Doch dieser Schwierigkeit begegnet man mit Leichtigkeit, wie Ihnen an der landläufigen Meinung hierzu nicht entgehen wird. Denn ist die Lösung dafür nicht die bare Selbstverständlichkeit, nämlich daß mittels: Ich ... jeweils von dem die Rede ist, der hier und jetzt gerade Holz hackt, schreibt, spricht oder denkt? Nur kann als das, wovon ich hier und jetzt durch: Ich ... etwas behaupte, eben hier und eben jetzt in Zeit und Raum grundsätzlich bloß Empirisch-Naturales festzustellen sein, das heißt mein Körper. Ihm jedoch tritt dieses Wort und trete damit in Gestalt von ihm auch ich als Subjektivität und Selbstbewußtsein dabei so grundsätzlich gegenüber und dadurch vor ihm zurück, daß ich mir gleich grundsätzlich dabei gerade nicht auch selbst als ein Empirisch-Naturales oder Körperliches feststellbar sein kann, was ebenso für jeglichen Versuch mit Hilfe von Anführungsstrichen in unendlichem Regreß noch gelten muß.

Um so bemerkenswerter aber ist das, weil an mir als Subjektivität und Selbstbewußtsein in Gestalt von diesem Wort durchaus auch Körperliches mitbeteiligt ist, das als Empirisch-Naturales für mich feststellbar indessen immer erst als solches ist, aus dem ich mich bereits zurückgezogen habe: so wie auch von vornherein mein Körper nur als solcher, dem ich in Gestalt von diesem Wort schon gegenüberstehe und mithin, so muß es scheinen, ebenfalls bereits entschwunden bin. Zumal beim »Jedesmaligen« von Sprechen oder Schreiben zwischen diesem meinem Körper und dem Körperlichen jenes Lautes oder jener Tinte ein Verhältnis der Verursachung von etwas Anderem durch etwas Anderes bestehen muß. Doch zweifellos vermag ich zwar aus einem Körperlichen wie zum Beispiel Laut und Tinte, aber nicht aus meinem Körper mich zurückzuziehen.

Was also geschieht, wenn wir von uns jeweils durch: Ich ... zu sprechen pflegen?

Haben Sie das für sich nachvollzogen, sind Sie damit auch zur Einsicht in den eigentlichen Grund für jenes ausweglose Hin und Her gelangt, in das die Theorie der Subjektivität als »Ich« und »Selbstbewußtsein« sich bis heute hoffnungslos verläuft; und dies, obwohl wir uns gerade darin das Vertrauteste sind, weil auch das uns Nächste und Bekannteste. Denn eben dadurch, daß ich ohne Zweifel einerseits an meinen Körper unlösbar gebunden, anderseits jedoch durchaus nicht auch an ihm oder in ihm als Körper noch empirisch aufzufinden oder festzustellen bin, entspringt das unauflösliche Dilemma, was denn eigentlich ich selbst als Subjektivität von Selbstbewußtsein bin und was gleich mir auch alle anderen Subjekte sind, ja ob es uns in dieser Welt überhaupt gibt. Trotz letzterem auch weiterhin auf Empirie zu pochen, führt dann nämlich unausweichlich in die empiristische Verzweiflung an und daraufhin Verleugnung von uns selbst, womit es seine Richtigkeit jedoch nicht haben kann, und so im Gegenzug dazu in platonistische Verselbständigung, ja Verdinglichung von uns zu etwas außerhalb von Natural-Empirischem, aus dieser fälschlichen Alternative aber nur wieder zurück in jene, und so weiter.

Doch der Grund dafür und damit auch der eigentliche Fehler liegt dann, wie Sie jetzt entdecken werden, keineswegs erst in Philosophie, wie man den Philosophen immer wieder vorzuwerfen pflegt, sondern bereits in Empirie: Nirgendwoanders nämlich als in der durch nichts gerechtfertigten Überzeugung, so wie über Anderes als sich vermöge man auch über sich zu sprechen, so wie über Bonn durch: Bonn ..., worin gerade Empirie besteht, auch über sich durch: Ich ..., was aber schon von vornherein ein Widersinn in sich sein muß. Denn prinzipiell kann, über sich zu sprechen, keine Weise, über Anderes als sich zu sprechen, sein. Durch etwas, mittels dessen man sich ausschließlich auf Anderes als sich bezieht, kann man sich prinzipiell nicht auch auf sich beziehen. Da man in einem Wort wie: Ich ... nicht minder denn in einem Wort wie: Bonn ... als Selbstbewußtsein gerade Fremdbewußtsein der empirischen Erkenntnis und Vergegenständlichung von Anderem als sich ist, kann man darin prinzipiell nicht auch empirische Erkenntnis und Vergegenständlichung von sich, das heißt, von diesem Selbst- als Fremdbewußtsein selbst noch werden, sondern wenn, dann nur in davon prinzipiell verschiedener nichtempirischer als Selbsterkenntnis und -vergegenständlichung der Reflexion und damit der Philosophie.

Was mittels: Ich ... uns allen schon in Empirie als solcher unterläuft, ist somit, daß wir eben diese Reflexion oder Philosophie und damit auch uns selbst zunächst einmal verfehlen, weil wir empiriebenommen meinen, auch uns selbst als Subjektivität von Selbstbewußtsein dabei noch in Empirie miteinbeziehen zu können. Während wir vielmehr als diese Subjektivität von Selbstbewußtsein gerade umgekehrt als etwas Nichtempirisches in Empirie begriffen sind, als das wir uns mithin auch erst als Reflexion oder Philosophie entdecken. Diese Reflexionsverfehlung des je eigenen Subjekts kommt denn auch ebenso zustande wie die vorige von anderem Subjekt als Sprache, wie wir sie zunächst erörtert haben: dadurch nämlich, daß wir beidenfalls von unserem Verstand »nur logischen« Gebrauch machen anstatt »transzendentalen«.

Deshalb tritt sie auch gleich ihr daran zutage, daß wir uns, ob nun als anderes oder als eigenes Subjekt, dadurch in Körperliches als Empirisch-Naturales einerseits und anderseits in Sinn oder Bedeutung als das Nichtempirische von Subjektivität unweigerlich zerfallen. Wo wir doch als dieses Nichtempirische an dieses Natural-Empirische von Körperlichem vielmehr unlösbar gebunden sind: an den je eigenen Körper ohnehin, worin wir je leibhaftiges Subjekt sind; aber auch an Körperliches wie zum Beispiel Tinte oder Laut, worin wir »jedesmal«, wenn wir als Inneres uns sprachlich äußern, ebenfalls leibhaftiges Subjekt sind. Dabei nämlich dehnen wir als solches selbst uns gleichsam nur noch weiter aus, indem wir, wenn auch eben bloß »vorübergehend«, durch den eigenen Körper andern Körper nach bestimmter »Konvention« bewegen und gestalten, so daß wir mit ihm auf diese Weise einen einzigen, ununterbrochenen Kausalzusammenhang ausmachen: Wie uns dies ja grundsätzlich auch durch Bewegung und Gestaltung nur des einen, eigenen Körpers möglich ist, und auch nicht bloß durch Fingersprache, sondern Körpersprache allgemein.[35]

Als solche Subjektivität, und das heißt jetzt: Leibhaftigkeit von

35 Zwar müssen wir bei Schrift-, Laut- oder bloßer Körpersprache gleicherweise uns als Mitteilungsabsicht am Ende einem Medium überlassen, dem von Licht oder von Luft. Doch die Besonderheit der Körpersprache liegt dann darin, daß wir das hier *schon,* nachdem wir nur den eigenen Körper in Bewegung setzen, tun, beim Schreiben oder Sprechen aber *erst,* nachdem wir

Subjektivität, zersetzen und verlieren wir uns selbst von vornherein, wenn wir auch zur Erkenntnis und Vergegenständlichung von uns auf Empirie beharren und auf diese Weise Reflexion verfehlen, weil wir dadurch, einerlei ob nun als eigenes oder als anderes Subjekt, auch noch uns selbst verfehlen. Als das Nichtempirische eines Subjektes, das inmitten dieser Welt, nämlich in Natural-Empirischem verkörpert auftritt, sind wir eben etwas, das auch schon inmitten dieser Empirie Nichtempirie der Reflexion und so Philosophie erfordert. Gerade als leibhaftiges Subjekt sind wir mithin dasjenige, das etwas Nichtempirisches nur als die Tiefendimension dieses Empirisch-Naturalen selbst ist. Und als solches sind wir denn auch für uns selbst jeweils nur dadurch zu ermitteln, daß wir uns zur Reflexion auf uns in solchem Diesseits selbst gestalten, und das heißt, »transzendental« in es eindringend zu uns selbst vordringen, eben mittels eigentümlicher *intentio obliqua;* während wir durch auch auf uns noch ausgerichtete *intentio recta* wie durch: Ich ... zum Beispiel solches Diesseits und darin auch uns gerade übergehen, um »bloß logisch«, und das heißt, quasi-empirisch uns in einem »transzendenten« Jenseits davon platonistisch zu verdinglichen bzw. empiristisch selber zu beseitigen.

Deshalb sollten Sie Kants Einsicht in die Notwendigkeit jener Möglichkeit, bei allem Denken, Sprechen oder Schreiben von etwas auch noch »Ich denke« und »Ich spreche« und »Ich schreibe« dies zu denken, sprechen oder schreiben, nicht in einem Sinne mißverstehen, der sich Ihnen nahelegen könnte. Ganz gewiß ist dieser Möglichkeit Notwendigkeit der unabweisbare, weil immer wieder sich erneuernde Beleg dafür, daß wir all solchen Fällen eines Fremdbewußtseins wie »Es regnet« oder »Bonn ...« als untrügliches Selbstbewußtsein schon zugrunde liegen, wie zumindest seit Descartes erwiesen ist, weil dieser Möglichkeit Notwendigkeit sonst unverständlich bliebe. Anders als Descartes vermeinte, folgt daraus jedoch nicht im geringsten, diese Möglichkeit auch noch in Wirklichkeit zu überführen, sei die einzige oder gar angemessene Weise, dieses untrügliche Selbstbewußtsein auch noch in entsprechend untrügliche Selbsterkenntnis oder Selbstvergegenständlichung zu überführen.

durch Bewegung unseres eigenen einen anderen bewegen: durch die Hand das Schreibzeug und die Tinte oder durch die Lungen die darin enthaltene Luft.

Ganz im Gegenteil ist Kant jener unendliche Regreß anscheinend wohlbekannt[36], in dem sich dieses Selbstbewußtsein als grundsätzlich Nichtempirisches dabei gerade in das: Ich ... und mittels von Anführungsstrichen in ein immer wieder neues Wort zurückzieht, sich auf diese Weise mithin jeglicher Erkenntnis und Vergegenständlichung vielmehr entzieht. So sagt er denn auch vom »Ich denke ...« offenbar wohlüberlegt, durch eigene Betonung nämlich, daß es jegliches Bewußtsein nur »begleiten *können*«, nicht etwa *begleiten* muß: Es *kann* dies, ja es *muß* dies sogar können, doch es *muß* dies keineswegs; statt seiner *kann* vielmehr auch noch ein prinzipiell von ihm verschiedenes begleiten, ja es *muß* dies sogar können: anstatt dieses prinzipiell unreflektierten nämlich auch noch ein »Ich denke ...« als ein reflektiertes. Und tatsächlich ist es überhaupt nichts anderes als seine eigene Philosophie, die er durch Reflexion zur eigentlichen Selbsterkenntnis oder Selbstvergegenständlichung des Nichtempirischen von Subjektivität als Selbstbewußtsein ausgestalten möchte[37], und nicht zufällig auch als Erfahrungstheorie, wie Sie auf Schritt und Tritt bei ihm verfolgen können.[38]

Die *intentio obliqua* als die Reflexion auf sie versucht er nämlich gerade nicht so zu erreichen, daß er die *intentio recta* der Erfahrung ins Unendliche vergebens auf sich selbst zu richten trachtete, sondern indem er schon von vornherein vielmehr bei allerersten Ursprungsfällen der Erfahrung als *intentio recta* stehenbleibt und sie als solche bis auf ihre letzten Gründe zu analysieren sucht. Und wenn dies vollständig gelingt, muß in der Tat, Erfahrung zu analysieren, gleichbedeutend damit sein, sie als *intentio recta* vollständig zu reflektieren, also wie von selbst gewissermaßen zur *intentio obliqua* auf sie zu gelangen und dadurch am Ende auch zur Reflexion von Subjektivität auf sich. Ist nämlich untrüglich, daß sie als jenes Nichtempirische von

36 Vgl. Bd. 20, S. 270, Z. 1–14. Weniger treffend nennt er ihn (A 346 B 404) auch einen »beständigen Zirkel«, worin wir uns um dieses Selbstbewußtsein nur »herumdrehen, indem wir uns seiner Vorstellung jederzeit schon *bedienen* müssen, um irgend etwas von ihm zu urteilen« (kursiv von mir).

37 Vgl. z. B. A XI mit A XIV; ferner Bd. 4, S. 317, Z. 30 ff.

38 Als ein reflektiertes aber wäre dies »Ich denke ...« vom unreflektierten schon von vornherein insoweit prinzipiell verschieden, als transzendentale Reflexion mich schon von vornherein gerade nicht als Körper Habenden, sondern Erfahrung Machenden behandelt, weil im Gegensatz zu jenem auch nur diese etwas Wahres oder Falsches sein kann.

Selbstbewußtsein der Erfahrung als dem Fremdbewußtsein der empirischen Erkenntnis und Vergegenständlichung von Anderem als sich zugrunde liegen muß, kann vollständige Analyse der Erfahrung letztlich nur zum Nichtempirischen der Selbsterkenntnis und -vergegenständlichung eines Subjekts von sich als diesem Selbstbewußtsein führen: Was dann umgekehrt von ihm her als dem Grund für sie auch noch Synthese wird, nämlich zur Einsicht in die komplizierte Art und Weise führt, wie ein Subjekt aus diesem seinem Grund heraus sich zur Erfahrung selbst gestaltet, und das heißt: zur Einsicht dessen, was bei Kant »Synthesis a priori« heißt.

Analyse und Synthese von Erfahrung als *intentio recta* aber kann, wie Sie jetzt unschwer mitvollziehen werden, überhaupt nichts anderes als Analyse und Synthese von Intentionalität bedeuten, wie sie uns im Rahmen unseres Selbstbewußtseins selbst als unser Nichtempirisches inmitten des alltäglichsten Empirischen bereits bewußt ist, insbesondere als Sprache: ursprünglich vom jeweils eigenen Subjekt her und – in einem Sinn, der noch zu klären sein wird – abgeleitet auch an anderen Subjekten. Und wenn überhaupt, wird sich auch nur aus ihrer Grund- und Vollstruktur die Lösung für die ungelöste Schwierigkeit ergeben können: Warum muß in jedem Fall einer Erfahrung wie »Es regnet« solche Subjektivität als Selbstbewußtsein selbst erst einmal Fremdbewußtsein der empirischen Erkenntnis und Vergegenständlichung von Anderem sein, so daß sie auch nur nichtempirisch durch *intentio obliqua* auf sie als *intentio recta,* und das heißt, nur als Philosophie durch Reflexion noch Selbsterkenntnis werden kann?

§ 6. Wir als Erfahrung der Natur

Die genannte Art der Reflexionsverfehlung, so ist Ihnen klar geworden, führt dazu, daß wir im Fall verlautbarter oder verschriftlichter Erfahrung uns in das Empirische von Körperlichem wie zum Beispiel Laut und Tinte einerseits und anderseits in Sinn oder Bedeutung als das Nichtempirische von Subjektivität oder Intentionalität zersetzen. Doch dieselbe Art der Reflexionsverfehlung, so wird Ihnen deutlich werden, läßt auch abgesehen von Verlautbarung oder Verschriftlichung gewissermaßen quer zum vorigen Zerfall Erfahrung noch viel gründlicher, ja bis in ihren ursprünglichen Grund hinein zerfallen.

An die Stelle der verfehlten die entsprechend richtige zu setzen, stellt denn auch zumindest schon in Aussicht, mittels solcher Reflexion gerade auf die jeweilige Einheit von Erfahrung eine Analyse ihrer Aufbaustücke bis zu ihrem einheitlichen Grund voranzutreiben, der dann umgekehrt eine Synthese ihrer Einheit noch verständlich werden läßt.

Schon vorher konnten Sie sich überzeugen: Insofern sie etwas Wahres oder Falsches bildet, muß Erfahrung grundsätzlich den Aufbau der »Prädikation«, das heißt, der Komplexion des »Prädikators« mit dem »Indikator« haben, einerlei, ob dies der Art ihrer Verlautbarung oder Verschriftlichung nach implizit bleibt, wie zum Beispiel bei »Es regnet«, oder explizit wird, wie bei »Dies ist glatt« oder »Dies ist ein Stein«. Und mittlerweile ist man sich auch einig darin, daß es mindestens solche elementaren Fälle der Prädikation sein müssen, worin unsere Erfahrung als die Wahrnehmung von Außenweltobjekten immer wieder ihren Ursprung hat. Schon jede Wahrnehmung von »etwas« in der Außenwelt kann nämlich sogenannte »Sinnestäuschung«, das heißt Irrtum oder falsch sein, nimmt es also grundsätzlich »als etwas« wahr und muß daher als Grundstruktur diejenige des Wahren oder Falschen, eben der Prädikation besitzen, sei es auch nur einer einzigen elementaren. Und wohl kaum wird ein Vernünftiger noch heute dieser Einigkeit entgegentreten wollen.

Einer andern Einigkeit hingegen, die sogar seit jeher schon besteht, sobald man dazu übergeht, diese Struktur auch noch zu reflektieren und analysieren, werden Sie nach allem beizutreten zögern. Denn ausdrücklich oder unausdrücklich pflegt man davon auszugehen, die Funktion des Indikators sei es, auf Objekte wie zum Beispiel etwas Glattes oder einen Stein, die in der Außenwelt dafür schon immer vorgegeben seien, allererst Bezug zu nehmen, die Funktion des Prädikators wiederum, dies jeweilige Objekt *als* ein glattes oder einen Stein eben zu prädizieren und auf diese Art empirisch zu erkennen. Und so allgemein wird diese Auffassung alltäglicher Erfahrung, die zunächst einmal wir alle hegen, von den Philosophen übernommen, daß es schwer fällt, auch nur einen einzigen als Ausnahme davon zu nennen. Denn auch solche wie Descartes zum Beispiel weichen nicht grundsätzlich davon ab; sie unterscheiden sich vielmehr bloß dadurch, daß sie als das dabei vorgegebene Objekt nicht etwas in der Außenwelt, sondern nur etwas in der Innenwelt ansetzen, statt des Physischen das Psychische von »Sinnesdaten«, es im übrigen jedoch bei dieser Art Funktion des Indikators oder Prädikators dafür ganz und gar belassen. Ja nicht einmal Kant, der erstmals und bisher als einziger mit Argumenten mindest dazu ansetzt, diese Auffassung zu widerlegen, läßt als Ausnahme sich kurzerhand zitieren.

Trotzdem geht dies klar aus einer andern Auffassung hervor, die er vertritt und deren Sinn Sie voll erst dann verstanden haben, wenn Sie auch verstehen, daß sie diese Widerlegung unausweichlich nach sich zieht. Was nämlich von der Sprache her gesehen, die er nicht behandelt, »Indikator« oder »Prädikator« heißt, ist von der Sache her gesehen, die sehr wohl von ihm erörtert wird, nichts anderes als das, was er »Anschauung« und »Begriff« nennt, so daß es uns möglich wird, sie wechselseitig füreinander stellvertretend zu behandeln. Und wie vorhin schon in einer Hinsicht werden Sie das auch in anderer ohne weiteres begreiflich finden.

So ist es nämlich seine Reflexion darauf, daß jeder solche Fall als etwas Wahres oder Falsches auftritt, was nach Kant ergibt, daß er dann als »Verbindung« von »Anschauung« und »Begriff« auftreten muß[1]. Doch daraus hat sich schon ergeben, daß er dann Prädikation als Komplexion des Indikators mit dem Prädikator bilden müsse, einerlei ob letztere im Fall seiner Verlautbarung oder Verschriftlichung auch explizit zum Ausdruck kommen oder nicht: Anschauung und Begriff wären danach der Indikator und der Prädikator auch *genau insofern als* er sprachlich noch nicht expliziert ist, wie er dies tatsächlich gar nicht sein muß.

Ferner wird dann Anschauung als Indikator, oder umgekehrt, als etwas vom Begriff als Prädikator Grundverschiedenes nicht nur verständlich, sondern auch erklärlich. Daß es nämlich prinzipiell unmöglich ist, Indikatoren etwa wie Prädikatoren zu verwenden, das vermochte man bisher nur immer wieder, wenn auch richtig, zu behaupten, aber niemals zu begründen, was jetzt aber mindest einen Schritt weit möglich wird: Daß eine Aussage wie etwa die, im Wald befänden sich nicht nur fünf Steine und drei Pilze, sondern auch zwei Diese und vier Jene, prinzipieller Unsinn ist, liegt daran, daß ein Indikator deswegen kein Prädikator ist, weil er im Unterschied zu diesem als Begriff eben Anschauung ist, die Kant zufolge prinzipiell verschiedenen Vermögen des Subjekts entspringen: seiner Sinnlich-

1 Vgl. A 51 f. B 75 f. und A 50 B 74.

keit die Anschauung und der Begriff seinem Verstand. Nur kann dies freilich endgültig verständlich und erklärlich erst durch die Beantwortung der Frage werden, wie Verstand und Sinnlichkeit zusammen trotzdem, ja gerade weil sie seine grundverschiedenen Vermögen sind, die Einheit des Subjekts als Grund aller Erfahrung bilden, eine Antwort, die Kant schuldig bleibt und die wir nachzuholen haben: Was die Anschauung betrifft, besonders dahingehend, was es eigentlich genau bedeute, daß sie Kant zufolge in der Sinnlichkeit der Subjektivität allein, indem die letztere zu Zeit und Raum als Form für sie verwirklicht werde, auftritt.

Doch von dieser ihrer Form zunächst noch abgesehen, ist ihrem jeweiligen Inhalt nach die Anschauung nichts anderes als jenes »Sinnesdatum«, das gerade Kant besonders nachdrücklich und überzeugend als notwendige Bedingung jeglicher Erfahrung als *empirischer* Erkenntnis sicherstellt: Als solche selbst, will sagen, als Erkenntnis über ein Objekt der Außenwelt, wäre Erfahrung nämlich reine »Eingebung« bzw. »Offenbarung«[2] über es, das heißt, etwas, wobei es nicht mit rechten Dingen zugeht, läge ihr als dieses »Sinnesdatum« nicht etwas zugrunde, das dabei durch »Affektion«, das heißt Kausaleinwirkung des erkannten Objekts aufs erkennende Subjekt zustande kommt. Nur bildet solche Anschauung als Sinnesdatum bloß eine notwendige Bedingung für Erfahrung als empirische Erkenntnis, nämlich nicht auch schon die hinreichende, die vielmehr erst durch das Denken des Verstandes als Begriff erfüllt wird.

Dies bringt Kant durch eine Formulierung, die für seinen Neuansatz zu einer Systematik von Philosophie geradezu grundlegend ist, wie folgt zum Ausdruck: »Wenn ich alles Denken (durch Kategorien) aus einer empirischen Erkenntnis wegnehme, so bleibt gar keine Erkenntnis irgendeines Gegenstandes übrig; denn durch bloße Anschauung wird gar nichts gedacht, und daß diese Affektion der Sinnlichkeit in mir ist, macht gar keine Beziehung von dergleichen Vorstellung auf irgendein Objekt aus«.[3] Und das läßt sich ohne weiteres verstehen, insofern Beziehung der Erkenntnis auf den Gegenstand tatsächlich nicht schon als Beziehung einer Wirkung zu ihrer bestimmten Ursache zustande kommen kann. Denn was nicht alles in

2 Vgl. Bd. 4, S. 282, Z. 24 mit Bd. 17, S. 632
3 A 253 B 309.

der Welt ist Wirkung einer Ursache, doch ohne darum auch bereits Erkenntnis dieser Ursache als eines Gegenstands für sie zu sein.

Was damit aber über dies bloß Negative noch hinaus an Positivem alles mitbehauptet ist, das werden wir erst nach und nach begreifen, doch vor allem erst, nachdem wir uns zunächst vor Augen führen, welch eine Herausforderung der gesamten Überlieferung bereits in diesem Negativen selbst beschlossen liegt. Sofern der Sache nach mit Anschauung bei Kant nichts anderes gemeint sein kann, als was der Sprache nach den Indikator bildet, läuft das nämlich auch auf nichts geringeres hinaus, als ausgerechnet dem, was angeblich schlechthin Bezug auf einen Gegenstand oder auf ein Objekt hat, ausgerechnet das gerade abzusprechen. Denn was sonst als beispielsweise »Dies ...« und »Jenes ...«, »Hier ...« und »Jetzt ...« hat die Funktion einer Bezugnahme auf etwas Anderes als Gegenstand oder Objekt, und zwar so grundsätzlich, daß es in ihr geradezu besteht, ja aufgeht?

Dies ist jedenfalls die feste Überzeugung aller, denen es seit jeher schon und heute noch als ausgemachte Sache gilt, daß die Funktion des Indikators darin liege, auf ein stets schon vorgegebenes Objekt, ob nun der Außen- oder Innenwelt, Bezug zu nehmen, um es durch den Prädikator prädizierend zu erkennen. Deshalb sollten Sie gerade vom so aufgefaßten Indikator her einmal verfolgen, wie sich diese Auffassung als ganze in Absurdität auflöst, und zwar genau im Sinne Kants und seiner Auffassung von Anschauung als eigentlichem Indikator. Denn allein aus Gründen ihrer festen Überzeugung selbst geraten die Vertreter dieser Auffassung, sobald Sie sie genauer überprüfen, nur aus einer in die andere Verlegenheit.

Wie wenig selbstverständlich sie tatsächlich ist, wird Ihnen nämlich daran klar, wie sorgfältig und einhellig ihre Vertreter ausgerechnet dasjenige unterlassen, was zu tun dabei gerade unerläßliches methodisches Gebot ist, nämlich diese Auffassung an Hand wirklich elementarer Beispiele für sie zu überprüfen wie »Dies ist ein Stein« und »Dies ist glatt«. Stattdessen ziehen sie, getreu ihrer durch nichts begründeten Voraussetzung, als angeblich elementare immer wieder Beispiele wie »Dieser Stein ist glatt« heran, – oder sogar noch inhaltsreichere. Und in der Tat: Wenn gälte, nur auf ein Objekt, das immer schon, und zwar als ein empirisch ganz bestimmtes Wirkliches, mithin als Stein zum Beispiel vorgegeben ist, vermöge man durch so etwas wie »Dies ...« Bezug zu nehmen, müßte jedes solche »Dies ...« schon implizit soviel wie »Dieser Stein ...« bedeuten. Folgerichtig halten sie denn auch dafür, als sein »Subjekt« und »Prädikat« müsse ein jeder Aussagesatz mindest zwei Begriffe, eben mindest den Subjekts- und Prädikatsbegriff in sich enthalten.[4] Und nur dadurch sei empirisch überhaupt »etwas als etwas« zu erkennen.

Doch das Unhaltbare dieser Auffassung, für das sie durch ihr Vorurteil indessen blind sind, werden Sie bei unvoreingenommener Betrachtung gleich an einer ganzen Reihe unlösbarer Schwierigkeiten sehen. So wird Ihnen schon allein im Hinblick auf die Sprache aufgehen, wie unmöglich es ist, diese allgemeine Auffassung von Indikator und Indikation auch allgemein nachzuvollziehen. Denn daß Indikatoren eigentlich soviel wie »Dieser Stein ...« und »Jener Pilz ...« zum Ausdruck brächten, läßt sich sprachlich allenfalls an Beispielen wie »Dies ...« und »Jenes ...« unmittelbar explizieren, während andere wie »Hier ...« und »Dort ...« und »Jetzt ...« sich dieser Art unmittelbarer Explizierung widersetzen.

Als zunächst bloß sprachlicher Befund indessen deutet dieser schon voraus auf den entsprechend sachlichen, der Ihnen daraufhin als nächstes auffällt. Denn bloß scheinbar haben Ausdrücke wie »Dieser Stein ...« und »Jener Pilz ...« genau wie »Hier ...« und »Dort ...« und »Jetzt ...« ausschließlich die Funktion einer Indikation, mit der Prädikation erst noch verbunden werden müßte, nämlich in Gestalt von Ausdrücken wie »... glatt« und »... grau« durch »... ist ...« zu einem Urteil oder Satz wie »Dieser Stein ist glatt« und »Jener Pilz ist grau«. In Wahrheit gilt genau das Gegenteil davon: So wenig haben Ausdrücke wie »Dieser Stein ...« und »Jener Pilz ...« als angeblicher impliziter Sinn von »Dies ...« und »Jenes ...« etwa ausschließlich Indikationsfunktion, daß sie vielmehr gerade umgekehrt den impliziten Sinn »Dies ist ein Stein« und »Jenes ist ein Pilz« besitzen. Dementsprechend sind sie auch schon Satz bzw. Urteil und mithin durchaus kein bloßer Indikator, sondern je ein Indikator und ein Prädikator schon ineinem.

In erster Linie dafür nämlich sind die Beispiele, worauf jene Vertreter ihre Auffassung zu stützen pflegen, so bezeichnend, ja verräterisch. Um das zu sehen, brauchen Sie sich lediglich das Folgende vor Augen führen. Ohne Zweifel ist es sinnvoll, wenn Sie jemandem, der »Dieser Stein ist glatt« behauptet, daraufhin entgegenhalten: »Dies

4 Vgl. unten S. 111, Anm. 16.

ist glatt, jedoch kein Stein«. Und daraus, daß es Sinn hat, ihm so zu erwidern, folgt unweigerlich, daß durch den in ihr mitenthaltenen Ausdruck »Dieser Stein ...« seine Behauptung auch schon mitbehauptet »Dieses ist ein Stein«, wenngleich nur implizit. Denn hätte sie stattdessen »Dies ist glatt« gelautet, wäre es auch ohne jeden Sinn gewesen, derart auf sie zu erwidern. Damit nämlich hätte er allein behauptet, daß es sich dabei um etwas Glattes handelt, und durchaus nicht etwa auch noch mitbehauptet, dieses Glatte sei ein Stein, so daß im ganzen zwingend daraus folgt: Es kann gar keine Rede davon sein, daß Ausdrücke wie »Dies ...« schon implizit soviel wie beispielsweise »Dieser Stein ...« bedeuten.

Dies zu meinen, heißt vielmehr, genau die Reflexionsverfehlung zu begehen, die unausweichlich unterläuft, wenn vom Verstand anstatt »transzendentalem« der »bloß logische« Gebrauch gemacht wird. Hier bereits beginnt sich Ihnen nämlich abzuzeichnen, wie man dadurch auch den Indikator schon von Grund auf mißversteht: Anstatt ihn als ein bloßes Aufbaustück von Urteil oder Satz und damit auch als etwas Unselbständiges im Rahmen ihrer unlösbaren Einheit selbst zu treffen, hat man ihn auf diese Weise vielmehr umgekehrt gerade selbst bereits zu einem Urteil oder Satz verselbständigt, so daß man damit nicht nur ihn als bloßen Indikator schon verfehlt hat, sondern auch die unlösbare Einheit noch des Urteils oder Satzes, die er unselbständig nur mitaufbaut, weil sie dadurch vielmehr prinzipiell zerfallen ist.

Die Probe darauf können Sie leicht daran machen, daß genau Entsprechendes dabei auch für den Prädikator gilt. Auch er wird als das Unselbständige von bloßem Aufbaustück der Einheit eines Urteils oder Satzes prinzipiell verfehlt, indem auch er dadurch vielmehr zu einem eigenen Urteil oder Satz bereits verselbständigt und diese Einheit somit gerade aufgelöst wird. Eben darin nämlich sind die Beispiele für jene Auffassung des weiteren verräterisch, weil Sätze oder Urteile wie »Dieser Stein ist glatt« nach Überprüfung überhaupt nichts anderes als implizit-komplexe bilden können. Denn bedeutet »Dieser Stein ...« voll expliziert »Dies ist ein Stein ...«, dann müssen alle solchen Sätze oder Urteile im ganzen expliziert »Dies ist ein Stein *und* dies ist glatt« bedeuten.

Also bilden sie statt eines einzigen elementaren Satzes oder Urteils, wie von den Vertretern jener Auffassung vermeint, vielmehr schon zwei verschiedene Sätze oder Urteile in einem als komplexem.

Und ein jeder oder jedes von ihnen enthält in sich schon seinen eigenen Indikator wie auch Prädikator, so daß beide darin vielmehr weiterhin der Aufklärung und damit einer andern Auffassung noch harren. Denn genau wie schon im vorigen bei Sprache und Objekt läuft diese Art verfehlter Reflexion auf Urteil oder Satz als die Verfehlung ihrer Aufbaustücke letztlich nur darauf hinaus, sie unsinnigerweise zu verdoppeln. Ihnen offenkundig aber wird das schließlich, weil für ein komplexes Urteil jene These, es enthalte mindest zwei Begriffe, freilich trivialerweise wahr ist, für ein in der Tat elementares aber nichttrivialerweise falsch. Wo nämlich sollte wohl in einem Urteil wie »Dies ist ein Stein« und »Dies ist glatt« sich noch ein weiterer Begriff befinden?

Eben darin und entsprechend tiefer liegt denn auch der eigentliche Grund dafür, daß die Vertreter jener für sie selbstverständlichen Voraussetzung, nur um sie gegen Widerlegung abzuschirmen, ängstlich geradezu vermeiden, in der Tat elementare Beispiele für sie heranzuziehen, diese vielmehr hinter jenen schon komplexen geradezu verstecken. Nach der letzten Einsicht nämlich müßten Ihnen jene Beispiele durch etwas Weiteres und Wichtigeres noch viel auffälliger werden. Denn sie eignen sich vor allem zur Verdeckung dessen, daß durch jene Auffassung nicht nur die innere Struktur des Urteils oder Satzes *überhaupt* verfehlt wird, sondern damit auch noch die des Urteils oder Satzes als *ursprünglichem,* das heißt als *ursprünglich-empirischem,* kurzum: der Ursprung von Erfahrung als empirischer Erkenntnis, die nun einmal immer wieder in Gestalt der Wahrnehmung von diesem oder jenem Außenweltobjekt entspringt.

Als wahre oder falsche nämlich hat sie ihren Ursprung, wie Sie wissen, schon in Form elementaren Urteils oder Satzes wie »Dies ist ein Stein« und »Dies ist glatt« oder »Dies ist ein Pilz« und »Dies ist grau«. In diese Art von Beispiel, die Vertreter jener Auffassung so auffällig vermeiden, brauchen Sie indessen für den Indikator »Dies ...« nur einmal wirklich einzusetzen, was er danach angeblich bedeutet, nämlich »Dieser Stein ...«, und Ihnen steht sofort vor Augen, welch eine Unmöglichkeit sich dann ergeben müßte. Demzufolge hätte jeder Fall ursprünglichster empirischer Erkenntnis, nämlich einer Außenweltobjektwahrnehmung wie »Dies ist ein Stein« und »Dies ist glatt« oder »Dies ist ein Pilz« und »Dies ist grau« recht eigentlich den Sinn von »Dieser Stein ist ein Stein« und »Dieses Glatte ist glatt« und »Dieser Pilz ist ein Pilz« und »Dieses Graue ist grau«. Also könnte ausgerechnet das, was ohne Frage für uns immer wieder Inbegriff des ursprünglich Empirischen, das heißt, des ursprünglich Synthetischen oder Informativen über Außenweltobjekte ist, gerade umgekehrt nur noch der Inbegriff des bloßen Analytischen, ja Tautologischen und Uninformativen sein.

Eben das ist die Unmöglichkeit, die der Vertreter jener Auffassung vom Indikator zu vermeiden sucht, indem er ihr anstatt dieser elementaren immer wieder nur jene komplexen Beispiele wie »Dieser Stein ist glatt« zugrunde legt, die als scheinbar elementare auch den Schein ihrer synthetischen Struktur erzeugen, doch vergeblich. Denn auch »Dieser Stein ist glatt« im Sinne von »Dies ist ein Stein *und* dies ist glatt« kann dann nur heißen »Dieser Stein ist ein Stein *und* dieses Glatte ist glatt«; doch auch noch so viele Konjunktionen analytischer mit analytischen Urteilen können kein synthetisches ergeben; und mag noch so schwierig zu ermitteln sein, was Kant unter »synthetisch« oder »Synthesis« – ob nun a posteriori oder a priori – eigentlich verstanden hat: formallogische Konjunktionen jedenfalls mit Sicherheit nicht. Also müßte folgen, daß es unsere Objektwahrnehmung als ursprüngliche, elementare und synthetische empirische Erkenntnis eigentlich auch gar nicht geben kann – eine Unmöglichkeit, die ihresgleichen sucht.

Sie tritt für Sie denn auch sofort an einem ebenso unmöglichen unendlichen Regreß zutage, der nach jener Auffassung in jedem Satz bzw. Urteil wie »Dies ist ein Stein« und »Dies ist glatt« im Gange wäre. Denn besäßen sie tatsächlich jenen Sinn von »Dieser Stein ist ein Stein« und »Dieses Glatte ist glatt«, was recht eigentlich bedeutete »Dies ist ein Stein *und* dies ist ein Stein« und »Dies ist glatt *und* dies ist glatt«, so müßte das für jedes – gleichsam rückwärts dann unendlich oft erforderliche – neue »Dies ...« auch abermals und immer wieder gelten. Denn das könnte dann auch nur einem unendlich oft erneuerten, doch stets vergeblichen Versuch gleichkommen, solch eine Erkenntnis wie »Dies ist ein Stein« und »Dies ist glatt« als ursprünglich-empirische, elementar-synthetische erst zu gewinnen, während sie als solche doch in eben dieser Form von Satz bzw. Urteil immer schon gewonnen ist und immer neu gewonnen wird: im Zug der Wahrnehmung als Ursprung unserer Information von Außenweltobjekten.

Somit sehen Sie, wie bei genauerer Betrachtung jene Auffassung der Überlieferung sich selbst am Ende *ad absurdum* führt. Denn schlechthin ausgeschlossen ist es danach, unsere ursprüngliche empirische Erkenntnis könnte so zustande kommen, daß wir auf uns stets schon vorgegebene Objekte jeweils mittels eines Indikators erst einmal Bezug nähmen, um mittels eines Prädikators dann von ihnen etwas zu erkennen. Darin kann sie deshalb nicht bestehen, weil jegliches Objekt uns überhaupt nur in der Wahrnehmung vorliegen kann, so daß auch jegliche Bezugnahme auf es, um die ursprüngliche Erkenntnis von ihm erst noch zu gewinnen, immer schon zu spät kommt, da sie als die Wahrnehmung von ihm mit seinem Vorliegen auch selbst schon immer vorliegt. Wenn nicht darin aber, worin dann besteht ursprüngliche, elementare und synthetische empirische Erkenntnis, wie es sie als Wahrnehmung von Außenweltobjekten in Gestalt von Satz bzw. Urteil wie »Dies ist ein Stein« und »Dies ist glatt« doch ohne Zweifel gibt?

Mit dieser Frage aber nähern wir uns einem Punkt, verehrte Leserin, verehrter Leser, der zum Heikelsten gehört, so daß es mich nicht wundernähme, würde er nach allem, was Sie an Befremdlichem bisher schon zu erwägen hatten, Ihnen jetzt zum Anlaß ihrer ganz entschiedenen Weigerung, auch das noch hinzunehmen. Ja ich fände es sogar verständlich, wären Sie von hier ab nicht mehr willens, mit dem Lesen eines Buches wie »Die Welt und wir« noch weiter fortzufahren, weil es eben dieser Punkt ist, an dem Kants Herausforderung wirklich greift, von dem aus sie dann aber auch noch weiter um sich greift. Denn in der Tat gilt es von hier aus Schritt um Schritt für Sie wie übrigens für alle und mithin auch für die Philosophen derart umzudenken, wie es kaum noch radikaler vorzustellen ist.

Wir alle nämlich, auch die Philosophen, sind in erster Linie Wesen, die zunächst einmal im Alltag mit Objekten ihrer Außenwelt als ihrer Umwelt Umgang haben. Dabei sind wir alle immer schon in deren Wahrnehmung begriffen, darin aber implizit auch immer schon der festen Überzeugung, als die wahrgenommenen lägen sie für Wahrnehmung von ihnen auch schon immer vor. Und eben dies, wovon wir alle überzeugt sind, ist es, was die Philosophen jener Überlieferung dann voll zu explizieren und erklären zwar versuchen, doch im Sinne dieser Überzeugung gerade nicht vermögen: Als ursprüngliche empirische Erkenntnis von empirischen Objekten unserer Außenwelt muß Wahrnehmung vielmehr in etwas gänzlich Anderem als diesem scheinbar Selbstverständlichen bestehen; und eben davon geht eine Herausforderung aus, die ein so radikales Umdenken erzwingt, daß sie uns allen auch zunächst einmal als eine Zumutung erscheinen muß.

Denn aus der Art, wie jene Überlieferung sich selbst am Ende *ad absurdum* führt, ersehen Sie als erstes: Was Bezug auf ein empirisches Objekt und damit einen Gegenstand besitzt, kann keinesfalls bereits der bloße Indikator wie zum Beispiel »Dies ...« als solcher selbst sein, sondern erst der Satz oder das Urteil wie »Dies ist ein Stein« und »Dies ist glatt« als Ganzes, und das heißt: als etwas, das sich zwar vermittels eines Indikators aufbaut, doch durchaus nicht nur vermittels seiner, sondern auch vermittels eines von ihm grundverschiedenen Prädikators noch. Jene Funktion ursprünglicher Bezugnahme auf ein empirisches Objekt als seinen Gegenstand vermag mithin allein der Satz oder das Urteil selbst als Einheit beider zu erfüllen, was denn auch Pseudo-Indikatoren wie zum Beispiel »Dieser Stein ...« beweisen, die Objektbezug nur deshalb haben, weil sie jeweils implizit schon Satz bzw. Urteil sind.

Daraus aber geht für Sie des weiteren hervor: Der Gegenstand, den sie ja überhaupt nur in dem Sinn »besitzen«, daß sie den Bezug auf ihn besitzen, kann für Urteile bzw. Sätze wie »Dies ist ein Stein« und »Dies ist glatt« dann in der Tat grundsätzlich niemals durch das »Dies ...« schon vorgegeben, sondern umgekehrt gerade immer erst Ergebnis eines solchen Urteils oder Satzes selbst sein; nämlich immer nur Ergebnis dessen, daß mit einem Indikator wie zum Beispiel »Dies ...« durch »... ist ...« als Kopula ein Prädikator wie »... ein Stein« bzw. »... glatt« jeweils *zu* einem Urteil oder Satz *verbunden* wird. Es handelt sich dabei mithin um ein Ergebnis, das auch immer nur durch diese Art Verbindung selbst sich einstellt, folglich sozusagen *auf dem Weg* vom Indikator *hin zum* Prädikator immer erst erzielt wird.

Das heißt dann aber insbesondere auch schon für Wahrnehmung als die ursprüngliche empirische Erkenntnis in Gestalt von solchem Urteil oder Satz, die darin letztlich nichts als eine Weise sich verwirklichender Subjektivität sein kann: Ursprüngliche Bezugnahme auf ein empirisches Objekt als ihren Gegenstand ist sie in keinem Fall etwa *von* einem Objekt *her,* sondern in jedem Fall gerade umgekehrt nur *auf* ein Objekt *hin,* das heißt: von vornherein statt vom *Objekt* ausschließlich vom *Subjekt* her. So gewiß dabei auch vom Objekt her auf das Subjekt hin jener Kausalbezug bestehen muß, durch den es eine Wirkung vom Objekt als Ursache »empfängt«, so gewiß vermag sich diese »rezeptive« Wirkung doch zum »Sinnesdatum« für die Wahrnehmung als die ursprüngliche Erkenntnis vom Objekt nur soweit auszuwirken, als sie dabei in die Wahrnehmung gerade als sich selbst verwirklichende Subjektivität eingeht, das heißt, in sie als jene immer schon »spontan« ergehende Objektbezugaufnahme eines Selbst- als Fremdverhältnisses. So wenig also kann ein solches Objekt schon *für* Wahrnehmung als die ursprüngliche Erkenntnis von ihm zur Verfügung stehen, daß es vielmehr umgekehrt erst *durch* sie selbst als jene Art von Satz bzw. Urteil überhaupt gewonnen wird: durch die *Vereinigung* von Indikator *mit* dem Prädikator nämlich, und nicht etwa schon durch ersten ohne letzten.

Damit aber werden wir nur von der Sprache her noch einmal zu dem radikalen Umdenken herausgefordert, zu dem Kant uns von der Sache her doch längst bereits herausgefordert hat: durch die Ergebnisse, zu denen er gerade dadurch kommt, daß er den Aufbau der ursprünglichen empirischen Erkenntnis durch »transzendentale« Reflexion auf sie gerade trifft und nicht wie jene Überlieferung durch die »bloß logische« verfehlt. Obwohl er nämlich, wie Sie wissen, auf die Sprache dabei nicht mit reflektiert, gelangt er damit, daß ursprüngliche empirische Erkenntnis sich grundsätzlich aus »Anschauung« *und* »Begriff« aufbauen müsse, zu der gleichen Einsicht wie der vorigen in die notwendige Vereinigung von Indikator *mit dem* Prädikator. Letztere erlaubt Ihnen denn auch, die weiteren Ergebnisse, die erstere zur Folge hat, genauer auszuführen und noch besser abzusichern, als Kant selbst vermochte.

So hat er niemals mit der Klarheit, die vor jedem Mißverständnis hätte schützen können, ausgedrückt, daß diese Einsicht ihrem Wesen nach gewissermaßen eine Sache mit zwei Seiten ist. Von diesen aber dürfte gerade die von ihm vernachlässigte wichtiger als die von ihm berücksichtigte sein. Mit hinreichender Deutlichkeit stellt Kant heraus, daß weder Anschauung für sich allein noch auch Begriff für sich allein bereits Erkenntnis sei, daß dazu vielmehr jedem dieser beiden das je andere noch fehle, weil allein durch die Vereinigung von ihnen und mithin als Einheit beider die Erkenntnis als ein Wahres oder Falsches allererst entspringe. Doch die Kehrseite davon, die mindest ebenso bedeutsam ist, läßt Kant verglichen damit immer wieder unklar, nämlich daß dann Anschauung so wenig wie Begriff für sich allein bereits Bezug auf einen Gegenstand, kurz einen Gegenstand besitze, daß auch dazu vielmehr jedem dieser beiden das je andere noch fehle, weil auch solch ein Gegenstand erst für die Einheit beider, nämlich erst für die Erkenntnis als das Wahre oder Falsche selbst entspringe. Lediglich vereinzelt klingt das einmal an, so wenn Kant sagt, ohne Begriff sei Anschauung »blind«, sehe ohne ihn also noch *gar nichts,* sei entsprechend nicht nur keine wahre oder falsche *Wahrnehmung* oder *Erkenntnis,* sondern auch noch nicht Erkenntnis oder Wahrnehmung von *etwas,* eines *Gegenstandes.* Jenes sprachliche Ergebnis für den Indikator, der für sich allein noch keinen Gegenstandsbezug und damit auch noch keinen Gegenstand besitzt, stimmt demnach in der Tat mit diesem sachlichen Befund für Anschauung als bloßes »Sinnesdatum« bei Kant derart pünktlich überein, daß es geeignet ist, den Vollsinn seiner Einsicht auch voll auszuformulieren und noch weiter zu begründen.

Damit aber geht – und ebenfalls in voller Übereinstimmung mit Kant – aus jenen sprachlichen Erwägungen sogleich noch etwas Weiteres und Wichtiges hervor. Und dies veranlaßt uns nun vollends zu dem radikalen Umdenken, das zu vollziehen Kant uns durch die Umwälzung und Neugestaltung von Erkenntnistheorie herausfordert und zumutet, die schon er selbst eine *Kopernikanische Revolution* derselben nennt[5].

Was Gegenstandsbezug, kurz einen Gegenstand besitzt, so lautet der Befund, kann niemals schon der Indikator oder Prädikator je für sich sein, sondern immer erst der wahre oder falsche Satz als die Vereinigung oder die Einheit beider; und entsprechend kann dies auch nicht Anschauung oder Begriff schon je für sich sein, sondern immer erst das Wahre oder Falsche von Erkenntnis in Gestalt des Urteils als Vereinigung oder als Einheit beider. Daraus aber folgt dann in der Tat etwas, das Sie zunächst einmal befremden dürfte, nämlich folgendes: Was Gegenstandsbezug, kurz einen Gegenstand besitzt, sind danach Sätze oder Urteile oder Erkenntnisse *als solche,* und das heißt, als wahre *oder* falsche, also einerlei, ob sie tatsächlich *wahr* sind oder *falsch.* Der Satz, das Urteil oder die Erkenntnis haben mithin *auch als falsche* jeweils einen Gegenstand, sind also auch in jedem Fall Satz *über* etwas, Urteil *über* etwas und Erkenntnis *von* etwas, das heißt, *von* diesem oder *über* diesen *Gegenstand.*

Worauf indessen diese Folgerung zuletzt hinausläuft, werden Sie in seinem vollen Umfang und in seiner ganzen Tragweite erst dann

5 Vgl. B XVff.

erfassen, wenn Sie es am Ursprungsfall empirischer Erkenntnis sich verdeutlichen: an jener Wahrnehmung in Form von Satz bzw. Urteil wie »Dies ist ein Stein« und »Dies ist glatt«. Für sie nämlich bedeutet es: Gleichviel ob eine solche Wahrnehmung nun wahr ist oder als ein Fall von sogenannter »Sinnestäuschung« etwa falsch, – in jedem Fall besitzt sie als empirische Erkenntnis *von* etwas dies *Etwas* auch zum *Gegenstand.* Denn nichts als eben dieses Etwas oder dieser Gegenstand ist es, von dem solche empirische Erkenntnis selbst auch jedesmal durch ihre Formulierung noch zum Ausdruck bringt, *als was* es oder er ihr *gilt:* als Stein oder als glatt. In jedem solchen Fall, auch wenn es sich dabei um Irrtum handelt, wie zum Beispiel in der Halluzination oder im Traum, ist Ihnen nicht nur *etwas* jeweils *gegenständlich,* sondern ist es Ihnen damit jeweils auch *als etwas,* nämlich als etwas *Bestimmtes* gegenständlich.

Daran aber sehen Sie sofort: Der grundlegende Unterschied, daß solche Wahrnehmung als die ursprüngliche empirische Erkenntnis wahr ist oder falsch, kann dann auf keinen Fall als Unterschied in diesem ihrem Gegenstand als solchem selbst bestehen: So als hätte sie allein im Falle ihrer Wahrheit einen Gegenstand, im Falle ihrer Falschheit aber nicht; oder als hätte sie je danach, ob sie wahr ist oder falsch, auch jeweils etwas anderes zum Gegenstand. Das eine nämlich ist so ausgeschlossen wie das andere, weil sie vielmehr in jedem Falle nichts als eben das zum Gegenstand hat, was genau sie selbst dabei durch ihre Formulierung offenlegt.

Dann aber fragt es sich sofort: Was hat der Unterschied von Wahrheit oder Falschheit ursprünglich-empirischer Erkenntnis, der als solcher selbst doch wohl in erster Linie eben diese ihre Gegenstände in der Außenwelt betrifft, mit ihnen überhaupt zu tun? Und halten Sie nur immer konsequent unsern bisherigen Zusammenhang an Folgerungen weiter aufrecht, werden Sie auf diese Frage sich auch überhaupt nichts anderes als folgendes zur Antwort geben können: Schon von Anbeginn, das heißt bereits an ihrem Ursprung in der Wahrnehmung von Außenwelt ist die empirische Erkenntnis je nach dem wahr oder falsch, ob dieser Gegenstand, den sie in jedem Fall besitzt, dabei auch wirklich oder unwirklich ist, als Objekt der Außenwelt tatsächlich existiert oder auch nicht: Die Wahrnehmung, in der Sie beispielsweise einen Stein zum Gegenstand besitzen, ist nur dann wahr, wenn genau der Stein, der Ihnen dabei gegenständlich ist, auch darüber hinaus noch wirklich und nicht bloß geträumt, halluziniert oder auch sonstwie eingebildet ist, in welchem Fall sie vielmehr falsch ist[6].

Konsequenterweise kämen Sie mithin zu folgendem Ergebnis: Etwas zu erkennen, heißt in jedem Fall zwar, es zum Gegenstand gewinnen, aber deshalb doch noch keineswegs, Erkenntnis auch als *wahre* dieses Gegenstands als *wirklichen* gewinnen. Auch in solcher Wahrnehmung, die nachträglich von uns als bloße Halluzination oder als bloßer Traum verworfen wird, sind es stets Gegenstände, was wir träumen und halluzinieren, nehmen wir infolgedessen sehr wohl Gegenstände wahr, die aber keineswegs als eben diese wahrgenommenen, nämlich geträumten und halluzinierten auch schon wirklich wären. Überhaupt nichts anderes als diese Wirklichkeit von etwas ist es aber, was wir schon von vornherein und durchwegs in empirischer Erkenntnis zu erzielen suchen, und durchaus nicht jene Gegenständlichkeit von etwas, denn sonst wäre unsere empirische Erkenntnis immer wahr, weil etwas gegenständlich für sie immer ist. Die Gegenständlichkeit von etwas haben wir vielmehr *durch* die Erkenntnis als ursprüngliche Vergegenständlichung von etwas erst einmal als *Vorbedingung* zu erfüllen, um dergleichen wie die Wirklichkeit von etwas als Objekt der Außenwelt und damit auch die Wahrheit der Erkenntnis von ihm überhaupt erzielen zu können: eine Vorbedingung, welche wir mithin auch dann erfüllen, wenn wir diese Wirklichkeit des Gegenstandes oder Wahrheit der Erkenntnis faktisch nicht erzielen.

Diese Vorbedingung der Vergegenständlichung von etwas durch Erkenntnis selbst jedoch erfüllen wir gerade dadurch, daß wir als Erkenntnis in Gestalt von Urteil oder Satz schon immer jenes Problematische von Selbst- als Fremdbewußtsein bilden. Ebenso genau wie zwischen Wahrheit oder Falschheit der empirischen Erkenntnis müssen Sie deswegen zwischen Wirklichkeit und Unwirklichkeit ihres Gegenstandes unterscheiden. Denn da, etwas zu erkennen, gleichbedeutend damit ist, etwas zum Gegenstand zu haben, kann die Wahrheit oder Falschheit von Erkenntnis auch nur gleichbedeutend sein

6 Nur aus diesem Grunde kann Ihnen des weiteren verständlich werden, daß es nicht bloß das Problem der Wahrheit oder Falschheit von Erkenntnis gibt, sondern auf ihm beruhend auch noch das grundsätzlich andere der Veri- oder Falsifikation von ihr *als* wahrer oder falscher, nämlich das Problem, wie wir in einem ganz bestimmten Fall denn eigentlich noch *festzustellen* vermögen, *ob* sie nun tatsächlich *wahr* ist oder *falsch*.

mit ihres Gegenstandes Wirklich- oder Unwirklichkeit. Ja ein und dasselbe ist es danach, was bezüglich von Erkenntnis ihre Wahrheit oder Falschheit und bezüglich ihres Gegenstandes seine Wirklich- oder Unwirklichkeit heißt, was wir noch zu erklären haben werden.

Diese demnach notwendige Unterscheidung zwischen Gegenständlichkeit und Wirklichkeit von etwas für Erkenntnis aber deckt Ihnen jetzt nachträglich auch die Dogmatik jener Auffassung noch weiter auf. Aus der Perspektive dieses prinzipiellen Unterschiedes nämlich brauchen Sie nur noch einmal auf sie zurückzublicken, und Sie sehen: Jene Auffassung ist gleichbedeutend mit dem Vorurteil, es nehme die ursprüngliche empirische Erkenntnis in Gestalt von Wahrnehmung als Satz bzw. Urteil wie »Dies ist ein Stein« mittels des Indikators »Dies ...« im Sinn von »Dieser Stein ...« auf einen als *empirischen* schon immer vorgegebenen Gegenstand wie ›diesen Stein‹ Bezug. Doch damit ist recht eigentlich gemeint: Diese Bezugnahme erfolgt jeweils auf einen Gegenstand, der nicht bloß als *empirischer,* sondern vor allem auch empirisch-*wirklicher* schon immer vorgegeben sei, so daß für Sie jetzt voll hervortritt: Dementsprechend ist der Satz, das Urteil oder die Erkenntnis, implizit in »Dieser Stein ...« im Sinne von »Dies ist ein Stein ...« bereits enthalten, ebenso dogmatisch schon als *wahr* vorausgesetzt. Und dem entspricht genau, daß sie danach, wie Ihnen klargeworden ist, auch in unendlichem Regreß nur immer wieder analytisch, ja bloß tautologisch wären. Deshalb kann jedwede solche Theorie bereits von vornherein nicht als *Erkenntnis*theorie in Frage kommen. Denn gleich beides, was Erkenntnis immer erst *erzielen* muß, was philosophische Erkenntnis*theorie* entsprechend immer erst *erklären* müßte, der Erkenntnis Wahrheit (oder Falschheit) sowohl wie auch ihres Gegenstandes Wirklichkeit (oder Unwirklichkeit), setzt solche Theorie stattdessen vielmehr immer schon voraus.

Ihre prinzipielle Unhaltbarkeit können Sie denn auch an den Unmöglichkeiten nachvollziehen, die sie zeitigt, wenn sie trachtet, Wahrheit von Erkenntnis als die »Übereinstimmung« oder die »Adäquatheit« oder die »Korrespondenz« mit ihrem Gegenstand sich zu erklären wie auch ihre Falschheit als das jeweilige Gegenteil davon. Wohl trifft es zu, daß die vorausgesetzte Wirklichkeit des Gegenstandes von Erkenntnis ihrer ebenfalls vorausgesetzten Wahrheit zwar »entspricht«, nur eben lediglich in einem trivialen, tautologischen und damit letztlich nichtssagenden Sinn. Denn wie sich Ihnen schon ergeben hat, erweist die Wahrheit von Erkenntnis sich mit ihres Gegenstandes Wirklichkeit einfach als gleichbedeutend, während jene Theorie sie gerade nicht trivial, sondern informativ als »Übereinstimmung« oder als »Adäquatheit« oder als »Korrespondenz« mit diesem Gegenstand als wirklichem erklären möchte. Danach hätten Sie auch weiterhin von der dabei vorausgesetzten Wirklichkeit des Gegenstandes auszugehen und trotzdem zu versuchen, diese Wahrheit der Erkenntnis von ihm einmal nichttrivial als »Übereinstimmung« oder als »Adäquatheit« oder als »Korrespondenz« dieser Erkenntnis mit der Wirklichkeit des Gegenstandes zu verstehen.

Dann indessen sehen Sie sofort, daß auch in dieser Hinsicht jene Theorie sich selber *ad absurdum* führt. Als nichttrivialer Sinn kann dann nämlich nur noch in Frage kommen, daß der Wirklichkeit des Gegenstandes einerseits die Wirklichkeit seiner Erkenntnis anderseits »korrespondiert«, indem allein schon ihre Wirklichkeit eine Strukturgleichheit mit seiner Wirklichkeit aufweist. Und in der Tat ist eben dies die Grundauffassung aller Theorien, die Erkenntnis als die Wirklichkeit eines bloß rezeptiv bewirkten Abbilds von der Wirklichkeit des Gegenstandes uns verständlich machen möchten, wie sie durchwegs jener Überlieferung mehr oder minder explizit zugrunde liegt[7]. Und kennzeichnend für alle diese Theorien bleibt bis heute, daß Erkenntnis danach, insofern sie als ein Abbild auch nur auftritt, auch schon wahr ist, und wenn nicht, dann umgekehrt auch schon von vornherein gar nicht Erkenntnis, nämlich falsche sein kann. Demgemäß fällt für sie Wahrheit von Erkenntnis auch mit Wirklichkeit derselben in der Tat zusammen und scheint so der Wirklichkeit des Gegenstandes auch tatsächlich zu »korrespondieren« usw.

Nur ist eben diese Grundauffassung schon von ihrem Ansatz her und bis in jede ihrer Folgen prinzipiell verfehlt. Denn auch als falsche ist Erkenntnis grundsätzlich Erkenntnis, so wie Satz, Behauptung, Urteil oder Aussage, in deren Form sie auftritt, auch als falsche jeweils Satz, Behauptung, Urteil oder Aussage sind. Auch als falsche also ist Erkenntnis selbst – genau wie Satz, Behauptung, Urteil oder Aussage – auf ihre Weise, deren Eigentümlichkeit wir noch erörtern müssen, durchaus wirklich; folglich kann auch ihre Wirklichkeit mit ihrer Wahrheit nicht zusammenfallen noch mit ihres Gegenstandes

7 Vgl. dazu G. Prauss, *Einführung in die Erkenntnistheorie,* Darmstadt 1980, 2. Aufl. 1988, S. 28 ff.

Wirklichkeit etwa »korrespondieren«: Auch als falsche durchaus wirkliche Erkenntnis nämlich hat im Falle dieser ihrer Falschheit, wie bereits ermittelt, ihren Gegenstand gerade als einen unwirklichen.

Doch auch wenn Sie die Voraussetzung der Wirklichkeit des Gegenstandes einmal fallenlassen wollten, könnte sich für Wahrheit als die »Übereinstimmung«, die »Adäquatheit« oder die »Korrespondenz« zwischen Erkenntnis und dem Gegenstand kein Sinn ergeben. Wie Sie wissen, hat empirische Erkenntnis in der Tat jeweils genau den Sachgehalt, den einerseits sie selbst durch den in ihr enthaltenen Begriff als Prädikator gleichsam auswirft, dabei anderseits zu ihrem Gegenstand: nicht mehr und auch nicht weniger als eben diesen Sachgehalt wie beispielsweise Stein als Gegenstand für »Dies ist ein Stein«, einerlei, ob er nun wirklich oder unwirklich ist. Dann indessen wäre die Behauptung ihrer »Übereinstimmung« und »Adäquatheit« und »Korrespondenz« mit ihrem Gegenstand auch abermals bloß eine nichtssagende Trivialität, nämlich Tautologie, und überdies noch widersinnig, da sie gar nicht nur speziell für Wahrheit von Erkenntnis gelten müßte, sondern ebenso für ihre Falschheit.

Schließlich werden Sie im Anschluß daran das Entscheidende verstehen: Weder kann auf seiten von Erkenntnis ihre Wahrheit oder Falschheit als empirische noch auch auf seiten ihres Gegenstandes seine Wirklich- oder Unwirklichkeit als empirische etwa in einem weiteren empirischen Gehalt bestehen, welchen sie als wahre oder er als wirklicher besäße, welcher ihr als falscher oder ihm als unwirklichem aber fehlte. Und des weiteren wird Ihnen daraus dann verständlich: In der Tat ist weder der empirischen Erkenntnis in Gestalt von Urteil oder Satz die Wahrheit oder Falschheit noch auch ihrem Gegenstand die Wirklich- oder Unwirklichkeit etwa einfach »anzusehen«[8], nicht einmal im Fall der Wahrnehmung; das eine nämlich kann so wenig wie das andere in einem solchen zusätzlichen Sachgehalt bestehen, der ersichtlich an ihnen vorhanden oder auch abhanden wäre. Und so gilt entsprechend: Nicht nur »Wirklichkeit« bzw. »Sein ist ... kein reales Prädikat«[9] der Gegenstände von Erkenntnis, sondern »Wahrheit« ist auch »kein reales Prädikat« dieser Erkenntnis,

8 Vgl. A 155 B 194 mit A 598 B 626 und A 600 B 628.
9 Vgl. A 598 B 626 mit A 600 B 628.

wobei mit »reales« ein »empirisch-sachhaltiges« Prädikat gemeint ist[10].

Daran sehen Sie sofort: Obwohl sich beide jeweils auf etwas Empirisches beziehen, auf das Empirische einer Erkenntnis oder ihres Gegenstandes, bilden ihre Wahrheit oder Falschheit sowie seine Wirklich- oder Unwirklichkeit keineswegs auch selbst etwas Empirisches, sondern gerade etwas Nichtempirisches. Und für die Wahrheit oder Falschheit werden Sie das aus dem vorigen auch ohne weiteres verstehen, weil sie immer nur einer *Erkenntnis,* eines *Urteils,* eines *Satzes* Wahrheit oder Falschheit sein kann. Diese nämlich sind allein als jenes *Fremd*bewußtsein eines *Andern* die *empirische* Erkenntnis und Vergegenständlichung von *ihm,* als jenes *Selbst*bewußtsein aber gerade *nichtempirisches* Bewußtsein des erkennenden Subjekts von *sich* als dem Erkennen *selbst,* das eben deshalb gerade *nicht* auch selbst bereits *Erkenntnis* und *Vergegenständlichung* von sich ist.

Also kann auch Wahrheit oder Falschheit, die ausschließlich in Bezug auf dies Erkennen selbst auftritt, ursprünglich nur als etwas innerhalb von dieses Subjekts Selbstbezug, mithin als etwas Nichtempirisches auftreten und sich dann erst recht auch nur als etwas Nichtempirisches von ihm noch »prädizieren« lassen. So gewiß nämlich ein Subjekt dadurch, daß es als: Dies ist ein Stein, oder: Es regnet, nur bei Anderem als Außenwelt ist, auch allein in Empirie begriffen ist, so grundsätzlich tritt es aus solcher Empirie bereits heraus, sobald es nicht mehr dieses Andere der Außenwelt, sondern stattdessen plötzlich das: Dies ist ein Stein, oder: Es regnet, selbst zum Gegenstand erhebt, indem es nunmehr letzteres für wahr oder für falsch hält. Denn wahr oder falsch kann grundsätzlich nicht mehr dies Andere der Außenwelt sein.

Und daran sehen Sie des weiteren, daß damit überhaupt nichts anderes geschieht, als wenn wir mittels: Ich ... aus Empirie heraus jeweils auf uns zu sprechen kommen, wie im vorigen ermittelt: eben jene Reflexions- und damit Selbstverfehlung, die vermeint, *intentio obliqua* einfach als auf sich gerichtete *intentio recta* zu erreichen, beispielsweise mittels Quasi-Empirie von »Metasprache« über die »Objektsprache«. In diesem Sinne ist sie denn auch weithin aktenkundig, nämlich in Gestalt der mittlerweile Bibliotheken füllenden, doch unhaltbaren »Wahrheitstheorien« der »Logik«, »Semiotik«,

10 Vgl. A 143 B 182, dazu oben S. 41.

»Syntax« und »Semantik«, insofern sie alle ihre Rechnungen ohne den Wirt, sprich, ohne Subjekt machen, weil sie dabei unter anderem auch Wahres oder Falsches so wie etwas außerhalb von Subjektivität behandeln und auf diese Weise platonistisch oder empiristisch einen Mythos zelebrieren[11]. Auch der Sinn von Wahrheit oder Falschheit der Erkenntnis läßt sich eben angemessen nur mittels Philosophie als Reflexion, das heißt, nur nichtempirisch fassen und entwickeln, was dann aber auch für den von Wirklich- oder Unwirklichkeit ihres Gegenstandes gelten muß, wenn anders er zusammenfällt mit demjenigen ihrer Wahrheit oder Falschheit. Und auch nur im Zuge von Erfahrungstheorie, in Analyse und Synthese von Erfahrung als *intentio recta* selbst oder Intentionalität, wird das darin enthaltene Selbstbewußtsein sich noch soweit zur *intentio obliqua* einer Selbsterkenntnis und -vergegenständlichung entfalten lassen, daß daraus ersichtlich wird, wie grundsätzlich der Sinn von beidem in der Tat nur als ein und derselbe wie auch nur als nichtempirischer sich überhaupt verstehen läßt.

Damit schließlich sehen Sie, wie weit die Reflexion auf das Subjekt tatsächlich über es hinaus auch das Objekt noch miterfaßt, nämlich gerade seiner Wirklichkeit nach, und wie weit sie sonach in der Tat auch einen nichtempirischen Zusammenhang von Welt und uns aufdeckt. Um wenigstens den Ansatz dazu hier bereits zu sichern, werfen Sie am besten nochmals einen Blick zurück auf jenen Ausgangspunkt für unsere bisher geführten Überlegungen. Die unhaltbaren Theorien von Wahrheit oder Wirklichkeit der Überlieferung gehen nicht zufällig einher mit der Unhaltbarkeit ihrer Voraussetzung, durch einen Indikator werde immer schon auf ein als wirkliches schon immer vorgegebenes Objekt Bezug genommen, um durch einen Prädikator etwas von ihm zu erkennen. Dem entgegen haben Sie sich klargemacht: Diesen Bezug kann immer erst der Satz, das Urteil oder die Erkenntnis *insgesamt* besitzen, nämlich als Vereinigung oder als Einheit dieses Indikators *mit* dem Prädikator, ja sogar nur insofern sie, über diese Einheit als Erkenntnis überhaupt hinaus, auch wahr ist. Dann jedoch muß ferner gelten, daß der Indikator die Funktion solcher Bezugnahme im Rahmen dieser Einheit nicht bloß allererst *besitzt,* sondern auch allererst *bekommt,* und das muß heißen: allererst bekommt, *indem* der Prädikator sich *mit*

11 Vgl. dazu unten Anm. 13.

ihm *zu* dieser Einheit *selbst* verbindet, letztlich also *durch* den *Prädikator* allererst bekommt.

Davon aber sollten Sie sich nicht zu einem falschen Schluß verführen lassen. Daraus nämlich folgt in keiner Weise, daß der Prädikator »also« nicht nur die Funktion der Prädikation, sondern auch noch die der Indikation hat, weil sonst der Indikator überflüssig, mithin unverständlich würde. Vielmehr bleibt, auch wenn sie nur in Einheit mit dem Prädikator zu erfüllen ist, Indikation ausschließlich die Funktion des Indikators. Denn auch umgekehrt vermag der Prädikator die Funktion der Prädikation gleichfalls nur in Einheit mit dem Indikator zu erfüllen, ohne daß Sie daraus folgern dürften, »also« habe letzterer auch noch Prädikationsfunktion, die vielmehr ebenfalls ausschließlich die des Prädikators bleibt, weil sonst auch er entbehrlich und auf solche Weise unerklärlich würde. Nur ist eben jedem dieser beiden zur Erfüllung der je eigenen Funktion jeweils der andere unentbehrlich, sofern jeder sie allein in Einheit mit dem andern zu erfüllen vermag.

Wohl aber kann Sie das nur weiter, nämlich zu der Frage führen, wer oder was denn eigentlich die Tat ihrer Vereinigung zu dieser Einheit jedesmal *vollbringt,* sie durch Vereinigung zu dieser Einheit in Funktion mithin auch jedesmal erst *setzt,* genau zu derjenigen Einheit nämlich, die sogar als eigenes Wort zum Ausdruck kommen kann: als ». . . ist . . .« der »Kopula«. Denn so gewiß sich diese Frage schon in dieser Oberflächendimension von Indikator, Prädikator oder Kopula als Worten stellen muß, vermag sie ihre Antwort ebenso gewiß doch prinzipiell nicht hier bereits zu finden, was indessen offenkundig für Sie erst aus Ihrer Einsicht dieser eigentlichen Art des Funktionierens beider wird. Ist dazu nämlich jedes davon auf das andere angewiesen, kann auch keines davon das sein, was von sich aus die Vereinigung mit diesem andern vornimmt, und schon gar nicht als ein bloßes Wort. Denn das vermag auf keinen Fall ein Wort als solches selbst, auch dasjenige nicht, in dem die »Kopula« zum Ausdruck kommen kann, weil anläßlich von jedem Wort im Satz die Frage der Vereinigung *von* ihm *mit* anderen *zum* Satz sich nur erneuern kann: Wodurch denn eigentlich wird es mit andern so vereint, daß innerhalb von solcher Einheit derart Unterschiedliches und deshalb aufeinander Angewiesenes in jeweils eigentümliche Funktion tritt? Und genau an dieser Stelle ist denn auch ein jedes Unternehmen, das sich prinzipiell auf diese Oberflächendimension verpflichtet, wie die

»Logik«, »Semiotik«, »Syntax« und »Semantik«, prinzipiell am Ende[12]. Denn in dieser Frage kann auch nur der Fortschritt in die Tiefendimension zu dieser bloßen Oberflächendimension noch weiter führen: in jenes Nichtempirische von Subjektivität, die sich als Inneres in diesem Äußeren als dem Empirischen nur äußert[13].

Vollends deutlich aber sehen Sie daran, wie wichtig das Ergebnis ist, daß Indikator oder Prädikator, insofern ihre Funktion nur immer angemessen aufgefaßt wird, von der Sprache her gesehen überhaupt nichts anderes als das sind, was Kant von der Sache her gesehen »Anschauung« oder »Begriff« nennt. Damit bahnt er sich und uns den Weg zu Einsichten, die an der bloßen Sprachstruktur als Oberflächendimension grundsätzlich nicht gewonnen werden können. Wie für Indikator oder Prädikator nämlich gilt nach Kant auch für Anschauung und Begriff zunächst nur dies, daß keines von ihnen ohne das andere eine ursprüngliche empirische Erkenntnis bilden kann: »Nur daraus, daß sie sich vereinigen, kann Erkenntnis entspringen«[14]. Wie bei Indikator oder Prädikator aber ist auch bei Anschauung und Begriff mit dieser bloßen Einsicht, »*daß* sie sich vereinigen«, noch nichts darüber eingesehen, ›*wie* sie sich vereinigen‹. Gerade wenn sie so wie Indikator oder Prädikator dabei wechselseitig aufeinander angewiesen sind, ist nämlich diese Redeweise von ihnen als »sich« vereinigenden prinzipiell nicht wörtlich zu verstehen, weil dann vielmehr keines von ihnen das sie Vereinigende sein kann. Und tatsächlich ist es weder der Begriff noch gar die Anschauung je für sich

12 Die »Pragmatik« (dazu oben S. 18, Anm. 1), die Sie hier vielleicht vermissen, lasse ich bewußt in dieser Reihe unerwähnt. Denn sie ist nur ein schönes Wort, solange sie als Theorie der individuellen Subjektivität, als die allein sie überhaupt bestehen kann, verweigert wird, weil sie angeblich ausgespielt hat, während sie in Wahrheit doch noch gar nicht recht ins Spiel gekommen ist. Nur ein Subjekt nämlich »benutzt«, »verwendet« und »gebraucht«, und zwar nicht etwa »Zeichen« oder »Sprache« (damit nämlich ist die schon genannte fälschliche Alternative jenes Platonismus oder Empirismus auch bereits eröffnet), sondern Natural-Empirisches, das *durch* den »jedesmaligen« Gebrauch *zum* Zeichen und *zur* Sprache überhaupt erst *wird.*

13 Nach dem Vorbild Freges pflegt man dabei noch bis heute unbekümmert so zu sprechen, als ob Wörter ganz von sich aus eine Einheit bildeten, indem darin ein Teil »irgendwie ungesättigt« und ein anderer Teil das »Bindemittel« sei, »sonst würden sie nicht aneinander haften«: Derart rächt sich das verleugnete Subjekt, daß es seine Verleugner unerbittlich zur Mythologie verdammt (vgl. G. Frege, *Kleine Schriften,* hg. I. Angelelli, Darmstadt 1967, S. 178).

14 A 51 B 75f.

selbst, was die Vereinigung mit dem je andern vornähme, weil nicht allein die Anschauung, sondern auch der Begriff nichts sein kann, was von sich aus irgendetwas täte, wie auch Worte nichts von sich aus tun, so daß, wer oder was denn eigentlich die Tat ihrer Vereinigung vollbringt, zunächst auch dabei offenbleibt.

Nur wird an Anschauung, die in der »Sinnlichkeit«, und an Begriff, der im »Verstand« auftritt, für Sie dann offenbar: Es sind dies alles jeweils nichts als Aufbaustücke innerhalb derselben Subjektivität als Selbsttätigkeit, die sie nicht nur zu vereinigen hat, sondern als die zu vereinigenden auch auf ganz bestimmte Art erst einmal bilden muß, um dadurch insgesamt sich selbst in Form des Urteils oder Satzes zur Erkenntnis auszubilden.

Wie auf einen Schlag wird damit aber ferner für Sie offenkundig: Jene Angewiesenheit von Indikator und von Prädikator aufeinander, wie sie auf den ersten Blick auch für Anschauung und Begriff noch gilt[15], wirkt sich durch ihre Ausgewogenheit geradezu als Schein aus, der verdeckt, daß dieser Oberflächendimension der Sprachstruktur als Sachstruktur gerade eine Tiefendimension zugrunde liegt von denkbar größter Einseitigkeit. Denn als diese Selbsttätigkeit oder Spontaneität tritt Subjektivität nach Kant ausschließlich als Verstand auf und durchaus nicht etwa auch als Sinnlichkeit, als die sie Kant zufolge vielmehr ebenso ausschließlich Rezeptivität ist, wodurch beide denn auch grundverschiedene Vermögen dieser Subjektivität sind.

Von wie großer Einseitigkeit dies indessen wirklich ist, ermessen Sie dann leicht an folgendem: Danach hat Subjektivität nicht nur ein jedes dieser Aufbaustücke, insofern sie es erst einmal bilden muß, um es mit diesem andern erst einmal zu bildenden vereinigen zu können, sondern auch diese Vereinigung noch zum Erkennen in Gestalt des Urteils oder Satzes ausschließlich durch Spontaneität ihres Verstandes auszubilden. Denn im Rückblick auf das Vorige bedeutet das: Obwohl ihr dazu auch die Sinnlichkeit als ihre Rezeptivität noch zur Verfügung steht, hat Subjektivität dies alles, insofern es grundsätzlich gebildet werden und mithin als das Ergebnis einer Leistung auch auf Tätigkeit beruhen muß, allein aus sich als Spontaneität ihres Verstandes selbst hervorzubringen: Die Vereinigung von Anschauung mit dem Begriff oder von Indikator mit dem Prädikator

15 Vgl. A 50 B 74.

ohnehin, weil jegliche ursprüngliche empirische Erkenntnis in Gestalt des Urteils oder Satzes je ineinem Prädikation wie auch Indikation ist; vor allem aber ihr bereits vorweg nicht nur Begriff, sondern auch Anschauung, nicht nur den Prädikator, sondern auch den Indikator.

Und sofort ersehen Sie aus dieser Einseitigkeit noch des weiteren, welch eine Aufgabe sich Kant von hier aus stellt. Denn jene Frage, warum ausgerechnet eine solche Zweiheit, spitzt sich damit nur noch weiter zu, nämlich zur Frage, warum ausgerechnet aus *derselben* Spontaneität und so aus einer *Einheit* eine solche *Zweiheit.* Gleich scharf zugespitzt stellt diese Frage sich dann aber nicht allein in diesem Fall des Subjekts als dem Indikator und dem Prädikator im Erkennen, sondern auch noch für die Zweiheit von Substanz und Akzidens im Fall jenes Objekts als dem Erkannten; davon wiederum hängt ferner, wie Sie wissen, Ursache und Wirkung als die Zweiheit von Objekten als Ereignissen noch ab und dementsprechend die Struktur des Urteils über sie. Dies alles folglich hätte Kant in einem einzigen ununterbrochenen Zusammenhang durch einen lückenlosen Argumentationsgang herzuleiten: als die Art und Weise nämlich, wie ein Subjekt Schritt für Schritt als Spontaneität seines Verstandes im Zusammenspiel mit seiner Sinnlichkeit als Rezeptivität, das Kant »Synthesis a priori« nennt, sich aus sich selbst heraus ursprünglich so weit aufbaut, daß es als Erkenntnis einerseits Objekte anderseits als Wirklichkeit der Außenwelt erzielen kann.

Von hier aus brauchen Sie nur einmal zu erwägen, wieviel solcher Einzelschritte dazu mindestens, und zwar jeweils entsprechend zueinander beiderseits erforderlich sein müßten, und Sie sehen, wieviel Kant bei Erfüllung dieser Aufgabe im einzelnen gerade überspringt, woraus verständlich wird, wie wenig er dadurch im ganzen überzeugt.

So reicht es Ihnen schon, sich klarzumachen, was beinahe selbstverständlich ist, um etwas ganz Entscheidendes gewahr zu werden, was Kant ausläßt: Im Vergleich zur Seite des Objekts vernachlässigt er die des Subjekts schon im allgemeinen, im besonderen jedoch zum Beispiel darin, daß er im Verlaufe dieser Synthesis und ihrer Stufen oder Schritte nicht genügend zwischen Urteil und Begriff, das heißt genauer, zwischen der Verwendung und der Bildung des Begriffes unterscheidet. Auf der Hand liegt nämlich, daß Verwendung von Begriff, sprich Urteil, Bildung von Begriff voraussetzt, weil allein

ein grundsätzlich gebildeter Begriff verwendet werden kann. Und um so wichtiger ist dieser Unterschied, als nicht schon Bildung, sondern erst Verwendung von Begriff, das Urteil eben wahr ist oder falsch, obwohl sie jeweils auch im selben Zug erfolgen können. Und als einem nach der Seite des Subjekts muß diesem Unterschied auch einer nach der Seite des Objekts entsprechen, wenn dieselbe Spontaneität seines Verstandes in verschiedenen Formen, welche Kant »Kategorien« nennt, doch nicht nur die Struktur des Subjekts als Erkennendem, sondern auch die des Objekts als Erkanntem bilden soll.

Nach keiner dieser Seiten aber wird die Art und Weise, wie Kant selbst an beider Synthesis herantritt, Ihnen Auskunft geben, welche der Kategorien diesem Unterschied entsprechen. Ausgerechnet eine hinreichende Analyse und Synthese der Prädikation als der elementarsten Urteils- oder Satzform unterläßt er vielmehr[16]. So versäumt Kant schon von Anbeginn die einzige Gelegenheit zum Ansatz einer einsichtigen Herleitung der apriorischen Struktur nicht nur des Objekts, sondern dem zuvor bereits des Subjekts, und zwar auch noch seiner weiteren, komplexen Satz- bzw. Urteilsformen, die er vielmehr in Gestalt der »Urteilstafel«[17] nur voraussetzt und auf diese Weise sich wie uns nur irreführt.

Noch in einer andern Hinsicht aber läßt der einsichtige Unterschied von Urteil und Begriff im Sinn der Bildung und Verwendung von Begriff Sie Irreführendes bei Kant bemerken und vermeiden. An ihm festzuhalten, führt Sie weiter zu der Einsicht: Kants Behauptung, ein empirischer oder »Erfahrungsbegriff« sei »nichts als ein Verstandesbegriff in concreto«[18], ist nicht ohne weiteres verständlich. Damit stellt er zwar heraus, daß letzterer, womit dem Kontext nach der »reine« oder die »Kategorie« gemeint ist, im empirischen nicht etwa zusätzlich, als zweiter sozusagen noch enthalten ist. Es gilt danach vielmehr, daß der empirische Begriff je selbst der reine ist, nur eben »in concreto«, und das heißt: durch einen je bestimmt-empirischen Gehalt zu einem je bestimmt-empirischen konkretisiert, so daß der reine dem empirischen gerade nur als Form zugrunde liegt. Doch

16 Das wird am deutlichsten für Sie, wo Kant entgegen seiner Lehre der Verbindung von »Anschauung und Begriff« als Ursprung der empirischen Erkenntnis selbst noch fälschlich davon ausgeht, es enthalte jedes einzelne elementare Urteil mindest »zwei Begriffe« (A 73 B 98). Vgl. A 150 B 190, A 154f. B 193f.

17 A 70 B 95.

18 A 567 B 595, vgl. A 224.

läßt Kant dabei offen, wie das eigentlich genauer zu verstehen wäre: Soll einem empirischen Begriff in diesem Sinn genau eine Kategorie zugrunde liegen und die andern nicht, oder gar sämtliche Kategorien, oder nur einige, und wenn, dann welche?

Aus dem grundsätzlichen Unterschied von Urteil und Begriff indes ersehen Sie, daß eigentlich nur letzteres der Fall sein kann, weil zur Verwendung des gebildeten Begriffs, das heißt, um über den gebildeten Begriff hinaus auch dieses Urteil noch zu bilden, mindest eine eigene Form der Spontaneität jenes Verstandes als Kategorie erforderlich sein muß. Nur werden Sie bei Kant auch dafür keinen Hinweis finden, wie Kategorien sich auf Urteil und Begriff in diesem Sinn verteilen sollten, auch nicht dort, wo Kant versucht, die »Anwendung« seiner Kategorien im einzelnen genauer zu erörtern, wie in den Kapiteln über die *Schematisierung* und die *Grundsätze*.[19]

Sie werden vielmehr gut daran tun, diesen klaren Unterschied von Urteil und Begriff gerade umgekehrt dafür zu nutzen, das Grundsätzlich-Irreführende auch dieser Überlegungen von Kant zunächst zu klären. Darin spricht er nämlich ständig so, als komme Anwendung dieser Kategorien dem gleich, sie als solche selbst bereits zu Sätzen oder Urteilen als »Grundsätzen« heranzuziehen, die als »synthetische Urteile a priori« jeweils in empirischer Erkenntnis als »synthetischem Urteil a posteriori« mit enthalten seien. Doch wie beim empirischen Begriff als jener Konkretion einer Kategorie auf keinen Fall gemeint sein konnte, daß sie in ihm etwa zusätzlich als weiterer Begriff enthalten ist, so kann dies auch beim Urteil als empirischem jetzt nicht bedeuten, daß es als synthetisches a posteriori etwa zusätzlich als weiteres noch ein synthetisch-apriorisches enthält, das als Urteil im Urteil denn auch schlechterdings nicht aufzufinden ist. Wie dem empirischen Begriff der reine, muß vielmehr dem Urteil als empirischem das reine bloß als Form zugrunde liegen, so daß danach nicht nur der empirische Begriff der reine, sondern das empirische Urteil auch selbst das reine ist, nur eben »in concreto«, nämlich durch bestimmt-empirischen Gehalt zu einem ganz bestimmt-empirischen konkretisiert.

Genau in diese Richtung formuliert Kant später eine Einsicht[20], die für Sie geradezu der Wegweiser zu einem angemessenen Verständnis

19 A 130ff. B 169ff.
20 Vgl. Brief an J. S. Beck, 16. Oktober 1792, Bd. 11, S. 376, Z. 12–29.

dessen ist, in welchem Sinne jene *Grundsätze* synthetische Urteile a priori sind, und das heißt umgekehrt: in welchem gerade nicht. Jene empirischer Erkenntnis immer schon zugrunde liegende »Synthesis a priori« ist es danach, »die durch jene Grundsätze *ausgesagt* wird«[21]. Das heißt genauer: Diese Grundsätze sind als synthetische Urteile a priori jeweils nur die *Aussage* der *Reflexion auf* diese Synthesis und somit auch nur *Aussagen* einer *Philosophie von* ihr[22]; doch keineswegs ist diese Synthesis, wie sie empirischer Erkenntnis a priori schon zugrunde liegt, etwa auch selbst schon Schritt für Schritt jeweils ein *Urteil* als synthetisch-apriorisches.

Eben dies jedoch wird Ihnen durch den Unterschied von Urteil und Begriff schon als empirischem gesichert: Nicht erst der Verwendung, sondern auch der Bildung des empirischen Begriffs als eines »reinen in concreto« muß nach Kant Synthesis a priori schon zugrunde liegen, kann indes noch längst nicht hier, sondern erst frühestens im Fall des Urteils als empirischem auch selbst als Urteil, nämlich als synthetisch-apriorisches auftreten und verständlich werden. Doch vermag sie als ein solches Urteil hier noch prinzipiell nicht einer jener *Grundsätze* zu sein, weil auch noch keine Aussage der *Reflexion auf* und *Philosophie von* sich.

Das zeigt sich Ihnen aber nicht nur am Begriff im Unterschied zum Urteil, sondern von ihm ausgehend erst recht noch an der Anschauung: Verwendung des gebildeten Begriffs zum Urteil kann ja überhaupt nichts anderes sein als Verbindung des Begriffs mit Anschauung, so daß auch Bildung des Begriffs schon zur Verbindung mit der Anschauung erfolgen muß. Und dementsprechend muß die Anschauung nicht erst zur Bildung eines Urteils als Verwendung eines schon gebildeten Begriffes, sondern auch zur Bildung des Begriffes selbst schon vorgebildet sein. Denn nur auf Grund von Anschauung kann der Begriff seinem Gehalt nach überhaupt gebildet werden, so daß auch das Urteil als Verwendung von gebildetem Begriff seinen Gehalt allein durch ihn, nämlich durch ihn vermittelt letztlich nur auf Grund von Anschauung besitzen kann.

21 A. a. O., Z. 24f. (kursiv von mir).

22 Daß diese Einsicht nicht vereinzelt auftritt, sehen Sie auch a. a. O., S. 315, wo er ebenfalls betont, daß erst im Zuge von Philosophie »diese Grundsätze wirklich vorgetragen werden«. Demgemäß bringt Kant bereits in der KRV zum Ausdruck, daß Philosophie als Reflexion »in reinen Urteilen a priori durch transzendentale Überlegung geschehen muß« (A 295 B 351).

Erst damit aber tritt Ihnen dann insgesamt die eigentliche Schwierigkeit vor Augen, mit der Kant es seinem neuen Ansatz nach zu tun bekommt und die er ungelöst uns hinterlassen hat. Gerade dafür nämlich sollten Sie im Blick behalten, was Sie sich bereits verdeutlicht haben: Nicht allein als Prädikation, sondern auch als Indikation, nicht allein durch ihren Prädikator, sondern auch durch ihren Indikator, und das heißt zuletzt: nicht nur durch den Begriff, sondern auch durch die Anschauung, die sie in sich vereinigt, kann empirische Erkenntnis die ursprüngliche synthetische Beziehung zum empirischen Objekt nicht *von* ihm *her*, sondern nur *auf* es *hin*, will sagen, nicht vom *Objekt*, sondern nur vom *Subjekt* her sein. Nicht bloß die Beziehung der Prädikation des Objekts durch den Prädikator als Begriff, sondern auch die Beziehung der Indikation des Objekts durch den Indikator als Anschauung, die zusammen überhaupt erst die empirische Erkenntnis des empirischen Objekts ausmachen, kann allein das Subjekt aus sich selbst heraus aufnehmen, und das heißt: durch Tätigkeit aus sich als Spontaneität seines Verstandes.

Doch im Fall der Anschauung bleibt das sogleich nach beiden Seiten, nach der des Objekts sowohl wie des Subjekts hin, und dadurch besonders schwer verständlich: Daß Begriff und Urteil als das Denken von Gedanken durch Verstand und seine Spontaneität erzeugt sein müssen, haben wir verstanden, weil nur darin eine Möglichkeit liegt, jenem unhaltbaren Platonismus oder Empirismus zu entgehen. Daß jedoch auch Anschauung, die Kant zufolge weder Urteil noch Begriff ist und entsprechend nicht spontan aus dem Verstand heraus, sondern nur rezeptiv in Sinnlichkeit auftritt (die eben darin grundverschieden vom Verstand ist), ihrerseits in irgendeinem Sinne auf Verstand und seine Spontaneität zurückzuführen sein soll, wird gleich mir auch Ihnen einige Verständnisschwierigkeit bereiten. Um so mehr, als nach der andern Seite diese Anschauung gerade auf die »Affektion« der rezeptiven Sinnlichkeit durch das Objekt zurückgeht.

Dabei sollten Sie jedoch erinnern, wie entschieden Kant darauf besteht: »*Daß* diese Affektion der Sinnlichkeit in mir ist, macht gar keine Beziehung von dergleichen Vorstellung auf irgend ein Objekt aus«. Denn das Negative dieser Aussage verlangt inzwischen geradezu nach dem entsprechend Positiven, das allein darüber Auskunft geben könnte, welche Einsicht damit eigentlich gewonnen ist. Und dieses Positive werden Sie ergänzen können, wenn Sie dieses Negative selbst erst einmal voll entfaltet haben: In dem bloßen »Daß« der Affektion als Wirkung des Objekts als Ursache kann die Beziehung *auf* dies Objekt als Erkenntnis *von* ihm deshalb nicht bestehen, weil letztere sich prinzipiell von der Kausalbeziehung zwischen ihnen unterscheiden muß. Denn was nicht alles wird in der Natur durch was nicht alles affiziert, indem es eine Wirkung einer Ursache empfängt, doch ohne daß nur deshalb diese Wirkung umgekehrt auch schon eine Erkenntnis dieser Ursache und so Beziehung auf sie als ein Objekt wäre? Andernfalls müßte, wo immer Wirkung einer Ursache vorläge, damit auch bereits Beziehung auf sie als Objekt im Sinne der Erkenntnis von ihm vorliegen, was aber schlechterdings absurd ist.

Und das heißt: Nicht *daß*, sondern ausschließlich *wie* ›die Affektion der Sinnlichkeit in mir ist, macht eine Beziehung von dergleichen Vorstellung auf irgendein Objekt aus‹. Und das heißt des weiteren: Nur dadurch, *wie* sie in mir auftritt – nämlich nicht bloß durch das *Objekt*, sondern auch durch *mich*, der ich zu jeglichem Zustandekommen einer Wirkung in mir als *Subjekt* auch *mit*zuwirken habe, folglich als Subjekt dazu auch *wirklich* oder *wirksam* sein muß –, kann die Affektion, die vom Objekt her bloße Wirkung einer Ursache ist, zur Beziehung *auf* es als Erkenntnis *von* ihm überhaupt erst *werden*.

Und das heißt dann ferner: Nur als *das*, als *was* ich dabei stets schon wirklich oder wirksam sein muß, kann recht eigentlich allein ich selbst aus dieser vom Objekt her bloßen Wirkung einer Ursache eine Beziehung *auf* es als Erkenntnis *von* ihm überhaupt erst *machen*, nämlich nur als Tätigkeit aus Spontaneität meines Verstandes. Dies jedoch heißt letztlich: Auch die Art und Weise noch, *wie* »diese Affektion der Sinnlichkeit in mir ist«, nämlich nur, indem ich selbst als Sinnlichkeit in Form von Zeit und Raum schon immer wirklich oder wirksam bin, kann dabei ausschließlich in mir als Tätigkeit aus Spontaneität meines Verstandes gründen. Wobei ich als Sinnlichkeit in Form von Zeit und Raum doch immerhin so prinzipiell schon wirklich oder wirksam bin, daß diese Affektion als Anschauung oder als Indikator wie zum Beispiel »Dies ...« dann grundsätzlich »Dies *hier und jetzt* ...« bedeutet. Und so wird die Affektion zur Anschauung auch nur, indem sie bloß zum Inhalt einer Form wird, zu der das Subjekt gerade nicht durch diese Affektion, sondern allein durch sich wird.

Doch ist damit gleichfalls nicht schon eine Lösung, sondern einstweilen nur ein Problem gewonnen, mit dem Kant bereits gerungen hat, mit dem jedoch auch seine Interpreten noch bis heute so vergeblich ringen, daß sie eher dazu neigen, es als solches wieder preiszugeben und sich damit jenen Philosophen wieder einzureihen, die es erst gar nicht in die Hand bekommen. Und tatsächlich ist allein schon die Gewinnung dieser Problematik ein Gewinn, die Kant denn auch nicht nur als Erst-, sondern vor allem Schwersterrungenschaft bewußt war. Wenn er nämlich derart nachdrücklich darauf besteht, daß bloße Wirkung einer Ursache noch nicht Beziehung *auf* sie als Erkenntnis *von* ihr sein kann, so gerade deshalb, weil er selbst dies erst einmal vertreten hatte[23] und weil davon loszukommen gar nicht leicht ist, wie sogar noch die KRV bezeugt, wo er gelegentlich in diesem Sinne mißverständlich formuliert[24].

Wie problematisch es tatsächlich ist, daß vielmehr nur das Subjekt selbst sie dazu machen kann, nur dadurch nämlich, wie es als Verstand sich selbst als Sinnlichkeit in Form von Zeit und Raum dazu verwirklicht, sollten Sie sich denn auch wenigstens in Grundzügen schon hier verdeutlichen. Das heißt dann nämlich: Durch die bloße Anschauung in sich, auch wenn ein Objekt selbst sie mittels Affektion in ihm bewirkt, besitzt ein Subjekt nicht allein noch nicht *Beziehung auf* es als *Erkenntnis von* ihm, sondern eben darum auch noch kein *Objekt.* Und das bedeutet nichts geringeres, als daß dies Subjekt nicht nur nach der einen Seite die *Beziehung auf* als die *Erkenntnis von,* sondern ineinem damit nach der andern Seite auch das *Objekt* aus derselben Anschauung heraus erst machen muß, nämlich gerade als die Wirklichkeit von Anderem als sich aus sich als Wirklichkeit erst zu erzielen hat. Und in der Tat schlägt diese Problematik, daß wir so etwas wie Wirklichkeit der Außenwelt ursprünglich immer wieder

23 Vgl. seinen Brief an M. Herz vom 21. Febr. 1772, Bd. 10, S. 130f.

24 So z. B. in B XL (Anm.), A 19f. B 34, A 68 B 93 (vgl. hierzu auch Kants aufschlußreichen Änderungsversuch), A 89ff. B 122ff.; ferner Bd. 4, S. 281f. (§ 8–9). An allen diesen Stellen spricht Kant immer wieder so, als habe Anschauung als solche schon unmittelbaren Gegenstandsbezug, woran bereits von J. S. Beck (vgl. seinen Brief an Kant vom 11. Nov. 1791 und 31. Mai 1792 in Bd. 11, S. 311 und S. 338f.) Kritik geübt wird. Und nicht zufällig führt sie am Beispiel von »Der schwarze Mensch ...« oder »Der Mensch ist schwarz« auf das Problem elementarer Prädikation (vgl. Bd. 11, S. 339), dem Kant letztlich ausweicht (vgl. Bd. 11, S. 339, Z. 32ff. und S. 347).

erst verwirklichen – und zwar durch unsere Selbstverwirklichung, die als empirische Erkenntnis gerade Fremdverwirklichung erstrebt –, unserer Vormeinung vom Vorgegebensein der Wirklichkeit von Außenwelt für die empirische Erkenntnis von ihr förmlich ins Gesicht.

Zumal doch, wie es Ihnen auf den ersten Blick erscheinen wird, für Affektion durch das Objekt der Außenwelt die Wirklichkeit dieses Objekts tatsächlich schon vorauszusetzen sei. Nur sollten Sie so sorgfältig wie nirgends sonst gerade hier grundsätzlich zwischen Empirie und Reflexion als Nichtempirie unterscheiden, dahingehend nämlich, daß wir als Empiriker ausschließlich von empirischen Objekten wissen und auch von den Ursachen und Wirkungen derselben ausschließlich als anderen empirischen Objekten. Und tatsächlich weiß bei seiner ursprünglich-synthetischen empirischen Erkenntnis vom empirischen Objekt als Wahrnehmung von Außenwelt nicht einer von uns als Empiriker auch nur das mindeste von Anschauung in sich, aus der er nicht bloß sich erst zur empirischen Erkenntnis, sondern zum empirischen Objekt für sie auch Anderes als sich erst selbst verwirklichte.

Allein der Nichtempiriker der Reflexion, der damit dem Empiriker auch gar nicht ins Gehege kommen kann, und umgekehrt, gibt über Empirie als solche zu bedenken: Bei Berücksichtigung ihrer Grundstruktur als der elementaren Indikation wie auch Prädikation kann ursprüngliche synthetische empirische Erkenntnis nur darin bestehen, daß ein Subjekt im Zuge seiner Selbstverwirklichung als Fremdverwirklichung sich darauf richtet, das empirische Objekt als dasjenige zu verwirklichen, das gerade als ein Anderes zu ihm die Ursache von Anschauung in ihm sein muß, aus der es dieses Objekt sich verwirklicht. Damit aber hat Nichtempirie der Reflexion jegliche Empirie so grundsätzlich schon immer überholt, daß letztere die erstere auch niemals einzuholen vermag. Deshalb muß Empirie besonders zur Erkenntnistheorie auch immer schon zu spät kommen, weil diese grundsätzlich in jene Tiefendimension derselben vordringt, von der Empirie als solche gar nichts wissen kann.

An deren Problematik als ausschließlich nichtempirischer indessen sollten Sie nicht stärker Anstoß nehmen als an der vergleichbaren empirischen etwa der Quantentheorie in der Physik, wonach es überhaupt erst durch die Mitwirkung des jeweiligen Meßvorgangs zur Wirklichkeit des Teilchens kommt, das diese Messung mißt. Denn interessanterweise sind es noch bis heute immer wieder Physiker selbst, die als Folgerung daraus einen gewissen Idealismus in Erwägung ziehen[25]. Und wenn Messen auch nur abgeleitetes empirisches Erkennen ist, so muß ursprüngliches synthetisches empirisches Erkennen doch zumindest soweit sich mit ihm vergleichen lassen, daß es ebenfalls nur durch die Mitwirkung von etwas überhaupt zustande kommen kann, wenn anders wir in dieser Welt als das erkennende Subjekt jeweils nicht nichts sind, ja womöglich sogar etwas, woraus sich ergäbe: Das mit Abstand Interessanteste an Wechselwirkung in der Welt, wie wir sie kennen, bildet diejenige zwischen uns und der Natur, die wir ursprüngliche synthetische empirische Erkenntnis von ihr nennen. Denn verglichen mit Natur, soweit sie gerade niemals etwas Wahres oder Falsches ist, auch nicht als Wirkung einer Ursache, läßt dieses ganz Besondere des Wahren oder Falschen unserer empirischen Erkenntnis von ihr auf uns selbst als etwas ganz Besonderes schließen, das da mit ihr wechselwirkt.

Nur sollten Sie nicht unterschätzen, was zur Lösung dieser Problematik nötig wäre: Nichts geringeres, als Kants Synthesis a priori aus den obersten Prinzipien von Verstand und Sinnlichkeit der Subjektivität tatsächlich systematisch-vollständig, und das heißt Schritt für Schritt bis dorthin herzuleiten, wo sie seinem Aufbau sowie seinen Aufbaustücken nach sowohl das Objekt als Erkanntes wie auch als Erkennendes das Subjekt noch verständlich macht. Sogleich der erste und bei weitem schwierigste von diesen Schritten aber hätte zu erklären, wie sogar bereits an jener Anschauung durch Affektion, die ja nur in der Sinnlichkeit als Rezeptivität der Subjektivität auftritt, von vornherein schon Spontaneität ihres Verstandes mit beteiligt ist, so daß auf diese Weise jeweils eine und dieselbe Anschauung zum Ausgangspunkt für Ausbildung der Grundstruktur von beiden Seiten wird: für Bildung des Begriffes *aus* ihr wie auch für Verbindung des gebildeten Begriffes *mit* ihr und sonach für Bildung von genau dem Urteil, das als Einheit von »Subjekt und Prädikat« dann Indikation wie auch Prädikation des Objekts ist, das als Einheit von »Substanz und Akzidens« desgleichen nur aus dieser Anschauung heraus gebildet ist. Allein aus ihr als einer und derselben nämlich, deren Inhalt auf die Affektion zurückgeht, deren Form indessen aus der

25 Vgl. z. B. J. A. Wheeler, in: *Moderne Naturphilosophie,* hg. B. Kanitscheider, Würzburg 1984, S. 203ff. und in: *Der Geist im Atom,* hg. P. C. W. Davies und J. R. Brown, Berlin 1988, S. 75ff.

Sinnlichkeit herstammt, in der sie auftritt, ließe sich erklären, was im vorigen bereits zutage trat: In jedem Fall ursprünglicher synthetischer empirischer Erkenntnis als der Wahrnehmung von Außenwelt ist es derselbe Inhalt, den wir dabei einerseits zum Gegenstand besitzen, einerlei ob er nun wirklich oder unwirklich ist, sowie anderseits durch den Begriff in einem Urteil wie »Dies ist ein Stein« auch offenlegen, einerlei ob es als ein in jedem Fall auf seine Art schon immer wirkliches nun wahr ist oder falsch.

Nur werden Sie dann um so deutlicher ersehen: Diesen allerersten Schritt der Spontaneität ihres Verstandes zur Synthesis a priori dieser Anschauung kann Subjektivität erst recht nicht etwa schon als ein synthetisch-apriorisches *Urteil* vollziehen, weil diese Anschauung mit allem, was ihr selbst an Apriorischem bereits zugrunde liegt, dann ihrerseits die Bildung eines wahren oder falschen Urteils allererst ermöglicht und mithin gerade nicht auch selbst schon wahres oder falsches Urteil sein kann. Und dies um so weniger, da sie als solche selbst nicht nur nach dieser Seite für die Bildung dieses Urteils als Erkenntnis eine Vorbedingung darstellt, sondern auch nach jener Seite für die Bildung ihres Gegenstandes noch, der etwas Wahres oder Falsches gar nicht sein kann, sondern prinzipiell nur etwas Wirklich- oder Unwirkliches, während Anschauung ihm – selbst im Falle seiner Unwirklichkeit – als auf ihre Art schon immer wirkliche zugrunde liegen muß[26], wie auch schon immer der Erkenntnis von ihm.

Dieser allererste Schritt im Ganzen jener apriorischen Synthese muß vielmehr als Schritt der Bildung dieser Anschauung als solcher grundverschieden sein von dem der Bildung des Begriffs und Urteils zur Erkenntnis wie auch noch von dem der Bildung ihres Gegenstandes, weil sie beide ja aus einer und derselben Anschauung heraus sich jeweils allererst entgegentreten. Und gleichwohl muß dieser erste Schritt gerade deswegen bereits die Einleitung der Ausbildung von jenem Selbst- als Fremdbewußtsein bilden und verständlich machen, als das Subjektivität sich durch noch weitere dann zur Erkenntnis eines Gegenstandes wie »Dies ist ein Stein« vollendet, die als Selbst- auf Fremdverwirklichung von diesem Gegenstand sich richtet. Jedem einzelnen von ihnen, auch bereits dem Schritt der Bildung jener Affektion zu dieser Anschauung, muß darum nicht nur eine ganz

26 Will sagen: mindest ihrer Form nach.

bestimmte Form der Sinnlichkeit zugrunde liegen, sondern eben darin auch noch eine des Verstandes: weil sich Subjektivität zu beidem immer schon verwirklicht haben muß, damit durch Affektion die Anschauung als etwas *in ihr* überhaupt zustande komme, doch allein aus Spontaneität ihres Verstandes ihre Sinnlichkeit als Rezeptivität dazu verwirklicht haben kann. Nur dadurch wird zuletzt das Schwierigste verständlich werden: Steht der Indikator von der Sprache her im Satz bzw. Urteil auch für das, was von der Sache her Anschauung ist, so geht er doch als etwas innerhalb von ihm natürlich ebenso wie Satz bzw. Urteil selbst aus dem Verstand hervor, der solcher Anschauung, die immer nur in Sinnlichkeit als durch Verstand bereits verwirklichter auftritt, auch immer schon zugrunde liegt.

Hat Kant dies für die Anschauung zwar erst verspätet, aber immerhin noch eingesehen, wie ich Ihnen zeigen möchte, ist ihm doch die volle Problematik seines neuen Ansatzes, die sich daraus ergibt, nie wirklich klargeworden, was für ihre Lösung die Voraussetzung gewesen wäre. Insgesamt läuft dies nämlich auf nichts geringeres als folgendes hinaus: Tritt Anschauung in Subjektivität nur auf, indem sie schon von vornherein in sie als apriorische Objektbezugaufnahme eingeht, wozu Subjektivität schon durch den allerersten Schritt in ihrer apriorischen Synthese ansetzt, wird sie nicht nur nach der einen Seite durch die Bildung und Verwendung von Begriff zum Urteil, sondern durch die mit ihm als Erkenntnis miteinhergehende Bildung ihres Gegenstandes auch noch nach der andern so grundsätzlich überschritten[27], daß dabei nie etwa diese Anschauung als solche selbst zum Gegenstand dieser Erkenntnis werden kann. Auf solche Art wird aus ihr vielmehr einerseits der Indikator, mit dem der Begriff als Prädikator sich zu einem Satz bzw. Urteil wie »Dies ist ein Stein« dann in dem Sinn vereint, daß dadurch anderseits aus ihr der Gegenstand dieser Erkenntnis wird, was Kant auch treffend formuliert: Die Anschauung ist das, was dabei in Erfahrung allererst »verwandelt«, nämlich nach der einen Seite ins Erkennen als Erfahren wie

27 Vgl. B XVII: »Weil ich aber bei diesen Anschauungen, wenn sie Erkenntnisse werden sollen, *nicht stehen bleiben kann,* sondern sie als Vorstellungen auf irgend etwas als Gegenstand beziehen und diesen durch jene bestimmen muß . . .« (kursiv von mir). Vgl. dazu »Überschreitung« in Bd. 18, S. 13, Z. 14 (R 4863).

auch nach der andern ins Erfahrene als seinen Gegenstand erst umgewandelt wird[28].

Aus diesem Grunde hat nach Kant ursprüngliche synthetische empirische Erkenntnis vielmehr immer wieder schon von vornherein unmittelbar nichts anderes zum Gegenstand als Außenweltobjekte und ist danach »äußere Erfahrung«. Und tatsächlich weiß, wie Sie sich schon verdeutlicht haben, keiner von uns als Empiriker auch nur das mindeste von Anschauung in seinem Inneren, die seiner Empirie zugrunde läge. Damit trachtet Kant die unhaltbare Theorie Descartes' zu überwinden, dergemäß sie vielmehr »innere Erfahrung« dieser Anschauung als »Sinnesdatum« sein soll, woraus »äußere Erfahrung« nur »erschlossen« und entsprechend auch nur mittelbare oder abgeleitete empirische Erkenntnis wäre[29].

Diese Überwindung aber ist Kant bis zuletzt nicht mehr gelungen, weil er sie durch bloße Umkehrung dieses cartesischen Verhältnisses von innerer und äußerer Erfahrung zu erreichen sucht, doch nicht auch zeigen kann, in welchem Sinn denn eigentlich gerade umgekehrt die innere Erfahrung gegenüber äußerer nur mittelbar, nämlich aus äußerer nur abgeleitete empirische Erkenntnis sein soll. Bis zuletzt ist ihm anscheinend nicht einmal von ferne aufgegangen, daß er damit gerade vom Entscheidenden der Auffassung Descartes' noch abhängt, da er sie bloß umkehrt, daß sein Neuansatz als eigentliche Überwindung der cartesischen Auffassung von der »inneren Erfahrung« vielmehr eine gänzlich andere ergibt: Der von ihm selbst nicht mehr durchschaute Grund dafür, daß es ihm nicht gelingen will, die »innere Erfahrung« als angeblich mittelbare, weil von äußerer nur abgeleitete empirische Erkenntnis aufzuklären, liegt ausschließlich darin, daß dies nicht gelingen kann, da sogenannte »innere Erfahrung« schon von vornherein empirische Erkenntnis gar nicht ist, ja gar nicht sein kann. Weil empirische Erkenntnis mit der »äußeren Erfahrung« vielmehr prinzipiell zusammenfallen muß, kann sogenannte »innere« genauso prinzipiell nicht mehr »Erfahrung« als »empirische«, sondern nur *nichtempirische* Erkenntnis sein. Und das ergibt sich zwingend aus dem Sinn von Empirie als äußerer Erfahrung

28 Vgl. Bd. 4, S. 297, Z. 36; S. 560, Z. 7; S. 555, Z. 6f. *mit* A 197 B 242.
29 Vgl. G. Prauss, *Einführung in die Erkenntnistheorie,* Darmstadt 1980, 2. Aufl. 1988, S. 37ff.

selbst, auf den Kants Neuansatz zu einer Theorie von ihr unweigerlich hinausläuft.

Dies noch einzusehen freilich hätte Kant nur dann vermocht, wenn ihm in allen Einzelheiten schon allein die Vollentfaltung der genannten Problematik seines neuen Ansatzes gelungen wäre, was denn auch uns selbst noch weiter aufgegeben ist. Daß ihre Lösung aber in der Tat zu diesem auf den ersten Blick vollends befremdlichen Ergebnis führen muß[30], vermögen Sie sich vorläufig vertraut zu machen, insoweit Sie sich des Vorigen erinnern: Wenn es unmöglich ist, daß ein Subjekt, wie mittels: Bonn ... empirisch ein Objekt, auch mittels: Ich ... empirisch noch sich selbst zum Gegenstand gewinnen kann, so schließt das eben alles, was zu ihm als vielmehr Nichtempirischem von Selbstbewußtsein mit dazu gehört, auch notwendig mit ein. Denn mittels: Ich ... kann nicht nur bei: Ich denke ..., sondern auch zum Beispiel bei: Ich fühle ..., bloß von dem die Rede sein, der hier und jetzt gerade etwas denkt bzw. fühlt. Und so kann auch als das, wovon ich hier und jetzt durch: Ich ... etwas behaupte, eben hier und eben jetzt in Zeit und Raum grundsätzlich nur Empirisch-Naturales als mein Körper festzustellen sein, woran ich unlösbar gebunden bin. Und doch kann ich an ihm oder in ihm als Körper nicht auch selber noch empirisch aufzufinden oder festzustellen sein, als Fühlender sowenig wie als Denkender, und weder für ein anderes Subjekt noch für mich selbst. Mit allem, was allein in mir als Nichtempirischem von Selbstbewußtsein auftritt – auch mit Schmerz, Empfindung oder jener Anschauung –, vermag ich mir, der ich inmitten solcher Empirie leibhaftiges Subjekt bin, doch nur nichtempirisch Gegenstand für nichtempirische Erkenntnis der Philosophie als Reflexion zu werden; und empirisch für ein anderes Subjekt entsprechend nur, indem es aus sich selbst als diesem Nichtempirischen

30 Das heißt nämlich nicht nur im einzelnen, daß Urteile bzw. Sätze wie »Ich habe eine Rotempfindung« oder auch »Ich habe Schmerzen« nicht empirische sein können. Das bedeutet vielmehr auch im allgemeinen, daß vermeintliche »empirische Psychologie«, soweit sie Wissenschaft vom Seelischen im Unterschied zum Körperlichen sein will, als »empirische« dies gar nicht sein kann, sondern nur als nichtempirische und damit als Philosophie. So dürfte auch die Animosität einiger Psychologen gegen Philosophen und Philosophie auf eben diesen hartnäckigen Tatbestand der Nichtabgrenzbarkeit von ihnen oder ihr zurückzuführen sein: »Tief unten, wo die Seele keine Faxen macht«, verspürt man schließlich voll als peinlich, daß »*Empirische Psych*ologie« wie keine andere Wissenschaft den eigenen Widersinn bereits im Titel führt.

heraus dies Nichtempirische auch dem Empirischen an mir noch unterstellt.

Deswegen stiftet insbesondere bezüglich solcher Schmerzen und dergleichen schon die Empirie durch: Ich ... die heillose Verwirrung, die ihr hörige Philosophie dann nur noch auf die Spitze treibt, indem sie als Nichtempirie der Reflexion sich systematisch-streng verweigert. Die entsprechende Entwirrung ist daher auch nur noch von Philosophie als solcher zu erwarten, welche systematisch-streng vielmehr der Reflexion als Nichtempirie sich gerade widmet, und das heißt: der Reflexion auf Empirie als solche selbst. Denn eigentliches Ich sind wir hier eben nicht in Form von: Ich ..., sondern von: Bonn ..., oder: Es regnet, oder: Dies ist ein Stein, und darum als das gerade Nichtempirische von Selbst- als Fremdbewußtsein der empirischen Erkenntnis und Vergegenständlichung von Anderem als uns. Nur könnte freilich dies Zusammenfallen unserer empirischen Erkenntnis mit der äußeren Erfahrung unserer Außenweltobjekte uns auch erst im Zuge der Entfaltung jener Problematik bis zu ihrer Lösung voll verständlich werden, nämlich wie wir selbst zu deren apriorischer Synthese schon von unserer Anschauung an unseren Verstand mit unserer Sinnlichkeit zusammenwirken lassen, wozu wir uns denn auch vorgängig schon als Verstand und Sinnlichkeit selbst durchsichtig sein müßten.

III. DIE WELT UND WIR ALS NICHTEMPIRISCHER ZUSAMMENHANG

A. Wir als Verstand und Sinnlichkeit

§ 7. Die Sinnlichkeit und ihre Formen

Die zuletzt gestellten schwierigeren Fragen werden wir, verehrter Leser und verehrte Leserin, erst später zu beantworten vermögen, nämlich erst nachdem wir auf die einfacheren, die ihnen zugrunde liegen, werden Antworten gefunden haben. Denn vergleichsweise sogar die einfachsten, welche zuallererst auf Antwort dringen, sind für sich schon derart schwierig, daß vor ihnen die noch schwierigeren einstweilen zurückzustehen haben.

So vertritt, wie Sie gesehen haben, Kant die Auffassung, Erfahrung könne nur verständlich werden als Verbindung von »Verstand« und »Sinnlichkeit« oder »Begriff« und »Anschauung«. Im Hinblick darauf aber werden Sie gewiß und auch mit Recht erwarten: Bei aller Vielgestalt ihres Zusammenspiels wie auch bei aller Vielfalt dessen, was Verstand und Sinnlichkeit dazu im einzelnen beitragen mögen, müsse doch zumindest eines klar sein, nämlich was nach Kant unter Verstand als solchem oder Sinnlichkeit als solcher zu verstehen sei. Wodurch ist eigentlich die eine des Subjekts Vermögen einer Anschauung, der andere dagegen das eines Begriffes oder Urteils? Müßte dies nicht um so klarer sein, als Kant zugleich doch durchwegs nachdrücklich vertritt, es handle sich dabei um voneinander grundverschiedene, will sagen, aufeinander nicht zurückführbare Grundvermögen, derart, daß sie schon von Grund auf unvermögend seien, sich in ihren Leistungen etwa auch zu vertreten, weil ja weder Sinnlichkeit eines Begriffes oder Urteils fähig sei noch umgekehrt Verstand einer Anschauung?

In dieser Art Erwartung finden Sie indessen auch bei noch so ausgebreiteter und sorgfältiger Untersuchung seiner Texte sich von Kant enttäuscht: Nicht einmal diese Frage, die als allererste und so eigentlich auch allereinfachste geradezu die Leitfrage für seine Neubegründung von Philosophie ist, hat Kant jemals klar und hinreichend beantwortet. Wie alle andern, die dann schon auf ihr beruhen, können Sie die Antwort auch auf diese Frage nur im Zuge eigenen Durchdringens und Zuendedenkens seiner Überlegungen gewinnen. Dazu sollten Sie sich vorerst lediglich der einen Teilfrage von ihr zuwenden: Was genau versteht Kant eigentlich unter demjenigen Vermögen des Subjekts, das er als dessen Sinnlichkeit bezeichnet?

Kants Verlegenheit vor dieser Frage können Sie indessen nicht nur negativ, nämlich daraus entnehmen, daß er Sinnlichkeit nie allgemein bestimmt oder gar definiert, denn »Rezeptivität« ist allenfalls ein Merkmal von ihr. Wie verlegen er um sie tatsächlich ist, ersehen Sie vielmehr auch positiv; denn überall, wo er sie überhaupt erörtert, tut er dies allein durch Beispiele für sie, an Hand von Raum und Zeit nämlich, die er als »Form der Anschauung« oder als »Form der Sinnlichkeit« einführt, womit er vorderhand nichts anderes als Arten oder Fälle von ihr aufzählt. Darin liegt denn auch der Grund dafür, daß jeder Leser dabei stets von neuem jenen falschen Eindruck haben muß, als seien damit lediglich einige Fälle oder Arten dieser Sinnlichkeit gefunden und gesammelt, deren es noch weitere und von ihnen verschiedene geben könnte. Dafür jedenfalls, daß Raum und Zeit vielmehr im Gegenteil die beiden einzigen von diesen Fällen oder Arten unserer Sinnlichkeit sind, deren es gerade keine weiteren und unterschiedlichen mehr geben kann, sind Kants Erörterungen unzureichend.

Dazu nämlich hätte er sich Klarheit darüber verschaffen müssen: Worin genau bestehen denn nun eigentlich die offenbar verschiedenen Verhältnisse, in denen Raum und Zeit zum einen zueinander und zum andern zu der Sinnlichkeit stehen, deren »Formen« sie angeblich sind? Stattdessen aber hinterläßt er diesbezüglich eine Unklarheit, die noch bis heute fortbesteht und deshalb die gesamte Lehre Kants von Raum und Zeit und Sinnlichkeit der Subjektivität bis heute nicht zur Geltung kommen läßt: sowohl was ihren apriorischen Charakter anbetrifft als auch das Apriorische der Rolle, die sie in der »Synthesis« als der Verbindung von Verstand und Sinnlichkeit im einzelnen zu spielen haben, welche Kant zufolge als »Synthesis a priori« aller »Synthesis a posteriori« der Erfahrung notwendig zugrunde liegt. Denn eigentlich zählt seine Theorie, es könnten Raum und Zeit, in denen alle Dinge und Ereignisse der Außenwelt für uns zu Gegenständen unserer Erfahrung werden, nicht auch selbst ein

Ding oder Ereignis dieser Empirie sein, zu den Einsichten Kants, die bis heute jeglicher Kritik am besten standgehalten haben. Danach müßten Raum und Zeit vielmehr zu den formalen, allgemeinen und vor allem apriorischen Bedingungen gehören, die wir als Subjekte immer schon von uns aus zu erfüllen haben, um in der Erfahrung so etwas wie Dinge und Ereignisse der Außenwelt als Gegenstände überhaupt erzielen zu können. Doch vermag die grundsätzliche Gültigkeit von all dem sich bis heute nicht recht durchzusetzen; denn die Art und Weise, wie wir sie erfüllen, muß bei Kant bereits im Dunkeln bleiben und kann auch nach ihm nicht weiter aufgehellt werden, solange jenes Grundverhältnis zwischen Raum und Zeit und beider wiederum zur Sinnlichkeit nicht aufgeklärt ist.

Wie weit Kant hier von einer endgültigen Klärung noch entfernt ist, sehen Sie daran, wie unentschieden er in seinen Texten schwankt, wenn er versucht, die Grundverhältnisse von Sinnlichkeit zu Raum und Zeit und dieser zueinander festzulegen. Ohne jedes Schwanken, sondern durchwegs mit Entschiedenheit vertritt er nämlich nur, die Zeit sei diejenige sinnlich-anschauliche Form, welche den Grund dafür darstellt, daß alles in ihr »nacheinander« auftritt, und die selbst mithin als ein »formales« oder »reines« Nacheinander aufzufassen sei. So jedenfalls bestimmt er sie bereits in der *Dissertation* von 1770 und noch bis in seine spätesten Ausführungen im *Opus postumum*[1]. Und mindest soweit werden Sie diese Bestimmung nachvollziehen können, jene sinnlich-anschauliche Form der Zeit sei zu verstehen als Kontinuum von der formalen oder reinen Art, daß jede Diskretion darin zu Teilen führt, welche auf eindeutige Weise zueinander im Verhältnis »früher als« bzw. »später als« stehen. Denn als »Einschränkungen« dieser Zeit, die selbst »uneingeschränkt«, eben Kontinuum ist, sind in diesem Sinn »verschiedene Zeiten« stets »nur Teile eben derselben Zeit« und damit alle nacheinander[2]. Dieses aber ist ein Grundverhältnis, das mittels eines Begriffs wie »nacheinander« oder »früher als« bzw. »später als« sich zwar bestimmen lasse, dessen Sinngehalt jedoch ursprüngliche, konkrete Anschauung sei und entsprechend immer wieder grundsätzlich nur sinnlich-anschaulich vollziehbar oder nachvollziehbar werde.

1 Vgl. z. B. Bd. 2, S. 398f. (§ 14,1) mit Bd. 22, S. 4f., S. 12, S. 25.
2 Vgl. z. B. A 31f. B 47f.

Dagegen werden Sie bei dem Versuch, entsprechend auch den Raum noch zu bestimmen, eine Unsicherheit Kants bemerken, die trotz ihrer Sonderbarkeit bisher offenbar nicht aufgefallen ist. Geradezu ins Auge springt sie Ihnen, wo er in der zweiten Auflage der KRV seine Bestimmung aus der ersten auffällig verändert. Hierin hatte Kant den Raum des öfteren als Form von solchem charakterisiert, das »außereinander« auftritt[3]. Und damit war er hier auch lediglich auf jene Kennzeichnung zurückgekommen, die er für den Raum desgleichen schon in der *Dissertation* gegeben hatte, daß er nämlich die Form dessen sei, das *extra se invicem* auftritt[4].

Seit der zweiten Auflage indes erscheint ihm diese Charakterisierung offenbar als unzureichend: Jetzt nämlich soll der Raum auf einmal nicht mehr lediglich die Form von solchem bilden, das »außereinander« *(extra se invicem),* sondern das »außer- und nebeneinander« auftritt. So lautet jedenfalls die Änderung, die Kant an diesem Text der ersten Auflage dann in der zweiten vornimmt[5], und die Ihnen auffallen müßte. Sie bedeutet nämlich eine keineswegs »geringe Modifikation«[6], sondern eine recht erhebliche sogar. Und ihre Bedeutsamkeit wie Tragweite wird Ihnen auch vor Augen treten, wenn Sie überlegen, welcher Grund wohl Kant zu ihr bewogen haben könnte.

Diese Frage aber brauchen Sie sich nur zu stellen, um sofort zu sehen: Schon allein durch seine Art und Weise, wie er diese Änderung hier anbringt, läßt Kant diesen Grund erkennen. Denn durchaus nicht gibt er das »außereinander« etwa auf, indem er es einfach ersetzte durch das »nebeneinander«; er behält es vielmehr bei, indem er jenem »außereinander« dieses »nebeneinander« lediglich hinzufügt. Jene erste Kennzeichnung des Raumes hält Kant also keineswegs für falsch. Wohl aber ist sie ihm anscheinend nicht genug spezifisch, so daß er versucht, sie durch die zusätzliche Kennzeichnung »nebeneinander« näher zu spezifizieren[7]. Und ohne weiteres ist einzusehen, daß tatsächlich dies »außereinander« das Spezifische der Form des Raumes, das es treffen soll, verfehlt, weil es genauso für die

3 Vgl. A 23, A 264, A 370, A 435.
4 Bd. 2, S. 402 (§ 15, A).
5 A 23 B 38.
6 So B. Erdmann, nach H. Vaihinger, *Kommentar zu Kants »Kritik der reinen Vernunft«*, 2. Aufl. Stuttgart 1922, Bd. 2, S. 160.
7 Vgl. dazu auch Bd. 6, S. 208.

Form der Zeit gilt. Denn auch alles, was in Form der Zeit und damit nacheinander auftritt, bildet ein Außereinander.

Daraus aber werden Sie des weiteren entnehmen: Dies Außereinander stellt dann nicht nur kein Spezifikum des Raumes dar, sondern auch kein Spezifikum der Zeit, weil es vielmehr gerade ihr Gemeinsames als Generelles bildet. Reine anschauliche Form desjenigen zu sein, das außereinander auftritt, darin kommen Raum und Zeit überein. Verschieden voneinander und auf diese Weise etwas jeweils Eigentümliches wären sie demnach vielmehr dadurch erst, daß dieses ihnen gemeinsame Außereinander sich jeweils spezifiziert: einerseits zum Nacheinander, sprich, zu einem eigentümlich zeitlichen Außereinander, anderseits zu einem eigentümlich räumlichen, das Kant als Nebeneinander zu fassen versucht. In dieser Weise abgeändert jedenfalls begegnet dieses Lehrstück nach der zweiten Auflage der KRV noch öfters, bis hinein ins *Opus postumum:* Raum und Zeit bezeichnet Kant hier wiederholt als reine anschauliche Formen des »neben- und nacheinander« Auftretenden *(iuxta et post se invicem)*[8].

Die Art dieser Veränderung, an der Kant also festgehalten hat, verdient jedoch weit mehr Beachtung, als man ihr bisher geschenkt hat. Denn aus ihr ersehen Sie zumindest soviel: Mit den Überlegungen zu Raum und Zeit als »Formen« unserer Sinnlichkeit zählt Kant durchaus nicht lediglich einzelne Fälle oder Arten von ihr auf, wobei er offen ließe, durchaus könnte es noch weitere von ihnen geben und die Sinnlichkeit daher in eine Vielzahl solcher Fälle geradezu zerfallen. Vielmehr geht es ihm ersichtlich auch um ihre Einheit, weil er dabei gleichzeitig auf das Außereinander als ihre Gemeinsamkeit mit reflektiert.

Aus der Perspektive dieser neuerzielten Einsicht in deren Gemeinsamkeit jedoch ist es vielleicht nicht zufällig, daß Kant mit Raum und Zeit als »Formen« dieser Sinnlichkeit nur zwei und keine weiteren zugrunde legt, weil es womöglich auch gar keine andern Fälle oder Arten von Außereinander geben kann. In jene Einheit des Subjekts, um die es ihm zu tun ist, ließe sich demnach die Sinnlichkeit desselben einbeziehen, nämlich als die Einheit von Außereinander eben dieser zwei speziellen Arten.

8 Vgl. z. B. Bd. 22, S. 4f., S. 12, S. 25.

Dem steht bei Kant jedoch als die entscheidende noch eine grundsätzliche Schwierigkeit entgegen. Wie Sie schon gesehen haben, charakterisiert er seit der zweiten Auflage der KRV die Form des Raumes als formales Nebeneinander statt nur als formales Außereinander. Streng genommen aber werden Sie auch diese Charakterisierung nicht als zureichend betrachten können, und desselben Grundes wegen wie die andere. Denn genau besehen, bezeichnet »nebeneinander« doch bloß das Verhältnis einer »Nachbarschaft«, die abermals desgleichen für formales Nacheinander jener Zeit zutrifft, wie Kant dies selber einmal ausführt[9].

Das werden Sie ihm zugestehen, insofern Sie mitbeachten, welchen Sinn dies »nebeneinander« jenem »außereinander« überhaupt hinzuzufügen vermöchte, nämlich höchstens den der Lückenlosigkeit, den »außereinander« allenfalls noch offen lassen könnte: Auch solche Teile, die nicht unmittelbar aneinander anschlössen, die vielmehr Lücken zwischen sich besäßen, träten »außereinander« auf. Nur dürfte dieser Sinn der Lückenlosigkeit hier durchwegs anzusetzen sein, da es sich jeweils um die Kennzeichnung eines Kontinuums durch das Verhältnis seiner potentiellen Teile handelt. Legten Sie es nämlich darauf an, so könnten Sie die Lückenlosigkeit derselben nicht allein bei »nach-« und »außer-«, sondern auch bei »nebeneinander« selbst in Frage stellen, weil auch hier noch sinnvoll zwischen Nachbarschaft als einer mittelbaren und unmittelbaren unterschieden werden kann.

Doch sofern Sie von Unmittelbarkeit dieser Nachbarschaft absehen, die hier ohnehin vorauszusetzen ist, wird Ihnen zwischen »außer-« und »nebeneinander« überhaupt kein Unterschied ersichtlich. Daher kann der Sinn des letzten den des ersten auch auf keinen Fall zu einem räumlichen spezifizieren, weil sie beide gleichermaßen vielmehr ebenfalls für Nacheinander Zeit zutreffen. Wie mit jenem »außereinander« steckt Kant also auch mit diesem »nebeneinander« in einem unlösbaren Dilemma: Entweder denkt er dabei im stillen schon an *räumliches* Außer- und Nebeneinander, dann bewegt er sich jedoch mit diesen Kennzeichnungen für den Raum in bloßem Zirkel; oder er tut dies nicht, dann aber trifft er mittels solcher Kennzeichnungen überhaupt nicht diesen Raum in seiner ganz speziellen Ei-

9 Vgl. seine aufschlußreiche *Reflexion* 4629, Bd. 17, S. 614, Z. 17ff.

gentümlichkeit, sondern genausosehr die Zeit. Er müßte also aus demselben Grund, aus dem er jenes »außereinander« noch ergänzt hatte durch »nebeneinander«, konsequenterweise auch dies »nebeneinander« noch ergänzen, – fragt sich nur, wodurch. Das Spezifische des sinnlich-anschaulichen Raumes jedenfalls, das offenbar nicht leicht zu fassen ist, entgeht ihm auch bei dieser Kennzeichnung desselben als formales Nebeneinander.

Schon angesichts der vorgeführten Texte Kants, in denen er noch bis ins *Opus postumum* für Raum und Zeit die Charakterisierungen »Neben- und Nacheinander« *(iuxta et post se invicem)* ansetzt, dürften Ihnen Zweifel bleiben, daß er dies Dilemma je durchschaut hätte. Indessen gibt es eine Reihe weiterer Texte, die Sie darin noch bestärken, ja Ihnen Gewißheit geben werden: Seine Theorie der Sinnlichkeit bleibt wegen seiner Unentschiedenheit bezüglich einer angemessen-endgültigen Kennzeichnung des Raumes schon allein in ihren Elementen unentfaltet, und dies noch bis heute[10].

Was Kant vermutlich stillschweigend voraussetzt, wenn er diesen Raum als ein formales Nebeneinander charakterisiert, zieht er an andern Stellen nämlich ausdrücklich zu seiner Kennzeichnung heran, – jedoch anscheinend ohne sich je voll bewußt zu machen, daß ausschließlich letztere das Wesen dieses Raumes wirklich trifft und damit in der Lage wäre, seiner Theorie der Sinnlichkeit im ganzen Angemessenheit und Endgültigkeit zu verschaffen. Denn was Kant dabei im Wege stand und seinen Interpreten noch bis heute steht, ist kein geringes Hindernis, ist vielmehr eines, das wie mir auch Ihnen wohl zunächst einmal zu schaffen machen wird: die Schwierigkeit der Einsicht nämlich, daß es dabei *überhaupt* um eine Kennzeichnung von Raum sich handelt, – ganz zu schweigen davon, daß es diejenige seiner Wesenheit *schlechthin* ist.

10 Die Verlegenheit bezüglich dieses Raumes dauert an, was Sie daraus ersehen, daß man für ihn auch heute noch kein Wesensmerkmal anzugeben weiß, ja diese wesentliche Wissenslücke nicht einmal zu kennen scheint. Denn unbekümmert pflegt man dieses unspezifische und darum als sein Wesensmerkmal unhaltbare »Nebeneinander« fortzuschreiben. So z. B. R. Carnap, *Der Raum,* Berlin 1922, S. 30; ferner W. Büchel, *Philosophische Probleme der Physik,* Freiburg 1965, S. 16, S. 117f., S. 142ff., S. 184f., S. 213f., S. 218f., S. 224f., S. 227f.; C. F. v. Weizsäcker, *Aufbau der Physik,* München 1985, S. 158, S. 391.

Die Form der Zeit, so haben Sie gesehen, bildet Kant zufolge ein Kontinuum als sinnlich-anschauliches von der Art, daß jede Diskretion darin zu Teilen führt, die »nacheinander« auftreten. Ihr gegenüber nennt nun Kant gelegentlich die Form des Raumes auch noch ein Kontinuum als sinnlich-anschauliches von der Art, daß jede Diskretion darin zu Teilen führe, die »zugleich« bestehen, »denn alle Teile des Raumes ins Unendliche sind zugleich«[11]. Damit aber liefert er tatsächlich eine Kennzeichnung, die das Spezifische des Raumes trifft. Im Unterschied zu jenem »außereinander« oder »nebeneinander« nämlich läßt dieses »zugleich« nicht mehr auf Zeit sich übertragen: Zweifellos sind alle Teile der Zeit nacheinander und keine zugleich, so wie entsprechend alle Teile des Raumes zugleich und keine nacheinander sind[12]. Was Kant sich allem Anschein nach nie voll bewußt macht, ist mithin, daß er bei jener Kennzeichnung von Raum als Nebeneinander unter diesem letzten unausdrücklich mehr versteht, nämlich Nebeneinander als *Zugleich,* weil er es überhaupt nur deshalb jenem andern Nebeneinander als dem *Nacheinander* Zeit auch gegenüberstellen kann.

Genau insofern »nebeneinander« ebenso wie »außereinander« wechselseitig auf die Zeit und auf den Raum sich übertragen lassen, bilden sie nämlich gerade ihr Gemeinsames, so wie denn alles, was räumlich-zugleich, sowohl wie auch, was zeitlich-nacheinander auftritt, grundsätzlich als Außer- oder Nebeneinander auftreten muß. Und genau wie jenes zeitliche Nacheinander ist auch dieses räumliche Zugleich ein Grundverhältnis, das durch den Begriff »zugleich« zwar zu bestimmen ist, dessen Gehalt jedoch ursprünglich als konkrete Anschauung zustande kommt und dementsprechend sich nur sinnlich-anschaulich vollziehen oder nachvollziehen läßt, wogegen hierzu im Vergleich ihr Außer- oder Nebeneinander als ihre Gemeinsamkeit vielmehr abstrakt bleibt. Darin aber tritt dann vollends deutlich Sinnlichkeit der Subjektivität als Einheit auf, als diejenige nämlich, innerhalb von der wir so etwas wie Außereinander überhaupt zu bilden vermögen. Und im Rahmen eben dieser Sinnlichkeit ist es uns

11 B 40, vgl. A 412 B 439. – Von der Einschränkung, die Einstein hierzu vorgenommen hat, kann für die Grundbestimmung dieses Raumes, den bzw. die auch Einstein erst einmal vorauszusetzen hat, hier abgesehen werden. Vgl. unten S. 136, Anm. 22.
12 Vgl. A 31 B 47.

denn auch schlechterdings unmöglich, sinnlich-anschaulich uns vorzustellen, wie solches, das außereinander auftritt, jemals anders als entweder nacheinander oder zugleich auftreten könnte.

Damit stehen Zeit und Raum einerseits zueinander wie auch anderseits zur Sinnlichkeit in solcherart Verhältnissen, daß sie im strengsten Sinne durch zwei Artbegriffe (»nacheinander« und »zugleich«) sich unter einem Gattungsbegriff (»außereinander«) wiedergeben lassen: Als formales Nacheinander auf der einen und formales Zugleich auf der anderen Seite bilden Zeit und Raum die beiden einzigen und zueinander gegensätzlichen Arten der Gattung Außereinander, und das heißt eben: die beiden »Formen unserer Sinnlichkeit«. Und in der Tat kann es Außereinander grundsätzlich nie für sich selbst oder als solches geben, sondern eben immer nur entweder als ein Nacheinander oder ein Zugleich: genauso wie es auch zum Beispiel Obst allein als Äpfel, Birnen und dergleichen geben kann, und keineswegs wie einen Apfel oder eine Birne auch ›ein Obst‹ als eine eigene Frucht mit diesem Namen.

Demgemäß bedeutet Außereinander für sich selbst zunächst einmal nur etwas Mögliches bzw. ein Vermögen, eben das der Sinnlichkeit, die als bloßes *Vermögen für* Außereinander prinzipiell nicht auch als solches selbst schon wirklich sein kann, sondern eben immer erst als diese oder jene *Art von* Außereinander. Und genau in diesem Sinn sind Zeit und Raum denn auch die beiden einzigen und zueinander gegensätzlichen Arten, in denen Sinnlichkeit als das Vermögen oder als die Möglichkeit für Außereinander wirklich werden kann: eben Nacheinander als spezifisch zeitliches Außereinander und Zugleich als das spezifisch räumliche.

Nur sollten Sie dabei nicht übersehen: Trotz aller Kantischen Belege, wonach »alle Teile des Raumes zugleich« sind, hat Kant selbst die daraus herzuleitenden Verhältnisse für Zeit und Raum und Sinnlichkeit an keiner Stelle auch nur annähernd so weit entwickelt, wie soeben vorgenommen, sondern unentfaltet und dadurch in Dunkelheit gelassen. Insbesondere ist er sich weder darüber, daß Zeit und Raum als Nacheinander und Zugleich im strengsten Sinne Gegensätze zueinander bilden, je belegbar klar geworden, noch gar darüber, daß Sinnlichkeit als Außereinander auch die Gattung zu ihnen als Arten darstellt. Und der Grund dafür besteht nirgendwoanders als im Wortsinn von »Zugleich« als solchem. Bei genauerer Betrachtung nämlich stellt er Sie vor eine Frage voller Schwierigkeit, die Kant nie hinreichend erörtert oder gar beantwortet hat: Kann es sich bei einem Ausdruck wie »zugleich« denn überhaupt um eine Kennzeichnung des Raumes handeln, ganz zu schweigen davon, daß es schlechthin diejenige seines Wesens wäre, wo ihr Sinn doch eher umgekehrt nur zeitlich sein kann? Denn bedeutet nicht »zugleich« soviel wie »zu derselben *Zeit*« und »nacheinander« dementsprechend umgekehrt soviel wie »zu verschiedener *Zeit*«[13]?

Daraus erhellt, daß eben dieses Sinnes wegen das Zugleich auch wie geschaffen ist zu einem Kobold, welcher ständig räumlich-zeitliche Verwirrung stiftet und schon Kant auf diese Weise immer wieder Streiche spielt, was Sie am deutlichsten aus einer späten *Reflexion* ersehen. Hier nämlich war Kant nahe daran gewesen, sich auch selbst einmal bewußt zu machen: Bei der Standard-Kennzeichnung von Raum als Nebeneinander seit der Änderung von 1787 meint er eigentlich ein Nebeneinander als Zugleich. Ja genau besehen hatte er vom Raum und seinen potentiellen Teilen, die er als das »Mannigfaltige« desselben auffaßt, hier sogar schon hingeschrieben: Dies muß »eine Anschauung, in welcher das Mannigfaltige außer einander *und zugleich* vorgestellt wird, d. i. die Anschauung des Raumes« sein[14]. Wie aus dem Text jedoch genau hervorgeht, hat Kant ausgerechnet das Entscheidende in diesem schon Geschriebenen wieder gestrichen und wie folgt ersetzt: Es handelt sich dabei um eine Anschauung, »in welcher das Mannigfaltige außer einander *und nebeneinander* vorgestellt wird«; und das, obwohl er selbst sogar nur sechs Zeilen zuvor noch hatte stehen lassen, eine Vielheit »im Raum nebeneinander« müsse »als zugleich gegeben« gelten[15].

Nichts anderes als dessen scheinbar doch nur zeitlicher Sinn ist es, durch den ihn Zugleich als Kobold derart narrt, daß Kant die einzig haltbare Bestimmung dieses Raumes als Außereinander, das Zugleich ist, nunmehr ausdrücklich zurücknimmt und entsprechend endgültig durch die unhaltbare ersetzt, er sei Außereinander als Nebeneinander. Auf diese Weise hält er denn auch weiterhin an seiner oft belegten Meinung fest, wie »nacheinander« müsse auch »zugleich« als eine »Zeitbestimmung« oder als ein »Zeitverhältnis«[16]

13 Vgl. z. B. A 30 B 46.
14 Bd. 18, S. 616, Z. 13ff., vgl. Z. 7f. (R 6314), kursiv von mir.
15 Vgl. a. a. O., Z. 7f.
16 Vgl. z. B. B 67.

gelten, ja sogar zusammen mit »Beharrlichkeit« seien sie »*die* drei Modi der Zeit«[17]. Nur daß ihn dies durchaus nicht daran hindert, in derselben KRV, aus welcher alle diese letzteren Belege stammen, das »zugleich« auch wieder als *die* Kennzeichnung für Raum heranzuziehen, nämlich als die eine, allgemeine und ihm wesentliche *Grund*bestimmung: »denn alle Teile des Raumes ins Unendliche sind zugleich«[18].

Der hier offenkundig herrschenden Verwirrung aber kommen Sie nur bei, indem Sie ein für alle Mal Kobold Zugleich das Handwerk legen, nämlich auseinander halten, was er ständig durcheinander bringt oder gar ineinander übergehen läßt. Um ihn zu bannen aber reicht es Ihnen übrigens und hätte es auch Kant gereicht, mit seiner Überzeugung Ernst zu machen, daß die Zeit »nur eine Dimension hat«[19]. Zwar gilt dies, wie Sie noch sehen werden, erst für Zeit als objektive, während ursprüngliche Zeit als subjektive auftritt und als solche objektiver schon zugrunde liegt, mithin von ihr auch unterschieden werden muß, insofern objektive nur objektivierte subjektive sein kann. Um zunächst jedoch Zeit überhaupt von Raum zu unterscheiden, können Sie sich vorerst auf Kants Überzeugung von der generellen »Eindimensionalität« der Zeit beschränken, die er durchwegs festhält. Denn das Wichtige, für das er diesen Ausdruck einsetzt, werden Sie wie folgt verstehen: Außereinander könne es als zeitliches oder als Zeit allein auf eine Weise geben, nur als Nacheinander, das durch die Analogie der eindimensionalen Linie, aufgefaßt als Weg einer Bewegung, sich veranschaulichen lasse[20]. An sie anschließend indessen können Sie des weiteren sich folgendes verdeutlichen: Zumindest in dem Sinn, in welchem es bei »nacheinander« sich um »Zeitbestimmung« oder »Zeitverhältnis« handelt oder um »Modus der Zeit«, kann dies auf keinen Fall auch für »zugleich« noch zutreffen, sondern wenn überhaupt, dann nur in einem grundsätzlich davon verschiedenen, den es erst näher zu bestimmen gälte.

Denn jener Sinn besagt, wie Sie bereits gesehen haben, daß es sich bei Zeit um ein Kontinuum handelt, in welchem jede Diskretion zu Teilen führt, die »nacheinander« auftreten. Müßte nun aber in genau

17 A 177 B 219, vgl. B 67.
18 B 40.
19 Vgl. z. B. A 31 B 47.
20 A 33 B 50.

demselben Sinn wie »nacheinander« auch »zugleich« als »Zeitbestimmung« oder »Zeitverhältnis« oder »Modus der Zeit« gelten, könnte Zeit als ein Kontinuum auch prinzipiell nicht »nur von einer Dimension«, müßte vielmehr mindestens von zweien sein. Und dementsprechend wäre Zeit allein in jener ersten Dimension jenes Kontinuum, in welchem jede Diskretion zu Teilen führt, die »nacheinander« sind, in dieser zweiten Dimension dagegen ein Kontinuum, in welchem jede Diskretion zu Teilen führt, welche »zugleich« sind. Da nämlich »zugleich« zu »nacheinander« zweifellos im Gegensatz steht, könnte alles, was zugleich auftritt, auch nicht mehr innerhalb der ersten Dimension der Zeit als Nacheinander stehen; vielmehr müßte es dann außerhalb von ihr in einer zweiten Dimension der Zeit als ein Zugleich auftreten, Zeit als solche und im ganzen also zweidimensional sein.

Dies aber stünde nicht nur mit der Überzeugung Kants von ihrer Eindimensionalität im Widerspruch[21]; auch abgesehen davon würden Sie das schlechterdings nicht nachvollziehen können. Wären nämlich beide – nicht nur Nacheinander, sondern auch Zugleich noch – Dimensionen dieser Zeit, dann müßte ihre Gattung als Gemeinsamkeit von ihnen, unter der allein sie überhaupt als Arten oder Gegensätze, die sie sind, sich gegenüberstehen, klar hervortreten als reiner, allgemeiner Sinn von Zeit: Aus dieser ihrer Gattung selber müßte jedermann unmittelbar erhellen, daß Zugleich und Nacheinander nichts als Arten sind von Zeit, nichts als Besonderungen eines Allgemeinen, nämlich allgemeiner Zeit. Doch davon kann, wie Ihnen leicht ersichtlich, schlechthin keine Rede sein. Denn jenem Außer- oder Nebeneinander als der Gattung dieses Nacheinander und Zugleich als ihren beiden Arten läßt sich auch bei schärfster Analyse nicht der mindeste zeitliche Sinn entnehmen.

Vielmehr tritt auf diese Weise lediglich noch einmal und noch deutlicher für Sie zutage: Das Gemeinsame von Nacheinander und Zugleich stellt im Außer- und Nebeneinander in der Tat als Allgemeines sich heraus, nämlich als Kennzeichen von Sinnlich-Anschaulichem generell. Die Sinnlichkeit ist danach Möglichkeit oder Vermögen für dergleichen wie Kontinuum im allgemeinen, generell, für

21 In seiner *Dissertation* (§ 14,5; Anm.) ist Kant nahe daran, tatsächlich diesen Widerspruch zu begehen. Vgl. dazu unten S. 139, Anm. 23.

etwas nämlich, worin jede Diskretion zu Teilen führt, die generell außereinander liegen. Zeit dagegen ist und bleibt danach bloß eine Art von Sinnlichkeit als Gattung, etwas lediglich, wozu dies Allgemeine sich besondert, dadurch nämlich, daß die Sinnlichkeit, als Möglichkeit oder Vermögen für Außereinander generell, speziell zum Nacheinander als spezifisch zeitlichem Außereinander sich verwirklicht, eben zum Kontinuum der Zeit. Und gegenüber dem Außereinander dieser Zeit, welches als Nacheinander Kant zufolge nur von einer Dimension ist, bildet das Zugleich als Gegensatz zu ihm auch nicht etwa die zweite *Dimension* von *Zeit,* sondern die zweite *Art* von *Sinnlichkeit.* Und erst von dieser Art als solcher kann in Frage stehen, wieviele Dimensionen sie besitzt oder sogar besitzen muß. Und diese ihre zweite Art ist es, wozu die Sinnlichkeit, als Möglichkeit oder Vermögen für Außereinander generell, gleichfalls speziell noch zum Zugleich als dem spezifisch räumlichen Außereinander sich verwirklicht, eben zum Kontinuum des Raumes, das dann dreidimensional ist, ja nach Kant sogar sein muß[22].

Als apriorische bedarf diese Notwendigkeit jedoch wie jede solche gerade Kant zufolge der »transzendentalen Deduktion«, das heißt der Herleitung aus jener apriorischen Struktur von Subjektivität, als die sie jeglicher Erfahrung von der Außenwelt zugrunde liegt, wozu er aber ebenfalls nicht einmal Ansätze geliefert hat. Da ihm allein schon diese Einsicht ihrer strengen Gegensätzlichkeit nicht zur Verfügung steht, vermag er dazu auch von vornherein nicht einmal die entscheidende Grundfragestellung zu gewinnen: Warum hat Zugleich des Raumes gerade als das Gegenteil zur Zeit als Nacheinander aufzutreten? Und warum kann Raum dann nur als ausgerechnet dreidimensionaler dieses Gegenteil zur Zeit sein, wo doch letztere angeblich eindimensional ist, zwischen Ein- und Dreidimensionalität jedoch nicht der geringste Gegensatz besteht? Die Antwort darauf,

22 Vgl. z. B. A 24, B 41, B 299; ferner *Prolegomena,* Bd. 4, S. 284. – Hat infolgedessen als das Wesensmerkmal dieses Raumes das »Nebeneinander« dem »Zugleich« zu weichen, stellt sich damit für Physik bzw. für Physik-Philosophie sofort die Frage, ob das nicht auch die Errungenschaft der »Relativität der Gleichzeitigkeit« ihrerseits relativiert, indem dieses Zugleich ihr grundsätzlich bereits voraus-, nämlich zugrundeliegt. Vgl. dazu W. Büchel, a. a. O., S. 213 f.

die Kant wegen jener Apriorität sowohl des Ursprungs wie der Rolle dieser Zeit und dieses Raumes in der »Synthesis« solcher Erfahrung hätte geben müssen, aber nicht mehr geben konnte, werden wir nur finden, wenn wir die bisher gefundenen Verhältnisse von Zeit und Raum und Sinnlichkeit festhalten.

Vorerst nämlich stellen letztere von sich aus vor Probleme, die wir erst einmal zu lösen haben, um auch jene sehr viel weiter gehende Frage noch beantworten zu können. Denn je klarer Ihnen mittlerweile sein mag, daß Zugleich tatsächlich eine Raumbestimmung bildet, ja geradezu die wesentliche Grundstruktur des Raumes als Kontinuum bedeutet, desto fraglicher muß Ihnen damit werden: Wodurch drängt sich denn dann überhaupt so unabweisbar jener Eindruck auf, als sei wie Nacheinander auch Zugleich in Wahrheit »Zeitbestimmung«, »Zeitverhältnis« oder »Modus der Zeit«? Woraus entspringt denn jener so unüberhörbar zeitliche Sinn von Zugleich, wenn dieses doch im Gegenteil gerade Raumbestimmung, Raumverhältnis ist oder Modus des Raumes?

Für eine Antwort darauf sollten Sie das vorhin schon gewonnene Ergebnis noch einmal ins Auge fassen. Als die beiden zueinander gegensätzlichen Arten der Gattung Außereinander nämlich stehen Nacheinander und Zugleich sich auf den ersten Blick in derart ausgewogener Gleichberechtigung entgegen, daß anscheinend keinem davon irgendwelcher Vorrang vor dem andern zukommt, was indessen bei genauerer Betrachtung sich sogleich als bloßer Schein herausstellt. Denn zunächst hätte jenem Ergebnis nach zu gelten, unter der Voraussetzung ihrer Gemeinsamkeit als Gattung lasse jede dieser beiden Arten sich als zu der andern gegensätzliche, formal behandelt, als das Negative zu ihr denken: Demgemäß bedeute ein Außereinander als *Nicht*nacheinander eben ein Zugleich, wie umgekehrt entsprechend ein Außereinander auch als *Nicht*zugleich ein Nacheinander bilde. Und soweit Sie es bei dieser bloß formalen Auffassung belassen, trifft das ohne Zweifel zu. Sobald Sie aber darüber hinaus zu einer inhaltlichen übergehen, wird Ihnen diese vorranglose Gleichberechtigung von beiden als ein Schein durchschaubar, der Ihnen den Blick dann freigibt für den klaren Vorrang zwischen beiden: den von Nacheinander nämlich vor Zugleich und damit solcher Zeit vor solchem Raum. Und der liegt darin, daß allein der Sinn von Nacheinander und mithin von Zeit ein ursprünglicher ist, doch nicht auch derjenige von Zugleich und damit Raum, der vielmehr lediglich ein abgeleiteter ist, und zwar abgeleitet aus dem Sinn der Zeit durch ihres Nacheinander Negation.

Jener so unüberhörbar zeitliche Sinn von Zugleich rührt nämlich daher, daß es in der Tat allein soviel bedeutet wie Außereinander als Nichtnacheinander und des Nacheinander zeitlichen Sinn also mitenthält. Nur sollten Sie dabei beachten, daß er eben dies, nämlich darin noch mitenthalten, lediglich in der Art ist, daß er darin negiert ist: Der Gesamtsinn von Nichtnacheinander als der eigentliche von Zugleich, worin der Sinn von Nacheinander als sein Teilsinn mitenthalten ist, bezeichnet demnach das genaue Gegenteil zum Nacheinander Zeit: den Raum. Entsprechend ist zum Beispiel auch der Sinn von »Löwe« in dem Sinn von »Nichtlöwe« noch mitenthalten, aber gleichwohl fällt darunter prinzipiell kein Löwe. Demgemäß enthält auch das Zugleich seinen zeitlichen Sinn und bildet dennoch nicht die Form der Zeit, die vielmehr jenes reine Nacheinander darstellt, sondern ausschließlich die Form des Raumes.

Trotzdem aber, das heißt trotz Negiertheit dieses Nacheinander im Zugleich ist dessen zeitlicher Sinn derart ausgeprägt, daß er geradezu bis zur Ausschließlichkeit hier vorherrscht, was Sie sich auch leicht erklären können. Denn Sie brauchen vom Nichtnacheinander als dem Sinn dieses Zugleich nur einmal abzusehen, und Sie werden feststellen müssen, daß es eine andere Bestimmung für den Raum als diese, nämlich eine von der Zeit ganz unabhängige und damit ihm ganz eigentümliche, eben ausschließlich räumliche Bestimmung für ihn überhaupt nicht gibt. Auch das Zugleich bedeutet ja durchaus nicht etwas für sich selber und als solches, keineswegs noch etwas Positives gegenüber dem bloß Negativen von Nichtnacheinander, nichts darüber noch hinaus als davon Unabhängiges und mithin Eigentümlich-Räumliches.

Eben darin unterscheidet es sich vielmehr vom zuletzt benutzten Beispiel auch wieder grundsätzlich: Denn selbst wenn als einzige weitere Art zu »Löwe« beispielsweise unter »Nichtlöwe« nur »Tiger« fiele, stellte »Tiger« etwas Eigentümliches und Positives dar, etwas von »Nichtlöwe« und so von »Löwe« gänzlich Unabhängiges, wie umgekehrt auch »Löwe« gegenüber »Tiger«. Ohne Zweifel nämlich ließe »Tiger« sich auch dann noch ohne jegliche Zuhilfenahme von »Löwe« bestimmen, so wie umgekehrt auch »Löwe« ohne die von »Tiger«. Dagegen ist und bleibt in prinzipiellem Unterschied dazu das zeitliche Nichtnacheinander als der einzige und letztlich negative

Sinn dieses Zugleich die einzige und somit zeitliche Bestimmung dieses Raumes[23]. Dazu im Vergleich hat nur das Nacheinander als ein Positives einen unabhängig-selbständigen, eben eigentümlich-zeitlichen Sinn, und durchaus nicht auch noch das Zugleich etwa entsprechend auch noch einen eigentümlich-räumlichen: Als Nichtnacheinander hat es vielmehr lediglich den unselbständig-abhängigen, durch die Negation von Nacheinander Zeit bloß abgeleiteten und darin eben zeitlichen Sinn, vor dem der des Nacheinander selbst und damit der von Zeit als der allein ursprüngliche und positive Sinn denn auch den Vorrang hat.

Geradezu den Nachweis[24] dafür können Sie erbringen mittels des Versuchs, ob diese nunmehr inhaltliche Überlegung sich auch umgekehrt noch führen läßt, indem Sie dabei statt vom Nacheinander Zeit vielmehr auch einmal vom Zugleich des Raumes auszugehen trachten. Wie zuvor formal behandelt nämlich kann – Außereinander als die Gattung für sie als die Arten von ihr stets vorausgesetzt – tatsächlich dieses Nacheinander auch als Nichtzugleich wiedergegeben werden und entsprechend diese Zeit auch als die Negation des Raumes. Nehmen Sie nun einmal an, es hätte das Zugleich, statt lediglich den zeitlich-abgeleiteten und negativen Sinn Nichtnacheinander, vielmehr für sich selber und als solches einen eigentümlich-positiven, sprich, ursprünglich-räumlichen Sinn. Ihmzufolge müßte sich dann umgekehrt ergeben, daß zumindest mittels einer Wiedergabe wie

23 Kants Unklarheit hierüber zeigt sich deutlich in der Anmerkung zur Zeitabhandlung der *Dissertation* (§ 14,5; Anm.). Dort sagt er fälschlich, keineswegs bedeute Negation von Nacheinander schon Zugleich. Der Grund für diesen Fehler liegt allein in folgendem. Kant faßt hier, wie bereits erwähnt, Außereinander noch als Eigentümlichkeit des Raumes auf und sieht daher auch nicht, daß es als Gattung von Zugleich und Nacheinander letztere zu Arten und mithin sehr wohl zu echten Gegensätzen hat. Und so bedeutet unter dieser Gattung des Außereinander Negation von Nacheinander allerdings Zugleich. Kant selbst hat diesen Fehler offenbar niemals berichtigt und darum anscheinend bis zuletzt auch nicht mehr sehen können: Dies Zugleich, das er mit Newton hier die »Überallheit der Zeit« nennt und als die *zweite* Dimension derselben aufzufassen doch zumindest stark versucht ist, stellt in Wahrheit vielmehr die als zeitliche auch einzig mögliche Bestimmung dieses *Raumes* dar.

24 Die *Behauptung*, daß Zugleich als Grundbestimmung für den Raum letztlich nur negativ ist, stellt schon Schopenhauer auf, doch die *Begründung* dafür bleibt er schuldig. Vgl. z. B. *Die Welt als Wille und Vorstellung*, Darmstadt 1968, Bd. 1, S. 635.

durch Nichtzugleich auch Nacheinander wenigstens annähernd einen abgeleitet-räumlichen Sinn zu erkennen gäbe.

Doch auch bei gezielter Achtsamkeit darauf werden Sie nicht das Mindeste davon an ihm entdecken können. Auch noch dann, wenn Sie es als ein Nichtzugleich und damit explizit als Negation des Raumes wiedergeben, läßt sich Nacheinander nicht einmal die kleinste Spur von räumlichem Sinn anmerken, bleibt davon vielmehr gänzlich unberührt bestehen als der reine und ursprünglich zeitliche Sinn. Nicht im mindesten hat, wie Zugleich als Grundstruktur des Raumes gleichwohl zeitlichen Sinn, etwa umgekehrt auch Nacheinander als die Grundstruktur der Zeit räumlichen. Und für diese Art Befund, der auffällig, weil einseitig ist, werden Sie wohl schwerlich eine andere Erklärung als die folgende sich geben können: Dieses Nichtzugleich bedeutet eben lediglich soviel wie Nichtnichtnacheinander, steht infolgedessen als das bloß Abstrakte einer Doppelnegation im Grunde nur erneut für das entsprechende Konkrete, für das Nacheinander nämlich, das der Einfachnegation Nichtnacheinander als dem Sinn jenes Zugleich zugrunde liegt. Doch im Nichtnacheinander und mithin auch im Zugleich ist Nacheinander selbst enthalten, und zwar nicht nur als Konkretes, sondern auch vor allem als Ursprünglich-Positives, nämlich als der selbst durch keine Negation von anderem erst abgeleitete und dadurch auch bloß mittelbare, sondern als unmittelbar-unabgeleiteter und darin eben ursprünglichverständlicher Sinn solcher Zeit. Als dieser aber herrscht er auch in seiner bloßen Negation, auch im Nichtnacheinander als Alleinsinn von Zugleich noch vor, ja bleibt als dieses einzig Positive trotz seiner Negiertheit darin auch das eigentlich Bestimmende: rein zeitliche Bestimmung nämlich solchen Raumes. Eben dies jedoch, daß Raum sich demnach offensichtlich nur von Zeit her überhaupt bestimmen läßt, allein als Negation von ihr aus zu gewinnen ist, wird sich im folgenden noch als entscheidend für die »Deduktion« von ihm erweisen.

Insofern werden Sie es nicht als gänzlich falsch verwerfen können, wenn »Zugleich« von Kant als »Zeitbestimmung« aufgefaßt wird. Desto sorgfältiger aber haben Sie es dann vom Nacheinander auch noch abzugrenzen, weil es ihm zufolge gleichfalls »Zeitbestimmung« sein soll. Diese Selbigkeit der sprachlichen Bezeichnung nämlich droht Ihnen eine Verschiedenheit der sachlichen Bedeutung zu verdecken, wie sie kaum fundamentaler vorstellbar sein kann. Denn

»Zeitbestimmung« ist Zugleich in einem gänzlich andern Sinn als Nacheinander, nämlich keineswegs als die Bestimmung *der* Zeit, denn in diesem Sinn ist sie vielmehr ausschließlich die *des* Raumes, sondern lediglich als die Bestimmung dieses Raumes *durch* Zeit: mittels Negation der Zeit eben die negative, abgeleitete Bestimmung dieses Raumes gerade als des Gegenteils zu dieser Zeit. Die »Zeitbestimmung« in dem Sinn einer Bestimmung *der* Zeit vielmehr ist und bleibt ausschließlich Nacheinander, doch nun nicht etwa auch umgekehrt Bestimmung solcher Zeit *durch* Raum, sondern als ursprüngliche, positive die Bestimmung dieser Zeit ausschließlich durch sich selbst. Infolgedessen ist jenes Kontinuum, in welchem jede Diskretion zu Teilen führt, welche zugleich sind, Raum und nichts als Raum – und ist gleichwohl als dieses räumliche Zugleich nur zeitlich zu bestimmen, nämlich nur aus stets als Nacheinander schon bestimmter Zeit heraus als das Nichtnacheinander.

Demgemäß muß das, was *aus* dem Nacheinander dieser Zeit *heraus* in ein Nichtnacheinander eintritt, denn auch *über* ihr Kontinuum *hinaus* in einem anderen und zu ihr gegensätzlichen Kontinuum auftreten, eben im Zugleich des Raumes[25]. Doch schließen sie trotz ihrer Gegensätzlichkeit zusammen eben bruchlos gleichsam aneinander an, wie Sie noch sehen werden, insofern Zugleich und Nacheinander als die beiden Grundkontinua, die uns als einzige in unserer Welt bekannt sind, jene Möglichkeit für Außereinander, nämlich das Vermögen jener Sinnlichkeit restlos verwirklichen. Nur vollzieht diese Verwirklichung sich offenbar in einer Abfolge von Raum auf Zeit, in der sich für die Zeit als das Ursprüngliche ein Vorrang vor dem Raum als davon Abgeleitetem ergibt. Und diese Grundverhältnisse von Zeit und Raum im Ganzen dieser Sinnlichkeit von Subjektivität, die Kant bereits ins Auge faßt, doch nie entfaltet, und auch seine Interpreten bisher unentfaltet lassen, werden im Verlauf unserer weiteren Überlegungen sich als tatsächlich grundlegend erweisen.

Dies alles zu beachten ist von Wichtigkeit. Denn wie Sie sehen

25 Auch dafür ist als Gattung beider das Außereinander immer schon vorausgesetzt. Das sollten Sie beachten, weil es freilich Fälle gibt, in denen wir von etwas als Zugleich zu sprechen pflegen, ohne daß es deshalb auch bereits etwas im Raum sein müßte. Denn an jedem annehmbaren Beispiel dafür werden Sie dann sehen, daß es eben darum auch gerade keines ist für etwas als Außereinander, sondern nur als Ineinander, was noch zu erläutern sein wird.

werden, bildet jene ganz bestimmte Weise der Verwirklichung von Sinnlichkeit zu Zeit und Raum nichts anderes als die beiden ersten Schritte auf dem komplizierten Weg zu jener »Synthesis« von Außenwelterfahrung, die für alle weiteren entscheidend, weil wegweisend sind.

Denn daß an dieser »Synthesis«, die Kant »Schematisierung« nennt, tatsächlich Zeit *und* Raum beteiligt sind, zeigt Ihnen eine Vielzahl von Belegen. Von Beginn an nämlich legt er nicht nur Nacheinander, sondern auch Zugleich dafür zugrunde, – nur eben ohne jede Klarheit über das im vorigen Geklärte, die Sie daher stellvertretend für ihn wahren, ja in seinen Überlegungen dazu stets wieder schaffen müssen. Denn trotz seiner grundlegenden Wichtigkeit läßt Kant dies alles ungenau und hinterläßt damit bezüglich der Verhältnisse von Zeit und Raum und Sinnlichkeit eine Verwirrung, die nicht zufällig an seiner schwankenden Behandlung des Zugleich besonders deutlich wird.

In der *Dissertation* von 1770, wo er die Eigentümlichkeit des Raumes lediglich im Außereinander erblickt[26], erörtert Kant dieses Zugleich ausschließlich in der Zeitabhandlung, und zwar so, als habe es genau wie Nacheinander zeitlichen Sinn[27]. In der KRV behält er dies dann auf der einen Seite bei[28], setzt auf der anderen jedoch Zugleich auch wieder als die Eigentümlichkeit des Raumes an[29], der ihm daneben aber nach wie vor auch als ein bloßes »Außer- und Nebeneinander« gilt[30]. Und wie bereits erwähnt, hält Kant seitdem und bis zuletzt an jener Kennzeichnung von Raum und Zeit als »Neben- und Nacheinander« fest.

Auf solche Weise aber muß dieses Zugleich dann zwischen Raum und Zeit gleichsam ins Niemandsland geraten, ja sozusagen heimatlos zwischen den beiden doppeldeutig schwanken. Als die Eigentümlichkeit des Raumes jedenfalls legt Kant dieses Zugleich nie fest

26 Vgl. Bd. 2, S. 402 (§ 15, A).
27 A. a. O., S. 398f. (§ 14, 1); S. 400f. (§ 14, 5); vgl. auch S. 391f. (§ 2, III) und S. 416 (§ 28, Abschnitt 3). Schon hier fällt dieser Tatbestand besonders auf. Denn zweifellos war Kant die in der Überlieferung geradezu schon selbstverständliche Bestimmung dieses Raumes, er sei Form bzw. Ordnung dessen, was »koexistiere«, nämlich was »zugleich bestehe«, wohlbekannt.
28 A 29 B 46
29 B 40.
30 A 23 B 38.

und schaltet deshalb auch nie endgültig die unspezifischen Kennzeichnungen von Raum als »Außer- und Nebeneinander« aus.

Für seine Lehre von der »Synthesis« als »Schematisierung«, wie das Kapitel von den *Grundsätzen* sie zu entwickeln sucht, wirkt dieses Schwanken sich denn auch geradezu verhängnisvoll aus, weil es sie von vornherein als bodenlos erscheinen läßt. Obwohl ihr nämlich nicht nur Nacheinander, sondern auch Zugleich von Anbeginn zugrunde liegen, kommt für sie der gerade räumliche Sinn von Zugleich und damit die grundsätzliche Bedeutung auch des Raumes für die »Synthesis« oder »Schematisierung« nie zur Geltung. Zwar finden Sie auch hier gelegentlich vermerkt, im Gegensatz zum Nacheinander stelle dies Zugleich nicht etwa eine Eigentümlichkeit der Zeit dar[31]. Doch Erwähnungen von dieser Art bleiben vereinzelt und auch ohne aufklärende Wirkung, weil das Negative dieser Einsicht Kants sich bei ihm niemals ins entsprechend Positive wendet.

Das geschieht nicht einmal an den Stellen, wo Kant ihre zweite Auflage als die Gelegenheit zu nutzen trachtet, um durch Texteinschub in die KRV selbst noch miteinzubringen, auch der Raum spiele in »Synthesis« oder »Schematisierung« – und zwar nicht nur irgendeine Rolle, sondern die entscheidende sogar[32]. Denn er vermag durch die bloß nachträgliche Einbeziehung auch von Raum in diese Lehre noch kein Licht zu bringen, das ihr Dunkel, für das sie inzwischen schon geradezu berüchtigt ist, im mindesten erhellen könnte, weil dabei sogar noch dunkler bleibt, in welchem Sinn er diese Rolle darin überhaupt zu spielen vermöchte. Letzteres erfordert vielmehr, wie Sie sehen werden, jene Lehre von der »Synthesis« oder »Schematisierung« gänzlich zu rekonstruieren, ja recht eigentlich von Grund auf neu zu konstruieren und mithin auch überhaupt erst zu erstellen. Dazu aber war Kant selbst schon damals und sind seine Interpreten noch bis heute nicht imstande, und zwar schon allein wegen der anhaltenden Unklarheit bezüglich der Verhältnisse von Zeit und Raum und Sinnlichkeit im allgemeinen wie auch im besonderen des räumlichen Sinns von Zugleich. Mit Kant verfallen sie deswegen stets erneut dem Schein, als sei Zugleich genau wie Nacheinander »Zeitbestimmung«, »Zeitverhältnis« oder »Modus der Zeit«[33], als sei mit-

31 A 183 B 226.
32 Vgl. B 291, B 292, B 293.
33 Vgl. A 177f. B 219f.

hin die Gattung auch, »in welcher« sie sich allererst als Arten gegenüberstehen, lediglich »die Zeit«[34], als habe darum jene »Synthesis« oder »Schematisierung« auch allein mit Zeit etwas zu tun.

Diesem Schein zu folgen aber zieht geradezu Verheerendes nach sich, nämlich Verhinderung der ganzen Systematik von Philosophie, die gerade durch die Lehre von der »Synthesis« oder »Schematisierung« zu errichten wäre, die durch Auffassung der letzteren als der bloß zeitlichen jedoch von vornherein zur Unausführbarkeit verurteilt ist. An der Systemstelle genau dieser »Schematisierung« nämlich tritt in jener »Synthesis« nicht nur die Sinnlichkeit, sondern auch der Verstand des Subjekts noch ins Spiel; und zwar als sein Vermögen, eben diese Sinnlichkeit als sein Vermögen für Außereinander oder für Kontinuum sich überhaupt erst zu verwirklichen, das heißt, sich als Verstand durch die Vereinigung mit Sinnlichkeit selbst zu versinnlichen. Deswegen heißt »Schematisierung« auch genauer soviel wie »Schematisierung *des Verstandes*«, und Vereinigung desselben mit der Sinnlichkeit sonach nichts anderes als *»Versinnlichung* dieses Verstandes«, sprich: durchaus nicht etwa lediglich »Verzeitlichung« desselben, sondern ebensosehr auch »Verräumlichung«. Und Sinnlichkeit als das Vermögen für Außereinander generell durch den Verstand verwirklichen, bedeutet eben nicht allein speziell die Zeit als Nacheinander zu verwirklichen – geschweige Nacheinander und Zugleich bloß als die Arten oder »Modi« dieser Zeit als Gattung –, sondern heißt speziell als eben dies Zugleich auch Raum noch zu verwirklichen und somit Sinnlichkeit im ganzen.

Nur kann dies offenbar aus einem Grund, den anzugeben uns noch einiges an Überlegung abverlangen wird, allein in jener Abfolge geschehen, worin Verwirklichung von Sinnlichkeit zu Zeit vor der zu Raum den schon erfaßten Vorrang hat. Entsprechend geht der Fehler Kants und seiner Interpreten letztlich dahin: Mangels hinreichender Reflexion darauf, in welcher Weise und zu welchen Arten sich die Gattung Sinnlichkeit von Subjektivität denn eigentlich genau entfalte, dehnt die bloße Vorrangigkeit solcher Zeit vor solchem Raum sich sogleich weiter zur Ausschließlichkeit von ihr als der Verdrängung von ihm aus. Sie führt mithin zur Ausschaltung von Raum aus der »Schematisierung«, die auf diese Weise denn auch systematisch außerstande bleiben muß, die »Synthesis« als diejenige unserer Er-

34 Vgl. B 224f., B 67.

fahrung von der Außenwelt zu klären. Denn tatsächlich tritt uns Außenwelt ja keineswegs bloß in der Zeit entgegen, sondern wesentlich auch noch im Raum.

Nur müßte dieser eigentliche Grund dafür auch Ihnen unverständlich bleiben, sollten Sie mit Kant und seinen Interpreten meinen, es bestehe diese »Synthesis« oder »Schematisierung« bloß in der Verzeitlichung jenes Verstandes. Dieser Grund kann Ihnen vielmehr erst verständlich werden, wenn Sie weiterhin von Ihrer grundsätzlichen Einsicht ausgehen: Offenbar ist in Gestalt jenes Zugleich auch Raum an dieser »Synthesis« bereits beteiligt. Als »Schematisierung« geht sie darum, wenn auch vorrangig, so doch nicht ausschließlich vonstatten als Verzeitlichung jenes Verstandes, sondern gleicherweise, wiewohl nachrangig, auch als Verräumlichung und damit insgesamt als die Versinnlichung desselben, nämlich als Verwirklichung der Sinnlichkeit als ganzer durch Verstand der Subjektivität.

Für alle weitere Klärung jener »Synthesis« sollten Sie darum diese Klarheit über Sinnlichkeit der Subjektivität bewahren: Als Vermögen für Außereinander überhaupt oder als Gattung für genau zwei Arten von Außereinander, nämlich Nacheinander und Zugleich als Zeit und Raum, ist Sinnlichkeit der Subjektivität ihr allgemeines Grundprinzip für Kontinuität schlechthin. Erst auf Grund dessen nämlich läßt sich dann auch noch das andere an jener »Synthesis« beteiligte Prinzip der Subjektivität aufklären, nämlich was genau denn eigentlich sich unter dem Verstand verstehen läßt, durch den allein sie ihre Sinnlichkeit als das Vermögen von Kontinuum im allgemeinen überhaupt erst zu jeweils besonderen Kontinua verwirklichen kann.

Doch fürs erste dürfte Ihnen soviel immerhin schon deutlich sein: Falls diese bisher aussichtsreichste Theorie der Sinnlichkeit, das heißt von *uns als* Sinnlichkeit sich halten, weil auch endgültig begründen ließe, liefe das auf nichts geringeres hinaus als das Ergebnis: Beide Rätselwesen, Zeit und Raum, kann es in unserer Welt nur geben, insofern wir selbst als solche Wesen in der Welt sind, da es sie darin allein als *Weisen* gibt, *wie* wir in dieser Welt sind, nämlich so, daß diese umgekehrt all dasjenige, was sie ist, stets nur als unsere oder als Welt für uns sein kann.

§ 8. Der Verstand und seine Formen

Doch was den zweiten Teil der Grundfrage nach uns als Sinnlichkeit und als Verstand betrifft, steht es mit ihm durchaus nicht besser, sondern schlechter noch als mit dem ersten. Was genau Kant eigentlich im Unterschied zur »Sinnlichkeit« als dem Vermögen einer »Anschauung« unter »Verstand« versteht als dem eines »Begriffs« und »Urteils«, werden Sie erst recht nicht seinem Text einfach entnehmen können. Die auch diesbezüglich herrschende Verwirrung ist womöglich sogar größer noch als jene hinsichtlich der Sinnlichkeit. Im Unterschied zu Zeit und Raum als den zwei Formen a priori dieser Sinnlichkeit nämlich zählt Kant an Formen a priori des Verstandes sogleich zwölf auf: die »Kategorien« oder »reinen Verstandesbegriffe«. Und nur desto stärker werden Sie bei ihm jegliche Angabe dazu vermissen: Was ist ihnen als den Formen des *Verstandes* denn nun eigentlich gemeinsam? Weshalb soll es gerade diese geben und nicht auch noch andere? Auf Grund wovon gibt ausgerechnet ihre Zwölfzahl die Verstandesformen vollzählig an[1]?

Noch verwirrender indessen dürfte das insofern auf Sie wirken, als Kant weitaus nachdrücklicher als bei Zeit und Raum, den Formen jener Sinnlichkeit, im Fall der Formen des Verstandes als Kategorien vorgibt, sie zu »deduzieren«, nämlich sie als Formen a priori durch ein Argument uns herzuleiten. Wie mit Recht nämlich gerade er zur Pflicht erhoben hat, darf Apriorisches stets nur genau insoweit angenommen werden, wie es sich als solches im genannten Sinn auch »deduzieren« läßt. Doch auf die Frage, ob von einer solchen Herleitung bei ihm denn überhaupt die Rede sein kann, und wenn ja, in welchem Sinn oder mit welcherart Ergebnis, werden Sie aus seinen Texten schwerlich eine Antwort finden. Ja im Gegenteil wird Ihnen dies nur immer fraglicher, je weiter und genauer Sie den einschlägigen Texten folgen, denn sie selber werden dabei diesbezüglich nur immer verwirrender.

Wie Sie gesehen haben, bleibt nämlich allein schon offen, inwieweit seine Erörterung der Sinnlichkeit – die er, wenn auch nicht mittels einer eigenen Überschrift, »transzendentale Deduktion« derselben nennt – tatsächlich als ein Nachweis für die Apriorität von

1 Vgl. hierzu A 13f. B 27f., A 64f. B 89f., A 79ff. B 105ff., ferner Bd. 4, S. 322ff.

Zeit und Raum als ihren Formen gelten kann[2]. Als eine »Deduktion« in diesem Sinne könnte er vielmehr nur glücken, insoweit Kant in der Lage wäre, herzuleiten, daß und wie allein auf Grund auch eines Beitrags dieser Sinnlichkeit in Form von Zeit und Raum jene »Synthesis a priori« überhaupt erst möglich werden könne, auf der »Synthesis a posteriori« unserer Außenwelterfahrung immer schon beruhe. Davon aber kann bei Kant mit Sicherheit noch keine Rede sein.

In dieser Hinsicht werden seine Texte sogar noch verwirrender für Sie, wenn Kant nach der Erörterung von Sinnlichkeit zu derjenigen des Verstandes übergeht und sie denn auch ausdrücklich als die »Deduktion« der Formen als Kategorien desselben überschreibt. Genauso sicher nämlich kann als solche auch nicht etwa seine Herleitung der Tafel dieser zwölf Verstandesformen aus der Tafel von zwölf Urteilsformen gelten, weil die letzteren denselben Fragen ausgesetzt sind wie die ersteren. Entsprechend faßt Kant selbst sie lediglich als einen »Leitfaden zur Auffindung« dieser Kategorien auf, läßt aber nicht im mindesten sich dadurch etwa abhalten, fortan allein auf Grund von eben dieser Art der Herleitung derselben aus der Urteilstafel über *die* Kategor*ien* zu sprechen, nämlich ständig eine *Mehrzahl* voneinander auch verschiedener, das heißt, gegeneinander auch bestimmter anzusetzen.

Demzufolge werden Sie in dem Kapitel, welches unter seiner Überschrift *Transzendentale Deduktion der reinen Verstandesbegriffe* mittlerweile schon geradezu berüchtigt ist, Ihrer Verwirrung Tiefpunkt finden. Denn in keiner Weise gingen Sie zu weit, erblickten Sie in dieser Hinsicht darin buchstäblich ein Kuriosum. Trotz des Plurals, den es schon im Titel führt, vergebens nämlich werden Sie in ihm nach einer Stelle suchen, wo Kant auch nur ansatzweise die der Urteilstafel bloß entnommene Mehrzahl von Kategorien als solche wirklich »deduzierte«, sprich, ihre Inanspruchnahme als verschiedene und je bestimmte Formen des Verstandes durch ein Argument rechtfertigte. Ja Sie werden sogar finden, daß er hier nicht einmal eine einzige von ihnen, nämlich als von anderen verschiedene und damit ihnen gegenüber auch bestimmte apriorische Verstandesform begründet. Insofern gehört dieses Kapitel schon allein von seinem Titel her tatsächlich zum Verwirrendsten, was Kant geschrieben hat. Denn spätestens mit ihm setzt eine Irreführung ein, die auch den Sinn der

2 Vgl. z. B. A 87f. B 119f.

es umgebenden Kapitel zu verstellen droht, genau das Zentrum also von Kants Konzeption und damit die gesamte Systematik – Grundlage sowohl wie Aufbau – seiner neuen Außenwelterfahrungstheorie im ganzen.

Denn haben Sie sich erst einmal bewußt gemacht, daß Kant in dem Kapitel gerade das, was er durch seinen Titel darin zu erbringen vorgibt, nämlich die »transzendentale Deduktion der reinen Verstandesbegriffe« vielmehr schuldig bleibt, muß Ihnen sich sofort die Frage stellen: Wo sonst denn, wenn nicht hier, gibt Kant solch eine »Deduktion der Kategorien« als *einzelner,* jeweils *bestimmter,* nämlich voneinander auch *verschiedener?* Soll es darauf eine Antwort geben, kann sie eigentlich nur lauten: Wenn überhaupt und irgendwo, dann höchstens in den darauf folgenden Kapiteln über die *Schematisierung* und die *Grundsätze.*

Dieser Antwort aber werden Sie sich schwerlich schon auf Anhieb sicher werden. Denn zunächst einmal setzt die geschilderte Verwirrung sich hier fort und läßt Sie ständig daran irre werden, daß auch in der Tat nur diese Antwort richtig sein kann. Im Zusammenhang mit jener »Deduktion der Kategorien« nämlich redet Kant auch in den folgenden Kapiteln durchwegs so, als ginge es dort lediglich noch um »Schematisierung« von Kategorien als bloße »Anwendung« derselben in Gestalt von »Grundsätzen«, als dürfte er dafür diese Kategorien selbst sonach als einzelne und unterschiedliche mit je bestimmtem Sinn bereits voraussetzen.

Davon aber sollten Sie sich nicht beirren lassen. Dafür nämlich müßten sie als eine solche Mehrzahl von verschiedenen längst deduziert sein, wovon aber keine Rede sein kann. Nur soweit Sie sich das unbeirrt vor Augen halten, werden Sie tatsächlich sehen: Setzt Kant überhaupt und irgendwo zum Nachweis einer Mehrzahl von Kategorien in diesem Sinn wenigstens an, so allenfalls in den Kapiteln der *Schematisierung* und der *Grundsätze.* Denn falls er im vorangegangenen Kapitel der bloß so genannten *Deduktion* dieser Kategor*ien* überhaupt etwas herleitet, dann allein die *generelle* Notwendigkeit, *daß* an jener Synthesis auch ein begrifflicher oder kategorialer Beitrag apriorischen Verstandes *überhaupt* beteiligt sein muß, nicht jedoch auch die *spezielle* Notwendigkeit, *wie* solcher Verstand in einzelnen verschiedenen *Weisen* dazu beizutragen hat.

Diese Grundeinsicht jedoch führt Sie sogleich zu einer weiteren. Und sie betrifft dann nicht mehr nur diesen Verstand, bezieht vielmehr auch jene Sinnlichkeit mit ein und bringt auf diese Weise erstes Licht ins Dunkel all dieser Kapitel, auch in das der sogenannten *Deduktion* vorangehende noch: die *Transzendentale Ästhetik*. Die dort vorgetragene Theorie der Sinnlichkeit bleibt nämlich gleichfalls dunkel, insofern Kant jene Apriorität auch ihrer Formen Zeit und Raum nicht endgültig erweist. Denn dies vermöchte, wie Sie sich verdeutlicht haben, nur der Nachweis, daß und wie auch Sinnlichkeit als apriorische beitragen müsse zur »Synthesis a priori«. Bis zu deren Durchführung steht somit jene »Deduktion« der Notwendigkeit, daß und wie auch Sinnlichkeit daran beteiligt sein muß, nämlich gerade mit den Formen Zeit und Raum, noch aus. Doch eben diese Synthesis sowohl im ganzen wie im einzelnen ihrer komplexen inneren Struktur versucht Kant überhaupt erst in den Texten über die »Schematisierung« und die »Grundsätze« zu konstruieren.

Damit im Zusammenhang indessen führt Sie jene Grundeinsicht, es wäre auch die Deduktion der Notwendigkeit von Kategorien als verschiedenen Verstandesformen erst in diesen Texten selbst zu leisten, in der Tat noch zu der weiteren, auf welche Weise diese Deduktion sich überhaupt vollbringen ließe, nämlich nur mit der von Zeit und Raum zusammen als verschiedenen Formen dieser Sinnlichkeit: Als eine Mehrzahl von Verstandesformen ließen sich Kategorien nur als die verschiedenen bestimmten Weisen deduzieren, wie Verstand der Subjektivität mit ihrer Sinnlichkeit sich zu verbinden hat, sich eben selbst versinnlichen und damit Sinnlichkeit als das Vermögen zu Zeit oder Raum oder beidem oder Komplexem aus beiden allererst verwirklichen muß, um »Synthesis a priori« zu erstellen. Erst mit jeder einzelnen, von anderen zu unterscheidenden Versinnlichung dieses Verstandes als Verwirklichung von Sinnlichkeit, die sich als notwendig zum Aufbau dieser »Synthesis« nachweisen ließe, wäre hergeleitet: Hierzu hat Verstand tatsächlich mehrfach und auch unterschiedlich leistend aufzutreten, muß er nicht nur viele, sondern auch vielerlei Rollen spielen und sich so zu einer Mehrheit und Verschiedenheit von Formen als »reinen Verstandesbegriffen« oder »Kategorien« differenzieren. Und mit Kant gesprochen, heißt das nichts geringeres als folgendes: Überhaupt erst als jeweils »schematisierter« oder Mehrzahl und Verschiedenheit von jeweiligen »Schemata« tritt auch Verstand als solcher selbst in mehreren verschiedenen Formen auf, in »reinen Verstandesbegriffen« oder »Kategorien«. Aber wohlgemerkt: Ausschließlich von Schematisierung

»des Verstandes« läßt sich dabei sinnvoll reden und durchaus nicht etwa von Schematisierung »der Kategorien«, wie Kant zu sprechen pflegt, weil sie als Vielheit je bestimmter und verschiedener erst *durch* Schematisierung überhaupt entspringen und darum auch nicht etwa schon *für* Schematisierung zur Verfügung stehen können.

Aus dieser Grundeinsicht indes ergeben sich, wie Sie noch sehen werden, eine Reihe wichtiger, weil systematisch-fortschreitender Folgerungen, von denen Sie die beiden für Verstand und Sinnlichkeit jeweils fundamentalen hier schon ziehen können: Wo auch immer Kant in einschlägigen Texten Zeit und Raum im Sinn von Nacheinander und Zugleich oder Nebeneinander und dergleichen abhandelt, die Sinnlichkeit mithin als schon verwirklichte behandelt, ist »Synthesis a priori« als Schematisierung des Verstandes schon vorausgesetzt, und insbesondere von Anbeginn der *Transzendentalen Ästhetik*. Denn allein indem »Verstand die Sinnlichkeit bestimmt«, sie nämlich als Vermögen oder Möglichkeit zu je verschiedenem Sinnlichen verwirklicht, wird »der Raum oder die Zeit als Anschauung zuerst gegeben«: Überhaupt erst dadurch treten sie ursprünglich auf als etwas, wofür dann auch »die Begriffe von Raum und Zeit zuerst möglich werden« und entsprechend jene heikle und von Kant nie endgültig beantwortete Frage, ob sie als »formale Anschauung«[3] nun mittels der Begriffe »Nacheinander« sowie »Nebeneinander« zu »begreifen« seien oder nicht vielmehr durch »Nacheinander« und »Zugleich«.

Hat Kant indessen später selbst noch eingesehen und auch ausgesprochen, allen solchen Texten liege somit jene »Synthesis« durch die »Schematisierung« des Verstandes als Voraussetzung bereits zugrunde, auch dieser *Ästhetik,* hat er doch die Neugestaltung seiner Lehre von der Sinnlichkeit, die sich als Aufgabe daraus ergibt, nicht mehr in Angriff nehmen können, sondern seinen Interpreten hinterlassen müssen, der wir uns denn auch zu stellen haben. Und auf jene »Synthesis«, um ihren Aufbau und mithin auch ihre Aufbaustücke zu ermitteln, philosophisch reflektieren, heißt nichts anderes, als solche »Synthesis« gedanklich gleichsam rückgängig zu machen. Deshalb kommt für Sie dann alles darauf an, von vornherein genau zu sehen, was allein Sie dabei sozusagen noch zurückbehalten *können,* was

3 All diese Belege aus der wichtigen Anmerkung zu B 160f.

allein sich Ihnen dadurch folglich auch an Aufbaustücken überhaupt ergeben *kann,* und was gerade nicht.

Die Sinnlichkeit betreffend nämlich ganz gewiß nicht Raum und Zeit. Denn diese werden, wie Kant selbst sich schließlich klarmacht, allererst *durch* Synthesis *gegeben,* können darum keinesfalls schon *für* sie *vor*gegeben sein. Im Unterschied zu Sinnlichkeit als Raum und Zeit, das heißt, als jeweils schon bestimmt-verwirklichter, kann vielmehr dafür *vor*gegeben nur entsprechend unbestimmte, unverwirklichte sein, eben Sinnlichkeit als solche, nämlich bloß als das Vermögen oder als die Möglichkeit zu beiden. Darum dürfte eine Theorie der Synthesis auch höchstens diese Sinnlichkeit als solche selbst in Anspruch nehmen, müßte deshalb auch bloß ausgehend von ihr den Weg zur Antwort auf die Frage finden: Warum kann Verstand allein durch die Bestimmung als Verwirklichung von Sinnlichkeit als solcher selbst zu Zeit oder zu Raum oder zu beidem oder zu Komplexem daraus diese Synthesis zustande bringen? Und das heißt: Auf diesem Wege hätte Theorie der Synthesis auch Zeit und Raum als Anschauungen a priori selber allererst zu deduzieren.

Niemals ausgesprochen oder auch nur noch gesehen aber hat Kant offenbar[4], was sich aus jener Grundeinsicht als zweite Folgerung ergibt, die für Verstand dann ebenso grundlegend ist wie erstere für Sinnlichkeit. Auch hierzu nämlich müssen Sie genau im Blick behalten, was allein sich Ihnen überhaupt ergeben *kann,* wenn Sie versuchen, philosophisch jene »Synthesis« zu reflektieren und dadurch gedanklich rückgängig zu machen: was allein an Aufbaustücken Sie dabei zurückbehalten *können,* und was gerade nicht.

Den Verstand betreffend nämlich ganz gewiß nicht die Kategorien, jedenfalls genausowenig wie die Sinnlichkeit betreffend etwa Zeit und Raum. Denn wie Sie sich erinnern werden, hatte jene Grundeinsicht ergeben: Nur als mehrfach und verschieden sich »schematisierender« oder als Mehrzahl und Verschiedenheit von »Schemata« tritt der Verstand als eine Vielheit von verschiedenen Formen auf, als »reine Verstandesbegriffe« oder »Kategorien«: nur in seinen Weisen der Bestimmung und Verwirklichung von Sinnlichkeit und damit seiner eigenen Versinnlichung im Zuge dieser Synthesis als solcher selbst. Die letztere gedanklich wieder rückgängig zu machen, heißt

4 Allenfalls der Text, der unten S. 294ff. behandelt wird, kann als ein indirekter Hinweis darauf gelten.

dann aber nichts geringeres, als die Versinnlichung oder »Schematisierung« des Verstandes mittels solcher Reflexion wieder zurückzunehmen und mithin auch jene Mehrheit und Verschiedenheit von »Schemata«. Auf solche Weise aber ist dann die gesamte Mehrzahl unterschiedlicher »Kategorien« als »reiner Verstandesbegriffe«, wozu der Verstand sich überhaupt erst durch »Schematisierung« seiner selbst zu diesen »Schemata« differenziert, gleichfalls wieder zurückgenommen, nämlich auf Verstand als solchen reduziert.

Infolgedessen dürfen Sie für eine Theorie der Synthesis, die sie durch Reflexion auf ihre Aufbaustücke aus ihnen verständlich machen soll, nicht nur die Zeit oder den Raum als jeweils schon bestimmt-verschiedene »reine Anschauung« der Sinnlichkeit, sondern auch die Kategorien als jeweils schon bestimmt-verschiedene »reine Begriffe« des Verstandes noch auf keinen Fall in Anspruch nehmen, vielmehr beidenfalls nur Sinnlichkeit als solche und Verstand als solchen. Beides nämlich – Zeit und Raum als unterschiedliche Verwirklichung von Sinnlichkeit mittels Verstand sowie Kategorien als Differenzierungen dieses Verstandes zu dieser Verwirklichung – entspringt ja stets erst *durch* die Synthesis als die *Verbindung* von Verstand mit Sinnlichkeit, und beides kann daher auch niemals *für* die Synthesis schon zur Verfügung stehen.

Eine Theorie derselben müßte somit auch in bloßem Ausgang von der Sinnlichkeit als solcher sowie vom Verstand als solchem einen Weg zur Antwort auf die Frage finden: Warum kann Verstand die Synthesis als die Verwirklichung von Sinnlichkeit zu Zeit oder zu Raum oder zu beidem oder zu Komplexem daraus nur mittels Differenzierung seiner in Kategorien zustande bringen? Und das heißt: Auf diesem Wege hätte Theorie der Synthesis auch noch Kategorien als reine apriorische Begriffe selber allererst zu deduzieren.

Dazu aber wäre, wie Sie nunmehr sehen, unbedingt erforderlich zu wissen, nicht allein was unter Sinnlichkeit als solcher, sondern auch und dem zuvor sogar, was eigentlich genau unter Verstand als solchem zu verstehen sei. Denn so wie innerhalb von Sinnlichkeit als dem Prinzip für Kontinuität oder Außereinander überhaupt die Zeit als Nacheinander jenen Vorrang hat vor dem Zugleich des Raumes, so hat außerhalb von ihr Verstand wiederum einen Vorrang vor der Sinnlichkeit: In erster Linie nämlich schon allein, weil alle Leistung der Verbindung *mit* oder Bestimmung *von* oder Verwirklichung *der* Sinnlichkeit, kurz alle Leistung einer Synthesis allein von ihm und von nichts anderem ausgeht. Nur Verstand ist jene »Spontaneität«, die solche Leistung überhaupt verständlich werden läßt, dergegenüber wiederum die Sinnlichkeit mit ihrem Beitrag dazu nur begreiflich werden kann als eine dieser »Spontaneität« Entsprechende, Verwirklichung durch sie stets erst Empfangende und somit »Rezeptivität«, wie Kant uns immer wieder einschärft.

Doch stellt sich Ihnen jene Frage dadurch nur noch dringlicher, weil Sie für eine Antwort darauf, wie gesagt, von aller Einzelleistung des Verstandes und mithin auch jeglicher Differenzierung in Kategorien abzusehen haben, allenfalls Verstand als solchen dafür nutzen dürfen: *Als was* denn eigentlich bringt überhaupt erst der Verstand die Spontaneität zu aller solcher Leistung auf? *Als was* denn bleibt nach Reflexion als Reduktion seiner Differenzierung zu Kategorien oder Begriffen a priori der Verstand als solcher übrig? *Als was* denn dürfen wir dann nur noch ihn, ja müssen wir sogar Verstand allein als solchen selbst in Anspruch nehmen, um uns seine Leistungen daraus erklären zu können? Wenn Sinnlichkeit als solche jenes Rezeptivprinzip für Kontinuität oder Außereinander überhaupt ist, wofür ist Verstand dann dies Spontanprinzip?

Doch mögen Sie auch noch so streng diese Grundfragestellung beibehalten, um sie zur Erschließung von Kants Texten einzusetzen, – die entsprechend strenge Antwort darauf werden Sie nicht ohne weiteres aus ihnen geben können. Ist sie nämlich überhaupt darin enthalten, so doch nirgends offenliegend, sondern durch die Art und Weise dieser Texte selbst geradezu verdeckt. So gut wie durchwegs ist es für sie kennzeichnend, daß Kant sie aus der Perspektive jener überlieferten Systeme abfaßt, denen er durch seine gründliche Kritik in diesen Texten gegenübertritt, dabei jedoch den Aufbau seines eigenen, von Grund auf neuen philosophischen Systems vernachlässigt, ja eigentlich zurückstellt und erst für die Zukunft plant. Aus eben dieser Perspektive aber werden selbst die Ansätze dazu, die der Kritik in diesen Texten immerhin bereits zugrunde liegen, weitgehend verzerrt und so entstellt. Um wenigstens als diese Ansätze zur Geltung und dann weiter auch zur Durchführung noch zu gelangen, brauchen sie deswegen ständig eine Interpretation, die dem entgegentreten muß, ihre Verzerrung nämlich zu entzerren, aus ihrer Entstellung sie erst wieder herzustellen, ja recht eigentlich erst zu erstellen hat.

Das gilt vornehmlich für seine systematisch grundlegende Unterscheidung von Verstand und Sinnlichkeit der Subjektivität. Wenn Kant sie immer wieder unter dem Gesichtspunkt vornimmt, Sinnlichkeit sei Rezeptivität, Verstand hingegen Spontaneität, so liegt darin zwar eine tiefe Einsicht, doch zugleich auch eine starke Einseitigkeit. Denn daß Kant sie ständig vordringlich in diesem Sinne unterscheidet, geht allein darauf zurück, daß jene Überlieferung dies gerade unterlassen hatte: Zwischen Rezeptivität oder Passivität der Sinnlichkeit und dem Verstand als Spontaneität oder Aktivität hatte sie nie genügend unterschieden und aus diesem Grunde somit letztlich auch noch überhaupt nicht hinreichend Verstand von Sinnlichkeit, sofern sie nämlich implizit und unsignifikant die letzte auch als aktiv wie den ersten auch als passiv aufzufassen pflegte.

Doch wie einseitig dadurch Kants eigene und eigentliche Auffassung verzerrt und so entstellt wird, lehrt Sie hinsichtlich der Sinnlichkeit bereits ein kurzer Rückblick darauf, was im vorigen sich schon von ihr ergeben hatte: Neben ihrer ständig wiederholten und betonten Rezeptivität, so zutreffend und wichtig sie auch sein mag, kommt die Sinnlichkeit als das Prinzip für Kontinuität bei ihm so gut wie nicht zur Geltung. Läßt Kant Sinnlichkeit – das Allgemeinprinzip eines Außereinander als Kontinuum der Zeit oder des Raumes, die als Arten davon Gegensätze zueinander bilden – ohnehin schon unentfaltet: durch die Wiederholung und Betonung ihrer Rezeptivität im Gegensatz zu des Verstandes Spontaneität verdeckt er Sinnlichkeit als solche vollends. Deshalb kommt für uns, die wir der Anstrengung jener Kritik durch ihn bereits enthoben sind, auch alles darauf an, daß wir die nur kritikbedingt so in den Vordergrund gestellte Rezeptivität derselben nun dank Kants Kritik gelassen auf den Hintergrund von Sinnlichkeit als dem Prinzip für Kontinuität durchschauen und im Blick behalten.

All dies gilt aber, wie ich Ihnen zeigen möchte, nicht nur für die Sinnlichkeit, sondern auch für den Verstand, ja für ihn sogar noch gründlicher. Wenn Kant, und ebenfalls allein kritikbedingt, im Gegensatz zu Sinnlichkeit als Rezeptivität oder Passivität Verstand als Spontaneität oder Aktivität herausstellt, ist auch dies zwar eine tiefe Einsicht, doch zugleich eine womöglich noch erheblichere Einseitigkeit als die letzte. Seine eigene und eigentliche Konzeption verzerrt oder entstellt sie jedenfalls soweit, daß sie gleich mehrere und miteinander notwendig zusammenhängende Wesensmerkmale des Verstandes zu verdecken droht, wie Sie im weiteren noch sehen werden.

Aber ausgerechnet das für seine prinzipielle Unterscheidung von der Sinnlichkeit fundamentale Merkmal des Verstandes, das ihm mindestens genauso wesentlich ist wie die Spontaneität im Unterschied zu ihrer Rezeptivität, schwebt in Gefahr, durch eine weitere Kritik der Überlieferung bei Kant noch zusätzlich und damit vollständig verdeckt zu werden. Schon aus diesem Doppelgrund bedarf es daher eines eindringlichen Interpretationszugriffes, um gerade dieses Wesensmerkmal des Verstandes gegenüber dem der Sinnlichkeit den Texten Kants abzugewinnen, nämlich der Gefahr seiner Verdeckung darin zu entreißen. Denn Verstand als solchen – das heißt letztlich das Subjekt oder das Ich als Denkvermögen generell, noch diesseits jeglicher Differenzierung seiner in Kategorien speziell – kennzeichnet Kant des öfteren durch Ausdrücke, die immer wieder auf dasselbe, ein Vermögen »absoluter Einheit« oder »Einfachheit«[5] hinauslaufen. Doch werden Sie nicht übersehen können, daß trotz ihrer Mehrzahl und auch Klarheit all diese Belege auffällig-einhellig unverwertet bleiben, jedenfalls nicht die Beachtung finden, die sie eigentlich verdienen.

Denn sie ernst und wörtlich nehmen, hieße, unverzüglich das im vorigen bereits entfaltete Problem auf sich zu nehmen: Von der Deduktion verschiedener Kategorien kann bei Kant gar keine Rede sein; sie steht bei ihm vielmehr als eine von den Kant-Auslegern selber noch zu lösende Aufgabe an; und finden ließe ihre Lösung sich auch nur durch eine Theorie der »Synthesis« im ganzen, nämlich nicht allein durch eine des Verstandes, sondern auch der Sinnlichkeit, weil nur durch eine Theorie der Arten von Verbindung des Verstandes mit ihr. Immerhin bringt nämlich Kant unmißverständlich selber noch zum Ausdruck, daß Kategorien »aus dem Verstand, *als absoluter Einheit,* rein und unvermischt entspringen«[6], stellt mithin zumindest negativ auch selbst noch klar: In solcher »Reinheit« oder »Unvermischtheit« kann die Vielheit und Verschiedenheit derselben keinesfalls aus dem Verstand allein zu deduzieren sein. Wie nämlich sollte wohl aus einer »absoluten Einheit« oder »Einfachheit« allein sich irgendeine Vielheit oder Unterschiedlichkeit herleiten lassen?

Die zahlreichen und deutlichen Belege dafür aufzunehmen und

5 Vgl. z. B. A 67 B 92, A 99, B 135, A 784 B 812, A 788 B 816, A 658 B 686; ferner Bd. 20, S. 359.
6 A 67 B 92, kursiv von mir.

auch auszuwerten aber hieße dann vor allem ferner, Kants Kritik der herkömmlichen »rationalen Psychologie«[7] einmal genauer in den Blick zu fassen, als es zu geschehen pflegt: Sie wäre daraufhin zu untersuchen, was genau er darin eigentlich verwirft, das heißt zugleich, was er darin gerade nicht zurückweist, sondern selber beibehält. Kritikbedingt droht nämlich jenes Abgelehnte dieses Beibehaltene desgleichen zu verdecken: Es erzeugt den Schein, als weise Kant die Lehre jener »rationalen Psychologie« – die »Seele« oder das »Subjekt« und »Ich« als »Denkendes« sei eine »einfache Substanz« – im ganzen ab, was aber überhaupt nicht zutrifft. Was Kant kritisiert und ablehnt, ist vielmehr ausschließlich ihre Substanzialität, indem er festhält: Als Substanz erkennbar könne etwas immer nur empirisch sein, das heißt, niemals bloß »rational«, nämlich bloß durch Verstand, sondern ausschließlich mittels von Verstand auf Grund von mitwirkender Sinnlichkeit und der in ihr gegebenen Sinnesdaten[8]. Von Substanz in diesem Sinn indessen könne im genannten Fall von »Ich«, »Subjekt« und »Seele« keine Rede sein. Daß dennoch jener Schein entsteht, als weise er damit zugleich auch ihre Einfachheit zurück, liegt nur daran, daß Kant daraus noch weiter schließt: Psychologie sei *also* keinesfalls als »rationale« möglich, *sondern* allenfalls bloß als »empirische«; empirisch aber werde Psychisches im »inneren Sinn« allein als reines Nacheinander in der Zeit zugänglich und sei damit *weder* etwas Substanzielles *noch* gar Einfaches.[9]

Dabei aber sollten Sie beachten, was Kant selbst so gut wie ganz vernachlässigt, daß nämlich zur Psychologie als »rationaler«, die er ablehnt, die »empirische«, die er beläßt, auf keinen Fall die einzige Alternative sein kann. Denn mit Sicherheit betrachtet Kant die eigene Philosophie, worin er das Subjekt gerade in den Mittelpunkt stellt, nicht im mindesten etwa als Unternehmen der empirischen Psychologie; genausowenig läßt er dieses Subjekt, das für ihn auch nicht nur als Vermögen jener Sinnlichkeit für Anschauung im Mittelpunkt steht, sondern dem zuvor in erster Linie als das Denkvermögen für Begriff und Urteil des Erkennens, etwa mit Empirisch-Psychischem zusammenfallen. Dafür nämlich weiß er zu genau: Empirisch-Psychi-

7 Vgl. A 341–405, B 399–432.
8 Vgl. z. B. A 350.
9 Vgl. z. B. A 382.

sches wie beispielsweise eine Rotempfindung könne prinzipiell nichts Wahres oder Falsches sein; Erkenntnis als das sehr wohl Wahre oder Falsche müsse also etwas von Empirisch-Psychischem Verschiedenes bilden und vermöge mithin auch nicht Thema oder Gegenstand empirischer Psychologie zu werden, sondern ausschließlich für Reflexion als nichtempirische Philosophie wie seine eigene transzendentale Theorie der Subjektivität dieses Subjekts.[10]

Zu deren Durchführung indessen ist es ausschlaggebend wichtig, wenigstens die bei Kant selbst schon angelegten Ansätze zu ihr auch festzuhalten, was in diesem Fall bedeutet: davon auszugehen, daß er Subjektivität als Substanzialität zwar ablehnt, sie als »absolute Einheit« oder »Einfachheit« jedoch gerade beibehält, sofern sie nämlich dieses »Denken« und »Erkennen« ist.

Zusätzlich zu den schon angeführten finden Sie denn auch im Zug dieser Kritik bei Kant Belege dafür fast im Überfluß. So liegt bereits in Fällen, wo er bloß sehr kurz ausführt, es könne vom Subjekt als Ich niemals als »einer einfachen Substanz« die Rede sein, der Ton von Anbeginn und durchwegs nur auf der »Substanz« und keineswegs auf »einfach«[11]. Und dies kann auch gar nicht anders sein, weil Kant zugleich an vielen Stellen hier unmißverständlich davon ausgeht, daß beim Subjekt es sich »allerdings« oder »gewiß« um eine »Einfachheit« und »absolute Einheit« handle. So sagt er zum Beispiel: »Soviel ist *gewiß:* daß ich mir durch das Ich jederzeit eine absolute ... Einheit des Subjekts (Einfachheit) denke«, als »transzendentales Subjekt«, und entsprechend müsse auch »dessen Vorstellung *allerdings* einfach sein.«[12] Denn daß »in jedem Denken« das »Ich der Apperzeption« ein »einfaches Subjekt bezeichne, liegt schon im Begriffe des Denkens«[13] und »die Einfachheit meiner selbst (als Seele)« somit »schon in jedem Gedanken selbst.«[14] Nur fügt er dabei jedesmal im selben Sinne an, es sei mit dieser Einsicht »nicht eine Erkenntnis von der Einfachheit des Subjekts *selbst*«[15] gewonnen, keine *»wirkliche* Einfachheit meines

10 Vgl. *Prolegomena,* Bd. 4, S. 304.
11 Vgl z. B. A 353, A 381f. (»einfaches *Objekt«),* ferner A 398f., A 401; dasselbe dann auch in der 2. Auflage z. B. B 407f., B 409, B 411 Anm., B 413, B 419, B 420.
12 A 355f., kursiv von mir.
13 B 407f.
14 A 354; vgl. vor allem auch B 419 und B 420.
15 A 355, kursiv von mir.

Subjekts«[16] selbst erkannt, sprich, »nicht das mindeste in Ansehung meiner selbst als eines Gegenstandes der Erfahrung«[17], eben nicht das Subjekt als »Substanz«.[18]

Indes läuft, wie ich Ihnen zeigen möchte, jene von ihm festgehaltene »absolute Einheit« oder »Einfachheit« des denkenden Subjekts trotz all dieser Belege hier Gefahr, verdeckt und übersehen zu werden, und dies in der Tat allein bedingt durch Kants Kritik an ihrer Substanzialität. Denn so berechtigt sie auch ist, bleibt er doch bei Kritik, mithin im Negativen stehen und auf diese Weise das entsprechend Positive schuldig. Auf die Frage jedenfalls, die sich im Anschluß an sie förmlich aufdrängt, nämlich welcher Art denn diese »absolute Einheit« oder »Einfachheit« des denkenden Subjekts dann sein muß, wenn nicht die einer Substanz, gibt Kant nie eine zureichende Antwort. Ja das Äußerste, worauf Sie bei ihm stoßen können, wird die Auskunft sein, im Unterschied zu einer substanziellen sei die »absolute Einheit« oder »Einfachheit« des denkenden Subjekts eine »bloß logische«[19], doch ohne daß er dabei auch mitangibt, was genau denn eigentlich darunter zu verstehen sei.

Damit treffen Sie erneut auf eine systematisch-grundlegende Stelle, wo Kant selbst mit seinen Reflexionen abbricht, wo Sie mithin philosophisch auch nur weiterkommen, insofern Sie an den roten Faden dieser Reflexionen ganz von sich aus wieder anknüpfen und ihn vermittels aller sonst noch einschlägigen Hinweise selbständig weiter ausspinnen. Doch bevor ich Ihnen eine Möglichkeit dazu entwickle, möchte ich als wichtigste Voraussetzung dafür zunächst versuchen, Ihnen abschließend zu zeigen: Ausgerechnet die entscheidende und schwerlich widerlegbare Begründung, die gerade Kant aus seinem Neuansatz zu Reflexion hätte dafür entfalten können, daß als denkender Verstand ein Subjekt in der Tat Vermögen »absoluter Einheit« oder »Einfachheit« sein müsse, hat er sich entgehen lassen. Und auch dies hängt wesentlich zusammen mit seiner Kritik an jener herkömmlichen »rationalen Psychologie«.

Denn kritikzufolge läßt Kant zwar mit Recht statt »rationaler« nur »empirische« noch zu, aus deren Perspektive sich jedoch zugleich so

16 A 356, kursiv von mir.
17 A. a. O.
18 B 408, A 353, A 356, A 365.
19 Vgl. A 355, A 356, B 407, B 409, B 413, B 419, B 428.

einseitig allein auf Empirie fixieren, daß er übersieht, wie müßig und vor allem irreführend es doch ist, auch nur ein einziges Mal zu betonen: Dergleichen wie das denkende Subjekt kann als Vermögen »absoluter Einheit« oder »Einfachheit« *empirisch* überhaupt nicht zugänglich sein,[20] so als sei es danach ein für alle Mal mit jeglicher Erkenntnismöglichkeit für so etwas wie Subjektivität vorbei. Ihm wird nicht klar, wie wenig dies zusammenstimmt mit seiner längst schon mindestens im Ansatz ausgeführten Konzeption, wonach von vornherein und überhaupt nur philosophische als »nichtempirische« oder »transzendentale« Reflexion imstande ist, zu so etwas wie Subjektivität den ursprünglichen Zugang zu gewinnen, welche eben darum selber nur »transzendentale« sei und damit etwas »Nichtempirisches«. Denn bloß den Ausgangspunkt für sie – gleichsam die Oberflächendimension von Subjektivität als Tiefendimension, in welche diese Reflexion »transzendental« durch sie hindurch erst vordringt – bildet das Empirische des Faktums unserer Erkenntnis als der wahren oder falschen, welche jeweils wesentlich die Form von Aussage, Behauptung oder Urteil hat und in Gestalt von Satz sich äußert.

Seine Fixierung bloß auf Empirie jedoch bringt Kant hier gerade vom Entscheidenden, von diesem seinem Reflexionsansatz beim Wahren oder Falschen der Erkenntnis wieder ab und auf Erwägungen, die bloß an deren Oberfläche bleiben und daher auch von der wunderlichsten Oberflächlichkeit. Kant scheut sich nicht, die Überlegung aufzunehmen, welche Denken des Gedanken (wie Erkenntnis als ein Urteil oder Satz ihn darstellt) mit »Bewegung eines Körpers« in Vergleich setzt, die nichts anderes sei als die »vereinigte« oder »zusammengesetzte« Bewegung »aller Teile desselben«[21], ein Vergleich, zu dem er auch »die einzelnen Wörter eines Verses«[22] noch benutzt. In eben daran anschließendem Sinne nämlich spricht er allen Ernstes auch von »einem zusammengesetzten Gedanken«: »Denn die Einheit des Gedankens, der aus vielen Vorstellungen besteht, ist *kollektiv«*, und daher müsse offen bleiben, ob sie »auf die absolute Einheit des Subjekts« zurückzuführen sei.[23]

20 Vgl. z. B. A 353, A 356.
21 A 352, A 353.
22 A 352.
23 A 353, kursiv von mir.

Angesichts dessen aber täten Sie ihm schwerlich Unrecht, wären Sie gleich mir der Meinung: Nirgendwo läßt Kant sich soweit unter das bereits gewonnene Niveau seiner transzendentalen Reflexion herabsetzen wie hier. Und ausgerechnet durch das gerade Kritisierte, von dem er fürs eigene Konzept auf einmal eine empiristisch-unsinnige Perspektive übernimmt. Zwar sieht er ohne Zweifel richtig, wenn er sagt, »der Satz: Ein Gedanke kann nur die Wirkung der absoluten Einheit des denkenden Wesens sein, kann nicht als analytisch behandelt werden«[24]. Denn das heißt: Er kann aus dem empirisch vorliegenden Fall eines Gedanken in Gestalt eines Behauptungs-*Satzes,* der empirisch freilich wie ein *Vers* aus vielen *Wörtern* sich zusammensetzen mag, vermittels Analyse nicht gefolgert werden, weder logisch noch empirisch. Diese bloß empirisch-logische Unmöglichkeit jedoch verstellt ihm hier sogleich den Blick für jene nichtempirische, transzendentale Möglichkeit, die er sich selbst durch seine Reflexion bereits eröffnet hat, wonach auf nichtempirische oder transzendentale Subjektivität eben »in reinen Urteilen a priori durch transzendentale Überlegung« zu reflektieren sei.[25] Sich selber widersprechend nämlich sagt er hier nun plötzlich: »Daß aber ebenderselbe Satz synthetisch und völlig a priori aus lauter Begriffen erkannt werden sollte, das wird sich niemand zu verantworten getrauen, der den Grund der Möglichkeit synthetischer Sätze a priori, so wie wir ihn oben dargelegt haben, einsieht.«[26] Und fürwahr: Vermittels von synthetischen Urteilen a priori, so wie er sie für *Objekte* formuliert hat, läßt sich auf *Subjekte* allerdings nicht reflektieren, – doch bloß deshalb ja wohl kaum gleich überhaupt nicht, sondern eben nur nach Art von eigentümlichster Subjektreflexion, der Kant aber im Vergleich zur Objektreflexion hier nicht gerecht wird und dadurch sein eigenes Unternehmen solcher Reflexion im ganzen ungerechtfertigt verkürzt.

Wie wenig er von all dem, was er auch an Subjektreflexion bereits geleistet hat, hier gelten läßt, ja wieviel mehr davon er sich tatsächlich »zu verantworten getrauen« kann, das lehrt Sie schon ein kurzer Rückblick auf den Ausgangspunkt, von dem her Kant den Einstieg in transzendentale Reflexion stets neu gewinnt. Denn daß ein Satz, nur

24 A. a. O.
25 A 295 B 351.
26 A 353.

weil er so wie jener »Vers« aus mehreren »einzelnen Wörtern« sich zusammensetzt, oder daß ein Gedanke, nur weil er »aus vielen Vorstellungen besteht« (ursprünglich mindestens aus »Anschauung und Begriff«), etwa bloß »kollektive Einheit« wäre, davon kann gerade Kant zufolge schlechthin keine Rede sein. Allenfalls für die schon abgeleiteten und dadurch auch komplexen Sätze, Urteile oder Gedanken nämlich könnte diese These ihrer »kollektiven Einheit«, – dann jedoch nur trivialerweise gelten, aber nicht für die ursprünglichen und dadurch auch elementaren, woran ihre Geltung mithin eigentlich zu überprüfen ist: an Urteilen, Gedanken oder Sätzen also wie »Es regnet« oder »Dies ist glatt« oder »Dies ist ein Stein«. Sie aber sind trotz aller Vielheit der darin enthaltenen Vorstellungen oder Wörter gerade das, was sie als Urteile, Gedanken oder Sätze wesentlich sind, sprich, wahr oder falsch jeweils tatsächlich nur als »absolute Einheit« oder »Einfachheit«, und können es auch gar nicht anders sein. Denn weder als solch eine einzelne Vorstellung, sei sie nun Begriff oder Anschauung, noch als solch ein einzelnes Wort, sei es nun Indikator oder Prädikator, sondern immer nur als deren Einheit kann Erkenntnis als Gedanke, Urteil oder Satz entspringen, nämlich als ein Wahres oder Falsches, wie es Kant sich selbst sowohl als uns doch längst schon klargemacht hat. Diese Einheit aber muß, da sie als wahre oder falsche eben schlechterdings unteilbar ist, tatsächlich »absolut« und damit »einfach« sein. Und hielte Kant nur immer an ihr fest, so hätte er in eben dieser »absoluten Einheit« oder »Einfachheit« des Wahren oder Falschen von Gedanke, Urteil oder Satz den festen Ausgangspunkt zu einem Argument für Subjektivität, wonach sie das Vermögen solcher »absoluten Einheit« oder »Einfachheit« nur sein kann, wenn sie selbst in irgendeinem Sinne, der noch zu ermitteln wäre, »absolute Einheit« oder »Einfachheit« ist.

Denn über eines sollten Sie sich dabei nach wie vor im klaren sein: So sehr Kant in der Frage seiner »absoluten Einheit« oder »Einfachheit« auch schwanken mag, so hegt er doch nicht den geringsten Zweifel daran: »Ein Gedanke kann nur die Wirkung ... des denkenden Wesens sein«,[27] nur das Erzeugnis eines Subjekts als Verstand. Und dies bedeutet: Auch nicht im entferntesten verfällt Kant etwa darauf, dieses Wahre oder Falsche von Gedanken als ein Eigenständiges, für Denken Vorgegebenes vorauszusetzen wie zum Beispiel Pla-

27 A 353.

ton oder Frege. Nicht nur faktisch, sondern prinzipiell vergeblich werden Sie deshalb nach einer Stelle suchen, an der Kant auch nur ein einziges Mal annähernd zwischen dem Denken und Gedanken etwa unterschiede im bekannten Sinn von »Noesis und Noema« oder von »Genesis und Geltendem« oder »realem« gegenüber »idealem« Sein. Nicht das geringste nämlich läßt er darüber verlauten, dies als Wahres oder Falsches Geltende sei der Gedanke oder sei das Noema etwa *im Unterschied* zum Denken und zur Noesis als Genesis, etwa *im Unterschied* zu ihnen als »realem« das Besondere des »idealen Seins«.

Wie Sie noch genauer sehen werden, tritt Kant diesbezüglich vielmehr als der denkbar strengste Anti-Platonist, ja als Nominalist auf, der das höchste Ziel sich steckt und mit ihm auch der größten Schwierigkeit sich aussetzt, nämlich ohne das Unhaltbar-Metaphysische solcher Voraussetzungen auszukommen und gleichwohl, ja gerade deshalb allererst eine befriedigende Theorie des Wahren oder Falschen von Erkenntnis als geltendem Sinngebilde aufzubauen. Mithin unterzieht er selbst sich der Verpflichtung, derlei wie »einen Gedanken denken« ganz genauso aufzufassen und auch aufzuklären wie »ein Lied singen«, will sagen, keinesfalls etwa im Sinne von »Akkusativ des äußeren Objekts«, sondern ausschließlich von »Akkusativ des inneren Objekts«: Wie ihm gemäß das Lied das Singen nur noch einmal ist, kann Kant zufolge der Gedanke auch das Denken nur noch einmal, beides also letztlich nur dasselbe sein, – auf eine Weise freilich, deren Aufklärung so schwierig ist, daß sie derselben noch bis heute harrt.

Gerade sein Verzicht auf jegliche Inanspruchnahme des Gedanken als dem Denken gegenüber Andern aber hätte Kant ermöglicht, von der »absoluten Einheit« oder »Einfachheit« dieses Gedanken auszugehen und für eine »absolute Einheit« oder »Einfachheit« auch dieses Denkens zu argumentieren, und das heißt: auch noch für denkenden Verstand der Subjektivität als dem Vermögen oder dem Prinzip *für* solche »absolute Einheit« oder »Einfachheit«. Dann hätte nämlich in der Tat nicht nur zu gelten: »Ein Gedanke kann nur die Wirkung ... des *denkenden Wesens* sein«, sondern absoluter Einheit oder Einfachheit des ersten wegen auch noch: Ein Gedanke muß »die Wirkung der *absoluten Einheit* des denkenden Wesens sein«.[28]

Im Ausgang vom Gedanken als der Wirkung oder dem Erzeugnis

28 A 353, kursiv von mir.

des Subjekts als Denken aber hätte Kant dies Argument noch um so sicherer entwickeln können, als zugleich ihm wenigstens im wesentlichen auch schon klar war, wie allein das Subjekt überhaupt vermöge, solche Wirkungen hervorzubringen. Gerade als elementarursprünglicher vereinigt jeglicher Gedanke als ein Urteil in Gestalt von Satz wie »Dies ist glatt« oder »Dies ist ein Stein« jeweils »Anschauung und Begriff«, nämlich genauer in dem Sinn, daß überhaupt erst durch ihre Verbindung mit einem Begriff aus dieser Anschauung sich ein Gedanke als ein wahrer oder falscher bildet.[29] Oder wie Kant dies für den Begriff als ein »Bewußtsein«, das im Grunde Selbstbewußtsein des »Subjekts« ist, auch noch formuliert: »Weil das Bewußtsein das einzige ist, was alle Vorstellungen zu Gedanken *macht,* und worin als dem transzendentalen Subjekte mithin alle unsere Wahrnehmungen müssen angetroffen werden.«[30]

Ein durch Subjektivität spontan Erzeugtes aber ist nach Kant, dem Anti-Platonisten, nicht erst jenes Wahre oder Falsche von Gedanke, Urteil oder Satz, sondern auch dieser dazu verwendete Begriff schon, den Sie davon unterscheiden müssen: Einmal, weil er für sich selbst betrachtet gerade noch nicht Wahres oder Falsches ist, sondern nur eine Vorbedingung dafür; und zum andern, weil *Verwendung* von Begriff schon immer *Bildung* von Begriff voraussetzt, insofern er nur als grundsätzlich gebildeter verwendet werden kann, auch dann, wenn Bildung und Verwendung von Begriff jeweils in einem Zug erfolgen mögen. Und den unauflösbaren Zusammenhang, den Bildung von Begriff als notwendige Vorbedingung für Verwendung von Begriff zur Bildung von Gedanke, Urteil oder Satz mit letzterem als Wahrem oder Falschem herstellt, können Sie sich vorläufig auch leicht wie folgt verständlich machen.

Durch ein jedes solche Wahre oder Falsche wie zum Beispiel »Dies ist glatt« oder »Dies ist ein Stein« geht ein Subjekt jeweils so weit, sich darauf festzulegen, dadurch werde etwas ganz Bestimmtes zum Objekt gewonnen, etwas nämlich, das ein Stein ist (und das heißt: nicht etwa keiner) oder glatt ist (und das heißt: nicht etwa nicht glatt). Etwas entweder Wahres oder Falsches ist es als Verwendung des entsprechenden Begriffs mithin nur insofern, als seiner Bildung nach dieser Begriff so weit bestimmt ist, daß er eine solche scharfe Ab-

29 A 51 B 75f.
30 A 350, kursiv von mir, Textumstellung nach Erdmann.

grenzung des einen gegenüber einem anderen und damit auch die Festlegung auf eines anstatt auf ein anderes gestattet, was durchaus nicht immer ohne weiteres gewährleistet ist. Doch so oft es je nach Situation auch nötig werden mag, seine Bestimmtheit weiter zu verschärfen, – ein Begriff läßt jedenfalls allein als vollbestimmter für sie die Verwendung zu, die dann entweder wahr ist oder falsch. Und so besagt denn auch die neue Sprache über diese alte Sache, welche die sich selbst so nennende »Informations«-Theorie eingeführt hat, überhaupt nichts anderes, als daß Begriff allein als vollbestimmter eben das ist, was »binär« eine »Alternative« für »Ja/Nein-Entscheidungen« eröffnet; auch wenn diese Theorie nicht eine Reflexion darauf verwendet, was im Fall von uns als Menschen, und das heißt, als Ursprung von Erkenntnis einer Außenwelt für uns als jeweiliges Subjekt oder Selbstbewußtsein all dem wohl zugrunde liegen möge.

Gerade dadurch aber, daß Kant *weder* für das Wahre oder Falsche von Gedanke, Urteil oder Satz *noch* den darin jeweils enthaltenen Begriff auch nur das Mindeste an platonistischer Voraussetzung macht, sondern beides grundsätzlich nur als Erzeugnis durch des Subjekts Denken selbst auffaßt, besäße er auch eine grundsätzliche Möglichkeit, zumindest einen ersten Schritt weit zu begründen, daß es sich dabei tatsächlich nur um Einfachheit als absolute Einheit handeln könne: In Bezug auf »Anschauung« in seiner Sinnlichkeit *muß* ein Subjekt durch Bildung und Verwendung von »Begriff« zum Wahren oder Falschen von Gedanke, Urteil oder Satz sich als Prinzip der absoluten Einheit oder Einfachheit zur Geltung bringen; denn unweigerlich kommt dadurch – und zwar schon allein im Hinblick auf die Außenweltobjekte, die betreffend es als Wahres oder Falsches überhaupt erst auftritt – Zeit ins Spiel, und zwar als Punkt.

Sofern nur immer unter der Voraussetzung von Vollbestimmtheit des dazu gebildeten wie auch verwendeten Begriffs ein Urteil notwendig *entweder* wahr ist *oder* falsch, so hätte schlüssig für Sie Kant argumentieren können, folge daraus zwingend, daß es insgesamt, das heißt als Bildung wie Verwendung von Begriff im strengsten Sinne nur Zeit*punkt*gebilde sein kann, nicht Zeit*spannen*gebilde. Denn jeglichen elementar-ursprünglichen Fall von Gedanke, Urteil oder Satz hätte er nutzen können, Ihnen bündig weiter zu argumentieren: Einmal angenommen nämlich, solcherart Gebilde wie »Es regnet« oder »Dies ist glatt« oder »Dies ist ein Stein« wären tatsächlich jeweils ein Zeit*spannen*gebilde; dann könnte währenddessen es zu regnen aufhören oder auch beginnen, etwas glatt oder ein Stein zu sein aufhören oder auch beginnen; folglich wären sie im ersten Fall jeweils auch *bis* zu diesem Aufhören *wahr* und *ab* diesem Aufhören *falsch* sowie im letzten Fall *bis* zu diesem Beginnen *falsch* und *ab* diesem Beginnen *wahr,* – in allen solchen Fällen also wahr *und* falsch. Entsprechend wären sie durchaus nicht notwendigerweise *entweder* wahr *oder* falsch, vielmehr wahr *und* falsch. Das sei indessen, hätte Kant sein Argument für Sie vollenden können, ausgeschlossen, könne dies jedoch nur sein, wenn all solche Gebilde, insofern nur immer entweder wahr oder falsch, jeweils Zeit*punkt*gebilde sind, und zwar sowohl der Bildung wie Verwendung des Begriffes nach als jenes vollbestimmten.

Weit hinaus über jenes bloß Negative, daß als wahre oder falsche sie *nicht* teilbar und in diesem Sinn mithin nur absolute Einheit oder Einfachheit sein können, hätte Kant sonach vermocht, auch das entsprechend Positive noch zu sichern: Als das mittels Denken durch Subjekte ursprünglich Erzeugte von gebildetem wie auch verwendetem Begriff kann Wahres oder Falsches von Gedanke, Urteil oder Satz in Zeit als Spanne nur Zeit*punkt* sein, nicht auch seinerseits Zeit*spanne;* und in diesem vorerst zwar nur einstweiligen, doch schon positiven Sinn muß es deswegen einfach sein, so daß auch jedes denkende Subjekt als das Prinzip davon in irgendeinem positiven Sinn nur Einfachheit als absolute Einheit bilden kann. Und mit dieser Argumentation dazu imstande sein, das hätte in der Tat besagt, sich »zu verantworten getrauen«, dies »in reinen Urteilen a priori durch transzendentale Überlegung« oder auch »synthetisch und völlig a priori« zu gewährleisten.

Nur dürfen Sie dabei das Vorige nicht aus dem Blick verlieren: Diese Argumentation, die uns auf diesen wesentlichen Zeitzusammenhang von Wahrem oder Falschem einerseits und Außenweltobjekten anderseits führt, kommt nur dadurch überhaupt in Gang, daß sie zuvörderst jeglichen, und sei es auch nur Rest von Platonismus aus dem Weg räumt. Doch selbst solchen Philosophen, welche anders als zum Beispiel Platon oder Frege diesen Zeitzusammenhang in Rechnung stellen, wie beispielsweise Aristoteles, droht jener Platonismus wieder in den Weg zu treten und die Einsicht ins Subjekt als den Erzeuger dieses Wahren oder Falschen zu verhindern.

Daher sollten Sie sich ihren Blick für dieses Subjekt auch nur als Problem nicht schon von vornherein verstellen lassen. So fragt Aristoteles in der *Kategorienschrift* zum Beispiel, ob nicht wie Substanz *(οὐσία)* auch Satz *(λόγος)* und Meinung *(δόξα)* selbst empfänglich sei für Gegensätze. Wie nämlich Substanz als selbige bald weiß, bald schwarz werde oder bald warm, bald kalt, so werde doch, wie es den Anschein hat, derselbe Satz oder dieselbe Meinung auch bald wahr, bald falsch. Denn sei ein Satz wie »Er sitzt« beispielsweise wahr, so werde doch, sobald sich der, von dem darin die Rede sei, erhoben habe, dieser selbige Satz falsch sein; und das gelte ebenfalls für eine nicht durch einen Satz ausdrücklich formulierte Meinung, welche dann als selbige doch vorher wahr und nachher falsch sein müßte.[31]

Nur daß Aristoteles dabei beträchtliche Bedenken hat, dies ebenso als Fall des Werdens, der Bewegung oder der Veränderung von etwas aufzufassen[32] wie den der Substanz, die hierbei in der Tat als selbige sich ändert, indem Akzidenzen *(συμβεβηκότα)* an ihr wechseln. Und zwar nicht nur, weil er das als Eigentümlichkeit dieser Substanz zu sichern trachtet, sondern weil er umgekehrt auch sieht, daß dies zu einer platonistischen Verdinglichung des Wahren oder Falschen führen müßte. Darum sucht er dem Gedanken *(λόγος, δόξα)* wiederum zu sichern, dieser selbst bleibe in jeglicher Beziehung und auf alle Weise unbewegt *(ἀκίνητα πάντῃ πάντως διαμένει)*[33] : Im Unterschied zu ihm sei in Bewegung dabei vielmehr ausschließlich ihm gegenüber jenes Ding, von dem er handle; und auch lediglich durch die Bewegung dieses letzteren entstehe Gegensätzliches – bloß *in Bezug* auf ihn *(τὸ ἐναντίον περὶ αὐτὰ γίγνεται)*[34]; von diesem Ding her aber werde bloß *gesagt (λέγεται)*, er sei wahr oder falsch[35], doch ohne daß er auch nur im geringsten etwa in sich selbst dies Gegensätzliche von Wahrheit oder Falschheit aufnähme und sich dadurch veränderte oder bewegte[36].

Nur wird Ihnen freilich nicht entgehen: Beim Versuch der Abwehr dieses Unzuträglichen steht Aristoteles von vornherein schon auf verlorenem Posten, denn er unternimmt ihn hoffnungslos zu spät. Den Platonismus des Gedanken nämlich als des Selbigen, das sich verändert, indem Wahrheit oder Falschheit so wie Eigenschaften an

31 Vgl. 4 a 17–28.
32 Vgl. 4 a 30, 4 a 31, 4 a 33, 4 a 35.
33 4 a 34f.
34 4 a 35f.
35 4 b 9f.
36 4 b 10ff.

ihm wechseln, den er so erst vom Gedanken abzuhalten trachtet, hat er selbst schon längst vorher für ihn vorausgesetzt, und zwar indem er den Gedanken dabei überhaupt als selbigen zugrunde legte, so daß er auch unausweichlich ein zeitüberdauernd Selbiges sein müßte. Und sofern nur immer seine Wahrheit oder Falschheit doch nicht einfach nichts sind, sondern durchaus etwas, das auch einen Unterschied für ihn bedeutet, hätte dann desgleichen zwangsläufig zu gelten, daß man ihn wahr oder falsch nicht allein *nennt (λέγεται)*, sondern er selbst wahr oder falsch auch jeweils *wird (γίγνεται)*, wie Aristoteles dies selber formuliert.[37] Und diese Grundverlegenheit, in welche erstmals[38] Aristoteles sich durch Philosophie im Abendland verwickelt, dauert an, ist eine abendländische Verlegenheit bis heute.

Ihrer werden Sie gewahr, soweit Sie nur verfolgen, wie die Logiker seit Aristoteles sich ständig in die ihnen unlösbare Schwierigkeit verstricken, daß sie ausgerechnet die ursprünglichen, elementaren Sätze, Urteile oder Gedanken als etwas entweder Wahres oder Falsches nicht recht gelten lassen können, nämlich solche wie »Er sitzt«, »Es regnet«, »Dies ist glatt«, »Dies ist ein Stein«. Und das, obwohl sie sich dabei im klaren sind, wie grundsätzlich all unsere Erfahrung immer wieder nur in ihnen ihren Ursprung haben kann und deshalb auch bei aller Weiterführung wie etwa in der Naturwissenschaft letztlich auf ihnen beruhen muß. Im Rückblick darauf wird sich dieser fortbestehenden Verlegenheit nicht zufällig von Weizsäcker bewußt[39], weil er die der Physik wie der Erfahrung überhaupt zugrunde liegende »Logik zeitlicher Aussagen« entwickeln möchte. Und ausdrücklich trachtet er dabei von solchen ursprünglich-elementaren Aussagen, die er »präsentische« nennt, auszugehen: »Als präsentische Aussagen wollen wir solche Aussagen bezeichnen, die einen gegenwärtigen Tatbestand oder ein gegenwärtiges Geschehen bezeichnen. Beispiele sind: ›der Mond scheint‹, ›vor der Tür steht ein Pferd‹.«[40] Und in diesem Sinn »präsentisch« zu verstehen seien sie dann insbesondere als die Bezeichnungen »der immer neuen Gegenwart«.[41]

37 Vgl. 4 b 9f. mit 4 b 1.
38 Vgl. aber Platon, *Sophistes* 263–264.
39 Vgl. *Aufbau der Physik,* München/Wien 1985, z. B. S. 64f.
40 A. a. O., S. 64.
41 A. a. O., S. 65.

Eben damit aber sehe sich die Logik »dem zentralen Problem ihrer Bedeutung« gegenüber, weil sie doch »bei gleichbleibender Form bald wahr, bald falsch sein können«.[42] Denn im Hinblick darauf sieht er auch genau: »Die Logik hat zu diesen gegenwartsbezogenen Aussagen ein zwiespältiges Verhältnis. Ausgehend von der terminologischen Festsetzung, Wahrheit oder Falschheit müsse einer in fester Form gegebenen Aussage als feste Eigenschaft zukommen, strebt man, die präsentischen Aussagen gar nicht als Aussagen anzuerkennen.« Und er übersieht auch nicht: »Trotzdem tauchen sie wohl in praktisch allen Lehrbüchern der Logik auf, wenn einfache Beispiele gebraucht werden. Sie sind uns eben allen aus dem täglichen Leben geläufig.« All dem setzt er darum mit vollem Recht entgegen: »Ich glaube, daß wir keine zeitliche Struktur verstehen können, wenn wir das Phänomen der immer neuen Gegenwart übergehen. Deshalb stelle ich die, wie ich meine, aus gutem Grund sprachlich einfachsten zeitlichen Aussagen, eben die auf die jeweilige Gegenwart bezogenen, an die Spitze der Logik zeitlicher Aussagen.«[43]

Nur gibt von Weizsäcker, nachdem er selbst für das Zentralproblem ihrer Bedeutung durch das »Phänomen der immer neuen Gegenwart« die denkbar treffendste Bezeichnung formuliert hat, dies Problem auch selbst gleich wieder aus der Hand. Ja strenggenommen läßt er von genau der Logik, die er kritisiert, die aufgezeigte Problematik aus der Hand sich wieder nehmen. Offenkundig sieht auch er nicht, daß er dies Problem präsentischer Aussagen – wonach sie gar keine sind, weil gar nicht entweder wahr oder falsch, sondern bald wahr, bald falsch sind – überhaupt nur soweit in die Hand bekommen könnte, als er es zunächst vermöchte, von genannter Grundvoraussetzung der Logiker nun endlich einmal abzulassen. Denn erst sie ist es, in der es überhaupt entsteht und dann besteht, diese Voraussetzung, welche wie selbstverständlich schon seit Aristoteles gemacht wird – durch von Weizsäcker jedoch genauso selbstverständlich mitgemacht wird.

Diese aber ist für sich allein schon unauflösbar problematisch, weil unhaltbar platonistisch, noch viel problematischer dann aber darin, daß durch sie das eigentliche, nämlich nicht erst selbstgemachte, sondern ganz von sich aus schon bestehende Problem verdeckt wird,

42 A. a. O., S. 69.
43 A. a. O., S. 65.

das indes trotz seiner abschreckenden Schwierigkeit möglicherweise auflösbar, weil echt ist: Das Problem der Subjektivität als ganz bestimmter Zeitstruktur von Aussage, Gedanke, Urteil oder Satz. Nur liegt dabei die Hauptschwierigkeit schon allein darin, daß eine Lösung für es ganz gewiß nicht in der Logik möglich werden könnte, sondern allenfalls in der Philosophie. Und demgemäß besteht der Hauptgrund seiner schon seit Aristoteles das ganze Abendland herausfordernden Ungelöstheit auch zunächst einmal gerade hierin, nämlich daß man, nur um innerhalb von solcher Logik sich zu halten, dort auch lieber bei dem unauflösbaren Ersatzproblem jener Voraussetzung bleibt, statt der Subjektivität als eigentlicher Problematik sich zu stellen und entsprechende Philosophie zu wagen.

Doch obwohl sich ihm der Weg zu ihr schon zeigt, scheut auch von Weizsäcker vor diesem Schritt ins Wagnis von Philosophie zurück: Das »Phänomen der immer neuen Gegenwart« beschränkt er auf das Objektive jener Dinge und Ereignisse der Außenwelt; vom Subjektiven dieser Aussagen, Gedanken, Urteile und Sätze *über* solche Dinge und Ereignisse jedoch hält er es fern. Für sie vielmehr setzt auch von Weizsäcker mit Aristoteles und jener Logik weiterhin als selbstverständlich schon voraus, es sei von ihnen jeweils als »einer in *fester Form* gegebenen Aussage« auszugehen[44], die es »bei *gleichbleibender* Form«[45] erheische, daß »man ihre *sprachliche* Form festhält.«[46] Denn allein auf Grund dieser Voraussetzung vermag er Aristoteles entsprechend zu vertreten, daß »eine präsentische Aussage falsch werden kann«[47], ja demgemäß bei »Ständigkeit der Natur« sogar so weit zu gehen, daß er sagt: »Präsentische Aussagen bleiben im allgemeinen eine Weile wahr«.[48]

Genau diese Voraussetzung indessen ist es, die Sie einmal wirklich von Grund auf in Frage stellen sollten. Nicht das Mindeste nämlich vermöchten Sie zugunsten des von ihr Vorausgesetzten anzuführen. Worin sollte die »in fester Form gegebene Aussage« denn wohl bestehen, so daß an ihr als selbiger dann Wahrheit oder Falschheit wechseln könnten? Und das rückhaltlos sich klarzumachen, wird für Sie

44 A. a. O., S. 65, kursiv von mir.
45 A. a. O., S. 69, kursiv von mir.
46 A. a. O., S. 64, kursiv von mir.
47 Vgl. a. a. O., S. 66, S. 67.
48 A. a. O., S. 71.

hier um so wichtiger, als dafür auch nicht einmal dasjenige in Betracht kommt, was von Weizsäcker dabei ins Auge faßt. Die These nämlich, dieses »Feste« sei das »Gleichbleibende« ihrer »sprachlichen Form«, würden Sie nicht stützen können.

Denn damit kann auf keinen Fall das eine Zeit lang »gleichbleibende« oder »feste« Material der Tinte oder Druckerschwärze auf Papier gemeint sein, wie Sie es im Fall einer geschriebenen Aussage nutzen. Auch gesprochene ist nämlich Aussage, in deren Fall Sie als das Material dafür jedoch den Schall verwenden, wo in diesem Sinn von etwas »Gleichbleibendem« oder »Festem« schlechthin keine Rede sein kann. Zudem gilt für beide Fälle, daß ein solches Material – ob es »gleichbleibend-fest« sei oder flüchtig – dieses jedenfalls allein als etwas Naturales ist, als das es gerade niemals dasjenige sein kann, was entweder wahr ist oder falsch.

Aus entsprechender Erwägung aber werden Sie auch dazu sich wohl kaum verstehen wollen, das »Gleichbleibend-Feste« der »sprachlichen Form« von Aussagen etwa als dasjenige ihres sprachlichen *Typs* aufzufassen: Schwierig ist, es darin zu erblicken, daß doch jeder Fall einer in sprachlicher Bestimmtheit formulierten Aussage – ob sie zum Beispiel als »Es regnet« nun hier oder dort geschrieben ist bzw. früher oder später oder jetzt gesprochen – jeweils eben ein Fall *von* ist, nämlich *von* dem selbigen »gleichbleibend-festen« *Typ* bzw. *von* der selbigen »gleichbleibend-festen« *Form,* von *der* oder von *dem* »Es regnet« hier genauso ist wie dort, gerade jetzt genauso ist wie vorher oder nachher. Denn selbst dann, wenn es vertretbar wäre, dies »Gleichbleibend-Feste« seiner Form bzw. seines Typs als etwas in der Zeit sich Durchhaltendes anzusetzen, gälte gleichwohl abermals, daß doch mit Sicherheit nicht dieser Typ bzw. diese Form als solche dasjenige sind, was jeweils wahr ist oder falsch. Erst recht jedoch kann Wahrheit oder Falschheit dann auch nicht an ihnen wechseln.

Was jeweils wahr ist oder falsch, sind aber auch nicht einfach diese jeweiligen Fälle oder Individuen *von* dieser Form oder *von* diesem Typ, selbst wenn Sie sie nicht bloß als jenes naturale Material, sondern als Zeichen mit bestimmtem Sinn verstehen, wie ihre Form oder ihr Typ ihn jeweils festlegt. Um das auszuschließen, brauchen Sie die letzteren nur einmal einem Stempel zu vergleichen, dazu angefertigt, daß man nicht mehr ständig schreiben oder sprechen muß, sondern von jetzt an einfach stempeln kann »Es regnet« und dergleichen. Was in Fällen solchen Stempelns jeweils wahr ist oder falsch, kann weder dieser Stempel sein, der für den Typ oder die Form steht und für eine Weile mindest »gleich« und »fest« bleibt, noch gar dieses Stempels jeweiliger Abdruck, welcher gleichfalls eine Zeit lang wenigstens in »fester Form« verbleibt. Wahr oder falsch ist dabei vielmehr ausschließlich das jeweilige Stempeln selbst, das heißt die jeweils momentane *Schaffung* eines individuellen Abdrucks von dem Typ des Stempels, der als Individuum ja in der Tat auch selber nur *von* diesem Typ und nicht er selbst ist.

Dies jedoch gilt, wie Sie sehen werden, nicht allein fürs Stempeln, sondern allgemein: Was jeweils wahr ist oder falsch, sind immer nur die jeweiligen *Vorkommnisse* dieser Art, will sagen, jeweils hier und jetzt erfolgende *Vollzüge* von »Es regnet«. Und als dieses gerade Subjektive einzelner Vollzüge bilden sie ein »Phänomen der immer neuen Gegenwart« nicht nur nicht weniger als jenes Objektive der Ereignisse und Dinge, über die sie jeweils aussagen, sondern sogar noch mehr als es. Ein »Phänomen der immer neuen Gegenwart« ist jeder solche Aussage-Vollzug nämlich ganz prinzipiell. Als etwas »Festes« oder »Bleibendes«, geschweige »Gleichbleibendes«, kann es dieses Subjektive schlechterdings nicht geben. Ganz im Gegenteil zu jenem Objektiven, das bisweilen wenigstens in »Ständigkeit« verharrt und »eine Weile« mindest »fest ist« oder »gleichbleibt«, bildet dieses Subjektive vielmehr etwas ständig Flüssiges statt »Festes«, etwas ständig Neues anstatt »Bleibendes«, und zwar gerade weil es wesentlich entweder wahr ist oder falsch.

Denn sofern Sie sich nur immer konsequent versagen, was Sie ohnehin nicht halten könnten, nämlich platonistisch solcherart Gebilde als etwas Zeit-Überdauerndes vorauszusetzen, sehen Sie: Etwas entweder Wahres oder Falsches, so wie von den Logikern gefordert, können sie dann nur noch als Zeit*punkt*gebilde sein, die aber eben als *Zeit*punktgebilde auch tatsächlich »Phänomene immer neuer Gegenwart« sind, sprich, zu jedem neuen Zeitpunkt auch als solche selber jeweils etwas Individuell-Erneutes, nämlich Aussage, Gedanke, Urteil oder Satz als immer wieder neues Individuum, gleichviel ob es nun von demselben oder von verschiedenem Gehalt ist als das jeweils vorige.

Bloß dadurch nämlich, daß Sie sie statt als Zeit*spannen*- vielmehr nur noch als Zeit*punkt*gebilde gelten lassen, sind Sie gegen jene Unhaltbarkeit, daß sie anstatt *entweder* wahr *oder* falsch vielmehr wahr *und* falsch wären, längst noch nicht gefeit. Auch danach nämlich könnten Sie ihr Wesen immer noch verfehlen: in dem Sinne, daß sie zwar nicht selbst Zeitspannen-, sondern eben -punktgebilde sind, eine Zeitspanne also zwar nicht als ein Selbiges *erfüllen,* sehr wohl aber als ein Selbiges *durchlaufen,* als Zeit*punkt*gebilde also eine Spanne Zeit lang »fest sind« oder »gleichbleiben«. Erst damit vielmehr, daß sie *weder* eine Spanne Zeit als Selbiges *erfüllen* können, wie Ihnen im vorigen schon klar geworden ist, *noch* eine Spanne Zeit als Selbiges *durchlaufen* können, wie Ihnen jetzt weiter deutlich wird, sind Sie vor der genannten Unhaltbarkeit endgültig in Sicherheit.

Denn unausweichlich wäre Ihnen sonst die Folgerung, zwar könnten sie nicht wahr und falsch *ineinem* sein, wie vorhin beim *Erfüllen* einer Spanne Zeit, sehr wohl jedoch *abwechselnd* wahr und falsch, wie hier nun beim *Durchlaufen* von Zeitspanne, also grundsätzlich doch wahr *und* falsch, was aber eben nicht zu halten ist. Nur dadurch nämlich, daß sie vielmehr *beidem* gegenüber jeweils nichts sind als Zeit*punkt*gebilde, und das heißt zuletzt, je Zeitpunkt jeweils Zeitpunkt*neu*gebilde, kann es dabei bleiben: Auch im Falle von Veränderungen in der Außenwelt sind Aussage, Gedanke, Urteil oder Satz jeweils *entweder* wahr *oder* falsch, aber niemals etwa wahr *und* falsch, gleichviel ob nun *ineinem* oder *abwechselnd.*

Von vornherein kann es zu beidem vielmehr gar nicht kommen: Die Veränderung als ein Beginnen oder Aufhören von etwas Objektivem in der Außenwelt vermag ein Subjektives als Zeit*punkt*gebilde prinzipiell nicht, wenn es wahr ist, falsch, und wenn es falsch ist, wahr zu machen. Denn bei Aussage, Gedanke, Urteil oder Satz als dem für jeden Zeitpunkt individuell anderen Subjektiven[49] ist im Fall eines Beginnens oder Aufhörens von etwas Objektivem in der Außenwelt die Wahrheit oder Falschheit eben streng verteilt, nämlich an jeweils andere Individuen von Aussage, Gedanke, Urteil oder Satz: Im Hinblick auf Beginn von Regen beispielsweise sind zu jedem Zeitpunkt vor Beginn des Regens alle Fälle eines Urteils wie »Es regnet« falsch, zu jedem nach Beginn dagegen wahr, und umgekehrt, bezüglich aufhörenden Regens nämlich. Und bei dieser seiner Wahrheit *oder*

49 Hierzu freilich sollten Sie beachten, was Sie sich bereits verdeutlicht haben, nämlich daß ein Satz nicht als Verteilung jener Tinte oder Druckerschwärze und auch nicht als Folge jener Laute etwas Wahres oder Falsches sein kann.

Falschheit *bleibt* es dann auch in der Tat – sozusagen für immer und ewig: Darin nämlich liegt die eigentliche »Festigkeit« des Wahren oder Falschen von Gedanke, Urteil, Aussage und Satz, mit der es aber eben stets von neuem so wie je in Gegenwart vollzogen auch schon immer wieder in Vergangenheit liegt, – mit all jenen Konsequenzen für die außerordentlichen Schwierigkeiten, die daraus für Überprüfung ihrer Wahrheit oder Falschheit sich ergeben, für die Veri- oder Falsifikation derselben, Schwierigkeiten, die bekanntermaßen in der Tat bestehen, aber ohne daß man ihre eigentliche Ursache sich klarmacht.

An all dem indessen sollten Sie auch davon sich nicht irremachen lassen: Ganz mit Recht behandelt beispielsweise Aristoteles bei jener Überlegung dieses Wahre oder Falsche nicht allein als sprachlich formulierten Satz *(λόγος)*, sondern sprachlich auch unformuliert als »Meinung« *(δόξα)*; durchaus sinnvoll können Sie entsprechend beispielsweise mitteilen, Sie seien schon »die ganze Zeit« oder »des längeren« und somit eine Spanne Zeit hindurch »der Meinung«, daß es regne. Doch auch davon dürfen Sie sich nicht zur Folgerung daraus verleiten lassen, daß demnach zwar nicht das Wahre oder Falsche von Gedanke, Urteil, Aussage und Satz, wohl aber dasjenige einer Meinung etwas sei, das eine *Spanne* Zeit *erfülle* oder auch *durchlaufe*. Solche Redeweise, der Sie sich als umgangssprachlicher in der Alltäglichkeit unüberlegt, das heißt unreflektiert bedienen, kann nach zureichender Reflexion vielmehr allein bedeuten, daß es sich dabei um eine Meinung handelt, die zu jedem möglichen Zeit*punkt* dieser Zeitspanne den Gehalt »Es regnet« habe und entsprechend, je zu *welchem* Zeitpunkt sie bestehe, jeweils ebenfalls nur *entweder* wahr *oder* falsch sein könne.

Was hierbei schon seit Aristoteles und bis von Weizsäcker nicht hinreichend zur Geltung kommt, ist, wie Sie sich erinnern werden, nichts geringeres als wozu Humboldt schließlich vordringt, mit der letztlich Kant verdankten Einsicht nämlich, deren Wichtigkeit sich damit erstmals voll bestätigt: Sprache ist als die »auch stillschweigend immer vorgehende« in ihrem Wesen nur das »Jedesmalige« und damit auch »Vorübergehende« von »Tätigkeit (Energeia)«, das Humboldt selbst bereits als jeweils »Punktuelles« in der Zeit auffaßt[50], wiewohl auch er noch keine zureichende Argumentation dafür ent-

50 Vgl. oben S. 74, Anm. 30f.

wickelt. Danach nämlich wäre schon Kants Theorie der Subjektivität im ganzen letztlich überhaupt nichts anderes als Theorie der Sprache, nur daß Kant sie systematisch nicht bis dorthin voll entwickelt hätte, wo die *Notwendigkeit* einsichtig wird, daß Gedanke, Urteil oder Aussage verlautbart oder auch verschriftlicht werden *muß*. Denn umgekehrt wäre auch Humboldts Theorie der Sprache danach überhaupt nichts anderes als Theorie der Subjektivität, wenngleich durch Humboldt ebenfalls nicht systematisch voll zu ihr entfaltet, weil dann Sprache nicht erst als Verlautbarung oder Verschriftlichung auftreten oder gar nur darin überhaupt bestehen könnte, sondern ihren Ursprung vielmehr systematisch vorher haben müßte, weil »auch stillschweigend« schon immer Sprache »vorgeht«.

Und tatsächlich ist Verlautbarung oder Verschriftlichung schon immer die von *etwas,* das als solches dann gerade nicht auch selbst schon immer ein Verlautbartes oder Verschriftlichtes sein kann, sondern aus irgendeinem Grund in irgendeinem Sinn ein stets erst zu Verlautbarendes oder zu Verschriftlichendes sein muß, dahingehend, daß dies Innere sich nicht nur, wie Sie schon gesehen haben, äußert, sondern äußern *muß*. Der Grund und Sinn solcher Notwendigkeit indessen könnte eben diese absolute Einheit oder Einfachheit von Subjektivität als ursprünglicher Tätigkeit des Denkens von Gedanken als Zeit*punkt*gebilden sein, als die sie aber bisher niemals in umfassendem Systemzusammenhang entwickelt wurde.

Um so wichtiger für Sie, zumindest als den Ansatz dafür festzuhalten: Gerade aus dem Wahren oder Falschen unserer elementar-ursprünglichen Erfahrung als der Wahrnehmung von Außenwelt, die aller weiteren zugrunde liegt, läßt sich für dieses letztere, das immer wieder nur behauptet wird, ein zureichendes Argument entwickeln, dessen Tragfähigkeit systematisch Aussichten eröffnet: Als wahre oder falsche sind Gedanken, Urteile, Aussagen oder Sätze wie »Es regnet«, »Dies ist glatt« oder »Dies ist ein Stein« nichts anderes als jeweils ganz bestimmter Zeit*punkt* in Zeit*spanne*. Die so schwierige wie wichtige und noch bis heute nicht beantwortete Frage, ob man überhaupt davon ausgehen darf, dergleichen wie Zeitpunkte gebe es, und wenn ja, wie ein Zeitpunkt überhaupt gegeben oder zugänglich sein könne, findet damit ihre Antwort: Durch ein jedes solche Wahre oder Falsche ist in denkbar strengstem Sinn Zeitpunkt gegeben und zugänglich, weil Gedanke, Urteil, Aussage oder Satz *selbst,* sofern nur immer entweder wahr oder falsch, nichts anderes sein können als ein jeweils ganz bestimmtes Phänomen von Zeitpunkt in Zeitspanne: »Phänomen der immer neuen Gegenwart«.

Nur sollten Sie sich dabei über eines voll im klaren sein: Durch die Beseitigung von jeglichem, auch dem in »fester Form« der Sprache noch verkappten Platonismus ebnen Sie sich zwar den Weg zur Einsicht dieser absoluten Einheit oder Einfachheit, die Ihnen schließlich einen Zugang in das Innerste von denkendem Subjekt als dem Prinzip davon eröffnet. Als das von Zeit*punkt* in *-spanne* aber tut es sich zunächst einmal geradezu als Labyrinth von Irrwegmöglichkeiten für Sie auf, durch das hindurch den einzig gangbaren zu finden Ihnen überlieferte Philosophie nicht weiter hilft. Denn nichts geringeres als das berüchtigte, weil anscheinend nicht auflösbare Rätsel Zeit ist es, vor dem Sie damit stehen.

Zeit*punkt* in *-spanne* nämlich ist das Wahre oder Falsche nicht nur nach der einen Seite in Bezug auf jene objektive Zeit von Außenweltobjekten, der als etwas Objektivem es als Subjektives letztlich gegenübersteht. Zeit*punkt* in *-spanne* muß es dann vielmehr auch nach der andern Seite in Bezug auf jene subjektive Zeit der »Anschauung« noch sein, mit der verbunden ein »Begriff« durch seine Bildung und Verwendung dieses Wahre oder Falsche überhaupt erst ausmacht. Denn gerade Kant zufolge kann es jene objektive stets erst als in irgendeinem Sinn von dieser subjektiven abgeleitete Zeit geben, weil ursprüngliche gerade diese subjektive ist, da Zeit wie Raum nach Kant allein im Subjekt ihren Ursprung haben können. Als ein Subjektives aber kann »Begriff« der »Anschauung« als einem selber Subjektiven dann auch nicht mehr wie dem Objektiven gegenüberstehen, sondern muß aufs innigste mit ihr vereinigt sein: zum Wahren oder Falschen als dem selber nichts als Subjektiven, weil in keinem Sinne platonistisch Objektiven.[51]

Diese Anschauung indessen tritt nach einer Einsicht, der sich Kant im Unterschied zu anderen als Einstieg in Erkenntnistheorie von Anbeginn bis Ende sicher ist, ursprünglich immer wieder nur in

51 Jene Problematik, warum ausgerechnet eine Zweiheit, nämlich von »Substanz und Akzidens« auf seiten des Erkannten oder von »Subjekt und Prädikat« auf seiten des Erkennens (vgl. oben S. 5, S. 26, S. 110), verschärft sich somit bis zum Äußersten: Warum aus absoluter Einheit oder Einfachheit heraus denn ausgerechnet eine Zweiheit, die zumindest auf der Seite dieses Wahren oder Falschen von Erkennen auch sogar noch eine Zweiheit *innerhalb von* absoluter Einheit oder Einfachheit sein müßte?

Form von Zeit als Nacheinander auf, was Kant zufolge nur bedeuten kann, in Form von Zeit als Spanne, weil auch immer wieder erst mit Hilfe von Begriff das Wahre oder Falsche von Zeitpunkt *in* -spanne zu erzeugen wäre. Und so ginge danach Zeit als Spanne ausschließlich auf Sinnlichkeit der Subjektivität zurück wie Zeit als Punkt ausschließlich auf Verstand derselben als Prinzip von absoluter Einheit oder Einfachheit.

Mit dieser Überlegung aber, die Kant selbst nie so weit vortreibt, daß er ihre tiefliegende Unstimmigkeit zu Gesicht bekäme, stehen Sie tatsächlich nicht mehr nur am Eingang, sondern eigentlich bereits inmitten jenes Labyrinths. Denn wie soll dies, und zwar im Rahmen von Erkenntnistheorie, der es zuallererst obliegt, den Ursprung und das Wesen unserer empirischen Erkenntnis als Erfahrung unserer Außenweltobjekte aufzuklären, je verständlich werden können: Wo Verstand und Sinnlichkeit doch, statt zu jener »Synthesis« als einer »a priori« sich ursprünglich miteinander zu verbinden, dadurch eher schon ursprünglich auseinanderfallen, und das gleich in mehr als einer Hinsicht?

Denn zum einen kann es sich bei Zeit, ob nun als -spanne oder -punkt, grundsätzlich nur um Nacheinander handeln, Kant zufolge also nur um Sinnlichkeit. Deswegen muß allein schon unverständlich bleiben, was denn überhaupt Verstand mit solcher Zeit zu tun hat, und erst recht, was ausschließlich mit ihr als -punkt im Unterschied zu ihr als -spanne.

Doch zum andern muß, selbst wenn dies vom Verstand her als Prinzip für absolute Einheit oder Einfachheit verständlich wäre, unverständlich bleiben, wie durch die Vereinigung desselben mit der Sinnlichkeit zur Zeit als -punkt im Unterschied zu ihr als -spanne unsere empirische Erkenntnis als Erfahrung von Objekten unserer Außenwelt zustande kommen könnte: Wo doch jeglicher Gehalt als »Sinnesdatum« einerseits in Form von Zeit als Spanne im Subjekt auftreten, anderseits jedoch gerade dem zu bildenden und zu verwendenden Begriff das Material zu seinem eigenen Gehalt verschaffen soll. Kann nämlich seine Bildung und Verwendung jeweils nur als die Erzeugung von Zeit*punkt* in *-spanne* vor sich gehen, so muß das dazu führen, daß gebildeter sowie verwendeter Begriff, indem er als Zeit*punkt* Zeit*spanne* jeweils aus sich aus- statt in sich einschließt, nicht nur letztere als Form, sondern mit ihr auch jeglichen Gehalt von ihr statt in sich vielmehr außer sich hat.

Unverständlich bliebe Ihnen damit nichts geringeres, als wie es überhaupt zu etwas Wahrem oder Falschem wie »Es regnet«, »Dies ist glatt« oder »Dies ist ein Stein« durch Bildung und Verwendung von entsprechenden Begriffen kommen könnte, da sie ja auf Grund ihres Gehaltes gerade wahr sind oder falsch. Ganz zu schweigen davon, wie Gebilde dieser Art, die als Zeit*punkt* in -spanne ja nicht weniger denn solche Spanne selbst als Nacheinander Zeit grundsätzlich nur ein je und je Vorübergehend-Subjektives jeweils einzelner Subjekte bilden können, je zu unserem gemeinsamen Erfahrungsschatz von Außenwelt als Objektivem führen sollten, sprich: zu *uns*, die *wir* sind gegenüber dieser Welt.

Den wirklich durch dies Labyrinth hindurch führenden Weg werden wir nur zu finden wissen, wenn wir es vermögen, Sinnlichkeit als das Prinzip für Außer- und mithin zunächst für Zeit als Nacheinander einerseits und anderseits Verstand als das für absolute Einheit oder Einfachheit so lange je für sich gesondert zu erwägen, bis es wirklich zwingend nachweisbar wird, wie grundsätzlich beide aufeinander angewiesen sind.

B. Wir als Einheit von Verstand mit Sinnlichkeit

§ 9. Verstand als das Prinzip von Spontaneität und Einfachheit

Mit dieser Abwandlung der letzten Überschrift, verehrte Leserin, verehrter Leser, will ich Sie von vornherein darauf verweisen, daß wir einen Wendepunkt erreichen: Hat bislang Rekonstruktion von Überliefertem die Weiterführung oder gar die Konstruktion von Neuem eher überwogen, wird dieses Verhältnis sich von jetzt an mehr und mehr verkehren. Denn so oft auch weiterhin auf aussichtsreiche Ansätze zu Theorien anderer zurückzugreifen sein wird, müssen doch die Durchführungen davon oder Neuansätze dazu fortan häufiger und freizügiger werden, die Gefahr des Irregehens somit größer.

Nunmehr gilt es nichts geringeres als zu versuchen, Kantische »Synthesis a priori«, welche aller »Synthesis a posteriori« schon zugrunde liege, neu zu konstruieren, nämlich nicht aus »Sinnlichkeit und Verstand«, wie Kant durch seinen Aufbau der KRV uns irreführend nahelegt, sondern umgekehrt gerade aus »Verstand und Sinnlichkeit«, wie er uns viel zu spät erst deutlich macht. Denn Synthesis erfolgt in jedem Fall aus Spontaneität und damit durch Verstand der Subjektivität, so daß die Sinnlichkeit als Rezeptivität derselben immer wieder nur durch ihn als wirkenden selbst wirklich, nämlich wirksam werden kann. Für ihre angemessene Konstruktion von vornherein entscheidend ist denn auch die rechte Antwort auf die Frage, *als was* denn eigentlich die Subjektivität sich selbst zu Sinnlichem verwirkliche, zu Zeit oder Raum oder beidem oder Komplexem aus beiden, wodurch sie ihre »Synthesis« genannte Wirksamkeit im einzelnen entfaltet. Denn die Auskunft Kants, sie tue dies als *Spontaneität* ihres *Verstandes,* kann erst dann zur Geltung kommen, wenn im einzelnen ermittelt ist, was alles damit eigentlich gemeint sein muß.

So habe ich Sie schon im vorigen darauf verwiesen: Spontaneität im Sinne der Aktivität ist zwar ein Wesensmerkmal des Subjektes als Verstand, wie Rezeptivität im Sinne der Passivität von ihm als Sinnlichkeit; das weitere Wesensmerkmal dieser letzteren als des Prinzips für Kontinuität jedoch drängt solche Rezeptivität genauso in den Hintergrund wie solche Spontaneität das weitere Wesensmerkmal jenes ersteren als des Prinzips für Diskretion, nämlich von absoluter Einheit oder Einfachheit. Und dementsprechend habe ich denn auch versucht, sie alle aus den Texten Kants heraus in gleichem Maße in den Vordergrund zu stellen und Ihnen damit ihre wesentliche Gleichberechtigung hervorzuheben.

Doch so deutlich Sie auch letzteres dem Text entnehmen konnten, ging daraus für Sie genauso klar hervor, wie wenig Kant sich in der Lage sieht, dazu mit anzugeben, was genau er unter dem Verstand als dem Prinzip von absoluter Einheit oder Einfachheit verstehe. Im Vergleich zu seiner Objekt- kommt Kants Subjektreflexion im Fall der Sinnlichkeit schon viel zu kurz und fällt in des Verstandes Fall sogar ganz aus, weil Kant mit dessen Charakterisierung ganz im Negativen stehen bleibt: Als denkender Verstand und damit als Prinzip von absoluter Einheit oder Einfachheit sei ein Subjekt *nichts* Substanzielles, *kein* Objekt, mithin auch *nicht* empirisch zu erkennen.

Von hier aus sahen wir uns schon veranlaßt, zur entsprechend positiven Kennzeichnung des Subjekts als Verstand auf kleinste Winke Kants zu achten, seien es auch vorerst nur sehr wenig sagende wie der, im Unterschied zu den Objekten als Substanzen, welche stets Zusammensetzung zeigen, sei die absolute Einheit oder Einfachheit von denkenden Subjekten auch »bloß logische«. Daß Kant sie häufiger auf diese Weise kennzeichnet, wird nämlich wie mit einem Schlage vielsagend, wenn Sie dazu die beiden Stellen mitbeachten, wo er absolute Einheit oder Einfachheit der Subjektivität als Denken oder als Verstand noch weitergehend kennzeichnet, indem er ein Äquivalent hinzufügt: Eine »bloß logische« sei jene als die *»bloße Spontaneität* des Denkens«, denn »das Denken, für sich genommen, ist bloß die logische Funktion, *mithin lauter Spontaneität«*[1].

Freilich werden Sie hier auf den ersten Blick den Eindruck haben, diese Charakterisierung bringe nicht nur keinen Fortschritt, sondern

1 Vgl. B 429f. und B 428, kursiv von mir.

eher sogar einen Rückschritt; mit ihr komme Kant doch lediglich auf jene Spontaneität als Aktivität des Verstandes wieder zurück, die er längst schon als sein Unterscheidungsmerkmal gegenüber jener Rezeptivität als Passivität der Sinnlichkeit hervorgehoben hatte. Bei genauem Zusehen aber werden Sie sich deutlich machen können: Dieser erste Eindruck täuscht. Mit dieser Kennzeichnung tut Kant zumindest soweit einen wichtigen Schritt vorwärts, als er durch Heranziehung von Spontaneität zur Unterscheidung des Subjektes vom Objekt uns wenigstens den Weg zum eigentlichen, nämlich grundlegenden Sinn von Spontaneität noch weist, weit über den der Aktivität hinaus. Noch mehr als das der absoluten Einheit oder Einfachheit von Subjektivität als denkendem Verstand droht nämlich hier auch dieses weitere Wesensmerkmal solcher Spontaneität, das sie überhaupt erst als Aktivität verständlich werden läßt und das allein Kant hier mit »Spontaneität« auch meinen kann, verdeckt zu werden. Denn hebt er sie auch hier wieder allein von »Rezeptivität«, das heißt Passivität der Sinnlichkeit ab, dieser gegenüber somit vordringlich als Aktivität hervor[2], muß Kant doch unter »Spontaneität« dabei über bloße Aktivität hinaus noch etwas davon Grundverschiedenes verstehen, weil er durch bloße Aktivität das Subjekt vom Objekt noch nicht im mindesten zu unterscheiden in der Lage wäre.

Um dies einzusehen, brauchen Sie sich lediglich noch einmal den Gedankengang, der darauf dann hinausläuft, zu vergegenwärtigen: Im Unterschied zur Substanzialität empirischer Objekte, welche so etwas wie absolute Einheit oder Einfachheit nicht haben können, sei diejenige, als welche jeweils ein Subjekt durch seinen denkenden Verstand sehr wohl auftrete, keine substanzielle Einfachheit, sondern »bloß logische« oder die »bloße Spontaneität« des Denkens. Verbände Kant mit dieser »bloßen Spontaneität« tatsächlich keinen andern Sinn als den »bloßer Aktivität« seines Verstandes gegenüber dem der Passivität seiner Sinnlichkeit, so setzte er sich damit selbst von vornherein schon außerstande, das Subjekt als absolute Einheit oder Einfachheit des Denkens vom Objekt als niemals absoluter Einheit oder Einfachheit empirischer Substanz zu unterscheiden. Denn was sollte es wohl heißen, derlei wie Aktivität hier dem Subjekt im Unterschied zum Objekt zuzuschreiben? Welchen Sinn

2 Vgl. besonders B 429 f.

könnte es haben, so etwas allein Subjekten zuzusprechen und Objekten mithin abzusprechen, ausgerechnet ihnen, die als natural-empirische gerade an Aktivität doch nichts zu wünschen übriglassen, ja Subjekten darin nicht einmal nachstehen dürften?

Spätestens mit dieser Überlegung wird es Ihnen zur Gewißheit werden: Unter »bloßer Spontaneität« kann Kant hier keinesfalls »bloße Aktivität« von dieser oder jener Quantität verstehen, welche dann auch bloß quantitative Unterscheidungen noch zuließe, sondern nur eine ganz bestimmte Qualität von Aktivität, durch welche sich Subjekte von Objekten unterscheiden sollen. Und nach den angestellten Überlegungen läßt sie dem Sinn des Ausdrucks »Spontaneität« sich denn auch noch entnehmen: Bei aller Aktivität, die sie gemeinsam haben, sind nach Kant Objekte doch im Unterschied zu den Subjekten niemals in dem Sinn aktiv, daß sie spontan, nämlich von selbst oder allein von sich aus etwas in Bewegung setzen könnten, sondern immer nur in dem gerade gegenteiligen, nämlich daß sie dies allein durch Anderes veranlaßt können. Was auch immer natural-empirische Objekte an Aktivität oder Bewegung zeigen mögen, Kant zufolge ist sie stets die Wirkung eines Anderen als Ursache und demgemäß durch dieses Andere nach dem Prinzip der Heteronomie determiniert.

Demnach ist es eben jene ganz besondere Qualität von Aktivität, die Sie als Sinn von »Spontaneität« zuvörderst beibehalten sollten: aktiv nicht allein von Anderem her veranlaßt werden, nämlich nicht allein durch Anderes verursacht in Bewegung kommen sowie etwas in Bewegung setzen, sondern ohne jeden solchen Anstoß auch »von selbst« oder »von sich aus«, sprich: »spontan«. Und dabei sollten Sie des weiteren beachten, daß Kant Spontaneität in diesem Sinn allein dem denkenden Verstand zuschreibt und sonach letztlich ihn allein als Subjekt ansieht, dieses also auch allein als denkenden Verstand vom Objekt unterscheidet und durchaus nicht ebenso als jene Sinnlichkeit. Denn dadurch stellt sich dann sofort ein schwieriges Problem, das wir noch zu erörtern haben, nämlich ob die Sinnlichkeit denn überhaupt noch zum Subjekt sich rechnen lasse, und wenn ja, in welchem Sinne.

Dennoch können Sie ihm dabei vorerst wenigstens insoweit folgen, als tatsächlich Sinnlichkeit des Subjekts rezeptiv nicht einfach nur im Sinn von passiv ist, sowenig wie Verstand spontan nicht einfach nur in dem von aktiv. Ja Sie werden sich des weiteren begreiflich machen: In dem Sinn bloßer Aktivität, welche Objekt und Subjekt teilen, schließt Passivität der Sinnlichkeit des Subjekts auch Aktivität noch überhaupt nicht aus. Denn passiv ist die Sinnlichkeit nach Kant vielmehr gerade darin, daß sie aktiv, das heißt wirksam, immer nur auf die genau entgegengesetzte Weise werden kann als der Verstand, nämlich nie »von selbst« oder »von sich aus«, sondern immer nur von Anderem her veranlaßt: eben lediglich durch solches Andere als Ursache bewirkt und somit als die Wirkung davon gleichfalls dem Prinzip der Heteronomie gemäß determiniert.

Und in der Tat: Soweit in seiner Sinnlichkeit Gehalt als »Sinnesdatum« auftritt, untersteht ein Subjekt ebenso wie ein Objekt empirisch-naturaler Determination dieser Kausalität: Welche Sinnesdaten Sie als ein Subjekt in Ihrer Sinnlichkeit zum je bestimmten Zeitpunkt von empirischen Erkenntnissen empfangen, ist durch die Lage Ihrer körperlichen Sinnesorgane zu deren Umgebung jeweils streng und unabänderlich determiniert; allenfalls durch Änderung von deren Lage oder auch Umgebung und mithin zu einem anderen Zeitpunkt können an die Stelle dieser Sinnesdaten andere treten, die dann aber durch die neue Lage oder auch Umgebung zu dem neuen Zeitpunkt jeweils wieder streng und unabänderlich determiniert sind wie die vorigen. Bis einschließlich dieser Sinnesdaten also unterliegt auch ein Subjekt wie ein Objekt nur natural-empirischer Kausalität und damit unausweichlicher Notwendigkeit. Entsprechend stellt sich jene Frage, inwiefern auch seine Sinnlichkeit noch mit zu ihm als Subjekt selbst gerechnet werden dürfe, abermals und dringlicher.

Mag indessen diese Frage vorerst offen bleiben: Aus der Perspektive dieses nun geklärten Sinns der Rezeptivität von Sinnlichkeit des Subjekts werden Sie sich dann auch den der Spontaneität seines Verstandes noch, und zwar durch eine Einsicht klären können, die für alles weitere entscheidend ist. Zunächst wird Ihnen nicht entgangen sein: Es bleibt das weitere Wesensmerkmal denkenden Verstandes, das wir jetzt ermittelt haben, nämlich Spontaneität, nicht nur als jene einfache Aktivität, nein, auch als diese von bestimmter Qualität am Ende negativ und damit nichtssagend. Daß denkender Verstand »spontan« aktiv sei, in dem Sinn, daß er »von selbst« aktiv werde, »von sich aus« etwas in Bewegung bringe, heißt im Grunde nur, in seinem Falle sei Aktivität oder Bewegung *nicht* durch jeweils Anderes verursacht, wie die zwischen Objekt und Objekt, *nicht* wie selbst noch die zwischen Objekt und Subjekt, welche in der Sinnlichkeit des letzteren Sinnesdaten hinterläßt. Wie wenig aber solche negativen Kennzeichnungen hier besagen, sollten Sie beachten.

Dazu schlage ich Ihnen vor, sich dies vermittels eines Schemas vorzustellen. Auszugehen hätten Sie dabei von dem Kausalzusammenhang der natural-empirischen Objekte, welcher in der Zeit verläuft und von dem offenbleiben muß, ob sein Verlauf im ganzen jemals einen Anfang hatte oder auch ein Ende haben wird. Schematisch ist er daher durch das Ziehen einer Linie zu veranschaulichen, deren Pfeile an den beiden Enden andeuten, daß sie nach beiden Seiten bis ins Unbestimmte fortgezogen vorzustellen sei:

Und wo auch immer Sie auf dieser Linie Aktivität oder Bewegung eines Objekts wiedergeben wollen, als eine Wirkung ist sie stets auf irgendeine ihr vorangegangene andere als ihre Ursache zurückzuführen, letztere als Wirkung wiederum auf eine andere usw.

Verglichen damit können Sie sich eine im genannten Sinn »spontane«, die »von selbst« oder »von sich aus«, nämlich *nicht* durch irgendeine ihr vorangegangene andere verursacht einsetzt, nur durch eine Linie noch veranschaulichen, die abrupt beginnt. Allein ihres Beginns Abruptheit nämlich deutet dann noch an, in diesem Sinn »spontane« Aktivität oder Bewegung sei auf *keine* ihr vorangegangene andere als ihre Ursache zurückzuführen und gleichwohl nicht nichts, sondern auch selber durchaus etwas, also auch in irgendeinem Sinne Wirkung, wenngleich nicht in dem einer vorausgegangenen anderen als ihrer Ursache. Und wählen Sie zur Andeutung der Richtung des jeweiligen Vorangegangenseins den linken Pfeil der vorigen, so hätte im Vergleich mit ihr die neue Linie folgende Gestalt:

Und bei unmittelbarer Nebeneinanderstellung beider haben Sie sofort im Blick, wie nichtssagend die negative Kennzeichnung »spontaner« Aktivität und Bewegung als »von selbst« oder »von sich aus« auftretender wirklich ist, vor allem aber, wie unlösbar auch noch eine Schwierigkeit mit ihr verbunden bleibt.

Solange nämlich diese negative nicht durch eine positive noch mit eigenem und eigentümlichem Gehalt erfüllt wird, sind Sie außerstande, dieses Auftreten solcher Aktivität oder Bewegung, das auf jeden Fall in irgendeinem Sinne Wirkung sein muß und entsprechend eine Ursache besitzen müßte, auch nur zu verstehen, geschweige denn sich zu erklären. Ja stattdessen schweben Sie dann sogar ständig in Gefahr, dieses »Spontane« von Aktivität oder Bewegung bloß als Schein und eigentlich, obzwar noch unerkannt, desgleichen als heteronom verursacht aufzufassen, solche »Spontaneität« als etwas Eigentümliches mithin auch preiszugeben und auf diese Weise jede Eigentümlichkeit des Subjekts gegenüber dem Objekt. Denn Maßstab für die bloße Negativität seiner Bestimmung sind dabei ausschließlich die Objekte.

Vor dieser Art von Schwierigkeit steht, wie Sie wissen, nicht allein seit jeher schon Philosophie als Unternehmen einer Theorie dieser Subjekte, sondern heute selbst empirische Naturwissenschaft von Objekten, nämlich dort, wo sie im Unterschied zu Kant bereit ist, so etwas wie »Spontaneität« auch im Bereich der natural-empirischen Objekte anzusetzen, etwa bei »spontanen Mutationen«. Hierbei werden Sie genausowenig übersehen: Besonders innerhalb von Theorie der biologischen Evolution ist »Spontaneität« nichts als *asylum ignorantiae,* bloß Verbalismus an den Stellen, wo man vorerst noch nicht weiter weiß und deswegen die Möglichkeit heteronom-kausalgesetzlicher Erklärung letztlich offenlassen muß.

Deshalb ist von Wichtigkeit für Sie, sich jene Texte anzueignen, die erkennen lassen: Spontaneität seines Verstandes, durch die jedes denkende Subjekt nach Kant sich von Objekten unterscheidet, läßt er keineswegs in diesem negativen Sinne einfach stehen, sucht er vielmehr auch in einem ganz bestimmten positiven Sinne zu entfalten, jedenfalls in Ansätzen, die einer Durchführung noch fähig sind. Und was genau ihm dabei als der positive Sinn von Spontaneität seines Verstandes vorschwebt, werden Sie besonders deutlich aus der Perspektive jener Rezeptivität der Sinnlichkeit des Subjekts sehen, bis wohin auch solch ein Subjekt selbst wie ein Objekt noch gänzlich der kausalen Determination durch andere Objekte unterliegt und damit der Notwendigkeit und Heteronomie.

Doch wie gesagt: Bis hierhin, und nicht weiter. Eben hier hat sie vielmehr ihr Ende, insofern nach Kant genau ab hier grundsätzlich anderes herrscht: anstatt Notwendigkeit und Heteronomie vielmehr Autonomie und Freiheit. Mag auch ein Subjekt als Sinnlichkeit durch Sinnesdaten noch so prinzipiell determiniert sein, – als Verstand ist es durch diese Sinnesdaten nicht auch selbst determiniert, sondern nur affiziert. Denn trotzdem ist es diesen jeweils notwendigen Sinnesdaten gegenüber frei, sich aus Verstand heraus anläßlich solcher Affektion einen »Begriff« zu bilden, um ihn mit dem Sinnesdatum als der »Anschauung« in seiner Sinnlichkeit zu einem Urteil zu verbinden: Was auch immer auf heteronome Art an Sinnesdaten in uns auftrete, so daß wir subjektiv gewisse »Eindrücke bekommen« oder auch »Erscheinungen besitzen«, – zu welchem objektiven Urteil wir durch die Verwendung des Begriffes auf Grund solcher Daten schließlich kommen, das entscheiden wir auf autonome Art allein aus uns heraus: nach eigentümlichen Prinzipien unseres Verstandes.

Eben diese Freiheit und Autonomie bereits Begriffe bildenden und sie zu Urteilen verwendenden Verstandes im Erkennen stellt Kant denn auch oft und klar heraus: »Wenn uns Erscheinung gegeben ist, so sind wir noch ganz frei, wie wir die Sache daraus beurteilen wollen«[3]. Oder auch: »Verstand und Vernunft sind frei: subjektive Ursachen affizieren zwar, aber determinieren nicht den Verstand«[4]. Und entsprechend »ist für das Erkenntnisvermögen (das theoretische der Natur) der Verstand dasjenige, welches die konstitutiven Prinzipien a priori enthält«, und damit eines der Vermögen, »die eine Autonomie enthalten«[5]. Denn »der Verstand ... ist frei und eine reine Selbsttätigkeit, die durch nichts anderes als sich selbst bestimmt ist. Ohne diese ursprüngliche und unwandelbare Spontaneität würden wir nichts a priori erkennen«[6].

Welch eine Einsicht damit in der Tat gewonnen ist, welchen Gehaltes wie auch welcher Tragweite, wird Ihnen erst im Zuge ihrer weiteren Entfaltung und Begründung deutlich werden, die Kant sel-

3 Bd. 4, S. 290.
4 Bd. 16, S. 386 (R 2476).
5 Bd. 5, S. 196; vgl. Bd. 20, S. 225 und Bd. 18, S. 250 (R 5608).
6 Bd. 18, S. 182f. (R 5441); vgl. S. 176 (R 5413).

ber nicht mehr liefert. Was zunächst ihre Begründung anbetrifft, so sollten Sie sich dazu vorläufig verdeutlichen: Nicht zufällig kann auf der einen Seite alles, was noch Sache der Notwendigkeit und Heteronomie ist (die Objekte in der Außenwelt bis einschließlich der Sinnesdaten in der Innenwelt des Subjekts selber), auch noch prinzipiell nichts Wahres oder Falsches sein; indessen auf der anderen Seite alles, was tatsächlich Wahres oder Falsches ist, auch nicht mehr Sache der Notwendigkeit und Heteronomie sein kann, vielmehr Sache der Autonomie und Freiheit sein muß. Zu begründen also gilt es, daß Erkenntnis gerade als ein Fall von Wahrheit oder Falschheit niemals der Notwendigkeit und Heteronomie entspringen könne, sondern stets nur der Autonomie und Freiheit.

Als Begründung dafür einleuchten wird Ihnen vorerst wohl am ehesten ein Argument wie folgendes an Hand eines Spezialfalls der empirischen Erkenntnis, nämlich der des Lesens. Nehmen Sie nur einmal an, in einem Fachbuch der Naturwissenschaft, welches Sie gerade lesen, sei ein Druckfehler enthalten, und zwar einer jener häufigeren, die nicht einfach Unsinn, sondern einen neuen Sinn ergeben: Seiner chemischen Struktur zufolge laute Wasser danach einmal H_2O und einmal H_2S. Ich wähle dieses Beispiel, weil an ihm sich die Funktion von so etwas wie Sinnesdaten im Erkennen, die als niemals objektive, sondern immer subjektiv-private niemals vorzuweisen sind, zumindest stellvertretend durch die Buchstaben als etwas Objektiv-Entsprechendes zu ihnen deutlich machen läßt: Buchstaben nämlich stehen jeweils als bestimmte Form von Druckerschwärze auf Papier und damit als Objekt zu ihrem Sinn so im Verhältnis, daß es dem von jeweils subjektiv-privaten Sinnesdaten in der Innenwelt zu ihrem Objekt in der Außenwelt vergleichbar ist. Und damit ist dies Beispiel auch geeignet, Ihnen augenfällig vorzuführen, wie ungünstig tatsächlich ein Objekt durch Sinnesdaten je und je gegeben werden kann: bis zum Extrem unmittelbarer Irreführung, die daher zunächst auch unausweichlich ist. Denn unter der Voraussetzung des Druckfehlers können Sie dieses Beispiel nicht etwa dahin verstehen, als trete hier im einen Fall der Sinn von »Wasser« und im andern der von »Schwefelwasserstoff« auf, sondern prinzipiell nur so, daß hier vielmehr in beiden Fällen der von »Wasser« auftritt. Nur wird er im zweiten eben durch die Buchstaben für Schwefelwasserstoff so ungünstig gegeben, daß an Hand von ihnen dieser Sinn wohl kaum bereits auf Anhieb sich erzielen läßt.

Nehmen Sie nun aber weiter an, so wie das Auftreten von Sinnesdaten würde in der Tat auch Lesen, nämlich auch Erkenntnis einfach durch Naturkausalität hervorgerufen, träte also wie die Sinnesdaten im Subjekt als Wirkung einer Ursache als eines Andern auf und somit auch determiniert durch Heteronomie einer Notwendigkeit: Ihr Lesen jenes Buches könnte dann auf gar nichts anderes hinauslaufen, als an der einen Stelle hinzunehmen, Wasser habe die Struktur von H_2O, und an der andern gleichfalls hinzunehmen, es besitze die von H_2S, – nur weil naturale Druckerschwärze es nun einmal mit sich bringt, dort so und hier auch wieder so.

Das tun Sie aber keineswegs. Der hier speziell als Druckerschwärze und sonst allgemein als Sinnesdatum waltenden Natur oder Kausalität erliegen Sie gerade nicht, sind Sie sogar so wenig unterworfen, daß Sie vielmehr frei und autonom ihr gegenübertreten und etwa entgegenhalten: Das muß ein Fehler sein; das kann nicht stimmen; etwas, das ineinem H_2O und auch nicht H_2O wäre, kann es nicht geben. Dies aber gilt und wissen Sie nicht etwa von Natur oder empirisch, sondern ausschließlich nichtempirisch, nämlich aus sich selbst heraus als Freiheit und Autonomie: Das von Ihnen hier ins Feld geführte Widerspruchsprinzip ist kein empirisches Naturgesetz heteronomer Objekte, sondern, wie sich Ihnen noch ergeben wird, ein nichtempirisches Gesetz autonomer Subjekte.

Die Begründung mittels dieses Beispiels aber werden Sie wohl kaum erschüttern können. Und indem es auch für alle Fälle sich auf Sinnesdaten stützender, das heißt ursprünglicher synthetischer empirischer Erkenntnis sich verallgemeinern läßt, haben wir fortan davon auszugehen: Tritt nur immer die Erkenntnis auf als etwas, das entweder wahr ist oder falsch, so kann sie nicht auch ihrerseits noch wie ein Sinnesdatum bloß Ergebnis der sich bis in unsere Sinnlichkeit und ihre Rezeptivität auswirkenden Naturgesetzlichkeit jener Objekte sein. Statt bloße Wirkung eines Anderen als Ursache und demgemäß heteronom bestimmender, nämlich determinierender Notwendigkeit eines Objekts, muß sie vielmehr aus unserem Verstand und seiner Spontaneität heraus auch eine Wirkung eigener Art sein: eigentümliche Erscheinungsweise autonom, sprich, durch sich selbst bestimmter Freiheit eines Subjekts. Und als ein sich selbst bestimmendes kann ein Subjekt dann zwar auch anderswoher noch bestimmt, doch prinzipiell nicht mehr determiniert, sondern als etwas Autonom-Spontanes, eben als Verstand nur affiziert werden: genau durch jene Sinnesdaten nämlich, welche jene rezeptiv-heteronome Sinnlichkeit des Subjekts gerade noch determinieren.

Jenes schwierige Problem, wie als determinierte jene Sinnlichkeit denn überhaupt noch zum Subjekt gerechnet werden kann, steht damit freilich nur noch dringlicher zur Lösung an. Nun zeigt es nämlich die nicht minder schwerwiegende Kehrseite, wie ein Subjekt in diesem Sinn denn überhaupt noch affiziert zu werden vermag. Festzuhalten aber bleibt uns vorerst immerhin soviel: Die Einsicht Kants in Spontaneität als Freiheit und Autonomie der Subjektivität als denkenden Verstandes läßt sich nicht allein begründen, wie bereits geschehen, sondern auch noch weiter ihrem Sinn gemäß entfalten.

So wird Ihnen gleich als erstes aus ihr ferner einleuchten: Mit dieser Spontaneität meint Kant tatsächlich nicht nur jenes Negative einer Aktivität und Bewegung, welche *nicht* naturkausal hervorgerufen werde durch heteronom-determinierte Notwendigkeit von Objekten, sondern über es hinaus das Positive, sie entspringe vielmehr jeweils autonomer Selbstbestimmung jener Freiheit eines Subjekts. Mithin denkt er sie als eine Aktivität und Bewegung, die »spontan« oder »von selbst« oder »von sich aus« keineswegs in dem Sinn auftritt, daß sie einfach aus dem Nichts entstünde. Statt einem Verhältnis als heteronomem zum Objekt als Anderem und damit aus Notwendigkeit, entspringt sie vielmehr einem autonomen zu sich selbst: einem Subjekt als davon prinzipiell verschiedenem Selbstverhältnis »absoluter« Spontaneität der Freiheit[7]. Nur auf Grund von diesem ihrem autonomen Selbstverhältnis und allein aus ihm heraus ist seine Aktivität als Spontaneität auch eine »absolute«, nämlich von jeder heteronomen »losgelöste« und ihr gegenüber mithin auch so eigentümliche wie eigenständige.

Damit aber haben Sie erneut das Innerste von Subjektivität erreicht, das sich seit jeher als ein Labyrinth von bislang ungelösten Schwierigkeiten zu erweisen pflegt, doch nun an einem Punkt, von dem aus durch dies Labyrinth ein Weg zu finden wie auch diese Schwierigkeiten auf ihm Schritt für Schritt zu lösen wären. Denn an dieser Stelle unserer Überlegungen zur Systematik von Philosophie, an der es nunmehr gilt, die beiläufig schon öfters angesprochene Subjektivität auch systematisch angemessen, nämlich ausdrücklich

7 Vgl. z. B. A 418 B 446, A 446 B 474, A 448 B 476.

als Selbstverhältnis einzubringen und dann weiter zu entfalten, kommt es auch entscheidend darauf an, von Anbeginn herauszustellen, was genau damit gemeint sein soll und was gerade nicht.

Führt nämlich Kant das Eigentümliche und Eigenständige von Subjektivität und Spontaneität zuletzt zurück auf deren Selbstverhältnis von »Autonomie« und »Selbstbestimmung«, so bedürfen Sie nur der Erinnerung, daß diese Spontaneität von Subjektivität ja diejenige ihres denkenden Verstandes sein soll, und sofort wird Ihnen klar erscheinen: Dieses Selbstverhältnis, das als positives Wesensmerkmal solcher Spontaneität zugrunde liege, kann am Ende überhaupt nichts anderes bedeuten, als was Kant sonst vorwiegend das »Selbstbewußtsein« dieser Subjektivität nennt, woraus alles Denken als Verstandesleistung in Gestalt jener Kategorien sich soll deduzieren lassen.

Doch so klar dies, was die Texte anbelangt, auch ist, so unklar bleibt gleichwohl, was damit eigentlich gemeint sein soll. Indem Kant selbst darüber nämlich nichts Genaueres mehr ausführt, leistet er durch diesen überwiegenden Gebrauch von »Selbstbewußtsein« für dies Selbstverhältnis ständig einem schwerwiegenden Mißverständnis seiner Interpreten Vorschub, das sie denn auch stillschweigend bis heute als die bare Selbstverständlichkeit vorauszusetzen pflegen. Jedenfalls hegt keiner offenbar das mindeste Bedenken, Kant von vornherein und durchwegs implizit zu unterstellen, jenes Selbstverhältnis, wie es aller Spontaneität von Subjektivität als denkendem Verstand zugrunde liege, charakterisiere Kant als »Selbstbewußtsein« deshalb völlig angemessen, weil er dabei lediglich ein theoretisches im Auge habe.

Doch allem Anschein nach ist es durchaus nicht Zufall, daß an keiner Stelle Kant auch nur von fern auf den Gedanken kommt, etwa von sich aus dieses Selbstverhältnis als ein »Selbstbewußtsein« explizit für ein bloß theoretisches zu halten. Denn auch implizit kann er mit beidem einen derart auf die bloße Theorie beschränkten oder gar zu ihr spezifizierten Sinn grundsätzlich nicht verbinden. Den Charakter einer Theorie oder Erkenntnis nämlich als Vergegenständlichung oder Thematisierung von etwas spricht er diesem als »Selbstbewußtsein« charakterisierten Selbstverhältnis ausnahmslos und nachdrücklich gerade ab: Was auch immer dieses Selbstverhältnis eines Selbst*bewußtseins* zu bedeuten haben möge, – einen Fall bereits der Selbst*erkenntnis* oder Selbst*vergegenständlichung* zumindest Kant zufolge sicher nicht[8]. Doch welcher andere Sinn von »Theorie« bzw. »theoretisch« könnte ihm dafür noch zur Verfügung stehen?

Daß er tatsächlich nichts dergleichen meinen kann, wird Ihnen noch aus weiteren Gründen aber nur noch deutlicher. Erblickt Kant Ursprung sowie Wesen jener Spontaneität von Subjektivität auch schon als denkendem Verstand in ihrem Selbstverhältnis, sollten Sie sich weiterhin vor Augen halten: Damit bringt er jene ganz bestimmte Qualität ihrer Aktivität zum Ausdruck, die er deshalb nicht allein als »Tätigkeit«, sondern spezifischer als »Selbsttätigkeit« charakterisiert. Doch unter diesem »Selbst-« als dem Spezifizierenden läßt sich genausowenig nur das Negative einer Tätigkeit verstehen, die »spontan« oder »von selbst« oder »von sich aus« bloß in solchem Sinn entspringe, daß sie *nicht* von Anderem hervorgerufen werde. Damit ist vielmehr auch noch das Positive mitgemeint, *Selbst*tätigkeit in eben diesem Sinne einer *aus* sich *selbst* jeweils *hervor*gehenden sei sie nur, indem sie *Selbst*tätigkeit erst einmal als eine *auf* sich *selbst* jeweils *zurück*gewandte Tätigkeit ist, weil sie *aus* sich *selbst* jeweils *hervor* gerade in dem Sinne geht, daß sie zunächst auch *auf* sich *selbst* jeweils *zurück*geht.

Die Spontaneität von Subjektivität nennt Kant entsprechend nicht bloß ihre »Selbst-«, sondern gelegentlich auch »ihre eigene Tätigkeit«[9]. Und angemessen werden Sie ihn dabei nur verstehen, wenn Sie in dem Ausdruck »eigene« nicht bloß den possessiven Sinn beachten, sondern ihm zuvor als seinen Grund zuallererst auch den bekannten reflexiven, in dem Kant ihn oft verwendet[10]: Grundlegend für alle Spontaneität von Subjektivität ist deren Selbstverhältnis eben darin, daß es »eigene« als »*Selbst*-Tätigkeit« ist im Sinne einer *auf* sich *selbst* jeweils *zurück*- und nur in eben diesem Sinne auch »von *selbst*« jeweils hervorgehenden oder ganz »von *sich* aus« und »aus *sich* heraus« entspringenden. Allein auf Grund von eben diesem reflexiven Sinn in beiden werden Sie verstehen: Anstatt unterworfen dem Prinzip der Heteronomie einer Notwendigkeit determinierender sowie determinierter Fremdbestimmung durch ein Anderes, ist Subjektivität als *Selbst*tätigkeit Kant zufolge vielmehr in Autonomie aus Frei-

8 Vgl. dazu nochmals beispielsweise B 158, B 277, A 401f., B 406f., A 346 B 404.
9 Vgl. z. B. B 67ff.
10 G. Prauss, *Kant über Freiheit als Autonomie,* Frankfurt 1983, § 10.

heit seiner *Selbst*bestimmung nur durch sich allein begriffen. Deren offenkundig reflexives *Selbst*verhältnis aber kann auch nur verständlich werden als das einer *Selbst*tätigkeit in genau demselben reflexiven Sinn: Es wirkt die Spontaneität von Subjektivität als Selbstverhältnis einer Selbsttätigkeit dahin, daß zu so etwas wie dem Begriff bzw. Urteil ihres denkenden Verstandes solche Subjektivität *sich selbst* auswirkt, indem *sie selbst* es ist, was als Begriff bzw. Urteil auftritt, welche also jeweils auch nichts anderes sind als Wirkung *ihrer selbst* als Ursache und demnach Fälle ihrer *Selbst*verwirklichung.

Die Sonderstellung jedenfalls, die Kant in Anspruch nimmt für Subjektivität, wie sie als Spontaneität des Denkens der Erkenntnis als der wahren oder falschen stets zugrunde liege, kann am Ende nur hinauslaufen auf solche *Selbst*verwirklichung derselben *zu* solcher Erkenntnis. Eben darin liegt die Eigentümlichkeit und Eigenständigkeit der Freiheit als Autonomie oder als Selbstbestimmung transzendental-nichtempirischer Subjekte gegenüber natural-empirischen Objekten und ihrer Notwendigkeit als Heteronomie oder als Determination durch Fremdbestimmung: Was auch immer an Objektverwirklichung im Zuge des Kausalzusammenhangs Natur auftreten mag, ist stets ein Fall heteronomer Fremdverwirklichung durch andere Objekte, niemals aber so etwas wie autonome Selbstverwirklichung, weshalb dergleichen auch nur angemessen zu begreifen immer wieder größte Schwierigkeit bereitet.

Sie werden deshalb gut daran tun, sich das ganze Ausmaß der Inanspruchnahme solcher Subjektivität als der Besonderheit von Selbstverwirklichung von vornherein im Blick zu halten. Und am besten tun Sie das, indem Sie sich in Abhebung dazu des weiteren vor Augen führen, wie entschieden Kant zugleich vertritt, es habe auch der Mensch mit allem, was zu ihm gehöre, folglich auch mit all seinem Vermögen zum Subjekt sich aus Natur entwickelt, sei insofern also selbst zunächst einmal empirisch-naturales Objekt. Am deutlichsten tritt seine diesbezügliche Entschiedenheit zutage, wo er ohne jede Einschränkung herausstellt[11]: Auch Verstand und Sinnlichkeit, deren Vereinigung als jene »Subjektivität« zu nennende Besonderheit in dieser Welt hervortritt, sind uns als »Vermögen« jeweils »angeboren«, stammen also von Natur her. Denn als solche sind sie

11 Vgl. Bd. 8, S. 221, Z. 26ff. – S. 223, Z. 5.

jeweils bloß der »Grund«[12] für Zeit und Raum bzw. für Kategorien, aber nicht etwa schon diese selbst, die vielmehr gerade *niemals* »angeboren«, sondern *immer* nur »erworben« sind, doch nicht etwa empirisch, sondern »a priori«[13], nämlich »ursprünglich erworben«[14], und das heißt: erzeugt. Als etwas Naturales »angeboren« sind Verstand und Sinnlichkeit demnach nur als *Vermögen* für, das heißt als bloße *Möglichkeiten* für Kategorien oder Zeit und Raum, die damit also gerade nicht schon wirklich sind.

Daß aus Verstand und Sinnlichkeit tatsächlich Zeit und Raum oder Kategorien werden, sprich, aus ihnen als den bloßen Möglichkeiten *für* tatsächlich Wirklichkeiten *von* Kategorien oder Zeit und Raum, dazu bedarf es deshalb allererst einer *Verwirklichung* dieser Vermögen oder Möglichkeiten *zu* ihnen als Wirklichkeiten, und das heißt eben einer *Erwerbung* als »ursprünglich-apriorischer« *Erzeugung* von Kategorien oder Zeit und Raum als etwas, »was vorher gar noch nicht existiert«[15]. Verwirklichung dieser Vermögen oder Möglichkeiten von Verstand und Sinnlichkeit zur Wirklichkeit derselben als jeweiliger Vereinigung von beiden zu Kategorien oder Zeit und Raum jedoch ist dann auch überhaupt nichts anderes als eben jene Wirklichkeit von Subjektivität als Selbstverwirklichung.

Was demnach aus der Perspektive von Naturentwicklung freilich selbst schon Wirklichkeit ist – nämlich ganz bestimmte und auch hochkomplexe physisch-physiologische Struktur, welche Natur als Mensch phylogenetisch einmal angenommen hat und dann ontogenetisch immer wieder annimmt –, bildet aus der Perspektive solcher Subjektivität bloß Möglichkeit (Vermögen oder Fähigkeit), das heißt: eine Naturstruktur, nunmehr dazu befähigend, Verwirklichung fortan nicht mehr heteronom durch Anderes bloß hinzunehmen als Notwendigkeit, sondern auch autonom aus sich heraus noch vorzu-

12 Vgl. a. a. O., S. 221, Z. 34 und Z. 36 mit S. 222, Z. 2.
13 Vgl. a. a. O., S. 221, Z. 28 mit Z. 36.
14 Vgl. a. a. O., S. 221, Z. 29.
15 A. a. O., S. 221, Z. 29f. Die entscheidend wichtige, weil systematisch weiterführende Bedeutung dieser Einsicht scheint bis heute nicht erfaßt zu sein, obwohl sie Kant durch Hinweis auf die Theoretiker des Rechts (»die Lehrer des Naturrechts«) zusätzlich verdeutlicht: Beispielsweise einen Tisch statt abgeleitet vielmehr ursprünglich erwerben, heißt, ihn statt als fertigen zum Beispiel nur zu kaufen vielmehr selbst erst zu verfertigen und damit überhaupt erst zu erzeugen, wie der Tischler, der ihn herstellt.

nehmen, nämlich auch aus Freiheit und mithin als Selbstverwirklichung.

Seine Eigentümlichkeit und Eigenständigkeit *spontaner* Aktivität besitzt im Unterschied zu einem natural-empirischen Objekt, das lediglich durch Anderes als Ursache aktiv ist, jenes nichtempirische oder transzendentale Subjekt mithin darin, daß als *Spontaneität* sie dieses Subjekt selbst zu ihrer Ursache hat: Sie entspringt als solche eben aus ihm selber als dem Selbstverhältnis einer Selbsttätigkeit seiner Selbstverwirklichung, also durchaus nicht ohne jede Ursache etwa dem Nichts, wie jenes Schema einer Linie, die abrupt einfach beginnt, es nahelegen könnte. Um die Irreführung durch sie zu vermeiden, gälte es darum, die Linie dahin zu ergänzen, daß sie mitverdeutliche, worin ihr eigentlicher Ausgangspunkt bestehe, nämlich nicht einfach in einem bloßen Punkt, sondern in einem, der es sozusagen in sich habe, nämlich eben jenes Selbstverhältnis einer Selbstverwirklichung enthalte, also etwa dahingehend:

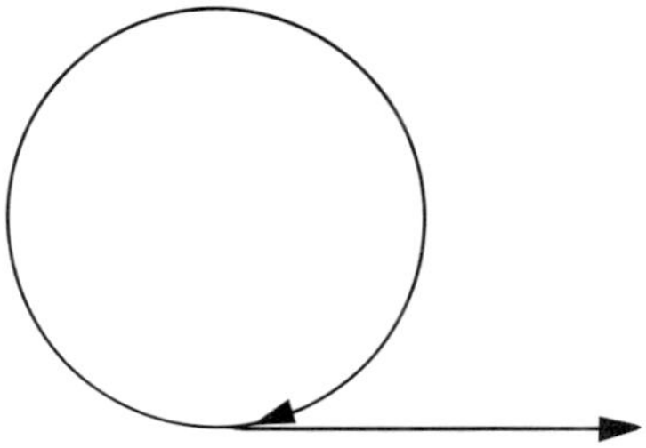

Nur sollten Sie sich auch sofort im klaren sein darüber, wie unweigerlich sich dies erst einmal dahin auswirkt, daß wir damit nicht so sehr ein Labyrinth betreten, sondern eher in ein Wespennest geraten, – derart zahlreich und bedrängend dürften jedenfalls die Fragen oder Einwände sein, die wir damit auf uns ziehen und auch allenfalls im weiteren Verlaufe unserer Überlegungen werden beantworten oder entkräften können.

Nur einem, wenn auch tiefgreifenden Einwand nämlich läßt sich hier bereits begegnen. In erster Linie haben Sie damit zu rechnen:

Gerade dieser soweit aufzudeckende Zusammenhang von Subjektivität als Spontaneität des Denkens und sonach ihres Verstandes einerseits mit ihr als Selbstverhältnis einer Selbsttätigkeit ihrer Selbstverwirklichung aus Freiheit und Autonomie der Selbstbestimmung anderseits wird etliche doch spürbar gegen Sie erbittern. Denn vorbei ist es danach mit jener großen Weigerung, die zahlreichen Belege dafür überhaupt zur Kenntnis und auch ernst zu nehmen, daß Kant selbst dem denkenden Verstand der Subjektivität als Spontaneität schon all dies letztere zugrunde legt. Deswegen dürfte man dazu bereit nur sein, indem man Ihnen jene bisher stets bloß heimliche Voraussetzung jetzt ausdrücklich entgegenhält, um das Gewicht dieser Belege möglichst niedrig anzusetzen: Mit der Spontaneität als Selbstverhältnis einer Selbsttätigkeit oder Selbstverwirklichung aus Freiheit als Autonomie der Selbstbestimmung, worauf Kant auch denkenden Verstand bereits zurückführt, könne ganz im Sinne bloßen »Selbstbewußtseins« nichts als etwas »Theoretisches« gemeint sein: Spontaneität als Selbsttätigkeit einer Selbstverwirklichung und damit Freiheit als Autonomie der Selbstbestimmung nur als »theoretische«, – auch wenn Kant selber dies nicht eigens sage.

Die Ausdrücklichkeit jedoch, in der sie nun hervor- und Ihnen gegenübertritt, kann Ihnen nur willkommen sein. Erhalten Sie doch damit die Gelegenheit, auch jene Unterstellung gleichermaßen ausdrücklich als so fundamentalen wie verhängnisvollen Irrtum abzuweisen, der bereits von Anbeginn einer historischen wie systematischen Entwicklung Kantischer Philosophie im Wege stand und noch bis heute steht. Nicht weniger ausdrücklich wird auf diese Weise nämlich auch der Grund für jenen Irrtum: Angeblich bloß »theoretisch« soll all dies nur deswegen gemeint sein, weil entsprechend heimlich man dabei des weiteren voraussetzt, eigentlicher Sinn von Spontaneität, Selbsttätigkeit und Selbstverwirklichung oder von Freiheit als Autonomie der Selbstbestimmung könne bei Kant ausschließlich ein »praktischer« sein. Und desto entschiedener hängt man auch dieser weiteren Voraussetzung noch an, als man dabei erst recht der Überzeugung ist, mit »praktisch« könne Kant hier nur »moralisch-praktisch« oder kurz »moralisch« meinen.

Von dieser letzteren Voraussetzung jedoch, die nichts als eine Umfälschung von Kants Moral-Philosophie in Kant am allerfernsten liegende Moral-Ideologie bedeutet, werden Sie sich um so weniger beirren lassen, als Sie gegen erstere bereits eine so einfache wie schlagende Entgegnung zur Verfügung haben: Daß Kant selber nirgendwo auch nur mit einem Wort zum Ausdruck bringt, dies alles sei ausschließlich »theoretisch« zu verstehen, ist kein Zufall. Denn aus zwingender, nämlich aus sachlich-systematischer Erwägung kann er dies auch gar nicht meinen, weil dadurch sein ganzes Unternehmen der Erkenntnis- oder der Erfahrungslehre, kurz seine gesamte Theoretische Philosophie mit einem Schlag zum *circulus vitiosus* würde und zusammenbräche.

Zwecks Verdeutlichung einmal in äußerster Verkürzung formuliert, besagt nämlich die Grundthese dieser Philosophie: So etwas wie Erkenntnis und Erfahrung sei als Theorie allein durch Spontaneität erklärbar und mithin auch nur durch all das, was an Aufbaustükken letzterer zu ihr dazugehört. Sie brauchen aber diese These lediglich im Sinn jener Voraussetzung noch zu ergänzen, und der Zirkel tritt zutage: Wäre sie tatsächlich dahin zu verstehen, *Theorie* sei lediglich durch Spontaneität als *theoretische* erklärbar und mithin durch alle ihre Aufbaustücke, die wir schon ermittelt haben oder noch ermitteln werden, ebenfalls allein als *theoretische,* so setzte sie gerade das, was sie doch erst erklären müßte, immer schon voraus, so daß sie damit hinsichtlich von Theorie und Theoretischem auch schlechterdings nichtssagend bliebe.

Doch so nahe Ihnen das vielleicht auch liegen mag, Sie sollten sich von diesem Argument nicht soweit überzeugen lassen, nunmehr ohne weiteres daraus gleich fortzuschließen, also sei die Spontaneität mit allen ihren Aufbaustücken hier vielmehr in »praktischem« als ihrem ohnehin ursprünglichen und eigentümlichen Sinn zu verstehen – auf diese Weise sonach jenen Fehler doch noch mitzumachen, nämlich von der Kehrseite her. Denn daß Kant bei jener These, Theorie sei nur durch Spontaneität erklärbar, unter letzterer auf keinen Fall spezifisch »theoretische« verstehen kann, hat seinen sachlich-systematischen Grund nicht nur darin, daß formal dann jener Zirkel sich ergäbe, sondern daß vor allem inhaltlich ein auch nur ansatzweise schon bestimmter Sinn von »Theorie« und »theoretisch« Kant noch überhaupt nicht zur Verfügung steht, ja gar nicht stehen kann, und abermals aus Gründen jener These selbst.

Denn wie Sie sehen werden, könnte dieser Sinn bloß jener für alltägliches Bewußtsein selbstverständliche und seit antiker Reflexion auf ihn auch philosophisch immer weiter überlieferte sein, der zuletzt jedoch auf Aristoteles zurückgeht, sprich, auf seine »Theoria«, und von ihr her wesentlich ein rezeptiver ist, mit welchem Kant dann wohlbedacht von Grund auf bricht. Indem er als das Wesen wahrer oder falscher Theorie statt Rezeptivität nun vielmehr Spontaneität ansetzt, verlieren denn auch die »Erfahrung«, die »Erkenntnis« oder »Theorie« im Rahmen seiner neuen Art der Reflexion auf sie erst einmal ihren – herkömmlichen – Sinn. Sie werden dadurch sozusagen leere Wörter, die er darum mittels ebensolcher Reflexion mit Sinn auch überhaupt erst wieder füllen müßte, nämlich mit genau dem neuen, der allein aus dieser Spontaneität als solcher selbst hervorzugehen und das eigentliche Wesen wahrer oder falscher Theorie herauszustellen hätte. Eine haltbare, sprich, eine formal-zirkelfreie und auch inhaltlich-verständliche Erklärung für Erfahrung, für Erkenntnis oder Theorie, vermöchte jedenfalls ein Kant nur dann zu liefern, wenn er dartun könnte: Spontaneität als solche selbst, das heißt als das, was sie ausschließlich ihrem eigenen Wesen nach ist, kommt, sofern sie selbst nur immer auftritt, als das Wahre oder Falsche von Erfahrung, von Erkenntnis oder Theorie zum Vorschein. Mithin hätte er zu zeigen, daß und wie die Spontaneität, die Theorie erklären soll, als solche selber theoretisch gerade nicht schon immer ist, sondern immer erst wird, nämlich allererst *indem* sie in Gestalt von Wahrheit oder Falschheit einer Theorie hervortritt und mithin auch *zur* Erkenntnis, *zur* Erfahrung überhaupt erst *wird*.

Bis zur Ermittlung dieses eigentlichen Wesens einer Spontaneität, woraus der eigentliche Sinn von wahrer oder falscher Theorie dann überhaupt erst herzuleiten wäre, werden wir im Zuge unserer Reflexion noch eine Reihe weiterer Schritte gehen müssen. Und bis dahin bleibt für uns auch abzuwarten, ob in Abgrenzung zu dem von »Theorie« und »theoretisch« auch der Sinn von »praktisch« oder »Praxis« einer Herleitung daraus noch fähig wäre, oder ob er in der Tat der Sinn von Spontaneität als solcher ist, zu ihrem Wesen also mitgehört und so auch schon zum Sinn von »Theorie« und »theoretisch«.

§ 10. Spontaneität als Einheit eines Selbst- und Fremdverhältnisses

Mag nämlich jenes Selbstverhältnis als das eigentliche Wesen dieser Spontaneität von Subjektivität auch ein Ergebnis sein, an dem wir fortan festzuhalten haben, werden Sie gleichwohl nicht übersehen:

Im Hinblick auf das Wesen solcher Spontaneität als Ganzes scheint uns dies Ergebnis zwar noch weiter in das Labyrinth von Subjektivität hineinzuführen, aber vorerst ohne jegliche Gewähr, daß wir mit ihm auch auf dem rechten Weg sind. Ja es scheint sogar, daß dies Ergebnis eher dazu führt, die Problematik Subjektivität noch enger zu verwickeln als schon eine erste Strecke weit zu lösen. Denn so sehr es, für sich selbst genommen, Sie auch überzeugen mag – Sie sollten sich von ihm auf keinen Fall den Blick dafür verstellen lassen: Eigentlich muß es zunächst einmal als ein Paradoxon erscheinen.

Als solches in die Augen springen wird es Ihnen geradezu, sofern Sie anderseits nicht aus dem Blick verlieren, was es aufzuklären bestimmt ist. Denn in welchem Sinn soll Subjektivität als denkender Verstand nach Kant Prinzip von »absoluter Einheit« oder »Einfachheit« sein? Die zunächst bloß negative Einsicht nämlich, Subjektivität bestehe *nicht* wie ein Objekt in Substanzialität, mithin auch *nicht* als substanzielle »absolute Einheit« oder »Einfachheit«, sucht Kant noch durch die positive mit Gehalt zu füllen, diese »absolute Einheit« oder »Einfachheit« sei eine »logische« und darin eigentümliche, daß sie als solche »lauter Spontaneität« ist[1].

Als etwas Eigentümlich-Eigenständiges jedoch, so haben wir uns klargemacht, vermag er Spontaneität in Anspruch nur zu nehmen, insoweit er darin die Aktivität erblickt, die sich aus ihrem Selbstverhältnis herleitet. Sie brauchen sich indes nur jenes Schemas wieder zu erinnern, woran Sie sich Spontaneität in diesem Sinn zuletzt veranschaulichen konnten – jener Linie, welche nicht einfach abrupt aus einem Punkt, sondern aus einem in sich selbst zurücklaufenden Kreis hervorgeht –, und Sie sehen ohne weiteres, wie problematisch sie tatsächlich bleibt.

So können wir uns zwar von Anbeginn noch mit vor Augen halten, daß es sich dabei ja nur um ein Modell für etwas handeln soll, das keineswegs auch selbst etwa aus zweierlei wie Kreis oder Gerader lediglich durch Willkür ein Zusammen bildet, sondern ein ursprünglich-einheitliches Ganzes. Trotzdem wird uns dadurch noch nicht im geringsten deutlich, daß es etwas »Einfaches« von »absoluter Einheit« bilden soll, das heißt sogar von denkbar strengster, nämlich

1 Vgl. B 428ff.

unteilbarer Einheit ohne jegliche Zusammensetzung. Ja aus dem Gesichtspunkt dessen, was die beiden Stücke selbst, woraus sich dies Modell sehr wohl zusammensetzt, nämlich der Kreis und die Gerade je für sich veranschaulichen, fragt es sich sogar: In welchem Sinne sollte es sich dabei überhaupt um etwas Einheitliches handeln können, geschweige denn um etwas Einfaches?

Denn was zunächst die Gerade anbetrifft, so werden Sie auch nicht verkennen: In dem vorigen Modell, will sagen, in Beziehung auf den Kreis veranschaulicht sie etwas mehr, ja noch entscheidend anderes als die bloße Gerade, ob nun die mit einem Pfeil oder mit zweien. Wenn Sie nämlich einmal davon absehen, daß der rechte Pfeil dabei die Richtung jeweiligen Nachfolgens bezeichnet so wie umgekehrt die des Vorangehens der linke, deren Zeitsinn hier noch unerörtert bleibe, dann verdeutlicht jede dieser Geraden durch den Pfeil doch jeweils grundsätzlich die Richtung auf ein Anderes: Wo auch immer Sie etwas als Ursache darauf markierend denken, – jeder Pfeil, der dann in jedweder Markierung mitzudenken ist, verweist dabei auch immer wieder auf ein Anderes usw., einerlei, wie weit auf der Geraden Sie damit nach rechts gehen mögen, oder umgekehrt nach links: von einer Wirkung auch zurück zu ihrer Ursache.

Genau dasselbe aber gilt natürlich für Markierungen auf der Geraden, welche innerhalb des vorigen Modells mit jenem Kreis zusammen auftritt, – ausgenommen eine einzige, jedoch entscheidende, die eine nämlich, welche sie schon immer aufzuweisen hat: ihre Grenze mit dem Kreis. In prinzipiellem Unterschied zu allen anderen auf ihr hat diese letztere Markierung nämlich darin ihre Auszeichnung, daß jener Pfeil nach rechts, der auch in ihr noch mitzudenken ist, *ursprünglich* auf ein Anderes verweist. Er veranschaulicht mithin *ursprüngliche* Beziehung auf ein Anderes, und danach hätte, wenn vielleicht auch nirgends sonst, so doch zumindest hier jeweils dergleichen wie Bezug auf etwas Anderes seinen *Ursprung*.

Denn wohin Sie auch von diesem Punkt aus weiter noch zurückgehen wollten, um zu der durch ihn markierten Wirkung auch die Ursache von ihr noch zu markieren, – aus ganz prinzipiellem Grunde kann es Ihnen dabei nicht gelingen, diese Ursache wie auf der Geraden als ein Anderes zu dieser Wirkung aufzuweisen. Denn mit diesem Rückgang könnten Sie sich prinzipiell nur auf der Kreislinie zurückbewegen. Diese aber steht für Spontaneität als Selbstverhältnis einer Selbstverwirklichung, so daß auf ihr sich gerade nicht auch noch ein weiterer Punkt markieren lassen kann, der als ein anderer zu dem schon gegebenen auch die Ursache zu dieser Wirkung noch als Anderes zu ihr veranschaulichen könnte. Vielmehr steht ein jeder Punkt auf diesem Kreis, mithin auch jener Grenzpunkt zwischen Kreis und Gerader hier schon auszeichnenderweise für das Ganze dieser Spontaneität als Selbstverhältnis einer Selbstverwirklichung. Infolgedessen bringt auch jeder weitere Punkt nur überflüssig und auf diese Weise irreführend noch einmal zum Ausdruck, was der Grenzpunkt selbst bereits veranschaulicht, indem ein jeder nämlich diesen Sinn von Kreis als ganzem sozusagen im Kreispunkt verdichtet und dadurch ausdrücklich macht, wofür er steht: Für eine Spontaneität, die in das Selbstverhältnis einer Selbstverwirklichung nur tritt, indem sie ebenso ursprünglich *aus* sich selbst *hervor-* wie *auf* sich selbst *zurück*geht, so daß jeder Punkt des Kreises auch für sich allein bereits für Ursache und Wirkung ihrer selbst ineinem stehen kann.

Welchen Sinn dies haben könnte, Ursache und Wirkung seiner selbst ineinem und auf diese Weise Selbstverwirklichung zu sein, ist schon seit jeher, wie Sie wissen, und bis heute noch ein Rätsel, dem auch wir uns werden stellen müssen. Mindest soviel aber dürfte unsere letzte Überlegung Ihnen schon verdeutlicht haben: In der Tat ist rätselhaft in erster Linie schon allein, wie Spontaneität im Sinne unseres Modells sich überhaupt als eine Einheit soll verstehen lassen, ganz zu schweigen davon, daß sie sogar einfach, nämlich absolute Einheit sein soll. Denn was innerhalb dieses Modells bloß Zweierlei ist, Kreis und Gerade, steht danach ja keineswegs nur ebenfalls für Zweierlei, sondern sogar für Gegensätzliches: die Gerade für ursprünglichen Bezug zu Anderem, und für ursprünglichen Bezug zu sich oder für Selbstbezug der Kreis. Gleichursprünglich also soll die Subjektivität als Spontaneität Beziehung zu sich selbst sein wie Beziehung auch zu Anderem ihrer selbst: durch eine und dieselbe Spontaneität jeweils der Ursprung des Bezugs zu sich und des zu Anderem als sich, und das auch noch im Rahmen einer absoluten Einheit oder Einfachheit. Ja eigentlich soll danach Subjektivität durch Spontaneität *als* ursprüngliche *Selbst*beziehung zu sich selbst noch gleichursprünglich *Fremd*beziehung sein zu Anderem als sich selbst, *und umgekehrt*. Doch diese Gleichursprünglichkeit der beiden könnte letztlich gar nichts anderes bedeuten, als daß Spontaneität auch beides, Selbstbeziehung sowie Fremdbeziehung, jenem Sinn gemäß als die einer Verwirklichung sein müßte: gleichursprünglich Selbstverwirklichung wie Fremdverwirklichung. In welchem Sinn indessen Spontaneität als *absolute Einheit* einer Gleichursprünglichkeit von solchen Gegensätzen mehr als nur ein Wort sein könnte, werden Sie zurecht nicht ohne weiteres begreiflich finden.

Hier freilich muß ich Sie sogleich darauf verweisen: Diese Problematik einer *Einheit* solcher Spontaneität als Gleichursprünglichkeit von Gegensätzen zeigt sich Ihnen damit vorerst nur ganz unzulänglich, gleichsam bloß von ihrer Außenseite, die leicht irreführen kann, indem sie ihre Innenseite selbst verdeckt und so hinwegtäuscht über ihre eigentliche Tiefe. Ja sie könnte Sie sogar zur Auffassung verleiten: Anstatt echte liege hier vielmehr allein der Schein von Einheitsproblematik vor, der lediglich durch das Modell bedingt sei, nichts jedoch mit dem zu tun habe, wofür es stehe. Problematisch nämlich sei allein, daß dies Modell den Kreis, der durch Kants Auffassung von Spontaneität als Selbstverhältnis voll gedeckt sei, um die Gerade noch erweitere; doch sie gehöre gar nicht eigentlich dazu und bleibe mit dem Sinn eines Bezugs zu Anderem durch Spontaneität als Selbstbezug bei Kant auch ungedeckt.

Damit freilich hätten Sie insofern recht, als diese Gerade nur durch die Entwicklung unseres Modells aus jener Linie als abrupt beginnender in es hineingekommen ist; wir haben nämlich dieser geraden Linie einen Kreis hinzugefügt, nicht etwa umgekehrt dem Kreis eine Gerade. Insoweit hätten wir sie denn auch eigentlich wieder zurückzunehmen, und das heißt: genau so weit sie über diesen Kreis hinausreicht – die Gerade also insgesamt.

Doch auch in Bezug auf das, was sie bezeichnet, wären Sie dabei im Recht. Denn jegliche Markierung auf der Geraden über ihren Grenzpunkt mit dem Kreis hinaus kann nur für eine Wirkung stehen, welche so wie jede im Bereich der natural-empirischen Objekte etwas Anderes zu ihrer Ursache besitzt: im Fall dieses Modells am Ende die, für welche eben dieser Grenzpunkt zwischen Kreis und Gerader als Markierung steht. Deswegen gilt für jede Wirkung außerhalb der durch ihn selbst auf der Geraden noch markierten auch stets wieder das Prinzip der Heteronomie von Fremdbestimmung oder Fremdverwirklichung als Determination aus Notwendigkeit, nicht mehr wie für erstere das der Autonomie als Selbstbestimmung oder Selbstverwirklichung aus Freiheit. Insoweit gehört mithin tatsächlich innerhalb dieses Modells die Gerade auch genausowenig mit zum Kreis wie außerhalb desselben das, wofür sie steht, etwa noch mit zur Spontaneität als Selbstverhältnis einer Selbstverwirklichung. Und damit wäre in der Tat auch dies Modell als das für Spontaneität um die Gerade wieder zu beschneiden und so auf den Kreis allein zu reduzieren.

Nur müßte dies ein solcher sein, auf dessen Linie Sie dann abermals genau das wenigstens noch anzudeuten hätten, das besonders klar herauszustellen die Gerade wohl bedacht und gut geeignet war: das Kant zufolge wesentlich zur Spontaneität von Subjektivität als dem Verhältnis zu sich selbst noch mit dazu gehörende Verhältnis auch zu Anderem ihrer selbst. Jedoch vermöchten Sie die Aufgabe, es anzudeuten, jetzt ausschließlich noch dem vormaligen Anfangspunkt der Geraden aufzubürden, welchen sie als einen nunmehr bloßen Kreispunkt aber überforderte, so daß es Ihnen weiterhin obläge, eine aus dem Punkt und somit auch dem Kreis entspringende Gerade mindest mitzudenken. Denn als bloßer Kreispunkt, der gerade jenes Selbstverhältnis ausdrückt, könnte er dies Fremdverhältnis prinzipiell nicht mehr bezeichnen.

Im Unrecht nämlich wären Sie, zu meinen, diese Gerade sei, ob mitgezeichnet oder nur noch mitgedacht, durch jenen Sinn, den Kant mit Spontaneität von Subjektivität verbinde, nicht mehr mitgedeckt, weil er darunter Subjektivität allein als Selbstverhältnis denke, aber keineswegs noch als ein gleichursprüngliches Verhältnis auch zu Anderem ihrer selbst. Das trifft nämlich gerade für die Spontaneität jenes Verstandes dieser Subjektivität, wie sie als Denken im Erkennen schon am Werk sein soll, am allerwenigsten zu: Jedenfalls so wenig, daß die Stellen, wo Kant dieses Selbstverhältnis nicht nur unerwähnt läßt, sondern durch ausschließliche Erwähnung des Verhältnisses zu Anderem verdeckt, sogar weit überwiegen. Einseitig geradezu spricht Kant bloß immer wieder so, daß Subjektivität als Spontaneität des denkenden Verstandes im Erkennen auf Objekte ausgerichtet sei: so häufig immerhin, daß Sie an allen solchen Stellen sich auch stets erst wieder in Erinnerung rufen und vor Augen halten müssen, was nach Kant gerade diesem Fremd- zu Anderem bereits zugrunde liege, eben dieses Selbstverhältnis solcher Subjektivität, das Sie deswegen jenem gegenüber eigens sicher- und herauszustellen haben.

So geht Kant stellenweise sogar soweit, kurzerhand zu sagen, es gestalte Spontaneität des denkenden Verstandes im Erkennen sich in jene »Kategorien« oder »reinen Verstandesbegriffe«, »welche a priori auf Gegenstände« oder »die a priori auf Objekte gehen«[2]; und dabei haben die »Objekte« oder »Gegenstände« von Erkenntnis gerade als ein »Anderes« zu ihr, als ein von ihr »Verschiedenes« bzw. »Unterschiedenes« zu gelten[3]. Unter »a priori auf Objekte *gehen«* aber werden Sie nichts anderes als »a priori auf Objekte *aus*gehen« verstehen können, dessen Sinn im folgenden noch weiter zu entfalten ist. An allen solchen Stellen spricht Kant mithin irreführend so, als ginge Spontaneität dabei nicht wenigstens *genauso* »a priori« oder *gleich*ursprünglich auch noch »auf Subjekte«, nämlich auch noch jeweils auf genau das Subjekt selber aus, das im Erkennen durch die Spontaneität seines Verstandes in Gestalt dieser »Kategorien« freilich »a priori« durchaus »auf Objekte« ausgeht. Nur tut es dabei eben nicht auch ersteres bereits wie letzteres mittels »Kategorien«, zumindest nicht im Sinne Kants. Mit diesen nämlich meint er offenkundig bloß *Objekt*-Kategorien, woran Sie wieder einmal und besonders deutlich sehen, wie weitgehend es Kant versäumt, sie als entsprechende *Subjekt*-Kategorien auch nur mit zu erwähnen, geschweige denn mit zu begründen.

Zwar sollten Sie auch hier beachten: Jenes von ihm selbst meist bloß als »Selbstbewußtsein« hingestellte Selbstverhältnis dieser Subjektivität gilt Kant nicht wie ihr Fremdverhältnis zu Objekten etwa ebenfalls für eines der Erkenntnis oder der Vergegenständlichung von etwas, also nicht als deren Selbst*erkenntnis* oder Selbst*vergegenständlichung*. In diesem Sinn gestaltet somit das mit allem Fremdverhältnis gleichursprünglich miteinhergehende Selbstverhältnis dieser Subjektivität sich freilich nicht auch selber in »Kategorien«. Das heißt indes noch keineswegs, daß es sich dabei überhaupt nicht mitgestaltet, daß etwa Subjektivität, wenn sie als Spontaneität von denkendem Verstand mittels »Kategorien« jeweils »a priori auf Objekte geht«, nicht auch genauso »a priori« oder gleichursprünglich »auf Subjekte« ginge um zunächst die Redeweise Kants zu übernehmen –, nämlich jeweils auf genau das auf Objekte gehende Subjekt als solches selbst zurück. Doch wie anders oder wodurch sonst gestaltet Subjektivität als Spontaneität sich dabei auch zu diesem Selbstverhältnis, wenn nicht, wie zu jenem Fremdverhältnis, gleichfalls durch »Kategorien«? Worin besteht die Eigenart, in welcher sie in ein Ver-

2 A 79 B 105.
3 A 104, A 105, B 158, B 275, B 276.

hältnis zu sich selbst tritt, um aus ihm, will sagen aus sich selbst heraus in das zu Anderem mittels »Kategorien« überhaupt treten zu können?

Denn Sie brauchen sich nur gegenwärtig halten, daß bei aller Gleichursprünglichkeit wie Gegensätzlichkeit der beiden jenes Selbstverhältnis diesem Fremdverhältnis immer schon zugrunde liegt und liegen muß, sofern der Ursprung dieses letzteren, wie wir gesehen haben, auch allein aus der Ursprünglichkeit des ersteren verständlich werden kann, und Ihnen wird sofort begreiflicher, aus welchem Grunde Kant mit dem Versuch der »Deduktion« seiner »Kategorien« scheitern muß. Denn wie auch sollte er zu einem Argument dafür imstande sein, allein auf jene hochkomplexe Art dieser »Kategorien« vermöge Subjektivität als Spontaneität von denkendem Verstand in ein Verhältnis zu Objekten als dem Andern ihrer selbst zu treten, solange er noch überhaupt kein Argument dafür besitzt, auf welche Art sie ihm zuvor und es begründend erst einmal in ein Verhältnis zu sich selber treten müsse? In welchem Sinn ist Subjektivität als Spontaneität ein Selbstverhältnis gerade der Selbst*tätigkeit* als Selbst*verwirklichung*, daß er verständlich machen kann: In eben diesem Sinn muß sie nicht nur in dieses Selbstverhältnis treten, sondern gleichursprünglich auch aus ihm heraus noch in ein Fremdverhältnis; genauso »a priori« wie als Selbstverwirklichung von sich, als dem Subjekt, muß sie als Fremdverwirklichung von Anderem, als dem Objekt, mittels »Kategorien« eben auch noch »auf Objekte gehen«?

Zwar weisen solche Fragen, was die zureichenden Antworten auf sie betrifft, schon weit voraus. Doch zeigen sie Ihnen auch so schon hier in aller Deutlichkeit, wie unlösbar nach Kant zu jener Subjektivität als Spontaneität – gleichviel in welchem Sinn – ihr Selbstverhältnis wie dann auch ihr Fremdverhältnis jedenfalls zusammengehören müssen: eben das mithin, was wir in unserem Modell durch die Zusammenfügung jenes Kreises mit der Geraden uns veranschaulichen wollten. Muß dies aber nach den einschlägigen Stellen bei ihm nunmehr als gesichert gelten, nimmt auch das Problem der Einheit dieser Subjektivität als Spontaneität erst recht Gestalt an.

Nach wie vor ist nämlich Ihrem Einwand stattzugeben, dies Modell sei zur Vermeidung jener Irreführung durch die Gerade um dieselbe zu beschneiden, also wirklich auf den bloßen Kreis zu reduzieren. Nur wäre dann genau im selben Sinn wie die Gerade auch der

Kreis als solcher selbst noch irreführend, aus genau demselben Grunde also ebenfalls zu reduzieren. Denn Markierungen auf der Geraden, insofern sie jeweils für die Wirkung einer Ursache bzw. umgekehrt stehen, leiten deshalb fehl, weil sie als jeweils Andere zueinander hier auch immer wieder auseinander treten, während jene Spontaneität als Selbsttätigkeit einer Selbstverwirklichung gerade Ursache und Wirkung ihrer selbst *ineinem* sein soll. Soweit jedenfalls ist die Gerade zur Veranschaulichung solcher Spontaneität tatsächlich ungeeignet, also aufzugeben. Doch genau dasselbe gilt auch für den Kreis. Sofern er nämlich, obzwar keine Gerade, gleichfalls eine Linie darstellt, träten Ursachen und Wirkungen, auf ihm markiert, desgleichen jeweils auseinander und mithin als Andere zueinander auf, könnten also jene Selbstverwirklichung als Ursache und Wirkung ihrer selbst *ineinem* auch genausowenig wiedergeben.

Nur sollten Sie dabei beachten, was allein damit gemeint sein kann, daß dies Modell aus Kreis und Gerader, insofern es irreführt, zu reduzieren sei, und was gerade nicht. Denn das kann keinesfalls bedeuten, einer Reduktion zu unterwerfen sei an ihm auch das noch, was dieses Modell, wenn Sie von seiner Irreführung absehen, Ihnen richtig zu verstehen gibt. Sowohl Gerade wie auch Kreis in ihm zu reduzieren, heißt mithin durchaus nicht, dies Modell im ganzen wieder preiszugeben, wie Sie auf den ersten Blick leicht meinen könnten, sondern heißt, es vielmehr aufrechtzuerhalten, um durch Tilgung seiner Irreführung überhaupt erst seinen wirklichen Modellcharakter zu entfalten wie auch seine eigentliche Anschaulichkeitshilfe zu gewinnen.

Dies aber liefe dann auf nichts geringeres hinaus, als *innerhalb* dieses Modells die Gerade wie den Kreis nicht lediglich zu reduzieren, sondern sie auf einen Punkt als eigentlichen Sinn dieses Modells zurückzuführen, und zwar auf einen, der als einziger und selbiger dann schon von einiger Bedeutung wäre. Denn ineinem stünde er als solcher aus der Perspektive jener Geraden für den Anfangspunkt derselben auf dem Kreis sowohl wie eben damit aus der Perspektive jenes Kreises auch noch für den Punkt, in dem als selbigem er seinen Anfangs- wie auch Endpunkt hätte.

Daraus freilich würde Ihnen wie auf einen Schlag ersichtlich, daß die Spontaneität von Subjektivität als Selbstverhältnis einerseits und Fremdverhältnis anderseits nicht einfach dieser beider Einheit überhaupt ist, sondern in der Tat sogar die absolute Einheit oder Einfachheit derselben bildet. Denn wohl schwerlich dürfte sich ein Punkt an absoluter Einheit oder Einfachheit noch überbieten lassen. Ich wüßte Ihnen jedenfalls beim besten Willen nicht noch etwas anderes zu nennen, das Ihnen gestattete, dergleichen wie die absolute Einheit oder Einfachheit von etwas angemessener sich vorzustellen, als den Punkt.

Nur sollten Sie des weiteren beachten, daß es hier mit solcher anschaulichen Vorstellung allein noch nicht getan ist, weil es um die absolute Einheit oder Einfachheit nicht dieses Punktes selber, sondern dessen geht, was er bezeichnen soll. Im Hinblick darauf aber muß gerade wieder fraglich werden, ob der Punkt dafür Modell tatsächlich angemessen steht. Bei Spontaneität von Subjektivität sowohl als Selbst- wie auch als Fremdverhältnis handelt es sich nämlich immer noch um etwas, das es wahrlich in sich hat, so daß ich Ihnen nicht verdenken könnte, wenn Sie als Modell dafür statt eines Punktes einen Doppelpunkt bei weitem angemessener fänden. Nach wie vor fragt es sich nämlich gerade, nicht nur, wie ein Punkt als selbiger so Gegensätzliches ineinem darzustellen vermöchte, sondern dem genau entsprechend auch noch, ob die Spontaneität der Subjektivität bei derart gegensätzlichen Verhältnissen sich überhaupt als absolute Einheit oder Einfachheit verstehen lassen könnte, und wenn ja, in welchem Sinn. Denn wie der Doppelpunkt Zusammensetzung aus den beiden Punkten ist, so scheint erst recht die Subjektivität als Spontaneität aus diesen zwei – und zudem auch noch gegensätzlichen – Verhältnissen vielmehr zusammengesetzt zu sein statt einfach: Zumal allein schon jenes eine und sogar entscheidende von ihnen, nämlich das dem Fremd- bereits zugrunde liegende als Selbstverhältnis vorderhand auch allen andern Eindruck, bloß nicht den der absoluten Einheit oder Einfachheit erweckt.

Nur erreichen Sie mit dieser Überlegung systematisch eine Stelle, die methodisch äußerste Behutsamkeit erfordert. Nirgends sonst nämlich droht Ihnen so sehr die Gefahr wie hier, durch eine vorgefaßte, aber unhaltbare Meinung jeden Fortschritt auf dem rechten Weg durchs Labyrinth von Subjektivität zu hindern und auf diese Weise auch sich selbst um jede weitere Einsicht ins Komplexe ihrer inneren Struktur zu bringen. Denn beinahe zwangsläufig verspürt an dieser Stelle jedermann erst einmal eine Neigung, um so weniger bezwingbar, als sie unbewußt darin besteht, an jene Problematik absoluter Einheit oder Einfachheit von Subjektivität unüberlegt, unreflektiert heranzutreten, nämlich einen Sinn von »absoluter Einheit« oder »Einfachheit« an sie heranzutragen und ihr stillschweigend zu unterstellen, der jedoch ihr Wesen von Grund auf verfehlt.

Ihm auf der Spur werden Sie darum auch nur bleiben, wenn Sie erst einmal jenen verfehlten Sinn von »absoluter Einheit« oder »Einfachheit« sich ausdrücklich vor Augen stellen, um ihn von Subjektivität als Spontaneität von vornherein dann fernzuhalten. Daß sie bei aller ihrer inneren Gegensätzlichkeit als Selbst- und Fremdverhältnis gleichwohl nicht bloß Einheit, sondern auch noch absolute oder Einfachheit sein soll, wird Ihnen schwierig einzusehen nämlich nur solange scheinen, wie Sie dazu neigen, unter »Einfachheit« und »absoluter Einheit« unausdrücklich – nämlich so, als sei das selbstverständlich – »Unteilbarkeit« oder »Unzusammengesetztheit« zu verstehen. Denn sobald sie ausdrücklich als der damit verbundene Sinn hervortritt, sehen Sie an dieser »Unteilbarkeit« oder »Unzusammengesetztheit« auch sofort: Es handelt sich dabei nur einmal mehr um einen gänzlich negativen, der mithin von dem darin negierten positiven Sinn abhängig bleibt, das heißt, noch keinen von ihm unabhängigen, nämlich ihm gegenüber eigenen und eigentümlichen besitzt.

Dieser positive Sinn von »Teilbarkeit« oder »Zusammengesetztheit« aber ist und bleibt nun einmal der den natural-empirischen Objekten als Substanzen eigentümliche, den Sie als solchen auch nicht aus den Augen lassen dürfen. Ausschließlich darin nämlich liegt der Grund dafür, daß sich mit seiner Negation kein rechter neuer Sinn verbinden läßt. Denn der Versuch einer Zurückführung solcher Objekte als zusammengesetzter wie auch teilbarer Substanzen auf ein Unzusammengesetztes oder Unteilbares wäre letztlich gleichbedeutend damit, sie auf nichts zu reduzieren, gerade weil es sie als ein empirisch-naturales Etwas überhaupt nur gibt, indem es dieses auch als ein Zusammengesetztes oder Teilbares gibt.

Doch heißt das nicht nur, daß es im Bereich der natural-empirischen Objekte als Substanzen etwas Unteilbares oder Unzusammengesetztes und in diesem Sinne Einfaches nicht gibt, sondern ebendemzufolge ferner, daß es letztlich auch noch gar keinen *Begriff* der »Einfachheit« als »absoluter Einheit« gibt, der einen eigenen und eigentümlich-positiven Sinn besäße. Aus der Perspektive natural-empirischer Objekte müssen darum »Einfachheit« und »absolute Einheit« vielmehr schlechthin leere Wörter bleiben, die auch dadurch noch nicht Sinn bekommen können, daß sie für Subjekte statt Objekte herzuhalten haben. Darin liegt vielmehr der prinzipielle Fehler, dessen Aufdeckung und Ausmerzung wir Kants Kritik der *Paralogismen* verdanken. Denn weil nach allem, was wir uns mit ihm bereits verdeutlicht haben, ein Subjekt wohl schwerlich nichts ist, sondern durchaus etwas, könnte dies auch nur zu Unsinn führen, nämlich zu dem Unding des Subjekts als Quasi-Objekt, das dann im genannten Sinne »einfach« nur noch als quasi-empirische Quasi-Substanz sein könnte, was indessen prinzipiell nicht stimmen kann.

Denn wie Sie sich erinnern werden, kann dergleichen wie des Subjekts Subjektivität allein durch Reflexion als nichtempirisch-philosophische und ihrgemäß auch nur als selber Nichtempirisches ermittelt werden, das von Substanzialität eines empirischen Objekts und dessen Heteronomie durch eigentümliche Autonomie sich unterscheidet. Dann jedoch kann auch ein Sinn von »Einfachheit« als »absoluter Einheit«, der von seiten jener Substanzialität empirischer Objekte ohnehin nicht vorliegt, für die Subjektivität von nichtempirischen Subjekten noch so wenig zur Verfügung stehen, daß er vielmehr umgekehrt durch solche Reflexion *auf* diese Subjektivität *aus* dieser selbst erst, somit ursprünglich entwickelt werden muß: Wenn überhaupt, so kann ein angemessener und eigentümlich-positiver Sinn von »absoluter Einheit« oder »Einfachheit« ausschließlich aus der Spontaneität von Subjektivität als Selbst- wie Fremdverhältnis selber sich ergeben. Von empirischen Objekten jedenfalls ist für die Reflexion hierauf aus den genannten Gründen eine Wegweisung nicht zu erhoffen, sondern höchstens Irreführung zu befürchten, so daß auch für »absolute Einheit« oder »Einfachheit« der Subjektivität die dortherstammenden Begriffe oder anschaulichen Vorstellungen fernzuhalten sind.

Dies aber gilt sogar, wie Sie nicht übersehen sollten, in bestimmter Hinsicht noch für das zuletzt von uns dazu verwendete Modell. Unsere Reflexionsaufgabe angemessen aufzunehmen, wird uns daher nur gelingen können, wenn wir schon von Anbeginn auf das an unserem Modell noch mitzureflektieren vermögen, wovon wir dabei gerade abzusehen haben. Ob Sie nämlich zur Veranschaulichung jener Spontaneität als Selbst- und Fremdverhältnis wegen deren Gegensätzlichkeit nun auf dem Doppelpunkt bestehen oder trotzdem sich mit einem einzelnen begnügen wollten, – als ein anschaulicher führt auch jeder Punkt genauso wie Gerade oder Kreis noch irre. Denn um etwas Anschauliches sein zu können, muß ein solcher Punkt, das heißt eine bestimmte Farbverteilung beispielsweise auf Papier, in Wahrheit eine Fläche sein, die als ein Punkt nur angesehen wird, insofern sie verhältnismäßig klein ist, nämlich im Verhältnis zu der sie umgebenden.

Wie der Kreis und die Gerade, die als anschauliche Linien ebenfalls entsprechend schmale Flächen sind, muß also auch der Punkt als solcher ausgedehnt sein, mithin teilbar und in diesem Sinn zusammengesetzt. Genau insofern ist er ebenfalls noch ganz Objekt und darin außerstande, ein Subjekt als absolute Einheit oder Einfachheit zu kennzeichnen. Imstande dazu wäre vielmehr allenfalls ein idealer Punkt, das heißt ein schlechterdings ausdehnungsloser. Als ein solcher aber wäre er dann auch ein schlechthin nicht mehr anschaulicher, sondern nur mit Hilfe eines anschaulichen noch gedachter, was indessen offenkundig möglich, nämlich in Geometrie zum Beispiel ohne weiteres der Fall ist.

Im Rahmen unseres Modells bleibt es deswegen einerlei, ob wir uns dabei weiterhin auf einen Punkt beschränken oder uns entschließen, jene anschauliche Gerade, die aus einem anschaulichen Kreis hervorgeht, wiederaufzunehmen. Denn in jedem Fall ist das, wofür es steht, etwas durch dies Modell ausschließlich Denkbares, will sagen, etwas ebenso mit Anleitung durch es wie unter Absehung von ihm zu Denkendes – so recht nach dem Prinzip: Der Mohr hat seine Schuldigkeit getan, der Mohr kann gehen.

Das heißt dann aber weiterhin vor allem: Mag die Spontaneität von Subjektivität als Selbst- wie Fremdverhältnis auch komplex sein, darf dies doch auf keinen Fall dazu verleiten, lediglich auf Grund dieses Modells, von dessen anschaulicher Teilbarkeit oder Zusammengesetztheit dabei gerade abzusehen ist, ihre Komplexität sogleich auch als Zusammengesetztheit oder Teilbarkeit derselben aufzufassen, welche ihre absolute Einheit oder Einfachheit dann in der Tat zunichte machte. Unsere Reflexionsaufgabe, Spontaneität von Subjektivität als Einheit zu erfassen, schließt vielmehr gerade umgekehrt noch ein, Komplexität derselben auch als eine ihrer Einheit derart eigentümliche zu denken, daß sie ihr als absoluter oder Einfachheit nicht nur nicht Abbruch tut, sondern als solcher vielmehr überhaupt erst den allein ihr selber eigenen Sinngehalt verleiht.

Daß derlei Reflexionsvorhaben nicht von vornherein schon aussichtslos sein müßte, will ich Ihnen vorerst nur an einem Teilstück dieser Art Komplexität zu zeigen suchen. Denn komplex ist jene

Spontaneität von Subjektivität nicht erst durch ihre innerliche Gegensätzlichkeit von Selbst- und Fremdverhältnis, die zuletzt weit in den Vordergrund getreten ist, sondern zuallerinnerst sozusagen schon durch eine Gegensätzlichkeit im Rahmen ihres Selbstverhältnisses als solchen, die es aus dem Hintergrund wieder hervorzuholen gilt. Selbst wenn Sie einmal ihre absolute Einheit oder Einfachheit im Falle ihres Selbstverhältnisses schon als erwiesen gelten lassen wollten – wohlgemerkt nur vorläufig als Annahme –, so wäre gleichwohl innerhalb von ihm zumindest soviel noch zu unterscheiden: Selbstverhältnis nämlich sollte Spontaneität von Subjektivität gerade sein im Sinne der Selbst*tätigkeit* als einer Selbst*verwirklichung*, will sagen, einer Tätigkeit oder Verwirklichung von Subjektivität, die nicht nur jeweils aus ihr selbst hervorgeht, sondern auch wieder zurückgeht auf sie selbst, – wozwischen also auch zu unterscheiden wäre. Eben darin aber liegt denn auch der Minimalbestand an Komplexion, den es in jedem Falle aufzuweisen hat, um so etwas wie Selbstverhältnis im genannten Sinne sein zu können: Ohne diese Differenz von »aus sich selbst hervor« und »auf sich selbst zurück« ließe sich jedenfalls das Selbstverhältnis von Selbst*tätigkeit* im Sinne einer Selbst*verwirklichung* nicht einmal denken.

Bei all dieser Erforderlichkeit und auch Nachvollziehbarkeit der Differenz von ihnen aber sind das »Aus sich selbst hervor« und »Auf sich selbst zurück« dieses Verhältnisses doch keineswegs etwa in dem Sinn different, daß es ein Selbstverhältnis durch sie bildete, indem es erst einmal allein in einem »Aus sich selbst hervor« und anschließend allein in einem »Auf sich selbst zurück« bestünde: So als wäre es auf jenem Kreis, wenn wir ihn wieder als Modell benutzen, ab dem Fußpunkt links- und aufwärts bis zum Scheitelpunkt das erstere, von diesem rechts- und abwärts aber bis zum Fußpunkt wiederum das letztere. Denn wie grundsätzlich Sie vielmehr vom Kreis als anschaulichem dabei in der Tat auch wieder abzusehen haben, können Sie sich daran leicht verständlich machen, wie grundsätzlich eine derartige Auffassung von ihm dies Selbstverhältnis als ein solches selbst verfehlen müßte.

Nicht einmal von Fuß- bis Scheitelpunkt im Kreis nämlich besteht es *lediglich* in »Aus sich selbst hervor«, sondern *ineinem* damit auch noch in »Auf etwas zu«, nur eben letzteres nicht in dem Sinn von »Auf sich selbst zurück«, sondern gerade von »Auf etwas *Anderes* zu«, weil Scheitel- gegenüber Fußpunkt freilich etwas Anderes ist. Und umgekehrt besteht es darum auch im Kreis vom Scheitel- bis zum Fußpunkt nicht *allein* in »Auf sich zu«, sondern *ineinem* damit auch noch in »Von etwas her«, nur eben letzteres nicht in dem Sinne eines »Von sich selbst her«, sondern gerade dem »von etwas *Anderem* her«. Und beides liegt nicht etwa daran, daß wir dafür auf dem Kreis nun ausgerechnet seinen Scheitel- gegenüber seinem Fußpunkt, sondern daß wir gegenüber irgendeinem Punkt desselben überhaupt noch einen weiteren wählen, um auf diese Weise zu versuchen, zwischen »Aus sich selbst hervor« und »Auf sich selbst zurück« zu unterscheiden. *Jeder* zu einem beliebigen Punkt auf dem Kreis gewählte weitere beliebige Punkt nämlich *muß* diesem Versuch, wie eben durchgespielt, zuwiderlaufen. Denn er kann nur dazu führen, diesen Unterschied von »Aus sich selbst hervor« und »Auf sich selbst zurück«, der als ein eigentümlicher, ja einzigartiger allein als jenes Selbstverhältnis selber Sinn und auch Bestand hat, wieder zu zerstören.

Wo immer Sie auf diesem Kreis auch einen einzigen nur wählen wollten, – die dann außerhalb dieses Kreis*punktes* liegende Kreis*linie* steht als ganze und mithin als selbige bereits für »Aus sich selbst hervor« genauso wie für »Auf sich selbst zurück«: Von diesem Punkt ausgehend bis auch wieder bei ihm ankommend bezeichnet diese Linie beides; schon an ihrem Anfang steht sie für das »Auf sich selbst zurück« nicht weniger als für das »Aus sich selbst hervor«, und noch an ihrem Ende für das »Aus sich selbst hervor« nicht weniger als für das »Auf sich selbst zurück«. Wie jener *zweite* Punkt auf diesem Kreis *zwei* Linien markierte, deren jede, kurz gesprochen, ein »Von etwas her« und ein »Zu etwas hin« *ineinem* kennzeichnete, wenn auch nur im Rahmen eines Fremdverhältnisses von jeweils Anderem zu Anderem, kennzeichnet diese durch den *einen* Punkt markierte *eine* Linie dieses »Aus sich selbst hervor« und »Auf sich selbst zurück« jetzt ebenfalls *ineinem,* eben jeweils in dem Rahmen eines Selbstverhältnisses von sich zu sich.

Halten Sie das fest, so heißt das aber ferner: Auf der Kreislinie in diesem Sinne könnte jeder weitere Kreispunkt auch immer wieder nur noch einmal, mithin überflüssig sowie irreführend für dasselbe stehen wie bereits der erstere, nämlich für das, was aus sich selbst hervor nur geht, *indem* es auf sich selbst wieder zurückgeht, und auch auf sich selbst wieder zurück nur geht, *indem* es aus sich selbst hervorgeht. Doch liegt die Gefahr, von diesem eigentlich gemeinten

Sinn von Kreispunkt ab- und fehlzuführen, eben lediglich in dieser Möglichkeit der Mehrzahl solcher Punkte, und das heißt, ausschließlich in der über den Kreis*punkt* hinaus sich noch erstreckenden Kreis*linie*, die in diesem Sinne unnötigerweise über ihn hinaus-, da letztlich nur zu ihm wieder zurückführt.

Denn als ein entbehrlicher nunmehr erwiesener Umweg sozusagen ist sie jetzt vielmehr auch endgültig als ein Modell zurückzunehmen, aber eben *überlegterweise*, nämlich als Kreis*linie* auf Kreis*punkt* zurückgeführt *zu denken*. Nur in ihres Umwegs Überflüssigkeit liegt nämlich jene Irreführung, da sein Ziel der Bildung eines Selbstverhältnisses vielmehr gerade ohne ihn erreicht wird, und zwar nicht nur ohne Umweg, sondern auch ganz ohne Weg, nämlich in diesem Punkt als solchem selbst. Und als ein *Kreis*punkt *ohne* zugehörige Kreis*linie* ist er eben nur noch ein zu Denkendes und nicht mehr anschaulich auch Vorstellbares: Punkt als Kreis und Kreis als Punkt, oder wie Geometer sagen könnten: Punkt als Kreis mit Radius $\rightarrow 0$. Jedoch als eben so zu denkender steht er für Spontaneität von Subjektivität als Selbstverhältnis nun Modell auch angemessen: Zwar besteht hier zwischen »Aus sich selbst hervor« und »Auf sich selbst zurück« ein Unterschied, doch keiner, worin Subjektivität sich etwa äußerlich wäre, in welchem sie als Anderes sich sozusagen gegenüberstünde, sondern einer, in dem Subjektivität vielmehr schlechthin sich selber innerlich ist, worin sie mit sich als Selbst gerade schlechterdings in Einheit steht: Diese ihre Differenz ist eben die ihrer Identität, und solche Komplexion derselben somit auch gerade diejenige ihrer Einfachheit.

Denn behalten Sie auch weiterhin den eigentlichen Sinn im Blick, in welchem Subjektivität in solchem Selbstverhältnis steht, wird Ihnen ferner deutlich werden: Aus sich selbst hervor wie auf sich selbst wieder zurück zu gehen, heißt dann eigentlich soviel wie, von sich selber als auch auf sich selber *aus*zugehen, wie im vorigen bereits bemerkt, nämlich gerade als Selbst*tätigkeit* der Selbst*verwirklichung*, wodurch sie sich als Selbst auch allererst erstellt. Geht aber Subjektivität als Spontaneität genau in diesem Sinne ebenso *von* sich wie *auf* sich aus, dann *ist* sie demgemäß auch nichts als *aus*, nämlich von sich auf sich, und somit eines Subjekts Subjektivität schlechthin als dieses *Aus*-sein eines *Aus*-seienden. Jedenfalls ist sie auf diese Weise nichts als ebensolches *Aus* von absoluter Einheit oder Einfachheit, das gleichwohl janusköpfig als Von sich- sowohl wie Auf sich-Aus ein

Einfaches von solcher inneren Komplexität ist, daß sie ihm auch jenen eigentümlichen, ja einzigartigen Gehalt und Sinn der Subjektivität verleiht. Sofern es also in der Welt, wie wir sie kennen, so etwas wie absolute Einheit oder Einfachheit in einem nachvollziehbar positiven Sinne gibt, dann jedenfalls nicht von Objekten her, sondern in dem zuletzt in ersten Zügen wenigstens skizzierten allenfalls von uns als den Subjekten. Keinesfalls bestimmt mithin ein auch nur irgendwoher etwa schon bereitstehender Sinn von Einfachem ein solches Subjekt, sondern umgekehrt gerade dessen Subjektivitätssinn einen seiner Einfachheit und damit allererst auch einen positiven Sinn von »einfach« überhaupt.

Doch bei allem Aufschluß, den es dafür gibt, kann das zuletzt gewonnene Ergebnis unserer Überlegungen zur Problematik jener absoluten Einheit oder Einfachheit von Subjektivität als Spontaneität noch nicht als Lösung für sie gelten. Das könnte es vielmehr allein, insofern es vermöchte, diese Problematik insgesamt und nicht bloß teilweise zu lösen, wie es vorderhand den Anschein haben muß. So wie es faktisch vorliegt nämlich scheint es noch recht weit davon entfernt zu sein, was Ihnen kaum entgehen wird. Denn nicht allein betrifft es ausschließlich das Selbstverhältnis jener Spontaneität von Subjektivität und damit sozusagen nur die Hälfte ihrer Einheitsproblematik, weil dabei gerade das mit ihrem Selbst- als gleichursprünglich miteinhergehende Fremdverhältnis von ihr und mithin die andere Hälfte dieser Problematik vielmehr ausgeblendet bleibt. Genau der Sinn von absoluter Einheit oder Einfachheit für jenes Selbstverhältnis, den erzielend dies Ergebnis immerhin bereits die Hälfte davon offenbar zu lösen weiß, war ihm auch anscheinend nur durch das Absehen von diesem Fremdverhältnis selbst erzielbar.

Es dabei mit in den Blick zu fassen, hätte nämlich allem Anschein nach zur Folge haben müssen, dies Ergebnis gar nicht erst entstehen zu lassen. Jeglicher Versuch, es wenigstens noch nachträglich zu tun, scheint denn auch zwangsläufig die Wiederauflösung jenes erzielten Sinns von absoluter Einheit oder Einfachheit nach sich zu ziehen. An das Selbst- dies Fremdverhältnis wiederum heranzutragen, müßte nämlich heißen, beider Gegensätzlichkeit in den für ersteres erzielten Sinn von Einfachheit mitten hineinzutragen, soweit jedenfalls, daß sie ihn anscheinend nur restlos sprengen könnte.

Denn als Selbstverhältnis einfach soll ein Subjekt danach sein, indem es nichts als aus ist, nämlich ebenso von sich wie auf sich aus.

Hat es als solch ein Von sich- wie auch Auf sich-Aus indes bloß seine innere Komplexität, die seiner Einfachheit nicht nur nichts nimmt, sondern den eigentlichen Sinn der Subjektivität sogar erst gibt, muß eben dieses lediglich komplexe Innere dann in sich selber sozusagen auseinander treten und als innerliche Gegensätzlichkeit uns offenbar vor folgende Alternative stellen. Soll nämlich Subjektivität als Spontaneität im Sinne jener Tätigkeit als der Verwirklichung von etwas gleichursprünglich Selbst- wie Fremdverhältnis sein und damit gleichursprünglich Selbst- wie Fremdverwirklichung, so ist sie anscheinend als jenes Aus auch nicht einfach von sich auf sich aus, sondern zwar in jedem Fall von sich, doch ebenso wie auf sich selbst auf Anderes ihrer selbst aus: Ein Von sich- als ein Auf sich- wie auch Auf Anderes-Aus *ineinem*. Diesbezüglich aber scheint es dann tatsächlich so, als stünden wir vor der Notwendigkeit einer Entscheidung: Als in diesem Sinne grundsätzliches Aus-Sein kann die Subjektivität von sich nur *entweder* auf sich *oder* auf Anderes aus sein, doch nicht beides.

Trotz allem Anschein aber, der sie nahelegt, kann diese Art Alternative, wie Sie auch schon wissen, zweifellos nur eine falsche sein, da dieses Fremd- mit jenem Selbstverhältnis in bestimmtem Sinne unlösbar zusammenhängen muß. Denn beider Gleichursprünglichkeit soll ja durchaus nicht nur die Zufälligkeit des Zusammenauftritts beider bilden, worin des einen Ursprung bloß einher mit dem des anderen ginge, ohne sonst etwas mit ihm zu tun zu haben. Gleichursprünglich sollen sie vielmehr *ineinem* sein, das heißt in einer *Einheit* miteinander, daherrührend, daß der Ursprung jenes Selbst- mit dem des Fremdverhältnisses einher nur geht, indem ganz unbeschadet ihrer Gleichursprünglichkeit das letztere aus ersterem hervorgeht, und nicht umgekehrt. Es stellt sich uns mithin anstatt einer Alternative vielmehr eine weitere Reflexionsaufgabe, oder besser, unsere vorige noch einmal als erweiterte: Wie ließe sich verstehen, daß die Spontaneität von Subjektivität als Selbst- *und* Fremdverhältnis eine Einheit bildet, die als absolute oder Einfachheit ihren Gehalt und Sinn von Subjektivität besitzt, indem sie innerlich nicht nur in jenem schon erzielten Sinn komplex ist, sondern über ihn hinaus sogar in sich auch gegensätzlich und gleichwohl, ja gerade darin einfach?

Diesem Sinn obläge nämlich nichts geringeres, als uns verstehen zu lassen: Eines und dasselbe und als solches einfach ist das grundsätzliche Aus-sein dieser Subjektivität nicht nur als Von sich- wie auch Auf sich-Aus, sondern desgleichen als Auf sich- wie auch Auf Anderes-Aus; und dies genau insofern, als im Vollsinn auf sich selber aus zu sein, gerade heißt, auf Anderes seiner selber aus zu sein, indem das letztere in diesem Sinne gleichursprünglich mit dem ersteren aus ihm hervorgeht, doch bei aller Gleichursprünglichkeit nicht etwa umgekehrt das erstere aus letzterem.

Eben dieser Sinn als allererst zu findender ist es denn auch, nach welchem jeder einzelne der Texte zu seiner Verständlichwerdung förmlich schreit, in denen Kant sich diese komplizierte Vollstruktur von Subjektivität als Spontaneität selbst noch verständlich machen möchte. Denn so wenig er auch mangels dieses letztlich nicht gefundenen Sinns damit zu voller Klarheit kommt, so deutlich wird dabei doch immerhin, daß er sich über diese sozusagen einseitig gerichtete Struktur derselben voll im klaren ist, wonach sie sich gerade als ein auf sich selbst zurückgerichtetes und damit als ein Selbstverhältnis von sich weg- und dadurch als ein Fremdverhältnis eben richtet auf ein Anderes. Auch dabei nennt er dieses Selbstverhältnis solcher Spontaneität als der von denkendem Verstand ein »Selbstbewußtsein«, um dann zu betonen: Als in Form jener Kategorien bestehendes Denken und Erkennen könne solch ein »Selbstbewußtsein« oder »Ich« oder »Subjekt« jeweils *»nicht* von sich *selbst* als einem *Objekte* der Kategorien einen Begriff bekommen«[4]. Allergrößten Nachdruck legt er darauf, »daß es *nicht* sowohl *sich selbst* durch die Kategorien« denke, »sondern die Kategorien, und *durch sie* alle Gegenstände, in der absoluten Einheit der Apperzeption« (das heißt, des Selbstbewußtseins), »mithin *durch sich selbst* erkennt«[5].

Dies besagt: Gerade weil es sich zu einem Selbstverhältnis oder »Selbstbewußtsein«, und das heißt, zu einem Denken und Erkennen selber allererst zu bilden hat, um überhaupt dergleichen wie Erkennen oder Denken *eines Etwas* sein zu können, denkt oder erkennt bei dieser seiner Selbstausbildung *zum* Erkennen oder Denken ein Subjekt nur *durch sich selbst,* will sagen, durch sich selbst gerade *etwas Anderes* als sich selbst, eben einen Gegenstand als ein Objekt. Es denkt oder erkennt dabei mithin gerade nicht etwa *sich selbst* als dieses Selbstverhältnis oder »Selbstbewußtsein« seines Denkens und

4 B 422, kursiv von mir.
5 A 401 f., (vorletzte Hervorhebung von mir).

Erkennens, als das ein Subjekt sich dabei vielmehr gerade unthematisch bleibt, gerade nicht zum Gegenstand oder Objekt wird. Erst für dies »Bewußtsein« als »Erkenntnis« oder als die »Form derselben überhaupt«, nämlich für das solcherart sich als ein »Selbstbewußtsein« selber zur Erkenntnis formende Subjekt kann es ein Objekt geben, »denn von *der allein* kann ich sagen, daß ich *dadurch* irgend etwas denke«[6].

Worauf er damit eigentlich hinauswill, ohne es ausdrücklich zu erreichen, können Sie auch einer früheren Reflexion bereits entnehmen[7], welche Kant jedoch genausogut auch später hätte formulieren können. Hier schon hebt er dieses Selbstverhältnis als das grundlegende Aufbaustück der Spontaneität von Subjektivität hervor, wobei er gleichfalls keinen Zweifel daran läßt, daß es als Freiheit und Autonomie auch denkendem Verstand derselben schon zugrunde liegt. Nachdem er nämlich allgemein erklärt hat: »Freiheit ist eigentlich nur die Selbsttätigkeit, deren man sich bewußt ist«, fügt er sogleich an: »Wenn man sich etwas beifallen läßt« (das heißt, wenn man spontan »sich etwas einfallen läßt«, nämlich durch Bilden eines Begriffes oder Fällen eines Urteils einen Gedanken denkt), »so *ist* dieses ein Aktus der Selbsttätigkeit«[8].

Und schon hier beugt er auch jenem Mißverständnis sogleich vor, als werde man sich als ein solches Selbstbewußtsein etwa selber Gegenstand oder Objekt, und zwar mit folgender beachtenswerten, weil auch aufschlußreichen Formulierung: »aber man ist sich hierbei nicht seiner Tätigkeit, sondern der Wirkung bewußt«. Denn wie er zur Erklärung und Begründung fortsetzt, heißt »der Ausdruck: ich denke« soviel wie »ich denke (dieses Objekt)«; mithin versteht Kant offenkundig unter dieser »Wirkung«, deren man sich dabei eigentlich bewußt sei, hier gerade das »Objekt«, zu dem als dieser »Wirkung« jene Tätigkeit als »Ursache« für sie entspringt.

Also ausschließlich des »Objekts« als »Wirkung« solcher Selbsttätigkeit, nämlich als Ergebnis der aus ihr als Selbstverwirklichung hervorgehenden Fremdverwirklichung wird man sich hier bewußt, das heißt, gerade nicht des dazu allererst zu denkenden Gedanken selbst als des Ergebnisses der Selbstverwirklichung als solcher. Die-

6 A 346 B 404, kursiv von mir.
7 Bd. 17, S. 462f. (R 4220).
8 Kursiv von mir.

sem gegenüber ist das »Objekt« nämlich in der Tat ein schlechthin Anderes, als welches Kant es hier sogar noch ausdrücklich hervorhebt, nämlich als »das Gegenteil« zu ihm, indem er abschließt: »Der Ausdruck: ich denke (dieses Objekt), zeigt schon an, daß ich in Ansehung der Vorstellung nicht leidend« (also aktiv) »bin, daß sie *mir«* (als Ursache derselben) »zuzuschreiben sei, daß *von mir selbst«* (als Ursache die »Wirkung« als das »Objekt« oder als) »das Gegenteil abhänge«[9]. Und das heißt im ganzen: »Von mir selbst« als Ursächlichkeit der Aktivität von Selbsttätigkeit hängt nicht nur in Form von Selbstverwirklichung Gedanke oder »Vorstellung« als »Wirkung« ab, sondern in Form von Fremdverwirklichung als deren »Gegenteil« auch »Wirkung« als »Objekt« noch.

An allen diesen Stellen, deren Vollgehalt uns auch voll anzueignen insbesondere im letzten Fall erst nach und nach wird möglich werden, schwebt Kant immer wieder etwas ganz Bestimmtes vor. Gleichwohl vermag er jenes eine Wort als einzig gültiges und geradezu erlösendes dafür nicht aufzufinden, dessen einheitlicher Sinn auch diese ganze in sich nicht allein komplexe, sondern sogar gegensätzliche Struktur von Subjektivität als Spontaneität ineinem aufzuklären vermöchte. Denn was er zwar weniger der Sprache, um so mehr jedoch der Sache nach gedanklich zum System einer Philosophie erstellen will, ist nichts geringeres als das, was er kurz vor Beginn der *Deduktion* in der KRV nicht einfach nur als eine »Tätigkeit« bezeichnet, die auch hier wieder als jene »Selbsttätigkeit« zu verstehen ist, sondern als eine *»zweckmäßige* Tätigkeit« des menschlichen Verstandes, den er hier wie öfters auch »die menschliche Vernunft« nennt[10].

Auch sprachlich aber kommt er damit jenem eigentlich Gemeinten hier zumindest soweit nahe, daß Sie dieser Stelle schon wie später sogar wörtlichen Belegen[11] ohne weiteres entnehmen können: Spontaneität von Subjektivität als Selbsttätigkeit wird von Kant als »zweckmäßige« danach ganz speziell auch als »absichtliche« oder »intentionale« Tätigkeit derselben aufgefaßt; als Spontaneität ist Subjektivität nach Kant recht eigentlich »Absichtlichkeit« oder »Intentio-

9 Kursiv von mir; vgl. dazu auch die Kennzeichnung »im Gegenverhältnis« (A 191 B 236), mit der Kant desgleichen das Objekt als Gegenteil in diesem Sinne kennzeichnet.

10 B 128.

11 Vgl. Bd. 5, S. 186, S. 218, S. 222, S. 390–398, S. 484.

nalität«. Und trifft das zu, dann könnte jene Problematik solcher Subjektivität als Einheit, ja als Selbigkeit von Fremd- und Selbstverhältnis auch allein in eben diesem Sinne von »Absichtlichkeit« oder »Intentionalität« derselben ihre Lösung finden. Denn genau in diesem Sinne müßte Subjektivität dann auch in sich komplex, ja gegensätzlich sein, und dennoch, ja gerade darin, einfach.

§ 11. Intentionalität als Spontaneität, welche Erfolg hat oder Mißerfolg

Und tatsächlich führt an dieser Stelle unseres Weges durch das Labyrinth von Subjektivität, an der wir sie als die uns öfters schon begegnete Intentionalität nun systematisch einzubringen haben, eine Vollentfaltung dieser ihrer Eigensystematik weiter. Allerdings nur so weit, wie wir uns dabei, methodisch streng, zunächst ausschließlich an den Sinn des Wortes selber halten, das allein uns Kant gerade noch soeben vorgibt: Nur als eine aus dem Wort und seinem Sinn als solchem zu entfaltende kann die Struktur Intentionalität als Lösung jener Einheitsproblematik Subjektivität sich systematisch eignen.

Uns dieser Strenge der Methodik auch von vornherein zu fügen, heißt als erstes, uns von Anbeginn Intentionalität genau wie vorhin Spontaneität nicht vorschnell einseitig zurechtzulegen, dahingehend, daß sie hier ja bloß als »theoretische« oder auch bloß als »praktische« gemeint sein könne. Mag in diesem Fall sogar gleich zweierlei dazu verleiten, – aus denselben Gründen wie zuvor trifft gleichwohl keine solche Einseitigkeit zu. Denn zum einen nennt Kant zwar auch Spontaneität des Denkens im Erkennen schon Intentionalität. Daraus auf eine lediglich als »theoretische« gemeinte sogleich fortzuschließen, wäre aber ebenfalls verfehlt, weil, »Theorie« auf »theoretische« Intentionalität zurückzuführen, abermals nur zirkelhaft sein könnte. Und dies deswegen, weil nach wie vor ein Sinn von »Theorie« und »theoretisch« gerade Kant nicht schon verfügbar sein kann, sondern sich aus seinem systematisch neuen Ansatz auch erst neu ergeben muß. Zum andern hat Intentionalität, die Kant nicht zufällig wie Spontaneität nie als spezifisch »theoretische« heranzieht, zwar im Alltagssprachgebrauch zunächst einmal praktischen Sinn, insofern »Absicht« oder »Intention« normalerweise *Handlungs*absicht oder -intention bedeutet. Doch auch daraus können Sie nicht ohne weiteres folgern, mit Intentionalität sei dabei also ebenfalls spezifisch »praktische« gemeint, weil auch der Sinn von »praktisch« sich nur im Zusammenhang mit dem erst herzuleitenden von »theoretisch« selbst ergeben kann.

Methodisch streng geboten ist uns damit, daß wir alle Vormeinungen über einen angeblich speziellen Sinn von »theoretisch« oder »praktisch« hier beiseite lassen und versuchen, ob sich nicht ein genereller Sinn dieser Intentionalität als solcher selbst ermitteln ließe, der dem generellen Sinn von Spontaneität, wie er sich uns im vorigen ergeben hat, zur Klärung seiner Einheitlichkeit dienen könnte. Zu fragen haben wir mithin nach ihrem Allgemeinsinn, was demnach in jedem Falle vorzuliegen hat, als Minimalbedingung jedesmal erfüllt sein muß, damit etwas als eine Absicht oder Intention bzw. als absichtlich oder als intentional soll gelten können, somit als ein Fall dieser Intentionalität.

Auf diese Frage aber werden Sie nur eine Antwort geben können: Eine Absicht oder Intention ist etwas dann und nur dann, wenn es entweder gelingt oder mißlingt, erfolgreich ist oder erfolglos und mithin Erfolg hat oder Mißerfolg, so daß auch noch das Umgekehrte gilt: Ein Erfolg oder ein Mißerfolg ist etwas dann und nur dann, wenn es einer Absicht oder Intention entspringt. Denn schwerlich könnten Sie sich selber oder anderen verständlich machen, daß man von Erfolg bzw. Mißerfolg auch dann schon sinnvoll sprechen kann, wenn eine Absicht oder Intention dabei noch überhaupt nicht auftritt, oder umgekehrt von Absicht oder Intention auch dann noch, wenn Erfolg bzw. Mißerfolg sich gar nicht einstellt.

Vielmehr sind Versuche dieser Art im Gegenteil geeignet, Ihnen stets von neuem wieder zu der Einsicht in den gerade unlösbaren Sinnzusammenhang zurückzuhelfen, der bei aller Sinnverschiedenheit zwischen der Absicht oder Intention auf einer und ihrem Erfolg bzw. Mißerfolg auf anderer Seite doch als prinzipielle Sinnkorrelation und damit Sinnverbundenheit besteht. Und von beiden Seiten oder jedem ihrer Korrelate her erfassen Sie auf solche Weise diese Sinnkorrelation tatsächlich generell und allgemein. Sie sehen nämlich so von jeglicher speziellen Art der Absicht oder Intention wie des Erfolgs bzw. Mißerfolgs noch gänzlich ab sowie erst recht auch von der Fülle dessen, was nicht alles man im einzelnen beabsichtigen und mithin erfolgreich oder auch erfolglos intendieren kann, was mithin Absicht oder Intention sowie Erfolg bzw. Mißerfolg zu jeweils inhaltlich-bestimmten macht. Sie gewinnen demnach in Gestalt der schlechthin unauflösbaren Korrelation von Absicht oder Intention mit dem Erfolg bzw. Mißerfolg derselben nichts geringeres als den so allgemeinen wie formalen Sinn von Intentionalität überhaupt, deren Struktur von eigentümlicher, ja einzigartiger Komplexität wie Einheit ist[1].

Und wie ein Rückblick auf Geschichte der Philosophie Sie lehrt, werden Sie den Gewinn, den Sie damit in Händen halten, nur bewahren und vermehren, sofern Sie Intentionalität von Anbeginn und weiterhin als eben diese Vollstruktur auch festhalten und noch entfalten. Durchwegs nämlich steht in der Philosophiegeschichte insbesondere die Sache von uns Menschen in der Welt, will sagen, die der Subjektivität als einer Eigentümlichkeit von uns als den Subjekten gegenüber den Objekten geradezu verzweifelt: der Gefahr des Preisgegebenwerdens nicht nur ständig ausgesetzt, sondern auch oft genug bereits anheimgefallen. Im wesentlichen aber liegt das daran: Diese Subjektivität kommt in der Regel als Intentionalität, wenn überhaupt, so doch nie vollständig zur Sprache. Ja sogar in den vereinzelten Ausnahmefällen[2] wird sie allenfalls zur Hälfte Thema, somit auch intentional halbiert und damit, wenn des Sinns und der Struktur derselben nicht beraubt, so als Intentionalität doch mindest sinn*entstellt,* struktur*verzerrt.* Denn ausgerechnet die für Sinn wie auch Struktur dieser Intentionalität entscheidende und unlösbar mit ihr vereinte andere Hälfte, nämlich jenes notwendige Korrelat ihres Erfolges oder Mißerfolges wird dabei, wenn überhaupt mit in Betracht gezogen, so doch niemals hinreichend entwickelt, so daß auch Intentionalität als solche selbst im Vollsinn ihrer Vollstruktur ganz unentfaltet bleibt.

Wie entscheidend dieses notwendige Korrelat ihres Erfolges oder

1 Zur Einsicht ihrer Eigentümlichkeit, ja Einzigartigkeit sollten Sie insbesondere beachten, daß »erfolgreich« und »erfolglos« gegenüber »nütz-« und »schädlich« noch indifferent sind. Es kann etwas, das durch eine Absicht oder Intention eines Subjekts erzielt und damit ein Erfolg ist, durchaus schädlich sein, und keineswegs allein für Anderes, sondern auch für dieses Subjekt selbst. Und umgekehrt kann etwas, das durch eine Absicht oder Intention eines Subjekts verfehlt wird, also Mißerfolg ist, durchaus nützlich sein, und ebenfalls nicht nur für Anderes, sondern auch für dieses Subjekt selbst.

2 So seit F. Brentano *(Psychologie vom empirischen Standpunkt,* Wien 1874, vgl. z. B. Band 1, Buch 2, Kap. 1, § 5) und E. Husserl *(Logische Untersuchungen,* Halle 1913, vgl. z. B. V § 9–13).

Mißerfolges wirklich ist, und zwar tatsächlich schon für die Struktur- und Sinnentfaltung von Intentionalität als solcher selbst, wird Ihnen deutlich, wenn Sie darauf achten, was statt seiner jene Überlieferung wiederum bis zum Überdruß betont: Absicht oder Intention bedeute immer Absicht oder Intention von *etwas;* intendieren oder auch beabsichtigen heiße immer *etwas* intendieren oder auch beabsichtigen. Angesichts von derartiger Sinnentleerung dieses Korrelats zum nichtssagenden »Etwas« nämlich wird Sie nicht verwundern, daß dieselbe Überlieferung Intentionalität auch zum genau entsprechend Nichtssagenden eines bloßen »Sich-Beziehens« oder »-Richtens« darauf gleichermaßen sinnentleert[3]. Denn zwar »bezieht sich« eine Absicht oder Intention, wie Ihnen nicht entgehen wird, in jedem Fall auf »etwas«. Doch der eigentlich-intentionale Sinn, der beidem eigen ist, enthüllt sich Ihnen eben nur, sofern Sie dafür jenen allgemein-formalen Sinn dieser Intentionalität zugrunde legen, dessen Sie sich vorhin schon versichern konnten. Dabei hatten zwar auch Sie von jeglicher besonderen Art des Intendierens wie vor allem auch von jedem inhaltlichen »Etwas« abgesehen, »was« im einzelnen sich alles intendieren läßt. Doch können Sie bei aller seiner Allgemeinheit und Formalität im Rahmen dieses Sinnes selbst – das heißt auf seiner höchsten, nämlich allgemein-formalen Ebene – auf jene Frage nach dem jeweiligen »Etwas« einer Intention, will sagen danach, »was« sie jeweils intendiere, eine Antwort geben, die als selber allgemein-formale gleichwohl alles andere ist als nichtssagend.

Dieser Sinn besagt nämlich, als eine Intention könne nur gelten, was Erfolg habe bzw. Mißerfolg. Und gehen Sie von jenem Nichtssagenden aus, es bilde eine Intention ein »Sich-Beziehen« oder »-Richten« bloß auf »etwas«, weil sie stets bloß »etwas« intendiere, so gilt freilich ebenfalls, doch auch genauso nichtssagend, daß eine Intention im »Sich-Beziehen« oder »-Richten« auf »Erfolg« bzw. »Mißerfolg« bestehe, eben wegen jener unauflösbaren Korrelation von beidem. Dies bloß Nichtssagende aber schlägt sofort in ein Grundfalsches um, sobald Sie weiter von ihm aus-, doch ferner dazu übergehen, daß eine Intention, weil sie ja immer etwas intendiere, mithin den Erfolg bzw. Mißerfolg auch intendiere. Denn tatsächlich wird dadurch von Grund auf jenes Eigentümlichste des Sinns dieser Intentionalität gerade prinzipiell entstellt, weil jenes Eigentümlichste

3 Vgl. a. a. O.

ihrer Struktur gerade prinzipiell verzerrt: In ihrem nichtssagenden Sinn von bloßem »Sich-Beziehen« oder »-Richten« bloß auf »etwas« freilich »richtet« sich oder »bezieht« sich eine Intention durchaus auch auf den Mißerfolg, sofern natürlich *sie* ihn hat bzw. er *ihr* Mißerfolg ist; doch in ihrem eigentümlichen, nämlich *intentionalen* Sinn »bezieht« und »richtet« eine Intention sich keineswegs auch auf den Mißerfolg: sie *intendiert* nämlich durchaus nicht auch noch *ihn,* sondern ausschließlich den *Erfolg.*

Zur eigentümlichen Struktur dieser Intentionalität als solcher selbst gehört mithin, daß sie gerade nicht einfach wie bloßes »Sich-Beziehen« oder »-Richten« auf ein »Etwas« jeweils gleichmäßig sich etwa auf Erfolg wie Mißerfolg »bezöge« oder »richtete«: Als das *intentionale* »Sich-Beziehen« oder »-Richten« auf ein »Etwas«, eben als das *Intendieren* von etwas, will sagen von *Erfolg,* bezieht und richtet sie sich vielmehr ungleichmäßig, ja gerade einseitig nur immer wieder auf Erfolg *allein.* Der Einseitigkeit dieser ihrer eigentümlichen Struktur genau gemäß gehört denn auch zur Eigentümlichkeit des Sinns dieser Intentionalität als solcher: Eine Intention ergeht stets als *Erfolgs*intention und entsprechend *nie* als *Mißerfolgs*intention. Denn so sehr auch jeder Mißerfolg stets derjenige einer Intention ist, so gewiß kann er gerade dies, nämlich ein Mißerfolg, doch niemals sein als dasjenige, was sie intendiert-erzielte, sondern immer nur als etwas, das ihr unintendiert-unterläuft. Wie immer nämlich *intendiert* sie gerade etwas anderes, ausschließlich den Erfolg, nur daß sie ihn in diesem Fall nicht auch *erzielt.*

Schon diesen Zugewinn an Ausprägung von Intentions-Struktur wie -Sinn, der sich bereits beim ersten Zugriff voller Reflexion auf sie ergibt, bekämen Sie erst gar nicht in die Hand, beschieden Sie mit unserer Überlieferung sich bei Intentionalität als bloßem »Sich-Beziehen« oder »-Richten« bloß auf »etwas«. Solcherart Bescheidenheit indessen bliebe nach wie vor auch eine falsche, und zwar gleich in doppelter Beziehung: eine falsche nämlich nicht allein, weil solche Auffassung dieser Intentionalität uns selbst als Subjektivität auf keine Art gerecht wird; falsch vielmehr auch dadurch noch, daß sie auf solche Art unübersehbar etwas zu verbergen hat. Ersichtlich möchte sie nicht wahrhaben, was doch so offenkundig ist, sondern nach Möglichkeit beschönigen oder verharmlosen.

Zu schön, um wahr zu sein, und allzu harmlos jedenfalls stellt Subjektivität sich selber hin, sofern sie von sich vorgibt, als ein bloßes

»Sich-Beziehen« oder »-Richten« in der Welt zu sein und hier auch lediglich auf »etwas« sich zu richten oder zu beziehen. Wo Subjektivität in Wahrheit als Intentionalität in dieser Welt doch auf nichts anderes als auf Erfolg ausgeht, als ständige *Erfolgs*intentionalität entsprechend keineswegs einfach *ergeht,* vielmehr als dauernde Erfolgs*besessenheit* geradezu *auf* diese Welt auch *los-, in* sie *hinein-,* ihr *durch* und *durch* geht und als solche in ihr unverkennbar sich bemerkbar macht: im Öffentlichsten wie Privatesten, Alltäglichsten wie Ungewöhnlichsten, im Größten wie im Kleinsten, Wichtigsten wie Unwichtigsten, Folgenlosesten wie Folgenreichsten, Subjektivsten wie auch Intersubjektivsten; und zwar immer wieder als das von Beginn bis Ende auf *sich selbst,* weil auf *Erfolg,* sprich, auf Erfolg *für sich* Bedachte in der Welt schlechthin.

Was dies betrifft: Nur keine falsche Bescheidenheit, verehrte Leserin, verehrter Leser, mögen so Bescheidene sich noch so oft und noch so hoch darüber stehend dünken, sondern die wahre: Dieses allen Offenkundigste auch für Philosophie anzuerkennen, um von ihm auch philosophisch auszugehen und dann fortzuschreiten, dazu sollten sich gerade Philosophen nicht zu fein sein. Denn genau in diesem Sinn ihrer Erfolgsbesessenheit ist Subjektivität Intentionalität, hat sie in letzterer ihr innerstes und eigentümlichstes, ja einzigartiges Wesen, – und dies auch nicht erst seit Beginn der Neuzeit etwa, sondern schon seit jeher. Schlechterdings unmöglich nämlich war und ist es jedem von uns als Subjekt, jemals etwas anderes als Erfolg zu intendieren.

Versuchen Sie das einmal, und Sie werden es erleben, daß dies eine prinzipielle Unmöglichkeit ist, ein subjektivitätsinternes Unding nämlich. Denn Sie werden feststellen müssen, daß Sie dazu schlechthin außerstande sind, und zwar weil Sie Subjekt sind und weil dies der Selbstauflösung ihrer Subjektivität gleichkommen müßte. Diese sind Sie eben als nichts anderes denn Intentionalität, als diese aber intendieren Sie nichts als Erfolg und niemals etwa Mißerfolg. Deswegen müßte es vielmehr das prinzipiell Unmögliche für Sie bedeuten – so als ob Sie über ihren eigenen Schatten springen, sprich, als Subjektivität oder Intentionalität geradezu sich selber überspringen sollten –, so etwas wie Mißerfolg zu intendieren. Im Gegenteil kann Ihnen als Intentionalität, sprich, als Erfolgsintentionalität dergleichen wie ein Mißerfolg nur unterlaufen, aber niemals auch von Ihnen selbst noch intendiert werden. Sogar den Masochisten, den Sie auf den ersten Blick vielleicht als Gegenbeispiel nennen möchten, hätten Sie in seinem Wesen mißverstanden, wollten Sie zumindest ihn nun aber wirklich als den Fall von Mißerfolgsintentionalität auffassen. Seinen Masochismus hat vielmehr auch er gerade darin, daß er gleichfalls durch und durch Erfolgsintentionalität und damit Subjektivität ist, den Erfolg jedoch allein in dem bekannten Anormalen sucht und findet.

Ließe nun Intentionalität in diesem Sinn als Wesenheit von Subjektivität sich wirklich sichern, könnte so auch noch die Eigentümlichkeit und Sonderstellung von uns Menschen als Subjekten gegenüber den bloß natural-empirischen Objekten – von den Einsichtigen unter Philosophen schon seit jeher, doch bislang noch nie mit hinreichender Argumentation vertreten – als begründet gelten. Welche feste Stellung Sie damit gewonnen hätten, das erproben Sie am besten daran, wie aus ihr heraus Sie eine gegnerische Auffassung, die derzeit von sich reden macht, nicht allein abzuwehren vermögen, sondern umgekehrt sogar zu Fall zu bringen.

Wie Sie wissen werden, hat Naturwissenschaft als Evolutionstheorie mittlerweile derart überwältigende Fortschritte gemacht, daß auch kein Geisteswissenschaftler, selbst nicht Theologe oder Philosoph ihren Ergebnissen sich zu entziehen vermag. Natur hat danach im Verlauf ihrer Evolution der Arten Unermeßlichkeit hervorgebracht, zu schweigen von den Individuen, die ihnen jeweils zugehören, und darunter den oder die Menschen. Und nach allem, was wir mittlerweile davon wissen, liegt kein Grund vor, anzunehmen, die Natur verfolge damit etwa irgendwelche Zwecke. Vielmehr hat Evolutionstheorie uns inzwischen ferner überzeugt: Alles, was in diesem Sinn wie Zweckmäßigkeit aussehen könnte, findet seine hinreichende Aufklärung ausschließlich durch Naturgesetzlichkeit: Nichts, was wir kennen, auch nicht dieser Mensch, ist da, weil etwa eine Absicht oder Intention dieser Natur dahinter stünde, sondern gerade umgekehrt: Alles, was wir kennen, auch der Mensch, ist überhaupt nur da, weil es ganz absichtslos sich so ergeben hat, daß nach Naturgesetz etwas entstand und dabei derart glücklich noch zusammentraf mit ebenso entstandener Umgebung, daß dadurch auch günstige Bedingungen für Überdauern, Leben, Überleben, Fortpflanzung und Arterhaltung sich ergaben.

Denn dies alles ist ja überhaupt nur vor dem Hintergrund der Unzahl dessen da, wofür sich gleichfalls absichtslos ganz anderes ergeben hat: Nach selbigem Naturgesetz trat es als etwas auf, das mit genauso aufgetretener Umgebung wiederum so unglücklich zusammentraf, daß dadurch keine solchen günstigen Bedingungen entstanden. Dies vermochte demnach nicht zu überdauern oder gar zu leben und sich fortzupflanzen, seine Art nicht zu erhalten oder gar noch weiterzuentwickeln. Dies ist folglich überhaupt nicht da, sondern als ungünstig ausgefallenes Ergebnis im Naturlauf so wie Abfall oder Ausschuß der Vernichtung unterlegen und, wenn überhaupt bekannt, dann höchstens noch soeben als Fossil: Längst vor der Wegwerf-Gesellschaft also Wegwerf-Natur, ohne Ansehen der Person, rücksichtslos gegen Individuum wie Art.

Doch ist es eben weder so, daß dieser Untergang von Arten oder Individuen etwa als Mißerfolg der Natur unterläuft, noch so, daß die Erhaltung oder Fortentwicklung davon etwa als Erfolg der Natur gelingt. Denn das eine wie das andere, Erfolg wie Mißerfolg, vermag nur einer Intention und Absicht zu entspringen, welche die Natur indessen keinesfalls verfolgt. In ihr als reinem Wechselspiel von Zufall und Notwendigkeit sind wir vielmehr nichts als die jeweils Letzten einer unabsehbar sich verzweigenden Abfolge immer wieder noch einmal Davongekommener, – und auf dem Untergrund des massenhaften Untergangs geradezu das kümmerliche Häuflein jener Hinterbliebenen der Selektion, das heißt, der blinden Siebung durch ein Sieb, doch ohne Sieber. Danach war es höchstwahrscheinlich immer wieder nur ein einziges Individuum, das jeweils dieses Glück des Hinterbleibens hatte, nämlich als naturgesetzliches Veränderungsergebnis in die Lage zu geraten, seine erst- und einmalige relative Günstigkeit durch Fortpflanzung in weiteren Individuen zur vielmaligen zu machen, eben zur Art und so auch schließlich zur Menschenart.

Noch nicht wissen aber werden Sie vielleicht, daß mittlerweile einige vermeinen, aus dem Grundergebnis, auch der Mensch sei phylo- wie ontogenetisch Natur, noch weiter folgern zu können, auch der Mensch sei also ausschließlich Gegenstand von Naturwissenschaft, diese somit als die einzig zuständige für ihn zur Totalwissenschaft zu erheben: Anthropologie vermöge Wissenschaft des Anthropos auf angemessene Weise nur zu sein, sofern sie als Naturwissenschaft im Sinne der Evolutionstheorie vorgehe.

Hier aber sollten Sie beachten, in welch unlösbare Schwierigkeiten sich Vertreter dieser Auffassung verstricken. Zwar versuchen sie den

Anschein sich zu geben, als trieben sie dabei allein Naturwissenschaft. Doch in Wahrheit sprechen sie selbst dann, wenn sie in Personalunion tatsächlich auch Naturwissenschaftler noch sein sollten, längst schon *über* die Naturwissenschaft. Und insofern treiben sie statt Empirie vielmehr schon Reflexion *auf* sie und so Philosophie als Nichtempirie, mit der sie sich hinter die Naturwissenschaft nur verschanzen, um das prinzipiell Verfehlte solcher Art Philosophie mit Hilfe vorgeschobener, auf diese Weise aber lediglich mißbrauchter Naturwissenschaft zu verbergen.

Denn gerade dann, wenn gilt, daß auch der Mensch Natur ist, stehen sie mit ihrer Evolutionstheorie als Naturwissenschaft im Falle des Menschen vor einem unlösbaren Dilemma, das sie selber freilich nicht mehr wahrhaben wollen, das Philosophen aber um so aufmerksamer untersuchen sollten. Von Naturwissenschaft nämlich haben Philosophen, die das lange unterstellten, sich doch schließlich sagen lassen müssen, nirgendwann und nirgendwo in der Natur sei so etwas wie Absicht oder Intention am Werk, mithin auch keines ihrer Werke etwa ein Erfolg oder ein Mißerfolg von ihr. Ist indes am Ende auch der Mensch Natur, so läuft das doch auf einmal, nämlich wenn wir konsequent sind, auf die Aussage hinaus, sehr wohl verfolge die Natur auch Intention und Absicht, eben jeweils als ein Mensch. Denn besitzt der Mensch sein Wesen als Subjekt nicht gerade darin, daß zumindest er doch Absichten und Intentionen hat, daß seine Subjektivität oder Intentionalität tatsächlich auf Verwirklichung von Zwekken aus ist und mithin, sofern sie das erreicht oder verfehlt, auch in der Tat Erfolg hat oder Mißerfolg? Woher vermöchten wir von so etwas wie einer Absicht oder Intention denn überhaupt zu wissen, um auch nur sinnvoll der Natur dergleichen absprechen zu können, wenn nicht von uns selbst, den Menschen her?

Ist nun aber auch der Mensch Natur, so ist doch damit auch die der Natur soeben abgesprochene Intentionalität am Ende wieder zugesprochen, mindestens im Fall des Menschen. Und wenn Natur in diesem Fall doch Intentionen hat, warum nicht auch in andern? Denn in keinem Fall dieser Natur läßt sich Intentionalität, ob als vorhanden oder fehlend, etwa mittels Empirie, das heißt zuletzt, mittels Naturwissenschaft einfach feststellen. Grundsätzlich keinem Ding oder Ereignis der Natur ist etwa schlicht empirisch ansehbar, daß es ein Fall solcher Intentionalität und damit Subjektivität als Spontaneität der Selbsttätigkeit ist als Selbstbestimmung oder

Selbstverwirklichung aus Freiheit und Autonomie: so wie auch keiner Aussage oder Behauptung, ob verschriftlicht oder nur verlautbart, schlicht empirisch anzusehen oder anzuhören sein kann, daß sie etwas Wahres oder Falsches ist.

Wenn also Intentionalität in einem Fall solcher Natur, – warum dann nicht in allen Fällen, wenn sie alle doch Natur sind? Darin liegt die eine Seite des Dilemmas, nämlich eine animistische Naturauffassung als ein magisches Weltbild, was indessen nicht in Frage kommen kann. Wenn Intentionalität infolgedessen nicht in allen Fällen von Natur, – warum dann auch nur in einem Fall, wenn er doch ebenfalls Natur ist? Darin liegt die andere Seite des Dilemmas, nämlich eine Art empirisch-naturwissenschaftlicher Systemzwang, der als Empirismus, Naturalismus, Physikalismus und dergleichen zwangsläufig jene falsche Philosophie herbeiführt, welche die Intentionalität des Menschen prinzipiell verleugnen muß: ob nun von vornherein dogmatisch oder erst reduktionistisch durch die These, daß auch sie nichts anderes als Natur und damit Schein sei.

Nur steht eine solche Auffassung gerade diesem auf Naturwissenschaft so fixierten Philosophen freilich auch am allerwenigsten an, wie Sie sich durch eine Reflexion, die er verweigert, zu verdeutlichen vermögen. Und durch sie fällt Ihnen jene feste Stellung zu, aus der heraus es Ihnen stets von neuem möglich wird, die seinige zu Fall zu bringen. Dabei scheint er nämlich nicht im mindesten zu ahnen, was alles er tatsächlich leugnen müßte oder auf Natur allein zurückzuführen hätte, um seine Verleugnung der Intentionalität des Menschen aufrechtzuerhalten. Denn sie tritt schon dort auf, wo er ihrer offenbar noch gar nicht recht gewärtig ist: nicht erst in Praxis, sondern auch bereits in aller Theorie, in jeglicher Erkenntnis von uns Menschen, welche stets in Form einer Behauptung durch uns selbst ergeht.

Insofern hätten Sie die sogenannte »Evolutionäre Erkenntnistheorie«, wie sich jene hinter die Naturwissenschaft nur verschanzte Fehlphilosophie zur Zeit hervortut, auch für reine Anmaßung zu halten, wäre sie in Wahrheit nicht die bare Ahnungslosigkeit[4]. Denn nicht

4 In diesem Sinne hätte wie schon K. Lorenz *(Die Rückseite des Spiegels,* München 1973, bes. S. 9–32) auch noch mancher andere, vornehmlich G. Vollmer *(Evolutionäre Erkenntnistheorie,* Stuttgart 1974, 3. Aufl. 1981, bes. S. 126ff.) gut daran getan, ›bei seinem Leisten zu bleiben‹.

einmal von jenem Minimalbestand an Grundstruktur, den schon allein das einfachste und anfänglichste Beispiel für Erkenntnis oder Theorie aufweist, hat offenbar die als »Erkenntnistheorie« sich selber auszeichnende »Evolutionäre« auch nur die geringste Ahnung, ganz zu schweigen von der weitergehenden und noch viel komplizierteren. Wo doch schon allein die einfachste und anfänglichste Reflexion darauf, daß jeder Fall von Theorie oder Erkenntnis mindestens die Form einer Behauptung haben muß, Ihnen dazu genügt, daß Sie Intentionalität als deren Wesensaufbau ein für alle Male fest- und damit sicherstellen. Nur als solch eine Behauptung nämlich ist Erkenntnis oder Theorie genau dasjenige, was wahr ist oder falsch, als das wir sie denn auch bisher schon stets von neuem und mit immer reicherem Ergebnis reflektieren konnten. Doch ihr eigentlicher Reichtum an Struktur ergibt sich Ihnen erst, wenn Sie dabei auch darauf noch mit reflektieren, daß zwischen deren Wahrheit oder Falschheit immer wieder eine auffällige Ungleichmäßigkeit, ja Einseitigkeit auftritt, und aus welchem Grunde. Woran liegt es denn, so sollten Sie noch weiter fragen, daß eine Behauptung, auch als negative, immer dahin geht, dasjenige, was sie behauptet, als wahr hinzustellen? Ist sie nämlich überhaupt derselben fähig, bildet es geradezu ihre Definition, zu sagen, etwas zu behaupten, heiße stets, etwas als *wahr* und *nur* als Wahres hinzustellen.

Dies jedoch versteht sich keineswegs von selber, weil, was sie behauptet, keineswegs nur wahr, sondern *auch falsch* sein kann. Doch trotzdem stellt sie es nicht etwa, wenn es wahr ist, dann als wahr, und wenn es falsch ist, dann als falsch hin, sondern immer, auch im letzten Fall der Falschheit, nur als Wahrheit. Prinzipiell unmöglich ist es Ihnen nämlich, etwas zu behaupten, ohne es als Wahres hinzustellen, oder gar, es zu behaupten, um es als ein Falsches hinzustellen. Und Sie brauchen dies nur zu versuchen, um das Prinzipielle der Unmöglichkeit auch zu erleben und auf diese Weise einzusehen.

Auf die Frage nach dem Grund für diese Ihre unausweichliche und dadurch auffällige Einseitigkeit aber werden Sie sich schwerlich eine andere Antwort geben können als die schon im vorigen begonnene. Auch dazu, etwas in der Weise zu behaupten, daß Sie es dadurch als falsch hinstellten, sehen Sie sich gerade deshalb schlechthin außerstande, weil Sie ein Subjekt sind und dies ebenfalls der Selbstauflösung Ihrer Subjektivität gleichkommen müßte, die auch hierin nichts ist als Intentionalität. Auch dabei nämlich intendieren Sie als solche überhaupt nichts anderes als Erfolg, welcher in diesem Fall der theoretischen Behauptung eben »Wahrheit« heißt. Und niemals intendieren Sie als Subjektivität oder Intentionalität etwa den Mißerfolg, der hier den Namen »Falschheit« trägt. Sonst hätten Sie in diesem Fall desgleichen etwas prinzipiell Unmögliches zu leisten: sozusagen über Ihren Schatten zu springen, nämlich als Subjektivität von Intentionalität geradezu sich selbst zu überspringen, um auch so etwas wie Mißerfolg noch intendieren zu können. Vielmehr kann Ihnen als Intentionalität, sprich, als *Erfolgs*intentionalität dergleichen wie ein Mißerfolg immer nur unterlaufen, aber niemals etwa durch Sie intendiert werden, weshalb er hier im Fall der theoretischen Behauptung auch speziell den Namen »Irrtum« hat, das heißt »unintendierte Falschheit«. Alle unsere empirische Erkenntnis nämlich, die alltägliche sowohl wie wissenschaftliche, geht dahin, etwas zu behaupten, es als Wahrheit hinzustellen, ist somit nichts als Subjektivität oder Intentionalität, die auf nichts anderes als Erfolg ausgeht.

Schon allein die erste Reflexion auf diese überhaupt nur als intentionale derart einseitige Grundstruktur von Theorie oder Erkenntnis als Behauptung sichert Ihnen somit eine Konzeption, dergegenüber jene andere Auffassung an Hinfälligkeit in der Tat nichts mehr zu wünschen übrig läßt. Denn jeden Fall von Theorie oder Erkenntnis und mithin auch jegliche Naturwissenschaft, auf die er fixiert ist, müßte ihr Vertreter leugnen, stellte er für alle Fälle von Natur, auch noch für die, in denen sie als Mensch auftritt, Intentionalität in Abrede. Doch nicht nur das, ja davon sogar abgesehen: Diese Leugnung wäre selbst ein Fall genau von demjenigen, was sie leugnet, eben von Behauptung, das heißt Intention, die auf Erfolg ausgeht, die also schon allein, indem sie so etwas behauptet, einen Mißerfolg darstellte, eben Irrtum. Denn als Leugnung selber wäre sie ein Beispiel des Geleugneten und durch die Tat gerade was sie abtun möchte: Intention.

Sie werden freilich nicht erwarten können, nur weil er Intentionalität zu leugnen danach prinzipiell nicht mehr vermöge, werde jener »evolutionäre«, nämlich dem Systemzwang der empirischen Naturwissenschaft unterliegende »Erkenntnistheoretiker« auch diese Hinfälligkeit seiner Auffassung schon eingestehen. Sie werden vielmehr damit rechnen müssen, daß er unter diesem Zwang sich nun erst recht versteift auf seinen philosophisch-falschen Empirismus, Naturalismus, Physikalismus und dergleichen, nämlich jetzt nur noch entschiedener vertritt, daß auch der Mensch Natur sei und seine Intentionalität desgleichen nur Natur sein könne. Also müsse er mit allem, was zu ihm gehöre, früher oder später als ein gleichfalls Naturales sich erklären lassen: als ein hochkomplexes freilich, aber eben doch als Naturales.

Die Reflexion, die er verweigert, brauchen Sie dagegen nur entsprechend zu erweitern, um auf diese Weise aufzudecken, daß der Hinfälligkeit seiner Auffassung auch deren Hartnäckigkeit nicht mehr aufhilft. Um ihr gegenüber an der Eigenart und Sonderstellung jener Theorie oder Erkenntnis als Behauptung weiter festzuhalten, reicht es Ihnen nämlich, ihn zunächst genau beim Wort zu nehmen. Denn auch höchste Kompliziertheit eines Naturalen ändert nichts daran, daß es wie alles Naturale grundsätzlich ein Ding mit Eigenschaften ist oder Substrat von Zuständen, ein Grundverhältnis nämlich, worin selbst der tiefste Mikroaufbau eines Naturalen noch bestehen muß, weil sonst von der naturgesetzlichen Veränderung desselben überhaupt nicht mehr gesprochen werden könnte. Auch Intentionalität als einen Fall von solchem Naturalen zu erklären, müßte demnach heißen, auch dergleichen wie eine Behauptung etwa als ein makro- oder mikroskopisches Veränderungsereignis, also grundsätzlich als Ding mit Eigenschaften aufzufassen, hätte also einleuchtend zu machen, auch ein solches Naturale trete als ein Wahres oder Falsches auf.

Doch vermögen Sie dagegen nicht allein ins Feld zu führen, daß es so etwas wie Steine oder Bäume, die im Sinne von Behauptungen wahr oder falsch wären, nicht geben könne, und in diesem Sinne auch nicht Wahrheit oder Falschheit jener »kleinen grauen Zellen« und dergleichen. Diese Eigenart und Sonderstellung der Behauptung als der wesentlichen Form von aller Theorie oder Erkenntnis, die das prinzipiell unmöglich macht, vermögen Sie am Beispiel ihrer Negation sogar noch abzusichern. Denn, eine Behauptung zu negieren, heißt, ihr die entsprechend negative nur entgegensetzen, einer Behauptung wie »Es regnet« beispielsweise die »Es regnet nicht«. Und dabei bleibt die erstere unangetastet, was sie ist, weil ihr die letztere als neue, eigenständige Behauptung immer nur entgegentritt.

Was also möchte es wohl sinnvoll heißen, können Sie dann weiter fragen, etwas Naturales zu negieren: Steine oder Bäume oder »kleine graue Zellen« oder sonst etwas dergleichen? Negation von so etwas wie einem Baum, das könnte allenfalls Vernichtung eines Baumes heißen als Veränderung desselben in ein anderes Naturales. Davon aber unterscheidet sich der Sinn von Negation einer Behauptung prinzipiell: Sie zu negieren, heißt grundsätzlich niemals, sie vernichten und in etwas anderes verändern, weil ihr selbst dabei vielmehr gerade eine weitere Behauptung zugeordnet wird.

Die Negation einer Behauptung hat mithin auch nicht nur nicht den Sinn, sie wie ein Material zu einer andern umzuformen, der allein für Negation von Naturalem noch in Frage käme; sie besitzt vielmehr den für ein Naturales schlechterdings nicht in Betracht kommenden Sinn der absoluten Neuschaffung von etwas: der Gegenbehauptung zu einer Ausgangsbehauptung, welche für nicht minder absolut und neu geschaffen gelten muß. Denn absolut ist dieses Schaffen, weil es eben nicht in bloßem Umschaffen von schon Vorhandenem in etwas anderes derselben Art besteht, nicht in der Weise, wie aus einem Baum der Rohstoff Holz und aus ihm wiederum ein Tisch wird, beides aber gleichwohl bleibt, was ersterer schon war: ein Naturales, Materielles.

Als eine wahre oder falsche hat nicht darin die Behauptung ihren Ursprung, daß ein selbst schon wahrer oder falscher Rohstoff sozusagen lediglich noch umgeformt würde zu einem andern solchen, sondern daß sie, auch als negative, sich in einem Sinn, den es noch zu ermitteln gilt, von Stoffgrundlage gerade ablöst, absolviert, in diesem Sinn mithin bei aller Rückgebundenheit an sie aus ihr doch absolut entspringt. Im Falle eines Naturalen aber, etwa eines Baumes, hätte solche Negation dann zu bedeuten, ihn desgleichen nicht nur nicht in anderes Naturales umzuformen, sondern anderes Naturales sogar zusätzlich zu ihm absolut neu zu schaffen, um es ihm entgegenzusetzen: Negation mithin als absolutes Schöpfertum, das uns bei Naturalem eben prinzipiell unmöglich, bei Intentionalem wie einer Behauptung aber offenkundig möglich ist. Und jeweils absolut geschaffen ist sie nicht allein als negative, sondern auch als positive, eben als Behauptung selbst[5], das heißt als Intention überhaupt.

Das Ergebnis eines absoluten Schaffens nämlich bildet sie gerade

5 Tief beschämend für so manchen Philosophen sind es heute Physiker, die sich darauf besinnen, daß Gedanken als ein Wahres oder Falsches nur grundsätzlich anderem als naturalem Schaffen ihr Entstehen zu verdanken haben können. Vgl. z. B. P. Davies, *Die Urkraft,* Hamburg 1987, S. 263 f.

als ein Fall von Selbstverhältnis einer Subjektivität oder Intentionalität, als der sich ein Subjekt von jedem natural-empirischen Objekt genau insoweit unterscheidet, als es sich von der Natur und ihrer Heteronomie der bloßen Fremdverwirklichung gerade abgrenzt und ihr gegenüber vielmehr die Autonomie der Selbstverwirklichung erlangt und eben darin sich von ihr auch absetzt: Also gerade von ihr her, an die es immer rückgebunden bleibt, gesehen, wie zum Beispiel von Natur als hochkomplexer physisch-physiologischer Gehirnstruktur her, absolviert es sich von ihr, indem im Unterschied zu ihr als Heteronomie es für sich selbst Autonomie wird und Subjekt und damit absolut.

Das heißt: Wir *sind* nicht, sondern *haben* Körper, nämlich sind genauso prinzipiell wie ungeschieden von ihnen auch unterschieden und mithin bei aller unlösbaren Rückgebundenheit an sie auch nicht einfach *identisch mit,* sondern noch *different zu* und in diesem Sinn auch *abgelöst von* ihnen, nämlich ihnen gegenüber *absolut* und *autonom.* Denn daß ein natural-empirisches Objekt nicht wahr ist oder falsch, hat eben darin seinen Grund, daß es auch nicht erfolgreich ist oder erfolglos[6], weil dergleichen wie Erfolg und Mißerfolg immer nur eine Intention besitzen kann, will sagen, ein Subjekt in der Gestalt von autonomer Selbstverwirklichung *zu* einer Intention wie beispielsweise der einer Behauptung.

Was Sie auf dem Wege solcher Reflexion und Argumentation erneut gewinnen und jetzt sicherstellen, ist mithin auch nichts geringeres als jene Eigentümlichkeit, ja Einzigartigkeit Intentionalität als Wesen aller Subjektivität. Auf diese Weise aber sichern Sie des weiteren die Einsicht: Eben dafür, sprich, für so etwas wie Subjektivität als die Struktur Intentionalität, das heißt als ein empirisch prinzipiell nicht Vorfindbares, kann empirische Naturwissenschaft und ihr voll verfallene empiristische Philosophie auch prinzipiell nicht zuständig sein. Was empirisch an uns Menschen durch empirische Naturwissenschaft alles zu ermitteln sein mag, kann aus diesem Grunde vielmehr prinzipiell nur natural-empirisches Objekt sein, so daß wir als

6 Pflege man, und nicht nur in der Presse, sondern auch in der Naturwissenschaft noch so oft auf diese Art gedankenlos zu reden. Vgl. als ein Beispiel von unzähligen: *Evolution,* eingel. von E. Mayr, 6. Aufl. Heidelberg 1986, S. 16, S. 40, S. 68, S. 76, S. 144, S. 147, S. 151; im selben Sinn auf S. 143 auch noch »wollen« und »versuchen«.

stets nur nichtempirisch, nämlich nur durch jene Reflexion zugängliche Subjekte ihr auch notwendig entgehen müssen. Weder unsere Intentionen noch Erfolge oder Mißerfolge nämlich sind empirisch an empirischen Objekten einfach festzustellen, auch nicht mittels noch so feiner Mikroskope: keine Intention an dem Objekt, das jeweils »unser Körper« oder »unser Leib« heißt, doch auch kein Erfolg bzw. Mißerfolg an demjenigen, das wir jeweils intendieren. Folglich können wir als beides, nämlich Intentionen wie Erfolge oder Mißerfolge Habende in unserer Welt auch weder für die Empirie noch für den Empirismus überhaupt vorhanden sein.

Die Möglichkeit, auch nur zu wissen von dergleichen wie Subjekten, oder so etwas wie Subjektivität als die Struktur Intentionalität in einer eigenen Theorie und Wissenschaft von ihr gar systematisch zu entfalten, steht und fällt vielmehr mit der von Reflexion als nichtempirischer Erkenntnis oder Wissenschaft Philosophie: Als Anthropologie im eigentlichen Sinne einer Theorie und Wissenschaft vom Menschen, die an ihm gerade sein Spezifisch-Menschliches als Subjektivität oder Intentionalität zu suchen und zu finden hat, durch so etwas wie Zählen seiner Chromosomen also prinzipiell nicht an ihr Ziel gelangen kann, kommt somit prinzipiell auch weder eine einzelne noch die Gesamtheit von empirischer Naturwissenschaft in Betracht, sondern wenn irgendeine, dann allein die Wissenschaft Philosophie im Sinne Kants als nichtempirische oder transzendentale. Jedenfalls ist, wie wir sie nun einmal kennen, unsere Welt bei weitem zu komplex, als daß wir uns erlauben dürften, sie bloß auf Natur als Inbegriff der bloß empirischen Objekte zu beschränken und entsprechend auch bloßer Naturwissenschaft samt ihr höriger Philosophie allein zu überlassen. Jeglicher Versuch, zur allereinzigen Totalwissenschaft die Naturwissenschaft zu erheben, muß vielmehr zur Folge haben, daß sie, weil total nicht werden kann, totalitär wird, nämlich gerade das Spezifisch-Menschliche mit Füßen tritt.

Dem entgegenwirken werden Sie indes am besten, insofern Sie, anstatt negativ allein Kritik daran zu üben, vielmehr positiv die Gegenwissenschaft dazu entwickeln, und zwar soweit als System begründen und errichten, daß an ihm dann Totalitarismus sich auch nur versuchen möge, ob nun als empirische Naturwissenschaft, empiristische Philosophie oder beide zusammen. Einer systematisch weiteren Begründung wie Entfaltung ist die Theorie von Subjektivität oder Intentionalität denn auch noch fähig. Ihrer allgemein-formalen Grundstruktur, die Sie alltäglichstem Normalsinn einer »Absicht« oder »Intention« entnehmen konnten, dürfen Sie sich mittlerweile nämlich sicher sein: Eine Absicht oder Intention ist etwas, das auf nichts als auf Erfolg aus ist und ihn als den beabsichtigten oder intendierten demgemäß erzielt oder verfehlt und damit zum entsprechend unbeabsichtigten oder unintendierten Mißerfolg führt.

Demselben Sinn dieser Intentionalität indessen werden Sie auch weiter deren Wesenszüge abgewinnen können, die zusammen schließlich jene Einheitsproblematik Subjektivität als Selbst- wie Fremdverhältnis in der Tat noch lösen. Denn Sie brauchen lediglich im Rahmen jener allgemein-formalen Grundstruktur solcher Intentionalität zu fragen fortzufahren – nach der Grundbedingung nämlich, welche etwas (gleichviel was) erfüllen muß, damit es einerseits als ein Erfolg (oder auch Mißerfolg) von Intention bzw. anderseits und umgekehrt als eine Intention dieses Erfolges gelten kann –, und dieser Sinn gibt Ihnen gleichfalls allgemein-formal noch Weiteres an Wesentlichem daran zu erkennen.

Zum normalsten Alltagssinn derselben nämlich zählt des weiteren, daß, eine Absicht oder Intention zu haben, für Sie keinesfalls bedeuten könne, etwa diese Absicht oder Intention selbst zu beabsichtigen oder selbst zu intendieren. Auch das Prinzipielle dieser Unmöglichkeit leuchtet Ihnen sofort ein, wenn Sie hinzunehmen, daß Sie mit einer Absicht oder Intention ja stets Erfolg beabsichtigen oder intendieren, etwas also, das Sie dadurch entweder erzielen oder auch verfehlen. Wäre es die Absicht oder Intention als solche selbst, was Sie beabsichtigen oder intendieren, könnte nämlich eben diese Ihre Absicht oder Intention auch immer erst als ein Erfolg zustandekommen; dann jedoch auch nur als der Erfolg einer ihm schon vorausliegenden andern Absicht oder Intention, die Sie als solche selber erst einmal beabsichtigen oder intendieren müßten: mittels einer der vorausgelegenen mithin vorausliegenden Absicht oder Intention, und dann so weiter. Auch mit jeglichem Beabsichtigen oder Intendieren also setzten Sie dann das in Gang, womit Sie eine Absicht oder Intention vielmehr von vornherein vereitelten: erneut einen unhaltbaren unendlichen Regreß, vergleichbar demjenigen, dem wir schon in der Erörterung des Ursprungs von Behauptungen wie »Dies ist glatt« oder »Dies ist ein Stein« begegneten, der hier nun aber erstmals sich erklären läßt, sofern eine Behauptung ebenfalls nichts anderes ist als eine Absicht oder Intention.

In beiden Fällen nämlich käme der Regreß Ihrem unendlich oft erneuerten, doch stets vergeblichen Versuch gleich, eine Absicht oder Intention jeweils erst mittels einer andern Absicht oder Intention zu bilden, während doch in Wahrheit eine jede Absicht oder Intention jeweils schon immer schlicht als solche selbst gebildet ist, das heißt als solche gerade unvermittelt wie auch unvermittelbar, nämlich ursprünglich. Und der letzte Grund für all dies liegt denn auch ausschließlich darin, daß zu ihr als seiner ursprünglich-unmittelbaren Selbstverwirklichung ein Subjekt prinzipiell nicht seiner selbst als so bereits Verwirklichtem bedürfen kann: gerade weil als Absicht oder Intention es ständig nichts als Ursprung seiner selbst ist, stets von neuem nur sich selbst hervorbringt und hervortut und als dieses Selbstverhältnis für Verstehende dann auch hervortritt, wie etwa im Satz als sprachlicher Gestalt einer Behauptung oder auch in unsprachlichem, aber gleichverständlichem Verhalten.

Daß Intendieren, oder eine Intention zu haben, für Sie nicht bedeuten kann, etwa die Intention als solche allererst zu intendieren, hat mithin gerade darin seinen Grund, daß dies für Sie sonst heißen müßte, sich am Ende selber allererst zu intendieren. Dadurch aber würden Sie zu einem prinzipiellen Unding, weil Sie vielmehr schon bzw. erst – das bleibt sich hierbei gleich – als ursprünglich-unmittelbares Intendieren selber wirklich werden. Wie vielmehr ebenfalls schon ihr alltäglicher Normalsinn zeigt, kann, eine Absicht oder Intention zu haben, für Sie immer nur bedeuten, *irgendetwas* zu beabsichtigen oder *irgendetwas* intendieren, und das heißt gerade: irgendetwas *Anderes* als diese Absicht oder Intention.

Auch dies wird vollends klar, sobald Sie wieder mit hinzunehmen, daß Sie mit einer Absicht oder Intention nichts intendieren als Erfolg, etwas also, das Sie nicht allein erzielen, sondern auch verfehlen können, das mithin als ein Erfolg sich einstellen oder als ein Mißerfolg auch ausbleiben kann. Diese Möglichkeit eines Erfolgs bzw. Mißerfolgs kann nämlich überhaupt nur dann bestehen, wenn das von einer Absicht oder Intention Beabsichtigte oder Intendierte in der Tat jeweils als Anderes von ihr beabsichtigt und intendiert wird, *eben weil* es als Erfolg von ihr sich einstellen oder auch als Mißerfolg von ihr ausbleiben kann, indessen diese Absicht oder Intention als solche selbst dabei gerade nicht ausbleiben kann, vielmehr in jedem Fall ergehen muß. Denn immer nur bezüglich ihrer selbst vermag etwas, mithin auch stets nur etwas Anderes ihrer selbst als ein Erfolg oder ein Mißerfolg zu gelten, niemals aber etwa auch die Absicht oder Intention als solche, die für beides vielmehr immer schon vorausgesetzt ist.

Eben daher auch der prinzipielle Unsinn, eine Absicht oder Intention zu haben, könnte für Sie heißen, sie als solche allererst zu intendieren oder zu beabsichtigen. Denn dies hätte für Sie nicht nur zu bedeuten, jeweils allererst sich selbst zu intendieren oder zu beabsichtigen, wie Sie sahen, sondern auch, sich selbst als etwas Anderes als sich selbst, so daß Sie sich nicht nur als ihren eigenen Erfolg erreichen, sondern als ihr eigener Mißerfolg sich selbst sogar entgehen könnten. Wo in Wahrheit doch Sie selbst als ein Beabsichtigen oder Intendieren immer schon ergehen und in diesem Sinn bestehen müssen, um nur überhaupt etwas und somit auch nur etwas Anderes als sich beabsichtigen oder intendieren zu können. Das müßte also den für Sie von vornherein, weil in sich selber widersinnigen Versuch der ursprünglichen Bildung Ihres Selbstverhältnisses mit Hilfe eines Fremdverhältnisses bedeuten, Ihrer Selbstverwirklichung mit Hilfe einer Fremdverwirklichung: mithin ursprüngliche Selbst*setzung* ebenso wie Selbst*zersetzung*. Als ein Selbstverhältnis einer Selbstverwirklichung vermögen Sie sich eben prinzipiell nicht allererst zu intendieren und darum auch prinzipiell nicht allererst Erfolg oder gar Mißerfolg von sich zu sein, weil Sie vielmehr als Intendieren selber dieses Selbstverhältnis einer Selbstverwirklichung schon immer sind und auch sein müssen, um als solches überhaupt erst, dann jedoch auch nur noch Anderes, zu intendieren und auch erst zu ihm ein Fremdverhältnis einer Fremdverwirklichung zu bilden, worin auch es selbst erst als ein Anderes zu Ihnen sich als ein Erfolg für Sie ergeben oder als ein Mißerfolg für Sie ausbleiben kann. Nicht *sich,* sondern nur *durch sich* und mithin auch nur ein *Anderes* als sich vermögen Sie demnach zu intendieren. Denn allein *durch* eine Intention, will sagen, *durch* Gestaltung Ihrer selbst *zu* einer Intention, kurz *durch* sich selbst als Selbstverhältnis einer Selbstverwirklichung vermögen Sie zu so etwas wie einem *Andern* Ihrer selbst ursprünglich überhaupt zu kommen, nämlich auch als Fremdverhältnis einer Fremdverwirklichung sich für sich selbst als solch ein Subjekt auch ein Objekt zu verwirklichen.

Was Kant an jenen Stellen, die ich Ihnen ausgangs meines letzten Paragraphen schon zitierte, sich wie seinen Lesern unter Schwierigkeiten klarzumachen trachtet, wird im Rahmen der Struktur Ihrer

Intentionalität mithin tatsächlich deutlicher. Zwar bilden Sie in jedem Fall von Urteil, Satz, Behauptung und Gedanke als Erkenntnis wie »Dies ist ein Stein« und »Dies ist glatt« ein Selbstverhältnis als ein »Selbstbewußtsein« Ihrer Selbstverwirklichung. Doch wird in keinem solchen Fall etwa »Dies ist ein Stein« und »Dies ist glatt« als solches selbst für Sie zum Thema oder Gegenstand, sondern bloß *durch* dergleichen Urteil, Satz, Gedanke und Behauptung als Erkenntnis vielmehr ausschließlich ein Stein bzw. etwas Glattes: jeweils Anderes als »Gegenteil« zu Ihnen als der jeweiligen Intention, als ein Objekt für Sie als ein Subjekt. Durchaus Kantisch also kann auch allererst der allgemein-formale Sinn eines *Erfolgs*, das heißt genauer, eines *Intentions*erfolgs und somit eines intendierenden *Subjekts* für Sie so etwas wie den allgemein-formalen Sinn eines *Objekts* als eines *Anderen* für dies Subjekt ergeben, und nicht umgekehrt, wenn anders er ein Ihnen auch verständlicher sein soll.

Des weiteren bestätigt sich in diesem Rahmen nunmehr auch jene Äquivalenz noch zwischen Wahrheit oder Falschheit von Erkenntnis, Urteil, Satz, Gedanke und Behauptung einerseits und Wirklich- oder Unwirklichkeit ihres Gegenstandes anderseits, worauf wir schon gestoßen waren. Daß die Wahrheit oder Falschheit von Erkenntnis als Behauptung eigentlich soviel bedeute wie Erfolg bzw. Mißerfolg von ihr als einer Intention, zieht nämlich Schritt für Schritt durch Aufdekkung der Vollstruktur von Intention auch Konsequenzen nach sich, welche von Bedeutung, aber vorderhand nur anzudeuten sind: Im eigentlichen Sinne nämlich liegt dieser Erfolg bzw. Mißerfolg von ihr danach gerade im Objekt oder im Gegenstand von ihr als eigentlichem Anderen zu ihr, jedoch gerade nicht als dessen Wahrheit oder Falschheit, sondern Wirklich- oder Unwirklichkeit. Als Erfolgs- bzw. Mißerfolgsbezeichnungen sind »Wahrheit« oder »Falschheit« vielmehr nichts als leere und auch unnötige Wörter, welche zudem irreführen, nämlich ständig vortäuschen, als sei tatsächlich die Erkenntnis selbst als wahre oder falsche schon ihr eigener Erfolg bzw. Mißerfolg; wogegen wir sie doch in reinem Verbalismus eine »wahre« lediglich zu nennen pflegen, nämlich wenn der Gegenstand, den sie als solchen selber offenlegend intendiert, auch wirklich ist, wenn aber unwirklich, dann eine »falsche«: Wahrheit oder Falschheit somit als Unmöglichkeiten, die der radikalsten Ausmerzung bedürfen, jedenfalls in angemessen durchgeführter Theorie der Subjektivität oder Intentionalität nicht mehr am Platze sind, wenn anders

Wirklich- oder Unwirklichkeit als der eigentliche Intentionserfolg bzw. -mißerfolg die ihnen zukommende Stelle im System einnehmen sollen.

Und noch deutlicher beginnt sich Ihnen damit abzuzeichnen, was Sie auf den ersten Blick vielleicht so unsinnig wie schrecklich finden werden: Schreiten wir nur immer konsequent in ihrer Ausarbeitung fort, wird uns die Vollstruktur Intentionalität unweigerlich zur Einsicht führen: Mit der Wirklichkeit eines Objekts der Außenwelt können wir nur als der Verwirklichtheit desselben durch uns selber einen Sinn verbinden, der für uns auch halt- und nachvollziehbar ist: allein als dem Erfolg von uns als Wirklichkeit von eigener und eigentümlicher Struktur und Wesenheit, nämlich als Wirksamkeit Intentionalität.

Freilich liegt bis dahin immer noch ein weiter Reflexionsweg vor uns, der zu dieser Einsicht nur als Schritt für Schritt zurückgelegter führen kann. Jedoch ergibt sich der nächstfällige von ihnen gleichfalls schon aus dem vorhergegangenen, indem er aus der Einsicht in die Art von Einheit der Intentionalität jetzt in der Tat die Lösung auch der Einheitsproblematik jener Spontaneität von Subjektivität als Selbst- wie Fremdverhältnis bringt. Im ganzen nämlich geht aus jenem allgemein-formalen Sinn, den die normalsten Alltagsausdrücke wie »Absicht« oder »Intention« enthalten, als der ebenso komplexe wie auch einheitliche Sinn dieser Intentionalität hervor: Als ein Erfolg bzw. Mißerfolg kann prinzipiell nur etwas Anderes als eine Intention auftreten, so daß umgekehrt jedwede Intention genauso prinzipiell als etwas Anderes denn als Erfolg bzw. Mißerfolg auftreten muß. Und dies bedeutet: Sie vermag auch prinzipiell dergleichen wie Erfolg bzw. Mißerfolg nicht selbst zu *sein,* sondern nur selbst zu *haben,* nämlich *durch sich selbst* nur als ein *Anderes* ihrer selbst, das eben darum ein Erfolg bzw. Mißerfolg immer nur umgekehrt als derjenige *ihrer selbst* sein kann: Erfolg bzw. Mißerfolg *für sie,* den somit gerade als ein *Anderes* als sich doch *sie für sich* hat.

So erweist Intentionalität sich in der Tat genau im selben Sinne als komplex wie jene Spontaneität von Subjektivität als Selbst- wie Fremdverhältnis, und in diesem nun intentionalen Sinne auch als eine Spontaneität noch, die bei aller ihrer inneren Komplexität, ja Gegensätzlichkeit doch Einheit ist, ja ihm entsprechend absolute und mithin tatsächlich Einfachheit. Als Spontaneität sei Subjektivität, so hatten wir ermittelt, nichts als aus, nämlich von sich auf sich und eben hieraus gerade aus auf Anderes als sich. Und dies wird Ihnen jetzt verständlich werden, nämlich in genau dem Sinn, daß Subjektivität als solche Spontaneität nichts als Intentionalität ist, nichts als intendiert und auch nichts als Erfolg und somit nichts als Anderes ihrer selbst. Denn in der Tat gehört zu diesem Sinn, der als intentionaler dies nunmehr verständlich macht, auch wesentlich noch mit dazu: Solch Aus-sein auf ein Anderes seiner selbst kann *Intendieren* dieses Anderen als *Erfolg* nur sein, wenn es aus einem Aus-sein auf sich selbst hervorgeht, das als solches aber gerade nicht auch wieder Intendieren seiner selbst sein kann, gerade weil es als für Intendieren grundlegendes Aufbaustück dasselbe allererst ermöglicht und deswegen Intendieren nicht auch selbst bereits zu sein vermag: In einer Intention begriffen und in demgemäß intentionalem Sinne auf sich aus sind Sie, wie schon ermittelt, eben nicht, indem Sie etwa *sich,* sondern indem Sie *durch sich* intendieren und dadurch auf *Anderes* ausseiend auf sich aus sind: Als Selbstverhältnis dafür immer schon zugrunde liegend nämlich intendieren Sie nicht sinnlos etwa *sich* als den Erfolg und somit als ein Anderes als sich, sondern durchaus sinnvoll umgekehrt ein *Anderes* als sich gerade als Erfolg *für sich.*

Als Intentionalität verständlich wird Ihnen auf diese Weise jene Spontaneität mithin gerade in dem Sinn, daß Subjektivität als Aus-sein auf sich selbst sowie auf Anderes als sich selbst zwar in sich gegensätzlich ist und bleibt, sofern sie damit in der Tat ursprünglich und ineinem auf genau Entgegengesetztes aus ist: Keineswegs jedoch ist sie nur deshalb sogleich in sich widersprüchlich und mithin etwa unmöglich, sondern durchaus möglich, weil sogar erwiesenermaßen als Intentionalität auch wirklich, nämlich wirksam oder tätig. Wie Sie selber mithin sozusagen durch die Tat, das heißt durch ihre Art der Tätigkeit unter Beweis stellt, schließen Aus-sein auf sich selbst sowie auf Anderes als sich selbst sich nicht allein nicht aus, sondern gehören sogar notwendig zusammen, weil sie jeweils miteinander allererst jene komplexe Einheit einer Intention ausbilden können: In der Tat kann weder dieses Fremdverhältnis ohne dieses Selbstverhältnis, woraus es hervorgeht, noch auch dieses Selbstverhältnis ohne dieses Fremdverhältnis, das daraus hervorgeht, jemals eine Intention sein, so daß Ihnen wohl ersichtlich jene Spontaneität ihre gesuchte Einheit als Intentionalität jetzt zu erkennen gibt.

Für Sie wichtig allerdings und weiterführend ist es, davon, daß das eine wie das andere unmöglich bleibt, sich nicht den Blick dafür verstellen zu lassen, daß gerade als Unmöglichkeiten diese beiden Fälle voneinander wesentlich verschieden sind.

Ohne Selbstverhältnis kann ein Fremdverhältnis zwar nicht Intention sein, aber sehr wohl vorkommen: als das Verhältnis zwischen Ursachen und Wirkungen als zueinander jeweils anderen, wie es als das der Heteronomie und Determination in der Natur auftritt. Denn sehen Sie vom Selbstverhältnis als dem Aus-sein auf sich selbst tatsächlich einmal ab, nehmen Sie eben dadurch auch dem Fremdverhältnis als demjenigen zu Anderem sofort und völlig den Charakter eines *Aus*-seins *auf* ein Anderes als den *Erfolg* und nivellieren dies Verhältnis so zum nur noch naturalen einer ebenfalls bloß naturalen Ursache zu ihrer ebenfalls bloß naturalen Wirkung. Danach nämlich sehen Sie sogleich: Die Wirkung einer Ursache ist ein *Erfolg* von ihr nur dann, wenn sie von ihr nicht bloß bewirkt, sondern auch intendiert wird, und das heißt, von vornherein von ihr für sich bewirkt wird, diese Ursache dabei mithin gerade als das Selbstverhältnis einer Selbstverwirklichung zugrunde liegt. Denn welche Ursachen in der Natur auch immer wirken und auf diese Weise welche Wirkungen in der Natur auch immer als ein Anderes bewirken mögen, – so wirken solche Ursachen doch prinzipiell nicht jeweils als ein *Aus*-sein *auf* dies Andere und werden solche Wirkungen infolgedessen prinzipiell nicht jeweils als *Erfolg* bewirkt; und dies ausschließlich deshalb nicht, weil hier auch keine dieser Ursachen als *Aus*-sein auf *sich selbst* wirkt und darum auch keine ihrer Wirkungen in diesem Sinne *durch* und *für* sich *selbst* bewirkt: als Selbstverhältnis eben nicht zugrunde liegt.

Halten Sie an soweit wenigstens entfalteter Struktur dieser Intentionalität fest, dann wird Ihnen nicht entgehen: Jene zu »Erkenntnistheoretikern« bloß selbsternannten »Evolutionäre« treiben es – naturwissenschaftshörig, und das heißt am Ende anthropologietaub, wie sie sind – mit ihrem Totalitarismus noch viel gründlicher und weiter als bisher erwähnt, so weit und gründlich jedenfalls, daß sie sich damit schließlich selber *ad absurdum* führen. Ohne Kenntnis von der Eigentümlichkeit, ja Einzigartigkeit des Reichtums an Struktur im Wesen jeder Intention und mithin jeglicher Erkenntnis, lassen sie sich nicht nur nach der einen Seite dazu hinreißen, Intentionalität und demgemäß die Intention Erkenntnis als Spezifisch-Menschliches zu leugnen. Diese Unkenntnis verführt sie nach der anderen Seite auch noch dazu, das auf diese Weise schlechthin sinnentleerte, nichtssagende Phänomen Erkenntnis dann sogleich in all- und jedem, mindestens in allem Leben zu erblicken. Was in diesem Sinn, doch nein: in diesem Unsinn angeblich in tiefster, innerster Mikrostruktur desselben an Lebendigem nicht alles schon »erkennen« und »erkannt sein« soll, das stimmt zu der sich heute allgemein verbreitenden Gedankenlosigkeit, mit der man immer unbekümmerter zum Beispiel von den Fortpflanzungs-»Erfolgen« schon der Lebewesen allerniedrigster Entwicklungsstufe spricht[7], oder auch davon, daß die Leber beispielsweise ganz genau »erkennt«, was sie zu tun oder zu lassen habe – eine Sprach- und Sach-Zerstörung von bisher noch nie erlebtem Ausmaß[8].

In dem Sinn, in dem dergleichen wie Erkenntnis uns zunächst einmal allein von uns bekannt ist, nämlich als ein Fall von Intention eines Erfolgs, kann schlechthin keine Rede davon sein, daß alle andern bis hinunter zu den Lebewesen allerniedrigster Entwicklungsstufe ebenfalls »Erkenntnis« und »Erfolge« hätten, schon allein, weil sie von vornherein auch gar nicht – und mithin auch gar nichts – intendieren. Denn nicht den geringsten Anlaß haben wir, auch ihnen allen noch zu unterstellen: Nur seiner Hochkomplexität zufolge sei ihr Reagieren oder Funktionieren usw. ebenfalls von Wirken und Bewirktwerden gemäß Naturgesetzlichkeit so prinzipiell verschieden, daß sie, statt als Ursache bloß Anderes zu wirken oder auch als Wirkung bloß von Anderem bewirkt zu werden, vielmehr lauter Klein- und Kleinst-Subjekte voller Intentionen oder mindest Intentiönchen bildeten, die als ein *Aus*-sein auf sich *selbst* jeweils auch *Anderes* als sich selbst in dieser Weise eines *Aus*-seins darauf *durch* und *für* sich *selbst* bewirken wollten. Daß dies letztere als Fremd- aus solchem Selbstverhältnis herfließt, eben darin liegt infolgedessen das Entscheidende, wodurch ein Wirken und Bewirken zum speziell intentionalen, mithin auch speziell erfolgreichen oder erfolglosen wird, was indessen einer Pflanze oder Leber und dergleichen nicht zu unterstellen ist.

7 Vgl. oben S. 231, Anm. 6.

8 In der Weise solcher Neuigkeiten, wie man sie auf einschlägigen Tagungen »interdisziplinär« zu tauschen pflegt, weiß auch H. G. Hoppe von »Erkenntnis« zu berichten, die, »und zwar auf allen Stufen des Lebendigen« jeweils »ermöglicht« werde durch »aktive Zuwendung« *(Die Bedeutung der Empirie für transzendentale Deduktionen,* in: *Kants transzendentale Deduktion und die Möglichkeit von Transzendentalphilosophie,* hg. Forum für Philosophie Bad Homburg, Frankfurt 1988, S. 128).

Von Mensch zu Mensch zieht Unterstellung dessen nämlich gegenseitig einige spezielle Wechselwirkung nach sich, »Kommunikation« oder »Interaktion«, die bei Unterstellung dessen auch von Mensch zu andern Lebewesen aber ausbleibt, woran Zweifel allenfalls bei höchstentwickelten Primaten sinnvoll sind. Nur sollten diesbezüglich Optimistische auch soweitgehend Konsequente sein, sich ferner zu verdeutlichen, daß diese Tiere dann desgleichen Menschen wären, eben weil Intentionalität in diesem Sinne vorderhand das einzige uns faßliche Spezifische des Menschen ist. In jedem Falle wäre diese Konsequenz, auch solche Tiere wegen ihrer Intentionen noch als Menschen aufzufassen und entsprechend zu behandeln, jenem Totalitarismus ohne Zweifel vorzuziehen, der sich im Gegenteil darin gefällt, den schlechterdings fundamentalen Unterschied in unserer Welt total zu nivellieren, nämlich zwischen dem, was Intentionen hat bzw. nicht hat.

Nur bleiben Sie sich dabei über folgendes im klaren: Daß er vorerst sozusagen ungestraft sich darin auch gefallen kann, liegt nicht, wie dieser Totalitarismus gerne vorgibt, an den so weit fortgeschrittenen empirischen Naturwissenschaften. Denn letztere sind auf dem nichtempirischen Gebiet jener Intentionalität zum Fortschritt auch grundsätzlich außerstande, weil hier nicht einmal zu einem Schritt imstande. Grund dafür ist vielmehr ausschließlich die diesbezüglich einzig zuständige, doch so weit zurückgebliebene Wissenschaft Philosophie als nichtempirische. Allein von deren Fortschritten auf ihrem eigentümlich nichtempirischen Gebiet der Anthropologie als Wissenschaft der Reflexion auf die Struktur Intentionalität, das heißt des Menschen auf sich selbst, ist denn auch zu erwarten, sie vermöchten der Gefahr von zunehmender Ausschreitung dieser Naturwissenschaft zur Totalwissenschaft als der überhandnehmenden Barbarei noch wirksam Einhalt zu gebieten.

§ 12. Intentionalität werdende Spontaneität als Fremd- werdendes Selbstverhältnis

In diesem Sinne weiter fortzuschreiten, werden wir indessen nur imstande sein, falls wir vor solcher Reflexion, wenn sie als Argumentation noch weiter fortgetrieben auch noch stärker als Spekulation erscheinen muß, nicht gleich zurückscheuen. Deren Anschein jedenfalls gewinnt sie unausweichlich, wenn wir unsere Reflexion auf jene Vollstruktur von Intention jetzt wieder aufgreifen und auch die andere jener zwei Unmöglichkeiten[1] noch dazu nehmen: Auch umgekehrt kann solch ein Selbstverhältnis ohne Fremdverhältnis keine Intention sein.

Von der ersten nämlich unterscheidet sie sich dadurch, daß ein Fremdverhältnis ohne solches Selbstverhältnis, wenngleich keine Intention sein kann, so doch als das von Ursache und Wirkung zwischen Naturalem wirklich, mithin möglich ist. Dagegen stößt es offenbar auf Schwierigkeiten, diese Möglichkeit, geschweige Wirklichkeit, desgleichen für ein solches Selbstverhältnis ohne Fremdverhältnis auszumachen. Schwer fällt es jedenfalls, ein Beispiel dafür aufzufinden oder auch nur zu erfinden, so daß eher umgekehrt sich uns die Frage stellen muß, ob dies nicht prinzipiell unmöglich, weil durch solches Selbstverhältnis selber ausgeschlossen ist. Sie in diesem Sinn beantworten zu können, müßte uns mithin auch weiterführen, nämlich bis zur Einsicht in das Wesen eben dieses Selbstverhältnisses als solchen und auf diese Weise in den eigentlichen Grund der Subjektivität als Spontaneität von jener Vollstruktur Intentionalität.

Die Antwort darauf nämlich müßte uns auch nichts geringeres als folgendes verständlich machen: Warum kann ein solches Selbstverhältnis gerade dasjenige, was es seiner Art nach wesentlich ist, eben Selbstverhältnis, überhaupt nur sein, indem es sich, sowie es als ein Selbstverhältnis einsetzt, auch bereits als solches selbst noch in ein Fremdverhältnis umsetzt, welches darum notwendig aus ihm hervorgeht und mit ihm zusammen so von vornherein das Ganze bildet, das als Einheit beider in Gestalt der schon genannten Einseitigkeit einer Intention hervortritt?

Daß genau in diesem Sinne jenes Selbstverhältnis der Entfaltung seines eigentlichen Wesens noch bedarf, wird Ihnen daran aufgefallen sein, daß es im vorigen nur vorläufig, nämlich bloß negativ bestimmt geblieben ist: Das Aus-sein auf sich selbst, als das ein Subjekt jeder Intention als Aus-sein auf ein Anderes als sich selbst zugrunde liegt, sei dies Subjekt *nicht* etwa abermals als Intention, nämlich auf sich, mithin gleichsam als Intention in jener Intention; denn dadurch würde jeder Fall von Intention als der auf Anderes ihrer selbst wie

1 Vgl. oben S. 238f.

auf sich selbst ineinem auch zum Widerspruch in sich und damit prinzipiell unmöglich. Dem genau entsprechend sei dieses Subjekt als solches, nämlich als das Intendieren eines Anderen auch *nicht* wie letzteres erst ein Erfolg bzw. Mißerfolg, nämlich sich selber allererst sein eigener, mithin sich selbst ein Anderes oder auch ein Anderes als es selbst, wodurch es abermals zum Widerspruch in sich und damit prinzipiell unmöglich würde.

Als entsprechend positive aber haben wir bisher nur die Bestimmungen gegeben, dieses Selbstverhältnis trete jeweils auf als das der Selbsttätigkeit einer Selbstverwirklichung aus absoluter, nämlich autonomer Spontaneität der Freiheit. Und das sind Bestimmungen, die ihre prinzipiellen Schwierigkeiten haben, doch erst dadurch zeigen, daß sich diese Spontaneität genauer als Intentionalität erweist. Der allgemein-formale Sinn der letzteren, mit dessen Klärung wir beschäftigt sind, hebt sich mit zunehmender Klarheit nämlich immer schärfer ab von einer Unklarheit der ersteren, die schließlich selbst unübersehbar nach Beseitigung verlangt.

Intentionalität in diesem allgemein-formalen Sinn besagt am Ende nämlich auch noch: Etwas intendieren, kann schlechthin nichts anderes bedeuten als, Verwirklichung von etwas intendieren, und das heißt: die Wirklichkeit von etwas, das nicht wirklich ist. Dergleichen wie ein Intendieren eines Etwas nämlich brauchte sich von vornherein erst gar nicht auszubilden, wenn dem Intendierenden dies Etwas als ein Wirkliches schon immer zur Verfügung stünde. Damit stimmt denn auch genau zusammen, daß es mit dem allgemein-formalen Sinn von Intention grundsätzlich unvereinbar, das heißt schlechthin sinnlos bleibt, etwas schon Wirkliches erst noch zu intendieren, etwas also, das einer Verwirklichung gar nicht bedarf.

Dies bestätigt Ihnen somit voll, daß es tatsächlich jene Spontaneität ist, was genau besehen in Gestalt dieser Intentionalität hervortritt. Denn wir konnten uns auch jene Spontaneität zunächst allein als eine Tätigkeit oder Aktivität verständlich machen, welche grundsätzlich wie diejenige der Natur etwas bewirkt oder verwirklicht. Daß sie als Intentionalität jedoch genauer in Erscheinung tritt, wird Ihnen klar, sobald Sie sich vor Augen führen: Aus der Perspektive letzterer bleibt insbesondere im Hinblick auf die Wirklichkeit bzw. die Verwirklichung von etwas jene Spontaneität als jenes Selbstverhältnis ganz für sich genommen schlechthin widersinnig; und sie bliebe diesem Widersinn zufolge auch schlechthin unmöglich, könnte also überhaupt nicht auftreten, – sie träte denn als dieses Selbstverhältnis aus sich selbst heraus und in ein Fremdverhältnis ein und insgesamt infolgedessen als Intentionalität hervor, sofern der ursprüngliche Widersinn von jener nämlich nur zum Sinn von dieser sich noch lösen kann.

Jenen Widersinn und damit diesen Sinn indessen werden Sie allein insoweit einsehen, als Sie sich die wesentlichen Einsichten von Kant in dieses Selbstverhältnis, das er »Selbstbewußtsein« nennt, vor Augen halten. Einmal mehr befinden Sie sich nämlich hier an einem Punkt, und diesmal gar im Mittelpunkt, wo Kant sein Denken nicht mehr weiterführt und damit systematisch steckenbleibt – an einer Stelle, wo Philosophie als Systematik durchaus weiterkommen könnte, doch bis heute noch nicht konnte.

Daß es Selbstbewußtsein gibt, ist Kant zufolge ebensosehr »Faktum«[2] wie, daß es Erfahrung als empirische Erkenntnis gibt in der Gestalt des Wahren oder Falschen von Behauptung, Urteil oder Satz. Denn »das: *Ich denke,* muß alle meine Vorstellungen begleiten *können*«[3], jene schon erwähnte Einsicht[4], deren Wichtigkeit Sie erst ermessen, wenn Sie sich verdeutlichen: In diesem Sinn ist »Selbstbewußtsein« nicht allein in aller »Vorstellung« als »Sinnesdatum«, sondern auch »in allem Bewußtsein ein und dasselbe«[5], also auch in allen Fällen von Erkenntnis als Behauptung, Urteil oder Satz, die anders als ein bloßes »Datum« schon ein Wahres oder Falsches bilden. Also *muß* es auch in jedem Fall einer Behauptung wie »Es regnet« noch »Ich denke ›Es regnet‹« zu behaupten *möglich* sein, was ohne Zweifel zutrifft. Daraus aber folgt unmittelbar: Es muß ein jeder Fall einer Erkenntnis als Behauptung, Urteil oder Satz wie »Dies ist glatt« oder »Dies ist ein Stein« oder »Es regnet«, einerlei ob so bereits verlautbart oder gar verschriftlicht oder nicht, als solcher selbst dann auch schon einen Fall von solchem Selbstbewußtsein bilden, weil sonst dieser Möglichkeit Notwendigkeit nicht zu verstehen wäre.

Eben deshalb aber kann ein jeder solche Fall von Selbst*bewußtsein* dann auch prinzipiell kein Fall von Selbst*erkenntnis* oder Selbst*verge-*

2 Vgl. Bd. 20, S. 270.
3 B 131f.
4 Vgl. oben § 5, S. 73ff.
5 B 132.

genständlichung sein, wie uns Kant tatsächlich immer wieder einschärft. Denn Erkenntnis und Vergegenständlichung vermag das Selbstbewußtsein »Dies ist glatt« oder »Dies ist ein Stein« oder »Es regnet« dann gerade nur von etwas Anderem als von sich selbst zu sein – will sagen: nur *empirische* eines *Empirischen* –, als solches *Selbst*bewußtsein von sich *selbst* mithin auch nur ein *nicht*empirisches von etwas *Nicht*empirischem. Und in der Tat kann sich stets erst im Kontext dieses Anderen oder Empirischen auch dasjenige noch ergeben, das dann gleichfalls nur empirisch als »mein Leib« oder »mein Körper« gelten kann, woran oder worin ich aber als dies Selbstbewußtsein prinzipiell nicht ebenfalls empirisch auffind- oder feststellbar sein kann.

Bereits in solchem Selbstbewußtsein aber, das als etwas Nichtempirisches schon das ursprünglichste Erkennen von etwas Empirischem, nämlich das wahre oder falsche Sprechen, Urteilen, Behaupten oder Aussagen darüber bilden muß, erblickt Kant das Spezifische des Menschen, und nicht etwa erst in seinem Selbstbewußtsein als moralischem: Schon jenes zeige ein »so weit erhabenes Vermögen« an, betont er, »daß es, als der Grund der Möglichkeit eines Verstandes, die gänzliche Absonderung von allem Vieh, dem wir das Vermögen, zu sich selbst Ich zu sagen, nicht Ursache haben beizulegen, zur Folge hat«[6].

Genau bis hierhin bleibt Kant folgerichtig und sich auch entsprechend sicher, so weit jedenfalls, daß er auf diese Art für nichtempirische Philosophie als Wissenschaft der Reflexion des Menschen auf sich selbst als Subjektivität und damit auch für Anthropologie eine bis heute und in Zukunft standhaltende Stellung systematisch sichert. Doch genau von hier ab läßt dann seine Folgerichtigkeit und Sicherheit zu wünschen übrig, was Sie daran sehen können, daß er ausgerechnet hier im Mittelpunkt mit seinen Reflexionen aufgibt, sprich, obwohl er selbst am besten wissen könnte, daß er hier am wenigsten mit ihnen aufzugeben brauchte. Meint er doch wohl etwas übereilt: »Obwohl es ein unbezweifeltes Faktum ist« – und aus all dem Vorigen, was er darüber schon ermittelt hat, ersichtlich auch ein

6 Bd. 20, S. 270. Vgl. auch Bd. 7, S. 127: »Daß der Mensch in seiner Vorstellung das Ich haben kann, erhebt ihn unendlich über alle andere auf Erden lebende Wesen. Dadurch ist er eine *Person* ...«.

unbezweifel*bares* –, sei dies Selbstbewußtsein als ein solches »Faktum« selber »schlechterdings unmöglich zu erklären«[7].

Dabei nämlich müßte Kant am deutlichsten vor Augen stehen, daß dies jedenfalls von ihm das letzte Wort dazu nicht sein kann. Gilt doch gerade Kant jene »Aufforderung an die Vernunft, das beschwerlichste aller ihrer Geschäfte, nämlich das der *Selbsterkenntnis* aufs neue zu übernehmen«, als Aufgabenstellung für Philosophie im Sinne von »Kritik der reinen Vernunft« schlechthin[8]. Denn damit kann er gar nichts anderes meinen, als daß eben jenes Selbstbewußtsein von Vernunft des Menschen als Subjekt, das ursprünglich gerade prinzipiell nicht Selbst*erkenntnis* oder Selbst*vergegenständlichung* sein könne, seiner *Selbst-* als der spezifisch *philosophischen* und *nichtempirischen* -erkenntnis und -vergegenständlichung und damit auch -erklärung überhaupt erst zuzuführen sei.

Danach aber hätte auch, wie Ihnen nicht entgehen wird, am ehesten Kant selbst auffallen müssen, daß er folglich mit der »Unerklärbarkeit« von Selbstbewußtsein keine generelle meinen kann, sondern nur eine ganz spezielle, wonach es allein in einem ganz bestimmten Sinne unerklärbar sein kann, doch in einem anderen und gleichfalls ganz bestimmten Sinne prinzipiell erklärbar sein muß. Freilich hätte ihm dies nur auffallen können, insofern ihm eben dieser jeweilige Sinn mit seinen jeweiligen Konsequenzen klargeworden wäre, was ihm aber offenbar nicht mehr beschieden war. Bezüglich dessen hinterläßt er vielmehr eine Unklarheit, die wir erst einmal zu durchdringen haben, wenn wir systematisch weiterkommen wollen.

Denn da Erklärung solchen Selbstbewußtseins, das in jedem Falle von »Erfahrung« vorliegt, ohne Zweifel Aufgabe der nichtempirischen Philosophie als Reflexion ist, kann mit seiner Unerklärbarkeit höchstens gemeint sein, daß es sich allein *empirisch* nicht erklären lasse. Und so unterstreicht Kant in der Tat, daß derlei »selbst auch ... niemals«, das heißt, ›nicht einmal‹ von der »empirischen Psychologie« geleistet werden kann, geschweige von empirischer Naturwissenschaft wie Physik, Biologie und Physiologie[9].

Doch auch den Grund, warum sie dazu außerstande bleiben müssen, hebt Kant noch hervor, nämlich weil Empirie es ihrem Wesen

7 A. a. O.
8 A XI f., kursiv von mir.
9 Vgl. z. B. Bd. 4, S. 304, Z. 1–7.

nach mit dem »Entstehen« von etwas zu tun hat, und das heißt, mit dem von etwas als der *Wirkung* eines *Anderen* als *Ursache* für es. Etwas Empirisches empirisch zu erklären, heißt entsprechend, es als Wirkung auf ein Anderes als seine Ursache zurückzuführen, so daß diesem Sinn gemäße Empirie auch nur mit »dem Entstehen der Erfahrung« sich befassen könnte, und das heißt nach Kant zugleich: allein mit ›dem Entstehen dieses Selbstbewußtseins‹. Überhaupt erst dadurch, daß Erfahrung solches Selbstbewußtsein bildet, wird für Sie verständlich, daß Kant sagen kann: Durch Empirie, und sei es auch »empirische Psychologie«, würde dergleichen »niemals gehörig entwickelt werden können«[10]. Kann sie nämlich prinzipiell nur mit »Entstehen« als Verhältnis zwischen Ursache und Wirkung als dem *Fremd*verhältnis eines *Anderen* zu einem *Anderen* zu tun haben, wie könnte Empirie dann überhaupt jemals mit so etwas wie »Selbstbewußtsein« als dem *Selbst*verhältnis von etwas zu *sich* zu tun bekommen? Daß es als ursprünglich nichtempirisches Verhältnis eines Subjekts zu sich selbst diesem Subjekt auch immer wieder nur als Subjekt, aber nie als Objekt und mithin auch nie empirisch, sondern eben stets nur nichtempirisch zugänglich sein kann, scheint danach jedenfalls kein Zufall.

Aber ausgerechnet im Zusammenhang mit dieser schwerlich falschen Überlegung unterläuft ihm ein verhängnisvoller Fehler, nämlich wieder eine grundsätzliche Fehleinschätzung seiner eigenen und neuen und ihm selbst daher noch undurchsichtigen Begründung nichtempirischer Philosophie als Wissenschaft der Reflexion. Vermeint er doch tatsächlich, diese Überlegung zur empirischen ergebe für die Wissenschaft Philosophie als nichtempirische auch einen Gegensatz zu ihr von der Art, »daß hier nicht von dem Entstehen der Erfahrung die Rede sei«[11], und damit auch nicht vom Entstehen der Erfahrung als dem Selbstbewußtsein, was am Ende nur bedeuten könnte: Ausschließlich die Empirie vermöge das Entstehen all dessen zu behandeln.

Doch wie wenig wohl ihm dabei selbst schon ist, das sehen Sie ihm an, wenn er hinzufügt, durch die Empirie würde all dies ohne Philosophie »niemals gehörig entwickelt werden können«[12]. Also hätte

10 A. a. O.
11 A. a. O.
12 A. a. O.

auch Philosophie in irgendeinem Sinne, nämlich nichtempirisch, das *Entstehen* von Erfahrung als dem Selbstbewußtsein zu behandeln, und nicht nur »von dem, was in ihr liegt,«[13] zu handeln, was auch immer dies bedeuten mag; zumal Philosophie dies Selbstbewußtsein als Erfahrung zweifellos in irgendeinem Sinne, nämlich nichtempirisch, auch *erklären* müßte. Nur läßt Kant durch diese seine Unentschiedenheit zwischen Philosophie und Empirie am Ende eine tiefreichende Unklarheit bestehen, nämlich daß in solchem ungeklärten Sinn von »nichtempirisch« letztlich *beides,* das Entstehen ebenso wie das Erklären von Erfahrung oder Selbstbewußtsein, ausschließlich die Sache der Philosophie als der Alleinzuständigen für sie sein kann: die interne Angelegenheit der Reflexion als nichtempirischer, die keine Empirie ihr je wird streitig machen können.

Um nachzuholen, was Kant hier versäumt, obliegt es uns, zur Unterscheidung zwischen Empirie und nichtempirischer Philosophie uns gleich als erstes klarzumachen: Deren Unterschied kann prinzipiell nicht darin liegen, daß die erstere mit dem Entstehen von Erfahrung oder Selbstbewußtsein sich befaßt, die letztere hingegen statt mit dem Entstehen nur mit etwas Anderem an ihnen, weil es beide vielmehr mit Erfahrung oder Selbstbewußtsein als etwas Entstehendem oder Entstandenem zu tun bekommen, also auch die nichtempirische Philosophie. Denn schwerlich werden Sie nach allem, was Sie davon mittlerweile wissen, sich der Anerkennung noch verweigern wollen, daß auch wir, die Menschen, aus Natur entstanden sind, phylogenetisch, und ontogenetisch immer wieder aus Natur entstehen.

Davon aber war, obwohl er nicht einmal den kleinsten Bruchteil dieses neuen Wissens schon besaß, bewundernswerterweise auch Kant selbst schon überzeugt; und 70 Jahre vor dem Hauptwerk Darwins hat er ganz in dessen Sinn von dieser seiner Überzeugung ein beeindruckendes Zeugnis abgelegt, das Sie sich nicht entgehen lassen sollten[14]. Trotzdem liegt nun aber, wie Kant gleichermaßen überzeugt ist, das Spezifische des Menschen nach wie vor im »Faktum« seines »Selbstbewußtseins«, wie es als »Erfahrung« gleich »Es regnet« auftritt, weil ein jeder solche Fall als derjenige eines Menschen als »Ich denke ›Es regnet‹« muß auftreten können. Folglich

13 A. a. O.
14 Sie finden es z. B. in Bd. 5, S. 418f.

muß auch solches Selbstbewußtsein als Erfahrung aus Natur entstanden sein, phylogenetisch, und ontogenetisch immer wieder aus Natur entstehen. Hat jedoch Philosophie zur Aufgabe, daß dieses Selbst*bewußtsein,* welches als *empirische* Erkenntnis und Vergegenständlichung von *Anderem* als *Objekt* gerade niemals Selbst*erkenntnis* oder Selbst*vergegenständlichung* darstellt, zur *Selbst*- als der spezifisch *philosophischen* und *nichtempirischen* -erkenntnis und -vergegenständlichung und so -erklärung eines *Subjekts* von sich *selbst* noch *werde,* dann entsprechend von sich selbst auch als Entstandenem oder Entstehendem.

Jenes von Kant selbst Versäumte nachzuholen, kann mithin für uns nur heißen, dieses von Kant selbst Vertretene genau und ernst zu nehmen, ja geradezu zum Fundament der Systematik von Philosophie zu radikalisieren, das ihr bei Kant selbst noch fehlt. Dann haben wir zur prinzipiellen Unterscheidung zwischen Empirie und nichtempirischer Philosophie uns nämlich vollends zu verdeutlichen, daß folglich deren Unterschied nur in der Antwort auf die Frage liegen kann, der beide gleichermaßen ausgesetzt sind, nämlich ob sich überhaupt, und wenn ja, wie sich auch Entstehen von dergleichen wie Erfahrung oder Selbstbewußtsein noch erklären lasse. Sind Sie nämlich erst einmal bis hierhin vorgedrungen, sehen Sie sofort: Die positive Antwort darauf hängt ausschließlich davon ab, ob sich ein positiver Sinn bestimmen läßt, in welchem dabei vom Entstehen und Erklären von Erfahrung oder Selbstbewußtsein überhaupt gesprochen werden kann.

Denn so verständlicher- wie darum auch normalerweise ist ihr positiver Sinn zuvörderst derjenige des Entstehens und Erklärens von etwas aus etwas Anderem, wie Sie schon wissen, also grundsätzlich der eines Fremdverhältnisses der Fremdverwirklichung von etwas als der Wirkung einer Ursache als etwas Anderem. Als solcher aber kann er für Erfahrung oder Selbstbewußtsein als ein grundsätzliches Selbstverhältnis gerade nicht in Frage kommen, und zwar einerlei, ob Sie dabei von Empirie oder von nichtempirischer Philosophie ausgehen wollten oder gar von beiden, insofern sie auch »interdisziplinär« eine Zusammenarbeit suchen könnten. Und auf diese Weise kündigt sich der vorgenannte Widersinn als zwangsläufig daraus entspringender denn auch schon an.

Ob Sie nämlich von Empirischem wie etwa physisch-physiologischer Gehirnstruktur als Ursache herkommend vorwärts sozusagen zum Entstehen dieses Nichtempirischen von Selbstbewußtsein der Erfahrung als der Wirkung davon übergehen wollten oder umgekehrt von ihm ausgehend rückwärts sozusagen vom Entstehen dieses Nichtempirischen als Wirkung zum Empirischen jenes Gehirns als seiner Ursache, – in jedem Falle liefe das auf jenes prinzipiell Unmögliche hinaus, Entstehen dieses Nichtempirischen von Selbstverhältnis wie Entstehen von Empirischem als Fremdverhältnis zu erklären. Seine prinzipielle Unmöglichkeit läge beidenfalls mithin ausschließlich in der *Art und Weise* von Erklärung, welche Sie dafür versuchten, und ausschließlich in der *Art und Weise* von Entstehung, welche Sie dabei voraussetzten, doch nicht etwa in dem Versuch einer Erklärung *überhaupt* und nicht etwa in der Voraussetzung einer Entstehung *überhaupt.*

Genau insofern aber ist es zweifellos gerechtfertigt, hier von »Entstehen überhaupt« zu sprechen, da »Entstehen von etwas« nur »Wirklichwerden von etwas« bedeutet, das vorher nicht wirklich war, doch nachher wirklich ist. Genau insofern also wird mittels »Entstehen« noch nicht das Geringste vorentschieden darüber, auf welche *Art und Weise* etwas im genannten Sinn entsteht bzw. wirklich wird. Indem es aber nun gerade jene *Art und Weise* ist, die das *empirische* Entstehen von *Empirischem* und dementsprechend das *empirische* Erklären von *Empirischem* ausmacht, steht damit nichts geringeres in Frage als der positive Sinn von *nichtempirischem* Entstehen eines *Nichtempirischen* und dementsprechend *nichtempirischem* Erklären eines *Nichtempirischen*: Welchen Sinn könnte Entstehen und Erklären von etwas denn überhaupt noch haben, wenn der des Entstehens und Erklärens *aus* etwas als etwas *Anderem* dafür nicht mehr in Frage kommen kann?

So weit vorgedrungen aber sind Sie hierzu dann in solchem Abstand, daß Sie rückblickend auf einmal sehen: Jene Art und Weise des Entstehens und Erklärens von Empirisch-Naturalem jeweils *aus* Empirisch-Naturalem ist vermittels dieses bloßen »aus« noch überhaupt nicht hinreichend spezifiziert, weil auch nicht zureichend differenziert. Denn nicht nur dasjenige, *aus* dem, sondern auch dasjenige, *durch* das Empirisch-Naturales jedesmal entsteht oder erklärt wird, ist dabei jeweils ein *anderes* Empirisch-Naturales. Diese Differenz von »aus« und »durch« indessen ist entscheidend wichtig und für Sie auch leicht an jenem schon seit Aristoteles so nützlichen Modell von Marmor, Statue und Bildhauer verständlich. Denn entsteht die Statue auch *aus* Marmor, so doch deshalb keineswegs *durch* Marmor, sondern eben durch den *Bildhauer,* der dabei gleichfalls etwas Anderes, und zwar nicht nur etwas Anderes als der Marmor, sondern auch noch etwas Anderes als die Statue ist.

Genau in diesem Sinne aber sind auch wir als Selbstverhältnis *aus* Natur entstanden und erklärbar. Denn in diesem Sinne *nicht* aus ihr entstanden und erklärbar sein, bedeutete sonst in Bezug auf sie, aus *nichts* entstanden und erklärbar sein, was unserer Vernunft in keiner Weise faßlich werden kann. Insofern hätte denn auch allgemein zu gelten, daß in diesem Sinne alles aus Natur entstanden und erklärbar sein muß, nichts aus nichts entstanden und erklärbar sein kann.

Doch von dem, wor*aus* auch wir als Selbstverhältnis irgendwie entstanden und erklärbar sind – was im genannten Sinn fortan zugrunde liegen möge –, muß dann das, wo*durch* auch wir als Selbstverhältnis daraus irgendwie entstanden und erklärbar sind, grundsätzlich unterschieden werden. Und zwar um so mehr, als auch schon beim Entstehen und Erklären von Empirisch-Naturalem das, wo*durch* es jedesmal entsteht oder erklärt wird, *immer* freilich *gleichfalls* etwas anderes Empirisch-Naturales darstellt, aber *niemals* dasjenige andere Empirisch-Naturale ist, wor*aus* es jedesmal entsteht oder erklärt wird: Wie auch schon im Fall jenes Modells sowohl der Marmor, *aus* dem, wie der Bildhauer, *durch* den die Statue entsteht oder erklärt wird, etwas *Anderes* als diese Statue sind, doch nicht *dasselbe* Andere. Denn da ja schon zugrunde liegt, daß das, wor*aus* auch wir als Selbstverhältnis irgendwie entstehen und erklärbar sind, auf jeden Fall Natur ist, kann dann allenfalls in dem, wo*durch* auch wir als Selbstverhältnis irgendwie entstehen und erklärbar sind, noch eine Möglichkeit einer Differenzierung und Spezifizierung des Entstehens und Erklärens von uns liegen, weil dieses Wodurch in jedem Fall sich unterscheidet von jenem Woraus, ein Unterschied, der prinzipiell nicht aufhebbar sein kann.

Nun hat jedoch wie das Woraus auch das Wodurch zunächst einmal den Sinn eines Entstehens und Erklärens *von* etwas Empirisch-Naturalem *durch* ein *anderes* Empirisch-Naturales, der für alles, was an uns Empirisch-Naturales, nämlich Körper ist, tatsächlich zutrifft. Nur kann dadurch, nämlich durch dies Natural-Empirische als grundsätzliches Fremdverhältnis das Entstehen jenes Nichtempirischen von uns als Selbstverhältnis eben nicht erklärbar werden. Folglich stellt die Frage nach der Art und Weise eines ganz spezifischen Entstehens und Erklärens davon sich nunmehr als die nach einem ganz spezifischen Sinn von Wodurch, zu dessen Auffindung Sie denjenigen, den dies Wort von sich aus mitbringt, einmal grundsätzlich auf einen andern, doch genauso positiven hin in Frage stellen sollten: Welchen Sinn könnte Entstehen und Erklären von etwas denn überhaupt noch haben, wenn der des Entstehens *durch* etwas als etwas *Anderes* und des Erklärens *durch* etwas als etwas *Anderes* dafür nicht mehr in Frage kommen kann? Denn in der Tat hat auch allein schon diese Art der Frage, sprich, *wodurch* etwas entstehen könne und *wodurch* es zu erklären sei, hier auszuscheiden, weil mit eben dieser Art der Frage nach seinem *Wodurch* schon fälschlich vorentschieden wird, es könne nur durch *Anderes* entstehen und erklärt werden, also nur abgeleitet als das Fremdverhältnis einer Fremdverwirklichung durch Heteronomie.

Die Frage nach Entstehung und Erklärung von etwas vermag deswegen einen für Erfahrung als das Selbstverhältnis eines Selbstbewußtseins eigentümlichen und haltbar-positiven Sinn auch überhaupt erst anzunehmen, nämlich insoweit Sie sie als Frage nach seinem *Wodurch* wohlüberlegt auf sich beruhen lassen und von daher nur noch anders stellen. So gewiß es *aus* Natur einmal entstanden ist und immer wieder *aus* Natur entsteht, doch prinzipiell nicht *durch* Natur entstanden sein oder entstehen und sich darum auch nicht *durch* Natur erklären lassen kann[15], so gewiß läßt sich nach so etwas wie Selbstbewußtsein als dem Selbstverhältnis der Erfahrung prinzipiell auch nur wie folgt noch fragen: Nicht mehr in dem Sinn, *wodurch* es jedesmal *entsteht* oder entstanden *ist,* sondern allein in dem, *als was* es jedesmal, *wenn* es entstanden *ist* oder *entsteht,* entstanden sein oder entstehen *muß,* um überhaupt als Selbstbewußtsein eines Selbstverhältnisses entstanden sein oder entstehen zu *können;* und das heißt entsprechend: Nicht mehr in dem Sinn, *wodurch* es sich erklären *läßt,* sondern allein in dem, *als was* es sich, *wenn* es

15 Auch noch so weit vorangetriebene Naturwissenschaft wird das nie vermögen, und zwar nicht aus Unvermögen, sondern sozusagen aus Vermögen, nämlich prinzipiell aus ihrem Wesen selbst, will sagen, aus der Art und Weise, wie allein sie überhaupt verfahren kann: Aus diesem Grunde ihres Wesens, nämlich ihrer Selbstfestlegung auf Empirisch-Naturales wird sie allenfalls auch immer wieder nur Empirisch-Naturales als die niemals hinreichende, sondern immer nur notwendige *Bedingung für* ein Selbstbewußtsein, aber niemals dieses selbst als wesenhaft Nichtnaturales, Nichtempirisches ermitteln können.

entstanden *ist* oder *entsteht,* erklären lassen *muß,* um überhaupt als ein entstehendes oder entstandenes Selbstbewußtsein eines Selbstverhältnisses erklärt werden zu *können.* Eine *nichtempirische* wird Wissenschaft Philosophie als Reflexion demnach gerade so, daß sie mit dieser Art des Fragens nach Entstehen und Erklären von etwas die Frage nach dem *Wesen* dieses Etwas, die Naturwissenschaft als *empirische* ganz empirieverblendet immer schon im Sinn von Natural-Empirischem entschieden wähnt, gerade erst eröffnet und so als die *Wesens*wissenschaft vom Menschen auch zur eigentlichen Anthropologie wird.

Und auf diese Frage wird Ihnen nur eine Antwort möglich werden, mag sie Ihnen auf den ersten Blick auch noch so unmöglich erscheinen: Um als solches Selbstbewußtsein eines Selbstverhältnisses entstehen und erklärt werden zu können, *kann* er niemals abgeleitet als ein Fall von Fremdverwirklichung durch Heteronomie, *muß* er vielmehr ursprünglich als der von Selbstverwirklichung mittels Autonomie entstehen und erklärt werden. Infolgedessen hat der Mensch, wenn anders es ein »unbezweifelbares Faktum« ist, daß er durch ebensolches Selbstbewußtsein der Erfahrung sich von allem andern in der Welt spezifisch unterscheidet, seine Wesenheit gerade darin, daß er, wann und wo auch immer er entstanden ist oder entsteht, als solche Selbstverwirklichung entstanden sein oder entstehen muß: als eben jene Freiheit der Autonomie und Selbstbestimmung einer Spontaneität als Selbsttätigkeit.

Hatten wir all dies bisher bloß wie Kant selbst vorausgesetzt, um es zuvörderst seiner inneren Struktur nach aufzuklären, so ergibt es sich für uns auf diese Weise nunmehr zwingend, wie sich denn auch jener zwangsläufig damit einhergehende Widersinn schon abzuzeichnen anfängt. Und ergab all dies nun einmal Zwingende sich nicht auch schon für Kant, so nur, weil er im Angesichte einer unverkennbar christlichen, doch auch unübersehbar fragwürdigen Auffassung vom Menschen noch vor dieser Konsequenz zurückgeschreckt ist, nämlich daß »er doch sich selbst nicht gleichsam schafft«[16].

Als derart selbstverständlich aber, wie es Kant in kaum durchdachtem Einvernehmen mit dem Christentum betrachtet, werden Sie nach allem, was sich jetzt ergeben hat, dies nicht mehr ansehen: Selbstverständlich schafft der Mensch sich selbst nicht etwa in dem

16 Bd. 4, S. 451, Z. 24.

Sinn, daß er sich seine naturale Grundlage, zum Beispiel seine physisch-physiologische Gehirnstruktur, selbst schaffte. Darin hat er vielmehr dasjenige, was an ihm tatsächlich durch Natur allein entstanden ist und immer wieder so entsteht und damit auch allein als Fremdverwirklichung durch Heteronomie. Nur ist er darin auch noch überhaupt nicht Mensch, da so entstehendes oder entstandenes Naturales auch als solches selbst noch überhaupt kein Fall von Ich als Selbstverhältnis eines Selbstbewußtseins der Erfahrung sein kann und darum auch noch nichts Wahres oder Falsches wie »Es regnet« als Behauptung. Eben darin nämlich ist der Mensch gerade niemals durch Natur geschaffen, eben dazu vielmehr schafft sehr wohl nur immer wieder er sich selbst, wenn auch auf Grund von ihr. Denn um zum Inbegriff solchen Erkennens und, wie sich noch weiter zeigen wird, auch Handelns überhaupt zu werden, muß er das Empirisch-Naturale seines Körpers als jenes Vermögen oder jene Möglichkeit dazu stets erst verwirklichen, als Fall von Selbstverwirklichung[17]: so wie als Fall von Fremdverwirklichung auch die empirisch-naturale Wirklichkeit von Marmor als die Möglichkeit zu einer Statue immer erst verwirklicht werden muß.

Als Christin oder Christ brauchten Sie Ihren Glauben, »daß der Mensch von Gott geschaffen sei«, also durchaus nicht aufzugeben, sondern nur ein wenig weiter durchzudenken, als die christliche Dogmatik es zu tun pflegt. Denn durchaus nicht nur nach neuester Naturwissenschaft von uns, sondern auch nach dem, was christliche Dogmatik von uns noch des weiteren behauptet, kann damit allein gemeint sein, daß der Mensch durch die von Gott geschaffene Natur geschaffen sei, gleichviel, was der dabei gemachte Unterschied zwischen »Natur« und »Gott« bedeuten mag. Wenn nämlich ferner gelten soll, »daß Gott dem Menschen dabei freien Willen gab«, so kann auch damit nur Vermögen oder Möglichkeit dazu gemeint sein, als ein gleichfalls Naturales, und nicht etwa Wirklichkeit oder Verwirklichung davon. Auch danach nämlich kann sie vielmehr immer erst als autonome Selbstverwirklichung davon auftreten: als genau der jeweilige Inbegriff von Handeln und Erkennen also, zu dem jeder Mensch sich – wörtlich sozusagen – in der *Tat* jeweils erst selber schafft, weil sonst von unserer Freiheit, Zurechenbarkeit, Verantwortlichkeit darin keine Rede mehr sein könnte, die geradezu im

17 Vgl. oben § 9, S. 191 ff.

Mittelpunkt der christlichen Dogmatik von uns steht. Durchaus nicht also *muß* etwa der Mensch sich selbst verwirklichen, denn von Natur oder von Gott her ist ihm dazu nur Vermögen oder Möglichkeit gegeben; vielmehr *tut* er es bloß *faktisch* und kann überhaupt nur deshalb sich als diesem Tun auch selbst ein Ende setzen, in dem Sinn, den Sie im folgenden noch deutlicher verstehen werden.

Und tatsächlich hat bereits in Fällen sogenannter »bloßer Theorie«, sofern wir ihr nur immer auf den Grund zu gehen willens sind, durchaus nicht ein Gebilde wie »Es regnet« etwa abgesondert einfach nur als solches selbst den Regen in der Außenwelt zum Gegenstand für sich als die Erfahrung oder die empirische Erkenntnis von ihm; sondern *Sie* besitzen oder *ich* besitze, eben ein *Subjekt* besitzt ihn jeweils für sich *selbst,* nämlich zum Gegenstand für *sich als* die Erfahrung oder die empirische Erkenntnis, und das heißt: für sich als das, zu dem es sich tatsächlich selbst verwirklicht.

Doch als Kontext von Erfahrung als empirischer Erkenntnis wird ein Mensch als Subjekt unablässig mittels autonomer Selbstverwirklichung zu etwas, worin Ursache und Wirkung gerade nicht mehr wie bei Naturalem auseinanderfallen, sondern immer wieder eines miteinander bilden, derart, daß er eben darin auch für Empirie von vornherein und prinzipiell nicht zugänglich, geschweige denn erklärbar sein kann[18], sondern wenn, dann überhaupt nur noch für nicht-empirische Philosophie als Wissenschaft der Reflexion. Daß auf der Grundlage von hochkomplexer physisch-physiologischer Struktur, deren Entstehen aus und durch Natur als dem heteronomen Fremdverhältnis einer Fremdverwirklichung empirisch feststell- und erklärbar ist, ein solches autonomes Selbstverhältnis einer Selbstverwirklichung entsteht, kann als ein »Faktum« eben nicht auch selbst wieder empirisch festzustellen oder zu erklären sein. Als nicht mehr abgelei-

18 Wie der Geometer auch durch noch so oftmalige Teilung einer Strecke ihren Grenzpunkt nicht erreichen kann, so muß vor so etwas wie Ursache und Wirkung in der Einheit einer Selbstverwirklichung der Physiker und Physiologe gleichfalls prinzipiell zurückbleiben. Denn seine *Selbst*festlegung *auf* kommt letztlich seiner *Selbst*einschließung *in* Empirisch-Naturales gleich, weil wie der Geometer von der Strecke auch der Physiker und Physiologe von Empirisch-Naturalem immer wieder sich zur Aufteilung in zueinander Anderes gezwungen sieht und so bei aller Möglichkeit der Näherung *an* Grenzpunkt oder Selbstverwirklichung doch prinzipiell gehindert an ihrer Erreichung.

tet, sondern ursprünglich entstehendes und damit nichtempirisches, doch darum nicht geringeres Faktum ist es vielmehr auch nur nichtempirisch noch durch Reflexion erkenn- oder erklärbar.

Deshalb werden Sie auch nur, sofern es bloß für Empirie gilt, noch verstehen, wenn Kant sagt, daß Selbstbewußtsein »schlechterdings unmöglich zu erklären« sei, doch keineswegs für nichtempirische Philosophie; denn was die Art und Weise angeht, wie allein es überhaupt erklärbar ist, kann auch nur sie allein zuständig sein. Und »daß hier nicht von dem Entstehen der Erfahrung die Rede sei«, mithin auch nicht von dem Entstehen solchen Selbstbewußtseins, kann darum desgleichen nur im Sinne des *empirischen* Entstehens und Erklärens gelten; denn die nichtempirische als eigentliche Art und Weise des Entstehens und Erklärens von dergleichen wie Erfahrung oder Selbstbewußtsein, nämlich die als Selbstverwirklichung vermag sehr wohl und gleichfalls ausschließlich das Thema nichtempirischer Philosophie zu sein.

Darum sollten Sie, gerade weil dies für Kant selbst nicht mehr voll deutlich wird, sich klar vor Augen führen: Auch nur diese Selbstverwirklichung als Grundstruktur von Selbstbewußtsein der Erfahrung kann gemeint sein, wenn er fortfährt, Thema nichtempirischer Philosophie sei keineswegs empirisches »Entstehen der Erfahrung«, *sondern* das, »was in ihr liegt« und »zur Kritik der Erkenntnis und besonders des Verstandes gehört«[19]. Denn daß er hier, obwohl die Sinnlichkeit genausosehr dazu gehört, doch den Verstand »besonders« nennt, wird Ihnen nur im Sinne seines Vorrangs vor ihr in Bezug auf Selbstverwirklichung verständlich werden können: nämlich daß das Selbstbewußtsein von »Erfahrung« als empirischer »Erkenntnis« seinen Ursprung nur in ihm als dem Prinzip der Spontaneität besitzen kann und nicht in ihr als dem Prinzip der Rezeptivität, so sehr auch sie zu seiner Selbstverwirklichung notwendig ist.

Denn in genau der Selbstverwirklichung, die vom Verstand ausgeht und mit der Sinnlichkeit zu tun bekommt, besteht auch jenes »Bathos« der Erfahrung, nämlich ihre »Tiefe«, in die einzudringen nur »transzendental«, das heißt, nur nichtempirisch möglich ist: allein durch Reflexion als Rückgang in die Tiefe, die deswegen umgekehrt auch das für sie »*fruchtbare* Bathos der Erfahrung«[20] bildet. Deren

19 Bd. 4, S. 304, Z. 3–7.
20 Bd. 4, S. 373, Z. 29ff., kursiv von mir.

»Tiefendimension« als nichtempirische Struktur gibt nichtempirischer Philosophie als Reflexion darauf den eigentlichen Aufschluß über das »Entstehen« von »Erfahrung« oder »Selbstbewußtsein«, eben daß es jedesmal als Selbstverwirklichung entstanden und erklärbar sein muß. Denn als solche fragt sie gerade nicht wie Empirie noch *hinter* es *zurück* nach *Anderem, wodurch* es, sondern *in* es *selbst* gleichsam *hinein* nach seinem *Wesen,* sprich, als *was* es eigentlich entstehen muß, um als dies Ursprüngliche überhaupt entstehen zu können. Und wenn Selbstverwirklichung als Antwort darauf feststeht und verstanden wird, ist damit auch ein neuer Sinn von »durch« bestimmt, in dem die Antwort lauten kann: *durch* Selbstverwirklichung.

Deswegen ist es für ein volles Selbstverständnis von uns Menschen auch entscheidend, uns die Art und Weise, *wie* Verstand und Sinnlichkeit zu solcher Selbstverwirklichung zusammenwirken, durchsichtig zu machen bis hinein in ihre äußersten Verzweigungen. Kein Zufall ist es jedenfalls, daß man des Menschen Selbstbewußtsein noch bis heute als ein äußerst schwieriges Problem, ja als unlösbar hinstellt, wenn man dabei nie genau und ernst nimmt, daß von vornherein und prinzipiell dergleichen wie ein Selbstbewußtsein überhaupt nur als ein Fall von Selbstverwirklichung entstehen und erklärbar sein kann.

Alle seine angeblichen Schwierigkeiten nämlich schwinden Ihnen wie von selbst, sobald Sie sich verdeutlichen: Infolge solcher Selbstverwirklichung kann es dabei gerade nicht um jenes selbstgemachte Unsinnige gehen[21], das, damit es seiner selbst bewußt und mithin Selbstverhältnis *werden* könne, dieses Selbstverhältnis zirkulär schon immer *sein* müßte; sondern um das gerade Umgekehrte und entsprechend Sinnvolle muß es sich dabei handeln, das sich selbst verwirklichen nur kann, indem es seiner als sich selbst Verwirklichenden auch noch selbst bewußt wird. Denn Entstehen eines Selbstverhältnisses der Selbstverwirklichung von sich kann auch allein als ein *Bewußt*werden von sich als dieser Selbstverwirklichung verständlich werden, während so etwas wie ›*unbewußte* Selbstverwirklichung‹ gerade als die eines *Selbst*verhältnisses wie Ich von Grund auf unverständlich bleiben muß. Zumal das eine wie das andere, Selbst*ver-*

21 Dazu jetzt zusammenfassend D. Sturma, *Kant über Selbstbewußtsein,* Hildesheim 1985, Kap. V und VI.

wirklichung wie Selbst*bewußtsein,* als ein grundsätzliches *Selbst*verhältnis stets nur punktuell entstehen kann: nicht wie in jenem Kreis als Linie und damit als Verhältnis zu sich selbst als Quasi-Anderem nur abgeleitet oder mittelbar, sondern unmittelbar und ursprünglich als das Verhältnis zu sich selbst in jenem Kreis als Punkt, der somit als das eigentliche Selbstbewußtsein noch verständlich werden müßte. Und zwar in genau dem Sinn, daß *für* es selbst *als* dieses Selbstbewußtsein der *Erfahrung* als empirischer *Erkenntnis* gerade *Anderes* seiner selbst bewußt wird, nämlich *Gegenstände* für es selbst als das zu solchem Selbstbewußtsein der Erfahrung als empirischer Erkenntnis von ihnen *sich selbst* Verwirklichende.

Nur als diese letztere vermag es nämlich aufzutreten, wie für Sie bereits bekannt, wenn anders dieses Selbst*bewußtsein* prinzipiell nicht Selbst*erkenntnis* oder Selbst*vergegenständlichung* sein kann, sondern Erkenntnis und Vergegenständlichung gerade nur von *Anderem* seiner selbst, das heißt, gerade nur an *Stelle* von sich selbst in der *Gestalt* von Selbstbewußtsein der Erfahrung als empirischer Erkenntnis dieses Anderen. Und in der Tat setzt letzteres als Gegenstand *für Sie* oder *für mich* im Sinn von Anderem *Ihrer selbst* bzw. *meiner selbst* auch immer schon *Sie selbst* oder *mich selbst* als solches Selbstbewußtsein der Erkenntnis von ihm notwendig voraus.

Wie sehr all dies als Konsequenz seines Gesamt- und Neuansatzes zur Philosophie durch Kant zuallererst hätte gezogen werden müssen, sehen Sie sofort, wenn Sie erinnern: Als »Vermögen« sind Verstand und Sinnlichkeit nach Kant nur »angeboren«, also immer wieder bloßes Naturales als die bloße *Möglichkeit für,* doch nicht auch schon *Wirklichkeit von* Zeit und Raum oder Kategorien und mithin auch noch nicht Wirklichkeit von Subjektivität als Selbstbewußtsein eines Menschen[22]. Daß aus dieser bloßen Möglichkeit *für* all das Wirklichkeit *von* all dem werde, dazu vielmehr ist infolgedessen die Verwirklichung dieser Vermögen von Verstand und Sinnlichkeit zu eben jener Einheit Subjektivität als derjenigen von Kategorien *mit* Zeit und Raum erforderlich, die Kant zufolge als *Synthesis a priori* aller *Synthesis a posteriori* wie »Es regnet« wesentlich zugrunde liegt. Denn weder ist zum einen etwa Subjektivität, noch sind zum andern etwa die Kategorien oder Zeit und Raum je für sich selbst schon immer wirklich; sondern nur, *indem* sich letztere verwirklichen, ver-

22 Vgl. hierzu noch einmal Bd. 8, S. 222f.

wirklicht sich auch erstere, und umgekehrt. Verwirklichung all dessen als »ursprüngliche Erwerbung«, und das heißt Erzeugung »dessen, was vorher gar noch nicht existiert«[23], kann aber immer nur von jener Spontaneität als Selbsttätigkeit des Verstandes ihren Ausgang nehmen und sich somit auch allein als ursprüngliche Selbstverwirklichung aus jener Freiheit als Autonomie zu solcher Subjektivität vollziehen, die als Selbstbewußtsein eines Menschen dann im Kontext von dergleichen wie »Es regnet« auch hervortritt[24].

Nichts als Ihre Reflexion auf solches Wahre oder Falsche eines Selbstbewußtseins als die Einsichtnahme in die Tiefendimension desselben führt Sie denn auch zum Ergebnis, daß es nur auf Grund von jener ursprünglichen Selbstverwirklichung hervorzugehen vermag: Für jenes Naturale als das »Angeborene« eines »Vermögens« oder einer Fähigkeit dazu folgt dann jedoch genauso zwingend, daß Natur mithin durch Heteronomie der Fremdverwirklichung zum Beispiel ein Gehirn als hochkomplexe physisch-physiologische Struktur gebildet haben muß, dazu befähigend, Verwirklichung nicht mehr heteronom bloß hinzunehmen, sondern autonom auch noch als Selbstverwirklichung spontan aus sich heraus hervorzubringen, – so gewiß es »unbezweifelbares Faktum« ist, daß es uns Menschen als

23 Etwas anderes als naturaler Körper sind Sie Kant zufolge also keineswegs wie nach Descartes in dem Sinn, daß Sie als »res cogitans« etwa auch ohne naturalen Körper existieren könnten (vgl. z. B. *Discours* IV, 2). Unlösbar an einen naturalen Körper rückgebunden bleiben Sie nach Kant vielmehr, weil Sie nur dadurch existieren, daß Sie einen naturalen Körper als Vermögen zu sich selbst verwirklichen. Denn auch nur dadurch ist er überhaupt »Ihr Körper«, und auch nur, indem Sie ihn in diesem Sinn unmittelbar besitzen und bewegen, sind Sie überhaupt »leibhaftiges Subjekt«. Als ein »Gespenst in der Maschine« abgetan zu werden, hätten Sie nach Kant also in keiner Weise zu befürchten.

24 Daß dies alles, insbesondere von seiner naturalen Grundlage als seiner bloßen Möglichkeit (»Vermögen«) her gesehen, immer wieder allererst solcher Verwirklichung als Selbstverwirklichung von Subjektivität bedarf, bleibt Kant sowohl wie seinen Interpreten letztlich dunkel und steht dadurch jedem Fortschritt der Philosophie als Hindernis bis heute noch im Weg. Erst konsequentes Beibehalten und Zuendedenken der von Kant schon ernsthaft in Betracht gezogenen Naturentstandenheit des Menschen, was auch für den ganzen Deutschen Idealismus noch nicht wirklich zwingend war, räumt dieses Hindernis beiseite und eröffnet damit neue Aussicht für Philosophie gerade in dem Sinn der tiefsten Ironie: Es kann der Darwinismus, eben weil er – soweit zuständig – zutreffend ist, wie alle übrige Naturwissenschaft zur Totalwissenschaft prinzipiell nicht taugen.

Spezifisches von Selbstbewußtsein wirklich gibt. Und damit tritt Ihnen denn auch der volle Widersinn entgegen, welcher nur in ganz bestimmter Weise noch zu einem Sinn sich lösen kann, indem sich nämlich jene *Spontaneität* als Selbsttätigkeit einer Selbstverwirklichung von vornherein, das heißt, sowie sie einsetzt, auch schon umsetzt zu *Intentionalität* und damit als dies *Selbst*verhältnis *selbst* zum *Fremd*verhältnis wird[25].

Auf diese Weise haben Sie sich nämlich durch den Rückgang Ihrer Reflexion in jene Tiefendimension den Weg bis zu dem Punkt gebahnt, an dem Sie Einsicht in den Sinn des Widersinns gewinnen, der am Ursprung eines solchen Selbstverhältnisses gewissermaßen mitentspringt und in ihm selbst sonach zum Grund wird, der es ständig aus sich selbst heraus auch noch hinauszwingt und hinein- in dieses Fremdverhältnis. Halten Sie nur immer daran fest, daß auch der Mensch in jedem Falle aus Natur entstanden ist, so kann sein Ursprung als ein solches Selbstverhältnis Ihnen nur noch so verständlich sein: Es muß dann jene *Möglichkeit* als jenes durch Natur hervorgebrachte Angeboren-Naturale von »Vermögen« oder Fähigkeit, Verwirklichung nicht mehr heteronom bloß hinzunehmen, sondern autonom auch aus sich selbst heraus und so als Selbstverwirklichung hervorzubringen, ihrgemäße *Wirklichkeit* geworden sein.

Doch eben diese Formulierung, die sich Ihnen schon ergeben hatte, müßte Ihre Aufmerksamkeit mittlerweile so stark auf sich ziehen, daß Sie entdecken, was allein dies heißen kann, wie auch, was alles daraus folgen muß: In dem Zusammenhang, in dem sie auftritt und in dessen Unlösbarkeit sie auch ihren wesentlichen Sinn hat, kann in dieser Formulierung des Entscheidenden, nämlich »Verwirklichung nicht mehr heteronom bloß hinzunehmen, sondern autonom auch aus sich selbst heraus und so als Selbstverwirklichung hervorzubringen«, mit »Verwirklichung« nichts anderes gemeint sein als *Natur*verwirklichung. Sonst führte nämlich dieser Übergang »nicht mehr heteronom ... sondern auch autonom« in dieser Formulierung eine Äquivokation herbei, die sie von vornherein unhaltbar

25 Bitte beachten Sie: Als Widersinn wird Selbstverwirklichung hier also nicht, wie üblich, nur behauptet, sondern auch noch hergeleitet; und zwar so, daß ihre Herleitung des weiteren den Sinn ergibt, als der sie mittels ihres anfänglichen Widersinns zuletzt noch vollends herzuleiten ist, wenn anders es sie als Intentionalität tatsächlich gibt.

machte. Demzufolge aber muß in dieser Formulierung auch mit der »Verwirklichung ... als Selbstverwirklichung« letztlich *Natur*verwirklichung gemeint sein, und das heißt: Verwirklichung von *Naturalem.*

Auf solche Weise folgerichtig dieser hinfälligen Äquivokation entgangen aber sind Sie jetzt zu einem Widersinn gekommen, welcher nicht auch seinerseits unhaltbar sein kann und dann aufzugeben wäre, sondern umgekehrt sogar das Wesen dieser Art von Selbstverhältnis bilden muß und somit festzuhalten ist, sofern nur immer gilt, daß so etwas tatsächlich vorkommt. Bei aller Abhängigkeit von Naturstruktur, aus welcher es phylogenetisch einst entstanden ist sowie ontogenetisch immer wieder neu entsteht, ist solch ein Selbstverhältnis nämlich dadurch, daß es der Natur als der heteronomen gegenüber autonom, von ihrer Heteronomie infolgedessen als Autonomie auch abgelöst und damit absolut auftritt, von ihr doch derart prinzipiell verschieden, daß es als ein solches selbst Natur nicht nur nicht mehr zu sein vermag, sondern auch nicht zu werden. Denn das könnte nur Natur als autonom-heteronome, also explizite Widersprüchlichkeit und damit prinzipielle Unmöglichkeit sein.

Es kann vielmehr als solches selbst Natur dann gleichermaßen prinzipiell nur außer sich noch haben, das heißt kürzer: eben nur noch haben, aber weder sein noch werden. Dies jedoch gilt nicht nur für das Naturale der Objekte in der Außenwelt im allgemeinen, sondern im besonderen auch für das unter ihnen jeweils ausgezeichnete Objekt, an das wir jeweils als Subjekt uns unlösbar gebunden finden und deswegen jeweils »unseren Körper« nennen. Auch von diesem nämlich können Sie und ich und alle übrigen Subjekte jeweils sinnvoll immer nur »Ich habe einen Körper« sagen, aber keineswegs »Ich bin ein Körper«, wie Naturwissenschaftsgläubige es gerne hätten. Und dies eben weil wir jeweils als Subjekt, das heißt als Selbstverhältnis, diesen naturalen Körper gleichfalls prinzipiell nur außer uns, als etwas Anderes unserer selbst uns gegenüber haben können und darum wie alle übrigen Objekte als ein Anderes unserer selbst auch immer erst empirisch kennenlernen müssen: gerade weil wir umgekehrt als ein Subjekt bzw. Selbstverhältnis solch ein Naturales trotz der unlösbaren Rückgebundenheit daran auch weder sein noch werden können.

Unsere Spontaneität als Selbsttätigkeit einer Selbstverwirklichung wäre infolgedessen als Verwirklichung von uns als diesem autonomen Selbstverhältnis je als solchem selbst zu etwas Naturalem auch der reine Widersinn, das schlechterdings Unmögliche, als welches aufzutreten wir von vornherein niemals vermöchten, bildete sie nicht von vornherein sich eben selber zur Intentionalität, das heißt als dieses Selbstverhältnis selbst zu einem Fremdverhältnis oder als das zu sich selbst gerade zu demjenigen zu Anderem ihrer selbst. Um statt als etwas Widersinniges eine Unmöglichkeit zu bleiben vielmehr etwas Sinnvolles und damit eine Möglichkeit zu werden und mithin auch nur in irgendeinem Sinne wirklich werden überhaupt zu können, dazu *kann* die Spontaneität als Selbstverhältnis einer Selbstverwirklichung *von vornherein* nicht anders auftreten denn als Intentionalität. Und dies, weil gerade dadurch, daß sie selbst als autonome sich von der Natur als der heteronomen löst und absolut wird, diese eben umgekehrt auch Anderes außer ihr wird, etwas also, worauf sie dann auch stets nur zu zielen und was sie auf diese Weise allenfalls noch zu erzielen vermag, – oder auch nicht: Sowie sich so etwas wie Selbstverhältnis als der Vorstoß einer Selbstverwirklichung und somit Spontaneität auch nur gebildet hat, *kann* es sich auch bereits nur noch gebildet haben als ein *Wollen von* oder *Versuch zur,* und das heißt, nur noch als *Intention auf* die Verwirklichung von etwas – und dann eben auch nur noch von etwas *Anderem,* so daß es seine *Selbst*verwirklichung als Wollen oder als Versuch oder als Intention beständig ebenso erreicht wie nicht erreicht. Nämlich erreicht, sofern das Wollen, der Versuch, die Intention als solche selbst jeweils nicht nichts sind, sondern durchaus etwas, nicht erreicht jedoch, sofern sie keineswegs Natur sind.

Doch in diesem Sinn vermag ein autonomes Selbstverhältnis gegenüber der Natur als einem Andern jeweils die als *Wollen* oder als *Versuch* oder als *Intention* gerade *nicht* erreichte Selbstverwirklichung auch durch die somit selbsterzwungene Verwirklichung von solchem Andern letztlich niemals zu erreichen, einerlei ob ihm Verwirklichung des dann auch immer nur noch *intendierten* Andern als Erfolg gelingt oder als Mißerfolg mißlingt. Denn nach wie vor und so auch hierbei haben Wirklichkeit sowie Verwirklichung allein als die von Naturalem einen Sinn, so daß von ihm als eben hierdurch gerade Anderem die Verwirklichung und Wirklichkeit allein als Fremdverwirklichung und -wirklichkeit noch Sinn besitzen können: Wodurch dann sofort fraglich werden muß, was jene Selbstverwirklichung und -wirklichkeit als Intention dann überhaupt noch heißen könnte.

Denn selbst dann, wenn Ihnen oder mir solche Verwirklichung

von Anderem und somit ein Erfolg gelingt, ist er zwar *Ihrer* oder *meiner,* nämlich ein Erfolg *für Sie* oder *für mich;* dies aber eben gleichfalls prinzipiell und immer nur in jenem Sinn, daß wir Erfolg *erzielen* und dann *haben,* niemals aber *werden* oder *sind,* will sagen: stets und prinzipiell nur *außer* uns als etwas *Anderes* als uns jeweils erzielen oder haben. Was auch immer wir an solchem Anderen und damit in der Außenwelt nämlich bewirken und zuletzt jeweils für uns erwirken mögen, – auch den besternährten, bestgepflegten, bestgekleideten, bestwohnenden und worin sonst noch bestgestellten Körper können Sie, selbst wenn es Ihrer ist, kann ich, selbst wenn es meiner ist, nur haben, aber niemals können Sie oder kann ich er sein. Ja selbst in unserer Innenwelt jeweils Gefühle wie Befriedigung und Lust – wodurch, worüber oder woran wir sie auch gewinnen mögen – können Sie, selbst wenn es Ihre sind, kann ich, selbst wenn es meine sind, nur haben, aber niemals sein, weil wir auch so etwas wie Seele oder Seelisches – worüber noch genau zu handeln sein wird – stets nur haben, aber niemals sind.

Beginnt indes auf diese Art für Sie hervorzutreten, daß Intentionalität als das Spezifische des Menschen und mithin auch unsere Eigentümlichkeit, ja Einzigartigkeit und Sonderstellung in der Welt nicht nur zu halten, sondern bis auf ihren Grund auch zu entfalten, mithin herzuleiten ist, so doch ineinem damit wohl des weiteren: Als was wir Welt und uns in ihr da kennenlernen, das gereicht uns auch zu allem andern als zum Jubeln, jedenfalls was mich betrifft und meiner Ansicht nach. Bei allem nämlich, was mit dieser autonomen Spontaneität zuletzt an Freiheit, Zurechenbarkeit, Verantwortlichkeit und mithin an Unantastbarkeit der Würde von uns Menschen auch mithergeleitet und an Weiterem aus ihr noch zu entfalten sein mag, werden Sie nicht übersehen können: Als sein Ursprung liegt all dem zunächst einmal als Spontaneität in der Gestalt Intentionalität, das heißt als Menschwerdung oder *conditio humana,* nichts geringeres zugrunde als das schlechthin Fürchterliche und Bestürzende, daß nämlich mit dem Auftreten von uns als Menschen in der Welt das Elend und die Tragik in Person auftritt: der Anthropos als prinzipieller Tantalos und Sisyphos ineinem.

Denn je entschiedener wir gegenüber bloß heteronomer Wirklichkeit jener Natur als Spontaneität auch noch zu autonomer vorstoßen, desto entschiedener weicht sie vor uns zurück und hinken umgekehrt mithin wir ihr bloß nach. In ihrem Sinne nämlich werden wir dabei gerade niemals Wirklichkeit, sondern als Spontaneität zur bloßen Wirklichkeitsintentionalität, als die wir, was wir selber werden wollen, prinzipiell nicht werden können. Und so *werden* wir als letztere und werden doch auch wieder *nicht,* werden nämlich wirklich nur als Wirklichwerdenwollen, doch nicht -können, oder lediglich als immer wieder sich erneuernde, weil nie gestillte und durch Wirklichkeit auch unstillbare Wirklichkeitsbedürftigkeit: Als ein Entstehen zwar, das aber niemals zum Bestehen wie Natur führt, sondern als Entstehen immer wieder ebenso Vergehen ist wie Neuentstehen, nämlich ständiges Ergehen: Wirklichkeit als reine Wirksamkeit, die Rast- und Ruhelosigkeit schlechthin, durch keinerlei Erfolge, auch die größten nicht zum Stillstand kommend, – es sei denn durch den einen ihrer Selbstauslöschung, die dann zwar ein Werden zu Natur ist, der dann aber Wirklichkeit als Wirksamkeit Intentionalität ohne Erneuerung vergeht.

Dieser Fall des Selbstmords, der uns damit unausweichlich in den Blick tritt, bildet als ihr Grenzfall übrigens den letzten, schlagenden Beweis dafür, daß unser Wesen in der Tat ausschließlich als Intentionalität ergeht und daß es auch nichts anderes als Erfolg ist, was wir intendieren. Denn die Möglichkeit des Selbstmords deckt unübersehbar für Sie auf, daß zum Fundamentalsten, was der Mensch jemals an Irrtum über sich gewonnen hat und immer noch verbreitet, jene seit Beginn der Neuzeit aufkommende Lehre zählt, sein Wesen sei die »Selbsterhaltung«[26]. Was auch immer nämlich man dabei anstellen mag[27], wohl kaum wird man dadurch verständlich machen können, auch der Selbstmord sei ein Fall von »Selbsterhaltung«. Doch durchaus ist er ein Fall von Intention und von Erfolg – so schauerlich das auf den ersten Blick auf Sie auch wirken mag – und damit eben Grenzfall äußerster und letzter Selbstverwirklichung im Sinne jener Wirklichkeit als Wirksamkeit Intentionalität, die deshalb gerade nicht als Selbsterhaltung angesehen werden kann. Denn auch erst Ihre Einsicht in das letztere, daß Selbstmord also zwar ein Fall von Intention und von Erfolg und demgemäß von Selbstverwirklichung und trotzdem nicht auch Fall von Selbsterhaltung, sondern

26 Über die Autoren dieser Irrlehre, und die es ihnen darin noch bis heute nachtun, gibt Ihnen die Sammlung *Subjektivität und Selbsterhaltung* Aufschluß, hg. H. Ebeling, Frankfurt 1976.
27 Vgl. z. B. a. a. O., S. 137f.

Selbstzerstörung ist, setzt Sie instand, sich sachlich-systematisch wirklich angemessen klarzumachen, worin Selbstmord eigentlich besteht.

Nicht im geringsten nämlich kann davon die Rede sein, Selbstmord begehen heiße, sich das Leben nehmen, pflege man auch immer wieder so zu sprechen, nämlich in dem Sinne: ganz bestimmtes Leben als Organisches einfach zerstören. Denn gerade als Organisches, sprich Naturales, läßt sich Leben, wie Natur als solche selbst, gar nicht so leicht zerstören, geht es jedenfalls, wenngleich auf niedrigerer Stufe, auch nach so etwas wie Selbstmord noch der eigenen Gesetzlichkeit nach munter weiter. Selbstmord zu begehen, heißt vielmehr, das ganz spezifisch Menschliche eines bestimmten Lebens zu zerstören, heißt mithin, wenn anders dies spezifisch Menschliche im Intendieren liegt, dies Intendieren zu beenden. Eben deswegen bedeutet auch, nicht Selbstmord zu begehen, keineswegs, einfach ein ganz bestimmtes Leben als Organisches bloß zu »erhalten«, sondern, mit dem Intendieren fortzufahren, – woran Sie sofort erkennen, wie weit die Vertreter jener »Selbsterhaltung« selbst bereits jener Naturwissenschaft als Totalwissenschaft auf den Leim gegangen sind.

Nun hatten Sie sich aber schon im vorigen verdeutlicht, eine Absicht oder Intention zu haben, könne prinzipiell nicht heißen, sie als solche selber allererst zu intendieren oder zu beabsichtigen, und das heißt konkreter: das Beginnen solchen Intendierens selbst zu intendieren; eine Absicht oder Intention zu haben, könne vielmehr prinzipiell nur heißen, irgend *etwas,* nämlich etwas *Anderes,* und das heißt, etwas Anderes *als diese Absicht oder Intention* zu intendieren oder zu beabsichtigen. Dies jedoch gilt nicht nur für Beginnen, sondern, da es sich dabei desgleichen grundsätzlich um Intendieren handelt, auch für Aufhören desselben: Intendieren kann zwar anfangen und aufhören, jedoch nicht mittels Intendieren, nämlich nicht einfach durch eine jeweils ganz bestimmte, positive oder negative, Art von Intendieren eines Intendierens selbst etwa begonnen oder auch beendet werden. So als könnte Selbstmord, sprich Beendung solchen Intendierens auch als eine Angelegenheit von Intention unmittelbar zu Intention erfolgen und gewissermaßen kurzerhand, ja gänzlich ohne Hand gelingen: als die Niederstreckung von Mentalem durch Mentales wie am Ende der Penthesilea Kleists.

Unmöglich aber ist das nicht allein, weil es nach einer Seite wieder den unendlichen Regreß bedeuten müßte, so daß Intendieren sich dadurch auch nur erneuern, also fortsetzen anstatt beenden könnte, sondern weil aus diesem Grunde Intendieren eben prinzipiell nur das von etwas Anderem als von sich selbst sein kann: Verwirklichung in positivem oder negativem Sinn vermag es also nur als diejenige der Natur zu intendieren, weil sie gerade ihm als solchem autonom werdenden Selbstverhältnis gegenüber als heteronom bleibendes Fremdverhältnis sich entzieht und dadurch prinzipiell zum Andern wird. So grundsätzlich heißt Intendieren jedenfalls stets *etwas,* nämlich etwas *Anderes* zu intendieren, daß es eine sachlich-systematische Unmöglichkeit ist, Selbstmord anders zu verüben denn als Intention auf eben dieses Andere und als Erfolg in eben diesem Anderen, will sagen: Möglich ist er nur als die Verwirklichung im negativen Sinne von Zerstörung desjenigen Stücks Natur, welches allein dazu befähigt, sich, wenn auch bloß zu Intentionalität werdender Spontaneität, als autonome Selbsttätigkeit eines Selbstverhältnisses doch selber zu verwirklichen. Und so gehört denn auch ein keineswegs geringes Mindestmaß empirischer Erkenntnis als Erfahrung der Natur dazu, um Selbstmord zu begehen, weshalb er in früher Kindheit gar nicht möglich sein kann.

Jedenfalls ersehen Sie daraus im ganzen, daß uns nur genau in dem, worin wir in der Tat als nichts denn als totale Selbstverwirklichung auftreten, auch totale Selbstvernichtung möglich ist; also gerade nicht in dem, worin wir nur die naturale Grundlage besitzen, die als solche auch noch gar kein Subjekt ist, sondern allein in dem, was wir auf Grund solcher Natur an Selbstverwirklichung vollbringen[28]: Keinen Selbstmord zu verüben, heißt infolgedessen überhaupt nichts anderes, als mit der Selbstverwirklichung, mit der Sie nun einmal begonnen haben und mit der Sie fortlaufend zum Intendieren der Verwirklichung allein von Anderem werden, fortzufahren. Nunmehr dies als Fortfahren mit »Selbsterhaltung« aufzufassen, hieße aber, dies von Grund auf zu verkennen, weil es dabei schon von vornherein und prinzipiell auch überhaupt nichts zu »erhalten« geben kann. Zu einer Wirklichkeit wie derjenigen von Natur als dem Bestehen nämlich kann es dabei gar nicht kommen, sondern immer

28 Des Menschen allzu kurzschlüssiges Denken, daß »er doch sich selbst nicht gleichsam schafft« und daher »letztlich auch nicht über sich verfügen kann«, bedürfte deshalb dringend eines gründlicheren Überdenkens. Vgl. dazu a. a. O., S. 137.

wieder nur ihr gegenüber zu derjenigen von ebenso Entstehen wie Vergehen; denn ihr als heteronomer gegenüber kann sich Selbstverwirklichung als autonome immer nur zu jenem Wirklichwerdenwollen, doch nicht -können eines Intendierens von Verwirklichung solcher Natur als Anderem ausbilden. Und genausowenig kann es sich denn auch bei dieser ursprünglichen Selbst*verwirklichung* als der von prinzipiell nicht Bleibendem, sondern Vorübergehendem um so etwas wie »Selbst*erhaltung*« handeln, vielmehr immer nur um eine dazu gerade gegensätzliche und dadurch ganz besondere Weise immer neuer Selbst*gestaltung*.

Deren vorläufige Schwierigkeit indessen sollte Sie nicht an der Einsicht hindern: Spontaneität von Subjektivität als Selbstverhältnis einer Selbstverwirklichung hat sich auf diese Weise als Intentionalität tatsächlich als die absolute Einheit oder Einfachheit erwiesen, aus der wir als dem Mittel- wie auch Gipfelpunkt in unserer Systematik alles Weitere uns werden herzuleiten haben, auch das in der Welt nicht uns Betreffende, sondern Natur als Anderes zu uns. Denn damit hat sich Ihnen in der Tat gezeigt, daß zwar ein Fremd- sich ohne jenes Selbstverhältnis denken läßt und als Verhältnis jener Heteronomie von Ursache und Wirkung der Natur auch vorkommt, umgekehrt ein solches Selbst- dagegen ohne Fremdverhältnis schlechterdings undenkbar ist, mithin auch prinzipiell nicht vorkommen kann. Und bei aller ihrer Gegensätzlichkeit bedeutet dieses Fremd- zu jenem Selbstverhältnis mithin auch so wenig einen Widerspruch, welcher Intentionalität als Einheit beider undenkbar und deswegen unmöglich machte, daß vielmehr umgekehrt gerade ohne Fremd- ein solches Selbstverhältnis, nur für sich genommen, jenen Widersinn als unlösbaren Widerspruch enthielte und dadurch undenkbar und unmöglich würde, also schlechterdings nicht aufzutreten vermöchte.

Als Gegensätze zueinander bilden sie mithin auch nichts als eine Differenz in einer Identität, eben innerhalb jener Intentionalität, die als ein Selbstverhältnis selber Fremdverhältnis ist und umgekehrt auch als ein Fremdverhältnis selber Selbstverhältnis: Geht Subjektivität als Spontaneität von sich auf sich, nämlich auf Selbstverwirklichung aus, geht sie eben damit als Intentionalität auf die Verwirklichung von Anderem als sich aus, sowie umgekehrt: Geht Subjektivität als Spontaneität auf die Verwirklichung von solchem Anderen als sich aus, geht sie eben damit als Intentionalität von sich auf sich, nämlich auf Selbstverwirklichung aus. Und dies, weil sie dann einerseits Verwirklichung nur noch als die von *Anderem* und damit als *Erfolg* bzw. *Mißerfolg* erzielen oder auch verfehlen kann, doch eben damit anderseits als den Erfolg bzw. Mißerfolg *durch* sich *für* sich als jene Wirklichkeitsintentionalität, die Wirklichkeit mithin allein gewinnen kann, indem sie diese als Erfolg nur *hat,* wenn auch *für sich* hat, selber aber niemals *ist:* selber vielmehr nur Bewußtsein *von* oder Erinnerung *an* als ein *Reflex* davon in sich als Selbstbewußtsein ist.

Ineinem damit sehen Sie dann aber weiterhin: Als bloße Differenz in der Identität einer Intentionalität werdenden Spontaneität sind Fremd- und Selbstverhältnis überhaupt nichts anderes als eine innere Komplexität derselben, welche ihrer Einheit nicht nur keinen Abbruch tut, sondern sogar erst den genau bestimmten Sinn verleiht, in dem sie sich auch in der Tat als absolute oder Einfachheit erweist. Nicht nur negativ ist jede Intention schlechthin unteilbar, weil ihr als der ganz bestimmten Einheit dieses Selbst- und Fremdverhältnisses natürlich keines davon fehlen kann. Auch positiv bleibt sie, indem sie sich als Selbst- zu einem Fremdverhältnis bildet, auch als dieses Fremd- ein Selbstverhältnis, und zwar so sehr, daß sie allererst als eben dieses Fremdverhältnis überhaupt zum Selbstverhältnis werden kann. Entspringt es somit in der Weise, daß es zwar als Fremd- aus diesem Selbstverhältnis, doch nicht etwa umgekehrt als Selbst- aus diesem Fremdverhältnis herfließt, so sind dennoch beide jeweils gleichen Ursprungs, weil ein und dasselbe bildend, und als solches auch von absoluter Einheit oder Einfachheit.

Als eine Spontaneität, die sich ursprünglich zur Intentionalität und damit gleichursprünglich als ein solches Selbst- wie Fremdverhältnis bildet, ist ein jedes Subjekt solcher Subjektivität nach mithin auch tatsächlich nichts als aus, wie wir uns dies mit Hilfe jenes reduzierten Kreises schon verdeutlicht hatten: Als ein idealer Punkt, der als derselbe seinen Anfangs- sowie Endpunkt bildet, ist es dieses Aussein als dasselbe nicht allein ursprünglich als Von sich- wie Auf sich-, sondern beides gleichursprünglich als Auf Anderes-Aus, ist somit insgesamt von sich auf sich gerade aus auf Anderes für sich. Und dies, weil ein Subjekt als solch ein Selbstverhältnis einfach, nämlich als Verhältnis einfach zu sich selbst, allein als eines auch zu Anderem und so komplexes überhaupt entspringen kann: weil es als dieser Punkt von Subjektivität als zu Intentionalität werdender Spontaneität auch seine reine Punktualität nur bilden kann als die von solcher inneren Komplexität. Und kein Geringerer als Leibniz war es, der sich einst verdeutlicht hat, ein Punkt sei etwas von der Art, »daß alles, was in ihm ist« und in ihm sonach auch unterscheidbar ist, gleichwohl »er selbst ist«[29], eine Reflexion, die sich mithin vollauf bestätigt und im weiteren konkretisieren wird: für dasjenige nämlich, was allein als so etwas wie Punkt in unserer Welt auftreten kann, das heißt: für uns als Subjektivität.

Wie Sie dann ferner sehen werden, kann deswegen in der Tat nicht von Objekten, sondern prinzipiell nur von Subjekten her ein Sinn von absoluter Einheit oder Einfachheit uns zur Verfügung stehen, eben ausschließlich von Subjektivität her, und das heißt: als Sinn ihrer Intentionalität, die solche Punktualität darstellt. In diesem nun in ersten Zügen positiv bestimmten Sinn indessen bildet – wie schon Kant, jedoch nur negativ sich klarmacht – solche Subjektivität sich keineswegs als Substanzialität, tritt ein Subjekt als einfaches durchaus nicht auf als einfache Substanz. Und keineswegs *besteht* es danach etwa dem Bestehen eines quasi-naturalen Quasi-Objekts gleich als Wirklichkeit, sondern *ergeht* es vielmehr als das Unbestehen eines immer wieder Neuergehens bloßer Wirklichkeitsintentionalität, die positiv noch weiter zu bestimmen uns im folgenden erst möglich werden wird.

Denn wie Sie schon gesehen haben, bildet eine Intention als autonome gegenüber der Natur als der heteronomen Wirklichkeit sich keineswegs etwa zu einer zweiten, also zusätzlich zu ihr als der primären etwa noch zu einer sekundären naturalen Wirklichkeit. Als autonome nämlich tritt sie ihr als eben dadurch Anderem vielmehr auch selbst als Anderes gegenüber, ja wird eine Intention sogar so prinzipiell zum Andern dieses Andern, daß sie zu Natur als substanzieller Wirklichkeit dann prinzipiell nicht werden kann. Ihr gegenüber vielmehr autonom und absolut wird ein Subjekt als Intention mithin auch selbst zwar durchaus wirklich, aber eben bloß als jenes Wirklichwerdenwollen, doch nicht -können, eine Wirklichkeit sonach, die ihm auch lediglich an Stelle der gewollten, doch verwehrten naturalen als Ersatz zuteil wird. Und so gilt, daß ein Subjekt die Wirklichkeit der Intention als solche gerade wird, die es durchaus nicht werden will und die es damit auch nicht als Erfolg erzielen und als Mißerfolg verfehlen kann (von daher die Unmöglichkeit des In-

29 Vgl. *Hauptschriften zur Grundlegung der Philosophie,* Bd. 1, Hamburg 1966, S. 65.

tendierens seiner Intentionen), die es vielmehr immer schon geworden ist, gleichviel ob es als solche dann auch naturale noch als Wirklichkeit von Anderem und somit als Erfolg erzielen oder nicht erzielen kann.

Wie Sie aber schließlich ebenfalls noch sehen werden, ist mit solcher zur Intentionalität werdenden Spontaneität, das heißt mit ihr als dem zum Fremd- werdenden Selbstverhältnis auch tatsächlich Subjektivität als jener »Grund der Möglichkeit eines Verstandes« hergeleitet, oder wie Kant ebenfalls behauptet: als der Grund der Möglichkeit von »Kategorien« als »reinen Verstandesbegriffen«, welche »a priori auf Objekte gehen« oder »a priori auf Gegenstände der Anschauung überhaupt« gehen[30]. Denn genauer meint er damit, daß durch deren Ausbildung Subjekte selber »a priori auf Objekte gehen«, sie als Anderes nämlich intendieren: eben sofern Subjektivität als Spontaneität jeweils Intentionalität wird. Sie nämlich kann Wirklichkeit grundsätzlich nur als die von Anderem, das heißt als die von Gegenständen oder von Objekten für Erkenntnis noch erzielen, indem sie apriorischer Verstand oder Verstandesbegriff als Kategorie wird. Denn so gewiß sie als das Selbstverhältnis einer Selbstverwirklichung und damit als die Spontaneität des Menschen aus Natur entstanden ist und unlösbar an sie gebunden bleibt, so sehr stellt Subjektivität sich mit dem Schritt der Mensch- als Autonom- und Absolutwerdung ihr gegenüber doch so prinzipiell auf sich allein, daß sie aus eben diesem Grunde der Natur als Anderem auch nicht nur als Intentionalität entgegensteht, sondern ineinem damit noch als Apriorität.

Tritt Subjektivität als solche nämlich erst einmal und danach immer wieder auf, so kann genauso prinzipiell dann umgekehrt auch naturale Wirklichkeit ihr schlechterdings nur als Aposteriorität noch gegenübertreten, nämlich stets erst nachträglich (a posteriori) als Erfolg zu ihr als stets vorweg schon (a priori) auf Erfolg ausgehender Intentionalität. Selbst die Natur, aus der ein Mensch als ein Subjekt einmal geworden ist bzw. immer wieder wird, desgleichen die, an welche er auch als subjektgewordener stets rückgebunden bleibt, wird durch ihn derart prinzipiell zum Andern seiner selbst, daß sie allein als faktisch-kontingent von ihm als Intention einer Erkenntnis allererst erzielte für ihn überhaupt noch zugänglich sein kann. Als

30 A 79 B 105.

das, was als Erfolg von ihr sich einstellen, als Mißerfolg von ihr jedoch auch ausbleiben kann, ist Natur mithin Aposteriorität genau im Sinn der bloßen Kontingenz, Faktizität und damit Empirizität. Und umgekehrt: Als das, was als Intentionalität für sie als den Erfolg gerade nicht ausbleiben kann, sondern ergehen muß, ist Subjektivität entsprechend Apriorität genau im Sinne der Notwendigkeit, Nichtempirizität.

Daraus erhellt für Sie, daß Kant auf seinem Reflexionsweg auch zur Herleitung von beiden schon zumindest unterwegs war: nicht allein zu derjenigen dieser Apriorität, Notwendigkeit, Nichtempirizität von Subjektivität, sondern desgleichen zu der von Aposteriorität, Faktizität bzw. Kontingenz und Empirizität jener Natur. Der letzteren hält man sich, wie Sie wissen werden, in der Regel für enthoben, weil man der naiven Meinung ist, den Sinn von Empirizität als selbstverständlich schon voraussetzen zu dürfen: als den angeblicher Rezeptivität von Wahrnehmung oder Erfahrung, die in Wahrheit aber wesentlich als Spontaneität im Sinne von Intentionalität entspringen. Empirizität hat dem genau entsprechend ihren Ursprung also keineswegs in solcher Wahrnehmung oder Erfahrung selbst als angeblicher Rezeptivität, sondern im »Gegenteil«, nämlich gerade im Objekt derselben, eben als Faktizität und Kontingenz ihres Objekt-Erfolgs als eines Korrelats zu ihr als wesentlich spontan-intentionaler. Und so ist im ursprünglichen Sinn empirisch immer wieder nur der Gegenstand bzw. das Objekt der Wahrnehmung oder Erfahrung, nämlich die von ihr auch immer wieder faktisch-kontingent bloß als Erfolg erzielte naturale Wirklichkeit.

Daraus geht für Sie des weiteren hervor: Von beidem kann deswegen immer nur als Korrelaten zueinander sinnvoll überhaupt die Rede sein – von Welt nicht ohne uns wie auch von uns nicht ohne Welt –, so daß mittels Philosophie als Reflexion darauf entsprechend beides nur korrelativ zusammen hergeleitet werden kann. Das heißt: Es muß durch sie mit Apriorität, Notwendigkeit, Nichtempirizität jener Intentionalität des Subjekts demnach auch noch des Objekts Aposteriorität, Faktizität bzw. Kontingenz und Empirizität als des Erfolgs von ihr mithergeleitet werden. Und zumindest ansatzweise kommt Kant dieser Forderung auch nach. Hebt er doch wiederholt hervor, daß durch Kategorien zwar Subjekte a priori »auf Objekte« oder auch »auf Gegenstände« gehen, aber niemals etwa auf bestimmt-empirische, sondern stets nur auf »Objekte überhaupt«.

Mit diesen häufigen, doch bisher letztlich unverständlichen Bemerkungen wird Kant indes sofort verständlich, wenn Sie jene Spontaneität, von der er dabei stets bloß generell zu sprechen pflegt, speziell verstehen: als Intentionalität. Dann nämlich sehen Sie: Aus Gründen dieser Sache selbst, von der Kant spricht, *kann* Subjektivität als Intentionalität (das heißt als Apriorität), *können* Subjekte ihrer Intention nach (das heißt a priori) auch auf gar nichts anderes gehen als auf »Gegenstände überhaupt« oder »Objekte überhaupt«, *vermögen* sie auch prinzipiell nur Anderes überhaupt zu intendieren. Denn der Intention nach, das heißt a priori, nämlich nur aus sich heraus vermag solch ein Subjekt sich auch tatsächlich nur die Vorstellung von solchem Andern überhaupt zu bilden, aber keine Vorstellung davon zu machen, *ob* es solches Andere überhaupt, und wenn ja, *wie* es dieses Andere dann gibt, nämlich als was für ein *Bestimmt-Empirisches.* Als apriorische Intentionalität, nämlich zu einem Fremd- sich als ein Selbstverhältnis a priori selbst begründende, ergeht die Spontaneität von Subjektivität vielmehr als eine Art von Fahrt ins Blaue, Unternehmen auf gut Glück, Versuch aufs Geratewohl. Darum bezeichnet Kant die hochkomplexe »Synthesis«, durch die sie selbst sich dazu bildet, als in diesem Sinn intentionale treffend auch als »willkürliche Synthesis«[31]. Das heißt, er faßt sie auf als Selbstgestaltung eines a priori-ursprünglichen »Wollens« einerseits von etwas Anderem als seinem Dasein wie auch Sosein nach noch »unbekanntem Objekt«[32] anderseits, das beidem nach »bekannt« mithin allein a posteriori-nachträglich noch werden kann: allein korrelativ dazu als dadurch faktisch-kontingent erzielter und in diesem Sinn empirischer Erfolg davon.

Auf diese Weise zeigt sich Ihnen hier in vollem Umfang, was allein Philosophie durch Reflexion auf Subjektivität als nichtempirisch-apriorische plausiblerweise herzuleiten überhaupt *vermag,* was alles sie dann aber herzuleiten auch *verpflichtet* ist. Am Objekt nämlich *allein,* was es als jenes Andere überhaupt betrifft und nicht als dies bestimmt-empirische; am Subjekt indessen *alles,* was es selbst wie auch dies Andere überhaupt angeht: Schritt für Schritt hat sie genau die hochkomplexe Weise herzuleiten, *wie* ein Subjekt jeweils seiner Intention nach, a priori, sich im einzelnen schon selbst gestalten

31 A 221 B 269.
32 Vgl. Bd. 18, S. 272, Z. 20 (R 5637), ferner Bd. 8, S. 222, Z. 1.

muß, *um* solches Intendieren gerade als dasjenige von Anderem für sich zu sein, *wie* Subjektivität als Spontaneität sich a priori selber zu bestimmen hat, *um* als Intentionalität gerade solch ein Selbst- wie Fremdverhältnis einheitlich zu bilden.

Diese eigentliche »Deduktion« von einzelnen und gegeneinander bestimmten »Kategorien« oder »Verstandesbegriffen« aber läßt sich zwar nur *aus* der Spontaneität von Subjektivität als der Intentionalität *heraus* bewerkstelligen, doch nicht ohne die Zuhilfenahme dieser Subjektivität auch noch als eines anderen Prinzips. Obwohl in ihrem allgemein-formalen Sinn nunmehr entfaltet und erschöpft, bleibt letztere als apriorischer Verstand oder als Fremd- werdendes Selbstverhältnis doch abstrakt. Als eine ganz bestimmte Art von Wirksamkeit konkret und damit voll verständlich wird Intentionalität in diesem Sinne vielmehr allererst durch die erschöpfende Entfaltung auch der Sinnlichkeit von Subjektivität als einer Rezeptivität, als die sie ihrer eigenen Spontaneität als der Intentionalität entspricht.

Genau in dieser Richtung hat Kant mit der Problematik einer »Deduktion« denn auch bis an sein Lebensende noch gerungen. Ja wie Sie einer seiner späten Formulierungen entnehmen können, wurde Kant als dieser Kämpfer-Philosoph, als den wir ihn bis in die letzten seiner Niederschriften eindrucksvoll erleben, sich auch selbst bewußt, und zwar genau in dem Zusammenhang, als der Intentionalität dann jeweils wirklich oder wirksam wird und dem wir uns als nächstes widmen müssen: »Ich klimme selbst durch schwere Subtilitäten zum Gipfel der Prinzipien«[33]. Daß dieses Selbst- als Kampfbewußtsein gerade aufkommt anläßlich der letzten Auseinandersetzung Kants mit dem Problem der Sinnlichkeit, wird Ihnen nicht als zufällig erscheinen, wenn Sie dabei mitbedenken: Daß die Spontaneität der Subjektivität gerade als Intentionalität in dem zuletzt erzielten Sinne »Gipfel der Prinzipien« ist – das höchste, über das hinaus auch wir kein höheres Prinzip mehr finden werden –, ist Kant niemals einsichtig geworden. Aus der Perspektive voller Einsicht in sie wären ihm die letzten Auseinandersetzungen mit ihr, und insbesondere mit ihr als Sinnlichkeit, zwar einerseits womöglich noch »subtiler« ausgefallen, anderseits jedoch wahrscheinlich nicht so »schwer« geworden, sondern sehr viel leichter.

Seien Sie sich hier sowohl im Rück- wie auch im Vorblick nämlich

33 Bd. 18, S. 313, Z. 23f. (R 5654).

voll im klaren: Mangels Einsicht dieser wahrhaft einzigartigen Struktur Intentionalität hat Kant nicht nur die eigene, sondern trotz aller Fortschritte durch sie auch alle weitere Philosophie in eine derart tiefe Sackgasse geführt, daß sie es noch bis heute nicht vermag, aus ihr wieder herauszufinden. Welche Überzeugung nämlich könnte tiefer sein als die gerade durch die Kantische für alle folgende Philosophie anscheinend endgültig befestigte, daß diese »absolute Spontaneität« der »Freiheit« als »Autonomie« zur Heteronomie jener Natur als Widerspruch auftrete und mit ihr darum auch nicht vereinbar sei?

Dieser Kurzschluß aber rührt tatsächlich nur aus jenem Mangel zureichender Reflexion auf Eigenart und Sonderstellung solcher Spontaneität her. Unvereinbarkeit nämlich erforderte zumindest auch Vergleichbarkeit von Freiheit mit Natur, zu der sie grundsätzlich auf einer und derselben Stufe stehen müßten, was jedoch von vornherein nicht zutrifft. Denn infolge der Naturentstandenheit des Menschen geht gerade sein Spezifisches von absoluter Spontaneität der Freiheit als Autonomie auch stets erst *aus* Natur *hervor,* so daß sie sich stets *auf* Natur erst *aufbaut* und sonach gerade niemals *mit* Natur *zusammen* einer und derselben Stufe angehören kann. Vergleichbar und infolgedessen unvereinbar mit ihr wäre sie nur dann, wenn Freiheit zwar Autonomie, doch grundsätzlich Natur, mithin dergleichen wie Natur als autonome wäre: eben jener Widersinn, der statt zu jenem Sinn allein zu diesem Unsinn, nämlich zur Unmöglichkeit, weil expliziten Widersprüchlichkeit einer Natur als autonom-heteronomer führen könnte.

Doch gerade dieser Widerspruch, als welcher jene Spontaneität auf*träte,* ist es eben, den sie dadurch, daß sie schon von vornherein nur als *Intentionalität* auf*tritt,* auch schon von vornherein vermeidet. Durch die ganz bestimmte Weise ihrer Selbstgestaltung zu Intentionalität werdender Spontaneität, vor der Natur als Anderes so prinzipiell zurücktritt, daß genauso prinzipiell auch umgekehrt sie nie mit ihr in Wettbewerb tritt[34], ist sie eben diesem Widerspruch von vornherein schon Rechnung tragend auch entgangen. Als ein Inbegriff von Intendieren im Erkennen wie im Handeln ist der Mensch in

34 Das bedeutet freilich keineswegs, daß Spontaneität oder Intentionalität, indem sie grundsätzlich erst einmal auftritt, mit Natur nicht auch auf mannigfache Art in Auseinandersetzung träte. Vielmehr tut sie das durchaus, jedoch als grundsätzlich bereits erstelltes eigenständiges Prinzip dann eben nur noch

keinem Sinne mehr Natur, hat er sich vielmehr über sie grundsätzlich schon erhoben: So weit jedenfalls, daß er mit ihr nicht nur nicht unvereinbar, sondern sogar ganz vereinbar ist, sofern er nämlich als dies Intendieren selber gänzlich auf sie angewiesen bleibt.

Denn seine Selbstverwirklichung vermag er, soweit überhaupt, nur als Verwirklichung von *Anderem für* sich und damit immer nur als die von Naturalem zu erreichen, was grundsätzlich und mithin von vornherein für alles Naturale, auch für solches gilt, dessen Verwirklichung er dabei nur als Mittel zur Verwirklichung von anderem als Zweck benutzt. Zu seinem *allerersten* und *unmittelbaren* Mittel aber hat der Mensch jeweils genau das Naturale, *an* das er sich immer wieder rückgebunden findet, gerade weil er immer wieder *aus* ihm allererst entsteht, indem er als Autonomie der Selbstverwirklichung sich *auf* es überhaupt erst *auf*baut: seinen Körper oder Leib. Nur mittels weiterer Verwirklichung von diesem Naturalen also, nämlich mittels der Bewegung dieses jeweiligen Körpers oder Leibes, die als *ursprüngliche* Selbstbewegung einer Selbstverwirklichung *unmittelbar* auch Fremdverwirklichung als Fremdbewegung *seines* Körpers oder Leibes ist, zum Beispiel *seiner* Hand, vermag er mittels *seines* Naturalen *andres* Naturale zu bewegen und mithin naturkausalgesetzlich zu verwirklichen. Entsprechend hat er sich denn auch gerade aus Autonomie heraus der Heteronomie solcher Natur zu unterwerfen, um sich als Autonomie noch wenigstens in der Gestalt einer Autonomie zur Heteronomie verwirklichen zu können.

Daran sehen Sie: Kants unzureichende, ja letztlich ausbleibende Reflexion auf all dies kommt im Grunde einer prinzipiell verfehlten Naturalisierung als Verdinglichung von all dem gleich, weil Freiheit mit Natur erst dadurch scheinbar unvereinbar wird, daß sie als jene autonom-heteronome und so als *Natur* von Grund auf mißverstanden und damit zum Unding wird. Denn Freiheit wird auch dann, wenn sie Autonomie ausschließlich als Autonomie zur Heteronomie wird, trotzdem als Autonomie gerade Anderes als Heteronomie und als Natur. Ganz einzigartig nämlich fließt auf diese Weise jeweils Heteronomie nicht immer wieder nur aus Heteronomie her, sondern

mit Natur als Inbegriff von Widerstand gegen Entfaltung ihrer selbst als absoluter, autonomer Freiheit, sei es nun mit »innerer« wie »Neigung« oder »Trieb«, sei es mit äußerer.

ausnahmsweise einmal aus Autonomie, sowie Natur nicht immer wieder nur aus anderer Natur, sondern aus Freiheit.

Noch viel tiefer aber führt er die Philosophie in jene Sackgasse hinein, denn noch viel weiter treibt Kant diese Naturalisierung als Verdinglichung der Freiheit, die Subjekte letztlich zu Objekten macht, und ebenfalls nur mangels Einsicht der Intentionalität von Spontaneität. Nicht zufälligerweise nämlich baut er seine Überzeugung, mit Natur sei Freiheit unvereinbar, systematisch aus zu der nicht minder einflußreichen Lehre, so etwas wie Freiheit könne es aus diesem Grund, falls überhaupt, nur als ein unerkennbares »Ansichsein« geben, während die erkennbare Natur in prinzipiellem Unterschied zu ihr »Erscheinung« sei. Auf diese Weise aber unterläuft ihm das Grundfalsche solcher Naturalisierung und Verdinglichung der Freiheit sogleich zweifach.

Denn zum einen ist sie *allerdings,* jedoch allein *empirisch* unerkennbar, so wird Ihnen mittlerweile klar sein. Sie bloß deshalb aber gleich zur *prinzipiellen* Unerkennbarkeit eines »Ansichseins« zu erklären, heißt nicht nur, *empirische* Erkenntnis fälschlich für die einzige Erkenntnismöglichkeit zu halten, faktisch also doch Naturwissenschaft zur Totalwissenschaft zu erheben; dies bedeutet vielmehr, eben dadurch auch zum wiederholten Mal die Möglichkeit der eigenen und neuen Wissenschaft Philosophie als *nichtempirischer* Erkenntnis des Subjekts von sich als *Nichtempirischem* aufs widersinnigste in Abrede zu stellen, wo doch gerade Kant so weit wie keiner vor ihm deren Möglichkeit erschließt und auch verwirklicht[35].

Doch zum andern und vor allem überträgt er damit zwei Begriffe, die als oberste, systemschließende Reflexionsbegriffe prinzipiell bloß für *Objekte* einen Sinn besitzen können, auf *Subjekte,* womit Kant die Naturalisierung und Verdinglichung derselben förmlich festschreibt und Philosophie in eine Sackgasse nicht nur hineinführt, sondern förmlich einsperrt. Bloß für Außenweltobjekte, einschließlich des

35 Über sie, die er »Metaphysik« nennt und »als Wissenschaft« errichten will, ist er sich sonst nämlich wie folgt im klaren: »Alle wahre Metaphysik ist aus dem Wesen des Denkungsvermögens selbst genommen und keineswegs darum erdichtet, weil sie nicht von der Erfahrung entlehnt ist, sondern enthält die reinen Handlungen des Denkens, mithin Begriffe und Grundsätze a priori, welche das Mannigfaltige empirischer Vorstellungen allererst in die gesetzmäßige Verbindung bringt, dadurch es empirische Erkenntnis, d. i. Erfahrung, werden kann« (Bd. 4, S. 472).

jeweiligen Körpers oder Leibes von Subjekten, läßt sich nämlich die Notwendigkeit der Reflexion auf sie als einerseits »Erscheinungen« und anderseits »Ansichsein« halten. Und allein weil er sich weder den *Grund für* sie noch *Sinn von* ihr jemals voll verdeutlicht hat[36], vermochte er auch niemals einzusehen: Eben diese Art der Doppelreflexion, wonach dasselbe jeweils nicht nur »als Erscheinung«, sondern auch noch »an sich selbst« betrachtet werden muß, stellt ihrem Sinne nach aus einem und demselben Grunde für Objekte eine sachlich-systematische Notwendigkeit und für Subjekte eine sachlich-systematische Unmöglichkeit dar.

Nicht von ungefähr jedoch ist beides letztlich nur zusammen für Sie zu verstehen, nur aus der Vollstruktur Intentionalität mit ihren Korrelaten von Erfolg bzw. Mißerfolg, die einzusehen Kant nicht mehr gelungen ist: Daß diese Doppelreflexion für Außenweltobjekte nicht nur möglich, sondern auch notwendig ist, hat ausschließlich den Grund, daß ein Subjekt als Intention solche Objekte jeweils als Erfolg erzielen oder auch als Mißerfolg verfehlen kann. Denn wie Sie wissen, intendiert ein Subjekt immer wieder nur Erfolg, auch in allen Fällen seines faktischen Verfehlens oder Mißerfolgs. Entsprechend kann von ihm als immer gleicher Intention, nämlich als ständiger *Erfolgs*intention her schlechthin kein Grund dafür bestehen, weswegen es in einigen, ja überwiegend vielen dieser Fälle zum Erfolg gelangt, in einigen jedoch, wenn im Vergleich mit diesen auch verschwindend wenigen, zum Mißerfolg. In allen Fällen faktischen Erfolgs, den es mithin zwar immer intendiert, doch niemals garantiert, nämlich in allen faktisch wirklichen Objekten als dem Anderen zu ihm als Intention, muß also noch ein zusätzlicher Grund vorliegen, der allein erklären kann, daß ein Subjekt in *diesen* Fällen den Erfolg, den es in *allen* Fällen intendiert, auch tatsächlich, sprich faktisch, kontingent erzielt. Und eben diesen Grund in ihnen konsequenterweise und systemabschließend zwar noch reflektieren müssen, doch nicht mehr erkennen können, heißt, sich klarzumachen, daß Objekte notwendigerweise nicht nur »als Erscheinungen« betrachtet werden müssen, worin ihre durch Philosophie *erkannte* Abhängigkeit von Subjekten reflektiert ist, sondern auch noch »an sich selbst«: Worin Philosophie soeben noch mitreflektiert, doch *nicht*

36 Dies nachzuholen habe ich versucht in meiner Arbeit *Kant und das Problem der Dinge an sich* (Bonn 1974, 3. Aufl. 1989).

auch noch *erkennt,* inwiefern sie bei aller ihrer Abhängigkeit von Subjekten doch auch wieder nicht abhängen, insgesamt mithin tatsächlich *Anderes ihrer selbst* sind, nämlich Anderes *für* sie so sehr wie Anderes *als* sie.

Genau aus diesem Grunde und in diesem Sinne aber bleibt dann solche für Objekte notwendige Doppelreflexion auch für Subjekte in der Tat unmöglich. Zu sich selbst steht ein Subjekt als Intention gerade nicht so wie zu Anderem als sich selbst im Fremdverhältnis einer Fremdverwirklichung, sondern im Selbstverhältnis einer Selbstverwirklichung, worin es immer schon sich selbst als Intention verwirklicht haben muß, um Anderes als sich selbst als den Erfolg für sich als Intention verwirklichen zu können. Deshalb kann es, wie Sie nun schon mehrfach eingesehen haben, seine eigene Wirklichkeit als Wirksamkeit des Intendierens selbst auch niemals intendieren, weil es eben dazu in unendlichem Regreß als Intendieren immer schon ergehen müßte. Darum kann es sich jedoch als Wirklich- oder Wirksamkeit des Intendierens selbst von vornherein auch weder als Erfolg erzielen noch als Mißerfolg verfehlen, sondern muß all seinem möglichen Erfolg bzw. Mißerfolg, der prinzipiell nur Anderes seiner selbst betreffen kann, vorweg schon immer seiner selbst als Wirklich- oder Wirksamkeit gewiß sein: jeglichem Empirischen zuvor als Nichtempirisches von Selbstbewußtsein dieses Intendierens selbst als »unbezweifelbarem Faktum«.

Eben deshalb aber kann, wie Sie jetzt sehen werden, schlechthin keine Rede davon sein, es gälte auch im Falle eines solchen Subjekts etwa zwischen unerkennbarem »Ansichsein« und erkennbarer »Erscheinung« noch zu unterscheiden[37]. Wenn es danach trachtet, sich als dieses Nichtempirische von bloßem Selbst*bewußtsein* auch in Selbst*erkenntnis* und *-vergegenständlichung* zu überführen, und das heißt, wenn ein Subjekt durch Reflexion auf sich statt Empirie Philosophie versucht, hat es nicht den geringsten Grund dazu, sich gleich-

37 Was mich betrifft, bedeutet das die Unhaltbarkeit des Kapitels *Das empirische Subjekt* (§ 8 d) in meiner vorgenannten Arbeit *Kant und das Problem der Dinge an sich*. Unhaltbar ist es als der Versuch, die Reflexion auf die Objekte als »Erscheinung« und »Ansichsein« mit Kant selbst auch auf Subjekte noch zu übertragen, dessen prinzipielle Undurchführbarkeit mir damals noch nicht deutlich war.

falls nicht nur »als Erscheinung« zu betrachten, sondern auch noch »an sich selbst«. Sofern es sich dabei nur immer ausschließlich an das hält, was in Fällen solchen Selbstbewußtseins der Erfahrung als empirischer Erkenntnis wie »Es regnet« selbst an innerer Struktur sich analytisch erst einmal ermitteln und synthetisch dann von ihrem Ursprung her auch systematisch deduzieren läßt, kann ein Subjekt sich darin höchstens *faktisch,* wegen Unzulänglichkeit der eigenen Reflexion, ein Uner*kanntes* bleiben; keineswegs jedoch muß es sich etwa *prinzipiell,* weil es sich unzugängliches »Ansichsein« wäre, als ein Uner*kennbares* entgehen.

Und tatsächlich haben Sie, hat ein Subjekt, so wie zuletzt hinsichtlich von Verstand thematisiert, sich selbst als zur Intentionalität werdende Spontaneität oder zum Fremd- werdendes Selbstverhältnis prinzipiell erkannt, das heißt so weit, daß dabei prinzipiell nichts unerkannt zurückbleibt. Daran aber wird sich auch im folgenden, nämlich auch dadurch, daß wir uns des weiteren als Sinnlichkeit zum Thema machen, prinzipiell nichts ändern. Ja im Gegenteil besitzen wir daran nunmehr den Leitfaden, an dem wir uns auch als das ungelöste Rätsel Sinnlichkeit, und das heißt eigentlich: auch als die alten ungelösten Rätsel Zeit und Raum noch lösbar, nämlich gleichfalls prinzipiell erkennbar werden müssen.

Denn als Sinnlichkeit, wie sie zu Zeit oder zu Raum oder zu beidem wirklich wird, können wir danach überhaupt nichts anderes sein als die genau bestimmte Art und Weise, wie wir als Verstand uns selbst verwirklichen. So weit auch immer wir uns nämlich seiner inneren Struktur nach schon erkennen mögen, bleiben wir als diese zur Intentionalität werdende Spontaneität oder als dieses Fremd- werdende Selbstverhältnis von Verstand doch nur abstrakt und allgemein und werden wirklich und konkret allein, indem wir dadurch auch als Sinnlichkeit, als die wir ebenso abstrakt und allgemein und auch erkennbar sind, konkret und wirklich werden. Als genau die Art und Weise, *wie* wir als Verstand von solcher innerer Struktur dies überhaupt erst werden, müssen wir infolgedessen uns auch unserer Sinnlichkeit nach prinzipiell erkennbar werden, nämlich daß ein jeder von uns auch zu Zeit oder zu Raum oder zu beidem überhaupt nur wird, *indem* er zu Intentionalität werdender Spontaneität oder zu Fremd- werdendem Selbstverhältnis wird. Verwirklichungen Ihrer Sinnlichkeit zu Zeit oder zu Raum oder zu beidem durch Ihren Verstand sind danach nämlich überhaupt nichts anderes als notwendige Einzelschritte auf dem Weg, der insgesamt zu Ihrer Selbstverwirklichung als einer Einfachheit oder Identität nur führt, indem er zunehmend auch deren, und entsprechend Ihre, innere Komplexität und Differenz herbeiführt.

Da Sie als Verstand und Sinnlichkeit, soweit als beides auch verwirklicht, demgemäß ein und dasselbe intentional wirklich- oder wirksame Subjekt sind, müssen Sie als beides, und das heißt als dieses Selbige sich auch erkennbar sein; zumal Sie diese Ihre Selbst*erkenntnis* mittels Reflexion als nichtempirische auch prinzipiell erst dann vollziehen können, wenn Sie sich zum Selbst*bewußtsein* der Erfahrung als empirischer Erkenntnis wie »Es regnet« schon als Subjekt selbst verwirklicht haben. Als ein solches können Sie deswegen keineswegs, wie Kant vermeint, Ihrem Verstand nach für sich unerkennbares »Ansichsein« bilden und nur Ihrer Sinnlichkeit nach als »Erscheinung« noch für sich erkennbar sein – und dann auch nur empirisch noch, womit die Möglichkeit von nichtempirischer als Selbsterkenntnis mittels Reflexion auf sich und damit von Philosophie als der Alleinzuständigen für Subjektivität von neuem preisgegeben wäre. Was als Zeit oder als Raum oder als beides in »Erscheinung« tritt, das heißt durch sie als die Verwirklichungen dieser Sinnlichkeit hindurch auch selbst erst vollends wirklich und erkennbar wird, ist dann vielmehr genau dieses »Ansichsein« des Verstandes selbst; infolgedessen können Sie, weil Reflexionsbegriffe wie »Erscheinung« und »Ansichsein« zwischen beidem in dem Sinne von »Erkennbarem« und »Unerkennbarem« gerade unterscheiden, Ihre Reflexion auf sich als Subjekt prinzipiell nicht mehr auf diese Art Begriffe bringen. Sie müssen sie vielmehr ausschließlich Ihrer Reflexion auf Anderes als sich und damit Ihrem Objekt vorbehalten; sonst ist jene Selbstverdinglichung als falsche Naturalisierung Ihrer selbst, da Sie doch Subjektivität von der Struktur Intentionalität gerade als ein prinzipiell Nicht-Naturales sind, die notwendige Folge. Jedenfalls bleibt eine sachgetreue Wiedergabe Ihrer Reflexion auf sich, worin Sie als Subjekt sich gerade anders als ein Objekt angemessen und auch vollständig erkennbar werden können, durch die Reflexionsbegriffe von »Erscheinung« und »Ansichsein« ausgeschlossen.

Daß und wie Sie als Subjekt von Selbstbewußtsein Ihrer Selbstverwirklichung zum Intendieren auch der Selbst*erkenntnis* und *-vergegenständlichung* als eigentümlich nichtempirischer Philosophie auf Grund von Reflexion noch fähig sind, vermögen Sie vielmehr ausschließlich durch ein davon grundverschiedenes Reflexionsbegriffspaar auszudrücken; und auch nur, indem Sie es in einer Art von Einheit denken, in der Kant es nie erwogen hat, ja gar nicht hat erwägen können, weil er nie vermochte, seinen Sinn von dem des vorigen genau genug zu unterscheiden. Jene Eigentümlichkeit, ja Einzigartigkeit von Einheit, die Sie als Intentionalität werdende Spontaneität oder als Fremd- werdendes Selbstverhältnis von Verstand mit sich als Sinnlichkeit im Zuge der Verwirklichung von beiden als der Selbstverwirklichung von Ihnen bilden, werden Sie sich nur begreiflich machen können durch Vereinigung der Reflexionsbegriffe »Inneres« und »Äußeres«[38] zu demjenigen des *Sich*-Äußerns eines Inneren. Denn diese Art von Einheit kann allein bedeuten: Als das Innere von Selbstverhältnis wird Verstand vermittels Sinnlichkeit sich selbst zu Äußerem als Außereinander, nämlich zum *Fremd*verhältnis als *sich* äußerlichem *Selbst*verhältnis, als das er zu Zeit und Raum mithin *sich selber* äußert und mithin auch umgekehrt in Zeit und Raum erkennbar sein muß.

§ 13. Sinnlichkeit als das Prinzip von Rezeptivität und Ausdehnung

An diesem Titel sollten Sie, verehrte Leserin, verehrter Leser, schon von vornherein beachten, daß er ebenfalls noch jenem Obertitel untersteht, sonach von Anbeginn auch im Gesamtsinn von »... Verstand mit Sinnlichkeit« zu lesen ist. Worauf es nunmehr für uns ankommt, ist nämlich, als erstes zu verstehen: Warum kann jene apriorische Synthese, die nach Kant aposteriorische als die empiri-

38 Bei Kant selbst jedoch spielt dies Begriffspaar ständig in das andere hinein, und umgekehrt: So etwa, wenn er es für ausgemacht hält, es gehöre zu »Erscheinung« auch etwas, »was da erscheint«, und damit das »Ansichsein« meint (B XXVI f., vgl. A 251 f.), was aber ausgeschlossen bleibt, weil es gerade unerkennbar ist. In dieser Art Verhältnis steht vielmehr gerade »Inneres« zu »Äußerem« im Fall des Subjekts, worin es *sich selber* äußert. – So wie umgekehrt, wenn er bestreitet, daß ein »Inneres« in »Äußerem« auftreten könne, weil hier angeblich »das Absolute fehlt« (A 265 B 321, vgl. Bd. 23, S. 37), was aber wiederum allein im Fall des Objekts für »Erscheinung« und »Ansichsein« zutrifft.

sche Erkenntnis allererst ermöglicht, sich nur dadurch bilden, daß Verstand der Subjektivität mit Sinnlichkeit derselben sich »vereinige«[1], indem er sie »bestimme«[2]?

Als Antwort darauf nämlich reicht die oben schon gegebene nicht aus. Es gilt zwar weiterhin, als Rezeptivität sei Sinnlichkeit zunächst einmal nur ein Vermögen oder eine Möglichkeit, als welche wirklich oder wirksam sie mithin auch nicht von selber werden könnte. Dadurch bleibt jedoch die Frage offen, warum die Verwirklichung, der sie sonach bedarf, gerade als Bestimmung dieser Sinnlichkeit durch den Verstand erfolgen müsse und nicht auch durch anderes geschehen könne. Diese aber führt dann umgekehrt noch zu der weiteren und eigentlich entscheidenden: Warum muß Verstand sich überhaupt mit Sinnlichkeit »vereinigen« und sie dadurch »bestimmen« und auf diese Weise allererst verwirklichen?

Auf keine dieser Fragen aber werden Sie bei Kant eine befriedigende Antwort finden – und je länger oder weiter Sie dort suchen, desto tiefer in Verlegenheit um sie geraten. Denn auch diese Fragen richten sich auf eine Stelle im System, wo Kant, nur weil er gegenüber der Objekt- die Subjektreflexion so weit vernachlässigt, Verwirrung stiftet. Sie zu lösen, wird uns nur gelingen, wenn wir diese vorhin nachgeholte Reflexion auf Subjektivität als Spontaneität im Sinne der Intentionalität festhalten und an dieser Stelle im System miteinbringen.

Daß der Verstand sich mit der Sinnlichkeit »vereinigen« und sie »bestimmen« müsse, um durch diese apriorische Synthese die aposteriorische als die empirische Erkenntnis von empirischen Objekten zu erstellen, liegt nach Kant angeblich daran: Jeglicher empirische Gehalt derselben könne immer wieder rezeptiv allein in dieser Sinnlichkeit gegeben werden, dadurch, daß als Ursache dafür diese empirischen Objekte auf sie einwirken und als die Wirkung davon in ihr jene »Sinnesdaten« hinterlassen. Denn wie Kant nicht müde wird, uns weiter zu versichern, werde auch stets nur »aus Anlaß« oder »bei Gelegenheit«[3] von deren Auftreten, nämlich allein durch sie als »Affektionen« unserer rezeptiven Sinnlichkeit die Spontaneität unseres Verstandes als Vermögen der Erkenntnis überhaupt »zur Ausübung

1 Vgl. A 51 B 76.
2 Vgl. A 266 B 322ff.
3 Vgl. A 86 B 118.

erweckt« und »in Bewegung« gesetzt[4]. Eben diese »Affektionen« oder »Sinnesdaten« aber seien als »Empfindungen« das »eigentlich Empirische«[5] darin.

Doch damit unterläuft Kant gleich in mehr als einer Hinsicht eine systematisch folgenreiche Fehleinschätzung seiner eigenen Neubegründung der Philosophie als Reflexion. Und nur, sofern wir Punkt für Punkt dieselbe namhaft machen und durch die entsprechend richtige ersetzen, können wir von hier aus systematisch weiterkommen.

Denn was zunächst die »Sinnesdaten« oder die »Empfindung« selbst betrifft, so stellt er sie als »eigentlich Empirisches« nur hin, weil sie das eigentliche Rezeptive bilden. Wie Sie aber aus dem vorigen erinnern werden, kann im Rahmen jener neuen Systematik Kants von Subjektivität als Spontaneität die Rezeptivität als das Kriterium für Empirie nicht haltbar sein und darum auch nur irreführen. Um dies einzusehen, brauchen Sie bloß zu versuchen, jene Formulierung für Empfindung als das »eigentlich Empirische« einmal beim Wort zu nehmen. Im dabei vorausgesetzten rezeptiven Sinne von »empirisch« nämlich müßte es dann grundsätzlich auch anderes »Empirisches« noch geben, wiewohl es freilich nicht mehr »eigentlich Empirisches« sein könnte, sondern auf genau zu kennzeichnende Weise nur »uneigentliches« noch. Aber beide Kandidaten, die dafür in Frage kommen müßten, nämlich das »Empirische« einer Erkenntnis ebenso wie ihres Gegenstandes, hätten danach als Empirisches vielmehr von vornherein schon auszuscheiden; dem dabei vorausgesetzten rezeptiven Sinne von »empirisch« nach wären sie nämlich prinzipiell nicht einmal ein »uneigentlich Empirisches«.

Denn von der ihr bloß zugrunde liegenden Empfindung abgesehen, muß nicht nur Erkenntnis, sondern gerade Kant zufolge auch ihr Gegenstand als ein spontan von uns Hervorgebrachtes gelten: erstere als Intention sowohl wie letzterer im Falle seiner Wirklichkeit als ihr Erfolg. Entsprechend kann Erkenntnis wie ihr Gegenstand auch nicht einmal »uneigentlicherweise« etwa rezeptiv von uns empfangen werden: nicht Erkenntnis, welche uns in keinem Falle ohne unser Zutun einfach zufällt; doch vor allem auch ihr Gegenstand

4 Vgl. B 1, A 86 B 118.
5 Vgl. Bd. 4, S. 284, Z. 7 mit S. 306, Z. 22; Bd. 20, S. 266, Z. 28f.; Bd. 23, S. 27, Z. 25.

nicht, der ja keineswegs, wie Kant dies eigens noch betont, in uns »hinüber wandern« könne[6], um von uns dort in Empfang genommen, eben in Erfahrung gebracht zu werden als die dadurch dann empirische Erkenntnis. Wäre demnach der Gesichtspunkt des Empfangenen als des von uns gerade nicht Hervorgebrachten das Kriterium für Empirisches, dann wäre die Empfindung auch durchaus nicht nur das »eigentlich Empirische«, sondern sogar das *einzige Empirische;* und demzufolge wäre sogenannte Empirie, das heißt empirische Erkenntnis ebenso wie ihr empirischer Gegenstand, in Wahrheit nichts Empirisches, weil eben nichts Empfangenes, sondern allein Hervorgebrachtes. Da dies aber schlechterdings nicht richtig sein kann, geht davon beständig jene Irreführung aus, als ob Erkenntnis und ihr Gegenstand, sofern empirisch, auch nach Kant in irgendeinem Sinne noch als rezeptiv von uns Empfangenes zu gelten habe, was jedoch genausowenig zutrifft.

Der dadurch immer wieder angerichteten Verwirrung zu entkommen aber wird uns nicht gelingen, wenn wir ihr bloß zu entfliehen trachten, nämlich sie auf sich beruhen lassen. Dazu haben wir mit ihr uns vielmehr einzulassen, um sie zu entwirren und auf diese Weise ihrer Herr zu werden. Und den Anfang damit haben wir gemacht, sobald wir zu der Einsicht kommen: Mit der Charakterisierung von Empfindung als dem »eigentlich Empirischen« steht Kant noch überhaupt nicht innerhalb des eigenen und neuen philosophischen Systems, sondern ganz außerhalb in einer gleicherweise empiristischen wie cartesianischen Dogmatik, welche abzuschütteln er anscheinend gar nicht erst versucht, weil ihre Unvereinbarkeit mit seinem fortschrittlichen Kritizismus ihm anscheinend nicht bewußt wird. Diese Auffassung von der Empfindung bleibt denn auch in seiner neuen Konzeption nicht gleichsam nur wie eine Unreinheit erhalten, die bloß der Beseitigung bedarf, um ihre Reinheit herzustellen. Vielmehr spielt sie dort, doch ohne daß er sich darüber auch im klaren ist, die Rolle einer Lückenbüßerin, die leicht hinwegtäuscht darüber: Genau an dieser Stelle hat Kant seine Systematik nicht nur nicht geschlossen, sondern durch die Art von Lücke, die er in ihr läßt, geradezu entstellt.

Sie brauchen nämlich jene These von Empfindung als dem »eigentlich Empirischen« nur fallen lassen und nach einem andern Kan-

6 Vgl. Bd. 4, S. 282, Z. 20.

didaten dafür Ausschau halten, und Sie sehen: Seine neue Konzeption hat Kant durchaus nicht so weit durchgeführt, daß sie mit einem Neusinn von »empirisch« sozusagen an der Stirn sogleich gestattete, den neuen Kandidaten für das »eigentlich Empirische« auch ohne weiteres zu finden. Denn wohlgemerkt: Nicht etwa, daß Empfindung jeweils ein bloß »rezeptiv« von uns »Empfangenes« sei, muß im Rahmen seiner Konzeption jetzt aufgegeben werden – dies bleibt hier vielmehr in voller Geltung –, sondern nur, daß eben darin das Kriterium liege für das »eigentlich Empirische«.

Dann aber bliebe als der Kandidat dafür zuletzt tatsächlich nur noch das spontan durch unsere »Erkenntnis a priori« von uns selbst Hervorgebrachte übrig, was indessen erst nach Vollentfaltung jener Spontaneität von Subjektivität als Vollstruktur Intentionalität verständlich werden kann: Das »eigentlich Empirische«, ja einzige Empirische ist danach immer wieder nur die Wirklichkeit bzw. Unwirklichkeit von Objekten als den kontingenten, faktischen, aposteriorischen Erfolgen oder Mißerfolgen von Erkenntnis oder Intention; und nur von ihnen her wird dann Erkenntnis, die als Intention ja immer a priori ist, auch selbst a posteriori und empirisch, doch in einem folglich nur noch abgeleiteten, uneigentlichen sowie allererst noch zu verdeutlichenden Sinn. Als solche selbst, als die spontane Intention, kann sie Erfolg bzw. Mißerfolg eben nur haben, aber nicht auch sein, – von der ihr bloß zugrunde liegenden Empfindung ganz zu schweigen, die als rezeptive jetzt auf keinen Fall mehr als empirisch gelten kann, auch nicht einmal in diesem abgeleiteten, uneigentlichen Sinn. Wie der von Wirklichkeit bzw. Unwirklichkeit des Objekts als des Erfolgs bzw. Mißerfolgs ist nämlich jetzt desgleichen der von Empirizität in jedem Fall ein durch und durch spontanintentionaler Sinn, auch noch als derjenige abgeleiteter, uneigentlicher Empirizität jener Erkenntnis als spontaner Intention, die den Erfolg bzw. Mißerfolg nur hat.

Damit aber stellt sich uns noch dringlicher die Frage: Wie denn sonst läßt sich im Rahmen von Kants Theorie der Subjektivität, wie sie als Spontaneität im Sinne von Intentionalität nunmehr entfaltet ist, das Rezipieren von dergleichen wie Empfindung im Subjekt und deren rezeptive Rolle in ihm als spontanem überhaupt verstehen? Unverständlich bleibt sie hier nämlich nicht nur als dieses angebliche »eigentlich Empirische«. Verständlich wird Empfindung hier vielmehr auch nicht als dasjenige, was in rezeptiver Sinnlichkeit dieses

Subjekts angeblich immer schon gegeben werden müsse, weil auch immer erst durch »Affektion« von deren Rezeptivität die Spontaneität seines Verstandes überhaupt »geweckt« und »in Bewegung gesetzt« werden könne.

Schon mit dem einfachsten Versuch, sich einen Reim darauf zu machen, werden Sie auf grundsätzliche Schwierigkeiten stoßen. Denn selbst dann, wenn das so zuträfe, wie Kant es immer wieder formuliert, kann damit keinesfalls wortwörtlich eine Affektion der rezeptiven Sinnlichkeit *allein* gemeint sein, die zwar *diese* affizierte, den Verstand indessen als spontanen nicht. Denn gerade dann, wenn er als Spontaneität erst dadurch überhaupt »geweckt« und »in Bewegung gesetzt« werden soll, kann sie bei Sinnlichkeit als Rezeptivität nicht sozusagen stehenbleiben und auf diese Weise vor ihm haltmachen, muß Affektion vielmehr durch sie hindurch gleichsam bis zum Verstand als Spontaneität vordringen, und das heißt, am Ende nicht nur Sinnlichkeit als rezeptive affizieren, sondern auch Verstand noch als spontanen.

Damit aber stehen Sie sofort vor jener schwierigen, weil grundsätzlichen Frage, was denn eigentlich die Affektion der Spontaneität eines Verstandes, ja was Affektion der Subjektivität eines Subjektes überhaupt bedeuten könnte. Denn aus ihrer Perspektive müßte Ihnen nachträglich noch fraglich werden, was zunächst für Sie verständlich scheinen mochte, nämlich wie die Affektion der Rezeptivität von Sinnlichkeit sich überhaupt verstehen lasse, wenn es sich auch dabei doch grundsätzlich um die Affektion der Subjektivität eines Subjektes handeln soll, woran es keinen Zweifel geben kann. Was nunmehr grundsätzlich in Frage steht, ist nämlich nichts geringeres, als wie die Subjektivität als Spontaneität eines Verstandes auf der einen Seite und als Rezeptivität auch einer Sinnlichkeit noch auf der anderen es überhaupt vermöge, eine Einheit darzustellen.

Wie Sie schon wissen, läßt sich nämlich unter solcher Affektion nichts anderes verstehen als naturkausale Einwirkung, von der jedoch gerade fraglich bleiben muß: Wie vermöchte sie als Determination und damit als Notwendigkeit der Heteronomie unter Objekten auch noch von Objekt zu Subjekt aufzutreten, wenn dies letztere doch als Autonomie und damit Freiheit seiner Selbstbestimmung solcher Fremdbestimmung grundsätzlich enthoben sein soll. Außer Frage scheint dergleichen Möglichkeit vielmehr allein zu stehen, insoweit auch ein Subjekt durch seinen Körper noch Objekt und dadurch auch der Determination und Heteronomie noch unterworfen ist, will sagen, allenfalls bis einschließlich der durch das Körperliche von Sinnesorgan determinierten, eben »affizierten« Sinnlichkeit. So formuliert Kant selber wiederholt, daß »der Verstand nun eigentlich nicht affiziert wird«[7]; oder: »Die Vernunft kann nicht bestimmt, d. i. affiziert sein; denn alsdann wäre sie Sinnlichkeit und nicht Vernunft«[8]; oder grundsätzlich für alles »Mannigfaltige« als das, »was im Subjekt *vorher* gegeben wird«, das heißt *vor* Einsetzen von Spontaneität: »Die Art, wie dieses *ohne Spontaneität* im Gemüte gegeben wird, muß, um dieses Unterschiedes willen, Sinnlichkeit heißen«[9].

Nur muß Ihnen damit auch die Einheit des Subjekts von Grund auf fraglich werden, weil Sie danach gar nicht mehr verstehen können, wie die vom Verstand als Spontaneität ausgehende Erkenntnis der empirischen Objekte jemals mit dem »Mannigfaltigen« von Sinnesdatum als »Empfindung« in der Sinnlichkeit als Rezeptivität etwas zu tun bekommen sollte: Es würde denn durch jene Affektion nicht nur die rezeptive Sinnlichkeit, sondern in irgendeinem Sinne auch Verstand als der spontane noch mit affiziert; bzw. umgekehrt: Es hätte denn die Spontaneität dieses Verstandes auch mit jener Rezeptivität der Sinnlichkeit bereits etwas zu tun.

Doch Ihre Schwierigkeit, dies zu verstehen, dürfte sich tatsächlich geradezu bis zur Verwirrung steigern, angesichts der vielen Stellen, wo Kant immer wieder deutlich zu erkennen gibt: Daß jenes Mannigfaltige von Sinnesdatum als Empfindung in der rezeptiven Sinnlichkeit gegeben werde, heiße eigentlich, es trete dort in Form von Zeit oder von Zeit und Raum auf. Denn das kann dann nur bedeuten, daß es in der Sinnlichkeit nicht etwa bloß als möglicher oder Vermögen oder Möglichkeit gegeben wird, sondern in Sinnlichkeit als wirklicher oder sinnlicher Wirklichkeit. Doch im Zusammenhang mit den im vorigen zitierten Ausführungen Kants zu dieser Art von Rezeptivität als einer »ohne Spontaneität« muß dies dann weiter heißen: Diese Sinnlichkeit, von sich her bloß Vermögen oder Möglichkeit, wird jeweils Wirklichkeit, nämlich zu der von Zeit oder von Raum oder von beidem jedesmal verwirklicht durch die Affektion als

7 Bd. 18, S. 256 (R 5616).
8 Bd. 17, S. 508 (R 4333).
9 B 68 (kursiv von mir); vgl. auch B 132: »Diejenige Vorstellung, die *vor* allem Denken gegeben sein kann, heißt Anschauung« (kursiv von mir).

solche selbst, die Mannigfaltiges von Sinnesdatum als Empfindung in ihr folglich nicht nur seinem Inhalt nach hervorruft, sondern auch noch seiner Form nach.

Damit aber stehen Sie zum einen der von Kant niemals beantworteten und auch nicht beantwortbaren Frage gegenüber: Warum verwirklicht Affektion die Sinnlichkeit zwar stets zur Zeit, weil alles Mannigfaltige nach Kant im »inneren Sinn«, das heißt, in Form der Zeit auftritt, doch keineswegs auch stets zum Raum, weil ja durchaus nicht alles Mannigfaltige nach Kant auch noch in Form des Raumes und mithin auch noch in »äußerem Sinn« auftritt, sondern stets nur einiges. Wie könnte nämlich, und zwar ausgerechnet innerhalb des Kantischen Konzepts von Zeit und Raum als sinnlich-subjektiven Formen, lediglich durch Affektion als immer selbige kausale Einwirkung auf subjektive Sinnlichkeit verständlich werden, daß sie darin bald ein Mannigfaltiges hervorruft, das als bloß in Form von Zeit gegebenes und damit bloß in »innerem Sinn« auch bloß Erkenntnis über Innenwelt des jeweiligen Subjekts selbst ermöglicht; bald jedoch auch wieder solches Mannigfaltige, aus dem als auch in Form von Raum gegebenem und damit auch in »äußerem Sinn« sich Erkenntnis von Objekten einer Außenwelt gewinnen läßt? Wie solche Affektion es anstellt und auch schafft, die Sinnlichkeit im einen Fall gewissermaßen säuberlich allein als Zeitvermögen zu betreffen und auf diese Weise auch zur Zeit nur zu verwirklichen, im andern Fall jedoch entsprechend säuberlich nicht bloß als Zeitvermögen und zur Zeit, sondern auch noch als Raumvermögen und zum Raum, muß Ihnen hier bei Kant vielmehr gerade unverständlich bleiben.

Damit stehen Sie jedoch zum andern und vor allem auch vor folgender noch tieferen, ja geradezu fundamentalen Schwierigkeit: Ursprüngliche Verwirklichung von Sinnlichkeit als Möglichkeit oder Vermögen *für* zur Wirklichkeit *von* Zeit und Raum wäre dann gar nicht Sache des Verstandes, sprich, seiner Vereinigung *mit* ihr oder Bestimmung *von* ihr, sondern Sache dieser Affektion. Inmitten seiner *Deduktion* in der KRV sagt Kant denn auch entsprechend, »daß das Mannigfaltige für die Anschauung noch *vor* der Synthesis des Verstandes und *unabhängig* von ihr gegeben sein müsse; wie aber, bleibt hier unbestimmt«[10]. Doch das ist, wie Sie nicht verkennen werden, gerade innerhalb der *Deduktion* unhaltbar, weil mit andern

10 B 145 (kursiv von mir).

Ausführungen Kants hier unvereinbar. Übrigens auch dann, wenn Sie berücksichtigen, worauf Kant mit seinem Nachsatz dabei anspielt, nämlich daß durchaus Subjekte denkbar seien, deren Sinnlichkeit sich anders als die unsrige verwirkliche, das heißt, in anderen Formen als in Zeit und Raum[11]. Auch dann bleibt nämlich undenkbar, in ihrer Sinnlichkeit von anderer Art vermöchten sie ein Mannigfaltiges zu rezipieren, ohne daß sich diese Sinnlichkeit als ein Vermögen dabei jedesmal verwirklichte, wenngleich auf ihre jeweils andere Art. Infolgedessen müßte Kant hier gleichfalls das Unhaltbare einer Verwirklichung von ihr »noch vor der Synthesis des Verstandes und unabhängig von ihr« vertreten.

Dementsprechend meint er daran auch aus einem gänzlich anderen Grunde festhalten zu müssen, den Sie seiner unmittelbar angeschlossenen Begründung selbst entnehmen können. Denn er glaubt, nur dadurch sei gewährleistet, daß diese »Synthesis«, welche als diejenige »des Verstandes« a priori ist, durch das auf solche Art als »eigentlich Empirisches« Gegebene und ihr Zugrundeliegende auch wirklich Synthesis a posteriori der empirischen Erkenntnis werde. Wenn es nämlich nicht »vor« dieser apriorischen Verstandessynthesis gegeben wäre und dadurch auch »unabhängig von ihr«, müßte es, so meint er offenbar, statt als Gegebenes *für* sie vielmehr auch fälschlich als Hervorgebrachtes *durch* sie gelten. Damit aber würde menschlicher Verstand, der immer nur empirisch und a posteriori Zugang zu Objekten haben könne, umgefälscht zu einem »göttlichen«, der »selbst anschaute«, nämlich Sinnesdaten, statt sie rezeptiv bloß hinzunehmen, vielmehr ebenfalls spontan sich selber machte und Objekte dadurch auch nach Art von absolutem Schöpfertum »hervorbrächte«[12]. Auf diese Weise aber würde seine Theorie empirischer Erkenntnis, so befürchtet Kant ersichtlich, statt »transzendentaler« vielmehr fälschlich absoluter Idealismus.

Punkt für Punkt jedoch ist diese ganze Überlegung und mit ihr auch all diese Bedenklichkeit gerade innerhalb des neuen Kantischen Konzeptes unbegründet und zurückzuweisen, wie Sie nunmehr sehen werden, insofern Sie seine Ansätze jetzt weiter- und zu Ende denken können. Wie Sie nämlich sich bereits verdeutlicht haben, ist in seinem Rahmen der Gedanke rezeptiv gegebener Empfindungs-

11 Vgl. z. B. B 145 f., B 155, A 230 B 283.
12 B 145.

mannigfaltigkeit im Sinn von »eigentlich Empirischem« in unserer Sinnlichkeit bereits für sich genommen unhaltbar. Denn was nicht alles kann kausale Einwirkung auf sie in dieser Sinnlichkeit hervorrufen, doch ohne daß dadurch allein auch nur das Mindeste für Empirie eines Objekts der Außenwelt bereits entschieden wäre. Statt schon in Gestalt gegebener Empfindung und mithin vorweg bereits im Subjekt selbst, fällt die Entscheidung über solche Empirie vielmehr stets nachträglich erst in Gestalt des Objekts selbst als dem, was durch die Intention eines Subjekts auf Grund seiner Empfindung sich daraus als ein Erfolg und somit als ein Anderes dazu erzielen läßt, – oder auch nicht. Schon allein aus diesem Grunde seiner bloßen Kontingenz oder Faktizität, weil nämlich ein Subjekt durch bloße Intention einen Erfolg nie absolut sich zu gewährleisten vermag, hat Kant für diese seine neue Theorie, zu der er mindest ansetzt, einen absoluten Idealismus auch von vornherein nicht zu befürchten.

Unbegründet aber wäre jegliche Befürchtung dieser Art auch dann noch, räumte Kant im Rahmen seines Neuansatzes ferner ein, was aus ihm auszuschließen für ihn ohnehin unmöglich bliebe: Jenes »Mannigfaltige« der Sinnesdaten müsse jeweils als Empfindung in der Sinnlichkeit zwar »rezeptiv« gegeben werden, dazu aber keineswegs auch *»vor* der Synthesis des Verstandes und *unabhängig* von ihr«, sondern durchaus *mit* und *abhängig* von ihr; das heißt, es könne letztlich niemals *»ohne* Spontaneität« gegeben werden, sondern nur in irgendeinem noch genau herauszuarbeitenden Sinn *mit* Spontaneität. Als apriorischer kann ja Verstand als der spontane dabei auch die rezeptive Sinnlichkeit allein als apriorische betreffen, sie nämlich nur als das Vermögen zu den Formen Zeit und Raum verwirklichen und damit auch das jeweilige Datum in ihr immer wieder prinzipiell nur seiner Form und niemals seinem Inhalt nach, der somit *trotz,* ja gerade *in* seiner spontan erzeugten Form nur rezeptiv gegebener sein kann. Zumal ausschließlich so sich überhaupt verstehen läßt, daß Rezeption desselben in der Sinnlichkeit auch eine in der Subjektivität bedeutet und mithin auch letztlich innerhalb der Spontaneität ihres Verstandes, und daß Affektion als Ursache dafür infolgedessen nicht nur rezeptive Sinnlichkeit für sich alleine affiziert, sondern auf eben diese Weise auch Verstand als den spontanen noch und damit das Subjekt.

Nur können die bei Kant durchaus vorhandenen Ansätze hierzu nicht zur Entfaltung kommen, weil die dafür notwendige Einsicht in die Vollstruktur der Spontaneität von Subjektivität als der Intentionalität ihm fehlt. Halten Sie dagegen umgekehrt an dieser grundsätzlich erzielten Einsicht fest, wird Ihnen auch die Unentschiedenheit, ja Widersprüchlichkeit der Ausführungen Kants zu dieser Problematik nicht mehr zur Verwirrung, sondern Klarheit darüber gereichen, wie allein sie zu entscheiden und zu lösen ist.

So werden Sie aus dieser Einsicht sich sogleich als erstes deutlich machen: Jene Affektion als grundsätzliche Heteronomie kann so etwas wie Affektion von *Subjektivität,* die grundsätzlich *Autonomie* ist, ganz gewiß nicht dadurch werden, daß heteronome Fremdbestimmung zwischen den Objekten etwa auch noch von Objekten auf Subjekte übergriffe, sie in diese Art Kausalzusammenhang von sich aus schlicht miteinbezöge und auf solche Weise ihrer Heteronomie auch einfach unterwürfe. Denn genau so lange und so weit sich nichts als dies vollzieht, wird überhaupt nichts anderes affiziert als ein Objekt, doch niemals ein Subjekt. Dergleichen kann vielmehr nur umgekehrt zustande kommen: dadurch nämlich, daß sich Subjektivität als autonome Selbstbestimmung auch zur *Fremd*bestimmung *selbst* bestimmt, das heißt, sich selbst dazu *bestimmt,* sich *fremd*bestimmen zu *lassen;* dahingehend also, daß sie niemals lediglich Autonomie, sondern als solche selbst und somit auch aus sich heraus Autonomie *zur Heteronomie* ist und auf solche Weise demnach dieser Heteronomie durch Anderes nicht einfach *unterworfen wird,* sondern *sich selber unterwirft.*

Dies aber werden Sie sich in der Tat bereits an Hand des allgemein-formalen Sinns der Spontaneität von Subjektivität als der Intentionalität verständlich machen, wie er sich im vorigen ergeben hat. Sie nämlich kann danach als autonomes Selbstverhältnis im genannten Sinne nur entspringen, insofern sie sich als solches auch von vornherein zum Fremdverhältnis bildet, weil sie Wirklichkeit von etwas nur als die von etwas Anderem und damit außer sich als den Erfolg für sich erzielen kann. Dann werden Sie jedoch des weiteren verstehen, daß sie als dies autonome Selbst- wie Fremdverhältnis auch tatsächlich überhaupt nur aufzutreten vermag, indem sie erst einmal sich selbst dazu bestimmt, von solchem Anderen und damit fremdbestimmt zu werden, daß sie somit auch Autonomie zunächst als die zur Heteronomie durch Anderes ist, weil sie es zum Erzielen seiner nur auf Grund eines durch dieses Andere selbst Gegebenen bringen kann: Als eine Intention *auf* dieses Andere hat sie von vornherein *sich selbst* zu einer *durch* dies Andere auch zu *bestimmenden* Intention zu bestimmen.

Im Zuge dieser Überlegung aber können Sie sich aus demselben allgemein-formalen Sinn der Spontaneität von Subjektivität als der Intentionalität des weiteren verständlich machen: Ihm genau entsprechend kann die Affektion durch solches Andere dann keineswegs in dem von Kant so häufig formulierten Sinn erfolgen; so als würde durch dies Andere angeblich so etwas wie Spontaneität auch allererst »erweckt« und »in Bewegung gesetzt«, als brächte also dieses Andere selber Subjektivität als die Intentionalität in unserer Welt auch allererst hervor. Dies kann ja keineswegs auf jenes schlechthin Unverständliche hinauslaufen, das ursprüngliche Auftreten von Subjektivität als autonomem Selbstverhältnis wie ein abgeleitetes Entstehen durch heteronomes Fremdverhältnis zu erklären und so durch Natur, sondern nur auf das gerade Umgekehrte, nämlich nicht allein ihr Selbst-, sondern auch Fremdverhältnis selber als ein autonomes zu verstehen. Dann jedoch kann Affektion auch umgekehrt nur dadurch überhaupt zustande kommen, daß als autonomes Selbstverhältnis solche ursprüngliche Subjektivität zu Spontaneität im Sinne von Intentionalität »erweckt« und damit »in Bewegung« vielmehr stets schon ist, nämlich aus sich als diesem Selbstverhältnis sich als Fremdverhältnis auch zu Anderem schon immer in Bewegung setzt, das heißt, spontan aus sich heraus sich rezeptiv *für* Anderes und eben damit auch *durch* Anderes bestimmbar oder affizierbar selber *macht*.

Dies aber kann am Ende nichts geringeres als folgendes bedeuten: Im erzielten Vollsinn von Intentionalität wird Subjektivität durchaus nicht lediglich als Spontaneität jenes Verstandes wirklich oder wirksam, sondern eben dadurch auch als diese rezeptive Sinnlichkeit, besitzt sie ihre Wirklichkeit als Wirksamkeit im ganzen und konkret mithin als diejenige von Verstand und Sinnlichkeit ineinem. Erst mit Sinnlichkeit als durch Verstand verwirklichter, das heißt als Zeit oder als Raum oder als beides wirksamer, tritt Subjektivität auch noch in solchem Sinne als Intentionalität auf, daß sie durch sich selbst als die spontan *auf* Anderes ausgehende *für* Anderes auch selbst noch rezeptiv wird: *durch* es affizierbar. Ist infolgedessen ihre rezeptive Sinnlichkeit als Zeit oder als Raum oder als beides durch Objekte der Natur kausalgesetzlich affiziert und damit auch heteronom determiniert, so ist dies demnach eine Affektion und Determination der Subjektivität als solcher selbst. Deren Notwendigkeit als Heteronomie jedoch tut ihrer Freiheit als Autonomie nicht im geringsten Abbruch, weil ja Subjektivität zur Sinnlichkeit als rezeptiver und heteronom determinierbarer auch überhaupt nur wird, indem sie selbst spontan und autonom sich dazu allererst verwirklicht. Tritt sonach die Zeit oder der Raum oder auch beides auf, wozu verwirklicht Sinnlichkeit für Anderes rezeptiv und durch es affizierbar überhaupt erst wird, tritt eben darin, nämlich als der eben dazu sie Verwirklichende auch Verstand noch als spontaner auf, genau in dieser Weise mithin auch Intentionalität der Subjektivität als Konkretion und Einheit beider.

Diese Richtung schlägt Kant selbst in seinen späten Texten ein. Aus ihnen aber werden Sie jetzt nicht allein entnehmen, daß sie mit den vorhin schon zitierten unvereinbar, sondern ihnen gegenüber auch vor allem vorzuziehen und aufrechtzuerhalten sind, weil sie die Ansätze zur Durchführung der eigentlichen Systematik Kants enthalten. Daß »Mannigfaltiges« einer Empfindung in der Sinnlichkeit allein auf »rezeptive« Weise zur Gegebenheit gelange, weil es hier »noch *vor* der Synthesis des Verstandes, und *unabhängig* von ihr«, nämlich *»ohne* Spontaneität« auftrete, da es diese angeblich auch immer erst »erwecke« oder »in Bewegung setze«, davon kann nun schlechterdings nicht mehr die Rede sein, wenn gelten soll: Die Zeit oder der Raum oder auch beides, worin Mannigfaltiges einer Empfindung sich erst rezipieren lasse, setzen »eine Synthesis, die nicht den Sinnen angehört«, voraus, »da durch sie (indem der Verstand die Sinnlichkeit bestimmt) der Raum oder die Zeit als Anschauungen zuerst *gegeben* werden«; und das heißt: weil durch Verstand die Sinnlichkeit *zu* Zeit oder *zu* Raum, sprich *zu* »formaler Anschauung«[13] als je bestimmter allererst verwirklicht wird und so als Sinnlich-Anschauliches von formaler Zeit oder formalem Raum auch überhaupt erst wirklich oder wirksam.

Diese späte Anmerkung jedoch, sogar zur zweiten Auflage der *Deduktion* von Kant wohl nachträglich erst noch hinzugefügt, kann uns geradezu als Wegweiser für eine Konstruktion der Systematik gelten, die Kant weiter vorgeschwebt hat, aber höchstens noch in wenig ausgeprägten Ansätzen gelungen ist. Jedenfalls verweist sie über den in der KRV erreichten Stand der Überlegung weit hinaus auf späte Reflexionen Kants. Nach ihnen hat er offenbar versucht, die

13 Vgl. B 160f. (Anm.).

»Synthesis«, wie sie als eine »a priori« jener »Synthesis a posteriori« der empirischen Erkenntnis von Objekten stets zugrunde liegen soll, ausschließlich aus Verstand als Spontaneität und Sinnlichkeit als Rezeptivität der Subjektivität zu konstruieren, das heißt, ohne dafür Zeit und Raum oder Kategorien als einzelne bestimmte Sinnlichkeits- oder Verstandesformen schon von vornherein vorauszusetzen und heranzuziehen.

So werden Sie zum Beispiel in der späten *Preisschrift* einer Überlegung Kants begegnen, die durch ihre prinzipielle Unterschiedlichkeit und Neuheit gegenüber denen der KRV bedeutsam weiterführt, bisher jedoch, falls überhaupt beachtet, noch nicht ausgewertet wurde. Im ganzen zwar nur undeutlich, im einzelnen jedoch zumindest in zwei Punkten deutlich schwebt ihm hier tatsächlich eine Deduktion der Formen des Verstandes und der Sinnlichkeit als je bestimmter vor, wenn er sich klarmacht: »Es werden also so viel Begriffe a priori im Verstande liegen, worunter die Gegenstände, die den Sinnen gegeben werden, stehen müssen, als es Arten der Zusammensetzung (Synthesis) mit Bewußtsein, d. i. als es Arten der synthetischen Einheit der Apperzeption des in der Anschauung gegebenen Mannigfaltigen gibt.«[14]

Dabei nämlich ist ihm ferner klar, daß eine Deduktion, die demnach alle diese Formen erst zu deduzieren hätte, sie dafür gerade nicht bereits in Anspruch nehmen dürfte, also auch allein aus ihnen gegenüber allgemeineren Prinzipien heraus erfolgen könnte. Eben dafür nimmt er deutlich deren zwei und zueinander gegenteilige in Aussicht, die er aber, wenn auch nur noch undeutlich, in irgendeiner Art von Einheit miteinander sieht: zum einen nämlich den Begriff einer »Zusammensetzung« oder eines »Zusammengesetzten« und zum andern den des »Einfachen« als »seines Gegenteils«. Und dabei möchte er den ersteren gerade so verstehen, daß er »samt dem seines Gegenteils, des Einfachen . . . ein Grundbegriff ist, und zwar a priori, endlich der einzige Grundbegriff a priori, der allen Begriffen von Gegenständen der Sinne ursprünglich im Verstande zum Grunde liegt.«[15]

Dies aber müßte Sie aufhorchen lassen: Nie zuvor hat Kant ein solches Paar von zueinander »gegenteiligen«, doch aufeinander auch

14 Bd. 20, S. 271.
15 A. a. O.

bezogenen Begriffen zu dem einzigen und obersten Prinzip erhoben, woraus alle einzelnen der Formen a priori von Verstand und Sinnlichkeit ineinem herzuleiten seien. Ohne Schwierigkeiten nämlich werden Sie in ihnen diejenigen von Verstand und Sinnlichkeit wiedererkennen. Nur daß Kant sie jetzt durchaus nicht mehr bloß als Prinzip der Rezeptivität auf einer und der Spontaneität auf anderer Seite einfach unterscheidet, doch im übrigen als unterschiedene auf sich beruhen läßt, sondern sie sogar als zueinander gegenteilige Prinzipien aufzufassen trachtet, welche gleichwohl irgendeine Art von Einheit miteinander bilden sollen. Denn mit ersterem Prinzip als einem des »Zusammengesetzten« meint er ohne jeden Zweifel ebenfalls die Sinnlichkeit, weil er es dahingehend charakterisiert: »Einen bestimmten Raum können wir uns nicht anders vorstellen, als indem wir ihn ziehen, d. i. einen Raum zu dem andern hinzutun, und ebenso ist es mit der Zeit bewandt.«[16]

Die »subjektive Form der Sinnlichkeit«[17] als Allgemeinprinzip droht Kant jedoch durch jenes allzu Wörtliche der Wiedergabe solcher »Synthesis« als der »Zusammensetzung« und ihres Ergebnisses als des »Zusammengesetzten« hier wie auch an andern Stellen immer wieder zu verdecken. Ständig nämlich spricht er dabei so, als wären Zeit und Raum auch ihrem Ursprung oder Wesen nach jeweils »zusammengesetzt«: ein ursprünglich und wesentlich aus zueinander schon diskreten Teilen, nämlich jeweils aus Teil-Räumen oder -Zeiten erst »Zusammengesetztes«, was er aber weder meint noch meinen kann. Gerade Kant betrachtet vielmehr Zeit und Raum als jeweils ursprünglich und wesentlich kontinuierlich, so daß beide durch Zusammensetzung, wäre sie ausschließlich eine aus Zeit- und Raum-*Teilen,* gar nicht erst zustande kommen könnten, weil dadurch von vornherein einem unendlichen Regreß erliegen müßten. Was Kant damit sagen will, ist vielmehr das genaue Gegenteil davon, nämlich daß ihrem Ursprung wie auch Wesen nach die Zeit oder der Raum als ein Kontinuum jeweils nur so auftreten können, daß die »Synthesis« sie ursprünglich und wesentlich dazu erst ausdehnt und in diesem Sinne immer weiter noch ausdehnen kann.

Dies eigentlich Gemeinte hebt denn auch an Stellen, wo ihm seine Mißverständlichkeit beim Reden vom »Zusammensetzen« und »Zu-

16 A. a. O.
17 A. a. O.

sammengesetzten« einmal zu Bewußtsein kommt, Kant selbst hervor: Er sagt, daß im Kontinuum wie dem der Zeit oder des Raumes, welches »niemals anders als zusammengesetzt (ausgedehnt) gegeben werden kann, die Teile nur durch Teilung und also nicht vor dem Zusammengesetzten, sondern nur in demselben gegeben werden können.«[18] Daß Zeit und Raum ihr Wesen wie auch ihren Ursprung immer nur als ein durch »Synthesis« jeweils »Zusammengesetztes« haben können, hat danach den eigentlichen Sinn, daß sie zu eben dem Kontinuum als »Ausgedehntem«, das sie jeweils sind, durch »Synthesis« auch immer wieder ursprünglich und wesentlich erst »auszudehnen« sind: Nur weil so »Ausgedehntes« freilich teilbar ist, nennt Kant es demnach mißverständlich ein »Zusammengesetztes«.

Dies jedoch bedeutet dann genau: Die »subjektive Form« oder das Allgemeinprinzip eines »Zusammengesetzten« ist die Sinnlichkeit gerade niemals in dem Sinn, daß »Ausgedehntes« dafür immer schon vorauszusetzen wäre und darum auch niemals in »Zusammensetzung« selbst erst seinen Ursprung haben könnte, sondern ist sie danach vielmehr immer nur für »Ausdehnung« von etwas eben dadurch überhaupt erst »Ausgedehntem« als dem eigentlichen Ursprung davon. Sinnlichkeit ist mithin gerade dasjenige, was als Möglichkeit oder Vermögen *für* in Wirklichkeit *von* »Ausdehnung« und »Ausgedehntem« immer erst zu überführen ist, zu Zeit oder zu Raum oder zu beidem immer erst verwirklicht werden muß, und zwar durch den Verstand; bzw. umgekehrt: Verstand ist als Prinzip von Einfachem gerade das, was immer erst auf Grund von Sinnlichkeit als dem Prinzip von Ausdehnung sich auszudehnen, und das heißt, sich immer nur mit ihr zusammen zu verwirklichen vermag.

Im Anschluß daran werden Sie des weiteren verstehen, was Kant vorschwebt, wenn er Sinnlichkeit als das Prinzip dieses »Zusammengesetzten« und Verstand als das von »Einfachem« jetzt zueinander »gegenteilige« Prinzipien nennt. Das müßte Ihnen unverständlich bleiben, wäre unter dem »Zusammengesetzten« dabei eines aus bereits diskreten Teilen zu verstehen. Grundsätzlich ist nämlich mit Diskretheit letztlich auch schon Einfachheit vorausgesetzt, wie Sie noch sehen werden, so daß Sinnlichkeit dann zu Verstand als dem

18 Bd. 4, S. 508. Vgl. dazu auch noch A 360, wo aus dem Gesamtzusammenhang des Textes gleichfalls »ausgedehnt« als eigentlich gemeinter Sinn dieses »zusammengesetzt« hervorgeht; ferner Bd. 11, S. 35.

Prinzip von »Einfachem« durchaus nicht »Gegenteil« sein könnte, sondern mindest *auch* Prinzip von Einfachheit sein müßte. Als Prinzip dieses »Zusammengesetzten« im genannten Sinn von »Ausgedehntem« aber wird die Sinnlichkeit als »Gegenteil« zu dem des »Einfachen« und damit zum Verstand Ihnen sofort verständlich. Zueinander gegenteilige Prinzipien sind Verstand und Sinnlichkeit danach gerade in dem Sinn, daß letztere *ausschließlich* das Prinzip für Ausgedehntes oder für Kontinuierliches ist sowie ersterer *ausschließlich* das für Einfaches oder Diskretes, wozu übrigens ein beiden noch Gemeinsames zu finden Ihnen auch unmöglich bleiben wird.

Um so unverständlicher wird Ihnen dann bei Kant jedoch auch werden, wie er sich die Einheit beider vorstellt, deren er sich hier doch immerhin so sicher ist, daß er trotz ihrer Gegenteiligkeit die Sinnlichkeit als das Prinzip von Ausdehnung und den Verstand als das von Einfachheit zusammennimmt und sagt, daß dies »ein Grundbegriff« ist, ja »der einzige Grundbegriff a priori, der allen Begriffen von Gegenständen der Sinne ursprünglich im Verstande zu Grunde liegt«. Denn solche Gegenteiligkeit derselben schließt nunmehr von vornherein und ein für alle Male aus, was Kant in der KRV noch für Verstand und Sinnlichkeit erwogen hat, nämlich daß sie »vielleicht aus einer gemeinschaftlichen, aber uns unbekannten Wurzel entspringen«[19], die unter keiner Interpretation mehr für sie noch in Frage kommen kann, auch nicht als »Einbildungskraft« Heideggers[20].

Erst recht jedoch verhindert solche Gegenteiligkeit derselben hier jedwede Interpretation, wonach Kant Sinnlichkeit jetzt etwa auf Verstand zurückzuführen trachte, weil er sage: Die Verwirklichung der Sinnlichkeit als ursprüngliche Ausdehnung von Zeit und Raum, die er »Zusammensetzung« nennt, »erfordert den *Begriff* einer Zusammensetzung«, der »samt dem *Begriff*« des »Einfachen« als »Gegenteil« zu ihm auch nur »ein *einziger Grund*begriff« sein soll.

19 A 15 B 29.
20 Sollten Sie übrigens die »Einbildungskraft« hier oder auch anderswo vermissen, darf ich Sie verständigen: Der Grund dafür, daß ich sie nicht erwähne, ist nicht der, daß ich sie etwa überhaupt nicht, sondern gerade der, daß ich sie durchgehend behandle; allerdings als dasjenige, was sie wirklich ist, nämlich durchaus nicht zum Vermögen von Verstand und Sinnlichkeit etwa ein »drittes«, sondern überhaupt nichts anderes als das Vermögen des Verstandes *selbst,* nur eben *insofern* es zur Vereinigung mit dem der Sinnlichkeit vermögend ist. Vgl. A 78 B 103 mit Bd. 23, S. 45, Z. 29–31.

Schließlich füge er in einem Brief aus dieser Zeit der späten *Preisschrift* sogar selber noch hinzu: »Der Begriff des Zusammengesetzten ist keine besondere Kategorie, sondern in allen Kategorien ... enthalten.«[21]

Daß jede dieser Interpretationen auszuscheiden hat, wird Ihnen aber deutlich machen, welche dafür eigentlich in Frage kommt: Was Kant sich hier in seiner Spätzeit wenigstens im Ansatz noch verdeutlicht, ist, es müsse der Verstand bereits mit Sinnlichkeit sowie die Sinnlichkeit schon mit Verstand von vornherein etwas zu tun haben, wenn gelten soll, was er seit jener Anmerkung zur *Deduktion* der zweiten Auflage zumindest schon ins Auge faßt: Als Weisen, wie die Sinnlichkeit als ein Vermögen a priori wirklich oder wirksam werde, setzen Zeit und Raum auch den Verstand als ein Vermögen a priori, nämlich eine Synthesis durch ihn als somit gleichfalls apriorische bereits voraus: »da durch sie (indem der Verstand die Sinnlichkeit bestimmt) der Raum oder die Zeit als Anschauungen zuerst gegeben«[22], nämlich durch Verwirklichung von Sinnlichkeit zu ihnen als Kontinua auch allererst ursprünglich ausgedehnt werden. Soll »Synthesis« in diesem Sinne von »Bestimmung« möglich sein, so müssen auch die Sinnlichkeit und der Verstand bei all ihrer Verschiedenheit, ja Gegenteiligkeit doch aufeinander zugeordnete Vermögen bilden: muß die Sinnlichkeit das durch Verstand in diesem Sinn »Bestimmbare« und der Verstand das Sinnlichkeit in solchem Sinn »Bestimmenkönnende« darstellen[23] – eine Zuordnung mithin, welche als diejenige seiner Spontaneität zu ihrer Rezeptivität auch eine Überordnung des Verstandes über Sinnlichkeit bedeuten müßte, weil Verwirklichung gleichwessen danach grundsätzlich von ihm ausgeht.

Daß Kant jedoch zur Lösung des Problems dieser Vereinigung der Sinnlichkeit mit dem Verstand, das heißt zuletzt, der Einheit des Subjekts nur undeutlich noch ansetzt, wird Sie nicht verwundern. Nicht einmal im Ansatz nämlich kommt er zu der Einsicht, was es eigentlich bedeutet, daß Verstand sonach Prinzip der Spontaneität und Einfachheit ineinem wie entsprechend Sinnlichkeit mithin Prinzip der Rezeptivität und Ausgedehntheit ebenfalls ineinem ist, und

21 Bd. 12, S. 222 (an Tieftrunk, 11. Dez. 1797).
22 B 161 (Anm.).
23 Vgl. A 266f. B 322f.

wie der erstere als das Prinzip von Diskretion dann mit der letzteren als dem von Kontinuität zusammenhängen könnte. Aus der Einsicht aber, daß er dieses selbige Prinzip von Spontaneität und Einfachheit gerade als Intentionalität ist, werden wir imstande sein, uns auch die Art von Einheit des Subjekts noch einsichtig zu machen, die Verstand mit Sinnlichkeit als selbigem Prinzip von Rezeptivität und Ausgedehntheit bildet, weil sie darin Punkt für Punkt seiner Intentionalität entspricht.

Wenn Sie nämlich weiterhin die Vollstruktur zugrunde legen, zu der Spontaneität von Subjektivität sich ihrem Wesen sowie Ursprung als Intentionalität gemäß entfalten muß, wird Ihnen jetzt in ersten Zügen deutlich werden: nicht nur daß, sondern auch noch, warum diese Struktur bei ihrer Herleitung aus dem bloß allgemein-formalen Sinn jener Intentionalität im vorigen abstrakt blieb. Denn zu diesem Sinn gehörte schließlich immerhin noch mit hinzu, es werde eine Intention auch dann, wenn ein Erfolg, obwohl als etwas Anderes von ihr in jedem Falle intendiert, sich doch nicht einstellt, weil dies Andere nicht wirklich wird, als solche selber sehr wohl wirklich oder wirksam. Dies jedoch bedeutete dann weiter, daß sie nur als ein von vornherein zum Fremd- werdendes Selbstverhältnis wirklich werden kann, ein Fall von Selbstverwirklichung mithin im Sinne dieser seiner inneren Komplexität und Differenz sein muß, der als ein ständiges bloß Wirklichwerdenwollen, doch nicht -können aber gerade seinem Wirklichwerden nach abstrakt geblieben ist, ja bleiben mußte. Dadurch nämlich, daß ihr naturale Wirklichkeit aus den genannten Gründen prinzipiell versagt bleibt, stand für diese Intention genauso prinzipiell in Frage, ob sie überhaupt, und wenn ja, wie sie wirklich werden könnte.

Behalten Sie das weiterhin im Auge, werden Sie jetzt sehen: Es muß im Falle einer Intention tatsächlich schon von vornherein, das heißt, bereits von ihrem Ursprung oder Wesen her als Selbstverhältnis fraglich bleiben, ob und wie sie überhaupt zustande komme, nämlich vorerst einmal abgesehen davon, daß sie es allein durch jenen Umschlag ihres Selbst- zu einem Fremdverhältnis könne. Denn der Sache nach kann diese Frage nur die Art der inneren Komplexität und Differenz von ihr betreffen, nämlich wie sie trotzdem ihre Einfachheit oder Identität gewinnen könne. Und tatsächlich war das mindeste, wozwischen wir auch innerhalb von ihr als Selbstverhältnis noch zu unterscheiden hatten, dies, daß sie als solches nicht allein in einem Von sich-, sondern auch in einem Auf sich-Ausgehen besteht; wenngleich das nur bedeuten konnte, daß sie dies nicht etwa wie auf einem Kreis als Linie verteilt ist, sondern wie in einem Kreis als Punkt vielmehr vereinigt, nämlich als dem Anfangs- wie auch Endpunkt seiner. Dann jedoch muß in der Tat sich Ihnen hier bereits die Frage stellen, wie sie als ein solches Selbstverhältnis überhaupt zustande kommen könne, nämlich von sich nicht nur auf sich auszugehen vermöge, sondern von sich auf sich ausgehend auch bei sich anzukommen.

Das kann sich nämlich deshalb nicht von selbst für Sie verstehen, weil die Differenz zwischen Von sich- und Auf sich-Ausgehen dann auch die weitere von solchem Ausgehen und Ankommen noch nach sich zieht: Wodurch sie offenlegt, daß solches Ankommen durch solches Ausgehen noch keineswegs gewährleistet sein kann, auch wenn sie ebenfalls nicht wie auf einem Kreis als Linie verteilt zu denken sind, sondern in ihm als jenem Punkt vielmehr vereinigt. Und das heißt: Daß es zu einem Selbstverhältnis einer Selbstverwirklichung tatsächlich kommt, vermag die Spontaneität als das Vermögen eines Von sich auf sich-Ausgehens für sich allein noch überhaupt nicht zu verbürgen; das vermag sie vielmehr immer nur zusammen mit dem ihr komplementären einer Rezeptivität für solche Spontaneität als der Empfänglichkeit für sie, das heißt, mit dem Vermögen, sie als von sich auf sich ausgehend auch bei sich ankommen zu lassen: zwei Vermögen, die mithin bei all ihrer Verschiedenheit, ja Gegenteiligkeit, zusammen jeweils einer und derselben Subjektivität zugrunde liegen müssen.

Jene Differenz jedoch, die zur Verwirklichung von Spontaneität und demgemäß von Subjektivität die Rezeptivität dafür als weiteres Vermögen letzterer erfordert, tut sich Ihnen vollends auf, sobald Sie wieder mitberücksichtigen, daß sich eine Intention ja nicht allein zum Selbstverhältnis, sondern sich als Selbst- zum Fremdverhältnis bildet. Zwar vermag sie danach von sich auf sich auszugehen, doch allein, indem sie eben dadurch auf ein Anderes als sich ausgeht, mithin auf sich auch lediglich, indem sie auf dies Andere für sich ausgeht. Nur um so tiefer aber öffnet sich dadurch die Differenz des Von sich auf sich-Ausgehens und des entsprechend Bei sich-Ankommens. Denn das für eine Intention als ein zum Fremd- werdendes Selbstverhältnis schlechthin Wesentliche, nämlich daß sie dadurch notwendigerweise entweder erfolgreich wird oder erfolglos bleibt, vermögen Sie sich danach prinzipiell nur als das Merkmal ihres Bei sich-Ankommens noch einsichtig zu machen, aber prinzipiell nicht etwa als das ihres Von sich auf sich-Ausgehens.

Denn von sich auf sich aus geht eine Intention ja stets auf eine und dieselbe Weise, da sie Fremdverhältnis stets erst dadurch wird, daß ihr als Selbstverhältnis naturale Wirklichkeit verwehrt, weil ihr als solchem äußerlich und somit auch allein als Anderes für sie als Fremdverhältnis noch erzielbar wird. Bei sich an kommt sie dagegen stets auf zwei verschiedene Weisen, zwischen denen wir genauso prinzipiell zu unterscheiden haben wie auch zwischen ihr als Selbstverhältnis einerseits und Fremdverhältnis anderseits als einer inneren Komplexität und Differenz von ihr als Einfachheit oder Identität.

Denn als eine entweder erfolgreiche oder erfolglose kommt eine Intention bei sich allein als Fremdverhältnis und nicht etwa auch als Selbstverhältnis an, weil sie allein die Wirklichkeit von Anderem, nämlich von Naturalem stets erst als Erfolg erzielen muß und damit auch als Mißerfolg verfehlen kann; doch nicht etwa auch die von sich als Intention, die ihr als autonomem Selbstverhältnis einer Selbstverwirklichung vielmehr von vornherein und der von Anderem vorweg schon immer zugefallen ist: aus hoch-verschmitzter, weil gleich doppelt abgründiger Geberlaune. Eben dadurch nämlich, daß sie aus Natur als lediglich heteronomer Fremdverwirklichung heraus als autonome Selbstverwirklichung auftritt, bleibt Wirklichkeit ihr nicht bloß einerseits versagt (als naturale nämlich, weil als solche dann auch nur als Anderes von ihr noch intendierte und gewollte), wird Wirklichkeit ihr vielmehr anderseits durchaus gewährt (nichtnaturale nämlich als gerade nicht gewollte oder intendierte dieses Wollens oder Intendierens selbst), indem ihr sozusagen der Wille gelassen wird.

Danach aber wird es Ihnen nicht mehr zweifelhaft sein: Solch ein Von sich auf sich-Ausgehen als Spontaneität eines Subjekts kann sich allein durch dessen Rezeptivität für sie als Von sich auf sich ausgehend auch bei sich-Ankommen verwirklichen, das heißt, ausschließlich dadurch, daß sich sein Verstand als diese Spontaneität mit seiner Sinnlichkeit als dieser Rezeptivität vereinigt und auf diese Art ein wirkliches Subjekt als Einheit beider überhaupt erst bildet. Seine Wirklichkeit als Subjektivität gewinnt es eben nur als Selbstverwirklichung von der Struktur Intentionalität, weil seine Spontaneität sich im genannten Sinn auch immer nur mit seiner Rezeptivität zusammen, ja ineinem zu verwirklichen vermag, indem sich mit und durch Verstand auch Sinnlichkeit desselben noch verwirklicht.

Denn genau so weit, wie beide je für sich als »angeborene« Vermögen lediglich Natur, wenngleich komplexester Struktur sein können, kann sich Subjektivität oder Intentionalität auch überhaupt noch nicht verwirklicht haben, sondern eben selber nur als Möglichkeit bestehen. Zwar muß genau entsprechend zur Naturstruktur dieser Vermögen dann gemäß Evolutionstheorie gelten, daß phylo- wie ontogenetisch solche Subjektivität nur dort auftreten kann, wo die Struktur solcher Natur zumindest so komplex ist, daß sie außer dem Vermögen des Verstandes als der Spontaneität des Von sich auf sich-Ausgehens auch das zu ihm komplementäre gegenteilige der Sinnlichkeit als Rezeptivität dafür noch bildet. Doch als solche Subjektivität tatsächlich aufzutreten, nämlich als Intentionalität sich selber zu verwirklichen vermag sie jeweils ausschließlich durch die Vereinigung als die Verwirklichung beider ineinem. Mangels Einsicht in die innere Struktur der Spontaneität von Subjektivität gerade als Intentionalität hat Kant indes auch das zu ihr genau Komplementäre einer ganz bestimmten Rezeptivitätsstruktur der Sinnlichkeit von Subjektivität und damit deren Einheit sich nicht einmal annähernd mehr deutlich machen können.

So treffen Sie ihn diesbezüglich spätestens seit der KRV und bis ins *Opus postumum* bei unablässigen Versuchen an, sich jene »Synthesis« als apriorische »Bestimmung« dieser Sinnlichkeit durch den Verstand, die letztlich nur die autonome Selbstbestimmung einer ursprünglichen Selbstverwirklichung von Subjektivität sein könnte, als »Selbst*affektion*«[24] derselben einsichtig zu machen. Dies jedoch kann prinzipiell nicht glücken, sondern nur in mehr als einer Hinsicht irreführen. Zwangsläufig erweckt das nämlich immer wieder den von Grund auf falschen Eindruck, dem bisher anscheinend noch kein Interpret entkommen ist, als trete so wie jene Fremd- auch diese Selbst- als Affektion im gleichen Sinne auf und damit auch zu ihr in Wettbewerb oder in Unterordnung, weil sich Kant nie endgültig entscheiden kann, wie Spontaneität und damit so etwas wie Subjektivität ursprünglich wirklich oder wirksam werde. Damit bleibt es bei ihm ständig offen, ob dies auf dem Wege jener Fremd- als Affektion durch die kausal-heteronome Einwirkung eines Objekts auf ein Sub-

24 Vgl. z. B. B 68, B 153f., B 155.

jekt geschehe, wodurch dessen Spontaneität »geweckt« und »in Bewegung gesetzt« angeblich stets erst *werde,* oder auf dem Wege dieser »Selbst-« als einer »Affektion«, durch welche Subjektivität als Spontaneität *sich selber* in Bewegung *setzt,* durch *Selbst*verwirklichung sich eben *selber* wirklich oder wirksam *macht.*

Dies stellvertretend für ihn zu entscheiden, heißt, uns weiter zu verdeutlichen: Soll es sich bei jener Affektion durch ein Objekt um die eines *Subjektes* handeln, nämlich um die Rezeption von Sinnesdaten *durch* dieses Subjekt, auf Grund von denen es auch zur Erkenntnis eben dieses Objekts in der Lage sein soll, *kann* dieses Subjekt durch solche rezeptive Heteronomie als autonome Spontaneität durchaus nicht etwa selber allererst verwirklicht *werden.* Dann *muß* es vielmehr umgekehrt gerade dafür immer schon als solche selber wirklich oder wirksam *sein,* weil es heteronomer Affektion und Rezeption in diesem Sinn als Subjekt zugänglich auch nur als die im vorigen bereits behandelte Autonomie *zur* Heteronomie sein kann. Als solche wirklich oder wirksam wird ein Subjekt selbst vielmehr ausschließlich durch die sogenannte »Selbstaffektion«, die genau in diesem Sinn dann aber gerade keine »Affektion« sein kann, weil solche Wirklichkeit als Wirksamkeit des Subjekts selbst gerade nicht auch schon für sie vorausgesetzt ist, sondern allererst durch sie als Selbstverwirklichung vielmehr zustande kommt. In prinzipiellem Unterschied zu ihr nämlich ist sie ausschließlich eine Sache von Vermögen zu Vermögen, von Verstand als Spontaneität zu Sinnlichkeit als Rezeptivität, in deren Einheit jedes dieser beiden wie auch eben darin Subjektivität erst wirklich oder wirksam wird: Als Spontaneität und damit als Verstand vermag sie ihre Selbstverwirklichung zwar einzuleiten, doch als eben dadurch gerade zur Intentionalität werdende Spontaneität nur mittels Rezeptivität dafür und sonach nur durch ihre Sinnlichkeit auch zu vollbringen.

Erst in letzten Texten Kants wird Ihnen stellenweise ein Beleg dafür begegnen, wie er in Ermangelung der Einsicht in die innere Struktur von Spontaneität als der Intentionalität sich unter größten Schwierigkeiten dazu durchringt, daß in Wahrheit nur die zu der vorigen genau entgegengesetzte Auffassung die richtige sein könne: Hatte er sogar noch in der zweiten Auflage seiner KRV vertreten, Rezeption von Sinnesdaten als dem Mannigfaltigen einer Empfindung müsse in der Sinnlichkeit noch *»vor* der Synthesis« durch den Verstand, mithin auch *»unabhängig* von ihr«, und das heißt am Ende

»*ohne* Spontaneität« gegeben werden[25], so versucht er jetzt tatsächlich mehrfach das genaue Gegenteil davon[26] sich einsichtig zu machen. Was ihm dabei vorschwebt, wird an zweien dieser Stellen wenigstens im Ansatz deutlicher: »Die Rezeptivität der Erscheinungen *beruht auf* der Spontaneität«[27], wobei er mit »Erscheinungen« die Sinnesdaten meint. Worauf er damit eigentlich hinauswill, werden Sie sich allerdings nur so verständlich machen können, daß er hiermit für die unter sich ja gegenteiligen Vermögen von Verstand und Sinnlichkeit durchaus nicht etwas Widersprüchliches behauptet. Einen Wink dazu gibt Kant an einer zweiten Stelle, wo er sagt: »Die Rezeptivität, Sinnenvorstellungen zu haben, setzt also eine *relative* Spontaneität voraus«[28].

Diesen Ausdruck »relative« nämlich können Sie hier nicht als Gegensatz zu »absolute« lesen: so als hielte Kant nicht länger daran fest, daß Spontaneität als solche selbst ausschließlich absolute sei, sondern neuerdings verträte, daß es von ihr zwei verschiedene Arten gebe, nicht nur absolute, sondern auch noch relative Spontaneität, mit der Sie schwerlich einen Sinn verbinden werden. Unter »relative« kann er hier vielmehr nur eine in bestimmtem Sinn »bezügliche« oder »bezogene« verstehen, nämlich Spontaneität, die sich als absolute, die sie ist und bleibt, zunächst auf Rezeptivität »beziehen« müsse, wenn verständlich werden soll, daß letztere auch Rezeptivität für jenes Mannigfaltige von Sinnesdaten sein kann. Nur insofern ein Subjekt auf Grund von seiner Rezeptivität zunächst für seine eigene Spontaneität und damit rezeptiv für sich ist, kann begreiflich werden, daß es rezeptiv auch noch für Anderes als sich ist. Und dies, weil es eben dazu als Subjekt schon wirklich oder wirksam sein muß, aber überhaupt nur dadurch sein kann, daß es selbst sich aus Verstand heraus mit Sinnlichkeit vereint-verwirklicht und mithin auch rezeptiv sich selbst spontan erst macht, indem es nämlich so spontan wie rezeptiv durch sich erst wird und so durch Anderes als sich auch affizierbar: Nur als die in diesem Sinn »bezügliche«, will sagen letztlich »selbstbezügliche«, das heißt als Spontaneität, für welche sie als

25 Vgl. nochmals B 68 mit B 132 und B 145.
26 Vgl. z. B. Bd. 21, S. 52, Z. 1ff., Bd. 22, S. 16, Z. 13ff.; S. 31, Z. 10ff.; S. 493, Z. 13ff.; S. 535, Z. 16f.
27 Bd. 22, S. 535, Z. 16f., kursiv von mir.
28 Bd. 22, S. 493, Z. 13f., kursiv von mir.

Rezeptivität auch selbst empfänglich ist, wird Subjektivität auch noch zu »fremdbezüglicher«, nämlich ineinem als ein Selbst- und Fremdverhältnis wirklich oder wirksam.

Denn was Kant sich dabei nicht einmal im Ansatz mehr begreiflich machen kann, ist, daß genau in diesem Sinn auch Sinnlichkeit als das Prinzip von Rezeptivität und Ausgedehntheit eines und dasselbe ist: so wie Verstand als das von Spontaneität und Einfachheit. Allein in diesem Sinn des Fremd- werdenden Selbstverhältnisses als der Intentionalität werdenden Spontaneität wird Ihnen denn auch möglich, stellvertretend für ihn sich noch ferner klarzumachen, daß die Sinnlichkeit nicht nur als Rezeptivitätsprinzip das zum Verstand als Spontaneitätsprinzip genau Komplementäre bildet, sondern auch als das von Ausgedehntheit und Kontinuum zu ihm als dem von Einfachheit und Diskretion.

Daß Selbstverwirklichung von Spontaneität tatsächlich als Intentionalität zustande kommt, kann Ihnen nämlich nicht allein durch jene Rezeptivität für Spontaneität als ein Vermögen überhaupt verständlich sein: nicht dadurch lediglich, daß Subjektivität es überhaupt vermag, als Von sich auf sich-Ausgehen auch bei sich anzukommen. Dazu ist vielmehr erforderlich, daß Sie auch über eine ganz bestimmte Art der Rezeptivität für ihre Spontaneität verfüge: daß sie von sich auf sich ausgehend es auch vermöge, auf genau bestimmte Weise bei sich anzukommen. Denn als Vorstoß von der Art, Verwirklichung als naturale nicht heteronom bloß hinzunehmen, sondern autonom auch selber vorzunehmen und mithin als Selbstverwirklichung, wird Spontaneität Intentionalität ja lediglich, weil eben dadurch naturale Wirklichkeit auch prinzipiell zum Andern ihrer selbst wird, so daß sie als letzteres dann nur noch durch sie intendierbar sowie als Erfolg nur außerhalb des Intendierens noch erzielbar ist. Auf ihn jedoch als etwas prinzipiell bloß Anderes und außerhalb auch nur zu zielen, ihn als solches selbst auch nur zu intendieren, als Intentionalität mithin auch überhaupt nur aufzutreten, dies vermag dann Subjektivität als Spontaneität nur insofern, als sie imstande ist, ein Anderes ihrer selbst als etwas außerhalb von sich auf eine Weise schon vorwegzunehmen, zu der solches Andere noch nicht einmal das Allermindeste etwa von sich her beizusteuern in der Lage sein kann.

Denn genauso prinzipiell, wie ihrer Spontaneität als autonomer Selbstverwirklichung die natural-heteronome Wirklichkeit entgehen muß, vermag sie als Intentionalität auf dies ihr prinzipiell Entgehende als Anderes ihrer selbst dann überhaupt nur auszugehen, wenn sie in der Lage ist, ausschließlich aus sich selbst heraus und damit ursprünglich ihm nachzugehen: solches Andere ihrer selbst sich nämlich selbst schon zu »entwerfen«[29], das heißt, eine ursprüngliche »Vorstellung« von solchem Anderen ihrer selbst sich aus sich selbst heraus bereits zu bilden. Und genauso prinzipiell, wie sie als Selbst- zum Fremdverhältnis wird und damit zur Intentionalität, hat Subjektivität für diese Art von Spontaneität mithin tatsächlich nicht nur überhaupt empfänglich oder rezeptiv zu sein, sondern auf so bestimmte Art, daß dadurch ihre rezeptive Sinnlichkeit gerade als der Ursprung ihrer »Vorstellung« von Anderem ihrer selbst als apriorischer »Entwurf«[30] desselben wirklich oder wirksam wird.

Wie Ihnen nämlich gleichfalls klar sein wird, kann diese ganz bestimmte Art der Rezeptivität für Spontaneität desgleichen nur als Merkmal ihres Von sich auf sich ausgehend auch bei sich-Ankommens verständlich werden, aber keineswegs etwa bereits als Merkmal ihres Von sich auf sich-Ausgehens als solchen. Denn als Selbstverhältnis von sich auf sich aus geht Subjektivität als Spontaneität ja stets auf eine und dieselbe Weise, da sie als ein Selbst- zum Fremdverhältnis aus genanntem Grund ja stets erst wird, nämlich als letzteres aus sich als ersterem auf die genannte Weise immer erst hervorgeht. Doch als Selbstverhältnis bei sich an kommt Subjektivität als zur Intentionalität werdende Spontaneität jeweils auf zwei verschiedene Weisen, insofern sie nämlich nur als Fremdverhältnis der Verwirklichung von Anderem erfolgreich oder auch erfolglos wird; als Selbstverhältnis ihrer Selbstverwirklichung zur Intention dagegen ist sie aller Wirklichkeit von Anderem als einem durch die Möglichkeit des Mißerfolges stets gefährdeten Erfolg vorweg schon immer ungefährdet wirklich oder wirksam.

Dies aber heißt dann, wie Sie ebenfalls verstehen werden, weiter, daß Intentionalität auch diesbezüglich überhaupt nur Wirklich- oder Wirksamkeit gewinnen kann, insofern Subjektivität als Rezeptivität für ihre Spontaneität oder als Sinnlichkeit mittels ihres Verstandes als das ihm bzw. ihr genau komplementäre »gegenteilige« Vermögen sich verwirklicht, sprich: zu Ausgedehntheit und Kontinuum als dem

29 Vgl. Bd. 5, S. 68, Z. 35.
30 Vgl. B XIII mit B XVI.

genauen »Gegenteil« und Komplement zu Einfachheit und Diskretion. Daß phylo- wie ontogenetisch so etwas wie Subjektivität als Spontaneität von jener Vollstruktur Intentionalität tatsächlich auftritt, kann für Sie evolutionstheoretisch nämlich nur verständlich werden, insofern Natur eine Struktur annimmt, die so komplex ist, daß sie nicht nur überhaupt das »angeborene« Vermögen einer Rezeptivität für Spontaneität entwickelt, sondern der bestimmten Art von Spontaneität genau entsprechend auch das einer ganz bestimmten Art von Rezeptivität für sie.

Denn als Spontaneität muß Subjektivität bei aller ihrer Einfachheit als Selbstverhältnis eines Von sich auf sich-Ausgehens gleichwohl in sich komplex, nämlich zum Fremdverhältnis des Von sich auf Anderes für sich-Ausgehens werden. Doch als Rezeptivität für diese selbsterzwungen-umwegige Weise, auf sich auszugehen, auch tatsächlich bei sich ankommen und so als Intendieren dieses Andern auch tatsächlich wirklich oder wirksam werden kann sie dann allein, soweit sie ferner in der Lage ist, als eben diese Einfachheit sich auch noch auszudehnen, sprich, sofern sie sich als dieses Selbstverhältnis selbst noch anders werden kann. Jedoch vermag sie dies eben allein durch das zu jenem des Verstandes »gegenteilige« Vermögen als das ihm genau komplementäre dieser Sinnlichkeit sich zu ermöglichen: Nur so ist Subjektivität zu ihrer Selbstverwirklichung imstande, daß sie als Verstand mit sich als Sinnlichkeit sich nicht allein als dem Prinzip der *Rezeptivität für* sich als das der Spontaneität vereinigen kann, sondern auch als dem Prinzip der *Ausgedehntheit von* sich selbst als dem der Einfachheit. Denn auch nur, indem sie somit ganz aus *sich* heraus *sich* anders wird und damit ebenso aus sich *herausgeht* wie in sich *verbleibt,* vermag sie sich auch selbst und sonach gänzlich a priori zum »Entwurf« oder zur »Vorstellung« von etwas Anderem ihrer selbst und außerhalb von sich tatsächlich zu verwirklichen.

Damit aber haben wir Philosophie durch Reflexion als Systematik uns tatsächlich soweit aufgebaut, daß wie von selbst sich ihre Spitze bildet, in der Weise nämlich, daß sich hier nun der Zusammenhang mit einem längst bereits gewonnenen Ergebnis herstellt. Wie Sie sich erinnern werden, konnten wir ermitteln, daß die Sinnlichkeit der Subjektivität durchaus nicht, wie es bei Kant durchgängig den Anschein hat, bloß zufälligerweise in die Mehr- wie auch gerade Zweiheit ihrer Formen Zeit und Raum einfach zerfalle, sondern als Vermögen von Kontinuum als generellem Außereinander vielmehr deren strenge Einheit, nämlich Gattung bilde; und entsprechend seien Zeit und Raum als je spezifisches Außereinander, nämlich als Kontinua des Nacheinander und Zugleich mithin auch ihre beiden einzigen und zueinander gegensätzlichen Arten.

Unklar blieb uns dabei aber noch, wie diese Einheit Sinnlichkeit mit derjenigen von Verstand nun eigentlich zusammenhänge, und das heißt, mit ihr zusammen es vermöge, jene Einheit Subjektivität zu bilden. Mitergab sich für uns zwar, es stelle ihre Sinnlichkeit als das Vermögen von Kontinuum als generellem Außereinander ebenso wie dieses selbst bloß eine Möglichkeit dar, die noch der Verwirklichung durch den Verstand der Subjektivität bedürfe. Doch die Art und Weise, wie er dies bewerkstellige, mußte uns solange unverständlich bleiben, bis wir uns verständlich machen konnten, daß auch umgekehrt Verstand als Spontaneität und damit Subjektivität zu ihrer Selbstverwirklichung allein durch diejenige ihrer Sinnlichkeit gelangen könne.

Nachdem wir Spontaneität von Subjektivität als das zum Fremdwerdende Selbstverhältnis der Intentionalität entfaltet haben, demgemäß ihr Selbst- auch als dies Fremd- noch Selbstverhältnis bleibt, ist nämlich mindestens im Grundsätzlichen klar: Als diese somit *in sich selbst* und demnach auch *als solche selbst* komplex werdende Einfachheit bzw. different werdende Identität tritt sie sonach aus sich heraus zu Anderem als sich in ein Verhältnis, und zwar ohne als Verhältnis zu sich selbst sich etwa zu verlassen. Doch als solche kann sich Subjektivität allein verwirklichen, sofern sie es vermag, sich ebenso ursprünglich, wie sie gleichsam Punktualität und damit Diskretion wird, selbst auch auszudehnen und Kontinuum zu werden, und zwar ohne als Identität und Einfachheit von Punktualität und Diskretion sich dadurch etwa aufzugeben: Als ursprüngliche Identität und Einfachheit und Diskretion von Punkt muß Subjektivität sich ebenso ursprünglich aus sich selbst heraus zu Differenz und Komplexion und Kontinuität von Ausgedehntem werden, hat sie sich als Punkt selbst auszudehnen. Denn allein, indem sie sich auf diese Weise selber anders wird, vermag sie auch zum in sich selbst als Selbstverhältnis noch Verbleibenden der »Vorstellung« und des »Entwurfs« von Anderem ihrer selbst zu werden und als Selbstverhältnis folglich gleichermaßen in sich selbst wie aus sich selbst heraus zum Fremdverhältnis.

Als Vermögen jenes generellen Außereinander als Kontinuum ist

Sinnlichkeit in diesem nunmehr grundsätzlich ermittelten Zusammenhang mit dem Verstand von Subjektivität gerade als Intentionalität mithin für Sie verständlich. Denn es handelt sich bei einem wirklichen Kontinuum als Außereinander, und das heißt, bei der Verwirklichung dieses Vermögens Sinnlichkeit zu solcher Wirklichkeit dann keineswegs etwa um die von ihr allein, sondern gerade um die ganz bestimmte Weise, wie Verstand als Spontaneität und damit Subjektivität sich selber zu Intentionalität verwirklicht: wie sie als ein Punkt *sich selbst* ausdehnt und damit nicht einfach zu *einem* Außer-*einander,* sondern eigentlich zu *seinem* Außer*sich* wird, oder als Diskretes auch *sich selbst* kontinuiert und damit gleichfalls nicht etwa zu *einem,* sondern *seinem,* oder zum Kontinuum *von sich* wird. Nichts geringeres als dies verbirgt sich denn auch hinter jener »Synthesis« oder »Zusammensetzung« als »Bestimmung« dieser Sinnlichkeit durch den Verstand, wodurch »der Raum oder die Zeit als Anschauungen zuerst gegeben werden«[31].

Nur daß es sich dabei nicht um »Zusammensetzung« handelt, wie Sie jetzt verstehen werden, sondern um die ursprüngliche »Ausdehnung« von Zeit und Raum, und zwar als *Selbst*ausdehnung des Verstandes als eines Diskreten *zum* jeweiligen Kontinuum *auf Grund* von Sinnlichkeit: Allein durch letztere als zu ihm »gegenteiliges«, doch darin auch komplementäres weiteres Vermögen findet Subjektivität als Spontaneität von der Struktur Intentionalität ihres Verstandes, und das heißt, als absolute Einheit oder Einfachheit sich überhaupt zu ihrer Selbstverwirklichung als dieser Selbstausdehnung in der Lage. Ausgedehnt sind oder werden darum auch genau genommen nicht etwa die Zeit oder der Raum, denn dies zu sagen bliebe analytisch-uninformativ: das Tautologische, daß Ausgedehntes ausgedehnt sei oder werde. Als Formulierung eigentlicher »Synthesis« kann vielmehr die entsprechende informativ-synthetische nur lauten, daß in ganz bestimmtem Sinne Einfaches oder Diskretes ausgedehnt ist oder wird, auf Grund von Sinnlichkeit nämlich sich selber ausdehnt und Kontinuum wird. Denn nur so vermag es als Prinzip seiner Verwirklichung als Selbstverwirklichung jeweils das Auftreten von Zeit und Raum als den ursprünglichen Kontinua in unserer Welt auch überhaupt erst zu erklären.

Eben dies, was Kant sich selbst sowohl wie uns auf seine Art

31 B 161 (Anm.).

zuletzt vergeblich klarzumachen sucht, wird Ihnen aus der Einsicht in Verstand als Spontaneität von der Struktur Intentionalität verständlich werden, nämlich als zu jenem Fremd- werdendes Selbstverhältnis, als das Subjektivität sich selbst zu Zeit und Raum verwirklicht. Mangels eben dieser Einsicht nämlich hat Kant selbst es nie vermocht, diesen Verstand als »dunklen Raum«[32] der Subjektivität sich bis hinauf in diese letzte, oberste Struktur desselben aufzuhellen. Und wie Sie nunmehr gleichfalls sehen werden, wirkt sich dieser Mangel bei ihm um so hinderlicher aus, als auch genau in dieser obersten Struktur die Sinnlichkeit mit dem Verstand der Subjektivität so lückenlos zusammenhängt, daß letztere, als diese Einheit beider philosophisch reflektiert, tatsächlich wie von selbst zum Mittel- sowie Gipfelpunkt eines Systems wird, womit Reflexion oder Philosophie auch steht und fällt.

Denn allein aus dieser obersten Struktur der Einheit Subjektivität heraus wird Ihnen möglich werden, sich auch noch im einzelnen zu konstruieren, was allein Kant unter jener Synthesis als apriorischer plausiblerweise überhaupt verstehen kann: sich nämlich jenes apriorische Zusammenwirken von Verstand und Sinnlichkeit zur Synthesis a posteriori auch noch im besonderen als Mehrzahl zueinander unterschiedlicher »Kategorien« oder »Schemata« zu »deduzieren«. Die Erforderlichkeit solcher Synthesis vermochten wir im vorigen uns lediglich im allgemeinen herzuleiten, nämlich daß und wie Verstand von Subjektivität als ihr zum Fremd- werdendes Selbstverhältnis sich dazu mit Sinnlichkeit derselben überhaupt verbinden müsse. Denn ausschließlich durch Verwirklichung der Sinnlichkeit als Rezeptivvermögen zu Kontinuum als generellem Außereinander könne er sich als Spontanvermögen dieser Einfachheit von Selbst- als Fremdverhältnis selbst verwirklichen.

Nur bildet, so wie das Vermögen Sinnlichkeit, auch generelles Außereinander und Kontinuum, wie Ihnen gleichfalls noch erinnerlich sein wird, als solches selbst ja eine bloße Möglichkeit, die Wirklichkeit allein gewinnen kann als eine der speziellen Arten von Kontinuum und Außereinander: nur entweder als Nacheinander und mithin spezifisch zeitliches Kontinuum und Außereinander oder zu ihm gegensätzliches Zugleich und demgemäß spezifisch räumliches. Dann jedoch kann auch Verstand und damit Spontaneität von Sub-

32 Vgl. Bd. 18, S. 93, Z. 13–15 (R 5112).

jektivität als der Intentionalität sich ebenfalls von vornherein ausschließlich zu speziellem Außereinander und Kontinuum verwirklichen: nur entweder zu dem der Zeit als Nacheinander oder dem des Raumes als Zugleich, und prinzipiell nicht etwa erst einmal zu generellem.

Damit aber droht, was Ihnen grundsätzlich im vorigen schon einsichtig geworden sein mag, wieder fragwürdig zu werden. Denn aus welchem Grund wohl sollte angesichts der Tatsache, daß Sinnlichkeit der Subjektivität zu deren Selbstverwirklichung als Spontaneität oder Verstand nicht eine generelle, sondern zwei spezielle Möglichkeiten bietet, diese Selbst- nun gerade als Verwirklichung der einen oder anderen erfolgen oder gar von beiden? Sogar dann, wenn Sie des weiteren erinnern, daß der Raum sich als Zugleich nur negativ verstehen läßt, nur als Nichtnacheinander, und als Negation davon mithin dem Nacheinander Zeit als Positivem und Primärem gegenüber auch nur sekundär noch wirklich werden kann, wird Ihnen dies nicht eigentlich, weil höchstens negativ begreiflich. Denn im eigentlichen, positiven Sinn für Sie verständlich werden könnte dies nur, wenn aus Spontaneität ihres Verstandes und mithin aus Subjektivität als solcher selbst heraus sich zeigen ließe, daß sie ihre Selbstverwirklichung primär und positiv allein als die Verwirklichung von ihrer Sinnlichkeit zu Zeit gewinnen kann. Auch dieses müßte Ihnen somit aus der Spontaneität von Subjektivität gerade als Intentionalität heraus verständlich werden.

Nur dürfte freilich deren innere Struktur, soweit Sie ihrer sich inzwischen vergewissert haben, auch an keiner Stelle derart sich als Labyrinth erweisen wie gerade hier. Denn was liegt näher als die Überzeugung, zum Verstand als Spontaneität von der Struktur Intentionalität sei Sinnlichkeit komplementär genau in dem Sinn, daß ihr Gegensatz von Zeit und Raum auch seinem Gegensatz von Selbst- und Fremdverhältnis als Intentionalität genau entspreche? Insofern die Spontaneität von Subjektivität als Intention ein Selbstverhältnis bilde, so liegt nahe anzunehmen, insofern verwirkliche sie sich auf Grund von Sinnlichkeit zu Zeit, zu Raum dagegen, insofern ein Fremdverhältnis. Und genau wie sie als Selbst- auch sich als Fremdverhältnis gegenüber in dem Sinn primär sei, daß sie als das letztere aus sich als ersterem hervorgeht, und nicht etwa umgekehrt, genau so bilde gegenüber Raum Zeit das Primäre und entsprechend auch das Positive gegenüber ihm als Negativem, worin er dem Fremd- als dem Verhältnis jener Subjektivität *nicht* zu sich selbst, sondern zu *Anderem* ihrer selbst, dann ebenfalls genau entspreche.

Diesem auf den ersten Blick verführerischen, weil erfolgversprechenden Konzept zu folgen aber führt im Labyrinth von Subjektivität auf einen Irrweg nach dem andern. Doch die Zumutung, zunächst einmal sie alle mitzugehen, um nach Einsicht ihrer aller Ungangbarkeit erst den Weg zu finden, der tatsächlich weiterführt, sei Ihnen hier nach Möglichkeit erspart: Sie enden alle an der Stelle, wo auf ihnen stets von neuem unausweichlich Selbst- und Fremdverhältnis auseinanderfallen und die Einheit Subjektivität als absolute oder Einfachheit mithin zerfallen muß, und zwar allein bedingt durch jene vorgefaßte Überzeugung selbst.

Jeden einzelnen zu ihr wieder zurückzugehen, um durch Rücknahme von ihr den einzig gangbaren schließlich zu finden, heißt denn auch, sich klarzumachen, daß im Gegenteil zu dieser einfachen und allzu leicht gefaßten Überzeugung richtig vielmehr eine kompliziertere und schwierigere Konzeption ist: Nichts geringeres als Selbst- und Fremdverhältnis jener Subjektivität *ineinem,* nämlich ihre Spontaneität als die Intentionalität *im ganzen* und mithin auch *eines und dasselbe* ist es, was jeweils primär zu Zeit und sekundär zu Raum und somit nicht nur mehrfach, sondern auch verschieden, ja selbst gegensätzlich sich verwirklichen muß. Denn erst dadurch läßt sich jenes altbekannte Rätselwesen dieser Zeit und dieses Raumes selber mitaufklären; und erst dadurch wird auch mitverständlich, daß als jeweiliger Grund für die Verwirklichung von ihr bzw. ihm jene »Kategorien« als mehrere verschiedene tatsächlich nichts als Spezifikationen *einer und derselben* Spontaneität jenes Verstandes sind.

C. Herleitung der Formen von Verstand und Sinnlichkeit

1. Herleitung von Zeit und ihres Grundes als den ersten beiden Formen. – Anschauung –

§ 14. Zeit und Raum

Was sind nun Zeit und Raum? Das war einmal eine brennende Frage. Und Generationen von Philosophen hatte durch Jahrhunderte daran gelegen, sich um eine allseitig befriedigende Antwort zu bemühen. Von der Eindringlichkeit dieser Fragestellung wie auch Antwortsuche aber ist nichts mehr zu spüren. Doch das sollte Sie, verehrte Leserin, verehrter Leser, nicht zu einer naheliegenden, weil gleichwohl falschen Auffassung verleiten. Denn das liegt durchaus nicht daran, daß die Antwort darauf jetzt gefunden wäre, sondern daß die Philosophen mittlerweile wegen anhaltender Schwierigkeiten dieser Fragestellung wie auch Antwortsuche selbst allmählich müde sind. Unübersehbar jedenfalls verbreitet diese Müdigkeit sich insbesondere seit Kant, das heißt, seitdem der zwiespältige Eindruck überhandnimmt, ausgerechnet seiner wahrlich genialen Theorie von Zeit und Raum sei der Erfolg, den sie als einzige verspricht, versagt geblieben.

Grundsätzlich herrscht nämlich, wie Sie finden werden, Einigkeit darüber, seine neue Lehre ihres Ursprungs im Subjekt, mithin der Subjektabhängigkeit auch von objektiver Zeit und objektivem Raum vermöchte ihrer Schwierigkeiten Herr zu werden, weil sie wesentlich darauf beruhten, daß bis dahin Zeit und Raum wie etwas Subjektunabhängiges betrachtet und behandelt wurden: als Objekte unter allen übrigen Objekten, die erst recht als subjektunabhängig galten. Denn gerade als der Inbegriff des Objektiven können die empirischen Objekte unserer Außenwelt, so dieses Neue seiner Lehre, nur als die der »möglichen Erfahrung« durch uns selbst als die Subjekte überhaupt verständlich werden: insofern wir sie allein in Form von Zeit und Raum zu machen vermögen, indem wir nämlich diese

Formen dazu a priori aus uns selbst heraus als den Subjekten nicht allein erzeugen müssen, sondern auch in einer ganz bestimmten Art zusammenwirken lassen.

Doch auch darüber herrscht, wie Sie ferner sehen werden, grundsätzliche Einigkeit, daß nur die überzeugend durchgeführte Lehre dieses apriorischen Zusammenwirkens beider Formen zur Erfahrung auch die Lehre ihres subjektiven Ursprungs noch begründen könnte, deren Ausarbeitung Kant jedoch nicht mehr gelungen ist. Im Gegenteil: Wie zwei zwar apriorische, doch eben darin auch geradezu erratische Blöcke stehen Zeit und Raum bei Kant gleichsam herum und dadurch seinem weiteren Fortschritt mit Philosophie noch bis zuletzt im Wege. Da seither die Philosophen aber diesbezüglich auch nicht über Kant hinausgelangt sind, lassen sie das alles weitgehend auf sich beruhen, ja liebäugeln sogar wieder mit der vorkantischen Auffassung von Zeit und Raum als etwas Subjektunabhängigem; doch ohne daß deren bekannte grundsätzliche Schwierigkeiten sie dazu bewegen könnten, noch einmal zu ihrer Lösung einen Vorstoß in die Richtung dieses Kantischen zu wagen.

Freilich werden Sie das auch insofern wiederum verstehen können, als ein Unternehmen, diese Subjektivität von Zeit und Raum von neuem ernsthaft zu erwägen, Aussicht auf Erfolg allein für denjenigen haben kann, der sich zumindest klarer als Kant selbst darüber ist, in welchem Sinn von Subjektivität denn eigentlich auch Zeit und Raum und somit Sinnlichkeit noch Subjektivität sein könnten. Denn gerade diesen Kantischen Begriff der Subjektivität betreffend sind die Philosophen über Kant bis heute noch nicht wesentlich hinausgekommen, Ihnen klar erkennbar daran, daß sie den Begriff der Spontaneität für diese Subjektivität bis heute noch genau wie Kant als einen unentfalteten und dadurch letztlich unverstandenen verwenden. Darum käme nunmehr alles darauf an, daß wir im Zuge seiner weiteren Entfaltung, wonach Subjektivität als Spontaneität von jener Grund- und Vollstruktur Intentionalität ist, ferner untersuchen, ob nicht auch noch Zeit und Raum als Subjektivität in eben diesem Sinne zu verstehen wären.

Um diese Subjektivität von Zeit und Raum, das heißt zunächst einmal den subjektiven Ursprung beider, nicht von vornherein schon zu verfehlen, sollten Sie zuallererst sich deutlich machen: Zeit und Raum zum Thema oder Gegenstand erheben, kann in keinem Fall bedeuten, sie empirisch zu vergegenständlichen bzw. zu thematisieren, auch nicht insofern es sich dabei um *objektive* Zeit und *objektiven* Raum, nämlich um die bzw. den der Außenweltobjekte handelt. Zeit und Raum als solche selbst sind nämlich prinzipiell nicht, auch als etwas Objektives der empirischen Objekte nicht, etwa auch ihrerseits wie diese selbst etwas Empirisches.

Denn prinzipiell unmöglich ist es Ihnen, so wie Sie im Kino einen ablaufenden Film verfolgen, etwa auch einmal die ablaufende Zeit als solche selber wahrzunehmen, oder wie Sie im Museum ein sich ausbreitendes Bild betrachten, so auch einmal den sich ausbreitenden Raum als solchen selber wahrzunehmen. Was auf diese Weise Ihnen gegenständlich wird, sind vielmehr immer wieder nur empirische Objekte, und das heißt, etwas *in Form von* Zeit und Raum, nämlich ein Ding oder Ereignis, aber niemals diese Form und damit Zeit und Raum als solche. Vielmehr liegen sie in jedem Fall des Vorliegens empirischer Objekte zwar mit vor, doch nicht auch selbst noch als ein solches Objekt: nicht etwa wie der gleichfalls wahrnehmbare Rahmen jenes Bildes im Museum, sondern in der Weise, daß sie jedem solchen Wahrnehmbaren selbst als niemals Wahrnehmbares lediglich zugrunde liegen, einer Weise, deren Sinn wir eben allererst noch zu ermitteln haben.

Darum bildet schon allein die Wissenschaft Elementargeometrie, soweit sie Raum als solchen überhaupt zum Gegenstand erhebt, keine empirische, sondern gerade eine nichtempirische; nur daß sie als Geometrie die Frage nach dem Ursprung oder Wesen dieses ihres Gegenstandes, sei er als ein nichtempirischer auch noch so fragwürdig, nicht stellen kann und ihn mithin nach beidem unbefragt einfach zugrunde legen muß. Erst recht jedoch ist dann die Wissenschaft Philosophie, welche als Reflexion gerade darauf eine Antwort sucht, keine empirische, sondern desgleichen eine nichtempirische, und zwar vom Raum sowohl wie von der Zeit als gleicherweise Nichtempirischem.

Und so bedürfen Sie denn eigens einer Vergewisserung, ob überhaupt, und wenn ja, wie es möglich ist, daß Zeit und Raum, und sei es auch nur die oder der objektive, sich als solche selbst zum Thema oder Gegenstand erheben lassen. Bilden Zeit und Raum nur Formen im bereits genannten Sinn, daß nur in Form von ihm gerade etwas Anderes als er, in Form von ihr gerade etwas Anderes als sie zum Gegenstand wird, wie läßt diese Form sich dann als solche selbst thematisieren und mithin vergegenständlichen?

Was zunächst den Raum betrifft, so werden Sie sich dessen vergewissern können, daß genau in diesem Sinn der Form für etwas Anderes als Gegenstand jene Geometrie den Raum gerade nicht zum Gegenstand gewinnt, sondern genauso wie die Empirie für das, was beide in der Tat zum Gegenstand gewinnen, immer schon als etwas selber niemals Gegenständliches voraussetzt. Daß sie lediglich den Inbegriff der Formen des empirischen Objekts als Kugel, Würfel und dergleichen wie auch deren Aufbaustücke Fläche, Linie oder Punkt thematisiert, dadurch sieht sie von allem seinem Inhalt, nämlich ob es nun als etwas von der Kugel- oder Würfelform aus diesem oder jenem Material oder von dieser oder jener Farbe ist, zwar ab. Doch was auch immer sie auf diese Weise an Formalem sich thematisiert, und sei es nur noch Fläche, Linie oder Punkt, kann Gegenstand für sie ausschließlich sein, indem es prinzipiell wie ein empirisches Objekt etwas *im* Raum ist und mithin auch prinzipiell nicht dieser *selbst*. Einer Vergegenständlichung in diesem Sinn entzieht er sich so grundsätzlich, daß vielmehr jede mögliche Vergegenständlichung als die von etwas *in* ihm auch allein als die von etwas Räum*lichem* erfolgen kann, nämlich allein auf Grund von Raum als jedem solchen Gegenstand bereits voraus-, ja über ihn hinausliegenden prinzipiellen Ungegenstand.

Das können Sie sich an der Tafel als Modell veranschaulichen. Mittels einer Zeichnung an ihr geometrisch eine Form sich zu vergegenständlichen, kann Ihnen nur gelingen, wenn die Tafel umfangreicher ist als diese Form, die nur als deutlich kleinere auf ihr als deutlich größerer sich abzuzeichnen vermag. Ein Kreidestrich genau um ihren Rand herum wird Ihnen jedenfalls von niemandem als Zeichnung an der Tafel abgenommen werden. Nur ist eben diese Tafel, nicht mehr als Modell herangezogen, ihrerseits von einer ganz bestimmten Form, als die sie selbst sich wiederum nur in Umgebung abhebt, welche über sie hinausliegt. Und so weiter reflektiert, bedeutet dies am Ende: Was auch immer die Geometrie an Formen sich thematisieren mag, zu einem Gegenstand im Raum vermag sie eine Form allein in dem Sinn zu gewinnen, daß der Raum dabei nach allen ihren Dimensionen über sie hinaus bereits ins Unbestimmte größer ist als sie, doch ohne dies auch selbst bereits als Gegenstand zu sein. Sonst wäre nämlich abermals unendlicher Regreß im Gange, der von vornherein unmöglich machte, sich im Raum etwas ursprünglich zu vergegenständlichen.

Das genau Entsprechende gilt aber, wie Sie ferner sehen werden, für die Zeit, auch wenn in Form von ihr grundsätzlich nur Zeit-*Punkte* oder *-Spannen* sich zum Gegenstand gewinnen lassen. In demselben Sinn der Form für etwas Anderes als Gegenstand kann Zeit wie Raum gerade niemals selber gegenständlich werden, muß sie vielmehr allem, was an solchen Punkten oder Spannen Gegenstand wird, immer schon als selber niemals Gegenständliches zugrunde liegen. Denn als solche selbst entzieht sich Zeit desgleichen der Vergegenständlichung in diesem Sinn so prinzipiell, daß etwas gegenständlich auch in ihrem Fall nur in Umgebung werden kann, indem auch über jeden solchen Gegenstand die Zeit ins Unbestimmte schon hinausgeht, aber ohne daß sie selbst dabei als solche gegenständlich wäre. Denn dies setzte ebenfalls einen unendlichen Regreß in Gang, durch den ursprüngliche Vergegenständlichung von etwas in der Zeit von vornherein unmöglich würde.

Nur sollten Sie beachten, daß es Ihnen ohne Zweifel möglich ist, auf Zeit und Raum in diesem Sinn, in dem sie gegenständlich weder sind noch werden können, gleichwohl noch zu reflektieren, was ja die zuletzt geführte Reflexion auch durch die Tat beweist. Und nicht nur möglich, sondern notwendig geradezu ist solche Art der Reflexion *auf*, sprich, Philosophie *von* Zeit und Raum, um sie als das in diesem Sinn Ungegenständliche auch abzusichern. Jedenfalls ist es die Unterlassung von Philosophie als solcher Reflexion, was ständig die Gefahr heraufbeschwört, sie als dies prinzipiell Ungegenständliche zu übergehen, ja stattdessen so wie Gegenstände zu behandeln und auf diese Weise Zeit und Raum jeweils zu dem bekannten Unding zu verdinglichen. Und in alltäglicher wie wissenschaftlicher als reflexionsloser Erkenntnis, für die Zeit und Raum einfach vorhanden sind wie Dinge, ist dies denn auch unvermeidlich.

Nur werden Sie dabei nicht übersehen, daß Philosophie von Zeit und Raum in diesem Sinn dann unausweichlich der Verpflichtung untersteht, gerade sie als dasjenige, was kein solcher Gegenstand sein kann, zum Gegenstand der Reflexion zu machen. Und soll dies in ihrem Rahmen nicht desgleichen die Verdinglichung von Zeit und Raum zu solchen Undingen bedeuten, ist Philosophie als diese Reflexion mithin des weiteren verpflichtet, sich von vornherein schon Rechenschaft darüber abzulegen, worauf sie denn eigentlich in dieser Weise reflektiert, wenn nicht auf solche Quasi-Dinge.

Damit aber öffnen Sie zu einem Text, den wir bereits herangezogen haben, sich den Zugang soweit, daß er Ihnen vollends als ein Schlüsseltext zur Durchführung der Systematik von Philosophie nach Kant verständlich wird. Sagt Kant in jener Anmerkung zur *Deduktion*[1] mit eigener Betonung, daß, indem »Verstand die Sinnlichkeit bestimmt«, »der Raum oder die Zeit als Anschauungen zuerst *gegeben* werden«, so ist es genau der Sinn dieses betonten Worts »gegeben«, durch den Kant dieser Verpflichtung seiner Reflexion genügt. Auf Zeit und Raum in jenem Sinn zu reflektieren, heißt, sich klarzumachen: Als »formale Anschauung«, nämlich als das, in Form wovon erst etwas, und zwar Anderes als sie zum Gegenstand wird, werden Zeit und Raum als solche selbst »gegeben«, und das heißt, gerade *nicht* auch gegenständlich, sondern *bloß* »gegeben«, nämlich *ohne* dadurch selbst zum Gegenstand oder gar Ding zu werden. Und tatsächlich müssen zur Vergegenständlichung von etwas Anderem in Form von ihnen Zeit und Raum als solche Formen dazu auch »gegeben«, nämlich wirklich oder wirksam werden, doch allein als etwas, wozu ein Subjekt sich selber wirklich oder wirksam macht, wozu es dadurch, daß »Verstand die Sinnlichkeit bestimmt«, sich selbst verwirklicht, aber ohne sich als Subjekt damit selber zum Objekt, zu einem Ding oder auch nur zum Gegenstand zu machen. Reflexion auf Zeit und Raum als solche heißt infolgedessen, auf nichts anderes als Subjektivität zu reflektieren, welche Zeit und Raum zwar aus sich selbst heraus erzeugt, jedoch als Formen der Vergegenständlichung gerade nicht von sich, sondern von Anderem als sich, nämlich allein in Form von sich als Selbstver*wirklichung*, doch keineswegs auch Selbst*vergegenständlichung*.

Nur soweit Sie die Betonung von »gegeben« auch genau in diesem Sinn verstehen, wird, was Kant mit dieser Anmerkung im ganzen anstrebt, Ihnen ebenfalls verständlich werden, nämlich seine Unterscheidung von »formaler Anschauung« und »Form der Anschauung«, welche in mehr als einer Hinsicht systematisch von entscheidender Bedeutung ist. Nur mittels dieses Worts »gegeben« in dem Sinn »zwar wirklich oder wirksam, doch nicht gegenständlich« werden Sie begreifen: Dieser Unterscheidung nach kann »Form der Anschauung«, von Kant hier offensichtlich gleichbedeutend auch noch »Form der Sinnlichkeit« genannt, allein eine Umschreibung für die Sinnlichkeit bloß als Vermögen oder Möglichkeit bedeuten – und »formale

1 B 160f.

Anschauung« dann auch allein eine Umschreibung für die Sinnlichkeit gerade nicht bloß als Vermögen oder Möglichkeit, sondern als schon verwirklichtes Vermögen, als in Wirklich- oder Wirksamkeit schon überführte Möglichkeit.

Nach dieser Unterscheidung muß im Ausdruck »Form der Anschauung« mit »Form der« letztlich »Form für« und mithin »Vermögen oder Möglichkeit für« Anschauung gemeint sein, so daß »Form« in diesem Sinne letztlich einen Oberbegriff bildet, unter welchem Sie als Gegensatz zu »Form der Anschauung« des weiteren »Form des Begriffes« mitzudenken haben: als Umschreibung des Verstandes als Vermögen gegenüber dem der Sinnlichkeit. In beiden Fällen also ist noch nicht die Wirklich- oder Wirksamkeit, sondern allein die Möglichkeit von Anschauung oder Begriff bezeichnet. – In »formale Anschauung« hingegen steht danach der Ausdruck »Anschauung« für einen Oberbegriff, unter dem Sie zu »formaler« dann auch »inhaltliche« Anschauung als Gegensatz noch mitzudenken haben: als Umschreibung des Gehaltes gegenüber Zeit und Raum als Form, nämlich jeweils derselben Anschauung als einer durchaus schon »gegebenen« Wirklich- oder Wirksamkeit.

Nur in diesem Sinn der Unterscheidung Kants zwischen »formaler Anschauung« und »Form der Anschauung« wird Ihnen auch der Sinn der andern systematisch grundlegenden Unterschiede zwischen beidem sich erschließen, welche Kant des weiteren hervorhebt. Die »formale Anschauung« und damit Zeit und Raum, so sagt er, »enthält mehr als bloße Form der Anschauung, nämlich *Zusammenfassung* des Mannigfaltigen, nach der Form der Sinnlichkeit gegebenen, in eine *anschauliche* Vorstellung, so daß die *Form der Anschauung* bloß Mannigfaltiges, die *formale Anschauung* aber Einheit der Vorstellung gibt«, die jene »Synthesis« durch den die Sinnlichkeit »bestimmenden« Verstand »voraussetzt«. Darin liegen Einsichten beschlossen, die trotz ihrer kaum zu überschätzenden Bedeutung für Philosophie als ein System bis heute noch so gut wie unbeachtet bleiben.

Als erstes geht daraus für Sie hervor: Die Sinnlichkeit als »Form der Anschauung«, als welche sie »bloß Mannigfaltiges ... gibt«, nämlich als Vermögen oder Möglichkeit für bloßes Außereinander überhaupt, setzt demgemäß als solche selbst durchaus nicht etwa gleichfalls diese Synthesis durch den Verstand voraus. Denn was auch könnte dies wohl heißen? Keineswegs ist Außereinander überhaupt, nämlich Sinnlichkeit bloß als Vermögen oder Möglichkeit etwas, das Subjektivität sich durch Verstand etwa erzeugte, sondern eben als das »Angeborene« von hochkomplexer naturaler Anlage ihr als Verstand vielmehr gerade vorgegeben. Damit tritt denn auch, wiewohl von Kant in diesem Sinn nicht eigens ausgewiesen, eine weitere Systemstelle zutage, die gleich gründlich wie die schon bezeichnete dieses System davor bewahrt, in einen absoluten Idealismus auszuarten.

Sehr wohl jedoch – und ohne daß dadurch dann auch nur im geringsten noch ein absoluter Idealismus drohen könnte – setzt *Verwirklichung* dieses Vermögens Sinnlichkeit *zu* etwas Sinnlichem, von Form der Anschauung *zu* je besonderer »formaler Anschauung«, von »Mannigfaltigem« oder von Außereinander *zu* dem je bestimmten eines Nacheinander und Zugleich von Zeit und Raum solch eine Synthesis durch den Verstand der Subjektivität voraus. Und darin liegt die zweite systematisch-wesentliche Einsicht jener Anmerkung, die man als ganze mißversteht, nur weil man sich nicht klarmacht, daß ihr Anfang lediglich als ein bequemes Beispiel dient und auch sofort danach schon wieder ausgedient hat. Das ist Ihnen schon allein daraus ersichtlich, daß in ihm auch nur von Raum die Rede ist, indes die Anmerkung als ganze Zeit *und* Raum behandelt: Selbstverständlich trifft es zu, daß auch »der Raum, als *Gegenstand* vorgestellt (wie man es wirklich in der Geometrie bedarf)«, in dem genannten Sinn »zuerst gegeben werden« müsse. Trotzdem geht es insgesamt in jener Anmerkung allein um ihr Gegeben- und nicht etwa um ihr Gegenständlichwerden, worum es auch gar nicht gehen kann, weil Zeit und Raum als solche selbst in jenem Sinn, in welchem Raum als Räumliches zum Gegenstand für die Geometrie wird, gar nicht gegenständlich werden können[2], worin dieses Beispiel sich sogar als zu bequem erweist und irreführt.

Diese zweite Einsicht jener Anmerkung ist, wie Sie sehen werden, wesentlich, gerade weil sie systematisch weiterführt, zumindest sehr viel weiter als Kant selbst auf ihrer Grundlage noch vorgestoßen ist. Was sie besagt, ist nämlich nichts geringeres als das Entscheidende: Es gehen Zeit und Raum als Nacheinander und Zugleich, das heißt, als eine jeweils ganz bestimmte »Einheit« jenes »Mannigfaltigen« oder Außereinander, die durch letzteres und damit durch die Sinn-

2 Dazu Kant genauer in der Anm. zu A 429 B 457 und in A 432 B 460.

lichkeit bloß als Vermögen oder Möglichkeit gerade noch nicht etwa mit »gegeben« ist, auf eine »Synthesis« durch den Verstand zurück. Denn zwar »gehört die Einheit dieser Anschauung«, nämlich »formaler Anschauung« als Nacheinander und Zugleich, auch »a priori zum Raume und der Zeit, und nicht zum Begriffe des Verstandes«. Dennoch setzt sie »eine Synthesis, die *nicht* den Sinnen angehört«, voraus, auf Grund von welcher, »da durch sie (indem der Verstand die Sinnlichkeit bestimmt) der Raum oder die Zeit als Anschauungen zuerst gegeben werden«, auch »alle *Begriffe von* Raum und Zeit zuerst *möglich* werden«, nämlich die Begriffe »Nacheinander« und »Zugleich«[3] und alle weiteren von dieser Art.

Danach verhält es sich mithin durchaus nicht so, daß der Verstand etwa schon a priori über die Begriffe »Nacheinander« und »Zugleich« verfügte, um durch sie und damit durch »Bestimmung« ihrem Sinn gemäß die Sinnlichkeit zu dem entsprechenden Zugleich und Nacheinander zu verwirklichen. Es stehen dem Verstand für diese Synthesis jedoch auch keine anderen Begriffe a priori zur Verfügung, weil er mindestens nach jener späten Einsicht Kants auch zu verschiedenen Kategorien oder reinen Verstandesbegriffen als verschiedenen Arten von Bestimmung oder Synthesis der Sinnlichkeit durch ihn sich überhaupt erst bilden kann. Im Sinne all solcher Begriffe als hier noch gerade unverfügbarer vielmehr muß diese Weise der »Bestimmung« demnach sozusagen blind erfolgen. Und das heißt für Sie zusammen mit dem vorigen: Sie müssen jene Kennzeichnung der Synthesis, wonach es »der Verstand« ist, der »die Sinnlichkeit« bestimmt, in vollem Sinne wörtlich nehmen: Dabei wird nur Sinnlichkeit *als solche* auch nur durch Verstand *als solchen,* also generell bestimmt, und dennoch je speziell durch ihn verwirklicht, nämlich jeweils zu speziellem Außereinander wie zum Nacheinander und Zugleich als Zeit und Raum.

Dies jedoch bedeutet für Sie nichts geringeres als zu verstehen: Der Verstand als solcher selbst muß einen Grund dafür enthalten, daß durch ihn als solchen selbst die Sinnlichkeit im einen Fall speziell zu Nacheinander oder Zeit verwirklicht wird, im andern wiederum speziell zu Raum oder Zugleich, nämlich jeweils spezifisch wirklich oder wirksam wird; und umgekehrt muß auch die Sinnlichkeit als solche selber einen Grund dafür enthalten, daß durch sie als solche

3 B 160f., kursiv von mir.

selber der Verstand, indem er sich mit ihr vereinigt, sich im einen Fall speziell zu Nacheinander oder Zeit, im andern wiederum speziell zu Raum oder Zugleich verwirklicht, nämlich je spezifisch wirklich oder wirksam wird. Was Verstand und Sinnlichkeit als solche selbst jeweils von sich her beizusteuern haben, muß zusammen also jeweils nachvollziehen lassen, daß die Synthesis als die Vereinigung von beiden sich zum einen als das Auftreten von Nacheinander oder Zeit vollzieht, zum andern wiederum als das von Raum oder Zugleich: Wodurch demnach auch noch mitnachvollziehbar werden müßte, warum Zeit als ein Ergebnis davon gegenüber Raum als anderem primär ist, Raum dann aber nicht nur sekundär, sondern auch Gegensatz zu ihr.

Auf das Verhältnis zwischen Sinnlichkeit als solcher und Verstand als solchem nun genau in diesem Sinn, in dem es selbst primär als Zeit und sekundär im Gegensatz zu ihr als Raum auftritt, zu reflektieren aber werden Sie allein vermögen, soweit Sie zur Reflexion auf Zeit als solche und auf Raum als solchen in der Lage sind, um deren Wesen sowie Ursprung es dabei zu tun ist. Sonach gilt es für Sie weiterhin bei allen Einzelheiten einer Reflexion auf Zeit und Raum stets mitzureflektieren, daß allein in jenem prinzipiellen Sinn des nur Gegebenen und nicht auch Gegenständlichen sie ihren Ursprung und ihr Wesen haben können.

Diese Forderung jedoch verlangt Ihnen für jeden solchen Reflexionsschritt eine derartige Strenge der Methode ab, daß sie sich nicht so leicht erfüllen wie erheben läßt. Weil Zeit und Raum als solche immer nur gegeben, aber niemals gegenständlich sind, wird es für Sie auch unausweichlich, sich nach Gegenständen umzusehen, die als Stellvertreter für sie als Ungegenstände Ihnen dann erlauben, die direkterweise unmögliche Reflexion auf Zeit und Raum jeweils als solche selber indirekterweise doch noch zu vollziehen. So sind wir im vorigen bereits verfahren und so werden wir des weiteren verfahren müssen.

Einwandfrei ist dies Verfahren nämlich, wenn es uns gelingt, bei jedem solchen Gegenstand genau von dem auch wieder abzusehen, *worin* er jeweils *bloßer* Stellvertreter ist, das heißt, *wodurch* er uns gerade dasjenige, dessen Stelle er vertritt, verstellt, indem er uns bezüglich der Bestimmung seines Wesens irreführt oder an seines Ursprungs Herleitung behindert, weil er das erst zu Bestimmende schon fälschlich vorentscheidet oder das erst Herzuleitende bereits voraussetzt. Schwierig aber ist dieses Verfahren dadurch, daß es seiner Art nach nicht von vornherein und ein für alle Male festzulegen ist. Denn je nach dem, ob gerade Zeit als solche oder Raum als solcher, oder danach, was im einzelnen an ihnen jeweils Thema werden soll, gilt es für uns, bei jedem Einzelschritt der Reflexion auch stets auf etwas anderes an diesem Gegenstand als bloßem Stellvertreter mitzureflektieren, von dem wir gerade abzusehen haben, um mit unserer Reflexion zum Ziel zu kommen.

Noch verhältnismäßig einfach läßt sich diese Forderung erfüllen, wenn es um den Raum als solchen geht. Denn alle Gegenstände, die als Stellvertreter für ihn als Ungegenstand in Frage kommen, sind selbst räumliche. So werden wir zum Beispiel, wenn wir ihn im weiteren als etwas notwendigerweise Dreidimensionales herzuleiten haben, auf ihn auch als solchen prinzipiell ungegenständlichen nach seinen drei verschiedenen Dimensionen ebenfalls nur stellvertretend reflektieren können, nämlich nur durch Reflexion auf Gegenständliches wie eindimensionale Linie, zweidimensionale Fläche oder dreidimensionalen Körper. Aber was auch immer wir dabei an Vorkehrungen werden treffen müssen, um uns trotzdem diese Reflexion als haltbare Wesensbestimmung wie auch Ursprungsherleitung des dreidimensionalen Raumes selbst zu sichern, – davon, daß es sich um Räumliches bei diesen Gegenständen handelt, werden wir dabei nicht abzusehen brauchen.

Grundsätzliche Schwierigkeiten aber wird uns die Erfüllung dieser Forderung, und zwar auf Schritt und Tritt der Reflexion von neuem machen, wenn es um die Zeit als solche geht. Aus Gründen dieser Sache selbst, welche im folgenden noch deutlicher für Sie zutage treten werden, ist es nämlich eine Illusion, zu meinen: Wie wir stellvertretend für den Raum als Ungegenstand auf ein Räumliches als Gegenstand zu reflektieren vermögen, so vermöchten wir etwa auch stellvertretend für die Zeit als Ungegenstand auf ein Zeitliches als Gegenstand zu reflektieren. Denn im Fall der Zeit ist es aus diesen Gründen anders als im Fall des Raumes nicht allein unmöglich, Zeit als solche, sondern auch noch Zeitliches als solches selbst zum Gegenstand zu haben, nämlich ohne daß wir dazu etwas Unzeitliches, das heißt Räumliches als Gegenstand uns noch zu Hilfe nehmen.

So vermögen wir uns beides, Zeit als solche wie auch Zeitliches als solches, lediglich »durch Analogien« vorzustellen, wie Kant selbst sich dies schon deutlich macht: Der Eindimensionalität von beidem Rechnung tragend, stellen wir »die Zeitfolge durch eine ins Unendliche fortgehende Linie vor, in welcher das Mannigfaltige eine Reihe ausmacht, die nur von einer Dimension ist, und schließen aus den Eigenschaften dieser Linie auf alle Eigenschaften der Zeit, außer dem einigen, daß die Teile der ersteren zugleich, die der letzteren aber jederzeit nacheinander sind.«[4] Und entsprechend dieser Vorstellung von Zeit als solcher stellen wir auch Zeitliches als solches, das grundsätzlich nur, wie schon bemerkt, als Zeit-Punkt oder -Spanne auftritt, jeweils vor als Punkte oder Abstände von Punkten einer solchen Linie.[5]

Nur werden Sie gerade dieser Überlegung Kants des weiteren entnehmen können, wie er hier bereits, und das heißt systematisch schon von Anbeginn die Schwierigkeit, in dieser Weise auf die Zeit oder auf Zeitliches zu reflektieren, offenkundig unterschätzt. Ersichtlich meint er hier, im Fall »der ersteren«, nämlich der Linie, brauche man nur von »dem einigen«, das heißt »dem einzigen«, noch abzusehen, nämlich »daß die Teile der ersteren zugleich, die der letzteren aber jederzeit nacheinander sind«, um im übrigen dann »aus den Eigenschaften dieser Linie auf alle Eigenschaften der Zeit« noch »schließen« zu können. Dabei übersieht er aber, daß das Absehen auch nur von diesem einzigen doch eigentlich auf nichts geringeres als auf das Absehen von dieser Linie insgesamt hinauszulaufen hätte. Vom Zugleich und damit von der Räumlichkeit der Linie abzusehen, hieße nämlich, von der Linie als solcher und mithin als ganzer abzusehen. Jedenfalls macht Kant nicht einmal den Versuch, dabei mitanzugeben, was nach diesem Absehen von dieser Linie eigentlich noch übrig bleiben sollte[6], dessen Eigenschaften einen »Schluß« auf »alle Eigenschaften der Zeit« erlaubten.

Die Schwierigkeit besteht im Fall der Zeit ersichtlich darin: Von genau der Linie, die allein uns als die Stellvertreterin für sie auf Zeit als prinzipiell Ungegenständliche zu reflektieren erlaubt, haben wir offenbar bei dieser Reflexion auch wieder gänzlich abzusehen, um die Strenge jener Forderung an eine haltbare Methode zu erfüllen,

4 A 33 B 50, vgl. B 154, B 156.
5 Vgl. B 156.
6 Nämlich »nicht einmal der Punkt«, worüber er sich sonst im klaren ist (vgl. A 439 B 467).

weil die Linie eine Gegenständliche und damit Stellvertreterin für Zeit anscheinend nur als Räumliche zu sein vermag. Doch eben diese Schwierigkeit ist geradezu der Maßstab für die eigentliche Leistung, welche Reflexion auf Zeit als solche ständig zu erbringen hat. Sie sozusagen durchzustehen, ist gleichbedeutend damit, dorthin zu gelangen, wo die Zeit als solche überhaupt erst Thema werden kann. Auf das bekannte Rätsel ihres Wesens wie auch Ursprungs jedenfalls, das diese Reflexion zu lösen hat, kann sie bei aller Hilfestellung, die ihr diese Linie dabei bietet, immer wieder grundsätzlich nur jenseits von ihr stoßen.

Wie Sie sehen werden, liegt denn auch gerade darin, daß er dieser Schwierigkeit sich niemals voll gestellt hat, einer von den Gründen dafür, daß mit seiner Theorie der Zeit, mit der er ihrem Wesen wie auch Ursprung doch so nahe kam wie keiner vor ihm, Kant am Ende gleichwohl scheiterte.

Nur spielen, wie Sie erst einmal sich deutlich machen sollten, dabei eine Reihe anderer Gründe mit, die sich zusammen ausgerechnet dahin auswirken, daß Kant sich seiner einzigartigen Errungenschaft für eine Auflösung des Rätsels Zeit nie so weit sicher wird, daß er sie auszuarbeiten vermöchte. Spätestens seit der KRV läuft nämlich seine Überlegung Schritt für Schritt darauf hinaus, es sei die Zeit nach ihrem Wesen oder Ursprung nicht nur etwas Subjektives, nämlich vom Subjekt in irgendeinem Sinne Abhängiges, sondern letztlich jeweils dieses Subjekt selber, darauf also, daß in einem allererst noch zu verdeutlichenden Sinne Zeit Subjekt und Subjekt Zeit sei[7]. Und die Schwierigkeit, ihn zu bestimmen, liegt gerade darin, nachvollziehbar zu begründen, daß dies nicht auf eine einfache Identität hinausläuft, dergemäß Subjekt und Zeit zusammenfielen, ohne jeden Unterschied dasselbe wären, sondern nur auf eine in bestimmter Weise in sich selbst komplexe, differente.

So werden Sie in einem späten Text[8] von Kant auf Stellen stoßen, die gemessen an der Wichtigkeit ihres Gehalts bisher anscheinend unverständlich und darum so gut wie unbehandelt blieben, die jedoch gerade diese Schwierigkeit betreffen. Hier gelingt es Kant näm-

7 Vgl. z. B. A 362: »es ist einerlei, ob ich sage: diese ganze Zeit ist in mir, als individueller Einheit, oder ich bin, mit numerischer Identität, in aller dieser Zeit befindlich.«
8 R 5655, Bd. 18, S. 313 ff.

lich am Ende doch noch, einmal wenigstens das vorläufige Endergebnis seiner anhaltenden Reflexionen zum Verhältnis von Subjekt und Zeit auf eine einzige unüberbietbar klare Form zu bringen, deren Kurz- und Bündigkeit bewundernswürdig ist. Denn wie auf einen Schlag stellt sie Errungenschaft sowohl wie Schwierigkeit dieses Ergebnisses vor Augen. Alle seine Überlegungen, so bringt er durch zunächst verschiedene, teilweise wieder ausgestrichene Formulierungen zum Ausdruck, laufen ständig in den Punkt zusammen, als ein »Ich« oder »denkendes Wesen« oder »Selbstbewußtsein« sei ein Subjekt jeweils in der Zeit, jedoch auch diese Zeit jeweils in ihm als diesem »Ich« oder »denkenden Wesen« oder »Selbstbewußtsein«; denn »die Zeit ist in mir und ich bin in der Zeit«[9]. Worauf dies aber eigentlich hinausläuft, macht er selbst sich unbestechlich klar, indem er dies Ergebnis schließlich in die Formel faßt, daß »folglich das *continens* ein *contentum*«[10] bilde, oder: »das *continens* ist zugleich *contentum*«[11], das heißt kurz soviel wie: »Das Enthaltende ist das Enthaltene«, woraus denn auch noch folgt: »und umgekehrt«.

Dieses Ergebnisses jedoch, so interessant, ja aufregend geradezu es sein mag, wird Kant nicht recht froh, wie Ihnen bei Berücksichtigung auch des Kontextes zu dieser Formel nicht entgehen wird. Von welcher Seite er sie auch erreichen mag, ob nun von daher, daß das Subjekt in der Zeit oder die Zeit im Subjekt sei, bereitet ihm die Formel Unbehagen, denn: »so wäre hierin ein Widerspruch«[12], der dies Ergebnis jedesmal von neuem unhaltbar erscheinen läßt. Die grundsätzliche Schwierigkeit, die alle seine Formulierungen zum Ausdruck bringen, können Sie sich schon allein durch Wörtlichnehmen deutlich machen. Zum alltäglichsten Normalsinn eines Ausdrucks wie »enthalten in« gehört es nämlich, daß enthalten in etwas nur sein kann, was grundsätzlich etwas anderes ist als das, in welchem es enthalten ist, und daß, wenn ersteres in letzterem enthalten ist, nicht umgekehrt auch letzteres in ersterem enthalten sein kann. Zu behaupten, daß zum Beispiel Wasser in einem Gefäß enthalten ist, hat demgemäß nur Sinn, sofern dies Wasser etwas anderes ist als dies Gefäß, und dies Gefäß nicht umgekehrt in diesem Wasser ist,

9 A. a. O., S. 314, Z. 9f.
10 A. a. O., S. 314, Z. 19.
11 A. a. O., Z. 13.
12 A. a. O., S. 315f.

was ja für sich genommen gar nicht ausgeschlossen ist. Zu sagen, daß in einem solchen Fall nicht nur das Wasser im Gefäß enthalten ist, sondern »zugleich« auch das Gefäß im Wasser, könnte deswegen nur dazu führen, daß aus diesem Sinn ein Widerspruch und damit Unsinn würde.

Nur führen eben, wie Sie sehen, anders als bei Wasser und Gefäß Kants Reflexionen bei Subjekt und Zeit tatsächlich dazu, daß in irgendeinem *Sinn* gerade und nicht *Unsinn* das Subjekt in Zeit sowohl wie auch die Zeit im Subjekt sein muß, das Enthaltende mithin tatsächlich das Enthaltene, und umgekehrt. Denn zweifellos meint Kant damit auch nicht den Gegen-Unsinn, wonach jegliches »sich selbst enthalte«, so daß beides schlicht zusammenfiele, unterschiedslos eines und dasselbe wäre und mithin Identität auch ohne jede innerliche Differenz. Zumal dadurch in Frage stünde, wie wir dann Subjekt und Zeit noch unterscheiden könnten, um auch nur in anderem und neuem und als solchem erst noch zu verdeutlichendem Sinn von irgendeiner Art Enthaltensein der beiden ineinander weiterhin zu sprechen. Denn wie Kant sich klarmacht, liefe dies tatsächlich auf nichts anderes hinaus, als daß »ich in mir selber bin«[13]. Die Minimalbedingung dafür, daß sich damit auch ein Sinn verbinden lasse, ist mithin, daß solch ein »Ich« oder »Subjekt« seiner Identität nach in sich selbst auch eine Differenz noch sei, was er sich dann wie folgt verdeutlicht: »Wäre nun mein Dasein hier in derselben Bedeutung zu verstehen, so wäre hierin ein Widerspruch. Also muß mein Dasein, welches ich voraussetze, in anderer Bedeutung genommen werden als eben dasselbe, wenn ich es[14] nur als Bestimmung der Zeit betrachte«[15]; und mit »welches ich voraussetze« meint er dabei, »sofern ich mein reines Ich davon unterscheide«[16].

Doch was diese zweifellos erforderliche Unterscheidung anbetrifft, das sei Ihnen hier in Erinnerung gerufen, weiß Kant sich bereits seit der KRV und bis zuletzt nicht anders als durch diejenige zu behelfen, etwas einerseits bloß »als Erscheinung« zu betrachten oder anderseits auch »an sich selbst«[17], durch jene Reflexion, die in genau dem Sinn,

13 A. a. O., S. 314, Z. 29.
14 Im Text fälschlich »sie«.
15 A. a. O., S. 315f.
16 A. a. O., S. 316, Z. 16f.
17 Vgl. z. B. a. a. O., S. 314, Z. 11, 16, 24; S. 315, Z. 7, 14, 20f.; S. 316, Z. 7; und vorher schon A 492 B 520.

in dem sie einzig fürs Objekt erforderlich und auch verständlich ist, beim Subjekt schlechthin unverständlich bleiben muß, weil hier nur fehl am Platze sein kann[18]. Und der wesentliche Grund für diesen Irrweg, den Kant bis zuletzt nicht mehr zurückzugehen vermochte, um stattdessen jenen anderen und eigentlich viel näher liegenden für diese Unterscheidung einzuschlagen, liegt in nichts geringerem als seiner festen, aber falschen Überzeugung, daß genau wie jenes »an sich selbst betrachtete« Objekt auch dieses Subjekt etwas für uns »Unbekanntes« oder »Unerkennbares« sein müsse[19].

Denn wie Sie wissen, ist die Reflexion, dasselbe Objekt jeweils »als Erscheinung« zu betrachten und auch wieder »an sich selbst«, im Rahmen von Philosophie gerade deshalb unausweichlich, weil es sich dabei um jenes Andere handelt, das ein Subjekt grundsätzlich nur als Erfolg durch seine Intention erzielen kann, indem zu solcher Intention auf Anderes es selbst als Sinnlichkeit und als Verstand zusammenwirkt. Auf diese seine Subjektabhängigkeit reflektieren, heißt, ein Objekt »als Erscheinung« zu betrachten, sprich: als etwas, das für ein Subjekt als dieses Andere wirklich nur als »Gegenstand« für seine »mögliche Erfahrung« sein kann, und das heißt, als »Gegenstand« für diese Intention auf Anderes. – Da eine Intention jedoch als solche selber prinzipiell und immer gleicherweise auf Erfolg ausgeht, auch in den Fällen ihres Mißerfolgs, kann diese Intention in Fällen des Erfolgs auch nicht den hinreichenden Grund dafür enthalten, daß sie ihn erzielt, ein Grund, der somit nur in diesem Andern selber liegen kann. Auf diesen Grund in ihm zu reflektieren, heißt, das wirkliche Objekt als den Erfolg des Subjekts nicht nur im genannten Sinne »als Erscheinung« zu betrachten, sondern davon absehend, doch daran festhaltend und somit zusätzlich »nicht als Erscheinung«; und das heißt eben: es »an sich selbst betrachten«. Dieser Grund nun ist für uns tatsächlich »unbekannt«, ja »unerkennbar«, und zwar nicht bloß für empirische Erkenntnis, die es prinzipiell nur mit Objekten als empirischen zu tun hat, sondern auch für diese Reflexion als nichtempirische Erkenntnis von Empirischem, die für das Negative, die Objekte jeweils auch »nicht als Erscheinungen« noch zu betrachten, ein entsprechend Positives prinzipiell nicht einzusetzen haben kann.

18 Vgl. oben § 12, S. 273ff.
19 Vgl. a. a. O., S. 315, Z. 1, 7, 14, 19.

Doch nur desto klarer wird Ihnen dann ferner werden, daß von vornherein nicht der geringste Grund dazu besteht, etwa auch dasselbe Subjekt jeweils »als Erscheinung« zu betrachten sowie »an sich selbst«. Denn auf dem Wege äußerer Erfahrung von Objekten ist es ohnehin unmöglich, einen ursprünglichen Zugang zu Subjekten zu gewinnen, welchen Kant darum mit Recht auch gar nicht erst verfolgt. Und in der Tat kann, wie wir schon gesehen haben, die Intentionalität einem Objekt als solchem selbst nicht einfach angesehen, nicht empirisch an ihm wahrgenommen werden, auch nicht wenn es als der Körper oder Leib eines Subjekts sie tatsächlich besitzt. Wenn überhaupt, ist so etwas wie ein Subjekt ursprünglich zugänglich nur im Verhältnis eben dieses jeweiligen Subjekts zu sich selbst: in jenem »Selbstbewußtsein« von sich selbst als »Ich« oder »Subjekt«[20], auf welches reflektierend dann Philosophie zu einer nichtempirischen Erkenntnis von ihm zu gelangen trachtet. Aber was auch immer solch ein Selbstbewußtsein als ein nichtempirisches durch »Ich« zum Ausdruck bringen mag, sofern dabei nur immer prinzipiell nichts anderes als es selbst, die jeweils aktuale Subjektivität, zur Sprache kommt, kann solches Selbstbewußtsein, wie schon seit Descartes bekannt ist, keinem Irrtum unterliegen, nicht in einem Mißerfolg bestehen.

Ihnen aber ist inzwischen auch bereits bekannt, warum, nämlich weil Subjektivität als Spontaneität Intentionalität ist und als solche ihrem Wesen sowie Ursprung nach nichts intendiert als Anderes ihrer selbst, und damit als Erfolg auch nur dies Andere ihrer selbst erzielen und verfehlen kann und nicht etwa sich selbst. Denn sich als diesem Fremdverhältnis einer Fremdverwirklichung von Anderem liegt Subjektivität als Selbstverhältnis einer Selbstverwirklichung stets schon zugrunde und mithin als eine Wirklichkeit, die der Beurteilung als ein Erfolg bzw. Mißerfolg von vornherein nicht untersteht und damit auch nicht den geringsten Anlaß bietet für die Reflexion, sie »als Erscheinung« zu betrachten und »nicht als Erscheinung« oder »an sich selbst«. Durch seine ungerechtfertigte Übertragung dieser nur Objekten als dem Andern zu Subjekten angemessenen Reflexion auf die Subjekte selbst beschwört Kant vielmehr ständig die Gefahr herauf, auch das Subjekt als ein Verhältnis zu sich selbst wie eins zu Anderem seiner selbst und so von Grund auf falsch zu konstruieren. Um so stärker aber droht diese Gefahr, als Kant nicht müde wird,

20 Zum Ganzen vgl. A 347 B 405.

sich selbst sowohl wie uns zu überreden, als ein »reines Ich« bzw. »Selbstbewußtsein« sei das Subjekt jeweils »unbekannt«, ja »unerkennbar« deshalb, weil es als ein solches positiv auch nicht mehr zugänglich sei, sondern gleichfalls nur in jenem Sinne negativ noch »an sich selbst« betrachtet werden könne, während es, soweit noch positiv erkennbar, wie ein Objekt ebenfalls nichts anderes als »Erscheinung« sei.

Nur werden Sie nach allem, was wir über Subjektivität als Spontaneität von der Struktur Intentionalität bereits ermittelt haben, sofort sehen: Die angeblich prinzipielle »Unerkennbarkeit« von ihr als »reinem Ich« und »Selbstbewußtsein« ist in Wahrheit nichts als ihre durch Kant fälschlich zum System erhobene »Unbekanntheit« bloß für ihn. Denn bloß er selbst ist nicht mehr weiter als dazu gekommen, Subjektivität als das Prinzip von »Spontaneität« und »Einfachheit« gerade noch soeben zu benennen, aber ohne sie im mindesten als solche zu erkennen. Doch aus ihr als der für ihn bloß faktisch Unerkannten durch die Unterwerfung unter jene für sie ungerechtfertigte Reflexion gleich systematisch eine Unerkennbare zu machen, dazu liegt nicht der geringste Grund vor.

Wie Sie nämlich weiter sehen werden, kann auch davon keine Rede sein, daß Subjektivität als jene Vollstruktur Intentionalität angeblich nicht, wie sie »an sich betrachtet« ist, erkannt sei, sondern nur, wie sie »erscheine«. Kant unterliegt dabei geradezu einem Systemzwang, zu dem Ursachen zusammenwirken, die historisch weit zurückreichen, so daß auch seine Interpreten sie bis heute nicht benennen und darum nicht überwinden können.

Die Gründe dafür sollten Sie sich aber wenigstens in Kürze deutlich machen. Daß Kant bis zuletzt nicht davon abläßt, das Subjekt als »reines Ich« bzw. »Selbstbewußtsein« kurz gesprochen als »Ansichsein« aufzufassen, geht auf folgendes zurück. Sogar nach der KRV noch gelten ihm »Kategorien« oder »reine Verstandesbegriffe« als etwas, das schon allein für sich genommen, nämlich ohne Sinnlichkeit bereits Bezug hat auf »Objekte überhaupt«[21]. Auch dies jedoch ist letztlich nichts als vorkritischer Überrest aus der 10 Jahre älteren *Dissertation* von Kant, nach der sich Kategorien als die Formen des Verstandes auf ein durch das bloße Denken zu erreichendes »Ansich-

21 Vgl. z. B. Bd. 4, S. 324, Z. 1ff., ferner Bd. 11, S. 314; wie vorher schon z. B. A 254 B 309.

sein« richten, auf »Erscheinungen« als die Objekte bloßer Anschauung jedoch allein die Formen Zeit und Raum der Sinnlichkeit. Was ihren jeweiligen Gegenstandsbezug betrifft, haben Verstand und Sinnlichkeit infolgedessen miteinander nicht das mindeste zu tun, sind sie in keiner Weise aufeinander angewiesen.

Davon vermag sich Kant so wenig zu befreien, daß er selbst in der KRV, ja bis zuletzt anscheinend noch vertritt: Als die Subjekte von Verstand, die wir nun einmal seien, könnten wir auch eine gänzlich andere Sinnlichkeit als die der Formen Zeit und Raum besitzen, das sei widerspruchsfrei denkbar[22], was dann umgekehrt bedeutet, aber weder von ihm selbst noch seinen Interpreten ausgesprochen wird: Als die Subjekte mit der Sinnlichkeit, die wir nun einmal haben, könnten wir auch einen gänzlich anderen Verstand als denjenigen der Kategorien besitzen. Gegen diese weiterhin für eine Möglichkeit gehaltene Unmöglichkeit setzt seine neue Lehre, daß Verstand sich erst durch Sinnlichkeit und umgekehrt auch Sinnlichkeit erst durch Verstand zur Subjektivität verwirklicht, sprich, als apriorische Objektbezugaufnahme wirklich oder wirksam wird, sich niemals gänzlich durch, weder bei Kant selbst noch gar bei seinen Interpreten.

Und in der Tat, wie Ihnen noch erinnerlich sein wird: Als jene Vollstruktur Intentionalität eines zum Fremd- werdenden Selbstverhältnisses läßt Subjektivität als Spontaneität ihres Verstandes sich abstrakt-begrifflich zwar bestimmen. Doch ergibt sich dabei mit: Als solche selbst oder für sich allein hat sie gerade noch nicht Wirklich- oder Wirksamkeit, sondern vermag als dies Bestimmte wirklich oder wirksam allererst als Rezeptivität für solche Spontaneität und damit als durch ihren eigenen Verstand bestimmte eigene Sinnlichkeit zu werden. Mangels dieser Einsicht aber, wie unlösbar eng Verstand und Sinnlichkeit sich zu der eigentlichen Einheit Subjektivität verbinden, muß die letztere nach jener Seite ihres »denkenden Verstandes« eine angeblich »ansichseiende« große Unbekannte bleiben.

Um einen gleichfalls von Kant niemals überwundenen vorkritischen Überrest aus jener Schrift von 1770 handelt es sich aber, wenn er auch in der KRV und bis zuletzt noch als »Erscheinung« etwas dann bereits betrachtet, wenn an ihm in irgendeiner Weise Sinnlichkeit als solche schon beteiligt ist, und sei es auch nur durch die eine

22 Vgl. z. B. B 145 f., B 155, A 230 B 283, A 254 B 309; ferner Bd. 11, S. 314.

ihrer Formen, nämlich die der Zeit. Was Kant auf diese Weise immer wieder außer acht läßt, ist, daß er in seinem neuen kritischen Konzept, will sagen, spätestens seit jener Anmerkung zur zweiten Auflage seiner KRV einen von Grund auf neuen Sinn dieser »Erscheinung« ansetzt. Niemals macht er sich voll deutlich: Es ist der Begriff von etwas »als Erscheinung« zwar noch immer der von ihm »als Gegenstand«, das heißt, »als Gegenstand in Form von Zeit und Raum«; doch diese sind von jetzt an etwas Wirklich- oder Wirksames durchaus nicht mehr auf Grund von bloßer Sinnlichkeit, wie noch in der *Dissertation,* sondern allein auf Grund von diese Sinnlichkeit bereits bestimmendem Verstand, der sie dazu verwirklicht und auf diese Weise sich mit ihr vereinigt.

Zu etwas »als Erscheinung« in dem neuen Sinne von »als Gegenstand« jedoch gehören Zeit und Raum, in Form von denen etwas Gegenstand oder Erscheinung wird, auch notwendig zusammen, wie wir uns noch werden klarzumachen haben: Zeit allein genügt dafür auf keinen Fall. Und eben darin liegt denn auch der eigentliche Grund dafür, daß Kant und seinem Neuansatz zufolge die empirische Erkenntnis mit der äußeren Erfahrung notwendig zusammenfallen muß und sogenannte »innere Erfahrung« somit keineswegs empirische, sondern nur nichtempirische Erkenntnis sein kann[23]. Mangels dieser Einsicht trachtet Kant hingegen bis zuletzt an »innerer Erfahrung« als empirischer Erkenntnis festzuhalten, doch vergebens, da ihm jene Umkehrung der Auffassung Descartes', sie sei vielmehr von äußerer Erfahrung abgeleitete empirische Erkenntnis, nicht gelingen will.

Auf diese Weise aber bleibt er von Descartes sogar noch so weit abhängig, daß er nicht einmal sieht, welch eine neue und vor allem feste Stellung er ihm gegenüber schon gewonnen hat. Descartes trifft nämlich seine Unterscheidung von »res cogitans« und »res extensa« gerade in dem Sinn, daß letztere dabei nur räumlich ausgedehnt sei[24], erstere dagegen überhaupt nicht räumlich ausgedehnt[25]. Mit einer und derselben Frage doch vermöchte Kant Descartes bezüglich beidem wie mit einem Schlage in die hoffnungsloseste Verlegenheit zu stürzen: Wo bleibt eigentlich die Zeit? Denn ein Objekt als »res

23 Vgl. dazu oben § 6, S. 121 ff.
24 Vgl. z. B. *Prinzipien* II, 1–4, 21–24.
25 Vgl. a. a. O., I, 8.

extensa« ist doch wohl in jedem Falle in der Zeit, nur eben nicht ausschließlich in der Zeit, sondern auch noch im Raum. Und dementsprechend liegt der eigentliche, durch Descartes jedoch vernachlässigte Unterschied von »res extensa« und »res cogitans« womöglich darin, daß die letztere zu ihrem Wesensmerkmal hat, zwar gleichfalls zeitlich, aber nicht auch räumlich, und mithin ausschließlich zeitlich ausgedehnt zu sein.

Nur setzte Kant sich damit selbst in die Verlegenheit, wie eigentlich ein denkendes Subjekt als etwas ausschließlich in Form von Zeit Auftretendes erkennbar und verständlich werden könnte, woraus er sich nur durch jene Unterscheidung von »Erscheinung« und »Ansichsein« noch herauszuhelfen weiß. Und dies, obwohl gerade er dabei am besten wissen müßte, daß nach seiner eigenen neuen Konzeption bereits die Zeit nur wirklich werden kann, indem zu ihrer Wirklichkeit als *selbiger* mit Sinnlichkeit auch denkender Verstand noch wirklich wird und damit Subjektivität als Rezeptivität und Spontaneität *ineinem*.

Auf solche Weise aber muß dann in Ermangelung derselben Einsicht in die Vollstruktur Intentionalität der Spontaneität von Subjektivität die letzte nach der Seite ihrer Sinnlichkeit zur angeblich bloß noch erscheinenden, sprich, zur empirisch-kleinen Bekannten werden, der gegenüber sie als jene Spontaneität des denkenden Verstandes weiterhin ansichseiende große Unbekannte bleiben muß. Und das Empirisch-Kleine der Bekanntschaft mit ihr bringt Kant auch zum Ausdruck, wo er über die im eigentlichen Sinne so genannte Psychologie sagt: Sofern sie sich tatsächlich streng an ihren Namen haltend ausschließlich mit Psychischem befasse, nämlich alles Physisch-Physiologische beiseite lasse, könne diese allenfalls »Beschreibung der Seele, aber nicht Seelenwissenschaft, ja nicht einmal psychologische Experimentallehre werden«[26], müsse sie entsprechend »jederzeit von dem Range einer so zu nennenden Naturwissenschaft entfernt bleiben«[27]. Und das liege daran, daß »die Seelen-Erscheinungen« als »Phänomene des inneren Sinnes« bloß im »Abflusse der inneren Veränderungen desselben« bestehen und mithin als bloßes Nacheinander auch bloß in der Zeit auftreten, »die nur eine Dimen-

26 Bd. 4, S. 471, Z. 31f.
27 A. a. O., Z. 11f.

sion hat«[28], alle Gegenstände der Naturwissenschaft aber auch in Form von Raum und seiner Dreidimensionalität.

Zu dieser Abwertung der Wissenschaft Psychologie kommt Kant indessen nur, weil er sie weiter fälschlich als empirische betrachtet, während sie nach seinem eigenen Neuansatz doch nichtempirische und so Philosophie sein müßte, was er sich jedoch nie deutlich macht. Nur darin nämlich liegt der Grund dafür, daß Kant in diese ihre Abwertung zuletzt auch noch die nichtempirische Philosophie, zu der sie eigentlich gehört, mit einbeziehen muß, doch ohne das anscheinend zu bemerken. Im Zusammenhang mit dieser Abwertung der angeblich empirischen Psychologie kommt Kant nämlich des weiteren auf diejenige Wissenschaft zu sprechen, welche ihr als nichtempirisch-apriorische zugrunde liege und als Wissenschaft von Zeit angeblich Gegenstück sei zur Geometrie als der von Raum: »Denn die reine innere Anschauung, in welcher die Seelen-Erscheinungen konstruiert werden sollen« – wie durch Geometrie die Körper-Erscheinungen in der reinen äußeren Anschauung des Raumes – »ist die Zeit, die nur eine Dimension hat«[29]. Über Thema und Ertrag solch einer Wissenschaft indes meint Kant mit nicht zu überhörender Ironie sich einfach lustig machen zu können, »weil Mathematik auf die Phänomene des inneren Sinnes und ihre Gesetze nicht anwendbar ist, man müßte denn allein das Gesetz der Stetigkeit in dem Abflusse der inneren Veränderungen desselben in Anschlag bringen wollen, welches aber eine Erweiterung der Erkenntnis sein würde, die sich zu der, welche die Mathematik der Körperlehre verschafft, ungefähr so verhalten würde, wie die Lehre von den Eigenschaften der geraden Linie zur ganzen Geometrie«[30].

Doch für Sie, verehrte Leserin, verehrter Leser, dürfte diese Ironie und Lustigkeit von Kant hier alles andere als ansteckend sein. Denn die Einsicht, die er sich auf diese Weise buchstäblich verscherzt, ist die, daß gerade das, worüber er sich lustig macht, ja was er hier ironisierend abtut und am Ende gar für unmöglich erklärt, die Wissenschaft von Subjektivität ist, die er noch zu leisten hätte, aber offensichtlich nicht mehr leisten kann. So ist, was hier geschieht, ein Reflexionszusammenbruch als eine Katastrophe seines Denkens und

28 A. a. O., Z. 21.
29 A. a. O., Z. 19ff.
30 A. a. O., S. 471.

mithin seiner Philosophie von solchen Ausmaßen und Folgen, daß sie sich kaum übersehen lassen. Was zu einer Sternstunde geradezu, und nicht nur für Philosophie, sondern in ihrem Rahmen auch noch für Psychologie sich fügen könnte, geht hier ungenutzt vorüber und hat sich bis heute auch nicht wieder eingestellt. Und abermals ausschließlich, weil für Kant im Zuge seines Vorgehens die Reflexion auf die Objekte so weit in den Vordergrund tritt, daß dahinter diejenige auf Subjekte als gerade eigenständige und eigenartige zurücktritt, ja durch sie weit in den Hintergrund gedrängt und schließlich ganz verdrängt wird.

Ausdrücklich angetreten, um durch Reflexion auf Subjektivität dieser Subjekte der Philosophie den Grund schlechthin zu legen, läßt Kant hierbei ausgerechnet von der Objektivität jener Objekte sich den Blick dafür verstellen: Eben diese Wissenschaft von Zeit und damit von Subjekt müßte von vornherein und durchwegs als Philosophie erfolgen und als deren Selbstbegründung auch Psychologie als Teil von sich noch mitbegründen. Mangels dieser unterbliebenen Begründung durch und als Philosophie nämlich ist die Psychologie bis heute bodenlos geblieben, weshalb sie auch ständig, doch vergeblich Boden als empirische Naturwissenschaft sucht[31]. Gerade »das Gesetz der Stetigkeit«, nämlich der Kontinuität der Zeit im »Abflusse der inneren Veränderungen« gälte es, »in Anschlag zu bringen«; nur eben nicht in dieser Weise einer »Lehre von den Eigenschaften der geraden Linie« als einer in der Tat armseligen Geometrie, sondern nach jener Art der Reflexion, die von der eindimensionalen Linie als räumlicher und damit bloßer Stellvertreterin der Zeit gerade abzusehen hat, um sich zu Zeit als solcher überhaupt den Zugang zu eröffnen. Denn die Zeit als solche läßt sich eben nicht einfach vergegenständlichen wie andere Objekte auch, ja nicht einmal wie Gegenstände der Geometrie, ja selbst noch weniger denn Raum als solcher, der sich wenigstens durch jene Stellvertreter, die selbst Räumliches sind, für die Reflexion als zugänglich erweisen wird.

Vollends daran aber sehen Sie, daß Kants Vergleich der Reflexion auf Zeit mit der Geometrie nicht nur stark hinkt, sondern hier prinzipiell sogar auf einen Abweg führt. Als Wissenschaft von Zeit als solcher nämlich wäre sie das eigentliche Gegenstück auch prinzipiell allein zur Wissenschaft von Raum als solchem, welche aber

31 Vgl. oben § 6, S. 122, Anm. 30.

keinesfalls Geometrie ist, sondern ebenfalls allein Philosophie, weil auch der Raum als solcher niemals für Geometrie, sondern ausschließlich für Philosophie als jene Reflexion auf ihn zum Gegenstand wird. Daß Kant die Geometrie, die stets nur alle mögliche *Körper*-Erscheinung mathematisch konstruiert, hier überhaupt heranzieht, zeigt Ihnen vielmehr mit letzter Klarheit: Auf die Reflexionsbegriffe von Erscheinung und Ansichsein geradezu fixiert, nach denen etwas als Erscheinung gerade als ein Gegenstand auftritt, vermag sich Kant von ihnen nicht einmal im Fall der bloßen Zeit zu lösen, für die der Begriff »Erscheinung« überhaupt nicht definiert ist und auch gar nicht definiert sein kann, da sie als solche, nämlich ohne die Zuhilfenahme eines Räumlichen, auch gar kein Gegenstand sein kann. Nur weil es sich bei Zeit auf jeden Fall bereits um Sinnlichkeit als wirklich- oder wirksame handelt, ist sie für ihn auch schon Erscheinung und mithin ein Gegenstand, wohinter Subjektivität als angeblich Ansichseiende und dadurch auch Unerkennbare entschwunden sei.

Daß trotz der angeblichen Gegenständlichkeit von Zeit die apriorische Zeit*wissenschaft* durchaus nicht etwa als »Mathematik« der »Seelen-Erscheinungen« möglich sein kann, also gerade nicht so wie die *Raum*wissenschaft Geometrie als »Mathematik« der Körper-Erscheinungen, – nicht einmal dieses Auffällig-Unmögliche vermag ihn davon abzubringen, jedenfalls so wenig, daß er auch nur eine Möglichkeit für Wissenschaft von Zeit als solcher eher gänzlich preisgibt. Daß die Reflexion auf Zeit vielleicht nur deshalb so unmöglich ist, weil sie im Gegensatz zu jener Reflexion auf Raum, als apriorischer Wissenschaft der Objektivität jener Objekte, vielmehr apriorische Wissenschaft der Subjektivität dieser Subjekte wäre, kann er darum nicht mehr zu Gesicht bekommen, so daß ihm auch deren Reichtum an Struktur entgehen muß. Subjekte nämlich sind gerade nicht einfach nur weitere Objekte unter anderen, gerade nicht einfach nur Gegenstände unter Gegenständen und Erscheinungen unter Erscheinungen. Deshalb vermag er auch nicht zu vernehmen, daß entsprechend Zeit als solche, nämlich als die prinzipiell Ungegenständliche, nach Reflexionsbegriffen gänzlich anderen Sinnes als des von »Erscheinung« und »Ansichsein« förmlich schreit, genau wie Raum als solcher, nämlich als der gleichfalls prinzipiell Ungegenständliche, als die sie Kant auch beide sonst durchaus geläufig sind.

Sie erfordern, wie Sie sehen werden, Reflexionsbegriffe, die dem

Umstand Rechnung tragen, daß die Zeit sowohl als auch der Raum nach ihrem Ursprung sowie Wesen offenbar in je speziellem Sinn mit dem Subjekt identisch sind und dennoch innerhalb dieser grundsätzlichen Identität auch wieder eine Differenz ausbilden: Prinzipiell gehören sie zur Subjektivität als absoluter Einheit oder Einfachheit anscheinend mit hinzu und gleichwohl machen sie auch wieder deren innere Komplexität aus. Noch bis an die Schwelle dieser Einsicht nämlich war Kant nicht allein bezüglich des Verhältnisses von Subjektivität und Zeit im Sinne jener Formel »Das *continens* ist zugleich *contentum*« vorgedrungen, sondern auch von Subjektivität und Sinnlichkeit im ganzen, also auch von ihr und Raum.

Denn mehrfach äußert er in seiner Spätzeit seine Überzeugung davon beispielsweise dahingehend: »Ich, als denkendes Wesen, bin zwar mit mir, als Sinnenwesen, ein und dasselbe Subjekt«[32]. Die Inangriffnahme einer dementsprechend positiven Reflexionserkenntnis seiner danach ebenso mit sich identischen wie in sich differenten Einheit aber macht er sich auch stets von neuem selbst unmöglich, so zum Beispiel hier, indem er fortfährt: »aber als Objekt der inneren empirischen Anschauung ... erkenne ich mich doch nur, wie ich mir selbst erscheine, nicht als Ding an sich selbst«[33]. Ja sogar an Stellen, wo er vom Subjekt nicht als empirischem, sondern als nichtempirischem Selbstbewußtsein spricht, hält Kant dies letztlich unverständliche Verdikt noch aufrecht: »Ich bin mir meiner selbst bewußt, ist ein Gedanke, der schon ein zweifaches Ich enthält, das Ich als Subjekt, und das Ich als Objekt. Wie es möglich sei, daß ich, der ich denke, mir selber ein Gegenstand (der Anschauung) sei, und so mich von mir selbst unterscheiden könne, ist schlechterdings unmöglich zu erklären, obwohl es ein unbezweifeltes Faktum ist«[34].

Dies Verdikt bleibt aber, wie Sie gleich mir finden werden, um so unverständlicher, als Kant die Aufgabe der Reflexion von Anbeginn geradezu als die der »Selbsterkenntnis« definiert, die sich danach wie folgt stellt: Eben dieses nichtempirische Selbstbewußtsein, welches der empirischen Erkenntnis als empirischer Vergegenständlichung empirischer Objekte zwar zugrunde liegt, jedoch gerade nicht als Fall der Selbst*vergegenständlichung* oder der Selbst*erkenntnis* des viel-

32 Bd. 7, S. 142.
33 A. a. O.
34 Bd. 20, S. 270.

mehr *objekt*erkennenden oder -vergegenständlichenden Subjekts selbst, gilt es, der Reflexion als einer eigentümlich nichtempirischen, sprich philosophischen Erkenntnis von sich selbst als Subjekt doch noch zugänglich zu machen. Diese Aufgabe ergeht nach Kant als »eine Aufforderung an die Vernunft, das beschwerlichste aller ihrer Geschäfte, nämlich das der Selbsterkenntnis aufs neue zu übernehmen«[35], die ihm jedoch als durchaus tunlich, weil als Sache seiner Reflexion auf eigenes Selbstbewußtsein gilt, bei der »ich es lediglich mit der Vernunft selbst und ihrem reinen Denken zu tun habe, nach deren ausführlicher Kenntnis ich nicht weit um mich suchen darf, weil ich sie in mir selbst antreffe«[36].

Dieser Optimismus für Philosophie an ihrem Anfang aber schlägt an ihrem Ende zwangsläufig in Pessimismus für sie um, weil Kant aus den genannten Gründen nicht mehr einzusehen vermag: Genau dies nichtempirische als ursprüngliches Selbstbewußtsein eines Subjekts könnte doch gerade als sein ursprüngliches Zeit- und Raumbewußtsein selbst bestehen, als Bewußtsein von der Zeit als solcher wie vom Raum als solchem, und mithin gerade nicht von sich als etwas ihnen als »Erscheinung« und »Bekanntem« gegenüber »Unbekanntem«, weil »Ansichseiendem«. Um so näher aber läge dies, als auffälligerweise doch das eine wie das andere, Zeit und Raum als solche einerseits und selbstbewußte Subjektivität als solche anderseits, auch jeweils etwas ursprünglich und prinzipiell Ungegenständliches darstellen.

Dementsprechend hätte Reflexion auf beides nun erst recht in Gang und dann wie folgt zum Ziel zu kommen: Jede Art bloß abgeleiteter, will sagen, sie als ursprünglich Ungegenständliches stets schon zugrunde legender Erkenntnis und Vergegenständlichung von Anderem müßte sie prinzipiell verabschieden, ob nun Geometrie als nichtempirische, oder empirische als äußere Erfahrung. Auch nur so nämlich vermöchte sie ausschließlich ihren eigenen Weg zu gehen, der zu Wesen oder Ursprung selbstbewußter Subjektivität als solcher wie von Zeit und Raum als solchen nur durch jenes Absehen von dem an ihren Stellvertretern jeweils Irreführenden gelangen kann.

35 A XI.
36 A XIV.

§ 15. Das Rätsel Zeit

Was nun die Zeit als solche angeht, der wir uns jetzt zuzuwenden haben, so wird Ihnen nach den letzten Ausführungen nicht mehr unverständlich sein: Trotz seiner grundsätzlichen Gleichsetzung von Zeit und Subjektivität hat Kant sich niemals weiter als im vorigen bereits erörtert auf sie eingelassen. Mindest dem von ihm uns Überlieferten zufolge hat er nie versucht, in einem größeren Zusammenhang auch einmal schriftlich festzuhalten, wohin Reflexion auf Zeit denn eigentlich gerät und worauf alles sie dort stößt, wenn sie von eindimensionaler Linie als der Stellvertreterin für sie als eindimensionale ausgeht, doch auch wieder absieht, insofern sie eben gerade keine Zeit ist, sondern Raum.

Mit dem erst dadurch überhaupt hervortretenden Rätsel Zeit hat Kant es darum nie so weit zu tun bekommen, daß er es dann, ebenso genau wie ernst genommen, hätte lösen können. Deshalb mußte ihm jedoch vor allem auch entgehen, daß dies Rätsel Zeit – von Aristoteles und Augustinus schon in Grundzügen entwickelt und trotzdem noch ungelöst bis heute fortbestehend – durch die Strenge der Methode dieser Art von Reflexion darauf auch erst den Gipfel seiner Rätselhaftigkeit erreicht, sich nämlich überhaupt erst soweit zuspitzt, daß es gleichsam selbst zum Wegweiser für seine Lösung wird.

Ja Sie werden finden, daß nach dem berühmten Wort von Augustinus diese Rätselhaftigkeit der Zeit durch Reflexion auf sie erst eigentlich hervorgerufen wird. Denn allererst die Frage »Was ist also Zeit?« als solche selbst, so ist ihm offenbar als erstem aufgegangen, scheint in diesem Fall die Schwierigkeit herbeizuführen, nämlich in dem Sinne: »Wenn mich niemand danach fragt, weiß ich es; will ich einem Fragenden es erklären, weiß ich es nicht«.[1] Das uns allen Wohlvertraute dieser Zeit als Nacheinander, so fällt auf, wird durch die Reflexion darauf, das heißt durch den Versuch, sie als dies Wohlvertraute auch noch zu erklären, wie mit einem Schlag zum Unvertrauten, zum Unsagbar-Schwierigen, das dem Versuch seiner Erklärung sich zu widersetzen oder zu entziehen scheint.

Zu diesem schon für Augustinus Auffälligen nämlich hätte Kant, wenn er noch weiter auf sie reflektierend eingegangen wäre, zusätz-

1 Augustinus, *Bekenntnisse*, Buch 11, 14: »Quid est ergo ›tempus‹? Si nemo ex me quaerat, scio; si quaerenti explicare velim, nescio«.

lich auffallen können, daß in dieser Hinsicht zwischen Zeit und Selbstbewußtsein eine schwerlich zufällige Übereinstimmung besteht. Denn wie Sie früher sich bereits verdeutlicht haben[2], sind wir uns als Selbstbewußtsein jeweils gleichfalls das Vertrauteste, weil auch uns Nächste und Bekannteste; doch werden wir uns durch die Reflexion darauf, das heißt, durch den Versuch, als dieses Nächste und Vertrauteste uns auch noch zu erklären, gleichfalls wie mit einem Schlag zum Unbeschreiblich-Schwierigsten, weil Unvertrautesten und Fernsten, als das wir auch dem Versuch der Selbsterklärung uns zu widersetzen oder zu entziehen scheinen.

Gleichauffällig aber gilt dies auch in beiden Fällen, wie Sie ebenfalls schon wissen[3], letztlich nur für die Versuche, solche Reflexion auf sie durch eine Art Vergegenständlichung von ihnen durchzuführen, die allein dem Namen nach als »Reflexion«, in Wirklichkeit jedoch unreflektiert erfolgt. So hatte als verfehlt in diesem Sinn bereits jener Versuch zu gelten, solches Selbstbewußtsein des Subjekts, das bei empirischer Vergegenständlichung empirischer Objekte, die für es dabei im Vordergrund stehen, selbst als nichtempirisches im Hintergrund bleibt, hier als solches sozusagen plump zu überrumpeln, um dies Selbstbewußtsein als Subjekt desgleichen noch vergegenständlicht wie ein Objekt in den Vordergrund zu stellen: ein Überrumpelungsversuch von solcher Plumpheit, daß ein selbstbewußtes Subjekt sich ihm zwangsläufig entziehen muß. Selbst wenn Sie wie »Es regnet« auch »Ich denke ›Es regnet‹« behaupten, um zu versuchen, nicht allein das durch »Es regnet« gegenständliche Ereignis in der Außenwelt, sondern auch sich als den »Es regnet« Denkenden oder als die »Es regnet« Denkende noch zu vergegenständlichen, – Sie stehen dabei als dies Nichtempirische von Denken oder Selbstbewußtsein auch im zweiten Fall genauso prinzipiell im Hintergrund wie schon im ersten, weil Sie dieser Art unreflektierter Selbstvergegenständlichung sich gleichfalls prinzipiell entziehen und damit entgehen. Worin dies Nichtempirische von Denken oder Selbstbewußtsein eigentlich besteht, ist jedenfalls auf diese Weise niemals zu ermitteln. Und genau Entsprechendes gilt eben auffälligerweise, wie gesagt, auch für die Zeit.

In beiden Fällen kommt es statt auf einen solchen Überrumpe-

2 Vgl. oben § 5, S. 74ff.
3 Vgl. a. a. O.

lungs-, das heißt Vergegenständlichungsversuch auf Reflexion an, nämlich darauf, beides jeweils dort gerade aufzusuchen, wo es als das uns Vertrauteste, Bekannteste und Nächste vielmehr als für solche Art Vergegenständlichung auch prinzipiell Ungegenständliche besteht: das Selbstbewußtsein dort, wo es vielmehr in allen solchen Fällen wie »Es regnet« selbst schon mit dem dadurch jeweils Gegenständlichen als selber prinzipiell Ungegenständliches bloß miteinhergeht; und die Zeit dort, wo sie als desgleichen prinzipiell Ungegenständliche mit Gegenständlichem wie Linie bloß miteinhergeht. Demnach wäre uns auch angezeigt, durch Reflexion auf Zeit als solche schließlich so zu stoßen, daß wir Schritt für Schritt die Möglichkeiten durchgehen, die zu ihrer Stellvertretung diese Linie nur scheinbar bietet, um am Ende die herauszufinden, die in einem letzten Schritt den Übergang der Reflexion von Linie auf Zeit ermöglicht und zudem geeignet ist, ihren Zusammenhang mit Selbstbewußtsein aufzudecken.

Das zu einer angemessenen Durchführung der Reflexion auf Zeit, wie wir sie nun in Angriff nehmen wollen, geforderte Verfahren, nämlich von der Linie als Stellvertreterin für sie zwar auszugehen, doch auch wieder abzusehen, könnte Ihnen gleich in mehr als einer Hinsicht mißverständlich sein. Wenn Kant zum Beispiel an der schon zitierten Stelle sagt, man müsse bei der Vorstellung von Linie als Stellvertreterin für Zeit in Rechnung stellen, »daß die Teile der ersteren zugleich, die der letzteren aber jederzeit nacheinander sind«, so könnten Sie das nämlich so verstehen, als käme es dabei darauf an, die Linie selber als ein Nacheinander vorzustellen, um mit Hilfe dessen Zeit als Nacheinander auffassen zu können. Um so näher läge dies, als es ja ohne Zweifel möglich ist, sich eine Linie in Bewegung vorzustellen, sie gewissermaßen als Vorüberziehende im Blick zu haben: wie im Kino beispielsweise auch der Film als Zelluloidband sozusagen vor dem ›Auge‹ des Projektors abläuft.

Nur werden Sie, sofern Sie diese Überlegung Kants bis hierhin weiterdenken, auch leicht sehen, daß sie so auf keinen Fall gemeint sein kann. Das Ablaufen von Zeit als Nacheinander kann nicht so etwas wie dieses Ablaufen des Films als Zelluloidband sein. In prinzipiellem Gegensatz zu diesem bildet sie ein Nacheinander nämlich keineswegs in dem Sinn, daß sie nach und nach bloß auf- und wieder abträte, dabei im ganzen aber immer, nämlich vorher schon vorhanden wäre und auch nachher noch vorhanden bliebe. Was Ihnen dieses Mißverständnis nahelegen kann, ist, daß Sie diese Linie dabei unvermeidlich erst einmal als gegenständliche heranziehen, wie etwa in der Geometrie, oder sogar auch noch als dingliche, sofern sie Ihnen als gezeichnete vor Augen steht.

Zu dieser Art von Mißverständnis gibt Ihnen Kant selber Anlaß, an der Stelle nämlich, wo er näher zu erläutern sucht, wie er die Linie als Stellvertreterin für Zeit verstanden wissen möchte: Nicht einfach von »einer Linie« nämlich, sondern »einer Linie, sofern wir sie ziehen«, hätten wir auszugehen, weil wir Zeit als solche »uns nicht anders vorstellig machen können«[4]. Denn im Prinzip ist das genauso mißverständlich und auch irreführend wie das Vorige. Zwar legt er dabei keine Linie zugrunde, welche schon, *bevor* »wir sie ziehen«, bestünde: so als erfolge dieses »Ziehen« nur als »Nachfahren« der Linie als einer schon gezeichneten, was im Prinzip gleich dem Vorüberziehen jenes Zelluloidbands vor dem ›Auge‹ des Projektors wäre, nur aus umgekehrter Sicht. Wohl aber läßt Kant dabei ohne jede Reflexion, daß diese Linie fortlaufend, *nachdem* »wir sie ziehen«, als etwas bestehen bleibt, als das sie wie im vorigen der Zeit unangemessen ist, so daß der eigentliche Sinn der Stellvertretung für sie weiterhin der Klärung harrt.

Was mit jenem Reflexionsverfahren eigentlich gemeint sein muß, ist somit in der Tat, wie oben schon bemerkt, daß Sie von dieser Linie als ganzer abzusehen haben, einerlei ob nun als dinglich-materieller oder auch nur geometrisch-gegenständlicher, weil sie als Räumliche in jedem Falle ein Zugleich ist und kein Nacheinander. Nur kann mit dem Absehen von ihr als ganzer keinesfalls gemeint sein, sie so restlos wieder aufzugeben, daß an Stelle dieser Linie einfach nichts mehr übrig bliebe. Schließlich ist nur deshalb, weil sie kein Zugleich, sondern ein Nacheinander ist, auch Zeit nicht sogleich nichts, sondern durchaus noch etwas. Von der Linie als ganzer abzusehen, kann infolgedessen nur bedeuten, sie allein als dies Zugleich zurückzunehmen, was dann aber heißen müßte, sie auf einen bloßen Punkt zurückzuführen: als erfolge nach Kants Beispiel jenes »Ziehen« so, daß dadurch gar nicht eine Linie als Zugleich erzeugt, sondern ein bloßer Punkt bewegt wird, den Sie sich etwa vertreten durch die Spitze eines Schreibzeugs denken können. Freilich reicht auch dies schon aus, daß Sie auf einmal vor der Frage stehen, wie Sie jene

4 B 156.

Linie dann überhaupt als Stellvertreterin für Zeit als Nacheinander noch heranzuziehen vermöchten, oder umgekehrt, wie dann die Zeit als solche überhaupt noch ein Kontinuum sein könnte.

Daß es kein Zufall ist, wenn statt der Linie als der kontinuierlichen auf solche Weise plötzlich der diskrete Punkt die Stellvertretung für die Zeit zu übernehmen scheint, wird Ihnen deutlich, wenn Sie sich vor Augen führen, daß bereits die einfachste und anfänglichste Reflexion auf Zeit als solche deren angebliche reine Kontinuität von Grund auf fragwürdig erscheinen läßt. Sie steht am Anfang jener ersten eindrucksvollen Auseinandersetzung mit dem Rätsel Zeit, die Aristoteles im 4. Buch seiner *Physik* führt, und im Mittelpunkt des 11. Buches der *Bekenntnisse* von Augustinus, Auseinandersetzungen, die maßgebend bis heute sind, weil sie dies Rätsel seinem vollen Umfang nach entfalten, in dem es bis heute ungelöst geblieben ist.

So setzt Aristoteles zum Beispiel mit der Überlegung ein, ob Zeit als solche überhaupt als etwas Wirkliches zu gelten habe, womit er an die bekannten »Zeit-Paradoxien« anknüpft, worin Zenon[5] mutmaßlich als erster dieses Rätsel Zeit entdeckt hat. Denn in welchem Sinne könnte etwas wirklich sein, so Aristoteles, von dem nicht mindestens einige Teile wirklich seien? Von der Zeit als Nacheinander aber seien alle Teile entweder noch nicht (wie die der Zukunft) oder nicht mehr wirklich (wie die der Vergangenheit). Von ihr wirklich sei demnach vielmehr allein die jeweilige Gegenwart, die aber als der jeweilige bloße Jetztpunkt zwischen Zukunft und Vergangenheit wiederum nicht als Teil von ihr auftrete.

Da die Zeit indessen ohne Zweifel wirklich ist, muß dadurch wie mit einem Schlag in Frage stehen, als was sie wirklich ist. Zum Rätsel wird die Zeit für Aristoteles wie auch für Augustinus[6] und bis heute mithin gerade dadurch, daß sie unter allererster Reflexion bereits als eben das Kontinuum, als das sie selbstverständlich schien, sich in Diskretheit aufzulösen scheint, nämlich in die von jeweiligem Jetztpunkt, der indessen weder als ein einzelner noch auch mit anderen zusammen Zeit ausmachen kann. Denn spätestens seit Aristoteles herrscht Einigkeit darüber, daß genausowenig wie die Linie als Zu-

5 Vgl. Aristoteles, *Physik*, 239 b 30ff.

6 Für ihn sogar verstärkt noch dadurch, daß er fragt, was wir bei unserer Zeitmessung dann eigentlich noch messen, wenn sie sich in unmeßbaren Punkt auflöse. Vgl. a. a. O., Buch 11: 15f., 21, 23, 25ff.

sammensetzung von diskreten Punkten auch die Zeit nicht als bestehend aus Zeitpunkten aufzufassen sei[7].

Und doch führt solche Reflexion auf Zeit als Kontinuität sie immer wieder unausweichlich auf den jeweiligen Jetztpunkt und mithin auf Diskretion zurück, wovon Sie sich auch stets von neuem selber überzeugen können. Und genau in diesem Sinne hatten Sie im vorigen bereits die Linie auf den Punkt zurückzuführen. Denn bloß er scheint als ein Stellvertreter für die Zeit noch in Betracht zu kommen, weil nach jener Reflexion auf sie von jener Linie als angeblicher Stellvertreterin für diese Zeit bloß dieser Punkt noch übrig bleibt. Nur ist inzwischen auch bezüglich seiner noch von Grund auf fragwürdig, in welchem Sinn denn eigentlich der Punkt die Stellvertretung für die Zeit als jeweiligen Jetztpunkt übernehmen könnte, und das heißt, wie Sie ihn vorzustellen hätten, um in ihm den Stellvertreter für den jeweiligen Jetztpunkt als den Rest von Zeit gewissermaßen zu gewinnen.

Wie sehr dies in der Tat für ihn desgleichen mittlerweile fraglich ist, verdeutlichen Sie sich am besten an dem Sinn, der sich zuletzt aus jenem Beispiel Kants vom »Ziehen« eines Punktes anstatt einer Linie ergeben hat. Er könnte Ihnen nämlich leicht die Meinung nahelegen: Geradezu den idealen Stellvertreter für die Zeit, nämlich für sie als jeweiligen Jetztpunkt, bilde jener Punkt, sofern Sie ihn, vertreten durch die Spitze eines Schreibgeräts, nur immer als bewegten, nämlich »ziehenden« sich vorstellen. Und das könnte Ihnen um so näher liegen, als Sie dabei vielleicht meinen, danach ließe sich auch wieder jene Linie mit einbringen, weil nunmehr mit dem haltbar-neuen Sinn verbinden, daß sie jetzt ja nicht mehr selber das Bewegte darstellt, sondern lediglich den Weg noch der Bewegung eines andern, dieses Punktes.

Doch werden Sie sich leicht verständlich machen können, daß der Punkt auch nicht in diesem Sinn als Stellvertreter für die Zeit in Frage kommen kann, ob nun mit oder ohne Hilfe dieser Linie vorgestellt. Auch dann, wenn Sie ihn geometrisch streng als idealen, und das heißt unausgedehnten denken, ist er nämlich in Bewegung oder Nacheinander nur als selbiger begriffen. Damit aber stellen Sie ihn zwar nicht *als*, jedoch *wie* jene Linie, nämlich ebenfalls als etwas vor,

7 Vgl. *Physik*, 218 a 6–20, 241 a 2ff.

das *wie* ein Zelluloidband vor dem ›Auge‹ des Projektors als ein Selbiges vorüberzieht und damit, wenngleich nur als Punkt, vor ihm doch als ein Etwas auf- und abtritt, das vorhanden auch vor seinem Auftreten schon war und auch nach seinem Abtreten noch bleibt. Doch kann in diesem Sinn genau wie jene Linie auch dieser Punkt als Stellvertreter für die Zeit auf keinen Fall in Frage kommen.

Denn auch dann, wenn Zeit statt als Kontinuum vielmehr als Diskretion des jeweiligen Jetztpunkts gelten müßte, wie es jene anfängliche Reflexion auf sie schon zu ergeben scheint, vermöchte sie doch prinzipiell nicht derart aufzutreten, daß ein solcher Punkt als selbiger durchwegs vorhanden wäre, um aus Zukunft jeweils nur heraus- zu Gegenwart hervor- und in Vergangenheit zurückzutreten. Daß Sie weder ihre Zukunft noch Vergangenheit als Wirklichkeit von Zeit verstehen können, bleibt nämlich in Geltung, ob sie Ihnen nun als Kontinuität gilt oder nur als Diskretion, als Punkt. Denn wirklich kann sie danach nur als jeweilige Gegenwart und damit, wie es scheint, nur als der jeweilige Jetztpunkt sein, als der sie dann jedoch auch prinzipiell nicht in der Weise jenes Punktes als des zwar bewegten, aber durchwegs selbigen und wirklichen auftreten kann.

Damit aber scheinen alle Möglichkeiten für Sie schon erschöpft zu sein, die Linie selber oder auch nur einen Punkt von ihr, ob nun als unbewegt oder bewegt heranzuziehen, um an Hand von ihnen stellvertretend Zeit als solche vorzustellen. Vielmehr wird es damit für Sie offenbar erforderlich, auf diese Zeit in einer Art zu reflektieren, deren Stellvertretung Linie oder Punkt anscheinend überhaupt nicht länger übernehmen können, jedenfalls nicht in dem Sinn, in dem wir sie bisher herangezogen haben, während ein von ihm verschiedener, in dem sie dies vermöchten, vorerst nicht in Sicht ist. Denn nach allem, was Sie sich schon deutlich machen konnten, hätten Sie auf Zeit nunmehr in einem Sinn zu reflektieren, der sie aus der Perspektive dieser Linie oder dieses Punktes als ein schlechterdings Unmögliches erscheinen läßt.

Für Sie wichtig ist es nämlich, daß Sie sich dabei von Anbeginn vor Augen führen: Dieses eigentliche Rätsel Zeit gelangt bereits bei Aristoteles nur deshalb nicht zu seiner Vollentfaltung, weil er sich genau wie später Kant niemals in vollem Umfang klar macht, daß in jenem Sinn, in dem wir sie bisher verwendet haben, Linie oder Punkt zu einer Stellvertretung für die Zeit sich prinzipiell nicht eignen können. So meint Aristoteles sogar im Gegenteil, was Zeit als jeweiliger

Jetztpunkt sei, das werde an ihm selbst »indessen nicht so deutlich wie an dem *beständig bleibenden* Linienpunkt«[8], worin das Verfehlte seiner Orientierung daran als der Mangel zureichender Reflexion darauf zum Ausdruck kommt.

In Wahrheit nämlich gilt genau das Umgekehrte: Was die Zeit als jeweiliger Jetztpunkt ist, wird durch den Linienpunkt nicht nur nicht eigentlich verdeutlicht, sondern wird von ihm sogar in höchstem Maß verundeutlicht, ja geradezu verdeckt. Denn was zunächst den Punkt als bloße Grenze anbetrifft, darüber ist sich Aristoteles im klaren, bildet er gerade weder Linie noch Zeit und bleibt deswegen beidem gegenüber auch indifferent[9]. Von ihm im einen Falle überhaupt als *Linien*punkt zu sprechen, heißt sonach vorauszusetzen, daß es eine Linie, deren Punkt er ist, indem er sie in Teile teilt, tatsächlich gibt, daß sie besteht, vorhanden, wirklich ist, und sei es auch nur als der Gegenstand von Geometrie. Und diese Art Voraussetzung ist bei der Linie auch erfüllt, da sie als räumliches Zugleich besteht und damit in der Tat auch eingeteilt als Ganzes ihrer Teile noch bestehen bleibt.

Im Fall der Zeit jedoch, so sollten Sie sich deutlich machen, ist solche Voraussetzung gerade nicht erfüllt, und zwar am allerwenigsten nach dem Ergebnis jener Reflexion auf sie, mit welcher Aristoteles beginnt. Denn danach bleibt als Wirklichkeit von Zeit nur jeweilige Gegenwart als jeweiliger Jetztpunkt übrig, der als bloße Grenze zwischen Zukunft und Vergangenheit jedoch genausowenig Zeit ist wie im vorigen der Punkt als bloße Grenze etwa Linie. Damit aber hat sich nicht nur Zeit*kontinuum* in bloßen Zeit*punkt* aufgelöst, sondern allem Anschein nach die Zeit als solche. Jedenfalls kann Ihnen dieser jeweilige Jetztpunkt prinzipiell nicht in dem Sinn als *Zeit*punkt gelten, in dem ihnen jener Punkt im vorigen als *Linien*punkt galt. Während nämlich jene Linie, die er teilt, vorhanden oder wirklich ist und Ihnen damit zur Verfügung steht, um durch Bezugnahme auf sie den Punkt als *Linien*punkt zu kennzeichnen, ist das bei dieser Zeit, die dieser jeweilige Jetztpunkt in Vergangenheit und Zukunft teilt, gerade nicht der Fall. Als Zukunft oder auch Vergan-

8 *Physik* 222 a 13: *ἀλλὰ τοῦτ᾽ οὐχ ὥσπερ ἐπί τῆς στιγμῆς μενούσης φανερόν.*
9 Vgl. a. a. O., 220 a 18ff. mit 218 a 6–20 und 241 a 2ff.

genheit ist Zeit gerade nicht vorhanden oder wirklich und mithin auch nicht verfügbar, daß Sie durch entsprechende Bezugnahme auf sie auch diesen Punkt als *Zeit*punkt zu verstehen vermöchten.

Soll Ihnen demnach nicht schon unter jener allerersten Reflexion darauf dergleichen wie die Zeit als solche überhaupt entgangen sein, so kann sie Ihnen auch für jede weitere tatsächlich nur als dieser jeweilige Jetztpunkt selbst noch zugänglich sein. Aber ohne jede Art einer Zuhilfenahme von bereits vergangener bzw. noch zukünftiger, die sich danach für Sie verbietet, gleichwohl auf den jeweiligen Jetzt- als Zeitpunkt noch zu reflektieren, scheint Ihnen tatsächlich das Unmögliche abzuverlangen, nämlich ihn gleichwohl zum Gegenstand zumindest einer Reflexion zu machen. Denn auf nichts geringeres läuft das hinaus, als diesen Punkt für sich allein als Nacheinander aufzufassen, weil dies auch die Minimalbedingung dafür bildet, ihn speziell als *Zeit*punkt zu verstehen. Etwas schlechterdings Unmögliches jedoch scheint dies zu sein; denn solch ein Punkt vermag doch solch ein Nacheinander, wie es gleichfalls scheint, nicht etwa in sich oder mit sich selbst zu bilden, weil ja weder früher als noch später als er selbst zu sein, sondern nur als ein anderer.

In jedem dieser Fälle aber scheint die Zeit als etwas Wirkliches sich einfach aufzulösen, nämlich sich als ein Unmögliches, weil nur noch widersprüchlich zu Bezeichnendes herauszustellen. Denn bloß scheinbar bietet Ihnen dieser letzte Fall die Möglichkeit, der Widersprüchlichkeit des ersten zu entgehen, nämlich nur, wenn Sie sich dabei weiterhin an Linie oder Punkt in jenem Sinne orientieren, der für Zeit als solche nicht in Frage kommen kann: Wie Aristoteles dies ständig tut, wenn es für sie die Widerspruchsvermeidung gilt.

Nur allzu nahe nämlich könnte es auch Ihnen liegen, diesen Punkt, mit welchem jener jeweilige Jetztpunkt nur als einem andern solch ein Nacheinander bilden, weil auch nur als einem andern gegenüber früher oder später sein kann, sich als Punkt auf einer Linie vorzustellen, der ein anderer als jener gleichfalls auf ihr vorgestellte jeweilige Jetztpunkt dadurch sei, daß er in irgendeinem Abstand zu ihm stehe. Denn vermögen Sie auch davon abzusehen, daß die Linie ebenso wie ihre Punkte ein Zugleich sind, und stattdessen daran festzuhalten, daß sie für ein Nacheinander stehen sollen, bleiben Sie doch schlechthin unvermögend, dabei etwa auch noch von dem Abstand zwischen diesen Punkten abzusehen, was Sie aber eigentlich vermögen müßten.

Fälschlich stellen Sie auch diese Punkte nämlich, die ja überhaupt nur durch den Abstand zueinander andere und nur durch ihn mithin auch nacheinander sind, durch eben diesen Abstand dabei trotz des Nacheinander unvermeidlich beide als vorhanden, als bestehend oder wirklich vor. Doch können sie das gerade als *Zeit*punkte niemals beide, sondern kann das immer nur einer von beiden sein. Wie klein Sie auch den Abstand wählen mögen, den Sie zwischen ihnen als den andern zueinander vorgestellten Punkten notwendig mitvorzustellen haben, – als der jeweilige Jetztpunkt wirklich kann von ihnen stets nur einer und nicht auch der andere gelten, der vielmehr nur entweder vergangen oder zukünftig und somit nicht mehr oder noch nicht wirklich sein kann. Also kann er Ihnen auch zur Vorstellung von Zeit als Nacheinander letztlich überhaupt nicht zur Verfügung stehen, so daß Zeit auf diese Weise offenbar auch endgültig sich als Unmöglichkeit, weil Widersprüchlichkeit erweist.

Denn danach hätten Sie zu ihrer Vorstellung sich nicht allein auf einen einzigen Punkt zu beschränken und von jedem weiteren sowohl wie eben damit auch von jeder Linie zwischen ihnen abzusehen, womit auch Bewegung dieses einzigen auf einer Linie endgültig als Stellvertreterin für Zeit als solche ausgeschlossen wäre. Sie hätten ihn als diesen einzigen danach auch noch statt so vielmehr grundsätzlich anders in Bewegung vorzustellen, als einen Punkt nämlich, der auf der Stelle sozusagen, wo Sie ihn etwa gezeichnet haben, derart in Bewegung sei, als werde er hier ständig abgelöst, als trete in Gestalt von ihm als selbigem gleichwohl an Stelle von ihm stets ein anderer auf.

Soll jedoch in Ihre Vorstellung davon sich dieser andere nicht abermals in jenem unhaltbaren Sinne des durch einen Abstand zum vorangehenden andern Punktes einschleichen, wodurch sich Zeit jetzt bestenfalls in eine widersinnige Unendlichkeit diskreter Jetztpunkte auflöste, kann dies nur bedeuten: Als den einzigen hätten Sie diesen Punkt auch in so einzigartiger Bewegung vorzustellen, daß durchaus nicht etwa bloß an Stelle von ihm sich ein anderer als er einstellte, sondern daß er selber vielmehr auf der Stelle sozusagen abstandlos und damit als derselbe ständig anderer wird, in einer Weise also, die durch ihre offenbare Widersprüchlichkeit auch die Unmöglichkeit und somit Unwirklichkeit dieser Zeit anscheinend offenkundig werden läßt.

Als diese Widersprüchlichkeit tritt jedenfalls mit letzter Klarheit die bis heute ungelöste Rätselhaftigkeit der Zeit hervor, die offenbar als erster Zenon aufgedeckt und die auch Aristoteles nicht, wie man sich zu überreden pflegt, gelöst hat[10]. Wie Sie bei genauerer Betrachtung finden werden, übersieht man dabei nämlich: Diese Widersprüchlichkeit, auf die auch Aristoteles mit seinen Reflexionen mehrfach stößt, vermag er von der Zeit nur scheinbar fernzuhalten, nämlich nur, indem er dabei immer wieder unzulässigen Gebrauch von Punkt und Linie in jenem für die Zeit nicht zutreffenden Sinne macht.

So wird auch ihm zum Beispiel klar, daß jener Jetztpunkt, der allein die Wirklichkeit von Zeit zu bilden scheine, jeweils ebenso als selbiger wie anderer auftrete[11]. Trotzdem laufe dies auf keine Widersprüchlichkeit hinaus, weil es in je verschiedener Hinsicht gelte: Nur sofern der jeweilige Jetztpunkt die Zeit teile, sei er stets ein anderer, und nur sofern er sie ineinem damit auch verbinde, nämlich zwischen diesen ihren Teilen als Vergangenheit und Zukunft auch Zusammenhang herstelle, sei er stets derselbe, – ganz wie bei den mathematischen, sprich, bei den geometrischen Linien, so fügt er eigens noch hinzu[12].

Doch selbst dann, wenn es für Linie Geltung haben sollte, träfe dies mit Sicherheit nicht auch für Zeit zu. Denn im Gegensatz zu Linie ist sie weder als Vergangenheit noch Zukunft noch gar als ein Ganzes davon etwas Wirkliches und kann mithin auch weder für die Hinsicht der *Verbindung von* noch die der *Teilung in* Vergangenheit und Zukunft zur Verfügung stehen. Mag für einen *Linien*punkt zutreffen, daß er diese Linie sowohl teilt wie ihre Teile auch verbindet, so gilt für den *Zeit*punkt vielmehr, daß er weder etwas teilen noch verbinden kann, weil es für ihn von vornherein gar nichts zu teilen oder zu verbinden gibt. Und um so weniger, als diese auch durch ihn angeblich ebenso geteilte wie verbundene Zeit, wenn überhaupt, dann vielmehr umgekehrt gerade immer wieder allererst als solch ein jeweiliger Jetztpunkt selber wirklich werden kann, als welcher sie von ihrer Widersprüchlichkeit mithin auf solche Art zumindest niemals zu befreien ist.

10 Bedenken äußert jedenfalls auch C. F. von Weizsäcker, vgl. *Die Einheit der Natur,* München 1971, S. 434.
11 Vgl. z. B. *Physik,* 218 a 8 ff., 219 b 12 ff.
12 A. a. O., 222 a 10–16.

Mit ihr bekommt es Aristoteles denn auch noch unter einem anderen Aspekt zu tun, den Sie beachten sollten, weil hier Aristoteles selbst nicht umhin kann, sie ausdrücklich Widersprüchlichkeit zu nennen. Daß die Zeit als Jetztpunkt jeweils ebenso ein Selbiges wie Anderes ist, stellt sich ihm auch so dar, daß die Zeit im Jetztpunkt jeweils ebenso beginne wie auch ende[13], was jedoch nicht dazu führen dürfe, diesen Jetztpunkt etwa als zwei Punkte aufzufassen[14], deren einer End- und deren anderer Anfangspunkt von Zeit sein würde. Denn dann hätte auch der Abstand zwischen ihnen einen Stillstand dieser Zeit zur Folge[15] und mit ihm all die absurden Konsequenzen, die als Zenons Zeitparadoxien bekannt sind. Nur als einer und mithin auch selbiger kann dieser Jetztpunkt also jeweils sowohl Anfang wie auch Ende sein von Zeit, die in ihm jeweils ebenso beginnt wie aufhört. Nur daß er dies beides, Anfang sowie Ende, jeweils nicht etwa von einer und derselben Zeit sei, sondern Ende der vergangenen und Anfang der zukünftigen. Denn wäre er dies von derselben Zeit, so wäre er ein Widerspruch in sich[16], den Aristoteles hier fast wortwörtlich so wie auch im »Satz vom Widerspruch« seiner *Metaphysik* umschreibt[17].

Eben dieser Widerspruch in sich ist Zeit als jeweiliger Jetztpunkt aber in der Tat und unvermeidlich, weil sie überhaupt nur als der jeweilige Jetztpunkt wirklich wird, der somit auch tatsächlich immer wieder Anfang sowie Ende dieser selben Zeit ist. Denn auch hier wieder vermeidet Aristoteles die Widersprüchlichkeit von Zeit als jeweiligem Jetztpunkt nur zum Schein, nur durch Inanspruchnahme dieser Zeit als Zukunft und Vergangenheit, als die sie ihm jedoch bereits infolge seiner allerersten Reflexion auf sie nicht zur Verfügung stehen kann. Und diesem Schein erliegt er nur, weil er bei seiner Reflexion auf Zeit nie zureichend mitreflektiert: In diesem Sinn, in dem er Punkt und Linie fortwährend für sie heranzieht, können beide prinzipiell nicht als die Stellvertreter für die Zeit in Frage kommen, sondern allenfalls in einem andern. Dieser liegt jedoch so wenig auf der Hand, daß Aristoteles genau wie Kant ihn zu

13 A. a. O., 222 b 3f.
14 A. a. O., 220 a 12, a 18.
15 A. a. O., 220 a 13, a 18.
16 A. a. O., 222 b 5f.
17 Vgl. 1005 b 19–29.

methodisch einwandfreier Handhabung durch Reflexion erst einmal in die Hand bekommen müßte.

Diesbezüglich aber steht man auch bis heute noch mit leeren Händen da und deshalb immer wieder in Versuchung, solche Widersprüchlichkeit der Zeit entweder vorschnell hinzunehmen: als das Merkmal dieser Sache selbst, oder sie genauso vorschnell zu beseitigen: als Merkmal einer ganz bestimmten Fehleinschätzung dieser Zeit von Anbeginn.

Auch wenn Sie sehen, wie Hegel triumphierend geradezu die Zeit als angebliche Widersprüchlichkeit willkommen heißt, als Wasser auf die Mühlen seiner Dialektik nämlich[18], sollten Sie darum im Blick behalten, wofür Hegel einfach blind ist: Mag die Zeit auch noch so schwierig zu begreifen sein, so kann die Schwierigkeit ihres Begriffs doch prinzipiell nicht diejenige seiner Widersprüchlichkeit sein. Denn dies könnte nur bedeuten, daß es dann auch überhaupt nichts zu begreifen gäbe, Zeit als solche nämlich überhaupt nichts Wirkliches darstellte. Schlechthin unverständlich müßte Ihnen nämlich bleiben, warum davon, daß der Gegenstand zu einem widersprüchlichen Begriff nicht existieren könne, ausgerechnet Zeit eine Ausnahme bilden soll. Nur darum vielmehr kann es Ihnen gehen, diese Widersprüchlichkeit als Rätselhaftigkeit der Zeit zu lösen, und zwar soweit, daß ineinem damit auch der Grund für sie noch klar wird.

Auf der andern Seite sollten Sie sie auch nicht unterschätzen, nämlich meinen, sie mit einem Handstreich sozusagen gar nicht eigentlich lösen zu müssen, sondern einfach auflösen zu können, angeblich, weil sie als eine unechte von vornherein schon zu beseitigen sei: Daß bereits auf Grund von allererster Reflexion auf sie die Zeit sich nicht nur als Kontinuum in Diskretion von jeweiligem Jetztpunkt aufzulösen scheine, sondern als die Widersprüchlichkeit desselben auch noch überhaupt in nichts, das liege daran, daß mit eben dieser Reflexion und deswegen von Anbeginn bereits wie folgt ein grundsätzlicher Fehler unterlaufe: Richtig sei zwar, daß allein als jeweilige Gegenwart die Zeit als wirklich gelten könne, falsch dagegen, diese Gegenwart in einem unbegründet-einseitigen Sinn von »jetzt« sogleich als bloßen Jetzt*punkt* aufzufassen. Dies verstoße denn auch schon allein gegen den ursprünglichen Sinn des Ausdrucks

18 »Sie ist der daseiende reine Widerspruch« (*Gesammelte Werke,* Bd. 8, Hamburg 1976, S. 11).

»jetzt«, mit dem wir immer eine, wenn auch noch so kleine, Spanne Zeit bezeichnen, aber niemals einen bloßen Punkt derselben: Im alltäglichsten Normalsinn dieses Wortes heiße »jetzt« je nach Zusammenhang »in dieser Stunde« oder auch »... Minute« oder auch »... Sekunde«, jedenfalls soviel wie »in dieser Zeitspanne«, aber niemals streng »in diesem Zeitpunkt«[19].

Demgegenüber tun Sie gut daran, nicht zu vergessen: Eben das ist spätestens seit Aristoteles schon wohlbekannt[20]. Doch bei allem, was ihm Zeit an Schwierigkeit bereitet und was ihm bei ihrer Lösung letztlich fehlschlägt, kommt ihm nicht einmal von ferne der Gedanke, mittels dessen etwa diese Schwierigkeit als unecht zu entlarven. Dafür nämlich ist er sich zu klar darüber, daß es dabei nicht um das Problem geht, wie wir *etwas* Zeit*liches* empirisch auffassen, erleben und erfahren, kurz: erkennen und vergegenständlichen, sondern was Zeit als solche ist. Wie prinzipiell es zwischen beidem in der Tat zu unterscheiden gilt, zeigt Ihnen denn auch schon jener Befund einer »Präsenzzeit«[21]. Durch geeignete Experimente läßt sich danach sogar messen, für wie lange wir ein Ding oder Ereignis jeweils als »präsent«, will sagen, als »jetzt gegenwärtig« auffassen, obwohl es seiner Zeit nach schon vergangen ist, was ohne deren Gegenwart als Zeitpunkt zwischen Zukunft und Vergangenheit sich überhaupt nicht messen ließe.

Mit Aristoteles an dieser Gegenwart der Zeit als jeweiligem Jetztpunkt festzuhalten aber ist auch noch aus einem andern Grunde wichtig. Denn von Anbeginn und bis zum Ende seiner Reflexion auf Zeit spricht er von ihr sowohl als *bloßem* Nacheinander wie auch als in Zukunft, Gegenwart, Vergangenheit *gegliedertem,* wozwischen wir jedoch aus Gründen, die sich noch ergeben werden, gleichfalls unterscheiden müssen. Daß nämlich Aristoteles hingegen beides noch ineinem abhandelt, erweckt sehr leicht den Eindruck, daß er sich an Linie oder Punkt auf jene kritisierte Art vielmehr nur deshalb

19 In dieser Hinsicht von Philosophie als angeblicher bloßer Sprachkritik im Sinne Wittgensteins muß mancher Philosoph zu seiner Schande jetzt von einem Physiker sich sagen lassen: »Was für ein Niedergang für die große philosophische Tradition von Aristoteles bis Kant!« (St. W. Hawking, *Eine kurze Geschichte der Zeit,* Hamburg 1988, S. 217).

20 Vgl. *Physik,* 222 a 20f.

21 W. Stern, *Psychische Präsenzzeit,* in: *Zeitschrift f. Psychologie und Physiologie der Sinnesorgane,* 13, 1897, S. 325ff.

orientiert, weil er Vergangenheit und Zukunft dabei keineswegs im strengen Sinn als unwirklich betrachtet, sondern als mit Gegenwart stets *noch* bzw. *schon* mitgegenwärtig und sonach mitwirklich, nämlich insoweit dabei auch *schon* vorweggenommen und *noch* nachgehalten. Und genau insoweit sei auch seine Orientierung an der Linie und am Punkt berechtigt.

Doch wie Gegenwart als Spanne spielen auch Vergangenheit als nachgehaltene und Zukunft als vorweggenommene für jene Reflexion auf Zeit bei Aristoteles nicht die geringste Rolle, weil auch beides letztere nur Zeit*erleben* oder Zeit*erfahrung* als empirische Vergegenständlichung von Zeit*lichem* betrifft und nicht die Zeit als solche. Deren Rätselhaftigkeit als Widersprüchlichkeit bleibt gänzlich unabhängig davon denn auch voll bestehen: insbesondere all den nicht enden wollenden, jedoch auch dadurch nicht mehr überzeugen könnenden Versuchen gegenüber, ihr mit Hilfe der bekannten Lehre von der »Retention« vergangener und »Protention« zukünftiger Zeit beizukommen oder auch nur mittels der von Zeit als angeblich von vornherein bereits »ekstatischer«, das heißt, ursprünglich schon in Zukunft, Gegenwart, Vergangenheit gegliederter. Denn daß Versuche dieser Art bis heute unverständlich, weil auch unbegründet bleiben, ist kein Zufall, da sie für die Aufklärung von Wesen sowie Ursprung dieser Zeit als solcher gar nicht zuständig sein können: Als ein Nacheinander nämlich muß es diese Zeit als solche grundsätzlich erst einmal geben, wenn verständlich werden soll, daß es sie auch als ein in Zukunft, Gegenwart, Vergangenheit gegliedertes noch geben müsse und als solches auch in irgendeiner Weise noch erlebtes Nacheinander.

Nur liegt eben, wie Sie sehen werden, der Systemort, wo sich die Notwendigkeit auch dafür noch begründen und mithin verstehen lassen wird, von dem, wo Zeit als solche ihrem Wesen nach entspringt, weit ab. Entsprechend sind an dieser ihrer Ursprungsstelle im System auch alle jene Lehren fehl am Platz und allenfalls geeignet, dieses eigentliche Rätsel Zeit zu überspringen statt zu lösen[22].

22 Gerade weil es sich dabei um ebenso verschiedene wie in Gestalt der Zeit zusammenhängende Strukturen handelt, kommt es darauf an, daß Sie zunächst einmal sie auseinanderhalten, um zwecks Herleitung von ihnen abzuwarten, wo es systematisch wirklich zwingend wird, daß Nacheinander Zeit in Zukunft, Gegenwart, Vergangenheit sich gliedert. Nur weil sie dies unterlassen, scheitern beispielsweise Bergson, Husserl, Heidegger und Sartre an

Deshalb ist es wichtig für Sie zu beachten, daß auch dort, wo Aristoteles von Zeit nicht als in Zukunft, Gegenwart, Vergangenheit *gegliedertem,* sondern als *bloßem* Nacheinander spricht, die schon im vorigen genannte Schwierigkeit für ihn entsteht. Im Hinblick darauf, nämlich auf die Zeit als bloßes Nacheinander aber tritt sie dann sogar als derart prinzipielle auf, daß Ihnen ebenso begreiflich wird, wenn Aristoteles zu ihrer Lösung nicht nur jenen unzulässigen Gebrauch von Linienpunkt macht, sondern auch noch einen davon unabhängigen, ja damit unvereinbaren Versuch, der fast schon als Verzweiflungstat zu gelten hat. Er läuft darauf hinaus, den Linienpunkt als Stellvertreter für die Zeit auch wieder aufzugeben, doch in einem Sinn, der sich genausowenig halten läßt wie derjenige seiner Stellvertretung für sie. Eben damit aber spitzt das Rätsel Zeit sich schließlich so weit zu, daß es tatsächlich selbst den Weg zum eigentlichen Sinn weist, in dem Punkt und Linie Stellvertreter für die Zeit als solche sind, und damit schließlich auch den Weg zu seiner eigenen Lösung.

Beachtenswert ist dies für Sie nämlich insoweit, als bei *bloßem* Nacheinander anders als in Zukunft, Gegenwart, Vergangenheit *gegliedertem* sich die im vorigen genannte Schwierigkeit gerade nicht zu stellen scheint. Von Zeit als diesem bloßen Nacheinander auszugehen, scheint vielmehr im Gegenteil die Möglichkeit zu bieten, sie als das Kontinuum, als das sie uns zunächst einmal vertraut, ja selbstverständlich ist, auch festzuhalten. Denn als solche scheint sie keineswegs wie als in Zukunft, Gegenwart, Vergangenheit gegliederte sich als Kontinuum sogleich in Punkt und damit in Diskretes aufzulösen, weil es in der Zeit als bloßem Nacheinander, sprich, als gegen Zukunft, Gegenwart, Vergangenheit noch ganz Indifferentem so etwas wie Punkt im Sinne dieses Jetztpunkts auch noch nicht zu geben scheint.

Deshalb werden Sie es wohl gleich mir bewundernswürdig finden, wie sich Aristoteles trotzdem verdeutlicht, daß die Zeit auch als ein

der Lösung des Problems der Zeit bereits von vornherein, das heißt, schon daran, daß sie es nicht einmal stellen: Warum denn eigentlich muß Nacheinander Zeit in Zukunft, Gegenwart, Vergangenheit sich gliedern? Und weil Aristoteles wie Kant diese Strukturen wenigstens im Ansatz auseinanderhalten, ist die Anknüpfung bei ihnen aussichtsreicher. Denn *synthetische* und somit a priori *herzuleitende* Notwendigkeit ist es, daß Nacheinander Zeit sich darein gliedern muß. Dagegen ist das Umgekehrte, nämlich daß in Zukunft, Gegenwart, Vergangenheit gegliederte ein Nacheinander bilden muß, bloß *analytische* Notwendigkeit.

bloßes Nacheinander ohne Punkt nicht wirklich und nicht denkbar sein kann, wie er ausdrücklich nochmals zusammenfaßt[23], was er zuvor schon mehrfach klargestellt hat[24]. Wie nämlich vermöchte sie als Nacheinander aufzutreten, und das heißt, jeweils ein »Früher als ...« bzw. »Später als ...« zu bilden, wäre sie nicht jeweils als das Frühere vom Späteren, bzw. umgekehrt, auch abgegrenzt, was jeweils grundsätzlich allein durch einen Punkt gewährleistet sein kann. Um so bewundernswürdiger jedoch ist diese Einsicht, als er sie am Ende gegen seinen eigenen Sprachgebrauch errungen hat, weil die zu ihrer Formulierung ihm als einzige verfügbare Bezeichnung sie geradezu verstellt. Denn auch für diesen Punkt im bloßen Nacheinander als den zwischen bloßem Früher oder Später, der kein Jetztpunkt, weil hier auch vor keinem andern ausgezeichnet ist, vermag er lediglich auf jene griechische Entsprechung unseres »nun« *(νῦν)* zurückzugreifen, einen Ausdruck also, der elementar ist und infolgedessen unaustilgbar diesen Sinn von *»Jetzt*punkt« hat.

Nur werden Sie wohl kaum verkennen, daß auch damit wieder Zeit als ein Kontinuum sich in Diskretes auflöst, ja geradezu zersetzt, da sie auf diese Art, unendlichen Regresses wegen, in entsprechende Unendlichkeit von Punkten umschlägt. Denn auch die durch einen Punkt geschaffenen Teile solcher Zeit vermögen jeweils Nacheinander nur auf Grund von immer neuem Punkt zu bilden. Jener Jetztpunkt nämlich ist als ein vor andern ausgezeichneter und damit jeweils einzelner zum Schein zumindest auch als jeweils einziger noch festzuhalten; dieser Punkt im bloßen Nacheinander als vor andern niemals ausgezeichneter jedoch gerade nicht, der nunmehr offenkundig vielmehr übergeht in zeitzersetzende Unendlichkeit von Punkten, deren jeder abermals dieselbe Problematik aufweist wie im vorigen der Jetztpunkt, womit jene Rätselhaftigkeit als Widersprüchlichkeit der Zeit besiegelt ist.

Vermutlich diese Schwierigkeit des auch in Zeit als bloßem Nacheinander notwendigen Punktes aber ist es, die zu ihrer Lösung Aristoteles einen Gedanken fassen läßt, der Ihnen bei genauerer Betrachtung wohl desgleichen nur noch als ein Ausdruck der Verzweiflung an ihr gelten wird. In keinem Falle sollten Sie den Blick dafür, wie unsinnig er ist, sich etwa davon trüben lassen, daß dieser Ge-

23 *Physik,* 251 b 19f.
24 Vgl. a. a. O., 219 a 22f., 219 b 20–28, 222 a 8–10.

danke durch die Ausleger des Stagiriten offenbar bis heute nicht nur nicht verworfen, sondern geradezu als Lösung schlechthin ausgegeben wird[25]. Denn angesichts von derartiger Schwierigkeit zieht Aristoteles sich wiederholt darauf zurück, es handle sich bei jenem Punkt, der aus der Zeit nicht fernzuhalten sei – und zwar als Jetztpunkt aus der in die Zukunft, Gegenwart, Vergangenheit gegliederten so wenig wie als bloßer Zeitpunkt aus ihr als dem bloßen Nacheinander –, immer wieder lediglich um einen *möglichen,* um Punkt der *Möglichkeit* nach, welcher Zeit auch stets nur *potentiell* oder der *Möglichkeit* nach teile[26].

Und daß dies tatsächlich nur als Rückzug vor ihr, nämlich statt als Lösung jener Schwierigkeit nur als Verzweiflung an ihr gelten kann, wird Ihnen daran deutlich, daß auch Sie mit etwas, das zum einen zwar ein Punkt und eine Teilung sein soll, doch zum andern nur der Möglichkeit nach, schwerlich einen Sinn werden verbinden können. Entweder nämlich liegt ein Punkt und damit eine Teilung vor, dann aber auch als wirklicher bzw. wirkliche[27], oder es liegt beides überhaupt nicht vor: Der bloß mögliche ist jedenfalls kein Punkt und die bloß mögliche auch keine Teilung, einerlei, was sonst darunter zu verstehen sein mag und was Sie gleich mir darunter wohl verstehen werden: So wenig können Ausdrücke wie »möglicher Punkt« und »mögliche Teilung« etwa eine Teilung oder einen Punkt bezeichnen, daß sie umgekehrt vielmehr Umschreibungen gerade für Kontinuum als solches bilden müssen, sei es nun für das der Zeit oder der Linie als ihrer Stellvertreterin. Nichts anderes als deren jeweilige Kontinuität ist Möglichkeit für solchen Punkt und solche Teilung, ohne welche es zur Wirklichkeit von beidem gar nicht kommen könnte.

Daraus erhellt für Sie jedoch sofort: Der Punkt, der aus der Zeit nicht ferngehalten werden kann, ist keineswegs bloß potentieller oder möglicher Punkt, sondern aktualer oder wirklicher, und so auch die durch ihn darin geschaffene Teilung. Daran aber sehen Sie des weiteren, daß Aristoteles mit dieser angeblichen Lösung durch den Punkt als möglichen die eigentliche Schwierigkeit von Zeit als jeweils

25 Hiergegen richten sich vermutlich auch von Weizsäckers Bedenken, vgl. oben S. 349, Anm. 10.

26 Vgl. *Physik,* 222 a 14 *(δυνάμει)*, 222 a 18 *(κατὰ δύναμιν)*.

27 So zumindest für die Linie Aristoteles auch selbst in der *Metaphysik,* vgl. 1039 a 6f.

wirklichem in Wahrheit nicht allein nicht löst, sondern im Grunde nur dogmatisch auf der Kontinuität der Zeit beharrt und damit dem Beharren Zenons auf der Diskretion der Zeit als Punkt, ja als Unendlichkeit von Punkten letztlich nichts entgegensetzen kann: Diese »Voraussetzung« von Zenon, die seine »Paradoxien« herbeiführt, bleibt deswegen, anders als von Aristoteles vermeint[28], auch dadurch jedenfalls unwiderlegt. Denn mit der Zeit als lediglich dogmatisch festgehaltenem Kontinuum hätte die ganze Reflexion auf sie an Hand der Linie als Stellvertreterin für sie von vorne zu beginnen, die auch abermals allein zur Auflösung ihres Kontinuums in Diskretion von Punkten führen könnte und mithin auch nur zu ihrer Rätselhaftigkeit noch weiterer Bekräftigung.

Im ganzen aber dürfte Ihnen damit offenkundig werden: Dieses Rätsel Zeit besteht anscheinend darin, daß sie weder einfach Kontinuität im Gegensatz zu Diskretion ist, noch auch einfach Diskretion im Gegensatz zu Kontinuität, sondern in bisher unbekanntem Sinn beides ineinem, daß jedoch bei Reflexion auf Zeit aus Gründen, die desgleichen erst noch zu ermitteln wären, beide in sich ausschließende Gegensätze auseinanderfallen. Worauf es für Sie ankommt, wäre somit zu versuchen, ob im Fall der Zeit sich Kontinuität und Diskretion nicht doch zusammendenken lassen, und zwar abermals entgegen Hegel ohne jeden Widerspruch und ohne jede durch ihn angeblich in Gang gesetzte Dialektik[29].

Zumal Sie diesbezüglich bei ihm ohnehin nur auf Verwirrung stoßen werden: Auf der einen Seite nämlich rühmt er Aristoteles jene Idee der bloßen Möglichkeit von Punkt und Teilung, wodurch Kontinuität und Diskretion durch ihn dogmatisch gerade einseitig einander ferngehalten werden, als tiefgründige Errungenschaft der Reflexion nach[30]; doch im selben Atemzuge kritisiert er auf der andern Seite eben diese »Trennung« beider voneinander, nur um schließlich ihre »Einheit« wiederum als widersprüchliche heranziehen zu können: »Dies ist die wahrhafte dialektische Betrachtung derselben, sowie das wahrhafte Resultat«[31]

28 Vgl. a. a. O., 239 b 30ff.
29 Vgl. Hegel, *Wissenschaft der Logik,* (hg. Lasson), Bd. 1, Leipzig 1951, S. 191.
30 Vgl. a. a. O., S. 192.
31 A. a. O., S. 191.

Worauf es für Sie ankommt, wäre dem entgegen vielmehr, jenen immer noch nicht aufgefundenen Sinn zu suchen, in dem Linie oder Punkt oder auch Linienpunkt die Stellvertretung für die Zeit als solche übernehmen könnten, und das heißt nunmehr: in welchem Sinn, und nicht in welchem Unsinn etwa, sie als Einheit miteinander sich zusammendenken ließen.

§ 16. Die Zeit als erste Stufe sich verwirklichenden Intendierens

Die Einsicht in den Sinn, in welchem dies tatsächlich ohne Widerspruch und Dialektik möglich, ja sogar notwendig ist, wird Ihnen sich am ehesten ergeben, wenn Sie vorerst das Kontinuum der Zeit beiseite lassen, um sich auf die Linie, und zwar auf die gerade, als Kontinuum des Raumes zu beschränken. Sie brauchen sich nur klar zu machen, daß sie als ein solches überhaupt nicht hinreichend bestimmt ist, um zu sehen, daß gerade als Kontinuum die Linie sich ohne Punkt nicht zureichend bestimmen lassen kann. Denn als Kontinuum ist sie von anderen Kontinua, zum Beispiel dem der Fläche, überhaupt nicht unterschieden, hat sie vielmehr ihren Unterschied und damit ihr Spezifisches gerade darin, daß sie nicht allein Kontinuum, sondern auch ebensosehr Punkt ist, nämlich Punktkontinuum oder Kontinuum von Punkt: So wesentlich gehört der Punkt als Aufbaustück[1] von ihr zur Linie mit hinzu, daß sie allein durch ihn auch überhaupt erst ihre ganz spezielle Art der Ausdehnung besitzt, eben die punktartige Ausdehnung der Linie. Allein auf Grund von diesem Punkt läßt das Kontinuum der Linie sich von dem der Fläche beispielsweise unterscheiden, die in diesem Sinne ebenfalls nicht nur Kontinuum ist, sondern ihrerseits speziell Kontinuum von Linie oder Linienkontinuum, da sie als wesentliches Aufbaustück[2] nun wie-

1 Wohlgemerkt: als Aufbaustück der Linie, will sagen, in die Linie als Kontinuum selbst bruchlos integrierter Punkt, und nicht etwa als aktual-diskreter, als der Punkt in ihr stets erst durch Schnitt in ihr auftreten kann, weil Linie als Kontinuum gerade nicht etwa »Punktmenge« ist. Und diese Punktualität von ihr als Kontinuität meint auch der Geometer, wenn er beispielsweise sagt, die Linie sei »unendlich dünn« (O. Perron, *Nichteuklidische Elementargeometrie der Ebene,* Stuttgart 1962, S. 11).
2 Dafür gilt die letzte Anmerkung entsprechend.

derum die Linie hat und daher auch spezifisch linienartig ausgedehnt ist.

Gleichsam anschaulich vor Augen führen können Sie sich diesen Punkt als wesentliches Aufbaustück der Linie selber als Kontinuum, sofern Sie davon ablassen, sie stets nur einseitig, nämlich nur von der Seite ihrer Ausdehnung zu sehen. Gehen Sie stattdessen dazu über, eine Linie auch einmal unter Drehung nach und nach in solchen Lagen vorzustellen, wo die Seite ihrer Ausgedehntheit nach und nach und schließlich ganz verschwindet, ist ja damit nicht bereits die Linie als solche selbst für Sie verschwunden, sondern Ihnen jetzt auch einmal von der Seite ihrer Unausdehnung in den Blick gekommen. Denn gerade wenn Sie dabei geometrisch-streng von einer idealen Linie ausgehen, stellt sie sich von dieser gegenüber jener prinzipiell verschiedenen Seite gleich-streng wie ein idealer Punkt dar, der von andern solchen Fällen, die tatsächlich Punkte und nicht Linien von dieser Seite sind, auch prinzipiell nicht unterscheidbar ist[3].

Diese Einsicht aber kann Ihnen – auf umgekehrtem Wege sozusagen – sofort weiter zu der für die Linie entscheidenden verhelfen. Sollten Sie Ihr Wissen, daß es bei dem einen dieser Punkte sich um keinen bloßen Punkt, sondern um eine Linie handelt, durch ausschließliche Bezugnahme auf diese Ihnen einzig vorliegenden Punkte formulieren, könnten Sie nämlich nur sagen: Dieser Punkt ist ausgedehnt, die anderen dagegen nicht. Und diese Formulierung wäre auch tatsächlich gleichbedeutend mit der folgenden: Dieser Punkt ist eine Linie, die anderen dagegen keine.

Die für Linie entscheidende ist diese Einsicht aber, weil erst sie Ihnen die einzig zureichende und allein informative Grundbestimmung für sie liefert: Ganz gewiß ist eine Linie ein Fall von Ausdehnung oder von Kontinuität, jedoch der Ausdehnung oder der Kontinuität wovon? Doch nicht von sich. Denn von der Linie zu sagen, sie

3 Nicht allein von Mathematikern und Geometern, sondern selbst von Physikern wird solches Auftreten von Linie als Punkt geradezu als eine Selbstverständlichkeit betrachtet (vgl. z. B. H. Weyl, *Raum, Zeit, Materie,* 6. Aufl., Berlin 1970, S. 173 f.). Und in der Tat: Weil er sie letztlich nur als ideale Stellvertreter für empirische Objekte unserer Außenwelt ansieht, gehört es sozusagen zu des Geometers täglichem Brot, geometrische Gebilde sich auch in Bewegung wie zum Beispiel Drehung und Verschiebung vorzustellen und die Folgen davon zu erwägen. Was dem Geometer recht ist aber muß dem Philosophen billig sein. – Vgl. dazu auch schon Platon, *Parmenides* 137 E 3 f.

sei ausgedehnt oder kontinuierlich, heißt zuletzt nur tautologisch zu behaupten, daß ein Ausgedehntes ausgedehnt sei oder ein Kontinuum kontinuierlich. Statt dieser bloß analytisch-uninformativen Aussage kann vielmehr die entsprechende informativ-synthetische nur lauten: Linie ist Ausdehnung oder Kontinuum von Punkt, wie Fläche dementsprechend Ausdehnung oder Kontinuum von Linie.

Überhaupt nur als des Punktes Ausdehnung oder Kontinuum kann Ihnen diese Linie nämlich auch als »eindimensionale«, das heißt einfach-ausgedehnte, eben punktartig-gestreckte noch verständlich werden. Und sofern Sie mit hinzunehmen, daß Kant zufolge wie der Raum als solcher auch das Räumliche der Linie als etwas stets durch Synthesis erst zu Erzeugendes zu gelten hat, bedeutet dies zuletzt: Allein indem ein Punkt *sich* ausdehnt oder *sich* erstreckt, auf Grund von seiner eigenen Einfachheit mithin sich auch nur *einfach* ausdehnt, *ein*dimensional erstreckt, entspringe eine Linie[4].

Was dies ursprünglich, nämlich für den Ursprung nicht allein von Raum als solchem, sondern auch bereits von Zeit als solcher heißt, wird uns im weiteren noch eingehend beschäftigen, besonders was dabei den Punkt und seinen Grund betrifft, sich nicht nur überhaupt, sondern auch noch in dieser oder anderer Weise selber auszudehnen. Vorerst sollten Sie nur soviel festhalten: Es gibt mithin tatsächlich einen Sinn, in welchem Linie ohne Punkt weder bestehen noch verstanden werden kann, in welchem also beide, und zwar ohne Widerspruch und Dialektik wesentlich und notwendig zusammen nicht allein gehören, sondern auch zu denken sind: Als sich erstreckender oder sich ausdehnender Punkt ist Linie sozusagen Punkt am Stück, Punkt auf der ganzen Linie. In Gestalt von ihr ist jeweils Ausdehnung und Punkt als Unausdehnung oder Einfachheit so bruchlos und auch unlösbar vereinigt, daß Sie diese Linie ebenso als Ausdehnung von Einfachheit wie umgekehrt als Einfachheit von Ausdehnung verstehen können, ja verstehen müssen, ohne daß Sie dabei auch nur die geringste Sinnentstellung oder Sinnverschiebung der dazu gebrauchten Wörter zu besorgen hätten.

4 Dem genau entsprechend werden Sie allein aus diesem Punkt heraus auch die ursprüngliche sowie informativ-synthetische Bestimmung der *geraden* Linie noch geben können: Zu einer *geraden* Linie dehnt ein Punkt sich selbst genau dann aus, wenn er die *Richtung* seiner Ausdehnung auch *beibehält.* Im Zuge unserer Überlegungen zum (eindimensionalen) Raum wird Ihnen das noch klarer werden. Vgl. § 18 und § 21.

Blicken Sie von hier aus aber noch einmal zurück auf Linie und Punkt, wie Aristoteles sie für die Reflexion auf Zeit heranzieht, müßten Sie jetzt sehen: Es handelt sich dabei um ein Verhältnis zwischen ihnen, welches Sie von dem zuletzt erörterten, worin der Punkt bereits das Aufbaustück der Linie selbst als Ausdehnung oder Kontinuum ist, prinzipiell zu unterscheiden haben. Denn im letzteren Verhältnis steht der Punkt zur Ausdehnung oder zur Kontinuität der Linie, da sie ja im Grunde *seine* ist, auch keineswegs im Gegensatz, weil er sie ja mitaufbaut; während er im ersteren Verhältnis zu ihr gegensätzlich sehr wohl ist, weil er sie darin nicht nur nicht mitaufbaut, sondern gerade abbaut, nämlich teilt, was für das letztere Verhältnis zwischen Punkt und Linie eben schlechterdings nicht gelten kann: In prinzipiellem Unterschied zu jenem Linienpunkt bei Aristoteles, der sich jetzt endgültig als Linien*teilungs*punkt erweist, ist dieser Linienpunkt als Aufbaustück der Linie selber prinzipiell kein Linien*teilungs*punkt, weder im Sinne einer potentiellen noch gar aktualen Teilung. Denn ein Punkt als Teilungspunkt von ihr setzt diese Linie, und sei es auch allein in jenem Sinne potentieller Teilung, immer schon voraus, während der Punkt als Aufbaustück von ihr die Linie nicht nur nicht voraussetzt, sondern sie durch seine Selbstausdehnung sogar allererst erzeugt.

Damit aber sind nun wie mit einem Schlage auch die Aussichten für Sie gewachsen, diese Linie als Stellvertreterin für Zeit als solche zu benutzen. Denn was dem bisher im Wege stand, war ja gerade, daß die Linie als Kontinuum sich dabei immer wieder in den Punkt als Diskretion zersetzte, weil ein Punkt in ihr sich, wie es schien, auch immer nur als Teilungspunkt von ihr und damit auch allein als Gegensatz zu ihr verstehen ließ. Doch wie inzwischen aufgewiesen, bildet letztere Alternative zwischen Punkt und Linie als sich ausschließenden Gegensätzen zueinander keineswegs das einzige Verhältnis zwischen ihnen, ja nicht einmal das ursprüngliche. Denn dieser Punkt, der eine Linie teilt, setzt dabei nicht nur diese Linie, sondern mit ihr auch schon jenen andern Punkt als Aufbaustück von ihr voraus, demgegenüber als ursprünglichem er selbst mithin als bloßer Teilungspunkt der Linie bloß abgeleitet ist. Dieser Alternative als bloß abgeleitetem Verhältnis zwischen Punkt und Linie liegt als ihr ursprüngliches vielmehr schon immer jenes andere zugrunde, in dem Linie und Punkt sich nicht nur nicht als Gegensätze ausschließen, sondern in dem sie wesentlich und notwendig sogar zusammengehören: Im Kontinuum der Linie als solchem selbst ist danach jener Punkt so wesentlich und notwendig enthalten, daß er es auch keineswegs wie dieser Teilungspunkt etwa in Diskretion zersetzte, sondern umgekehrt sogar als eben dies spezifische, nämlich als Punktkontinuum der Linie allererst gewährleistet.

Für Sie gewachsen aber sind die Aussichten auf eine Stellvertretung dieser Linie für die Zeit als solche, weil Sie unter dieser neuen Perspektive ihrer prinzipiellen Punktualität auch den Gedanken Kants vom »Ziehen« einer Linie noch in einem neuen Sinn verstehen können, den Kant sicher nicht mehr mit im Auge hatte, der es aber für die Stellvertretung dieser Zeit erst eigentlich geeignet macht. Sofern Sie ihre Punktualität im Blick behalten, brauchen Sie sich nämlich nur noch vorzustellen, was bei solchem »Ziehen« eigentlich für Sie zum Vorschein kommt, wenn Ihnen eine Linie als »gezogene« dabei ausschließlich und genau von dieser Seite ihrer reinen Punktualität begegnet: Abermals natürlich nur ein Punkt, wie Sie soeben sich verdeutlicht haben, doch ein Punkt in einem Sinn, der ihn von dem zuletzt betrachteten, der Anfang oder Ende einer Linie von der Seite ihrer Unausdehnung war, grundsätzlich unterscheidet.

Denn selbst dann, wenn Sie sich diese Linie in Bewegung vorstellen, dahingehend, daß sie von genau der Seite dieses ihres Anfangs oder Endes und mithin tatsächlich einem bloßen Punkt gleich auf Sie zukommt, handelt es sich durchwegs doch um einen und denselben. So indes, als würde dabei eine Linie im ganzen lediglich »gezogen« wie im vorigen das Zelluloidband, ist das »Ziehen« jener Linie sicher nicht gemeint; allein schon deshalb nicht, weil Kant auf diesen Punkt der Linie von der Seite ihrer Unausdehnung oder als ein wesentliches Aufbaustück von ihr dabei in keiner Weise reflektiert. Er meint damit vielmehr das »Ziehen« einer Linie in dem Sinne, daß durch eben dieses »Ziehen« diese Linie allererst erzeugt wird, letztlich also, wenn auch eben nicht mehr reflektiert, jenes Sichausdehnen von Punkt zu Linie.

Tritt jedoch in diesem Sinn, in dem sie allererst erzeugt wird, eine Linie als »gezogene« ausschließlich und genau von jener Seite ihrer reinen Punktualität und damit einem Punkt gleich für Sie in Erscheinung, handelt es sich dabei gerade nicht so wie im letzteren Fall durchwegs um denselben Punkt, sondern im Gegenteil vielmehr durchwegs um einen andern. Solch ein durchwegs anderer ist dieser Punkt dabei jedoch durchaus nicht mehr im Sinne jener unlösbaren

Schwierigkeit der Zeit, daß er allein durch einen Abstand zum vorherigen ein anderer sein könnte, so daß Linie, sprich Zeit, als ein Kontinuum auch durchwegs in die Diskretion von solchen Punkten sich zersetzen müßte. Als ein Aufbaustück der Linie selbst ist er dabei vielmehr tatsächlich abstandlos, ununterbrochen und mithin kontinuierlich anderer, und dies auch ohne jeden Anflug eines Widerspruchs oder von Dialektik.

Dies jedoch, so könnte Ihnen scheinen, liege nur daran, daß dieser Punkt genaugenommen gar nicht Punkt sei, sondern eben Linie, von der Sie also auch in diesem Falle wieder abzusehen hätten. Denn wie kurz oder wie lang, nämlich wie weit auch immer sie jeweils »gezogen« sei, genau so weit sei sie dabei Zugleich, nicht Nacheinander. Folglich stehe damit abermals in Frage, ob zu angemessener Stellvertretung dieses letzteren als eigentlicher Zeit nicht wieder eine Auflösung ihres Kontinuums in Diskretion von Punkten nötig werde.

Doch bevor Sie diese letzte Folgerung tatsächlich ziehen, sollten Sie bei der vorangegangenen Voraussetzung für sie, gerade weil sie mit ihr richtig sehen, zu noch weiterer Reflexion auf sie verweilen. Ganz gewiß gilt es für Sie dabei desgleichen, nämlich aus der Perspektive ihrer Punktualität beim »Ziehen« einer Linie ebenfalls von ihr als räumlichem Zugleich auch wieder abzusehen. Nur hat Ihre Lage sich in dieser Hinsicht mittlerweile gleichermaßen grundlegend, und zwar zum Positiven hin verändert. Jene Frage nämlich, was von jener Linie eigentlich noch übrigbleiben könne, wenn von ihr als räumlichem Zugleich doch abgesehen werden müsse, die Kant ohne Antwort läßt, schien allenfalls die eine zuzulassen, daß dies höchstens noch der Punkt sein könnte, der indes all jene Schwierigkeit bereitet. Doch auch ungeachtet dessen bliebe diese Antwort unhaltbar, sofern Sie unter diesem Punkt mit Aristoteles noch einen *Teilungs*punkt der Linie verstehen wollten. Denn als solcher setzt er diese Linie notwendig voraus und muß mithin beim Absehen von ihr als räumlichem Zugleich auch notwendig mit ihr verschwinden, so daß dabei wegen seiner Abhängigkeit von ihr überhaupt nichts übrigbleiben und die Zeit vertreten könnte.

Diese Abhängigkeit aber kehrt sich um, sobald Sie diesen Punkt als jenes Aufbaustück der Linie selbst verstehen, als den Punkt, durch dessen Ausdehnung die Linie allererst erzeugt wird. Dabei nämlich setzt die Linie notwendig den Punkt und nicht etwa der Punkt die Linie voraus, hängt also umgekehrt nicht Punkt von Linie, sondern

Linie von Punkt ab, so daß auch beim Absehen von ihr als räumlichem Zugleich zwar Linie notwendig verschwindet, doch mit ihr durchaus nicht auch der Punkt, der Ihnen dabei vielmehr in der Tat noch übrigbleibt. In diesem Sinn jedoch, in dem Sie ihn dabei zurückbehalten, kann er auch als durchwegs anderer, wie er im vorigen beim »Ziehen« einer Linie von der Seite ihrer Punktualität zum Vorschein kam, von vornherein nicht die Zersetzung dieser Linie als Kontinuum zur Folge haben. Denn auch überhaupt nur als Punkt selber, als sich ausdehnender nämlich, und das heißt, gerade als ein durchwegs anderer Punkt auftretender, tritt dabei das Kontinuum der Linie auf, und zwar auch dann, wenn Sie dabei vom räumlichen Zugleich desselben ab- und nur noch auf sein Nacheinander Zeit hinsehen.

Denn von hier aus ist es für Sie in der Tat nur noch ein Schritt zur Einsicht in den Sinn, in welchem Linie und Punkt ineinem die gesuchte Stellvertretung für die Zeit zu übernehmen in der Lage sind. Sie brauchen dazu nämlich nur noch zu versuchen, sich so anschaulich wie möglich vorzustellen, was es heißen könnte, jenen Punkt als Aufbaustück von ihr, wie er bei jenem »Ziehen« einer Linie nach der einen Seite durchwegs als ein anderer zum Vorschein kommt, als den sich ausdehnenden also festzuhalten und gleichwohl von dem, wozu er sich in dieser Weise ausdehnt, nämlich von der Linie als räumlichem Zugleich auch wieder abzusehen. Denn mag es auf den ersten Blick für Sie auch noch so sehr den Anschein haben, daß zumindest dies jetzt aber endgültig unmöglich, weil nunmehr auch unvermeidlich widerspruchsvoll und mithin tatsächlich unvorstellbar sei, – die Möglichkeit zu einer solchen anschaulichen Vorstellung besteht sehr wohl und interessanterweise, wenn ich richtig sehe, lediglich als eine einzige, die trotz einer gewissen Kompliziertheit ohne Widerspruch und Dialektik ist und somit das Modell für Zeit schlechthin.

Denn dazu brauchen Sie nur weiterhin von jenem Punkt, wie er beim »Ziehen« einer Linie nach der einen Seite durchwegs als ein anderer auftritt, auszugehen und sich zusätzlich noch vorzustellen: Es handle sich dabei um einen solchen Punkt, der durchwegs zwar zur Linie sich ausdehnt, aber durchwegs auch in einem und demselben »Zuge« eben das, was er nach dieser Seite seiner Ausdehnung zu ihr an Linie gewinnt, nach der entgegengesetzten wiederum verliert, – so als sei hier unermüdlich-unmittelbar Linienfraß am Werk. Und mag die anschauliche Vorstellung von einem solchen Punkt auch noch so kompliziert und schwierig sein, sie ist es keinesfalls, weil ihre Schwierigkeit etwa auf ihre Widersprüchlichkeit zurückzuführen wäre, sondern lediglich, weil eben dies die Schwierigkeit der Sache selbst ist, die wir unter der Bezeichnung »Zeit« als etwas Wirkliches nur kennen, weil sie unter keiner Hinsicht irgendeinen Widerspruch enthält.

Eben dies Modell der Zeit, an Hand von dem wir sie nun auch als solche selbst begrifflich noch entfalten können, sollten Sie dabei durchwegs vor Augen haben, oder doch zumindest immer, wenn ihre begriffliche Entfaltung kompliziert und schwierig bis zur Unverständlichkeit zu werden droht, sich abermals vor Augen stellen.

So werden Sie zunächst sich ohne weiteres verständlich machen können: Mittels anschaulicher Vorstellung von solchem Punkt vermögen Sie von Linie als räumlichem Zugleich tatsächlich restlos abzusehen – allerdings nur insofern Sie es vermögen, ihn als einen vorzustellen, der in der Tat *in einem und demselben* Zug durchwegs genau dasjenige, was er nach jener Seite seiner Ausdehnung zu ihr an Linie gewinnt, nach der entgegengesetzten wiederum verliert, so daß es im ganzen dabei zur Erzeugung einer Linie als räumlichem Zugleich von vornherein und durchwegs überhaupt nicht kommt. Um diesen Punkt als solchen vorzustellen, haben Sie mithin auch jede Vorstellung von einem auf *verschiedene* Züge sich *verteilenden* Gewinn an Linie im einen und Verlust an Linie im andern Zug hintanzuhalten, zu vergleichen etwa der bekannten Fortbewegungsart des Wurmes, der nur Zug um Zug den Vorderkörper vor- *und dann* den Hinterkörper nachschiebt. Denn als ein so vorgestellter brächte jener Punkt, wenn auch nur als im andern Zug wieder getilgte, Linie grundsätzlich zustande, hätten Sie von ihr mithin auch nicht grundsätzlich abgesehen.

Halten Sie dagegen streng an einem und demselben Zug seines an Linie Gewinnens und Verlierens fest und sehen gleichstreng von der Linie als räumlichem Zugleich infolgedessen ab[5], so sehen Sie, daß es

5 Daß ich Sie damit keineswegs zu etwas Unvorstellbarem, weil Widersprüchlichem auffordere, ersehen Sie zum Beispiel daraus: Trotz der Selbigkeit des Zuges, worin sie erfolgen sollen, widersprechen sich der Zuwachs und der Wegfall dieser Linie deshalb nicht, weil sie ja keineswegs auf einer und derselben Seite vor sich gehen, sondern gerade auf entgegengesetzten (vgl. dazu unten S. 384f.). Dementsprechend können Sie auch ohne grundsätzliche Schwierigkeit ein Schreibzeug bauen und benutzen, derart, daß un-

auf diese Weise in der Tat bei einem Punkt bleibt; allerdings bei einem, der es wahrlich in sich hat, der aber, was er alles in sich birgt, als nunmehr grundsätzlich ermittelter für Reflexion auch Schritt für Schritt noch zu erkennen gibt. So werden Sie des weiteren sich ohne Schwierigkeit verständlich machen können, daß es sich bei dem so vorgestellten Punkt zwar nach wie vor allein um einen ständig andern handeln kann, daß aber die mit ihm zunächst verbundene Bewegungsart durch dieses strenge Absehen von Linie als Zugleich entfallen muß. Denn als der durchwegs andere, als welcher er vor solchem Absehen beim »Ziehen« einer Linie von der Seite ihrer Punktualität für Sie zum Vorschein kam, war er insofern in Bewegung, als die Linie dabei immer länger wurde, also in Beziehung auf ihr zunehmendes räumliches Zugleich in räumlicher und damit äußerer Bewegung. Doch für eben diese Art der äußeren als räumlichen Bewegung ist durch dieses strenge Absehen von Linie als räumlichem Zugleich auch jede Möglichkeit einer Beziehung darauf weggefallen.

Deshalb kann es sich dabei jetzt prinzipiell nicht mehr um räumliche als äußere Bewegung handeln, sondern in der Tat nur noch um zeitliche als ihr entgegen nur noch innere: Als das Modell für Zeit ist der so vorgestellte Punkt als ständig anderer zugleich auch als Modell für so etwas wie innere Bewegung aufgefunden; und als eben dies Modell erlaubt er nunmehr ohne Widerspruch und Dialektik auch den Sinn von Zeit als eben dieser Art von innerer Bewegung noch begrifflich zu entfalten[6]. Was nämlich im vorigen als Widerspruch

mittelbar im Anschluß beispielsweise an ein Kreidestück ein Schwamm sein Werk vollbringt, indem er .es in einem und demselben Zug von vornherein zur Zeichnung einer Linie gar nicht kommen, sondern immer wieder unmittelbar lediglich die eines Punktes zuläßt.

6 Das können Sie sich vorläufig daran verdeutlichen, daß diese nur noch innere als nur noch zeitliche recht eigentlich Bewegung ist in ihrem ursprünglichen Sinn von schlechterdings nichts anderem als von Bewegung nur als solcher selbst. Denn dieser Sinn, den sie durchaus besitzt, schließt jenen weiteren und anderen noch gänzlich aus, in dem Bewegung dann auch eine meßbare Geschwindigkeit besitzen muß. Die letztere vermag sie nämlich immer erst als die von etwas nicht allein in Zeit, sondern auch noch in Raum zu haben, eben als Bewegung durch den Raum *in* solcher Zeit wie beispielsweise »Stundenkilometern«. Überhaupt erst dadurch kann Bewegung als Geschwindigkeit denn auch noch meßbar werden, und das heißt: allein auf solche Weise, daß Physik dazu rein zeitliche oder rein innere Bewegung selber immer schon voraussetzt, aber niemals definiert. Vgl. dazu unten S. 382ff.

und damit als Unmöglichkeit erschien, erweist vielmehr an ihm sich jetzt als das zwar schwierige, weil komplizierte, doch nicht im geringsten widersprüchliche Wesen der Zeit.

Behalten Sie nur immer klar vor Augen, daß es sich bei dem so vorgestellten Punkt auf keinen Fall um einen Linien*teilungs*punkt, der Linie schon voraussetzt, handelt, sondern um den Punkt, aus welchem Linie allererst hervorgeht, wenn auch nur, um in demselben Zug wieder in Punkt zurückzugehen, müßte Ihnen nunmehr deutlich werden: Ohne jeden Widerspruch ist dieser Punkt ein ständig anderer nicht etwa in dem Sinn, daß nur an Stelle von ihm und deswegen nur in irgendeinem Abstand zu ihm stets ein anderer aufträte, dem er wiche und der ihn ersetzte. Solch ein ständig, aber widerspruchsfrei anderer ist er vielmehr gerade darin, daß er selber auf der Stelle sozusagen (nämlich ohne äußere, allein in innerer Bewegung) als derselbe stets als anderer auftritt, der infolgedessen abstandlos, ununterbrochen und mithin kontinuierlich mit sich selbst, weil aus sich selbst heraus gleichwohl zum ständig andern wird. Sonach besteht in diesem Fall nicht der geringste Grund für Sie zu der Befürchtung, daß etwa auch hier sich dies Kontinuum in Diskretion von Punkt oder unendlich vielen Punkten aufzulösen drohte. Denn zu einem Punkt im Sinne einer Diskretion in ihm und damit einer Teilung des Kontinuums kann es dabei so wenig kommen, daß vielmehr der einzigartige und einmalige Fall hier vorliegt, in dem widerspruchsfrei und im strengsten Sinn Kontinuum selbst Punkt und umgekehrt Punkt selbst Kontinuum ist.

Denn wie Sie gewiß erinnern werden, galt das vorhin keineswegs in dieser höchsten Strenge. In jenem Fall der Linie als räumlichem Zugleich dehnt jener Punkt sich zu einem Kontinuum aus, das als solches selbst durchaus nicht etwa Punkt ist, sondern lediglich punkt*artig*. Doch nach jenem strengen Absehen von Linie als räumlichem Zugleich dehnt dieser Punkt in diesem Fall sich zwar desgleichen zu einem Kontinuum aus, welches aber, wenngleich immer wieder anderer, doch immer wieder bloßer Punkt ist und auch überhaupt nur darin das Kontinuum der Zeit als Nacheinander darstellt. Statt als jeweils selbiger stets irgendwoher kommend und auch irgendwohin gehend einem anderen als gleichfalls irgendwoher kommendem und irgendwohin gehendem diskret zu weichen, kommt und geht er vielmehr auf der Stelle als der selbige gerade so, daß Punkt hier immer wieder ursprünglich entsteht wie auch vergeht und immer wieder neu entsteht und damit ebenso Punkt im Kontinuum ist wie Kontinuum im Punkt und eben darin Ursprung wie auch Wesen jenes Nacheinander Zeit. Bei dieser Linie nämlich als in einem Zuge ständig aus ihm selbst entstehender wie in ihm selbst wieder vergehender bleibt es bei bloßem Punkt gerade in dem Sinn, daß dabei auch nichts anderes als ständiges Entstehen und Vergehen bloßen Punktes selbst im Gange ist und damit das von Zeit als Nacheinander.

Als solches aber läßt sie sich, das sollten Sie beachten, in der Tat weder mit Linie noch mit Punkt in jenem Sinn vergleichen, in dem diese sich als Gegensätze gegenüberstehen, nämlich als Kontinuum und Diskretion einander ausschließen. – Nicht mit jenem Punkt, der als ein aktualer jene Linie teilt, aber nur teilen kann, indem er sie bereits voraussetzt. Denn der Punkt, in dem oder als der Zeit immer wieder allererst entspringt, setzt sie als ein Kontinuum nicht nur nicht schon voraus, sondern als solches vielmehr immer wieder allererst aus sich heraus. – Jedoch auch nicht mit jener Linie, die als aktuale zwar Voraussetzung für ihn, als solche aber keinesfalls wie er auch selber aktualer Punkt oder Unendlichkeit von aktualen Punkten ist. Der aktuale Punkt bei Aristoteles, von dem geteilt angeblich Nacheinander überhaupt erst zu entstehen vermöge, weil es nur bezüglich eines solchen Punktes jeweils auch zu einem Vorher oder Nachher oder einem Früher oder Später kommen könne, ist infolgedessen überflüssig, weil vielmehr gerade umgekehrt als solch ein aktualer Punkt, nämlich aus ihm als ständig anderem heraus ein Nacheinander allererst entspringt. Denn als Kontinuum von Punkt als ständig anderem und eben darin auch als Nacheinander tritt die Zeit sehr wohl als immer wieder aktualer Punkt auf, wie er aktualer sich kaum denken läßt.

Mit Punkt und Linie vergleichbar ist die Zeit für Sie vielmehr allein in jenem Sinn, in dem der Punkt als Aufbaustück der Linie selbst zugrunde liegt, indem er sie als ein Kontinuum von räumlichem Zugleich durch Selbstausdehnung allererst erzeugt. Doch anders als in diesem Fall des Raumes handelt es sich bei Erzeugung von Kontinuum als Nacheinander Zeit eben um Selbstausdehnung eigener Art, bei der es nämlich zum Kontinuum als etwas Anderem zu Punkt noch gar nicht kommt, ja bei Kontinuum als Punkt und umgekehrt vielmehr noch bleibt. In diesem Sinne der Vergleichbarkeit von Raum und Zeit jedoch, in dem sie beide als Kontinua auf Punkt als den, wenngleich auf jeweils andere Art, sich selbst ausdehnenden zurückzuführen sind, setzen sie beide mithin diesen Punkt nicht nur voraus. In eben diesem Sinn muß vielmehr umgekehrt sich dieser Punkt von beiden auch noch unterscheiden lassen, eben weil er sich auf diese beiden grundverschiedenen Arten und deswegen zu zwei grundverschiedenen Kontinua ausdehnen kann. Obwohl die Zeit als das Kontinuum des Nacheinander nichts als, wenngleich immer wieder anderer, aktualer Punkt ist, muß infolgedessen auch in ihrem Fall noch zwischen Punkt als solchem und als sich zu immer wieder anderem ausdehnendem ein Unterschied bestehen: denn Punkt als solcher kann sich nicht allein zum Nacheinander dieser Zeit als immer neuem *Punkt* ausdehnen, sondern auch noch zum Zugleich des Raumes wie etwa der Linie als *Anderem* zu Punkt.

Die Verpflichtung aber, diesen Unterschied begrifflich zu entfalten, offenbart, daß wir trotz aller umfänglichen Reflexion auf Zeit, nein, durch sie gerade nach wie vor im Mittel- wie auch Gipfelpunkt der bisher von uns aufgebauten Systematik stehen. Auferlegt sie uns doch nichts geringeres, als innerhalb des Punktes selbst noch, nämlich zwischen ihm als einerseits diskretem und als solchem selber anderseits auch noch kontinuierlichem zu unterscheiden: zwischen ihm als einfachem und doch als solchem selbst auch ausgedehntem, und dies widerspruchs- und dialektikfrei.

Denn spätestens an dieser Stelle unseres Systems muß eine Frage, die sich Ihnen längst schon stellen dürfte, unaufschiebbar dringlich werden, nämlich was denn eigentlich hier unter Punkt verstanden werden soll, und zwar bereits seitdem wir »Ziehen« jener Linie selbst als eines räumlichen Zugleich nunmehr als ein Sichausdehnen von Punkt zugrunde legen.

Seit jeher nämlich ist es gerade eine – und bis heute auch noch nicht beantwortete – Frage voller Schwierigkeit, ob so etwas wie Punkt, selbst wenn es ihn in unserer Welt in irgendeinem Sinne geben sollte, für uns jemals gegenständlich werden könnte; insbesondere wo es sich dabei um Punkt im strengsten Sinne handeln soll: um Punkt als idealen, als den wir ihn in der Tat durchwegs in Anspruch nehmen. Vollends nämlich müßte Ihnen nunmehr deutlich werden: Was wir dabei zum Gegenstand besitzen, ist in Wahrheit jeweils nichts als eine Fläche; und nur dadurch steht sie uns für einen Punkt, daß sie, ob nun gezeichnet oder als gezeichnete bloß vorgestellt, relativ klein ist, nämlich relativ auf die Umgebungsfläche.

Dementsprechend brauchen Sie nur einmal anzunehmen, daß wir, um tatsächlich einen idealen Punkt uns zu vergegenständlichen, von solcher Fläche strengstens abzusehen hätten, und es wird für Sie begreiflich, daß uns dann auch überhaupt nichts Gegenständliches von dieser Art mehr übrigbliebe, und zuallerletzt ein Punkt, der als ein idealer gar kein relativer, sondern absoluter, nämlich schlechterdings unausgedehnter ist.

Galt mithin bereits von Zeit und Raum als solchen – und das heißt als den Kontinua, in deren Form erst etwas für uns ursprünglich, das heißt empirisch gegenständlich werden kann –, daß sie als etwas selber Nichtempirisches auch lediglich für jene Reflexion als nichtempirische Erkenntnis gegenständlich werden können, so gilt dies erst recht für diesen Punkt, auf den sie beide nach den letzten Überlegungen in irgendeinem Sinn zurückzuführen sind. Nur muß in ihm auch das Problem von Zeit und Raum sich dann buchstäblich wie im Punkt verdichten und hier bis zum Äußersten verschärfen.

Denn wie kann, so müßten Sie sich danach fragen, ausgerechnet von Kontinuierlich-Ausgedehntem her wie Zeit und Raum, und sei es nur für Reflexion, ein Punkt als Diskret-Einfaches zum Gegenstand gewonnen werden, noch dazu, wenn es sich dabei umgekehrt um einen handeln soll, durch dessen Selbstausdehnung Zeit wie Raum auch allererst entspringen? Gegen alle und bis heute anhaltenden grundsätzlichen Zweifel nämlich müßte es den Punkt dann nicht nur überhaupt, sondern sogar als dasjenige geben, was ursprünglich wirksam und auf diese Weise schlechthin wirklich ist. Denn danach hingen nicht nur Zeit und Raum als eine Wirklich- oder Wirksamkeit, sondern mit ihnen folglich alles, was allein in Form von ihnen jeweils gegenständlich sowie wirklich oder wirksam sein kann, auch von eben dieser ursprünglichen Wirklichkeit als Wirksamkeit des Punktes ab.

Nur dürften solche Zweifel Sie wohl kaum noch weiterhin beeindrucken, nachdem Sie sich auf Grund von Argumentation verdeutlicht haben, daß bereits die Zeit als solche unter angemessener Reflexion sich als nichts anderes als das Kontinuum von aktualem Punkt erweist, der oder das mithin zuallererst auf weitere Erklärung dringt. Denn schon allein in der Gestalt von Zeit als solcher tritt für jeden, der ihr wirklich auf den Grund zu gehen trachtet, Punkt in solcher Aktualität, das heißt in solcher Wirklich- oder Wirksamkeit auf, daß darin seit längerem schon Subjektivität vermutet wird: von Aristoteles, welcher am Ende aller jener Schwierigkeiten seiner Zeitabhandlung fragt, ob es denn ohne daß es Seele gäbe so etwas wie Zeit als solche geben könnte[7]; von Plotin, der weitergeht und Zeit als ein Entstehen aus der Seele selber in Erwägung zieht[8]; von Augustinus, der zur Lösung ihrer Schwierigkeit als Punkt sich überlegt, ein solcher sei die Zeit vielleicht als »Ausdehnung des Geistes selbst«[9]; von Leibniz, der sich angesichts der Tatsache, daß Zeit stets nur als Punkt auftritt, zur Folgerung veranlaßt sieht, daß »Zeit nur etwas *Ideales* sein kann«[10]; und von Kant, der schließlich so weit geht, im Sinne jener Formel »das *continens* ist zugleich *contentum*« sogar auf Identität zwischen Subjekt und Zeit zu schließen, ohne freilich ihrer Differenz, die sie auch innerhalb ihrer Identität besitzen müssen, noch gerecht werden zu können, mangels dessen aber letztlich auch ihrer Identität nicht.

Bloße Vermutungen in diese Richtung werden Sie jedoch nicht mehr befriedigen, nachdem Sie über das Entscheidende bereits Gewißheit haben. Hatten Sie sich doch desgleichen mittels Argumentation verdeutlicht, daß es idealen Punkt und seine absolute Einheit oder Einfachheit zwar als empirisches Objekt nicht geben kann, als nichtempirisches Subjekt indessen geben muß – wenn anders es in dieser unserer Welt so etwas wie Intentionalität werdende Spontaneität der Subjektivität solcher Subjekte wirklich gibt, was nachweislich von keinem konsistent geleugnet werden kann, auch nicht vom Naturwissenschaftler oder ihm hörigen Empiristen. Diese aber war Ihnen dabei als jenes Selbstverhältnis aufgegangen, das allein, indem es aus sich selbst heraus zum Fremdverhältnis wird, zum Selbstverhältnis werden könne, so daß diese seine innere Komplexität und Differenz seiner Identität und Einfachheit nicht nur nicht Abbruch tut, sondern sogar erst ihren eigentümlichen Gehalt verleiht: intentionalen.

Doch hatten Sie sich dabei ferner klargemacht: Als zur Intentionalität werdende Spontaneität kann Subjektivität eines Subjekts nur wirklich oder wirksam werden, wenn sie auch als Rezeptivität für

7 Vgl. z. B. *Physik* 223 a 21f.

8 Vgl. *Enneade* III, 7; z. B. 9, 79f.; 11f.; 13, 45.

9 Vgl. *Bekenntnisse,* Buch 11; 26.

10 *Hauptschriften zur Grundlegung der Philosophie,* Bd. 1, Hamburg 1966, S. 187, vgl. S. 257.

solche Spontaneität empfänglich ist. Denn nicht bereits als bloßes Von sich auf sich-Ausgehen, sondern erst als Von sich auf sich ausgehend auch bei sich-Ankommen läßt Subjektivität als solche sich verstehen, nämlich als zum Fremd- werdendes Selbstverhältnis und mithin als beides einheitlich. Erst diese ihre Rezeptivität für sich als zur Intentionalität werdende Spontaneität nämlich vermag dann zu erklären, daß tatsächlich Subjektivität allein aus sich als Selbst- heraus zum Fremdverhältnis werden kann, nämlich ausschließlich aus sich selbst heraus sich etwas Anderes als sich selbst auch zu »entwerfen« oder »vorzustellen« in der Lage ist. Allein durch ihre Sinnlichkeit, die als Prinzip von Rezeptivität und Ausdehnung ineinem erst das volle Komplement ihres Verstandes als Prinzip von Spontaneität und Einfachheit ineinem ist, kann solcher Subjektivität es möglich werden, als so einfach- wie spontanes Selbst- sich noch zum Fremdverhältnis zu begründen, nämlich sich als solche Einfachheit selbst auszudehnen und als so sich selber anders Werdendes auch ebenso in sich verbleibend wie aus sich heraustretend zu »Vorstellung« oder »Entwurf« *von* etwas Anderem zu werden[11].

Was für Sie jedoch, solange nur im Allgemeinen auch abstrakt bleibt – selbst im Allgemeinen jener Sinnlichkeit bloß als Vermögen oder Möglichkeit –, wird im Besonderen sofort konkret und so für Sie verständlich: Damit sich Subjektivität als Einfachheit noch ausdehnen und dergestalt sich selbst noch anders werden kann, so hatten Sie im vorigen schon allgemein gesehen, muß sie über Verstand hinaus auch Sinnlichkeit sein als Vermögen oder Möglichkeit für generelles, allgemeines Außereinander, das von sich her aber offen läßt, zu welcher Art oder zu welchem speziellen, besonderen Außereinander es jeweils verwirklicht wird. Den jeweiligen Grund dafür kann danach vielmehr nur Verstand enthalten, welcher sich mit Sinnlichkeit jeweils zu einer »Synthesis« vereinigt, sie dadurch »bestimmt« und damit allererst verwirklicht. Und als dieser Grund ist er

11 Etwas vorzustellen, heißt eben, *sich* etwas vorzustellen, wie auch, etwas zu entwerfen, es *sich* zu entwerfen. Dazu müssen Sie sich also in sich selbst so weit differenzieren, komplizieren, daß Sie selbst sich ursprünglich zum Mittel werden und durch sich infolgedessen etwas Anderes als sich jeweils in sich vertreten, insgesamt sonach selbst für es stehen: »Denn Vorstellung bedeutet eine Bestimmung in uns, die *wir* auf etwas Anderes *beziehen* (dessen Stelle sie gleichsam *in* uns vertritt).« Kant an J. S. Beck, 4. Dez. 1792, Bd. 11, S. 395 (kursiv von mir).

seither für Sie zwar voll entfaltet, nämlich Ihnen durchsichtige Vollstruktur einer Intentionalität werdenden Spontaneität als Fremdwerdendem Selbstverhältnis, bleibt Verstand als solcher aber bisher ebenso wie Sinnlichkeit als solche für Sie bloß ein Allgemeines und dadurch Abstraktes.

Doch sobald Sie nur versuchen, dieses jeweils Allgemeine statt je für sich selbst vielmehr je mit dem anderen vereint zu denken, nämlich ein zum Fremd- werdendes Selbstverhältnis als ein Außereinander oder umgekehrt ein Außereinander als zum Fremd- werdendes Selbstverhältnis, wird aus ihm als je Abstraktem vielmehr mit dem anderen zusammen sofort ein Konkretes, nämlich Zeit als ein erst dadurch jetzt auch voll Verständliches. Als Nacheinander im zuletzt erfaßten Sinn ist Zeit nämlich genau die Art von Außereinander, deren sinnlich-ursprüngliche Form ein Selbstverhältnis anzunehmen hat, wenn es zum Fremd- und damit Selbstverhältnis überhaupt nur werden kann, indem es als ein Einfaches und damit wie ein Punkt *sich selbst* erst einmal ausdehnt oder anders wird. Der Sinn von bloßem Außereinander als solchem, der als allgemeiner unbestimmt läßt, was mit wem denn eigentlich ein Außereinander bildet oder was denn außer wem ist, wird durch den desgleichen allgemeinen Sinn eines *sich selbst* zum Fremd- werdenden Selbstverhältnisses bestimmt, nämlich spezifiziert zu dem speziellen Sinn, es handle sich dabei um diejenige Art von Außereinander, in der etwas ursprünglich außer *sich* oder sich *selber* äußerlich ist und nicht etwa einem Andern. Zum Ergebnis aber hat diese Bestimmung oder Spezifikation genau das Nacheinander dieser Zeit, die als solches einzig nachvollziehbar diejenige Weise ist, in der etwas ursprünglich außer sich oder sich äußerlich sein kann.

Auf diesem Wege aber haben wir jetzt eine zirkelfreie Definition der Zeit gewonnen. Denn ihr Nacheinander als ein »zeitliches« Außereinander zu definieren, was allein bislang erreichbar war, ist zirkelhaft. Bei Zeit als Nacheinander handelt es sich vielmehr um ein Außereinander, worin etwas ursprünglich *zu sich selber* steht, indem es außer *sich* oder *sich* äußerlich ist, nämlich als zum Fremd- werdendes Selbstverhältnis überhaupt erst als dies Nacheinander Zeit auch wirklich oder wirksam wird. Und in der Tat steht in dem Nacheinander jenes aktualen Punktes als dem ständig abstandlos, ununterbrochen und sonach kontinuierlich mit sich selbst, weil aus sich selbst heraus zu einem andern werdenden gerade deshalb prinzipiell kein anderer als er selbst: Tatsächlich ist in Form von Zeit als *seinem* kontinuierlichen Nacheinander jener aktuale Punkt auch niemals etwa einem *anderen* als ihm, den es diskret zu ihm hier auch noch gar nicht geben kann, sondern allein *ihm selber* äußerlich und außer *sich;* zumal in solchem Nacheinander aktual auch immer nur der eine Punkt ist, der mithin als selbiger gerade durchwegs anderer wird, und gänzlich ohne Widerspruch und Dialektik.

Demgemäß vermögen Sie auch zwischen ihm als solchem, nämlich als dem einfachen und selbigen, und ihm als ständig andern und komplexen ohne weiteres zu unterscheiden. Nur daß dies Sie lediglich auf einen Unterschied führt, den er in sich selbst hat, nämlich als dies Einfache selbst ausgedehnt oder als dies Identische selbst different zu sein. Dies aber ist genausowenig widersprüchlich oder dialektisch wie, daß ein Subjekt zum Selbst- nur werden kann, indem es als dies Selbst- zum Fremdverhältnis wird.

Ja wie Sie dabei eingesehen haben, kommt sogar im Gegenteil gerade diese Art interner Komplexion der Einfachheit dieses Verhältnisses seiner ursprünglichen Ermöglichung als einer ursprünglichen Widerspruchsvermeidung gleich. Und ebendem entspricht die Art interner Komplexion der Zeit genau: Als Nacheinander jenes aktualen Punktes ist die Zeit genau die Weise, wie er als das Einfache von Selbstverhältnis auch *als solches selbst* und damit in sich selbst sowohl wie aus sich selbst heraus etwas Komplexes wird, wie er als das Identische von Selbstverhältnis auch *als solches selbst* und damit in sich selbst sowohl wie aus sich selbst heraus in Differenz tritt und sonach in Fremdverhältnis.

Damit aber sind wir nunmehr zu der Einsicht in der Lage, daß in jener Formel »das *continens* ist zugleich *contentum*« keineswegs, wie Kant vermeint, ein Widerspruch enthalten sei, dem nur durch eine Unterscheidung mittels jener Reflexionsbegriffe von »Erscheinung« und »Ansichsein« abgeholfen werden könne. Wäre dies der Fall, so müßte nämlich diese Widersprüchlichkeit bereits in Zeit als solcher liegen. Diese aber tritt bei angemessen durchgeführter Reflexion auf sie, deren Ergebnis sich in unserem Modell für sie sogar auf anschauliche Weise noch verdichtet, zwar als kompliziert und schwierig, aber ohne jeden Widerspruch hervor, genau wie dies zuletzt ermittelte Modell, das sie vertritt. Denn ohne jeden Abstrich gilt für Zeit als solche: »Das *continens* ist zugleich *contentum*« (wie auch umgekehrt), weil sie nach unserem Modell ja selbst nichts anderes ist als Punkt im

Nacheinander oder Nacheinander im Punkt, so daß in der Tat dabei Punkt Nacheinander ebenso enthält wie Nacheinander Punkt, Enthaltendes mithin Enthaltenes ist, sowie umgekehrt. Wie aber sollte es wohl möglich sein, im Sinne Kants und seiner Reflexionsbegriffe von »Erscheinung« und »Ansichsein« schon die Zeit als solche sinnvoll »als Erscheinung« zu betrachten und auch wieder »an sich selbst«, um zwischen beidem grundsätzlich zu unterscheiden, so grundsätzlich jedenfalls, daß sie allein als erstere erkennbar sei, als letzteres dagegen unerkennbar? Was von ihr auch immer Sie als das Erkennbare bzw. Unerkennbare an ihr sich zu verdeutlichen versuchen mögen, ob den Punkt oder das Nacheinander, so ist doch bei aller Differenz von beiden diese Zeit erkennbar, ja erkannt gerade als Identität von beiden. Liegt doch eben darin das Ergebnis unserer durchgeführten Reflexion auf sie, daß ursprünglich und wesentlich die Zeit beides ineinem ist, dann aber ihrem Wesen sowie Ursprung nach auch *als* beides ineinem restlos schon erkannt.

Daß selbst nach Kant und seiner Formel »das *continens* ist zugleich *contentum*« diese Zeit bis heute noch nicht bis auf ihren Grund durchschaut ist, werden Sie indes wohl kaum für Zufall halten; wo es sich bei diesem Grund um nichts geringeres handelt als um jene zur Intentionalität werdende Spontaneität von Subjektivität, die jenes Selbstbewußtsein ihrer Selbstverwirklichung nur werden kann, indem sie als dies Selbst- zum Fremdverhältnis wird. Denn auf diesen ihren Grund durchschauen und aus ihm heraus erklären lassen könnte Zeit als solche sich natürlich nur, wenn er auch schon für sich allein verständlich wäre.

Doch von einer Einsicht in die Vollstruktur von Subjektivität als dieser zur Intentionalität werdenden Spontaneität kann auch nach Kant und seiner Formel »das *continens* ist zugleich *contentum*« noch bis heute keine Rede sein. Daß diese Formel schon für Zeit als solche gilt, wird Ihnen nämlich gleichfalls nicht als zufällig erscheinen: Wo es doch nichts anderes als eben diese Subjektivität ist, was in Zeit als solcher – nicht etwa sich *hinter* jenem Punkt *verbärge* und dort denn auch unerkennbar bliebe, sondern *in* ihm selbst, ja *als* er selbst vielmehr *hervortritt* und erkennbar wird und mittels zureichender Reflexion darauf auch tatsächlich erkannt. Eben dieser Punkt, sprich, eben diese Subjektivität ist es, was immer wieder ebenso in sich verbleibend wie aus sich heraustretend zum Nacheinander Zeit wird, weil auch eben dieser Punkt, sprich, eben diese Subjektivität auf solche Weise überhaupt erst wirklich wird, nämlich als zur Intentionalität werdende Spontaneität oder zum Fremd- werdendes Selbstverhältnis erstmals wirksam, ja auf solche Weise überhaupt erst werden kann. Denn in der Tat vermag allein als erstmalige »Synthesis« oder Vereinigung ihres Verstandes als Prinzips von Spontaneität und Einfachheit mit ihrer Sinnlichkeit als dem von Rezeptivität und Ausgedehntheit solche Subjektivität zum ersten Mal zu einer Wirklich- oder Wirksamkeit zu werden, nämlich nur als das aus diesem je für sich bloß Allgemein-Abstrakten von Vermögen oder Möglichkeit erstmals Konkret-Besondere des Nacheinander Zeit.

Und tatsächlich ist, wie Sie an unserem Modell leicht kontrollieren können, dieses Nacheinander Zeit genau die Weise, in der so etwas wie Punkt als solcher erstmals aktual zu werden vermag: wie das zum Fremd- werdende Selbstverhältnis Subjektivität als zur Intentionalität werdende Spontaneität ursprünglich wirksam oder wirklich werden kann. Von diesem Punkt auch außerhalb des Nacheinander Zeit oder gar vor ihm schon als einem aktualen auszugehen, folglich solche Subjektivität auch ohne ihre durch Verstand bestimmte Sinnlichkeit bereits für wirklich oder wirksam, nämlich ihre Spontaneität von vornherein schon für Intentionalität zu halten, während sie aus dem genannten Grund zu ihr ja stets erst wird, – das wäre unbegreiflich-transzendente Metaphysik anstatt begreiflich-transzendentaler Philosophie der Subjektivität. Als diese ihre erstmalige Wirklich- oder Wirksamkeit tritt Subjektivität deswegen in der Tat als solche selbst hervor, so daß sie als der aktuale Punkt im aktualen Nacheinander Zeit auch völlig aufgeht, jedenfalls so restlos in es eingeht und nicht etwa außerhalb von ihm zurückbleibt, daß sie auch nur innerhalb von ihm als Zeit für Reflexion auf sie als Wirklich- oder Wirksamkeit konkret zu fassen ist. Wenn überhaupt, gibt es infolgedessen so etwas wie Punkt in unserer Welt allein als Zeit, sprich, als Subjekt in ihr.

Ohne jede Widersprüchlichkeit oder gar Dialektik gilt mithin, weil schon für Zeit als solche, nun erst recht auch für Subjekt und Zeit noch: »das *continens* ist zugleich *contentum*«. Keineswegs nämlich ist Zeit etwa *ein anderes als,* sondern *dasselbe wie* Subjekt, weil es als Fremd- werdendes Selbstverhältnis oder als Intentionalität werdende Spontaneität nur wirklich oder wirksam werden kann, indem es gerade sich zum Nacheinander ausdehnender Punkt wird, und das heißt: indem es gerade Komplexion werdende Einfachheit, gerade

Andersheit werdende Selbigkeit, gerade Differenz werdende Identität wird, nämlich gerade Außersichsein werdendes Insichsein oder aus sich selbst heraustretendes und sich anders werdendes in sich Verbleiben.

Im Zuge solcher vollen Reflexion auf ihre Schwierigkeit, weil Kompliziertheit aber zeichnet Ihnen letztlich diese Sache selbst noch vor, durch welche Reflexionsbegriffe sie in Wahrheit zu begreifen wäre, nämlich die des »Äußeren« und »Inneren«, die Kant zwar durchaus kennt, die er jedoch nie miteinander in Beziehung setzt, weil er sie fälschlich für sich ausschließende Gegensätze hält. Aus diesem Grunde aber fehlt ihm gerade hier, wo unabweisbar vielmehr eine eigentümliche Verbindung beider, nämlich das Sich-Äußern eines Inneren Problem wird, jede Möglichkeit zu seiner Lösung. Wie Sie nämlich durchwegs finden werden, gilt Kant »Äußeres« allein als Räumliches[12], worin es Inneres stets nur als relatives gibt, wie etwa Räumlich-Kleineres als »Inneres« in Räumlich-Größerem, doch niemals »Inneres« als absolutes, wie es als der ausschließende Gegensatz zu »Äußerem« ja eigentlich gemeint ist. Statt im Raum, wo es nur einfache Substanz bedeuten könnte, die es hier jedoch nicht geben könne, lasse »Inneres« im absoluten Sinn sich allenfalls als »Denken« oder »Vorstellung« verstehen[13], und das heißt am Ende: statt als eines Objekts vielmehr eines Subjekts Einfachheit als Selbstverhältnis.

Doch die Tatsache, daß solches Innere auch immer nur »durch unseren inneren Sinn«[14], nämlich in Form der Zeit auftritt, betrachtet Kant auch hier wieder sofort als hinreichenden Grund dafür, das Absolute oder Einfache von Innerem als unerkennbares Ansichsein aufzufassen, während Inneres in Form von Zeit genau wie Äußeres in Form von Raum demgegenüber bloß Erscheinung sei: »Im Raum sind lauter äußere« und in der Zeit, nämlich im »inneren Sinn lauter innere Verhältnisse; das Absolute fehlt.«[15] Daß die Reflexionsbegriffe dieses »Inneren« und »Äußeren« auf solche Weise aber in der Tat sich ausschließende Gegensätze bleiben, dadurch kann es auch zur Bildung eines Reflexionsbegriffs vom »Äußern eines Innern« als »Sich-

12 Vgl. z. B. A 265 f B 321 f.
13 Vgl. z. B. A 266 B 321 mit A 283 B 339.
14 A. a. O.
15 Vgl. A 265 B 321 mit Bd. 23, S. 37, Z. 26 f.

Äußern dieses Innern selbst« von vornherein nicht kommen, der allein jedoch hier angemessen wäre und der Reflexion auch weiterhelfen könnte.

Der Ihnen schon bekannte Mangel zureichender Reflexion auf Zeit als solche sowie auf Subjekt als solches, der im Grunde, doch gerade dort von Kant noch undurchschaut derselbe ist, wirkt denn auch nirgendwo sich derart endgültig als Hindernis für einen Aufbau des Systems aus wie gerade hier an dieser Stelle: Daß wie Raum auch Zeit schon Sinnlichkeit als wirkliche ist, davon läßt sich Kant hier abermals dazu verleiten, Zeit wie Raum auch als Erscheinung schon im Sinn von Gegenstand zu nehmen, sei es auch nur wie die Linie als geometrischen, und dadurch alle wesentlichen Unterschiede zwischen ihnen abermals zu übersehen. Denn als Nacheinander ist die Zeit als solche ebenso wie als Zugleich der Raum als solcher gerade niemals wie die Linie Gegenstand, und sei es auch nur für Geometrie, sondern wird dies allenfalls für philosophisch-zureichende Reflexion. Doch in Ermangelung derselben übersieht er dann vor allem auch noch dies: Als Nacheinander ist die Zeit so wenig wie der Raum ein »Inneres«, sondern genau wie er vielmehr auch selbst ein »Äußeres«, nämlich ein Außereinander; nur bildet Zeit, im *Gegensatz* zu Raum, als Nacheinander bloßen, wenn darin auch aktualen Punktes eben gerade keines, worin etwas jeweils »Äußeres« von einem andern wäre, sondern eines, worin etwas jeweils »Äußeres« gerade von sich selbst ist, eben »Äußeres« von einem »Inneren« oder ein »Inneres« als »Äußeres«.

Wie diese nunmehr nachgeholte Reflexion in unserem Modell zum Ausdruck kommt, besagt sie nämlich klar: Als Nacheinander aktualen Punktes ist die Zeit genau die Weise, wie ein Inneres als Absolutes, Einfaches, Identisches von Fremd- werdendem Selbstverhältnis eines Subjekts ursprünglich *sich* ausdehnend *sich* anders wird, will sagen, ursprünglich *sich* äußerlich werdend *sich* äußert; und zwar so, daß eben darin dieses Innere *als* Absolutes, Einfaches, Identisches von Fremd- werdendem Selbstverhältnis eines Subjekts auch ursprünglich überhaupt erst wirklich oder wirksam wird. Und in der Tat ergab sich schon allein in unserem Modell dafür, daß die Bewegung jenes aktualen Punktes, welcher ständig als ein selbiger zu einem andern wird, nur noch als *innere* Bewegung dieses Punktes in sich selber anzusehen sei, die aber, wie Sie jetzt ergänzen können, sich als eben diese innere in Zeit als Nacheinander *äußert.*

Nicht Begriffe wie »Erscheinung« und »Ansichsein«, wonach erstere von letzterem sich unterscheidet wie Erkennbares von Unerkennbarem, sondern ausschließlich der Begriff dieses Sich-Äußerns eines Inneren, worin es sich von sich zwar unterscheidet, doch nur so, daß es durch seine Differenz hindurch gerade als Identität sich vollends zu erkennen gibt, drückt diese bis zur Einsicht in die Sache selbst hier durchgeführte Reflexion so angemessen aus, daß Sie nun ohne weiteres verstehen werden: »Das *continens* ist zugleich *contentum*« gilt tatsächlich in dem schon von Kant genannten, doch für einen Widerspruch gehaltenen Sinne, daß »ich in mir selber bin«. In Wahrheit heißt das nämlich: Eben dieses unlösbare Ineinander eines Inneren im Äußeren wie umgekehrt auch eines Äußeren im Inneren ist widerspruchs- und dialektikfrei die Eigentümlichkeit, ja Einzigartigkeit von Subjektivität als Zeit und Zeit als Subjektivität.

Und eben weil ihr Inneres und Äußeres ein unlösbares Ineinander bilden, stehen sich im Fall von Subjektivität auch Ursache und Wirkung nicht als zueinander Andere gegenüber, sondern fallen in Gestalt von deren ursprünglicher Selbstverwirklichung zusammen. Denn tatsächlich ist, was dabei immer wieder wirklich wird, stets nur ein einziger, nie noch ein anderer Punkt, so daß hier auch in keinem Fall heteronome Fremdverwirklichung von anderem durch anderen vorliegen kann, sondern in jedem Fall nur autonome Selbstverwirklichung des einen. Demgemäß sind Ursache und Wirkung, wie sie dann als zueinander Anderes für Fremdverwirklichung zwischen Objekten gelten, ebenso wie die Objekte selbst etwas aus dieser Selbstverwirklichung und damit aus Subjekten als dem Ursprünglichen gerade erst noch Abzuleitendes, und keineswegs, wie Empiristen meinen, etwa umgekehrt die Selbstverwirklichung jener Subjekte aus der Fremdverwirklichung dieser Objekte[16].

Damit aber müßte Ihnen nun auch ohne weiteres noch anderes verständlich werden. So als erstes, daß es bei Verwirklichung von solcher Subjektivität eines Subjekts *als* Zeit sich in der Tat nur handeln kann um *Selbst*verwirklichung von ihr *zur* Zeit: daß mit der Selbstverwirklichung sonach auch in der Tat ein Selbstbewußtsein dieser Subjektivität einhergehen muß, das weder Selbsterkenntnis noch -vergegenständlichung sein kann. Zur Spontaneität gerade als

16 Vgl. oben § 12, S. 248 ff.

Intentionalität oder zum Selbst- gerade als dem Fremdverhältnis nämlich wird sie ja nur dadurch, daß dies nicht allein als ihre Absolut-, sondern auch Autonomwerdung vonstatten geht. Und wird sie somit als dies alles wirklich oder wirksam nur, indem sie Zeit wird, kann ursprüngliche Verwirklichung der letzteren auch nichts als autonome Selbstverwirklichung der ersteren bedeuten: Wird sie Spontaneität ausschließlich als Intentionalität und Selbst- allein als Fremdverhältnis und dies beides nur, indem sie erst einmal zur Zeit wird, dann wird Subjektivität, indem sie sich dabei der Zeit bewußt wird, auch nichts andern als sich selbst bewußt. Als eben diese Zeit jedoch, das heißt als Fremd- werdendes Selbstverhältnis oder als Intentionalität werdende Spontaneität, vermag sie sich dann ihrer selbst auch nicht etwa als eines Andern ihrer selbst bewußt zu werden, nicht als eines Gegenstandes für Bewußtsein als Erkenntnis. Und dies um so weniger, da Subjektivität, indem sie sich zur Zeit als Fremd- werdendem Selbstverhältnis oder als Intentionalität werdender Spontaneität ausbildet, vorerst nur in einem ersten Schritt sich selber bildet, sprich, zunächst nur eine einzige Voraussetzung von mehreren erfüllt, deren Gesamterfüllung allererst zur Ausbildung von Subjektivität als einer Ganzheit führt, als die sie dann Erkenntnis eines Gegenstandes oder Andern ihrer selbst wird. Und tatsächlich läßt sich in dem Sinn, in welchem dieses dann Objekt für sie als ein Subjekt ist, Subjektivität dieses Subjekts auch prinzipiell nicht ebenfalls wie ein Objekt erkennen und vergegenständlichen.

Das können Sie sich leicht durch eine Gegenprobe deutlich machen, nämlich am Versuch, dies ursprüngliche Zeit- als Selbstbewußtsein, als das wir Subjekte werden, als das aber jeder von uns eben nie sich selbst als Subjekt, sondern stets nur Anderes als sich selbst zum Objekt zu gewinnen trachten kann, *gleichwohl* zum Gegenstand einer Erkenntnis zu erheben, und das heißt: *entgegen* dieser Von sich weg und auf Objekte hin-Gerichtetheit solchen Bewußtseins oder *trotz* seiner Intentionalität. Denn nichts geringeres als dies geschieht in allen jenen Fällen, wo versucht wird, Zeit zum Gegenstand der Reflexion zu machen, ohne jede Ahnung davon, daß sie als dies angebliche Objekt dabei eigentlich Subjekt ist. Daß die Zeit als ein Kontinuum sich dabei immer wieder auflöst in die Diskretion von Punkt und damit jener noch bis heute nicht gelösten Rätselhaftigkeit verfällt, wird Ihnen jetzt wie folgt erklärlich. Indem ein Philosoph auf Zeit als solche reflektierend letztlich auf sich selbst als

Subjekt reflektiert, doch ohne dies auch nur zu ahnen, macht er sich als solches derart zum Objekt, daß es kein Wunder ist, wenn er dabei als Zeitkontinuum sich selbst zerfällt und bloßer Punkt wird. Denn auf diese Weise nimmt er sich gerade als dasjenige zurück, als was allein auch solch ein Philosoph zunächst einmal nichtreflektierendes, alltägliches Subjekt und nie Objekt ist, nämlich gerade als ein Fremd-werdendes Selbstverhältnis oder gerade als Intentionalität werdende Spontaneität, und das heißt eben: gerade als zum Nacheinander Zeit sich ausdehnender und als solcher auch erst aktual werdender Punkt. Und daß er sich als das, als was er sich stattdessen dann zurückbleibt, nämlich statt als Zeitkontinuum nur noch als Punkt, auch widersprüchlich sein muß, wird für Sie nunmehr verständlich, insofern dasjenige, was er danach im Grunde, wenngleich unerkannterweise wäre, nämlich *nicht* zum Fremd- werdendes Selbstverhältnis oder *nicht* Intentionalität werdende Spontaneität, auch in der Tat nur jene schon genannte Widersprüchlichkeit sein könnte[17]: hier nun als die Tücke des Subjekts, mit der es sich zur Wehr setzt gegen die Behandlung bloß als ein Objekt.

Daraus können Sie mithin noch nachträglich ersehen: Eine Reflexion auf Zeit, die ihr auch angemessen ist, ihr nämlich nicht als angeblichem Objekt Abbruch tut, sondern als eigentlichem Subjekt voll gerecht wird, kommt tatsächlich erst mit jener Ausarbeitung unseres Modells für sie in Gang, das Nacheinander als Ergebnis der ursprünglichen Vereinigung von Punkt und Ausdehnung, von Diskretion und Kontinuität erweist. Und eben daraus geht für Sie denn auch hervor, was ohne dies Modell verfehlt wird, wenn von Aristoteles bis Kant die Zeit im wesentlichen noch unreflektiert als Linie vorgestellt wird, nämlich daß sie gerade nicht wie ein Objekt, und sei es auch nur wie ein geometrisches, zum Gegenstand gewonnen werden könne, sondern nur mittels Philosophie als Reflexion: Nicht zufällig ist Zeit, genau wie jedermann sich selber, das Vertrauteste, Bekannteste und Nächste, weil auch Zeit- und Selbstbewußtsein im genannten Sinne in der Tat dasselbe sind.

Und ebenfalls nicht zufällig wird Zeit, genau wie jedermann sich selber, beim Versuch der Selbsterkenntnis oder Selbstvergegenständlichung nach Art unreflektierter Fremderkenntnis oder Fremdverge-

17 Vgl. oben § 12, S. 260ff.

genständlichung von Anderem als Objekt auch sofort zum Fernsten, Unbekanntesten und Unvertrautesten, weil Zeit- und Selbstbewußtsein als dasselbe im genannten Sinn auch prinzipiell nicht dieser Art Erkenntnis als Vergegenständlichung eines Objektes zugänglich sein können. Sinngemäß gilt darum nicht allein für das Problem, was Zeit, sondern auch noch für das, was Selbstbewußtsein sei, jene bedeutsame Beobachtung von Augustinus: »Wenn mich niemand danach fragt, weiß ich es; will ich einem Fragenden es erklären, weiß ich es nicht«. Denn Reflexion oder *intentio obliqua* ist gerade nicht einfach nur rückgewendete und höherstufige *intentio recta,* wie Philosophie auch keineswegs nur einfach höhere Empirie.

Eine Bestätigung dafür ergibt sich Ihnen, wenn Sie in die Reflexion auf Zeit noch einbeziehen, mit welcher Selbstverständlichkeit man dabei schon von Anbeginn und noch bis heute immer wieder davon auszugehen pflegt, im Unterschied zum dreidimensionalen Raum sei Zeit nur eindimensional. Wie wenig selbstverständlich das jedoch in Wahrheit ist, wie sehr auch diese Selbstverständlichkeit vielmehr allein auf jene noch unreflektierte Orientierung an der eindimensionalen Linie zurückgeht, deren Gegenständlichkeit – zumindest für Geometrie – der Zeit als prinzipiell Ungegenständlicher zuwiderläuft, läßt das Modell dafür Sie gleichfalls ohne weiteres erkennen: Ursprünglich und wesentlich ist Zeit als solche danach nicht einmal von einer Dimension, wenn anders Dimension von etwas das bedeutet, worin dieses Etwas auch gemessen werden kann.

In diesem Sinn ist Zeit an ihrem Ursprung und in ihrem Wesen, wie dies beides auch an unserem Modell für sie zum Vorschein kommt, vielmehr von keiner Dimension, durchaus nicht ein-, sondern in Wahrheit nulldimensional[18]. Denn wirklich ist sie danach immer wieder nur als ein kontinuierlich anderer und so zum Nacheinander Zeit werdender aktualer Punkt, der so auch immer wieder etwas prinzipiell Unmeßbares darstellt[19], was Ihnen jetzt nicht mehr verwunderlich erscheinen wird. Denn Messung stellt ja lediglich

18 Das oben schon besprochene Problem (vgl. § 7, S. 136) erneuert sich infolgedessen dahingehend: Warum bildet ausgerechnet dreidimensionaler Raum das Gegenteil zu nulldimensionaler Zeit, wo Dreidimensionalität zu Null- doch offenbar genausowenig wie zu Eindimensionalität im Gegensatz steht?

19 Vgl. oben S. 366, Anm. 6.

einen Spezialfall jener Art Vergegenständlichung eines Objektes dar, der Zeit als Subjekt prinzipiell nicht zugänglich sein kann: Als ursprüngliche ist sie eben nur »gegeben«, wie Kant sagt, nämlich gerade weder gegenständlich noch erkannt.

Damit haben Sie eine Erklärung für das oftmals mit Verwunderung erwähnte, doch bis heute nicht erklärte Faktum, daß auch alle Fragen von der Art, wie schnell oder wie langsam eigentlich die Zeit als solche selbst verlaufe, schlechthin sinnlos seien. Denn auf diese Weise sinnvoll messen läßt sich etwas allererst unter Voraussetzung von Zeit und darum auch nur etwas Anderes als diese, nämlich ein Objekt in seiner objektiven Zeit und somit gerade nicht auch schon ein Subjekt selbst oder die Zeit als solche. Bei Objekten aber und mithin bei objektiver Zeit, die erst als Zeit dieser Objekte selbst zu objektiver wird und auch als solche erst zu eindimensionaler und in dieser einen Dimension dann meßbarer, sind wir hier systematisch längst noch nicht.

Im Gegenteil stellt sich für uns von hier aus, nämlich von der Zeit als subjektiver, ja als Subjektivität her, wo allein wir systematisch vorerst sind, auch überhaupt erst angemessen das Problem: Wie läßt so etwas wie Objektivität eines Objekts – das derart objektiv ist, daß es sogar meßbar wird – aus so etwas wie unmeßbarer Subjektivität eines Subjekts als Zeit heraus sich überhaupt gewinnen? Wie kann ein Subjekt ursprüngliche Erkenntnis als ursprüngliche Vergegenständlichung eines Objekts als eines Andern seiner selbst aus sich heraus, nämlich aus Selbstbewußtsein überhaupt zustande bringen? Wo dies doch als ursprüngliches Zeitbewußtsein gerade nicht in Selbsterkenntnis oder Selbstvergegenständlichung besteht, weil Subjektivität als Zeit sich ursprünglich, wie Sie noch weiter sehen werden, prinzipiell auch gar nicht zu erkennen oder zu vergegenständlichen vermag.

Vorderhand indessen sollten Sie sich ferner deutlich machen, welch eine mindestens genauso schwerwiegende Folge sich des weiteren daraus ergibt, daß fälschlich Zeit von vornherein unreflektiert als ein Ursprünglich-Objektives angesehen wird. Nur deshalb nämlich meint man, sie auch ohne weiteres wie ein Objekt behandeln, nämlich messen, zählen und berechnen, das heißt, kurzerhand erkennen oder auch vergegenständlichen zu können. Denn das führt nicht nur zu jener falschen Selbstverständlichkeit, mit der man dabei von der Zeit als eindimensionaler ausgeht, sondern kraß im Gegenteil dazu auch noch zu der bis heute unvermindert anhaltenden Ratlosigkeit, mit der man zugleich vor der bekannten Anisotropie der Zeit steht. Daß die Zeit im Gegensatz zum isotropen Raum anisotrop, das heißt, als Nacheinander ungleich, nämlich einseitig und nicht, wie das Zugleich des Raumes, gleich gerichtet ist, vermag man sich an objektiver Zeit nicht zu erklären. Das führt dazu, daß am Ende man der Unsinnigkeit des Gedanken aufsitzt, ursprünglich sei Anisotropie gar nicht das Merkmal der Zeit selber, sondern lediglich das der Naturvorgänge in der Zeit – und nur von ihnen, nämlich als jenem Naturgesetz der »Entropie« gehorchenden her übertrage Anisotropie sich auch auf Zeit[20]. Unsinnig ist das nämlich, weil man dabei dann ein »richtungsneutrales zeitliches ›Auseinander‹«[21] ansetzen und trotzdem zugestehen muß: »Die Realität des *qualitativen* zeitlichen Nacheinander und räumlichen Nebeneinander wird dagegen ... nicht angetastet«, nicht einmal »durch die Relativitätstheorie«[22]. Denn wodurch könnte dieses »Auseinander« überhaupt ein »zeitliches«, nämlich vom »räumlichen« spezifisch verschiedenes sein, wenn nicht dadurch, daß es Nacheinander, also auch als solches schon anisotrop ist?

Doch in Wirklichkeit bedarf nicht nur die Anisotropie der objektiven Zeit, sondern auch ihre Eindimensionalität einer Erklärung; und zwar beide aus der ursprünglichen, nämlich subjektiven Zeit heraus, wenngleich in einem jeweils andern Sinn, wofür jedoch von ihrer ursprünglichen Objektivität dogmatisch Überzeugte blind sein müssen. Weil die Zeit ursprünglich Subjektivität ist und als solche auch aus dem bereits genannten Grund gerade nulldimensional, bedarf die Eindimensionalität von Zeit als objektiver der Erklärung, die noch aussteht. Und weil diese ursprüngliche Zeit als Subjektivität schon Nacheinander und mithin auch schon anisotrop ist, so daß objektive ihre Anisotropie in Wahrheit prinzipiell woandersher, nämlich von subjektiver hat, bedarf die Anisotropie der Zeit auch schon als subjektiver der Erklärung, die nun ansteht.

Dazu sollten Sie sich das Modell für ursprüngliche Zeit als Subjek-

20 Vgl. z. B. W. Büchel, *Philosophische Probleme der Physik*, Freiburg 1965, S. 142ff.
21 Vgl. a. a. O., S. 146, S. 148.
22 A. a. O., S. 185.

tivität noch einmal eingehender ins Gedächtnis rufen. Jenes Nacheinander aktualen Punktes als kontinuierlich andern vorzustellen, war uns im Zusammenhang mit jenem »Ziehen« einer Linie gelungen, die genau von dieser Seite ihres Zuwachses an Linie nicht nur einem Punkt gleich, sondern auch tatsächlich wie kontinuierlich anderer für Sie zum Vorschein kommt. Nur hatten wir zum Zweck des Absehens von Linie als räumlichem Zugleich uns noch mitvorzustellen, es handle sich dabei um einen Punkt, der sich in diesem »Ziehen« zwar zur Linie ausdehnt, dem jedoch in einem und demselben Zuge eben das, was ihm dabei auf seiten seiner Ausdehnung an Linie zuwächst, auf entgegengesetzter Seite wieder wegfällt. Doch ein angemessenes Modell der Zeit war damit für uns nicht allein gewonnen, weil auf diese Weise wir tatsächlich Zeit als aktuales Nacheinander vorzustellen vermochten, ohne dabei auch Zugleich des Raumes als gleich aktuales noch mit vorstellen zu müssen. Damit steht auch dahingehend noch ein angemessenes Modell für sie uns zur Verfügung, daß wir in ihm ferner die Gerichtetheit der Zeit als Ungleich-, ja als Einseitiggerichtetheit uns vorzustellen vermögen.

Denn was zunächst noch ausschließlich dieses Modell als solches selbst betrifft, so werden Sie leicht sehen, daß es prinzipiell unmöglich wäre, jenen Kunstgriff sozusagen, der uns dabei von der Linie als räumlichem Zugleich tatsächlich abzusehen gestattet, etwa umzukehren und von Ihnen zu verlangen, sich mitvorzustellen: Es handle sich dabei um einen Punkt, dem in demselben Zuge eben dasjenige, das ihm dabei einerseits an Linie wegfällt, anderseits auch wieder zuwächst. Schlechthin unvorstellbar wäre dies, weil dabei innerhalb desselben Zuges immer nur unter Voraussetzung von Zuwachs auch von Wegfall sinnvoll noch die Rede sein kann, doch nicht umgekehrt: Zumal im letzten Fall bereits der Ausgangspunkt für die verlangte Vorstellung nur scheinbar Punkt, in Wahrheit aber Linie wäre und mithin ein Widerspruch[23]. Genau in diesem Sinn zeigt denn auch schon allein unser Modell als solches selber deutlich eine ungleiche, ja einseitige Richtung, nämlich ausschließlich zum Zuwachs hin, dem gegenüber ebenso ausschließlich auch im selben Zug nur nachträglich noch Wegfall vorstellbar ist.

23 Vgl. dazu oben S. 365, Anm. 5.

Damit aber zeichnet Ihnen dies Modell als das für ursprüngliche Zeit nicht nur formal die eine Richtung ihres Nacheinander aus: die Anisotropie als Ungleich-, ja als Einseitiggerichtetheit der Zeit, die sie nicht etwa erst als ein in Zukunft, Gegenwart, Vergangenheit gegliedertes, sondern bereits als ursprüngliches reines Nacheinander hat. Vielmehr kennzeichnet dieses Modell für Sie auch inhaltlich den Sinn derselben, der die Anisotropie der Zeit als Subjektivität, die alle drei nicht zufällig bisher im Grunde unverstanden waren, Ihnen jetzt verständlich werden läßt. Wird das Bewußtsein vom »Vergehen der Zeit« mittels Philosophie als Reflexion noch durch die Einsicht ins mit ihm verbundene »Entstehen der Zeit« ergänzt, wonach es sich bei ihr um etwas handeln soll, dessen Entstehen ebenso Vergehen und Vergehen ebenso Entstehen sei[24], so bleibt dies nämlich nichtssagend, solange dabei nicht einmal berücksichtigt, geschweige denn verstanden wird: Genau im Sinne unseres Modells kann Zeit allein auf Grund ihres Entstehens ihr Vergehen sein und keineswegs auch umgekehrt auf Grund ihres Vergehens ihr Entstehen, so daß Anisotropie als Ungleich- oder Einseitiggerichtetheit im eigentlichen, inhaltlichen Sinn die einseitige Ausgerichtetheit der Zeit auf ihr Entstehen hin bedeutet und nicht etwa auch auf ihr Vergehen.

Eben darin aber müßte Ihnen diese Zeit als Subjekt jedenfalls sofort verständlich sein, nämlich Erinnerungen wecken an die Subjektivität dieses Subjekts, die jene zur Intentionalität werdende Spontaneität gerade als ein Wirklichwerdenwollen, doch nicht -können darstellt. Ihrem Ursprung wie auch Wesen nach ist Zeit genau die Wirklichkeit, die Subjektivität an Stelle naturaler zwangsläufig geradezu als ihre eigentümliche, ja einzigartige annehmen muß. Und dies, weil ihre Spontaneität, sofern sie naturaler Wirklichkeit als ständigem Ergebnis bloß heteronomer Fremdverwirklichung entgegen vielmehr als der Vorstoß autonomer Selbstverwirklichung nur immer auftritt, ihr so prinzipiell auch gegenübertritt, daß Wirklichkeit dann umgekehrt vor ihr zurücktritt. So nämlich muß letztere als naturale prinzipiell zum Andern für sie werden, welches Subjektivität, auf diese Weise durch sich selbst zu bloßem Intendieren oder

24 Vgl. z. B. Hegel, *Sämtliche Werke* (hg. Glockner), Bd. 6, §§ 201 und 202; Bd. 9, § 258.

Wollen davon werdend, immer nur noch *für* sich selber *intendieren* oder *wollen,* aber niemals *selber* etwa *werden* kann. Denn selber werden kann sie dabei eben bloß zu diesem Wollen oder Intendieren selbst, und als dies umgekehrt auch selber Andere zu naturaler Wirklichkeit vermag es Subjektivität auch niemals zum *Bestehen als,* sondern zum immer wieder nur *Ergehen nach* und *Ausgehen auf* Wirklichkeit zu bringen.

Zu dieser Eigentümlichkeit, ja Einzigartigkeit kommt Subjektivität als zur Intentionalität werdende Spontaneität jedoch gerade so, daß sie statt ein Bestehen vielmehr nur ein ebenso Entstehen wie Vergehen wird: Zu etwas also, dem Entstehen als ein Wollen oder Intendieren nicht nur nicht verwehrt, sondern als anhaltendes sogar durchgängig gewährt wird; doch genauso durchgängig auch derartig bezeichnend, nämlich gleichsam mit dem Kainsmal, daß es als das Wagnis der Naturabtrünnigkeit von Grund auf kenntlich wird: indem es zwar Entstehen, doch mit hintergründig sozusagen auf dem Fuß ihm folgenden Vergehen, also kein Entstehen zum Bestehen, sondern abstandlos, ununterbrochen und mithin kontinuierlich ein Entstehen zum Vergehen, eben Zeit wird.

Wirklichwerdenwollen, doch nicht -können ist ein Subjekt somit gerade darin, daß es als das Auftreten von Zeit das Auf der Stelle-Treten in Person ist: Wirklichkeit als reine Wirksamkeit von Punkt, der in rein innerer Bewegung auf der Stelle selber ständig anderer wird. Als eine der Natur, sprich, dem heteronomen Werden gegenüber Autonom- und Absolutwerdung ist Menschwerdung mithin zunächst nichts anderes als Zeitwerdung: Ursprünglich aktual wird Punkt allein als Nacheinander seiner selbst und somit Zeit; ursprünglich wirklich oder wirksam wird die Subjektivität, für die er steht, genau als deren Art von ebenso Identität- wie Differenzwerdung, so Einfach- wie Komplexwerdung, von Selbst- gerade als sich selber Anderswerden. Und dies alles nur, weil auch allein als aus sich selbst heraus Intentionalität werdende Spontaneität, allein als ein zum Fremd- werdendes Selbstverhältnis oder als aus sich heraus sich anders werdend Subjektivität sich in sich selbst auch »Vorstellung« oder »Entwurf« von Anderem ihrer selbst noch werden kann. Nur so nämlich vermag sie Wirklichkeit, wenn schon nicht *selbst* zu *werden,* so doch wenigstens noch *für* sich selbst als den Erfolg einer Verwirklichung von Anderem zu *erzielen,* da sie sich dann auch als Selbstbewußtsein einer Selbstverwirklichung nur noch als Fremdbewußtsein einer Fremdverwirklichung vollenden kann: als die empirische Erkenntnis und Vergegenständlichung von diesem Anderen.

Und eben dazu setzt sie durch den ersten Schritt der Selbstverwirklichung als Selbstverzeitlichung schon an, durch den sie aber, wie ich Ihnen noch genauer zeigen möchte, ihre Selbstverwirklichung zwar einzuleiten, doch nicht auch schon abzuschließen in der Lage ist. Denn als Selbstbewußtsein der Intentionalität werdenden Spontaneität oder des Fremd- werdenden Selbstverhältnisses ist Subjektivität bei aller ihrer Einfachheit oder Identität doch ebenso Komplexität und Differenz, worüber sie durch weitere Schritte ihrer Selbstverwirklichung als einer Art von Selbstanreicherung gleichsam hinweg- und so hinauszukommen hat, um zur Verwirklichung eines Objekts als Anderem ihrer selbst zu kommen. Soviel weiter hat sie darin jedenfalls zu gehen, daß sie ihm als zu Verwirklichendem immer schon vorweg zunächst einmal sich selber dazu hinreichend und dafür zulangend verwirklicht: sozusagen *sich* zu einem *bis* zu ihm *hin* Reichenden und *auf* es *zu* Langenden. Hierfür nämlich muß sie sich zu einer Art Identität und Einfachheit verwirklichen, die sehr viel reicher ist als diejenige, die sie vorerst nur als Zeit besitzt.

Denn handelt es sich dabei auch, wie Ihnen insbesondere aus dem Modell für sie erhellt, um Einfachheit oder Identität, was sich zu Zeit verwirklicht, sollten Sie sich davon doch auf keinen Fall darüber täuschen lassen, daß mit beidem Subjektivität als eine Art von Einheit wirklich wird, wie sie sich ärmer kaum noch denken läßt. Zwar ist sie schon von vornherein die denkbar strengste, weil auch schlechthin unteilbare Einheit, eben absolute oder Einfachheit. Denn gerade dadurch, daß sie abstandlos, ununterbrochen und mithin kontinuierlich anderer Punkt ist, bildet Zeit so prinzipiell nur immer wieder aktualen Punkt, daß sie als solcher wohl beginnen oder enden kann, doch als begonnene und nicht geendete, also verlaufende in keinem Sinne auflösbar sein kann. Als Wirklich- oder Wirksamkeit ursprünglicher und subjektiver Zeit indessen hat sie ihre Einfachheit gerade in Komplexität, ihre Identität in Differenz, weil ihre Mit sich-Selbigkeit gerade im Sich anders-Werden, eben im ausschließlich als ein Nacheinander aktualen Punkt. Denn in der Tat ist sie als ursprüngliche, subjektive eben dasjenige, was seine Identität, als Zeit, unmittelbar in seiner Differenz hat und was darum auch nur für die vorgeführte Art von Reflexion darauf sich überhaupt zum Gegenstand gewinnen läßt. Jedenfalls kann jeglicher Versuch einer in diesem Sinne reflexionslosen Vergegenständlichung sich nur in Widersprüchlichkeit zerschlagen. Denn wo immer er wie etwas als Objekt auch das Subjekt als Nacheinander Zeit noch zum Objekt zu machen trachtete, vermöchte er als Intention nie *etwas* zu erzielen: Statt zu solchem, das stets einem *andern* gegenüber »nach« bzw. »früher« oder »später« und nur dadurch *etwas* ist, vermöchte er hier immer nur zu solchem zu gelangen, das allein *sich selber* gegenüber »nach« bzw. »früher« oder »später« wäre und deswegen als sich selber *Widersprechendes* gerade *nichts.*

Derart arm ist diese Einheit, nämlich Einheit bloßer Kontinuität von Nacheinander jenes nur als ständig andern aktualen Punktes, daß grundsätzlich nichts in ihr sich auch nur soweit als ein selbiges durchhielte, um als *etwas,* nämlich einem *andern* gegenüber Früheres bzw. Späteres für reflexionslos nur objektgerichtete Erkenntnis Gegenstand werden zu können. Etwas anderes denn immer nur als ständig anderer aktualer Punkt nämlich tritt in ihr gar nicht auf, so daß auch »nach« bzw. »früher« oder »später« darin eben stets nur dieser aktuale Punkt sein könnte, nämlich »nach« bzw. »früher« oder »später« als er selber. Dies jedoch kann widerspruchs- und dialektikfrei nur jener Reflexion als der subjektgerichteten Erkenntnis gegen- und verständlich werden, eben als ursprüngliches *Sich* anders-Werden oder als *Sich*-Äußern jenes Inneren von Subjektivität als der sich selber zur Intentionalität bildenden Spontaneität oder als dem sich selbst zum Fremd- werdenden Selbstverhältnis.

Daß Zeit als Subjekt demnach nicht als Objekt sich vergegenständlichen oder erkennen läßt, gilt aber nicht allein im nachhinein für jene Art verfehlter Reflexion, die von bereits vollzogener empirischer Objekterkenntnis her sich auch auf Zeit noch, mithin unwissentlich darauf richtet, auch dies Subjekt noch als ein empirisches Objekt vor sich zu bringen, sondern gilt bereits von vornherein für den ursprünglichen Vollzug dieser Objekterkenntnis selbst. Auch sie vermag ein Subjekt keineswegs etwa schon als Vergegenständlichung der Zeit als solcher zu vollziehen, zu der es selber sich verwirklicht, das heißt, keineswegs bereits als die Vergegenständlichung von etwas in der bloßen Zeit. Auch damit nämlich könnte es von vornherein, wie Sie noch sehen werden, an der vorgenannten Widersprüchlichkeit nur scheitern. So gewiß mit ursprünglichem Selbst- als Zeitbewußtsein von der ursprünglichen Selbst- als Zeitverwirklichung eine notwendige Bedingung für Objekterkenntnis und -vergegenständlichung erfüllt ist, so doch längst nicht auch bereits die hinreichende[25]. Ja im Gegenteil ist damit das Problem dieser empirischen Erkenntnis und Vergegenständlichung von Außenweltobjekten nicht nur nicht bereits gelöst, sondern überhaupt erst zureichend gestellt: Wie vermag es Subjektivität aus sich heraus zu einer Fremdverwirklichung von Anderem ihrer selbst als dem Erfolg von sich als der Intentionalität denn überhaupt zu bringen, wenn ihre Selbstverwirklichung zur letzteren doch ursprünglich nur als Verwirklichung zur Zeit erfolgt, in Form von der allein sich nicht einmal etwas vergegenständlichen, geschweige denn ein Gegenstand aus ihr heraus auch noch als etwas Anderes zu ihr verwirklichen läßt?

Welch ein Problem sich in der Tat auf diese Weise stellt, wird Ihnen deutlich werden, wenn Sie voll berücksichtigen, was aus unserem Ergebnis über Zeit des weiteren hervorgeht. Danach bildet sie die Art und Weise, wie ein Subjekt gerade zur Intentionalität werdende Spontaneität oder zum Fremd- werdendes Selbstverhältnis wird, wie es mithin als Differenz gerade Identität, als Komplexität gerade Einfachheit, das heißt zuletzt: gerade als Sich anders-Werdendes es selbst wird. Ihrem Ursprung wie auch Wesen nach ist demzufolge diese Zeit nicht nur von radikaler Endlichkeit, und Subjektivität durch ihre Selbstverwirklichung als Selbstverzeitlichung mithin auch radikale Selbstverendlichung; denn solche Zeit nimmt ihren Anfang und ihr Ende mit genau des Intendierens Anfang oder Ende selbst, als welches so etwas wie Subjektivität in unserer Welt jeweils hervortritt, nämlich der Natur als der heteronomen gegenüber autonom- und absolut- und darin menschwerdend entgegentritt. Demselben

25 Genau in diesem Sinn wird Ihnen eine spätere und schwierigere Überlegung Kants verständlich. Sie besagt, »daß die Zeit schlechterdings nicht auf Verstandesbegriffe zu bringen sei; Weil (darin) *conjunctio praedicatorum oppositorum in eodem subjecto,* im Begriff der Veränderung, vorkommen würde, davon die Möglichkeit nur unter *Voraussetzung* der Zeit gedacht werden kann« (R 6329, Bd. 18, S. 650, Z. 26ff., kursiv von mir). Das heißt: Allein unter *Voraussetzung* von ursprünglicher subjektiver Zeit, die sich als ein substratlos-absoluter Wechsel durch *intentio recta* widerspruchsfrei überhaupt nicht denken läßt, wird erst an etwas *Anderem* zu ihr als Subjekt, an einem *Objekt* nämlich ein Wechsel durch *intentio recta* widerspruchsfrei denkbar; dieser aber ist dann gerade nicht mehr ein substratlos-absoluter, sondern eben Wechsel am Objekt als die Veränderung desselben in der Zeit als durch es überhaupt erst objektiver.

Ursprung sowie Wesen nach ist solche Zeit vielmehr auch radikale Einzelheit, und Subjektivität durch ihre Selbstverwirklichung als Selbstverzeitlichung mithin auch radikale Selbstvereinzelung; denn solche Zeit gibt es in unserer Welt danach genau so oft und an genau so vielen Orten, wie es dort auch Subjektivität als solches Intendieren gibt.

Also hat dies, werden Sie vielleicht geneigt sein einzuwenden, etwas Unsinniges zum Ergebnis: Danach müßte es in unserer Welt genau so viele Zeiten wie auch Menschen geben, doch in Wahrheit gibt es Zeit darin allein als eine einzige. – Nur dadurch aber scheint dies unsinnig, daß Ihnen »Zeit« dabei wie selbstverständlich schon von vornherein als »objektive Zeit« gilt, die es allerdings allein als eine einzige und nicht als viele geben kann. Wie Ihnen noch erhellen wird, kann Zeit jedoch zu objektiver stets erst werden, stets erst dadurch nämlich, daß in ihr auch noch Objekte auftreten und sie als Zeit dieser Objekte somit selbst zu objektiver wird. Zu ihr als einer einzigen haben die vielen ursprünglichen Zeiten, sprich Subjekte, sich entsprechend immer erst zu bilden, ebenso wie Subjektivität dieser Subjekte sich zur Intersubjektivität ihrer Erfahrung und dadurch auf Objektivität jener Objekte immer erst zu einigen hat. Bei Objekten aber sind wir, wie gesagt, noch lange nicht und damit auch noch nicht bei objektiver Zeit, sondern zunächst allein bei subjektiver als ursprünglicher.

Daran aber sehen Sie sofort: Jenes Problem empirischer Erkenntnis als empirischer Vergegenständlichung wie auch Verwirklichung von Außenweltobjekten stellt sich in der Tat nicht nur als das, wie ein Subjekt aus seiner ursprünglichen Selbstverwirklichung zur bloßen Zeit heraus zu einem Andern seiner selbst als anderem Objekt gelangen könne, sondern auch um eine ganze Dimension noch schwieriger, nämlich als dasjenige, wie ein Subjekt aus sich selbst als Zeit heraus zu einem Andern seiner selbst als anderem Subjekt gelangen kann. Welche weitere Bedingung hat es zu erfüllen, damit es bei der radikalen Selbstvereinzelung, die es als Selbstverzeitlichung notwendig vornimmt, nicht auch bleibt, so daß es dadurch nicht auch noch die radikale Selbstvereinsamung herbeiführt, sondern aus der Subjektivität als solcher radikaler Einzelheit und Endlichkeit der Individualität heraus zu anderer solcher führt? Nicht zufälligerweise stellt sonach mit dem Problem der Objektivität jener Objekte sich ineinem das der Subjektivität als Intersubjektivität dieser Subjekte, nämlich ihrer Möglichkeit der Kommunikation, weil Objektivität jener Objekte auch in gar nichts anderem als einem Korrelat zu ihrer Intersubjektivität bestehen kann, genau in dem nämlich, worauf in intersubjektiver Kommunikation Subjekte sich zu einigen vermögen.

Nicht allein für uns als jene Subjektivität von jeweiligem Subjekt also, sondern auch für uns als diese Intersubjektivität zwischen Subjekten, kurz für *uns,* die *wir* sind in der Welt, muß es, und zwar in jener Subjektivität des einzelnen Subjektes selbst noch einen Grund geben: Denjenigen, durch den es unsere »Kommunikationsgemeinschaft« als Errungenschaft von uns, die sie tatsächlich ist, auch zu erklären gilt, statt sie als »Apriori einer Kommunikationsgemeinschaft« bloß vorauszusetzen und auf diese Weise letztlich unsinnig nur zu verselbständigen. Demnach haben wir, mit andern Worten, noch zu fragen, wo denn systematisch eigentlich die Stelle für den Ursprung von uns selbst als Sprache liegt: und zwar sowohl der Sprache als dem ursprünglichen Stehen von etwas für etwas Anderes wie etwa der Erkenntnis von etwas in der Gestalt des Zeichens für etwas; als auch der Sprache, insofern sie dann als eben dieses Zeichens ursprüngliches Stehen für etwas desgleichen für Verstehen durch ein anderes Subjekt noch zur Verfügung steht, so daß in ihr als »Medium« Subjekte sich durch Subjektivität als Intersubjektivität begegnen und austauschen können. Denn nach Einsicht *in* und damit auf Grund *von* uns selbst als ursprünglicher Selbstverwirklichung der Selbstverzeitlichung als radikaler Selbstvereinzelung gerade ist dies alles andere als selbstverständlich.

Dies für uns noch Aufgegebene indessen sollte Ihnen das von uns schon Eingesehene nicht mehr verstellen. Soviel nämlich müßte Ihnen jetzt schon deutlich sein und bleiben: Wie genau auch immer Subjektivität als zur Intentionalität werdende Spontaneität oder zum Fremd- werdendes Selbstverhältnis sich im einzelnen bestimmen lassen mag, – dies bleibt abstrakt und wird konkret erst dadurch, daß sie sich als eben diese Art »Verstand« mit sich als »Sinnlichkeit« vereinigt und mit ihr ineinem dabei auch erst selbst verwirklicht, und zwar ursprünglich zur Sinnlichkeit als Zeit. Daß Subjektivität, sowie sie als ein Selbstverhältnis auch nur einsetzt, sich als solches Selbst- zum Fremdverhältnis umsetzt, mithin gerade Fremd- werdendes Selbstverhältnis wird oder Intentionalität werdende Spontaneität, kann gleichwohl aus der letzteren als solcher selbst, das heißt als bloßem Von sich auf sich-Ausgehen eines Verstandes nicht begreiflich werden.

Vielmehr wird es das erst durch die Sinnlichkeit als das Prinzip der Rezeptivität für solche Spontaneität, durch das allein erklärlich ist, daß Spontaneität als Von sich auf sich-Ausgehen auch bei sich ankommt. Denn gerade wenn sie von sich auf sich ausgehend notwendig ausgeht auf ein Anderes als sich, ist es nicht selbstverständlich, daß sie trotz dieser Notwendigkeit ihres Auf Anderes als sich-Ausgehens als ein Von sich auf sich-Ausgehen auch bei sich ankommt und mithin auf Anderes für sich ausgeht: Daß sie als Intentionalität erfolgreich oder auch erfolglos ist, kann demgemäß, wie Sie schon wissen, prinzipiell allein als Merkmal ihres Von sich auf sich ausgehend auch bei sich-Ankommens verständlich werden, nicht jedoch als Merkmal ihres Von sich auf sich-Ausgehens als solchen. Denn allein als Fremdverhältnis einer Fremdverwirklichung kann sie erfolgreich oder auch erfolglos sein, jedoch nicht auch als Selbstverhältnis einer Selbstverwirklichung als solcher, da sie als Intentionalität in jedem Fall, ob nun erfolgreich oder nur erfolglos, wirklich oder wirksam wird.

Als ebensolche aber läßt sich Subjektivität dann nur erklären, wenn sie Sinnlichkeit nicht bloß als das Prinzip der Rezeptivität für Spontaneität ihres Verstandes bildet, sondern eben damit auch als das der Ausdehnung für sie als absolute Einheit oder Einfachheit: auch als Prinzip für sie als ein zum Fremd- werdendes Selbstverhältnis oder dafür, daß sie aus sich selbst heraus sich selber anders wird und damit als dies Innere selbst sich äußert. Demgemäß vermag sie sich als all dies jeweils Gegenteilige, jedoch Komplementäre, auch allein ineinem zu verwirklichen: als Spontaneität nur durch die Rezeptivität für sie, als absolute Einheit oder Einfachheit nur durch die Ausdehnung von ihr, als Selbstverhältnis nur durch dessen Fremdverhältnis selbst, als Inneres nur durch das Äußern dieses Inneren, was sie nur werden kann, indem sie aus sich selbst heraus sich selber ständig anders wird.

Und in der Tat ist Subjektivität als ursprüngliche Zeit nichts anderes als Verwirklichung ihres Verstandes wie auch ihrer Sinnlichkeit ineinem, nämlich Selbstverwirklichung als Selbstverzeitlichung. Denn in der Tat ist sie als diese Zeit nichts anderes als Punkt, der aktual gerade wird, indem er aus sich selbst heraus sich ständig anders, sich als Inneres selbst zum Äußeren, nämlich zum Nacheinander wird und damit als dies Selbst- auch ständig Fremd-, nämlich Verhältnis, das auf diese Weise ebenso in sich verbleibend wie aus sich heraustretend nach Anderem seiner selbst schon gleichsam auslangt, wenn auch nicht schon bei ihm anlangt. Subjektivität beginnt mithin so prinzipiell bereits an diesem ihrem Ursprung nur als Fremd- zum Selbstverhältnis, nur als Fremd- zum Selbstbewußtsein, nur als Fremd- zur Selbstverwirklichung zu werden, daß sie dann genauso prinzipiell nur als Verhältnis *zu*, Bewußtsein *von* oder Verwirklichung *des* Andern ihrer selbst, sprich, erst als die Erkenntnis oder die Vergegenständlichung von solchem Andern auch noch sich als Selbstverhältnis, Selbstbewußtsein, Selbstverwirklichung vollenden kann. Und eben darin, daß als Zeit und Zeitbewußtsein sie mithin nur erstes Aufbaustück solcher Erkenntnis und Vergegenständlichung und demgemäß erst anfangendes Selbstbewußtsein ist, liegt auch der prinzipielle Grund dafür, daß Subjektivität nicht schon von vornherein als die Erkenntnis oder die Vergegenständlichung von bloßer Zeit oder von Selbst- als bloßem Zeitbewußtsein aufzutreten vermag.

Damit im Zusammenhang wird Ihnen schließlich ferner deutlich werden, daß es sich entgegen der seit Kant gehegten Auffassung von Grund auf schon als undenkbar erweist: Bei dem Verstand, den wir nun einmal haben, könnten wir auch eine gänzlich andere Sinnlichkeit besitzen, oder bei der Sinnlichkeit auch einen gänzlich anderen Verstand. Zu pünktlich-punkthaft nämlich treffen dazu beide schon in allererster »Synthesis« zusammen, weil nichts anderes als genau der Punkt, der als Verstand abstrakt bleibt, als mit Sinnlichkeit zum ersten Mal vereinigter Verstand, nämlich als Zeit, konkret wird. Denn auch Zeit bzw. Sinnlichkeit, wie sie als das Prinzip für Ausdehnung oder Außereinander durch Verstand zum ersten Mal als Nacheinander wirklich oder wirksam wird, ist nichts als Punkt, nur eben aktualer Punkt, nämlich Verstand, wie er als zur Intentionalität werdende Spontaneität oder zum Fremd- werdendes Selbstverhältnis erstmals wirklich oder wirksam wird. Und dies, weil er auch erst als Zeit zum ersten Mal als Einfachheit sich selber ausdehnt und sich anders wird, als all dies jeweils Innere sich nämlich überhaupt erst äußert; und zwar derart, daß Verstand im Äußeren der Zeit als dem *Sich*-Äußeren, weil auch im Grunde nur *Sich*-Äußern dieses Innern *selber*, letzteres zu sein nicht etwa aufhört, sondern überhaupt erst anfängt.

Und genau in diesem Sinne muß es Ihnen schlechterdings undenkbar bleiben, wie als zur Intentionalität werdende Spontaneität oder zum Fremd- werdendes Selbstverhältnis dieser Punkt auch noch auf andere Weise sich ursprünglich ausdehnen und sich selbst anders werden könnte denn als Nacheinander Zeit, weil ausschließlich dies letztere Außereinander das ursprüngliche von Außer *sich*-Sein ist. Die schon zitierte Reflexion von Leibniz auf den Punkt, »daß alles, was in ihm ist, er selbst ist«, findet somit in dem überhaupt nur als das Nacheinander Zeit auch aktualen Punkt der Selbstverwirklichung von Subjektivität als dem Vermögen von Verstand und Sinnlichkeit ineinem ihre einleuchtende Konkretion.

Dementsprechend werden Sie des weiteren begreifen, nämlich aus evolutionstheoretischer Perspektive: Als zur Intentionalität werdende Spontaneität oder zum Fremd- werdendes Selbstverhältnis konnte schon phylogenetisch und kann auch ontogenetisch Subjektivität nur dort entspringen, wo Naturstruktur zumindest so komplex ist, daß sie nicht allein das »angeborene« Vermögen des Verstandes bildet, sondern als zu diesem »gegenteiliges«, jedoch genau komplementäres auch noch das der Sinnlichkeit. Aus dieser Perspektive nämlich ist die Möglichkeit nicht auszuschließen, daß ein Vorstoß, von sich auf sich auszugehen, zwar erfolgte, doch in einem Fall, in welchem ein Vermögen, von sich auf sich ausgehend auch bei sich anzukommen, nicht bestand, bzw. umgekehrt, in dem es zwar bestand, doch dieser Vorstoß nicht erfolgte. Und in allen solchen Fällen hätte Subjektivität sich niemals selber zu verwirklichen vermocht. Nur dort vermag ein Subjekt sich zu bilden, wo Natur heteronom so weit verwirklicht ist, daß auch Verwirklichung noch als ihr gegenüber autonome, absolute durch sie selbst ermöglicht ist – doch als Vermögen oder Möglichkeiten, die gerade nicht auch selbst noch durch die Heteronomie solcher Natur verwirklicht werden, sondern als die ursprüngliche Selbstverwirklichung zu Mensch- als Autonom- und Absolutwerdung ihr gegenüber eben immer wieder nur durch einen so gerade Subjektivität werdenden Einzelmenschen selbst. Mit dem vermeintlich selbstverständlichen Verdikt, wonach »er doch sich selbst nicht gleichsam schafft«, schreckt Kant erstaunlich wenig konsequent vor dem entscheidenden Ergebnis seiner Ansätze zu einem haltbaren System der Wissenschaft Philosophie zurück: Ab autonomer Selbstverwirklichung der durch heteronome Fremdverwirklichung und damit durch und als Natur zustande kommenden Vermögen schafft sehr wohl der Mensch sich selbst[26].

26 Vgl. oben S. 255ff.

Aus dieser Perspektive der Evolution wird Sie denn auch nur noch erstaunen, wenn Sie sehen, daß man es verschwiegen-einverstanden für unlösbar problematisch hält, »wie Kant mit Darwin vereinbart werden kann«[27], und Ihnen gleich mir die Vermutung nahelegen, daß man höchstens letzteren verstanden hat[28]: Wo weit und breit als einziger doch gerade Kant zumindest ansatzweise eine Theorie besitzt, die auf der einen Seite die Naturentstandenheit des Menschen festhält, auf der andern aber trotzdem, ja gerade deshalb das Spezifisch-Menschliche von absoluter Freiheit oder autonomer Spontaneität als Selbsttätigkeit einer Selbstverwirklichung zu einem Selbstverhältnis schon im Selbstbewußtsein der Erkenntnis nicht nur niemals preisgibt, sondern auch durch Argumentation noch zu begründen strebt. Kann doch allein im Anschluß an seine Naturentstandenheit auch noch in Absetzung von ihr verständlich werden, daß der Mensch als eben dies Spezifische empirisch unerklärbar bleiben, weil auch immer wieder ursprünglich entstehen muß. Entsprechend läßt er sich nur nichtempirisch durch die Reflexion auf seine innere Struktur erklären, sprich *als was,* und nicht *wodurch* er dann allein entstanden sein oder entstehen *kann,* nämlich als Spontaneität, die zur Intentionalität nur wird, weil sie als autonome Selbstverwirklichung sich von heteronomer Fremdverwirklichung und damit von der Wirklichkeit Natur als eigentlicher soweit lossagt, absolviert, daß sie nur Zeit, nämlich statt solche Wirklichkeit nur unstillbare Wirklichkeitsbedürftigkeit noch werden kann: zum Wirklichwerdenwollen, doch nicht -können.

Daß des darwinistischen Materialisten Emanzipationsbeflissenheit auch wieder nicht genug beflissen ist, um Emanzipation bis auf den Grund zu gehen, bis zurück zu diesem ihrem Ursprung zu verfolgen, an dem Emanzipation als diejenige von Natur die Menschwerdung schlechthin darstellt, wird Sie dagegen nicht verwundern können, insofern sie sich gerade hier von ihrer Kehr- als ihrer ursprünglichen Seite zeigt. Von dieser nämlich gibt sie zum bekannten ungeteilten Fortschrittsoptimismus einer Emanzipation als fraglos guter wenig Anlaß: ganz zu schweigen von der schrecklichen Gefahr, daß es von

27 J. Habermas, *Nachmetaphysisches Denken,* Frankfurt 1988, S. 28, vgl. S. 53.
28 Vgl. dazu oben S. 248ff.

ihr her philosophisch eigentlich nur theologisch werden kann. Und zwar mit Argumenten, die auf Grund genau und ernst genommener Naturentstandenheit des Menschen gerade für ihn als *Nicht*-Naturales, als *Spezifisch*-Menschliches, mithin auch dafür sprechen, daß Natur nicht alles ist: Philosophie oder Theologie, die sich als jene tiefste Ironie gegen Naturwissenschaftsgläubigkeit der Darwinisten und Materialisten zwar noch kehrt, sie aber sicher nicht bekehrt[29]. Dem schweren Wissen von der Selbstverwirklichung als dem Spezifischen von Autonom- und Absolutwerdung des Menschen ziehen sie den leichten Glauben an ihn als den ›gleichfalls bloßen‹, wenn auch ›komplizierten‹ Fall der naturalen ›Selbsterhaltung‹ ohne Frage vor[30], – und so nicht einmal ahnend, daß an sich als diesem prinzipiell Vorübergehenden von Zeit der Mensch auch prinzipiell nichts ›selbst erhalten‹, sondern immer wieder nur von neuem selbst gestalten kann.

Schließlich aber wird Ihnen auch folgende Kritik noch einleuchten: Das schon seit langem andauernde Hin und Her der Fragestellung oder Antwortsuche, ob denn alles, was in Sinnlichkeit von Subjektivität auftritt, auch dem Verstand von Subjektivität und seiner Einheit unterstehen müsse, oder ob es nicht auch solches geben könne, das zwar gleichfalls in ihr auftritt, aber dieser Einheit nicht zu unterstehen brauche, könnte unbegrenzt so weiter gehen, weil es letztlich müßig ist. Um eine Antwort zu ermöglichen, ist diese Frage nämlich so noch gar nicht hinreichend gestellt. Der Grund dafür ist die bis heute anhaltende grundsätzliche Unklarheit darüber, was denn dabei Subjektivität bedeuten soll: Ersichtlich kann von etwas, das *in* Subjektivität auftrete, sinnvoll nur die Rede sein, sofern es sich dabei um einen Auftritt handelt, der in ihr als wirklicher erfolge. Wirklich aber, und zwar auf dem Wege ihrer Selbstverwirklichung wird Subjektivität zum ersten Mal als jenes Nacheinander Zeit.

Damit dürfte Ihnen deutlich werden, daß tatsächlich alles, was in Subjektivität auftritt – wie Kant dies immer wieder ohne jede Einschränkung verficht – im Nacheinander Zeit auftreten müsse. Denn in dieses ursprüngliche Nacheinander Zeit eingehen, *heißt*, in Subjek-

29 Vgl. dazu oben S. 258f. und Anm. 24.

30 Was Habermas und manche anderen an großzügiger Preisgabe gediegener Philosophie meinen verantworten zu können, werden Sie aus dieser Sicht nicht übersehen wollen, aber einzuschätzen wissen.

tivität auftreten. Und das gilt auch nicht allein für »Vorstellungen«, »Anschauungen«, »Empfindungen«, »Erscheinungen«, kurz Sinnesdaten, woraus für Subjekte die Erkenntnis von Objekten sich gewinnen lasse, die durch »Affektion« dieser Subjekte diese Daten in ihnen hervorrufen. Das trifft vielmehr auch noch für die »Gefühle« zu, die so nur heißen, weil in ihnen ein Subjekt gerade keine Daten für Erkenntnis von Objekten habe[31]. Grundsätzlich in diesem ursprünglichen Nacheinander Zeit zu stehen, heißt dann aber ferner, auch noch dem Verstand und seiner Einheit unterstehen. Überhaupt nur durch Verstand und seine Art von Einheit nämlich wird die Sinnlichkeit dieses Subjekts zu Zeit verwirklicht und mithin als solche Zeit auch dieses Subjekt selbst zur Wirklich- oder Wirksamkeit der Selbstverwirklichung.

Genau insofern aber hat sich dann auch diese Einheit des Verstandes erstmals selbst verwirklicht, und auf so besondere Weise, daß sie sich von andern Weisen ihrer oder seiner Selbstverwirklichung wird unterscheiden lassen. Also nicht einfach die absolute Einheit des Verstandes, sondern diese Einheit in der *Weise, wie* sie sich zum ersten Mal zu Zeit verwirklicht, bildet aus der Perspektive ihrer »Deduktion« die erste der »Kategorien«, welche damit »deduziert« ist. Und genau die *Weise, wie* Verstand als absolute Einheit oder Einfachheit von Fremd- werdendem Selbstverhältnis und Intentionalität werdender Spontaneität sich selbst zur Zeit als Nacheinander jenes aktualen Punktes Subjektivität verwirklicht, ist es auch, der als »Kategorie« ihres Verstandes sich tatsächlich *alles* unterwerfen muß, was innerhalb von Subjektivität auftritt.

Eine gänzlich andere Frage aber bleibt es – wie von jetzt an für Sie immer klarer werden wird –, ob alles, was in diesem Sinne innerhalb von Subjektivität nur so auftreten kann, daß es sich dieser Art von Einheit, und das heißt »Kategorie« ihres Verstandes unterstellt, desgleichen allen anderen Arten dieser Einheit als von ihr verschiedenen »Kategorien« sich noch unterstellen muß. Nur weil man zwischen diesen Fragen bisher niemals unterschieden hat und mangels Analyse von Verstand *und* Sinnlichkeit, das heißt, jener *Gesamt*struktur von Subjektivität als der Intentionalität werdenden Spontaneität oder dem Fremd- werdenden Selbstverhältnis auch noch gar nicht unterscheiden konnte, stellt man zwangsläufig bloß jene unspezifi-

31 Vgl. z. B. Bd. 6, S. 211f.

sche, auf die es keine Antwort geben kann, anstatt diese spezifische. Die Antwort auf sie hängt nämlich entscheidend davon ab, *aus welchem Grunde* und *auf welche Weise* sich *dieselbe* absolute Einheit oder Einfachheit dieses Verstandes noch zu einer *anderen* »Kategorie« verwirklichen muß, oder gar auch noch zu *mehr* als einer anderen.

Welche der von Kant bereits benannten aber damit als die erste »deduziert« ist, werden Sie sich gleichwohl hier schon vorläufig verständlich machen können: nicht die der »Quantität«, sondern der »Qualität«, die Kant an zweiter Stelle nennt. Eine nicht unwichtige Einsicht Hegels – bisher wohl nur darum kaum beachtet, weil von ihm nicht zureichend begründet – lautet: In den ersten beiden Gruppen jener von Kant so genannten »mathematischen« Kategorien seien »Quantität« und »Qualität« nicht »nur die Titel für«, sondern selbst »Kategorien«, deren letztere »die der Natur nach erste ist«[32], das heißt: der Sache, nämlich ihrer systematischen Notwendigkeit und »Deduktion« nach. Die Begründung wie auch Folgen dieser Einsicht werden sich im weiteren uns noch ergeben. Jedenfalls steht von der »Urteilstafel« her, die Kant als »Leitfaden« zur »Auffindung« seiner »Kategorien« dient[33], der Einsicht Hegels nichts im Wege, da kein Grund ersichtlich ist, warum als erstes gerade der Aspekt von »Quantität« des Urteils Thema werden müßte wie auch gerade der von »Qualität« als zweites, und nicht umgekehrt. Ja von der Sache, nämlich den entsprechenden »Kategorien« sowie ihrer Notwendigkeit und »Deduktion« her spricht sogar bei Kant schon einiges dafür, daß diesbezüglich Hegel recht behalten dürfte.

So wird Ihnen nicht entgehen: Ohne einen hinreichenden Grund dafür zu nennen, läßt Kant alles, was im allgemeinsten Sinn von »Qualität« eines Gehaltes der »Empfindung« innerhalb von Subjektivität auftritt, jeweils allein im »Augenblick« als »Punkt« auftreten, und das heißt: in Zeit als Punkt und nicht als Spanne[34]. Um so unbegründeter und damit unverständlicher indessen werden Sie dies finden, als sich Kant auch hierbei wieder fälschlich an der Linie orientiert und Zeit genau wie Raum als »extensive Größe« auffaßt, weil er beide auch vorweg schon im Zusammenhang mit der an erster Stelle angesetzten »Quantität« als »Quanta« eingeführt hat[35].

32 *Wissenschaft der Logik* (hg. Lasson), Bd. 1, S. 64f.
33 Vgl. A 66ff. B 91ff.
34 Vgl. die sich häufenden Belege in A 167ff. B 209ff.

Warum aber sollte innerhalb von Subjektivität auftretender Gehalt als »Qualität« einer »Empfindung« nicht die Zeit als Spanne statt als Punkt erfüllen, wo sie doch als »Quantum« oder »extensive Größe« eigentlich auch gar nichts anderes als Spanne sein kann, und Kant selbst doch sonst weit überwiegend davon spricht, Empfindung liege immer wieder nur als Nacheinander vor?

Nur wäre dadurch in Kants Augen nicht gewährleistet, daß in der Zeit als Spanne auftretende »Qualität« auch eben damit schon in Subjektivität als absoluter Einheit oder Einfachheit auftritt. So wenig hat er Wesen wie auch Ursprung dieser Zeit als Subjektivität begriffen, daß er sich gezwungen sieht, dogmatisch-unhaltbar die »Qualität« bloß einseitig in Zeit als Punkt und nicht als Spanne auftreten zu lassen, nur um wenigstens auf diese Weise noch zu sichern, daß sie damit auch im Subjekt auftritt, was indessen nicht allein dogmatisch, sondern gleichermaßen problematisch bleibt. Denn dieser Punkt kann *Zeit*punkt dann auch nur noch als der jeweilige in Zeit*spanne* sein, zumal Kant Zeit als Spanne dabei längst bereits zugrunde legt, weil auch als »Quantum« oder »extensive Größe« längst schon ansetzt.

Damit aber lebt die ganze Problematik jener Zeit als Punkt in Spanne wieder auf, die am Modell von Punkt als *Teilungs*punkt der Linie seit Aristoteles bereits unlösbar ist und auch bei Kant noch bleibt[36], ja als Unlösbarkeit hier geradezu mit Händen für Sie greifbar wird: Obwohl angeblich nur in Zeit als Punkt im Gegensatz zu ihr als Spanne auftretend, soll »Qualität« als der Gehalt einer »Empfindung« dennoch »Größe« haben, und zwar eine, die, obwohl sie keine »extensive« sein kann, dennoch meßbar sein soll, nämlich »intensive Größe« oder »Grad«. Die fälschliche Vergegenständlichung von Zeit als Linie und Punkt im Sinn von Linien*teilungs*punkt führt hier auch noch zur Katastrophe der Verwechslung von *Subjekt* als *Sinnlichkeit* mit dem Sinnes*organ* als körperlichem, nämlich physisch-physiologischem *Objekt:* Allein an etwas dieser Art nämlich kann Affektion etwas ergeben, das als extensive oder intensive Größe meßbar ist, kann eben darin dann jedoch gerade nicht schon Affektion eines Subjekts sein. Erst als eines aktualen Punktes Nacheinander Zeit wird Subjektivität, indem sie darin als die Rezeptivität für sich als

35 Vgl. A 162ff. B 202ff.
36 Ganz deutlich in A 169f. B 211.

Spontaneität in erster Stufe wirklich wird, dann auch für Anderes als sich noch rezeptiv, so daß tatsächlich alles durch das letztere kraft Affektion in ihr Hervorgerufene denn auch genau die Form von Zeit als Nacheinander aktualen Punktes anzunehmen hat.

Woran es bei Kant fehlt, und was auch die seit jeher und bis heute rechtens angeprangerte Verfehltheit seiner Lehre von der »intensiven Größe« oder ihrem »Grad« nach »meßbaren« Empfindung wie mit einem Schlage richtigstellt, ist jene Einsicht, daß »Empfindung« ihrem »Inhalt« oder ihrer »Qualität« nach zwar ein »Intensives«, doch als solches noch in keinem Sinne etwa auch schon »Großes« oder »Meßbares« und damit zu Vergegenständlichendes darstellt. Denn was einzusehen Kant versäumt, ist, daß Empfindung als ein »Intensives« vielmehr wie Zeit selbst, nämlich wie Nacheinander aktualen Punktes als Subjekt, ein schlechthin »Inneres« ist, Subjektivität, die sich als solches selber äußert, und zwar nicht allein als bloß formale Zeit, sondern als je und je auf Grund von Affektion auch inhaltlich erfüllte.

Dementsprechend ist »Gefühl« oder »Empfindung«, welche immer nur in Zeit auftreten, ursprünglich Empfind*en* oder Fühl*en,* nämlich eigentlich *Sich*-Fühlen oder *Sich*-Empfinden und auch immer *irgendwie* Sich-Fühlen oder Sich-Empfinden. Letztlich sind sie nämlich überhaupt nichts anderes als Fälle jenes Selbstbewußtseins, worin ein Subjekt als Zeit sich nicht allein formal, sondern auch inhaltlich auf Grund von Affektion bewußt ist, ohne sich als solche schon erkennen und vergegenständlichen zu können, weder als formale noch als inhaltlich erfüllte Zeit. Deswegen tut auch dieses Inhaltliche seines Selbstbewußtseins ihm als Nichtempirischem in keiner Weise Abbruch, weil etwas Empirisches grundsätzlich niemals innerhalb, sondern nur außerhalb von ihm auftreten kann: als das Objekt zu ihm als Fremdbewußtsein der Erkenntnis und Vergegenständlichung von Anderem als dem Erfolg bzw. Mißerfolg für ein Subjekt als Intention.

Verehrter Leser und verehrte Leserin!

Sind Sie bis hierhin mitgegangen? Leicht war dieser Leseweg gewiß nicht. Leichter kann Philosophie als Reflexion auch gar nicht sein, denn leichter sind wir und die Welt nun einmal nicht. Besonders schwierig ist vermutlich die Herausbildung von uns als Subjektivität gewesen, diese wahre Not für alle Empiristen, woraus manche jene falsche Tugend der empirisch-stellvertretenden »Sprachanalyse« machen möchten. Danach könnte eine Unterbrechung nicht nur mir willkommen sein. Dem anschließenden »Inhalt« aber mögen Sie entnehmen, wie es weitergehen soll, zumindest nach dem derzeitigen Stande meiner Überlegungen. Im Zug der Herleitungen, welche mit der Zeit und ihrem Grund begonnen haben, wird der Raum nebst seinem nicht nur auf sie, sondern aus ihr folgen, nämlich als euklidisch-dreidimensionaler: Soweit ist die Ausarbeitung abgeschlossen. Und als notwendige Formen aller unserer Natur-Erfahrung werden solcher Raum mit solcher Zeit zusammen schließlich auch noch die Notwendigkeit erklären, daß Natur für uns ursprünglich überhaupt nicht anders denn als Ding oder Ereignis in Erscheinung treten kann und somit als Beharrlichkeit oder Veränderung, Substanz oder Kausalität. Wie schon den ersten, stelle ich auch diesen zweiten Teil jedoch zunächst in meiner Vorlesung zur Diskussion, bevor ich Sie mit ihm erneut anspreche. Bloß das eine noch bis dahin: Daß ich so direkt wie die Studenten und Studentinnen auch Sie anrede, dies geschieht zum Zeichen der Erinnerung an und des Dankes für die vielen Fragen, die zum Weiterdenken Anlaß gaben. Diesen Dank an sie als Hörerin und Hörer stellvertretend auch für Sie als Leserin und Leser abstatten zu dürfen, ist wohl kaum das einzige, was der bisherige Gedankengang zu wünschen übrig läßt.

Inhalt

Erster Teil: Sprache – Subjekt – Zeit

Zweiter Teil: Raum – Substanz – Kausalität

Die Einteilung in Paragraphen als die kleinsten Einheiten soll bis zum Ende beibehalten werden. Doch sie pflegt sich immer erst bei endgültiger Textgestaltung zu ergeben.

Texte Kants zitiert nach der *Akademieausgabe*, im Fall der *Kritik der reinen Vernunft* (= KRV) jedoch nach erster (= A) oder zweiter (= B) Auflage.